중동과
쿠르드
민족분쟁

박주성
지음

전남대학교출판문화원

■ 저자 서문

자이데(Zayide)라는 어린 쿠르드 소녀 게릴라가 터키군과 전투 중 사망하였다. 터키군은 이 어린 게릴라를 마을 밖 외진 곳에 매장하기 위해 불도저로 땅을 팠으나 땅이 파지지 않았다고 한다. 세 번에 걸쳐 불도저로 땅을 파보려고 시도하였으나 땅은 결코 파지지 않았다고 한다. 터키 군인들은 알라가 이 소녀를 보호한다고 생각하였고 결국 소녀를 가족에게 인도하였다(Marcus 2007, 4).

이것은 어린 소녀 게릴라가 비록 전쟁터에서 운명을 달리했을지라도 싸늘한 몸이나마 낯선 땅이 아닌 사랑하는 고향과 가족의 품으로 돌아가고 싶은 간절한 마음이 표현된 것은 아니었을까?

이 어린 소녀가 이데올로기나 신을 알았을까? 단지 이 소녀는 보통의 가정에서 같은 민족정체성을 가진 사람들이 타 민족으로부터 차별받지 않고 사는 나라를 꿈꾸며 가슴에 칼리쉬니코프 총을 지닌 채 싸늘하게 식어가지 않았을까?

통합의 측면에서 과거 인류의 역사를 살펴보면, 역사는 시대정신을 바탕으로 일정한 발전패턴을 가지고 있음을 알 수 있다. 이를 통해 미래를 예측해 보면 그것은 씨족공동체 → 부족공동체 → 국가 → 지역국가 공동체(예를 들면 EU) → 세계국가 → 우주국가(Universal State, 헤겔이 일부 언급)의 7단계로 인류가 외연을 확장해 나간다고 할 수 있다. 이미 세계국가(World State) 출현의 가능성은 알렉산더 웬트 등에 의해서 언급되었다. 알렉산더 웬트는 세계국가가 필연적인 이유로 '현대의 전쟁 파괴력의 증대와 군사적 기술의 전파로 인해 전쟁비용을 감당하기가 부담스러워졌을 뿐만 아니라 강대국조차도 타국에 대한 안정을 보장하는 글로벌 차원의 헌법적 규제를 거부하면 엄청난 대가를 치러야 하기 때문이다'라고 하였다. 웬트는 세계국가의 탄생의 주요한 요인을 글로벌화 된 과도한 군비경쟁, 상호의존성과 견제 측면에서 언급하고 있다.

이러한 가운데 세계국가에 이르기 위한 중요한 단계로서 글로벌 경제통합의 현장을 예를 들어 살펴보면 저자가 터키 쿠르디스탄을 방문하였을 당시에 만났던 쿠르드인들과 BDP(HDP) 즉 PKK 관련 정당 당원들도 구형 삼성, LG 휴대폰을 가지고 있었다. 그리고 아브라함의 탄생지이자 압둘라 외잘란의 고향인 샨르 우르파 중심가에 소재한 대형 전자상가에도 삼성, LG LED TV들이 벽과 바닥에 가득 진열되어 있었다. 실로 문명의 동시적인 공유가 전 지구적으로 일어나고 있는 것이다. 즉 한국 가정에서 쓰고 있는 물건이 중동이나 중앙아시아 유목민의 가정에서도 동시에 소비되고 있는 것이다. 나아가 과학과 기술의 급격한 발달로 인하여 거리와 공간이 축소(the death of distance and space)되고 이 바탕위에 도래한 경제적 세계화 시대에 국민국가는 시장의 원활한 작동을 위한 보조자 수준이 되어야 한다는 주장마저도 일고 있다. 정치와 시장을 단일화 하려는 신기능주의적인 접근의 결실로 EU와 같은 경제공동체가 탄생하였으며 EU는 국가간 연방주의적 정치통합의 실현을 위한 시금석으로도 평가되고 있다. 더 나아가 일부 학자는 세계국가의 출현마저 조심스럽게 예측하고 있는 상황에서 이와는 반대로 전 지구촌 곳곳에서는 종교, 인종, 민족정체성 등에 기반 한 단층선 분쟁이나 전쟁이 끊임없이 발생하고 있다.

가자지구를 폭격하는 이스라엘과 이에 대항하는 하마스는 지금도 끊임없이 민족에 기반 한 무력분쟁을 지속하고 있으며, 러시아로부터 독립을 꿈꾸는 체첸 반군들도 게릴라전을 펼치며 러시아와 기약없는 전쟁을 지속하고 있다. 또한 중국의 신장 위구르 자치구의 위구르족들도 분리독립을 외치며 이슬람 무장단체와 비슷한 무장투쟁을 벌이며 중국을 위협하고 있다. 이와 같이 중동을 비롯한 지구촌 곳곳에서 벌어지고 있는 민족분쟁은 지금도 여전히 치열하게 진행되고 있으며 이러한 민족분쟁에 강대국과 지역국가들이 자국의 이익을 위하여 개입하고 있다. 분리독립운동단체는 강대국과 지역국가, 분쟁대상국가 속에 3중으로 포위된 채 이들과의 투쟁과정 속에서 무수한 인명이 손상되고 또한 단체내부는 강, 온파로 나뉘어 헤게모니 쟁탈을 위한 투쟁 역시 지속적으로 반복되어 왔다.

이러한 가운데 중동에 위치한 최대 3,500만 정도의 인구를 가진 쿠르드는 미, 소의 패권적 양극체제가 무너진 지 4반세기가 지난 지금도 분리독립을 위한 투쟁을 지속하고 있다. EU는 국가의 단계를 넘어 새로운 지역경제공동체로 발 돋음하고 있는 시대에 쿠르드는 여기에 참여하지 못하고 독립국가건설을 위해 여전히 많은 희생을 치르고 있다. 이렇듯 한쪽에서는 이상주의자들이 국가의 수준을 넘어선 지역공동체, 나아가 세계국가를 꿈꾸고 있는 반면 민족분쟁의 현실에 갇힌 쿠르드는 아직도 독립국가건설을 위해서 피를 흘리고 있는 것이다.

터키 방문 시 접한 행불자단체 사무실의 벽면을 가득채운 행불자들 사진, 쿠르드 신문사의 벽면을 가득채운 사망기자들 사진, BDP(HDP) 정당 사무실의 벽면을 채운 사망자들 사진을 보면서 저자는 학문적 대상 이상의 의미를 가진 현장을 목도하고 숨이 막혀 옴을 느꼈다. 게릴라를 자식으로 둔 부모들, 분리독립운동을 하는 쿠르드인, 민족차별을 토로하는 대학생 등 다양한 쿠르드인들을 만나면서 쿠르드라는 주제가 저자에게는 감당하기 어려운 주제라는 것을 느낀 채 무거운 마음으로 귀국하였다.

저자는 자식을 차가운 감방에 수십 년을 보낸 채 기도하는 할머니, 자식들을 게릴라로 보내고 걱정하거나 먼저 간 자식을 가슴에 평생을 품고 사시는 그 할머니들의 손을 위로하는 마음으로 꼭 잡아드리는 것 외에는 더 이상 해줄 수 있는 일이 없었다.

여기는 단순히 학문적 대상 그 이상의 문제를 함축한, 인류의 유사 이전과 유사 이후 모든 인간의 근원적인 문제를 함축하고 있는 현장이었다. 그것은 인간의 인식과 구성으로부터 출발한 가치와 현실, 정체성의 대립, 힘과 이익 그리고 생존, 민족갈등과 종교갈등, 지역국가와 강대국간 갈등 등 인류의 난제가 함축되어 있어 매우 해결하기 어려운 아포리아(Aporia)적 현장이었다. 그리고 이러한 문제에 대한 인류의 해결책 제시 요구에 전혀 부합하지 못하고 있는 국제정치학계의 자기반성이 요구되는 현장이기도 하였다.

더구나 최근에 등장한 IS는 중동의 문제가 곧 인류의 문제라는 것을 확인시켜준 상징적인 사건이었다. 이것은 역설적으로 PKK와 외잘란이 왜 맑스-레닌주의와 민주적연방제라는 이상주의에 집착하는지를 설명해주는 살아있는 현장이다.

비록 이 책이 민족분쟁의 소용돌이 속에 있는 쿠르드의 대표적인 분리독립운동단체인 KDP와 PKK, KDPI와 Komala를 조명해 봄으로써 쿠르드족이 가지고 있는 한계와 미래의 가능성을 조망해 보는데 의의를 가지고 있다 할지라도 동시에 저자로 하여금 마치 고르디우스 노트(Gordian Knot)처럼 얽힌 인류의 현재위기와 난마처럼 얽힌 국제정치의 앞날을 위해 무언가 조그만 행동이라도 실천하도록 촉구하는 절규의 현장이기도 하였다. 그리하여 저자는 이 인류의 고르디우스 노트를 반구성주의와 글로벌연방제라는 검을 통하여 해결할 수 있도록 많은 페이지를 할애하여 대안을 제시하고 싶었다. 그러나 시간과 지면의 제약이 많아 기존 약술만 언급한 채 차후로 미루는 아쉬움이 있었다. 단 반구성주의는 "인간이 부딪치고 있는 모든 유, 무의 현상적인 실체는 내 의식이 반영된 것 일뿐" 이라는 명제에서 출발한다.

마지막으로 제목을 "중동과 쿠르드 민족분쟁"이라고 한 이유는 쿠르드 민족국가건설이 크게는 강대국과 직결된 문제지만 가깝게는 먼저 쿠르드 분리독립전쟁의 당사자인 중동국가들 간의 이해관계와 맥락 속에서부터 풀어나가야 한다는 저자의 의도를 담고 있기 때문이다. 유럽의 정치가 통합의 측면에서 중년의 단계를 향해 나아가고 있다면 중동의 정치현장은 아직도 뜨거운 청년기를 지나고 있다. 그리하여 핵, 종교, 자유민주주의와 관련된 중동정치의 순치와 발전 여부에 인류의 미래가 달려 있다고 할 수 있다.

그러므로 앞으로 국제정치학계에서 이러한 특성을 가진 중동정치의 연구가 더욱 활발해짐으로써 좋은 연구 성과들이 나타나 중동정치에 올바른 이정표를 제시하고 나아가 인류의 평화공동체 형성에 이바지하게 되기를 기대하는 바이다.

2017년 6월 1일

박주성 씀

■ 차 례

제2부

제3부

■ 표 목차

▪ 그림 목차

제1부

01

터키와 이라크 쿠르드의 민족분쟁

제1절 연구의 필요성 및 문제제기[1)]

전 세계를 지배하고 있던 미국은 양극체제의 용도폐기를 결정하고 1981년 공화당의 레이건 행정부 출범과 더불어 자본주의 장점을 이용한 구소련과의 무한군비경쟁 전략을 채택하였다. 미국은 이 안보딜렘마 전략을 통하여 미소 양극의 이념적 패권체제와 이를 둘러싼 전 세계의 구조화 된 기존 정치질서를 재편하려 하였다. 그 결과 1985년 고르바초프의 집권과 1989년 11월 베를린 장벽의 전도를 기점으로 마치 도미노처럼 동구권 공산체제들이 차례로 무너진 결과 그동안 전 세계를 지배하고 있던 냉전구조가 붕괴되었다. 그 동안 구소련의 지원을 받고 있던 시리아를 포함한 중동의 사회주의 지역국가들 역시 차례로 정권의 약화가 도미노처럼 찾아왔다. 그러나 미국과 소련의

1) 본 저서의 구성: 1장-6장은 박사학위 논문을 근간으로 내용을 보충, 수정하였다. 7장은 1-6장에서 누락된 이란 쿠르드 부분을, 8장은 쿠르드의 역사를 추가하였다.

양극구조가 억누르고 있던 인종분쟁, 민족분쟁은 중동을 비롯한 동유럽과 주변지역으로 확산, 분출되었으며 이러한 분쟁은 기존의 분쟁들과 더불어 지구촌을 더욱 격렬한 갈등과 영토분쟁 속으로 몰아넣었다.

이에 대해 거(Ted R. Gurr)는 역사적으로 민족분쟁은 새로운 것은 아니지만 냉전종식 이래 제3세계에서 정치민족그룹에 의해 발생한 분쟁(Ethnopolitical Conflict)[2]은 더욱 빈번하고 격렬한 양상을 보여 왔다고 한다. 스톡홀롬전략문제연구소(SIPRI) 연간보고서에 의하면 1989년부터 2000년 사이에 일어난 폭력분쟁은 총 111건으로 이중 7건 만이 국가 간의 전쟁이었고 나머지는 다민족 국가(총 68개국) 내에서 일어난 내전이었다. 이들 내전은 주로 민족과 종교대립, 민족주의의 부활 또는 국가통제에 대한 반발과 투쟁에 기인하였다. 탈냉전시대 분쟁에서는 사상자 수의 90% 이상이 민간인들이며 정치민족분쟁의 원인과 특징 및 역학을 고찰해 보는 것은 매우 중요한 과제라 할 수 있다(이신화역 2003, 8-9).

세계의 민족분쟁과 전쟁 빈도수는 1945년 대비 1990년대 초반에 3배 가까이 증가하였다고 주장하였다(이신화역 2003, 61).[3] 분쟁의 원인에 대한 해석은 학자마다 차이가 있다. 호로위츠(Donald L. Horowitz)는 이러한 분쟁증가의 주요한 원인으로 '다민족사회의 그룹들은 사회 내에서 자신들의 상대적 가치와 지위를 인식하기 위해, 집단적 경험과 신화를 바탕으로 스스로를 타 그룹들과 비교해보는 경우가 많다고

2) 이신화는 정치인종분쟁으로 번역하나 저자는 정치민족분쟁으로 번역이 가능하며 정치종족분쟁이 전체적으로 더 적절하다고 판단된다.

3) 그러나 전 세계적인 민족분쟁의 빈도를 살펴보면 1990년대 초, 중반을 정점으로 그 이후부터는 약간 감소하는 추세에 있다. 그러나 거(Gurr)의 동일 저서에서는 중동의 경우 오히려 민족분쟁의 빈도가 증가하고 있음을 보여주고 있다.

한다. 즉 우위에 있는 그룹들은 스스로를 타 그룹에 비해 우월하다고 생각하게 되는데, 한 그룹이 상대적 우월감을 가질 경우 이들은 인종적 지배를 지속하고 타 그룹들에게 혜택을 주는 것을 꺼리게 된다'고 한다. 한 사회 내에서 이러한 비교우위에 바탕 한 우월감을 지닌 그룹이 있다는 사실은 볼칸(Volkan)이 말한 '선택된 정신적 상처(chosen traumas)[4)]'와 불이익을 받는 그룹들의 불만감도 함께 존재한다는 것을 의미한다(이신화역 2003, 103-104). 그리하여 이러한 불만이 민족분쟁의 원인이라는 입장이다.

이러한 상황은 세계화가 진행되는 것과 비례해서 지구촌의 인종과 민족들의 정체성이 곧 세계 시민주의로 변화되지는 않았다는 것을 의미하고 인종과 민족분쟁, 종교분쟁은 앞으로도 오랜 시간동안 지속될 것임을 의미한다. 즉 냉전구조가 해체되고 세계화가 진행됨으로써 자신을 둘러싼 많은 타자와 자국을 둘러싸고 있는 타국들을 더욱 쉽게 인식하게 되고 그럼으로써 자신의 내, 외적 정체성과 불평등이 오히려 더욱 확연히 드러나게 되는 이러한 정체성 대비현상으로 인하여 그러한 갈등을 억누르고 있던 정체성들 간의 충돌이 일어나 그 동안 냉전구조가 억누르고 있던 민족, 인종, 문화, 종교정체성에 기반 한 민족분쟁과 종교분쟁이 빈번해졌다고 할 수 있다.

또한 민족, 인종, 문화, 언어, 종교정체성에 기반 한 민족분쟁과 종교분쟁은 영토적 국경을 무색케 하는 인터넷 등을 통한 네트워크의

4) 민족집단이나 특정 집단들은 과거 그들이 침략을 당했거나 정복을 당한 역사를 공유하는데 이 치욕적이거나 수치스러운 역사를 되새기며 공동의 정체성을 확인하고 이러한 억눌린 분노를 타 집단에게 향할 수 있도록 하는데 이용되기도 한다. 이러한 집단 트라우마는 민족이나 단체를 결집시키는 것과 동시에 적대감 분출의 원동력이 되기도 한다.

발달에서 많은 영향을 받기도 한다. 이러한 네트워크는 초국가적인 민족갈등뿐만 아니라 독일 디아스포라 내 쿠르드계와 터키계의 갈등, IS나 PKK의 효과적인 초국가 네트워크와 동원을 잘 설명해준다. 즉 초국가 네트워크의 영향으로 민족문제가 더욱 선명하게 드러나기도 한다는 것이다.

이렇듯 쿠르드를 포함한 많은 민족들이 세계화의 추세에도 불구하고 지배민족들과는 다른 민족정체성, 문화정체성, 이념정체성, 역사정체성, 종교정체성을 유지하고 나아가 자신들의 정체성에 기반 한 권리를 찾기 위하여 지금도 무장투쟁을 지속하고 있다.

특히 구소련의 패권구조가 급격히 붕괴되면서 공산주의나 사회주의 이데올로기의 빈자리를 이슬람 등 종교와 민족주의가 차지하면서 이러한 단층선에 의한 분쟁이나 전쟁이 끊임없이 일어나고 있다. 공산주의 블록이 와해되면서 구소련 지역에서는 여러 신생국들이 독립국가를 건설하게 되었으며 우크라이나 등 일부는 민족분쟁이 현재진행중인 지역도 있다. 이와 관련하여 구소련의 몰락과 이념분쟁에 사라진 후 지역정치는 문명전쟁 그중에서도 특히 이슬람과 기독교 등 종교 갈등, 민족성 정치로 변화될 것이라고 주장한 사무엘 헌팅턴(Samuel P. Huntington)의 주장은 중동지역 뿐만 아니라 동서냉전 구조가 소멸한 현 쿠르드 민족운동에도 시사하는 바가 크다고 할 수 있다.

그동안 유사 이래 인류는 공존과 전쟁이 없는 평화적 세계를 꿈꾸어 왔지만 정치인들이나 종교지도자들은 사상, 민족, 그리고 종교라는 명분을 이용하여 인류를 끊임없는 전쟁 속으로 내모는 경우가 많았다. 바브라 월터(Barbra F. Walter)는 이러한 사상, 민족, 종교를 빙자한 지도자들의 사악함을 비난하기도 한다. 그러나 지도자와는 별개로 종족 또는 민족 기층이 자신들의 민족정체성에 기반하여 정치적 권리나 분리독립을 적극적으로 주장할 때 일어나는 종족 간 그리고 민족 간의 전쟁은 매우 오랜 기간 동안 지속된다. 이러한 다양한 민족분쟁은 현재 세계 곳곳에서 여전히 진행형인 상태에 있다. 강대국과 지역 국가들은 이들 민족분쟁에 적극 개입하고 분리독립운동세력은 이들에 의해 분할되어 세력 간 내부투쟁과 더불어 분쟁대상국가, 지배민족들과의 외부투쟁 과정에서 많은 사상자들이 발생하게 된다.

가자지구를 폭격하는 이스라엘과 이에 대항하는 하마스는 지금도 끊임없는 민족에 기반 한 무력분쟁을 일으키고 있으며 러시아 연방으로부터 독립을 꿈꾸는 체첸 반군들도 게릴라전을 펼치며 러시아와 끊임없는 전쟁을 지속하고 있다. 또한 중국의 신장 위그루 자치구의 위그루족은 분리독립을 외치며 IS 및 이슬람 무장단체와 연계하여 무장투쟁을 벌이면서 중국정부를 위협하고 있다. 이와 같이 여전히 진행중인 이러한 민족분쟁에 강대국과 지역국가들이 개입하고 강대국과 해당 지역국가라는 역학관계 하부에 위치한 분리독립운동단체는 강, 온파로 나뉘어 단체내부투쟁과 더불어 단체 간, 타민족과 외부투쟁과정에서 무수한 인명이 살상되는 잔혹함이 지속적으로 반복되고 있다.

이러한 가운데 미소의 패권적 양극체제가 무너진지 4반세기가 지나 EU는 국가의 단계를 거쳐 새로운 지역공동체로 발돋움하고 있는 시대에 중동에 위치한 3,500만 정도의 인구를 가진 쿠르드는 여기에 참여하지 못한 채 여전히 분리독립과 자치를 위한 갈등과 분쟁을 지속하고 있다.

국가 없는 민족(stateless nation)[5]인 쿠르드는 다국가(transnational) 민

5) 영어권 일부 학자들은 'stateless', 'landless', 'minority', 등의 단어를 쓰는 경우도 있으나 마리아나(Mariana)는 거주지역이 있으므로 'landless'나, 거주국가의 시민으로서 공공의 이익의 문제에 참여하므로 'stateless'라는 표현이 부적합하다

족을 대표한다. 쿠르드인들의 민족운동 또는 분리독립운동[6])을 살펴보면, 그 과정은 자신들의 민족정체성에 기반 한 권리를 찾기 위한 수많은 정치활동과 투옥, 무장투쟁과 전쟁, 상대방의 보복과 난민, 디아스포라[7])의 반복적 순환이었다. 지금 이 시각에도 대학 강의실을 벗어나 시리아의 코바니(Kobanî, Ayn al-Arab)에서 죽음을 불사하고 IS와 싸우고 있는 쿠르드 여대생 전사들과 젊은 게릴라들의 궁극적인 목적은 과연 무엇일까?

쿠르드 역사를 살펴보면 그들은 고대부터 광활한 메소포타미아(Mesopotamia) 지역에 거주하면서 다양한 문명을 주도적으로 창출하였

고도 주장하기도 한다. 쿠르드를 'non-state actors'로 보는 시각도 있으며 휘태커(Whitaker) 등은 이러한 'non-state actor'로 NGO, 비영리조직인 think-tanks, diaspora를 포함시키기도 한다(Mariana Charountaki, "*The Kurds and US Foreign Policy-International Relations in the Middle East since 1945-*", *Routledge Studies in Middle Eastern Politics*. 2011. pp.10-11).

6) 분리독립운동에 대한 영역은 'Separatist Movement', 'Independence Movement' 등이 쓰인다. 쿠르드 관련 영어권 책에서는 주로 민족운동을 'National Movements'로 표현하며, 민족국가건설은 'Nation-State-Building'으로 표기한다. 'Kurdistan'은 '쿠르드인들이 거주하는 지역'의 의미다. 'Kurds'는 일반적인 전체로서의 쿠르드인들, 쿠르드족 또는 역사속의 쿠르드인들과 쿠르드에 관련된 모든 것을 가르키는 말이며 'Kurdish'는 좀 더 설명적인 내용이 들어갈 때 쓰이는 형용사다 즉 '쿠르드의 역사(Kurdish History)', '쿠르드 민족(kurdish people)', '쿠르드 민족정체성(Kurdish National Identity)'과 같이 형용사로 쓰인다.

7) 인류는 끊임없이 디아스포라적인 삶을 살아왔다. 그리고 그들의 이동은 문명을 창조하였는데 인류는 이런 문명의 창조와 파괴가 지구상에서 끊임없이 반복되어 왔다. 이러한 환경이 파괴되는 원인들에 대해서는 제레드 다이아몬드는 8가지 유형으로 나누는데 산림파괴와 서식지 파괴, 토양문제(침식, 염화, 비옥도 저하), 물 관리 문제, 지나친 사냥, 과도한 고기잡이, 외래종이 토착종에 미친 영향, 인구폭발, 사람의 영향 등이다. 그리고 문명이 붕괴되는 요인은 5가지인데 환경에 가하는 무모한 피해, 기후변화, 적대적인 이웃, 우호적인 이웃(지원중단), 주민들의 반응이라고 한다(제레드 다이아몬드저 강주헌역, "문명의 붕괴", 김영사, 2007, pp.18-30).

다. 오늘날의 밀, 보리, 호밀, 오트밀, 콩류, 포도 등의 조상들이 9000 BCE 직전에 오늘날 쿠르드인들의 조상에 의해서 처음으로 재배되기 시작하였다.[8] 쿠르디스탄(Kurdistan)은 신석기 농업혁명의 발상지로도 알려져 있다. 또한 차이외뉘(Çayönü) 지역은 야금술의 존재가 증명된 세계 최초의 2곳 중 한곳이다. 차이외뉘[9]에서는 5000 BCE 전반기 500년 시기의 것으로 추정되는 동(銅)기구가 발견되었고 청동기구들은 이곳에서 4000 BCE 초기부터 나타났는데 이는 유럽보다 2,000년이 앞선 것이다. 이는 강력한 쿠르드 정복왕조가 존재했다는 증거이기도하다. 이러한 바탕위에 시작된 3000 BCE 후반 쿠르드의 쿠틸(Qutils) 왕조(2250-2120 BCE)[10]가 초기 왕조들과 많은 도시국가(City-States)들을 정복하고 전성기를 누리게 되었다. 대략 4000 BCE부터 아리안족들이 주변국들로 이동하기 시작하였으며 2000 BCE 경부터 점차 아리안족들이 중아아시아에서 이란과 쿠르디스탄으로 이동해와서 이 지역을 지배하기 시작하였다. 이들 아리안족들은 쿠르디스탄

---

8) 학자들에 따라서 이견은 존재하나 일치하는 것은 쿠르디스탄의 서부 측면에서 농경이 시작되었다는 주장이다(Mehrdad R. Izady, "*A Concise Handbook The Kurds*", Published by Talor & Francis, 2009. p.27).

9) 저자가 학술조사차 방문한 차이외뉘 동굴은 석회암 지대에 위치하였으며 기술적으로 세련된 석주(石柱)가 있는 장방형 동굴의 형태였다. 이 차이외뉘 동굴은 1960년대부터 로버트 존 브레이드우드(Robert John Braidwood)에 의해서 발굴되었다. 동굴 주변 우측에 내부 3면은 반월형으로 음각되고 바닥은 직사각형의 홈이 파인 석문을 설치한 이끼 낀 동굴 무덤(Kaya mezarlan)들이 늘어서 있다.

10) Mehrdad R. Izady, *op. cit.*, p.24. 이러한 야금술의 발명은 당시의 쿠틸 왕조가 강력한 군사력을 소유한 정복국가적인 성격을 가졌다는 것을 알 수 있다. 쿠틸은 강력한 군사력을 기반으로 도시국가들과 주변국가들을 정복하였으며 이에 대한 기록이 아카드 왕인 나람신(Naram Sin r. 2291-2255 BCE)의 기록에 등장한다(*ibid.*, pp.29-30). 쿠틸 왕조 성립 당시 한반도는 청동기 문명을 소유하고 중앙아시아 부근에서 발원하였던 기마족 지도자인 환웅들의 강력한 동진(東進) 정복전쟁으로 중국, 만주 및 한반도가 환웅에게 정복당하던 시기들과 유사하다.

을 지배하고 쿠르드는 이들에게 동화되었다. 이들 아리안족은 이미 그 이전부터 강력한 문명을 이루었고 세련된 기마술과 검, 전차 그리고 이를 이용한 전쟁의 기술이 많이 발전하였다. 이어 새로이 설립한 그들의 상징적 국가인 메데 제국(Median Empire, ca. 727-549)[11]이 지금으로부터 약 2,500여 년 전에 멸망한 이후에도 많은 쿠르드 왕조들(Kingdoms)과 공국들(Principalities)이 흥망을 거듭하며 쿠르디스탄의 지배적 세력으로 군림하였다. 이후 마지막 이민족 왕조가 아나톨리아 지역에 창건되었는데 그것은 오스만 제국(Ottoman Empire)이었으며 오스만 제국 지배하의 쿠르드 공국들은 봉건적인 형태의 자치 수준을 확보하였다. 그러나 오스만 제국이 참전한 1차 세계대전(1914-1918) 당시 영국은 '후세인-맥마흔 서한(Huseyin-McMahon Correspondence)'[12]을 통해 연합국과 함께 참전한 아랍의 지도자 후세인에게 종전(終戰) 후 통일된 아랍국가의 독립을 약속하였다. 동시에 연합군과 대오스만 제국 전쟁에 참여한 쿠르드인들에게도 자치권을 허용하겠다는 약속을 하였다(홍순남 1995, 137). 승리한 동맹국들은 쿠르드 대표와 미국을 옵서버로 참석시킨 가운데 1920년 8월 프랑스 세브르에서 영국, 프랑스, 이태리, 터키를 포함한 약 14개국이 모여 433조에 달하는 조약을 체결하였다. 이 중 62조는 쿠르드 자치정부와 경계를, 63조는 터키가 62

11) 메데 제국(727~549 BCE, 700~550 BCE). 헤로도투스의 '역사'를 살펴보면 헤로도투스는 메데 제국의 존속기간을 128년으로 주장하나 이는 판단착오로 보이며 이자디에 의하면 대략 150-178년 정도 제국이 존속하였던 것으로 판단된다 (헤로도투스 지음, 박광순 역. 『역사』 파주: 범우사, 2009, p.105).

12) 이집트 카이로 주재 판무관 헨리 맥마흔이 메카의 샤리프인 후세인과 1915년에 협정한 것으로 이후 영, 불이 아랍을 분할통치 한다는 1916년 5월 사이크스-피코 협정(Sykes-Picot Agreement)으로 파기되었다. 이어 1917년 벨포어 선언이 있었다.

조를 수용해야 한다는 내용을, 64조는 국제연맹 이사회를 통한 해결 방식으로 국제연맹의 쿠르드 독립권고안을 터키도 받아들여야 한다는 내용을 포함하게 되었다(Gunter 2011, 269; Mirzoyev 2003, 29). 1920년 9월 체결된 이 '세브르 조약(The Treaty of Sevres)'은 오스만 제국을 해체시키고 아랍, 아르메니아, 쿠르드 독립을 분명히 하였으며 특히 섹션(Section) Ⅲ의 62, 63, 64조를 통하여 쿠르디스탄에서의 쿠르드 국가의 독립을 명백히 언급하였다(Izady 2009, 59).

당시 영국은 대오스만 제국 전쟁에 참여한 대가로 독립을 요구한 쿠르드의 주장을 처음에는 외면할 수 없어 모술지역을 국제연맹[13]에 상정하여 합법적인 쿠르드 자치국가 건설을 일시적으로 검토하였다. 그러나 쿠르드 민족국가 건설에 암운이 드리우게 되는데 그것은 바로 모술(Mosul), 키르쿠크(Kirkuk) 등에서 발견된 대규모 유전[14]이었다. 대규모 유전의 전략적인 가치는 막대하였으므로 영국은 쿠르드의 자치안을[15] 폐기하고 1923년 7월 로잔조약(Treaty of Lausanne)을 통하여 쿠

13) 제1차 세계대전 동안 미국과 영국의 단체들이 기구의 설립을 강력히 주장하였으며, 미국의 우드로 윌슨(Woodrow Wilson) 대통령은 국제분쟁 억제 수단으로 국제연맹을 지지하였다. 그러나 국제연맹이 1차 세계대전 참전 강대국의 힘에 의해 쿠르디스탄의 강제분할과 석유수탈의 합법적 승인자 역할도 수행하였다.

14) 사이크스-피코 협정 이후에 모술과 키르쿠크의 석유가 보유한 경제적 가치를 먼저 인식한 석유회사들이 영국 등을 움직여 모술 등 주요 유전지대에서 나는 석유를 영국, 미국, 프랑스 등이 분할하여 분배하였다. 이라크의 젊은 민족주의자들과 장교들은 이러한 석유수탈을 용인하기 어려웠으며 결국 1958년 군사쿠데타를 통해 석유수탈을 종식시켰다.

15) 이 당시 '아라비아의 로렌스'에 나오는 로렌스(T. E. Laurence)는 쿠르드 지역을 터키와의 완충지대로 설정하여 영국이 직접 통치하는 안을 제시하였으나 영국에 의해 거부당하였고 결국 남부 시아, 중부 순니, 북부 쿠르드를 아우르는 이라크가 탄생하였다. 쿠르드 문제에 대해서 영국 내에서도 격론이 벌어졌으나 결국 영국의 이익을 중심으로 결정되었다.

르디스탄을 시리아, 터키, 이란, 이라크, 아제르바이잔으로 분할하였다(Ahmed 2003, 25-26; Gunter 2011, 269; Izady 2009, 59-61).

영국은 특히 과거 오스만 제국이 통치하였던 쿠르디스탄 중에서 유전지대가 밀집한 대부분의 지역을 이라크 국가에 귀속시켜 석유 수탈을 위한 간접통치를 획책하였다.[16] 이를 위해 대오스만 제국 전쟁에서 아랍 동맹군이었으며 메카(Mecca) 통치자였던 후세인(Huseyin)[17]

16) 영국이 시리아와 가깝고, 정치, 경제(석유), 군사면에서 전략적인 중요성이 매우 큰 모술을 이라크 영토에 포함시키려고 한 것은 1918년 11월에 표면화 되었다. 이듬해인 1919년 2월에 영국의 최고 식민지 관리인 아더 허첼 경(Sir Arther Hirtzel)은 그의 동료들에게 "스탠다드 석유회사가 이라크를 차지할 것을 갈망하고 있음을 명심해야 할 것"이라고 했다. 이 지역에 대한 영국 및 프랑스의 지배에 대항하여 미국은 그들도 석유를 가질 수 있어야 한다고 주장하였다. 이라크를 둘러싼 전승동맹국들 간의 갈등은 이라크의 석유를 분할하는 데에서 해결책을 찾았다. 영국이 모술을 그들의 새로운 이라크 식민지의 일부로 계속 보유하고 석유를 분할 배분하는 것이었다. 이라크의 석유는 다섯 갈래로 분할되었다. 영국, 프랑스, 네덜란드, 미국 등 4국이 각 23.75%씩. 그리고 나머지 5%는 이 협상을 도운 칼로스테 굴벤키안(Caloste Gulbenkian)에게, 이라크는 0% 그리고 이러한 상태는 1958년 혁명 때까지 지속되었다. 1927년에 대규모 석유탐사가 시행되어 모술 지역에서 거대한 매장량이 발견되었다. 2년 후 앵글로-이란(오늘날 브리티쉬 석유), 쉘, 모빌 및 뉴저지의 스탠다드 오일(엑손)로 이루어진 이라크 석유회사(Iraqi Petroleum Co)가 설립되었다. 그리고 이 회사는 2-3년 사이에 이라크의 석유생산을 완전히 독점했다. 사우디아라비아는 1930년대 미국의 신식민지로 등장했다(Richard Becker, "*Skulduggery since the 1920s: U.S. corporations and Iraqi oil*", Workers World Newspaper, Oct. 31, 2002).

17) 1919년 1월 3일의 파이잘-와이즈만 협정내용은 팔레스타인에서의 이스라엘 건국과 아랍국가 건설을 서로 양보한다는 것이다. 그러나 연합군에 동참한 쿠르드는 민족국가건설의 약속을 받지 못하였다. 파이잘-와이즈만 협정은 영국의 주도하에 히자즈 지역 총독(샤리프 후세인, 히자즈 지역은 아라비아반도의 홍해 해변 지역이며 메카, 메디나, 제다 등의 주요 도시가 있다)의 아들인 파이잘 후세인(Faisal bin Al Hussein Bin Ali El-Hashemi)과 체임 와이즈만(Chaim Azriel Weizmann)이 협정을 맺고 아라비아 반도를 아랍국가와 이스라엘로 분할통치하려는 계획이었다. 이를 위해 아랍의 통치 가문인 샤리프 후세인과 영국이 협력하게 되었는데 영국군 장교 로렌스는 히자즈의 후세인 가문과 1차 세계대전에서

의 아들인 아미르 파이잘(Amir Faisal bin Al Hussein Bin Ali El-Hashemi)[18)]

아랍의 독립을 위해 무장봉기를 주도하였다. 협정내용은 파이잘 후세인이 팔레스타인에서 이스라엘을 건국하고자 하는 1917년의 밸푸어 선언을 지지하는 대신 유대인들은 파이잘이 세우고자 하는 통일아랍국가 건설을 지지한다는 것이다. 후세인은 영국군 정보 장교 로렌스(T. E. Laurence)와 연대해 아랍의 독립을 위해 싸우면서 다마스쿠스에 입성하였다. 로렌스는 다마스쿠스 임시 주지사가 되었고 파이잘은 1920년 3월 시리아 왕이 되었다. 다마스쿠스는 알리 암살 후 예언자 무하마드의 매제인 무아위야가 661년에 세운 우마위야 왕조의 수도였으며 살라딘이 1187년 10월 2일 예루살렘을 십자군으로부터 수복하였다.

18) 이스탄불에서 태어난 그는 메카의 샤리프 가문으로 1908년 히자즈(Al-Hijaz, Hedjaz) 지방의 총독 겸 메카(Mecca)태수로 임명되었으며 후세인(Huseyin bin Ali, 1854-1931년 생존, 1908-1916년까지 Mekka Sharif 즉 Amir 였다)에게는 알리(Ali), 압둘라(Abdullah), 파이잘(Faisal) 3남이 있었고 이들은 모두 이스탄불에서 수학하였다. 장자 알리는 1924년 사우드가의 침공으로 강제 폐위된 후세인의 왕위를 계승하였으나 1925년 다시 사우드에 의해 몰락하였고 차남 압둘라와 3남 파이잘(1921.8.23-1933)은 영국의 배려로 1921년 각각 요르단의 Amir(즉 왕으로 현재 요르단 왕가이다)와 이라크의 왕이 되었다(파이잘은 1920.3.11-1920.7.25일까지 시리아 왕이 되었으나 프랑스에 의해 쫓겨났다. 영국에 의해 1921.8.23일 이라크 왕이 되었다). 후세인-맥마흔 서한에 따라 1916.6.5일 봉기한 아랍군은 1918년 10월 다마스커스 선까지 북상하였고 이들은 1918.1.18일 윌슨의 민족자결주의, 1918.3.3일 독소 간 브레스트-리토프스크 조약의 체결로 아랍의 비밀 영토분할이 폭로되자 이집트 7인 지사의 항의에 영국정부는 6월 6일 이라크와 필레스타인은 피지배자의 동의에, 시리아 대부분 지역과 모술의 해방을 발표하여 아랍 봉기군과 아랍세계의 환영을 받았다. 이러한 희망 속에 아랍군은 10월 1일 영국군의 알렌비 장군(Sir Edmund Allenby)과 함께 입성, 10월 3일에는 아랍군이 영국, 프랑스군에 앞서 베이루트에 입성하였고 아랍군을 이끌던 알 아유비(Al-Ayyubi) 장군이 파이잘의 이름으로 아랍독립국을 선포하였다. 사이크스-피코 협정에서 시리아를 위임통치하기로 한 프랑스와 영국은 이에 항의하였다. 아랍이 영, 프의 이중성에 이의를 제기하여 11월 7일 영, 프는 공동성명서를 발표하여 중동민중들을 구제하기 위하여 전쟁을 하였기 때문에 중동국가들은 자신들의 정부를 수립하여야 한다고 선언하였으나 이미 3구역으로 나누어 이라크는 영국이 단독으로 점령하였다. 그리하여 파이잘은 전후처리를 위한 1919.1.18일 베르사이유궁에서 열린 파리강화회의에 아랍대표로 참석하여 파이잘-와이즈만 협정을 맺어 아랍 측 최초, 최대 대시온주의 양보를 하여 나중에 분쟁의 씨앗이 되었다. 양 측의 입장이 첨예하여 영, 프의 거부로 미국만의 킹-크레

을 1921년 8월[19] 공식적으로 이라크 왕[20]으로 옹립하고 하세미(Hashemite, 예언자 무하마드의 후예)[21] 왕가를 출범시켰다(Mcdowall 2004, 139, 167-168). 영국의 지배[22]가 아닌 아랍민족의 직접적 지배를 받게 된 쿠르드는 아랍민족의 지배에 대항하는 강력한 반대운동을 전개하였다.[23] 그러나 파이잘 1세는 영국의 지원 하에 전체 쿠르드가 참여를 거부한 이라크 국민투표를 통해 결국 이라크 쿠르디스탄을 포함한 이라크의 정식 왕이 되었다.

즉 영국은 로잔조약을 통해서 북서부 쿠르디스탄을 포함한 모든 아나톨리아 지역을 터키에 양도하였고 쿠르디스탄의 핵심 유전지대인

인 위원단이 현지 실사를 나가 파이잘을 시리아 왕으로 하는 권고안 등을 8.28일 제출하였다(서재만 1996a, 148-152). 파이잘 1세가 1933년 9월에 운명하자 독자인 가지왕(Gazi Bin Fayzal)이 왕위를 계승하였으나 1939년 4월 4일 의문의 교통사고를 당하여 파이잘 2세(1939.4.4-1958.7.14)가 등극하였다. 1958년 요르단의 국왕 후세인 1세가 레바논의 위기로 군사지원을 요청하자 보병여단장인 카셈준장을 파병책임자로 하였다. 파병도중인 1958.7.14일 카셈이 회군하여 파이잘 2세를 죽이고 군주제를 폐지하였다.

19) 23일, 12일 설 등이 있다.

20) 국제연맹은 1920.5.1일 이라크와 팔레스타인을 영국이 위임통치 하도록 결정하였는데 이는 영국의 의지가 관철된 결과였다.

21) 예언자 무함마드는 꾸라이쉬 부족의 하쉼가에서 570년 태어났다. 아라비아에는 6세기 후반 무역중계도시가 몇 개 있었는데 그중에 하나가 메카였다. 이 도시의 지배부족이었으며 아브라함의 아들 이스마일의 자손이라고 주장하는 꾸라이쉬 부족에서 무함마드가 출생하였고 610년 메카 근교의 히라 동굴에서 신의 계시를 받는다(손주영 2005, pp.68-69).

22) 일부 쿠르드 부족장들은 아랍의 지배보다는 차라리 영국의 지배를 원하였다.

23) 이러한 쿠르드의 저항에 대해 고등 판무관(high commissioner)인 콕스(Percy Cox)는 1922년 1월 파이잘 왕에게 편지로 쿠르드 독립국가의 가능성을 효과적으로 분쇄하는 방안을 제시하는데 그것은 터키와 이라크 두 나라가 각각의 영역 내 쿠르드의 독립을 저지하는 것이었다(Atarodi, H. "*Great Powers, Oil and the Kurds in Mosul*", American Uni, 2003, pp.170-172: 이태숙 2005, p.20 재인용).

중앙 쿠르디스탄(Central Kurdistan)은 허수아비 왕조를 내세워 실질적으로 자신들이 강점한 것이었다. 그러나 영국은 소수민족의 권리를 보장해야 한다는 형식적인 면피 조항을 로잔조약 37조-44조에 삽입하였다(Izady 2009. 61). 이러한 로잔조약의 결과 전체 쿠르드와 쿠르디스탄은 각각 신생국인 이라크, 시리아, 터키와 이란으로 분할됨과 동시에 이들 신생국들의 강력한 민족주의와 대립각을 세우게 되었으며 지배민족으로의 동화를 거부하는 쿠르드인들의 민족운동 또한 격발되었다. 그러나 이러한 쿠르디스탄의 분할은 차후 각국에서 무장민족투쟁을 주도하는 쿠르드 분리독립운동단체들에게 피난처를 제공하고 동시에 이들 국가들의 지원을 얻게 하는 이중적인 역할도 제공하였다.

쿠르디스탄을 강제 분할한 로잔조약 이후부터 더욱 강렬하게 전개된 그들의 민족운동 또는 분리독립운동은 100여년이 지난 현재에 이르기까지 분리독립국가건설[24)]이라는 그들의 목표를 달성하지 못한 채 그들을 지배하고 있는 이(異) 민족들과 정치투쟁을 비롯한 무장민족투쟁을 오늘도 지속하고 있다.

---

24) 쿠르드 관련 영어권 책자는 민족국가건설은 'Nation-State-Building'을, 쿠르드 민족주의는 'Kurdish Nationalism'이라는 용어를 쓴다. 예를 들어 할리데이(Fred Halliday)의 논문(article) 제목은 "Can We Write a Modernist History of Kurdish nationalism?"이다. 쿠르드 민족주의를 'Kurdish Nationalism'으로 표기하였다.

제2절 연구의 목적

여타 민족분쟁과 동일하게 쿠르드민주당(Kurdistan Democratic Party, 이하 KDP)[25]와 쿠르디스탄노동당(Partia Karkaren Kurdistan, 이하 PKK) 역시 그들의 지배민족국가와의 갈등에서 민족이라는 단위(unit)는 중요한 역할을 하고 있다. 민족이라는 단위는 어느 한 집단이나 국가에게는 통합요소의 역할을 수행하는 반면 지배민족과 피지배민족 또는 민족 간 대립으로 인한 갈등을 초래하는 원인이 되기도 한다. 나아가 격렬한 민족갈등과 민족분쟁은 더 큰 단위인 인류공동체의 평화를 손상시키는 위험요소가 되기도 한다.

이러한 지배민족과 피지배민족의 민족 간의 분쟁상태에서 여전히 헤어나지 못하고 있는 쿠르드인들은 현재에도 터키, 이라크, 이란, 시리아에서 민족분리독립운동을 지속하고 있다. 저자는 쿠르드인들의 민족분쟁과정에서 능동적인 활약을 한 대표적인 두 정치집단의 분리독립운동[26]을 비교분석하여 터키 내에서 쿠르드 분리독립운동이 정체된 원인과 이라크 쿠르드가 쿠르드연방자치정부인 KRG(Kurdistan Regional Government, 이하 KRG)[27]를 설립할 수 있었던 원인은 무엇이

---

25) 논문에서는 PKK와 구별하기 위하여 최초 용어인 "Kurdish Democratic Party"를 사용하였으나 이 책에서는 현재 사용되고 있는 "Kurdistan"으로 표기하였다.

26) KDP와 PKK의 운동을 포괄할 경우나 PKK 경우에는 '분리독립운동', '분리독립국가건설'이라는 단어를, KDP의 경우는 '민족운동', '민족분리독립운동', '민족국가설립' 등의 용어를 중복사용 하였다. 쿠르드 좌파는 민족이 중심이 되어 사회주의를 이용하려는 세력, PKK와 같이 이념에 경도되어 타 민족까지 아우른 채 계급투쟁을 통해 명실상부한 맑스-레닌주의 공산체제 건설을 목표로 하는 세력으로 크게 양분되었다. 그러므로 이들을 민족적 입장의 좌익으로 묘사할 경우, PKK 결성 전 이들의 민족의식이 계급정체성을 확고히 획득하기 전까지는 '민족운동'이라는 용어를 혼용하였다.

었는지 알아보고자 하였다. 그리고 이러한 분석의 결과가 그들이 세우고자하는 민족국가건설(Naton State Building)과 분리독립국가건설 과정에 내포하고 있는 함의도 역시 알아보고자 하였다.

대부분의 전문가들은 민족국가건설을 꿈꾸는 쿠르드인들에게 그들의 독립국가건설은 불가능에 가깝다고 주장하나 연구자는 민족독립국가건설이 불가능하지만은 않다는 입장이다.

그것은 이 지역이 다른 지역에 비해서 자원, 종교, 민족분쟁과 더불어 지역국가들 간의 패권경쟁(Hegemonic Competition)으로 인하여 지배적 구조를 약화시키는 전쟁의 위협과 가능성이 상존하기 때문이다. 또한 이러한 분쟁과 전쟁을 이용하여 자신들에게 유리한 환경을 조성하려는 강대국의 개입 등 많은 전쟁요소들이 이 지역에서 다양한 정치적 균열구조(Structured Cleavage)를 형성하며 KDP, PKK 등과 같은 쿠르드 분리독립운동단체들에게는 강대국, 또는 지역국가들과 공동의 적을 향한 연대나 협력을 가능하게 하는 또 다른 정치적 기회구조(Structured Opportunity)를 제공하기 때문이다.

민족의 측면에서만 살펴보면 민족갈등과 민족분쟁 그리고 민족독립국가건설 있어서 기회구조가 상대적으로 더 폐쇄된 지역이 있고 더 개방된 지역이 있다. 전자는 티베트의 경우이고 후자는 쿠르드라고 할 수 있다. 이와 같이 쿠르드의 민족운동과 분리독립운동 과정에서 나타나는 쿠르드 분리독립국가건설의 정치적 기회구조가 개방되고 확장되는 몇 가지 요인을 살펴보면 다음과 같다.

첫째, 쿠르디스탄을 둘러싼 주변 지역이 정치, 종교, 경제, 민족 등

27) 2005년 10월 15일 통과된 이라크 연방헌법 의한 KRG는 "이라크 쿠르드연방자치정부", 그 이전의 KRG는 "쿠르드자치정부"로 구분하여 표기하였다.

지역정세가 상대적으로 안정되어 있지 않고 항상 끓는 용암(lava)처럼 격렬하고 유동적이라는 점이다. 티베트의 경우에는 G2로 거론되는 강대국 중국에 갇혀있으며 중국의 국내정세가 비교적 안정이 되어있으므로 현재 티베트의 분리독립운동은 정치적 기회구조가 거의 폐쇄된 상태라고 할 수 있다. 즉 티베트의 경우는 중국이 민주화의 열기로 분열되거나 오스만 투르크 제국의 붕괴와 같은 강대국의 해체라는 역사가 되풀이 되어야 분리독립의 기회가 더 주어진다는 의미이다. 결국 외부적인 변수인 강대국의 지원, 분쟁해당국가의 해체나 혼란은 체제 내에 존재하는 분리독립을 원하는 민족들에게 많은 기회를 제공한다. 특히 제1차 세계대전 후 급조된 신생국가인 이라크는 더욱 많은 기회구조를 제공하여 왔다.

둘째는 원유이다.[28] 석유는 석탄기관에서 석유기관으로의 전환이 이루어지던 제1차 세계대전 전후로부터 강대국으로 하여금 쿠르디스탄과 중동에 대한 정치적, 경제적 개입을 집중하게 한 주요변수가 되었다. 또한 국제정치에서는 국가의 생존과 경제활동에 가장 기본이 되는 원유확보는 중대한 정치문제이므로 원유를 확보하기 위한 각축전이 특히 중동과 쿠르디스탄을 둘러싼 이 지역에서 치열하다는 것이다. 가장 원초적이고도 광범위한 영향력을 행사하는 원유가 중동과

28) 특히 키르쿠크를 둘러싼 쿠르드, 이라크, 투르코만족, 터키 등의 점유경쟁은 매우 치열하였다. 특히 터키에서는 현재 쿠르디스탄 지역에서 원유가 대량생산되고 있는데 하산케이프에서 바트만으로 가는 도로 좌우에 석유가 많이 매장되어 있어 석유 시추공들이 많이 있고 바트만(Batman)에는 대규모 석유정제시설이 들어서 있었다. 단단한 암석층인 셰일층 아래에 있는 천연가스와 분자구조가 흡사한 셰일가스도 쿠르디스탄의 비공식 수도인 디야르바크르와 바트만 사이에 대량으로 존재하는 것으로 KOTRA의 이스탄불 무역관은 2013년 9월에 보도하고 있다. 이와 같이 터키는 터키 쿠르디스탄이 보유한 경제적 가치를 중시하고 있다.

키르쿠크 등 쿠르디스탄 지역에서 대량생산되면서 중동지역의 원유를 둘러싼 세계적인 기업과 강대국 등 전 세계의 국가들이 각축을 벌이고 있으므로 이 지역의 정세는 마그마 분출 직전의 화산처럼 전쟁의 위협이 항존하고 상시 분쟁 지역화 됨으로써 쿠르드의 민족운동에 많은 정치적 기회구조를 제공하여 왔다. 즉 유전지대인 쿠르디스탄은 쿠르드인들에게 민족분할의 고통을 제공하였지만 민족분리독립국가 건설의 기회 또한 제공하고 있는 양면성을 소유하고 있다.

셋째, 지역 패권국가가 되기 위한 쿠르드 주변 지역국가들(Regional Powers)간의 패권경쟁과 전쟁이라고 할 수 있다. 쿠르디스탄을 둘러싸고 있는 네 국가 즉 이라크, 터키, 이란, 시리아는 각자의 정치적인 목적을 가지고 일시적인 협력관계를 유지하나 민족과 언어 그리고 종교가 서로 다른 이들은 항상 분쟁적 관계를 유지하고 있다.[29] 이들 간의 갈등과 전쟁은 쿠르드 민족분리독립운동과 분리독립국가건설에 긍정적인 요소로 작용한다.

넷째, 이 지역은 타 지역에 비해서 상대적으로 강한 종교분쟁이 존재한다. 특히 동일 이슬람 내에서도 순니(sunni)와 시아(shi'ite)의 갈등은 이슬람과 기독교간 갈등의 골보다 더 깊고 잔폭하다. 또한 강한 이슬람원리주의(Islamic Fundamentalism)와 이를 이용하는 정치세력들과 테

---

29) 중동은 지구상의 모든 갈등이 존재하는 지역이다. 쿠르드 민족을 둘러싼 이 지역은 친미와 반미, 서구 민주적 공화제와 사회주의적 공화제, 신정국가와 독재국가가 얽혀 있고 인종적으로도 셈족 계열인 아랍족과 아리안족 계열로 이란, 쿠르드인과 같은 인도-유럽족 등 인종적으로도 분열이 심하고 종교적으로도 시아파, 순니파, 알레비파, 유대교, 기독교 등이 얽혀 있는 매우 복잡한 정치, 종교, 문화, 인종, 그리고 민족지형을 가지고 있다. 이러한 갈등요소는 중동의 문제를 복잡하게 하였고 이러한 복잡성에 기인한 분쟁과 전쟁은 쿠르드의 민족운동에 일면 긍정적인 역할도 하였다.

러단체들의 만연은 지역분쟁을 더욱 격렬하게 만드는 요인으로 작용하고 있다.

다섯째, 이 지역은 서구식 민주화의 정도와 정당제도화의 정도가 상대적으로 낮다는 것이다. 이는 정치적 타협 등을 통해 분쟁을 해결하는 능력이 상대적으로 저조하다는 것을 의미한다. 정당을 통한 평화적 정권교체가 불가능한 권위주의 정권은 기반이 불안정한 시민사회와 민중을 억압하게 되는데 이러한 피지배 계층은 비록 이슬람이 분출의 통로 역할을 한다할지라도 서구식 민주주의와 같은 보편적인 정치질서와 자유를 허용하지는 않는다. 즉 이슬람식 통치문화로 인하여 사상이나 정치적 자유가 제한적이며 권위주의 정권에 의한 이러한 정치적 욕구의 억압은 권위주의 정권의 중대한 위기가 도래할 경우 리비아, 이라크, 시리아와 같이 국가가 급격한 혼란에 돌입할 수 있으며 이 경우 쿠르드 민족은 강대국과 공동의 적에 대항하는 전략적인 연대 등을 통하여 분리독립국가건설을 달성할 수 있다는 것이다.

여섯째, 1차 걸프전 이후부터 실질적인 자치를 행사해오던 쿠르드 자치정부 KRG[30]가 이라크 북부 아르빌(Arbil)을 수도로 하여 건립된 이후 2005년 10월 15일 통과된 이라크 신헌법을 통하여 KRG가 자체 군대를 보유한 이라크 연방제의 쿠르드연방자치정부로 재탄생되었다는 점이다. 이것은 민족국가를 건설하고자 하였던 쿠르드인들의 오랜 정치적 노력의 결실로 쿠르드 민족분리독립운동사에 기록될 큰 정치

30) 2017년 현재 KRG 대통령은 이라크 쿠르드 민족독립운동단체 KDP의 수장이었던 마수드 바르자니다. 총리는 네치르반 이드리스 바르자니로 마수드 바르자니의 장조카다. 이들은 모두 바르잔 부족 출신들이다. 이라크 대통령이었던 잘랄 탈라바니는 탈라바니 부족 출신이다. 이러한 쿠르드의 부족성은 과거 민족운동에 긍정적으로 작용하였으며 현재도 중요한 정치적 함의를 내포하고 있다.

적 사건이었다. 이는 결과적으로 쿠르드를 둘러싼 다양한 수준(level)의 정치권력관계의 지각변동을 야기하였다. 즉 자치정부의 공고화 과정을 거쳐 중동 정치지형에 결정적인 시기가 도래하면 한 차원 더 높은 쿠르드인들의 민족국가건설이라는 기회가 주어질 가능성이 있다는 것이다. 특히 제1차 세계대전 이후 영국이 석유자원 수탈을 목적으로 급조한 이라크는 국가 공고도, 정치적 수준, 국제사회의 신임의 정도가 상대적으로 낮으므로 그 기회는 타 국가에 비해서 매우 높은 편이라고 할 수 있다. 전략적인 면에서 전체 쿠르드가 이곳에 집중한다면 그 기회는 보다 빨리 올 수도 있을 것이다. 이와 같은 측면에서 내부 혼란중인 시리아도 쿠르드에게 큰 기회를 제공할 수 있다.

일곱째, 해외에 있는 쿠르드 디아스포라(Diaspora)[31)]들이 쿠르드 민족운동과 독립국가건설의 외부 자원의 역할을 한다는 점이다. PKK는 이들을 통해 국제적인 동원과 지원을 받고 있다. 민족탄압과 강제추방이 일어난 1940~1980년대에 이란, 이라크, 터키, 시리아, 구소련[32)]

31) 쿠르드 민족의 해외 디아스포라들 활동도 적극적이다. 다양한 해외 웹사이트들과 위성방송 등을 통해 실시간으로 쿠르디스탄 소식을 전하고 있다. 또한 쿠르드 민족에 대해서만 연구하는 단체들의 웹사이트도 있으며 이라크 아르빌에서도 'Kurdish Globe'라는 영어 웹사이트를 통해서 쿠르드 소식을 실시간으로 전한다. 'AKR'라는 쿠르드 인권단체 사이트도 있으며 그들의 영문 소개는 다음과 같다. "The Alliance for Kurdish Rights(AKR) is an independent digital initiative whose mission is to mobilize public opinion, collect information and disseminate knowledge about human rights abuses against the Kurdish people throughout the Middle East"(사이트에서 인용). 미국 사이트는 'American Kurdish Information Network', 'The Kurdish American Society (KAS)', 'IKA' 등이 있으며 독일 사이트는 'NAVEND', 인권 사이트는 'Kurdish Human Rights Project' 등이 있으며 이 외에도 많은 사이트가 있다.

32) 구소련 지역에 쿠르드인 디아스포라가 비공식적으로 50만 명, 카자크스탄 지역에는 약 7만 명의 쿠르드인 디아스포라가 존재한다고 한다. 카자크스탄의 쿠르드 디아스포라의 경우 주로 카프카스 산맥과 아르메니아 터키 북동부에 거주하

에 거주하였던 많은 쿠르드인들이 이스라엘 등 주변국가나, 도시로 이주하였다. 또한 이들은 영국, 독일, 프랑스, 스웨덴, 북미 등으로 계속 이주하였다. 그리하여 영향력 있는 초국적 쿠르드 공동체를 형성하여 쿠르드 민족분리독립을 지원하고 거주국가의 정부, EU, 국제사법재판소 등에 쿠르드 관련 이슈에 대한 정치적, 사회적 압력을 지속적으로 가하는 역할을 수행하여 왔다.

저자는 KDP(피디케)[33]와 PKK(페케케)의 민족운동과 분리독립운동의 비교분석을 통하여 이들이 각자 추구하였던 민족운동과 분리독립운동의 결과에 대한 원인과 더불어 미래 쿠르드의 분리독립국가건설에 가지는 함의를 알아보고자 하였다. 그리고 인류가 민족분쟁과 종교분쟁 등으로부터 탈피할 수 있는 방안을 간략히 피력하였다.

는 쿠르드인들이 1, 2, 3차에 걸쳐 카자크스탄에 강제이주 되었는데 1차는 1937년 스탈린의 강제이주 정책으로, 2차는 1944년 3차는 1989년 아제르바이잔-아르메니아의 나고르노-카라바흐를 둘러싼 영토분쟁시 카자크스탄으로 이주하였다. 기독교를 믿는 아르메니아인들이 아제르바이잔 지역에 섬처럼 있는 곳이 카라바흐 산맥 기슭의 나고르노 지역인데 1923년 구소련에 의해 아제르바이잔에 강제 귀속된 이래로 이슬람을 믿는 아제르바이잔과의 분쟁은 예고되어 있었다. 구소련은 분리독립을 선포한 나고르노를 반대하여 아제르바이잔을 지지하였으나 구소련이 곧 붕괴하여 아르메니아와 아제르바이잔은 전쟁을 시작하였다. 결국 국제적인 승인은 얻지는 못하였으나 나고르노는 아르메니아 군대가 주둔하며 실질적인 독립을 유지하고 있다. 구소련 당시 이주하였던 쿠르드인들은 자신들의 정체성 보존에 노력하고 있으며 쿠르드 민족단체를 결성하고 시완 페르웨르(Civan Perwer) 등을 초청하여 쿠르드 문화를 보존, 공유하려한다. 카자크스탄 쿠르드 역시 'Jiyanakurd'라는 민족신문을 발행하는 등 쿠르드 민족성을 고수하려고 노력한다. 2014년 현재 카자크스탄 쿠르드인협회 회장은 그냐즈 미르조에프(Knyaz Ibragimovich Mirzoyev)이며 쿠르드 관련 저서는 '*The kurds-Essays on history and culture*'가 있다. 카자크스탄 아바이(Abay) 사범대의 정치학 & 정치철학과(과장 Raushanbek B, Absattarov)에서 쿠르드 디아스포라 등을 연구하고 있다.

33) 이라크에서는 피디케(Partiya Demokrat a Kurdistanê, PDK)가 많이 사용된다.

제3절 연구의 방법 및 범위

민족분쟁중인 지배민족의 소수민족에 대한 지배방법은 정치적으로는 이념, 법, 물리적인 수단을 통하여 차별. 배제, 동화, 추방, 인종청소 등의 정책을 취하고 경제적으로는 예산과 고용의 차별 등을 통하여 배제와 동화 등의 정책을, 문화적으로는 법률적 강제나 물리적인 힘을 통하여 차별과 배제(금지, 분리, 인위적 인구재편) 그리고 동화의 정책을 꾸준히 시도하게 된다. 지배민족의 문화적인 동화정책들은 언어금지, 역사왜곡, 의상 및 노래금지, 피지배 민족의 자긍심을 고취시키는 민속, 영웅담, 설화 등을 금지하거나 왜곡하게 된다. 또한 초, 중, 고등학교에서 다양한 지배민족으로의 동화교육을 통해 민족의식의 육성을 근본적으로 방해한다. 지배민족의 다양한 차별정책은 대립중인 민족 간의 끊임없는 갈등을 야기시킨다.

이와 같이 민족분쟁은 지배민족과 피지배민족, 또는 민족 간의 분쟁으로 피지배민족 또는 어떤 민족이 타 민족 집단에게 자신들의 민족정체성 인정과 정치적 권리를 요구하고 나아가 그 요구가 영토, 자치, 민족국가건설 등일 경우에는 대부분 전쟁을 수반하게 된다. 그러므로 상대민족과의 갈등 및 전쟁과정에서 정치이념, 조직과 동원, 국제적 연대 부분은 목표달성 여부를 결정짓는 중대한 변수로 작용하며 이들 변수에 의한 결과는 분리독립국가건설, 자치 획득, 정체, 동화 등 다양한 형태로 나타난다.

이러한 맥락에서 이 논문의 연구 방법과 범위를 살펴보면 다음과 같다. 첫째. 민족분쟁의 과정에 놓여 있는 쿠르드의 중요한 정치행위자인 KDP와 PKK를 중심으로 비교분석할 예정이다. 칼 맑스(Karl Marx), 왈러스타인(Immanuel Wallerstein)과 같은 구조주의자들은 국제정치를 결정론적으로 파악한다. 그러나 국제정치의 결정론적이고 구조주의적인 이들의 시각에 대해 분야는 다르지만 게임이론[34]에 의한 선택론자인 애덤 쉐볼스키(Adam Przeworski)는 어떤 사회경제적 구조 때문에 대다수의 국민들의 노력이 헛될 것이라는 구조적, 역사적 결정론은 시대착오적인 인식일 뿐이다(윤성석 2000, 97-98)[35]고 하였는데 저자는 이 주장을 쿠르드 민족분쟁에 일부 받아들였다. 그리하여 KDP와 PKK라는 정치행위자를 중심으로 KDP와 PKK의 민족운동과 분리독립운동의 과정과 가능성을 분석하였다.

둘째, 쿠르드 내에서 민족운동이나 분리독립국가건설을 추동한 세력은 크게 세 가지로 분류되는데 그것은 쒜흐(Şeyh)[36] 등 종교적인 세력, 부족주의적인 세력, 맑스-레닌주의(Marxism-Leninism) 세력이었다. 쒜흐의 종교적인 세력은 1940년대 이후 급격히 쇠락하여 단절현상이

34) 존 폰 노이만(John Louis von Neumann)이라는 천재적인 수학자가 독일과의 효율적 전쟁을 연구하던 과정에서 게임이론이 나오게 되었다는 설이 있다. 게임이론과 합리적 선택이론에 관한 입문서는 "Michael Laver, 박통희역, 『公共選擇理論 入門』, 서울: 문우사, 1992"가 있다.

35) 저자는 정치에서 정치행위자인 인간을 능동적 주체로 파악하며 정치구조를 결정해 가는 것은 결국 인간이라고 생각한다. 이는 구성주의와 일면 연관될 수 있다.

36) 아랍어 발음은 '쉐이크' 이나 북부 쿠르만지어 발음은 '쒜흐'이다. 원문인용의 '쉐이크'는 그대로 써주고 연구자의 글이나 번역은 '쒜흐'로 표기하였다. 단 좀 더 아랍지역에 가깝거나 소통이 더 많은 바디니어(바디나니어)와 소라니어가 공통적으로 사용되는 아르빌 등은 '샤이크', '쉐이크' 등으로 발음이 된다. 현재 KRG에 거주하고 있는 정정열의 증언에 의하면 바디나니어는 주로 도훅(Duhok), 모술(Mosul)지역에, 소라니어는 키르쿠크(Kirkuk), 술레마니아(Sulaymanya), 아르빌(Arbil) 등에서 사용되며 바르자니 부족은 소라니어도 쓰나 바디나니어에 가깝다고 한다. 앞으로 등장하는 쿠르드어는 주로 북부 쿠르만지어(Bâhdinâni)와 남부 쿠르만지어(Sorâni)로 표기할 예정이나 바디나니어나 소라니어를 알지 못할 경우 터키어로 표기한다. 군터는 아르빌은 쿠르만지어를 술레마니아는 소라니어권으로 분류하기도 한다.

일어났다. 그러나 이라크 쿠르드의 경우 쉐흐 세력과 부족주의 세력을 상징하는 바르자니들의 KDP가 민족국가건설을 위한 민족운동을 강력하게, 성공적으로 전개하였다. 맑스-레닌주의 세력은 터키에서 강력하게 분리독립운동을 전개하였는데 PKK가 대표적 단체라고 할 수 있다. 민족분쟁 중인 정치행위자를 비교분석하기 위해서는 현재 4개의 나라에서 민족운동과 분리독립운동을 전개했던 집단들 중에서 이념, 조직, 연대 등에서 가장 대비되면서도 가장 뚜렷한 성과를 도출하였고 현재에도 타 단체들보다 활발한 민족운동과 분리독립운동을 전개하고 있는 정치단체를 비교분석하는 것이 효과적이다. 이러한 의미에서 부족주의 민족주의, 이슬람 세력을 수용한 KDP와 탈부족주의,[37] 탈민족주의, 탈이슬람 세력으로 맑스-레닌주의 세력을 대표하는 PKK는 연구자가 의도하는 쿠르드 민족분쟁에 관한 비교분석의 목적을 효과적으로 달성할 수 있는 지표사례 역할을 하였다. 그러므로 연구목적 달성을 위한 상호비교 대상으로 이라크의 KDP와 터키의 PKK를 선정하게 되었다.

시리아(Syria) 분리독립운동단체가 배재된 이유는 권위적인 아사드(Assad) 정권의 강한 민족동화정책과 정치적 탄압으로 시리아 쿠르드의 분리독립운동은 상대적으로 약화된 상태였다. 시리아가 외잘란[38]에게 망명처와 다양한 지원을 제공한 관계로 PKK의 강력한 영향력하에 있었던 시리아 쿠르드 분리독립운동단체는 시리아에 대항하여 분리독립운동을 전개하는데 한계가 존재하였다. 그러나 시리아 내

37) 맑스-레닌주의 이론에 의하면 정확한 용어는 반부족주의, 반이슬람, 반민족주의라고 할 수 있으나 쿠르드 좌파들이 민족운동에서 시작한 측면을 고려하며 탈부족주의, 탈이슬람, 탈민족주의라는 용어를 사용하였다.

38) 요잘란으로 발음되기도 한다.

전과 '이슬람국가(IS, Islamic State)'의 출현으로 인하여 앞으로 PKK, 민주동맹당(Partiya Yekîtiya Demokrat, Democratic Union Party, 이하 PYD),[39] 산하무장단체인 인민방위군((Yekîneyên Parastina Gel, People's Protection Units, 이하 YPG)의 정치적 위상은 높아질 것으로 예상된다.

이란의 경우 이란의 신정정권은 지도자 암살을 통하여 이란쿠르드 민주당인 KDPI(Kurdish Democratic Party of Iran)의 지도력을 철저히 무력화시켰다. 즉 이란-이라크전이 종전된 이후 이란 신정정권은 지도자인 가셈로우(Abdul Rahman Ghassemlou)와 샤라프칸디(Mohammad Saddeq Sharfkandi)를 암살하여 KDPI의 자치 및 민족국가건설을 좌절시키고 1990년대 중반까지 약 20만의 군대를 이 지역에 주둔시켜 이란 쿠르디스탄 전 지역을 군사기지화 하였다(Kamali 2003, 212). 그러므로 현재 KDPI의 활동은 상당히 정체된 상태이며 PKK와 이념적 동질성을 가진 코말라(Komala)는 명목상 정당(Paper Party)으로 전락하였다. 그러므로 본 연구의 목적을 달성하기 위한 사례로서 현재 분리독립운동이 활발하고, 상호 대립적이며, 현실주의와 전통주의 세력의 대표인 KDP와 맑스-레닌주의 세력으로 이상주의적인 PKK의 분리독립운동을 민족주의 관점에서 비교연구하는 것이 적절하다 하겠다.

셋째, 3가지 독립변수인 이들 두 정치단체의 정치 이념적 선택, 조직과 동원, 국제적 연대는 민족운동과 분리독립국가건설을 추구하는 두 정치단체의 정치적 목적을 달성하기 위한 중요한 변수 역할을 수행한다고 할 수 있다. 즉 이 3가지 독립변수가 독립국가건설을 위하여 민족분쟁중인 두 정치단체의 분리독립운동 전반적인 과정, 조직과 동

39) PKK의 산하 단체이다. 대부분 한국어로 번역하고 괄호 안에 영문 이니셜과 전체 영문을 표기하는 것을 원칙으로 하되 일반적으로 영문 이니셜로 호칭되는 단체는 영문 이니셜로도 표기하였다.

원의 효율성, 미래의 전망 등을 가장 잘 파악할 수 있는 효과적인 독립변수가 된다고 판단하였다.

이 두 단체의 정치이념, 조직과 동원, 국제적 연대를 중요한 정치적 변수로 보는 이유를 좀 더 살펴보면 첫째로 정치행위를 함에 있어서 가장 중요한 것은 정치이념으로 정치이념은 외부적으로는 민족분쟁 및 분리독립운동을 하는 단체의 목적을 나타냄과 동시에 내부적으로는 자신들을 억압하는 민족이나 정권에 대항하는 자신들의 정치공동체를 규정하고 통합하는 방식을 제시하며 그 정치단체의 가치체계, 목표, 동원과 행동의 방향, 구성원의 조직과 훈련, 연대를 결정짓는 중요한 기준이 되므로 첫 번째 독립변수로 보았다. 둘째는 조직과 동원으로 두 정치단체인 KDP와 PKK가 자신들의 정치적 행위를 하는 과정에서 조직은 곧 목표나 이념을 달성하기 위한 핵심적인 수단역할을 한다. 그리고 이 조직의 주요한 행위 중 하나는 분리독립운동 과정에 있는 정치단체가 그들의 목표를 달성하기 위해 노력하는 동원행위이다. 그러므로 분리독립운동과정에서 나타난 조직과 동원의 역사, 이념의 수용과 배제, 국내외 조직, 목표, 구성원, 게릴라의 숫자, 리더십, 시기별 동원의 원인 분석, 이념적 동원에 대한 대중의 인식, 동원의 문제점 등을 상호 비교하여 그 특징과 차이를 분석하고자 하였다. 앞의 첫째와 둘째가 내부적 변수라면 셋째는 이들 민족분쟁에 개입하는 외부적 변수로서 국제정치에서 가장 강력한 영향력을 행사하고 있는 강대국과 두 정치단체간의 관계를 분석하고자 하였다. 나아가 지역국가들인 주변국가들 과의 정치적 연대를 고찰함으로서 이러한 강대국과 지역국가들과의 연대가 이들 두 정치 단체에게 끼친 정치적인 영향력과 차이점을 비교하고자 하였다. 이 외부변수는 정치적 타결보다는 힘과 전쟁을 통한 해결을 지향한다는 측면에서 정치현실주의가 강하게 작동하는 변수이다.

이상과 같이 정치이념, 조직과 동원, 국제적인 연대라는 3가지 정치적 변수와 분리독립국가건설 관계를 함수식으로 나타내보면 다음과 같다. 크게 민족국가건설 즉 NSB(Nation State Building)는=f(IV, EV) 즉 NSB는 내부변수(Interal Variables)와 외부변수(External Variable)로 나뉜다. 특히 정치이념, 조직과 동원은 내부변수이며 국제적인 연대부분은 외부변수이다. 이를 함수식으로 나타내면 NSB=f(PI, O·M, IA) 즉 정치이념(Political Ideology), 조직(Organization)과 동원(Mobilization), 국제적 연대(International Alliance)라고 할 수 있다. 이러한 함수식과 같이 이들 3가지 독립변수와 이 독립변수를 구성하는 내재변수인 리더십 등 몇 가지 요소들은 분리독립국가를 건설하기 위한 충분조건이 되기도 한다는 것이다.

이와 같이 3가지의 정치적인 변수를 비교함으로써 국제정치의 구조 속에서 민족분쟁중인 이 두 정치단체의 정치적 행위가 초래한 결과와 비교분석의 내용을 3, 4, 5장의 소론 부분에 기술하였다. 이와 같이 KDP[40)]와 PKK의 민족운동과 분리독립운동과정은 역사적인 맥락에서 파악해야할 필요성이 있으므로 통시적인 접근(Diachronic Approach)을 통해서 쿠르드 부족주의와 부족주의적 동원의 과정, PKK의 맑스-

40) 2014년 쿠르드 민족분리독립운동을 이끌고 있는 이라크 KDP의 지도자는 마수드 바르자니이다. 쿠르드도 여타 부족과 마찬가지로 1, 2개 마을을 거느리는 조그만 부족장부터 여러 부족이 합쳐진 중간 부족, 중간 부족들을 거느린 대 부족으로 형성되어 있는데 이는 중동의 주요 정치적 특징 가운데 하나이다. 이러한 대 부족장들은 경제적인 자원과 군사력을 보유하고 있었고 이러한 전통은 1900년대 초, 중반까지 존재했었다. 비록 국가에 따라 다르지만 터키에서 일부 부족은 현재도 존재하며 부족구성원들은 지금도 일부 부족적 소속감을 가지고 있다. 이스탄불 등 도회지로 강제소개되었던 쿠르드 청년들은 부모의 고향, 부족의 기억을 가지고 있으며 부모의 고향과 부족 등에 대한 기본적인 관심이 있다.

레닌주의와 이념적 동원의 과정 등을 역사적 맥락에서 비교분석할 예정이다. 또한 공시적인 접근법(Synchronic Approach)을 통하여 KDP와 PKK의 조직과 동원 체계, 구성원, 지향하는 국가체제와 경제체제의 차이점을 비교분석하고자 하였다.

분석의 목적을 달성하기 위하여 최대유사체계(MSSD, Most Similar Systems Designs) 비교분석방법을 사용하므로 상이성이나 차이점이 독립변수가 되며 체계나 사례의 유사성은 상수 즉 고정적인 조건으로 종속변수에는 영향을 주지 않는 것으로 판단하였다(김웅진외 편역 1992, 94-95). 이러한 비교분석을 통하여 독립변수인 정치이념, 조직과 동원, 국제적 연대 등을 통하여 종속변수인 KDP의 이라크 연방 쿠르드 자치정부설립과 PKK의 터키 내 분리독립운동 정체와의 인과성을 밝히고자 하였다.

이와 같은 연구목적을 검증하기 위해서 자료연구는 3가지로 나누어 연구하였다. 첫째는 문헌연구이다. 문헌연구 방법은 크게 3가지로 나뉘는데 그것은 쿠르드 자체의 언어나 소속국가의 언어로 쓰인 내부자료, 영어권 등 외국자료 및 한국자료다. 먼저 쿠르드 내부자료는 이라크, 터키, 이란자료가 있으며 저자가 입수한 자료는 터키 내 자료로 터키 내에서 발간된 쿠르드의 북부 쿠르만지어(North Kurmânji)와 남부 쿠르만지어(South Kurmânji)인 소라니어(Sorâni)로 된 서적들, 터키어 및 아랍어로 된 쿠르드 관련 서적이나 자료들이었다. 팔라와니어(Pahlawâni) 계열인 구라니어(Gurâni)와, 드믈리어(Dimili)인 자자어(Zâza) 서적은 구할 수 없었다.

터키 당국에서 출판한 PKK, KDP, 쿠르드관련 자료들은 터키 당국의 관점에서 PKK나 KDP를 바라보는 시각이 담겨 있어 객관성을 유지하고 있지는 않지만 특히 통계관련 자료는 가치가 매우 높으므로 주로 논증과 증거로 인용하였다.

둘째, 외국자료는 주로 영어권 자료이며 쿠르드 관련 영어 자료는 다양하였다. 중요한 영어권 자료는 필요한 부분을 일부 확보하였으나 영어권 자료는 절판된 경우가 많아 중요한 자료입수에 어려움이 있었다. 그러나 유럽이나 미국 등 외국에서 출판된 자료는 쿠르드의 전반적인 정체성과 PKK를 연구한 책들이 다수 있으며 비록 논문에 필요한 KDP나 PKK의 직접적인 자료가 존재하지 않더라도 그들의 특성을 이해하는데 도움을 주는 내용이 있는 경우가 많았다.

셋째 국내학계의 연구는 쿠르드학(Kurdology) 차원의 저변확대나 저자가 깊이 연구한 심도 있는 차원의 단행본이나 논문은 많지 않음을 알 수 있다. 더구나 언어나 문화, 역사에 대한 다양한 연구가 많지 않는 점이 아쉬웠다. 그러나 힐미 압바스(조경수역 2003)는 쿠르드의 고대 신화에 대한 이야기를 통해 민족정체성의 한 단면을 부각시켰으며 번역은 아직 되지 않았지만 이러한 구전집의 일종으로 매우 중요한 가치가 있는 '뱅그배즈'가 있고 쿠르드판 로미오와 줄리엣으로 아흐마드 하니(Ahmadi Khani)가 쓴 '메무진(Mem u Zin)'이 있다. 이러한 책들은 쿠르드의 신화나 역사정체성을 확인할 수 있는 좋은 자료였다.

특히 고대 쿠르드 역사정체성 부분은 헤로도투스(Herodotus)의 '역사'에 많은 부분이 언급되어 있어서 쿠르드 고대 역사정체성과 부족주의 등의 문제에 있어서 참조가 되었다. 특히 쿠르드의 선조들이 세운 메데(메디아) 제국[41]에 대해서 자세히 언급되어 있다. 국내 쿠르드

41) 메데 제국은 지금의 이란, 이라크, 동부 터키 등을 아우르는 제국이었다. 키루스 대왕은 치열한 몇 년간의 전쟁을 통하여 자신들의 지배국가였고 외할아버지의 국가였던 메데 제국을 무너뜨렸다. 이후 역사서에서 쿠르드에 관한 자세한 내용을 찾기가 힘들었다.

관련 고대사가 대부분 잘못 서술되어 있는 것은 헤로도투스의 '역사'를 읽지 않고 잘못된 논문을 재인용하는 과정에서 오류 부분이 계속 재인용된 것을 발견할 수 있었다. 그러나 쿠르드 역사정체성은 양이 부족하나마 김정위(김정위 2001)의 고대 쿠르드인들의 메데 제국과 관련된 이란 고대사 부분이 대부분 정확하였고 고대, 중세, 근대, 현대를 아우르는 역사서로서 학술적 가치가 있다. 김정위(김정위 1987)[42]도 중동의 고대부터 근대에 이르는 역사가 잘 정리되어 부족주의와 더불어 쿠르드의 정체성을 파악하는데 정확한 지식을 제공하는 등 학술적 가치가 높았다.

한국외국어대학교 중동연구소에서 발간하는 '중동연구' 지에 쿠르드에 관한 논문들이 일부 게제 되었으나 분리독립운동단체를 직접적으로 비교한 연구논문은 희소하며 분리독립운동단체를 이념적인 측면에서 비교연구를 하는 것을 더욱 드물었다.

장병옥(장병옥 2006)은 쿠르드 관련 외국의 책들을 번역하여 내용에 포함시키고 쿠르드의 분리독립운동단체와 KDP, PKK에 대한 많은 자료를 소개하였으며 이란, 이라크, 터키의 분리독립운동의 과정을 역사적 맥락에서 통시적인 서술을 하였다. 서재만(서재만 1995)은 1차 세계대전의 추축국이었던 오스만이 동맹과다 현상[43]으로 분할되는 과정을 연구하여 오스만 투르크가 붕괴되는 것을 역사적 맥락에서 구조적으로 설명하였다.

---

42) 김정위의 책들은 오래된 책이지만 고대사 부분이 매우 정확히 서술되어 있다.

43) 추축국에 참여하였던 오스만 투르크는 과다동맹 현상에서 빠져 나오지 못하고 결국 제국이 연합군에 의해 붕괴가 되었으며 쿠르드는 민족국가를 세울 수 있는 좋은 기회를 맞이하였다. 그리하여 1920년 세브르 조약에서 그들의 독립을 약속하였으나 터키의 강력한 항의 등으로 1923년 7월 24일 로잔조약에서는 그러한 언급이 삭제되어 국가건설의 기회를 상실하게 되었다.

부족주의에 관한 연구를 보면 홍순남(홍순남 1995)은 비교분석을 통하여 KDP의 부족주의 관해 매우 중요한 주장을 하였는데 그는 PLO와 바르자니의 KDP를 비교하면서 바르자니는 바르잔 지역의 쿠르드와 일부 산악 농민 쿠르드를 대표할 뿐이며 전체 쿠르드의 대표권을 인정받는 정통성은 결여하고 있다고 하여 쿠르드의 저항운동의 성격이 쿠르드의 부족장이나 종교지도자에 대한 충성심이라고 정의하였다. 이는 날카로운 지적으로 KDP의 일부 한계성을 언급한 것이었다.

PKK에 관한 연구를 살펴보면 이희수(이희수 1995)는 터키 쿠르드 민족의 민족주의 운동과 박해, PKK등장과 분리독립운동에 대한 소개와 더불어 그는 터키인과 쿠르드가 이슬람이라는 종교적 연대감을 통하여 하나의 공동체로 나가야 한다고 주장하였다.

영어로 출판된 서적들 일부는 쿠르드인들과 직접 부딪치면서 그들의 생생한 모습을 수집해 드러내준 것으로 자료적 가치가 있으나 쿠르드 분리독립운동을 자세히 비교 연구한 저서는 찾기 힘들었다.

맥도웰(Mcdowall 2004)은 역사적 맥락과 통시적인 입장에서 쿠르드의 분리독립운동에 대한 1999년까지의 모든 역사를 잘 정리하였으나 수사적인 표현이 많고 최근의 상황은 기록되지 않는 단점이 있다. 모든 쿠르드 관련 학자들이 주로 인용하는 저서이지만 일부착오도 발견되었다. 또한 찰리안트(Chaliand 1993)도 오스만 제국부터 터키, 이란, 이라크, 시리아 쿠르드의 민족분리독립운동을 역사적 맥락에서 분석하였다. 특히 제1차 걸프전의 직전, 후를 심도 있게 다루었다. 마이클 군터(Gunter 2008)는 매우 유용한 자료로서 이라크의 쿠르드 연방주의, 이라크 KRG 및 터키, 이란, 시리아의 대쿠르드 정책을 정치적인 맥락에서 설명하고 있다. 아흐메드(Ahmed 2012)는 이라크의 KRG의 탄생부터 KRG의 리더십, 지역경제발전, 미국 유럽과의 관계, 군사, 터키와의 관계, KRG의 전망을 분석하였다. 프룬허버(Prunhuber 2009)는 가셈로우 박사[44]와 산에서 인터뷰한 것으로 그의 게릴라들과 동행하며 가셈로우의 분리독립운동에 대해서 연구하였다. 이러한 글들은 민족 투쟁중인 그들의 육성을 직접 확인할 수 있다는 장점이 있다.

쿠르드의 분리독립운동단체를 비교분석한 논문은 아니지만 브레네만(Brenneman 2005)[45]은 쿠르드 민족의 인종적 정의를 비롯해서 쿠르드 민족의 고유한 지식과 문화, 정체성의 변화를 연구하였다. 쿠르드 민족의 문화 특히 그들의 중요한 가치와 의식, 영웅, 상징 등을 연구한 그의 논문은 Kurdology 측면에서 의미 있는 논문으로 쿠르드의 정체성을 연구하는데 도움이 되었다.

쿠르드에 관한 비교연구 논문을 살펴보면 에르뎀(Erdem 2006)은 이들 간의 인종 정체성을 비롯한 언어, 인구이동, 기원 등을 비교연구하였다, 그러나 쿠르디스탄이 이라크, 터키, 이란, 시리아, 구소련 등으로 분리되어 있는데다가 언어마저도 넓게 보면 5가지로 분리되어 있어 국가별 비교 연구는 많은 제약이 따르는 것도 사실이다. 이러한 기초적인 자료 외에도 많은 자료들을 열람하였으나 중요한 자료 일부를 입수하지 못한 아쉬움도 있었다.

둘째는 현지조사 및 참여관찰로 2013년 8월 00일-9월 00일에 걸쳐 터키 쿠르디스탄 및 시리아 접경지대를 방문하였다. 터키여행에는 문제가 없었으나 몇 년 전만 하여도 계엄상태라 시외를 벗어나면 군인, 헌병대(gendamer) 검문소가 겹겹으로 존재하였다고 한다. 지금도 쿠르

44) 가셈로우는 이란의 마하바드 공화국이 붕괴된 이후 1973년부터 이란 KDP의 실질적인 지도자로 활약하였으나 1989년 7월 13일 암살당하였다.

45) 외국 박사논문은 접근이 힘든 단점이 있었으며 열람 가능한 논문은 몇 편에 불과하였다.

디스탄 시 외곽은 여전히 군대가 통치하고 있었다. 쿠르디스탄 지역은 여행제한지역이므로 국경선 인근은 조심스러웠으며 쿠르드 부족장(Agha, Aga)[46] 집에 머무르며 인근을 조사하러 다녔다.

또한 쿠르드 민족정체성을 확인해준 쿠르드 대학생들이 자취하는 집에 머물렀는데 물리학, 경제학 등을 전공하고 있던 그들은 교내에서 터키정부가 조종하는 극우 학생단체들의 백색테러와 이에 대항하는 쿠르드 학생단체와의 학내 대립 등을 인터뷰해 주었다. 그 중 한 학생은 대학교내에서 쿠르드를 반대하는 백색데모가 있다는 것도 언급하였다. 또 한명은 병역을 기피하였는데 병역기피 쿠르드 청년들이 꽤 많으며 이들은 유럽에 난민신청을 하여 유럽으로 간다고 하였다. 이 당시 만난 또 다른 쿠르드 청년은 터키에 충성해야하고 동족에게 총부리를 겨눠야 하는 현실 때문에 터키군대를 거부하고 게릴라가 되려는 경우가 많다고 하였다. 그러므로 예전에는 게릴라와 전투를 시켰으나 요즘에는 대PKK 게릴라전에 잘 참전시키지 않는다고 하였다. 그리고 터키 쿠르드 병사가 PKK에 체포되면 게릴라로 남는다고 한다. 과거에는 병역거부도 적었고 개인문제로 여겨졌으나 이제는 의식화되어 병역거부가 민족의식의 표현으로 인식된다고 한다. 현재(2013년) 젊은이들이 병역을 거부하여 게릴라가 되는 비율이 2배 증가하였으며 모두 자발적으로 게릴라가 된다고 하였다. 병역을 거부하면 감옥에 가는데 출옥하여도 비정규직으로 살게 되며 또한 쿠르드 변호사는 자신들도 병역을 거부하면 변호사 자격이 박탈된다고 하였다.

BDP(2014년 7월 HDP로 통합) 당원의 집 등에서 머무르거나, 여러

46) 지금도 쿠르드 부족장은 부족 일을 총괄하며 한국으로 말하면 일종의 종가집 같은 분위기를 엿볼 수 있었다. 부족장 집에서는 다양한 부족관련 모임이나 의사교환이 이루어지는 등 부족 공동체의 중심역할을 하고 있었다.

곳의 BDP 당사를 방문하여 지구당 위원장, 당원들과 인터뷰를 하였으나 앙카라에 있는 BDP 정당의 본부 방문과 총재 인터뷰는 시간이 부족하여 이루어지지 못하였다. 디야르바크르의 쿠르드 관련 전문서점 한 곳과 500년 된 여행자 숙소 하산파사 하니(Hasan Pasa Hani)의 지하서점, '쿠르드인권협회(IHD)'[47]를 방문하였다.

그리고 북부 쿠르만지어 일간지인 '아자디야 웰랏(Azadiya Welat, 조국의 자유)[48]' 신문사를 방문하여 인터뷰를 하였으며 인터뷰이는 얼마

47) 원 단체명은 터키인권협회이나 주로 쿠르드 인권단체로 '이하데(Ifade)'라고도 한다.

48) 'Welat'은 국가, 조국의 의미를 지니고 'Azadiya'는 자유 즉 'freedom', 'liberty'를 의미하는 북부 쿠르만지어 단어다. 현지에서 만난 쿠르드 민족운동단체의 관련자들은 가명을 쓰는 경우가 있었는데 'Welat' 등이 대표적인 예이다.
신문사는 쿠르드 지식인들이 집산하며 터키 경찰이 기자들을 많이 검거하는 쿠르드 단체다. 이 신문은 이스탄불 등 지역의 특정한 곳에서만 팔며 일반 가판대에서는 쉽게 찾아볼 수 없다. 일부 점포에서는 단속이 심하면 판매하지 않다가 단속이 느슨하면 다시 판매하는 가게도 있다. 인터뷰이에 의하면 이 신문은 터키가 만든 터키 헤즈볼라에 의해서 암살당한 유명한 무사 안테르(Musa Anter)가 1992년에 창간하였으며 그가 암살당하자 폐간하였다. 이후 1994년 '웰랏 데메(우리 조국)'라는 명칭으로 신문을 발행하였다. 1996년 '아자디야 웰랏'으로 출간을 재개하였다. 2006년 이전까지는 주간지로 발간되었으나 에르도안 정부 이후 어느 정도 자유가 주어지자 2006년부터 일간지로 전환하였다. 예전에는 쿠르드어 신문을 만들 수 없었고 지금도 법적으로는 쿠르드어 신문을 만들 수 없다. 인터뷰이는 말하기를 자신들은 쿠르드어인 북부 쿠르만지어로 매일 11,000부를 만들어 8000부 정도를 판다고 하였다. 2013년 9월 현재 쿠르드 언론인은 100명 정도가 감옥에 가 있으며 폐간을 정부가 시키지 않는 이유는 나중에 잡아들이기 쉽게 하기 위한 것이라고 인터뷰이는 설명하였다. 예전에는 터키 정부가 검열도 매우 심하였고 사전 검열을 하였으나 지금은 사후검열로 바뀌었으며 기자들도 구속을 각오하고 기사를 쓴다고 진술하였다. 기자들의 월급은 없고 활동비만 주는데도 지원하는 지식인들이 많고 인터뷰 당시 기자 수는 25명이었다. 신문사 운영은 광고와 신문판매로 충당하며 신문 값은 2013년 9월 현재 0.75 터키 리라였다. 또한 인터뷰이에 의하면 감옥은 한방에 3명씩 수감하고 고문은 없어졌으며 수감 중에는 주로 책을 많이 읽는다고 하였다.

전에 출간한 지식인이었다. 아자디야 웰랏의 홈페이지는 2016년 터키 쿠데타 이전에 이미 폐쇄되었다. 그리고 다른 곳에서 쿠르드 분리독립운동을 추구하는 지식인들과의 인터뷰를 통해서 PKK의 이념 및 활동에 대한 지식들을 정리할 수 있었다.

쿠르드 행불자단체인 '야카이데르(Yakayder)'[49]를 방문하였는데 이 단체 사무실에 들어선 순간 많은 사망자 얼굴과 명단에 숨이 막힐 지경이었다. 회장은 그동안 터키 히즈불라에 의한 행불자들도 매우 많았다고 증언하였다. '쿠르드어연구소(Enstituya Kurdi)'를 방문하였는데 쿠르드어의 대가인 사미탄(Samî Tan)이 원장으로 있다. 사미탄은 쿠르드 최초로 쿠르드어 문법을 정리하여 쿠르드어 문법책을 만들었다. 여러 학자 겸 직원들이 있으며 쿠르만지어 강습, 쿠르드어 사전 등 쿠르드어 관련 책을 많이 펴내는 쿠르드어 연구단체다. 시청 연합회, 누사이빈(Nusaybin) 시청. 디야르바크르(Diyarbakır) 시청[50]과, 쿠르디데르(Kurdi-Der)를 방문하였다. 디야르바크르의 시내 중심가인 오피스(Ofis)에 위치한, 쿠르드 관련 서적이 많은 서점인 '아베스타(Avesta)'[51]는 도로 건너편으로 여러 차례 지나면서도 시간상 들리지는 못하였다. 또한 소수민족의 다큐멘터리를 찍는 쿠르드 감독[52]과 인터뷰를 하였다.

---

49) 쿠르드 행불자단체이다. 그러나 많은 쿠르드 행불자 속에는 예지디, 알레비, 크리스천, 터키 교수도 50여 명이 포함되어 있다. 행불자 단체는 주로 행불자 가족들이 운영하고 있으며 회장도 가족들이 행방불명이 된 이야기를 인터뷰해 주었다. 이스탄불 성안의 노천카페와 식당이 있는 건물 3층에 있었으며 주로 터키 히즈불라에 의해서 행방불명이 이루어졌다고 한다. 유럽 행불자 단체인 ICAD와 함께 연계해서 활동하며 유럽행불자 국제대회를 터키에서 두 번 개최하였다고 한다.

50) 디야르바크르는 암반위에 세워진 도시로 구시가지는 4개의 구가 있는데 수리치, 예니쉐히르, 카야푸, 푸나르이다. 구시가지는 치안이 약간 허술한 편이다.

51) 쿠르드서적 중에서도 출판사 이름이 Avesta인 경우가 있는데 Avesta는 조로아스터교의 경전이름이기도 하다.

이스탄불에서 쿠르드인들이 모이는 카페 몇 곳과 식당을 가보았으며 블루 모스크쪽은 쿠르드어를 함부로 쓰기가 힘들다고 한다.

압둘라 외잘란(Abdullah Öcalan)이 태어난 집[53])을 방문하여 압둘라 외잘란의 동생 메흐멧(Mehmet, 본인은 압둘라 외잘란과 약 14개월 차이라고 설명)과 인터뷰를 하였다. 외잘란이 태어난 집은 한국의 전형적인 농가주택과 별다를 바가 없었으며 외잘란이 태어난 건물은 현재 텃밭으로 변해 있었다. 그의 인터뷰 내용은 외잘란이 어린 시절 매우 영특하였다는 등의 진술과 가족사를 언급하였으며 모범 답안과 같은 내용들이었다. 그는 현재 관절 등 건강이 좋지 않다고 하였다.

디야르바크르 북부에 위치한 시의 시청에서 시장과 자자출신 변호

---

52) 그는 하이다르 데미르타쉬(Haydar Demirtas)로 비정치적 성향의 다큐멘터리 영화감독이다. 자신의 아버지에 관한 다큐멘터리 '아버지의 일생' 그리고 '편자 만드는 사람의 일생'을 찍었다. 또한 한 노인에 대한 다큐멘터리를 찍었는데 그 내용은 샤프란 교회에 살고 있는 92살 먹은 독신 남자노인에 관한 것이다. 그 노인은 교회 밖으로 나가지 않고 교회에서만 76년을 보냈는데 그 이유는 유년시절 자기에게 곧 돌아오겠다고 떠나간 엄마를 기다리기 위해 그곳을 떠나지 못하고 있다는 것이다. 그 사연은 노인이 어렸을 때 엄마가 3형제와 같이 살다가 어떤 이유에서인지 자기를 이곳 교회에 맡기고 나머지 두 어린 동생들을 데리고 시리아로 갔다는 것이다. 이 노인은 엄마가 곧 돌아올 것이라는 희망을 안고 혹시나 자신이 교회를 벗어나면 찾지 못할까 두려워 교회에서 나오지도 않고 평생을 독신으로 보내고 있는데 교회의 돌멩이 외에는 교회에서 가장 오랜 세월을 지키고 있는 노인이라 한다. '아버지의 일생'의 내용은 쿠르드 무슬림인 감독의 아버지가 시리안 교회를 보수해주는 직업을 가지고 있는데 시리아, 기독교, 이슬람, 쿠르드가 평화롭게 살아가는 모습을 그리고 있다고 한다. 이 감독은 쿠르드인이지만 할머니는 아르메니아인이었으며 주위사람들은 어렸을 때 수리아니(시리아인)와 같이 살았으나 갈등은 없었으며 오히려 수리아니와의 관계가 좋았다고 증언하였다.

53) 압둘라 외잘란 고향마을 아마라(Amara)는 외관상으로는 비교적 평온하게 보였다. 메흐멧의 재혼한 부인은 독실한 이슬람 신자였으며 이슬람 관습에 따라 외간 남자들인 저자일행들 앞에는 나타나지 않았다. 동네는 주로 포도, 무화과, 파스타치오, 밀 농사를 짓는 전형적인 쿠르드 농촌의 모습이었다.

사와 인터뷰를 하였다. 자자출신 쿠르드 변호사는 터키가 언어학자들을 동원하여 터키 내 쿠르드 인구 중 10-15%를 차지하는 자자어 사용부족을 쿠르드에서 분리시켜 독자민족으로 규정하기 위해 자자어가 터키어 계열이라고 주장하는 연구결과를 발표하기도 하였다고 한다. 그는 실제 자자어가 이란어와 관련성이 있으며 이들 두 언어는 산스크리트어와 관련성이 있다는 주장을 하였다. 그에 의하면 데르심 시내는 90%가 자자키(Zaza)이며 데르심 인근시골에는 쿠르만지어 마을과 자자어 마을이 섞여있으며 빙골, 리제 등 일부 시골에 자자 마을이 있다고 증언하였다.

그리고 PKK 게릴라를 무료 변론하고 있는 또 다른 변호사 집에서 며칠을 거주하였다. 그에 의하면 예전에는 PKK 요원이 기소단계나 법정에서 PKK 요원임을 노출하지 않았으나 요즘에는 당당하게 본인이 PKK 요원임을 밝힌다고 한다. 그에 의하면 검사나 판사는 정의개발당(Adalet ve Kalkınma Partisi, 이하 AKP, 아케페)이나 친정부적인 사람이 임명되고 검사에게 기소권이 있어 변호사도 변호도중 기소되기도 하며 쿠르드인들이 2009년-2012년 사이 최소 1만 명-1만 2천명이 수감 중이었으나 2013년 평화협상이 시작된 후로 감소하였다고 한다. 외잘란의 변호사들도 PKK 요원이라고 하여 구속되는데 외잘란 면담시 변호사들은 경찰에 둘러싸인 채 접견하는데도 지금까지 36명이 구속되었다. 최근 게지공원 사태로 변호사 10여명이 구속되었다고 하였다. 테러리스트의 경우 범위가 매우 넓으며 적용되는 15개 법조항도 전부 테러리스트 조항으로 PKK 용어만 들어가도 전부 테러리스트로 취급되는데 돌멩이만 던져도 테러리스트로 취급된다고 한다. 불투명한 법적용이 자주일어나 살인의 경우 테러리스트 항목이 추가되면 가중처벌되며, 도둑도 테러리스트로 몰면 가중처벌이 된다. 주로 형법에 의해 처벌하나 세부적으로 특별법이 있다. 테러리스트가 되면 최소형량이 4년 6개월이며 대부분은 그 이상으로 10년, 나아가 종신형도 있다. 테러리스트 법정은 법관 3인으로 구성되며 1980년 쿠데타 이후에 특별법원에서의 판결하는 3인이 전부 군인이었으나 민간이양 후에는 1인만 군인, 현재는 전부 민간인 판사로 구성되어있으며 법무부(즉 정부)소관으로 임기도 없고 정부의 변화가 없는 한 직무를 지속할 수 있다. 예전에는 변호사가 PKK를 변론하면 협박, 체포되고 드물게는 암살되었으나 에르도안 정부에서는 다른 구실로 괴롭힌다고 한다.

쿠르드 변호사의 증언에 의하면 쿠르드 정당을 해산시킬 경우 정당법의 적용을 받는데 예전에는 헌법재판소에 의한 정당폐쇄가 쉬웠으나 에르도안 정부 이후 정당법을 개선하여 정당해산을 어렵게 만들었다고 한다. 과거에는 헌재가 자체적으로 정당을 조사해서 PKK 요원이 많다고 판단되면 정당을 쉽게 해산하였으나 2010년 9월 12일 개정된 정당법에 의해 정당해산이 어렵게 된 이유는 헌법재판소가 이슬람주의를 주장하는 AKP를 폐쇄하겠다고 기소하자 에르도안이 의회의 3/5정도 지지를 받아야 정당해산이 가능하도록 정당법을 개정하였기 때문이라고 증언하였다. 2010년에 병역법도 개정되었는데 병역을 거부하면 일단 처벌을 받는다. 입대를 거부한 쿠르드 청년들은 군형법을 적용받는데 형량은 예전에 비해서 낮아졌다. 전에는 이들이 선고받고 감옥에 갔으나 이제는 관공서, 양로원 등에서 대체복무를 1년 시키고(2017년 3월 현재 군복무 기간은 1년, 대졸자는 6개월[54]) 입대를 재거부하면 다시 대체복무를 시킨다고 한다. 이들이 처벌받을 경우 항고, 대법원에 상소하는데 이때 받아주지 않으면 유엔 산하 헤이그 국

54) 일반적으로 6개월 입대자의 경우 전투병으로 배치되지는 않는다.

제사법재판소, EU 산하 유럽인권재판소에 소송한다. 유럽에 쿠르드만을 위한 특별법원이 있었으나 지금은 없어졌다고 증언하였다.

외잘란이 동료들과 최초로 PKK를 결성하였던 피스(Fis) 마을을 방문하였다. 그리고 창당 당시 발기인으로 참석하였던 사회주의자와 그의 집을 방문하여 인터뷰하였다. 그에 의하면 외잘란, 키자메, 키자로스, 샤크르[55] 등 사회주의자들이 발기인으로 참여한 가운데 북부 쿠르만지어[56]로 억압받는 쿠르드인들을 위해 무엇을 하는 것이 좋은가? 어떤 행동을 하는 것이 좋은가? 하는 논의를 하였으며 회합에서 외잘란이 투표를 통해 지도자로 선출되었는데 PKK의 최초 명칭은 그날 창당 회합에서 지어진 'KK(Karkaren Kurdistan, Workers of Kurdistan, 쿠르디스탄의 노동자들)'[57]라고 증언하였다. 그러나 이들이 처음 회합하여 'KK'를 결성한 것은 아니고 그전에 이미 외잘란과 수차례에 걸쳐 회동을 하였고 외잘란은 이 회합에서 '이 시대에 우리는 무

55) 시기는 여름으로 증언하였다.

56) 당시 상황을 구술해준 인터뷰이는 일찍 사망한 압둘라 외잘란의 부친도 잘 알았다고 하는 것을 보아 일찍부터 외잘란 집안을 잘 안 것으로 추정되었다. 그 당시 회합에 참여한 사람들은 그 지역에 살던 사람들로 주로 지역의 선생이나 의식있는 젊은 사람들로 구성되었다.

57) 이 내용은 기존의 서구의 쿠르드 관련 서적에는 찾아볼 수 없는 귀중한 발언이었으며 인터뷰이는 신상의 노출을 꺼려 사진찍는 것도 거부할 정도였다. 그러나 당시의 상황을 비교적 소상히 밝혀 주었다. 그리고 리제 인근 높은 산인 Birkleyn (티그리강의 주요 수원지 중의 하나) 즉 코아른(자자어로 높은 산의 의미- 실재로 높은 바위산이며 석기시대 유적이 있다)에서 PKK의 흔적들을 찾아볼 수 있었다. 그 당시 PKK가 이 산을 배경으로 게릴라 활동을 하였고 그 과정에서 정부군과 교전이후 암매장이 이루어진 것으로 추정할 뿐이다. 이곳에 과거 마케도니아의 알렉산더가 다녀갔다고 동굴입구에서 만난 청년은 이야기해 주었다. 좀 더 동굴 깊은 곳으로 들어가자 높은 바위 벽면에 부조로 알렉산더 대왕의 모습이 새겨져 있었으며 깊은 곳에서는 많은 물이 끊임없이 흘러나왔다. '쿠르디스탄노동당', '쿠르드노동당'도 무방하다.

엇을 해야 하는가?'라는 질문을 던지며 좌파나 사회주의, 쿠르드 분리독립국가건설을 역설하였다고 한다. 외잘란은 KK를 결성하고 조직확산 도중 쿠데타 임박 소식을 듣고 시리아로 피신하였다고 한다.

디야르바크르 인구는 90% 이상이 쿠르드인들로 구성되어 있으나 군인이나 경찰 대부분은 터키인들이다. 과거 폭발물이 터져(쿠르드쪽에서는 지템이 저지른 백색 테러라고 주장) 10여명이 죽고 부상을 당한 시내 공원의 현장을 두 번 방문하였다. 또한 과거 터키군과 PKK의 교전이 강도 높게 진행되었던 지역[58]을 방문하였을 때 그곳에 있던 청년은 저자에게 승리의 V자[59]를 손가락으로 만들면서 '브지 세록 아포(biji serok Apo[60]), long live Apo-외잘란 만세)'라고 말하였다.

하루는 딸과 아들을 PKK 게릴라로 보낸, 자신도 시위로 인하여 수감 후 출옥한, 한 어머니 집에서 하룻밤을 보내며 인터뷰하였다. PKK 게릴라인 딸이 터키군과 교전도중 총알이 옆구리로 들어가 척추부근에 박혀 봉합수술을 받고 치료받는 이라크 현장[61]에 극비리에 다녀왔

---

58) 이 지역 부근에서 PKK 요원인 평화어머니회 한분의 아들이 수 백구의 PKK 시신들과 함께 발견이 되었으며 2013년 6월 암매장한 리제에서 다른 곳으로 이장하여 주었다 한다.

59) 터키에서 두 손가락으로 'V'자를 만드는 것은 압둘라 외잘란을 의미한다. 아포는 외잘란을 의미하나 원래는 아저씨라는 의미이다. 쿠르드 대중과의 친밀성을 강조하는 것으로 판단된다.

60) 'biji'는 '만세'의 의미이고 'serok'은 '長' 즉 '지도자'의 의미이다.

61) 가족들에게도 극비로 하고 부부가 다녀왔다 한다. 자식들이 입산하여 PKK가 되자 터키경찰이 자식들의 행방을 탐문하였으나 대답해 주지 않았다고 한다. 남편은 매우 활달하고 유머가 있으며 부인은 여장부 스타일이었다. 쿠르드 여자들은 외간 남자들과 거리낌 없이 정치문제에 관해 토론하였다. 외잘란 고향 할테페의 BDP 정당 사무실에 방문하였을 당시 쿠르드 여자 당원들도 정당의 일에 대해 활발하게 토론하고 참여하는 모습을 목격할 수 있었다. 일반 무슬림 여자들과 많은 차이가 있었다. 마흐무르 캠프에는 터키 쿠르드인이 1만 명 수용되어 있다.

는데 다행이 총탄이 척추를 비켜나가 살 수 있었다고 한다. 그곳에 머무르는 5일 동안 두 모녀는 말을 잇지 못한 채 엄마는 눈물만 흘리다 육로로 귀국하였다고 한다. 주로 젊은이들이 PKK 게릴라를 지원하며 이들은 쿠르드의 억압받는 현실을 자각하고 친구들과 동반입산 한다고 하였다. 딸도 사회생활을 조금 하다가 15세의 어린나이에 친구들과 입산하였으며 아들도 최근에 입산하였다고 한다. 부부는 딸의 사진을 유리액자에 넣어 안방에 놓고 매일 바라보며 자식들이 무사하기를 빌고 있었다. 그리고 딸이 입산할 당시 많은 게릴라 지원자들이 대략 15세 전후에 입산하였다는 증언을 하여주었다. 또한 PKK는 2007년부터 쿠르만지어를 PKK 공식언어로 지정하고 산속캠프에서도 모든 PKK 요원들에게 쿠르드어를 정식으로 이수하게 하였는데 이 부부가 이라크 캠프에서 딸을 만났을 때 그녀가 고급 쿠르드어를 구사하였다고 증언하였다.

어느 부족을 방문하여 마을 사람들과 인터뷰를 하였다. 그 마을은 외관상 평화로운 농촌마을로 보였다. 이 부족은 활동적인 부족장의 지도아래 평화롭게 생활하고 있었으나 1992년 우연히 그 마을과 인근에 잠입한 PKK와 터키군 사이에 교전이 발생하였는데 터키군이 PKK 게릴라들과 교전을 벌인 이후 마을에 불을 지르고 주민을 소개하였다. 그 후 1994년 2차 소개 후에 폐허가 된 마을에 몇 가구가 다시 들어와 살고 있었는데, 그곳 부족원으로 부터 당시 상황을 인터뷰하였다. 1994년 2차 소개 후 농사를 짓던 마을 청년들 7-8명이 이스탄불에서 생활하던 중 동반입산하여 PKK 게릴라가 된 상황을 인터뷰하였다. 마을이 소개된 뒤에 자신의 많은 재산으로 총기, 수류탄, 탄약 등 무기를 구입해서 PKK에 수시로 전달해주었으나 이제는 고향마을 언덕에 묻힌 채 메카를 향해 누워있는 그 마을의 부족장 묘를 방문하였다.

시장 오스만 바이데미르(Osman Baydemir)를 인터뷰하기 위해 디야르바크르 시청을 방문하였다. 6개 국어에 능통한 그는 마침 유럽 방문 중이여서 인터뷰를 하지는 못하였다. 그는 외잘란 변호사 출신이며 에르도안 터키 대통령이 쿠르드 대표와 이야기를 하고자 할 경우 오스만 바이데미르를 찾는다고 하였다. 디야르바크르에 위치한 석조 건물로 된 쿠르드문화원 '뱅그베즈 하우스'는 방문 인터뷰를 하지 못하고 시간관계상 지나쳐 갔다. 또한 쿠르드 여성운동단체인 '셀리스(Selis)'도 시간이 부족하여 방문하지 못하였다.

무사[62] 안테르(Musa Anter)의 고향이자 모리 야곱의 유적이 있는 누사이빈(Nusaybin)을 방문하여 시청과 시리아 국경지역을 살펴보았으며 시리아의 쿠르드 도시인 알 카미실리(Al Qamishli)시가 건너다 보였다. 카미실리는 2017년 현재 PKK의 자치가 실시되고 있는 로자바(Rojava)지역으로 방문 당시 시리아 내전으로 누사이빈 국경을 통해서 수백 명의 쿠르드 난민들이 월경하였다. 1차 세계대전 이후로 강대국이 철길을 따라 터키-시리아의 국경선을 획정한 현장을 보며 국제정치의 상위 포식자로서의 강대국의 위상을 목격하였으며 동시에 그곳은 한반도와 마찬가지로 쿠르디스탄이 자신들의 의지에 반하여 4국으로 분할된 비극의 현장이었다.

그리고 저자와 인터뷰하기 직전에 시리아를 다녀온 터키 쿠르드인을 인터뷰하였다. 그는 서방 기자들이나 학자들에게 시리아 지역이나 대규모 학살이 일어난 현장을 전문적으로 안내해 주는데 인터뷰에서 방문 당시인 2013년 9월 시리아 상황을 전해 들었다. 시리아의 화학무기 피해자 대부분이 시리아 쿠르드인들이며 터키의 강한 지지를 받

62) 모세(Moses)의 아랍어 발음이라 하나 쿠르드어와의 연관성은 알 수 없다.

고 있는 알카에다 역시 쿠르드에 적대적이었다는 목격담을 전해주었다. 터키 정부군의 지지를 받고 있는 알카에다가 들어온 이후로 쿠르드 사상자가 많은 날은 하루에 300명 이상이 발생하였으며 매일 사상자가 속출하고 있다고 전해주었다. 이들 분쟁지역과 이라크에 원하면 안내해 주겠다는 제의를 받았으나 국내 일정상 받아들이기 힘들었다. 이 당시 시리아인 가이드들이 시리아 내전을 취재하러 온 외국 기자들을 IS에 팔아넘긴 사실을 귀국 후 인지하였다. 나중에 크게 이슈화된 기자들은 모두 이 시기에 인질이 된 것으로 드러났다. 익명의 쿠르드인으로부터 2011년 12월 28일 야간 시르낙 울루데르(Uludere)의 귤야즈(Gulyazi) 마을에서 일어난 '로보스키(Roboski, 쿠르드어 Robozik, 터키어로는 Ortasu)' 사건현장을 다녀온 상황을 전해 주었으며 네덜란드의 기자가 이를 취재하여 책으로 출간하였다는 이야기를 전해주었다.

이스탄불 빌기대에서 국제정치를 전공한 대학생을 만나 병역문제 등 쿠르드 젊은이들이 가지는 일반적인 고민을 며칠 동안 동행하면서 인터뷰하였다. 인터뷰 내용 중에 대학에서는 교수이건 학생이건 쿠르드 문제를 이야기 하는 것 자체가 금기사항이라고 증언하였다.

마르딘으로 이동하여 쿠르드 관련 서점 및 음식을 파는 카페에서 에르주름(Erzurum), 하카리(Hakkari),[63] 완(Van) 출신 쿠르드 청년들을 인터뷰하였다.[64] 이들은 아르튜클루(Artuklu)대학에서 쿠르드어 석사 학위를 취득한 후 고등학교 쿠르드어 선생을 하기 위하여 대기 중이

63) 하카리 출신의 청년은 하카리와 가까운 이란과 이라크를 가보면 같은 쿠르드라 할지라도 약간의 이질감을 느낀다고 하였다. 그리고 쿠르드 민족운동을 하는 청년들은 이라크에서 전 쿠르드적인 행사가 있으면 참가하는 경향이 있었다.

64) EU 가입을 위해 터키 정부가 서둘러 설치한 쿠르드어 대학원으로 인터뷰한 졸업생들은 쿠르드어 교과과정이 일선 학교에서 개설되지 않아 인터뷰 당시 쿠르드어 선생으로 취업하지 못하고 경제적 어려움에 처해 있었다.

었으며 이들로부터 쿠르드어에 대한 터키 당국의 정책과 과정 등을 인터뷰하였다. 에르도안 정부는 EU와의 협약을 준수하기 위해 쿠르드어 석사과정을 개설, 졸업한자를 쿠르드어 선생으로 발탁하겠다고 하였다. 그리하여 2010년 최초로 마르딘 아르튜클루대학에서 정원 30명의 쿠르드어과 개설을 시작으로 2013년에는 완 등지의 10개 대학에서도 개설하였다. 에르도안 정부의 약속에 따라 대학졸업 후 쿠르드어 석사과정을 졸업하고 교사발령을 기다리는 쿠르만지어 450명, 자자어 50명 총 500명의 졸업자들은 2013년 현재까지 아무런 발령소식이 없다고 증언하였다. 이 인터뷰이에 의하면 어려서부터 쿠르드어를 학교에서 배우지 못했으며 학교에서는 터키어만 배웠다고 한다. 데르심(Dersim, 즉 Tunceli), 디야르바크르 등 대도시에서는 쿠르드어를 사용하지 못하지만 농촌, 가정에서는 쿠르드어 사용이 가능했었다고 한다. 그러므로 통일된 문법이 없이 관습적으로 쿠르드어를 사용한다. 데르심은 자자키 지역일지라도 50대 이상이 되어야 의사소통이 가능하고 젊은이들은 이미 자자어를 잊어버렸다고 증언하였다. 산악지역에서나 자자어를 쓰는 형편이라고 한다. 마르딘은 자유스럽게 쿠르드어를 사용할 수 있으나 쿠르드어 사용하는 것 자체가 '나는 민족주의자다' 라고 말하는 것이기 때문에 빌미를 주지 않기 위해 쿠르드어를 사용하지 않는다고 한다.

분리독립운동 중 감옥에 수감되어 있거나 PKK 게릴라 활동 중 사망한 자식들을 둔 어머니들의 모임인 '평화 어머니회'[65]를 방문하여

65) 이곳을 방문하여 아들이 PKK 게릴라 무장투쟁 중 사망한 분을 인터뷰하였으며 자식이 어느 날 피체되어 수감된 지 20여년이 지난 분도 있었다. PKK 게릴라들의 암매장 터가 발견되면 쿠르드인권단체(ÎHD)에서 조사하여 전사자 부모에게 알려준다.

어머니 두분과 인터뷰하였다. 한분은 아들이 14세에 입산하여 20여년을 게릴라 활동을 하다가 교전 중 사망하였는데 터키군이 리제(Lice-쿠르드어 리즈)에 암매장을 한 사실을 2013년 6월쯤에 알게 되어 200여구의 PKK[66] 게릴라 시신들과 함께 발굴되었다. 이때 인식표도 같이 발견되어 쿠르드 단체에서 부모들에게 통보하여 주었다. 이분의 딸도 10여 년 전에 편지 한통만 남기고 입산을 하였다고 한다. 또 한분은 아들이 21년 동안 감옥에 수감돼 있었다.

특히 정당이나 단체들인 경우에는 터키 당국의 감시가 심하고 감옥에 가서 적게는 4, 5년, 많게는 10년 이상을 쉽게 살기 때문에 특히 문서를 남기지 않아 중요한 자료를 얻기가 힘들었다. 지구당위원장이 정당강령 등 내부 자료를 준비해 주라고 당직자에게 이야기하였으나 그 뒤에 자료를 받기위해 정당 사무실에 들렸을때 모두 시위에 나가고 없거나 단체가 문이 굳게 닫혀 있는 경우가 많아 약속한 자료들을 얻지를 못한 채 귀국하였다.

샤르[67] 우르파에서 며칠간 학술조사를 하였다. 욥(Job)이 머물렀던, 동서교통의 요충지인 이곳에서 수많은 민족들이 정복전쟁을 벌였으며

66) 2013년 현재 젊은이들 중에서 PKK를 지원하여 산으로 들어가는 젊은이들이 상당히 증가하였다고 한다. 그 이유는 탄압이 완화되는 것 같지만 정치적인 의식을 가지고 있거나 정치적인 활동을 하는 젊은이들이 늘어나고 있으며 이들이 체포될 상황이 오게 되면 산으로 들어간다는 것이다. 예전에는 인터뷰한 할머니 아들이 14살에 입산하는 등 어린 쿠르드 소년, 소녀들이 많이 입산을 했으나 최근에는 대학생이나 의식 있는 젊은이들의 입산이 늘어나고 있는 추세다.

67) 북부 쿠르만지어 발음을 들어보면 '산르' 보다는 '샹'에 가까운 '샤르'가 좀 더 발음에 가까운 표기이다. 원래는 우르파인데 나중에 유명하다는 의미의 샤르라는 이름이 지명에 추가되었다. 가지안텝도 원래 안텝인데 전쟁이 끝나고 상이용사들이 많이 돌아와 살게 되어 상이용사, 영웅, 전사를 의미하는 가지가 붙어서 가지안텝(Gaziantep)이 되었다고 한다. 아브라힘이 살았던 하란도 샤르 우르파 가까운 곳에 있다.

1차 십자군이 이곳을 점령하기도 하였다. 샤르 우르파(우르-하에서 유래한 르하가 옛 지명, 에데사)는 '성스러운 동굴'이라는 의미를 가진 도시답게 도시 내에 있는 커다란 산성의 하단부[68] 동굴에 기독교, 이슬람교, 유대교의 믿음의 조상 아브라함의 탄생지가 있으며 많은 무슬림 등 순례객들과 관광객들이 이곳 아브라함의 탄생지를 방문하여 참배하는 것을 목격하였다. 예지디교에서는 아브라함이 쿠르드인이라고 주장한다. 그런데 이 주장을 무시할 수 없는 이유는 이 지역이 전통적으로 쿠르드 거주지역일뿐더러 이라크 남부 갈데아 우르가 아브라함의 고향이라 하기에는 너무 엉뚱한 곳이기 때문이다. 또한 쿠르드인들은 종교적 흡수성이 남다른 민족이며 기독교부터 예지디교, 조로아스터교, 기타 토속종교까지 신봉한다. 그리고 조로아스터 역시 쿠르드인이었다고 한다. 또한 하란, 하부르(헤부르) 세관도 가까운 곳에 있어 기독교가 이곳 지역과 많은 연관이 있었을 것으로 판단되었다.

샤르 우르파는 PKK의 지도자 압둘라 외잘란[69]과 현 PKK 지도자인 무라트 제말 카라일란(Murat Cemal Karayilan)의 고향이기도 하다. 그러므로 일부 쿠르드인들은 샤르 우르파에 사는 것을 자랑스러워하기도 한다. 그러나 터키정부는 PKK를 테러리스트로 규정하고 국제사회에 압력을 가하여 PKK 제재에 동참할 것을 요구하고 있다.

---

68) 니므롯(Nimrud) 왕이 아담과 노아의 후손인 아브라함을 우상파괴의 죄목으로 화형시켜 죽이려 하자 갑자기 하늘에서 비가 내려 물이 고이고 불에 타던 장작은 물고기로 변했다는 전설이 있다.

69) 외잘란은 좀 더 쿠르드 발음에 가깝고 이는 쿠르드 식 이름이 아니라 터키 식 이름이라고 하나 확인하지 못하였다. 아브라함은 쿠르드어로 이브라힘(Ibrahim)이다. IS 국가를 선포한 아부 바크르 알 바그다디 이름에도 이브라힘이 들어가는데 이브라힘이라는 이름은 아브라함과 같은 의미로 터키, 쿠르드, 아랍인들이 공통적으로 많이 사용하는 이름이다.

이외에도 하란, 차이외뉘 지역 등 쿠르드인들과 관련된 다양한 장소를 방문하였으며 이 과정에서 많은 쿠르드인들과의 대면 인터뷰 및 녹음, 참여관찰, 현지조사 등을 수행하였다. 방문한 대부분의 쿠르드 단체들은 밖에서 인기척을 내거나 벨을 누르면 안에서 확인한 이후 안으로 들여보내 주었다. 첫 번째 방문 후 요청한 자료를 받기 위하여 두 번째 방문한 경우에 문이 잠겨있어서 되돌아온 경우도 여러 군데가 있었다.

쿠르디스탄에 6년 이상 거주하였던 한상진은 북부 쿠르만지어에 능통하고 쿠르드와 관련된 지식이 풍부한 반전평화운동가로 터키에 동행하여 수차례에 걸친, 수십일 간의 인터뷰를 통해 쿠르드와 현지 터키 쿠르드 관련 다양한 정보를 제공해 주었다. 독일에 거주하는 쿠르드 디아스포라이자 아버지는 쿠르드인, 어머니는 터키인인 셈라(Semra)는 터키 쿠르디스탄에서 저자에게 통역을 하여주었으며 터키인과 쿠르드인들 간의 평화적인 공존을 주장하였다.

셋째 인터넷 홈페이지와 이 메일을 통한 연구를 병행하였다. KDP, PKK 등 접촉하기 힘든 쿠르드 단체들은 홈페이지를 방문하여 그들의 공식적인 입장을 살펴볼 수 있었다. KRG는 메일을 보내기 힘든 구조였으며 2회에 걸쳐 메일을 보냈으나 답장은 받지 못하였고 KRG 아르빌(Arbil)에 거주하고 있는 정정열은 이라크 쿠르드 언어와 KDP, KRG에 관한 증언을 하여 주었다. 또한 아르빌 주재 한인 홈페이지를 통해 KRG, 헤로 탈라바니(Hero Talabani) 등 주요 정치인들의 모습과 현지 상황을 파악하였다. 알렉산더 웬트(Alexander Wendt)는 이 메일을 통해서 그의 세계국가(World State)의 견해와 구성주의(Constructivism)에 대해서 질문하고 3회에 걸쳐 답을 받았다. 바브라 월터는 2회에 걸쳐 민족분쟁 분석틀에 관한 문의 메일을 보냈으나 메일을 확인하지는 않았다.

다음으로 분석시기, 분석지역, 분석대상, 분석수준을 살펴보면 다음과 같다. 첫째, 분석시기는 오스만 투르크 제국말기부터 2014년까지다. 전체 시기는 위와 같으나 KDP와 PKK의 중요한 사건과 시점들을 중심으로 각각 비교를 하였다. 이 시기에는 KDP의 경우 물라 무스타파 바르자니(Mullah Mustafa Barzani)[70]와 마수드 바르자니(Massoud Barzani)[71]가, PKK는 압둘라 외잘란이 중심에 있었다. 둘째, 분석지역은 지역국가이자 쿠르디스탄을 분할 점령하고 있는 이라크, 터키 국가를 대상에 포함시키되 이라크와 터키 쿠르디스탄이 주요 분석지역이 된다. 셋째, 분석대상은 이라크의 KDP와 터키의 PKK이다. 넷째, 분석수준은 정치집단인 분리독립운동단체 KDP와 PKK이다.

이와 같은 연구방법과 범위를 통해 연구자의 분석틀에서는 쿠르드 민족정체성과 쿠르드 민족주의로부터 출발하여 분리독립운동을 추진한 KDP와 PKK 두 정치집단을 3개의 독립변수 즉 부족주의 vs 맑스-레닌주의, 부족적 동원형 vs 이념적 동원형, 전략적 연대 vs 이념적 연대를 비교분석하였다. 그리하여 이 3가지 독립변수와 두 정치집단의 선택의 결과인 KDP의 KRG 획득과 PKK의 상대적인 정체 상황과의 인과성을 추적하고자 하였다. 이를 위하여 특히 두 정치집단의 내, 외부동원의 검증을 통해 두 정치집단의 동원 효율성을 집중적으로 검증하고자 하였다. 또한 이 연구에서 KDP와 PKK를 비교분석한 결과를 일목요연하게 다양한 그림과 도표의 형태로 재정리하였다.

---

70) 북부 쿠르만지어 발음은 '몰라' 소라니어 발음은 '물라'에 가깝다. 혼용도 가능하나 일반적으로 쓰이는 '물라'로 표기한다.

71) 'Mas'ud', 'Masoud', 'Masud', 'Massoud', 등으로 표기하기도 하면 아랍발음은 '메수드', 'Mesud'로 발음되고 표기되기도 한다.

02

이론적 배경

제1절 기존 쿠르드 민족주의 연구

현재 쿠르드인을 지칭하는 단어들은 쿠르드 민족, 쿠르드족, 쿠르드 종족 등 다양하게 사용되고 있으나 학술적으로 현재 쿠르드인을 지칭하는 적절한 단어 선택에 어려움이 있는 것도 사실이다. 왜냐하면 비록 쿠르드의 민족주의적인 특징이 강화되고 있다고는 하나 민족국가를 세운 전력이 없고 PKK와 같이 오히려 민족국가를 거부하는 세력이 존재하는 것도 사실이다. 그러나 1800년대부터 서구의 민족개념을 받아들인 부족장들이 민족국가를 건설하기 위해 노력하였으며 1차 세계대전을 전후로 부족장, 지식인들이 저항을 통해서 민족의식을 강화시켜 온 것은 사실이다. 저자가 쿠르디스탄에서 만난 젊은이들은 강한 민족의식을 가지고 있는 것을 목격하였으며 쿠르드에 천착한 대부분의 서구 학자들도 쿠르드인들이 역사적인 인식과 사건 그리고 투쟁을 통해 민족의식을 성장시켜왔음을 논증하였으므로 쿠르드 민족이라고 불러도 무방하다. 그러나 이미 지배민족의 동화정책에 동화되었거나, 이러한 민족분쟁에서 소외되었거나, 강한 부족 정체성을 가진 일부 부족장의 지시에 전면 순응하는 쿠르드인들이 존재하는 것도 사실이므로 이러한 특징을 간과하기 힘든 일부 학자들은 쿠르드 종족, 또는 소수민족을 일반적으로 지칭하는 쿠르드족이라는 표현도 사용한다. 그러므로 통칭해서 쿠르드 민족, 쿠르드족, 쿠르드종족 중 하나만 사용하는 것 보다 학자, 서술자마다 필요한 표현을 쓰되 저자는 영어권의 표현인 'Kurd' 또는 'Kurds'라는 표현을 '쿠르드,' '쿠르드인들'라고 주로 표기하였다.

구조화인 지배권력을 타파하고자 쿠르드 민족분쟁과 민족운동을 주도한 쿠르드 정치집단인 KDP와 PKK의 연구에 있어서 중요한 첫 번째 질문은 분쟁의 주요 원인이자 도구역할을 하고 있는 쿠르드 민족정체성과 민족주의의 존재여부이다. 민족정체성이 존재한다면 그 시기는 언제부터였느냐이다. 민족정체성의 존재 여부와 시기, 그리고 민족정체성과 부족주의, 민족정체성과 맑스-레닌주의와의 관계는 KDP와 PKK의 동원을 사회심리학적으로 설명해줄 중요한 키워드이다. 저자는 고대로부터 전승되어 온 쿠르드 정체성이 오스만 투르크 말기에 유입된 서구 민족주의 사조에 의해 쿠르드 민족정체성으로 발전하였다는 이자디의 주장(Izady 2009. 23-67)을 대부분 수용한다.

엔테사르(Entessar 2010, 67)는 적극적으로 쿠르드 민족주의를 주장하여 영국이 이곳에 들어오기 전인 19세기부터 쿠르드 민족주의가 존재하였으며 첫 번째 종족민족주의자는 1840년대의 바드르 칸(Badr Khan of Botan)이었다고 주장한다. 맥도웰(Mcdowall 2004, 53)은 쿠르드의 민족주의(Kurdish nationalism)는 하카리 지역 부족장 쉐흐 우바이둘라가 쿠르드 국가를 세우기 위해 봉기한 1880년대에 나타났으며(우바이둘라는 Entessar 2010, 110) 대중적인 민족주의는 1940년대에 태동이 되었다고 주장하였다(Mcdowall 2004, 289). 쿠르드 민족정체성을 연구한 또 다른 학자는 쉐이홀리스라미(Sheyholislami 2011, 2-3), 다우드(Jabar & Dawod 2006), 메호(Meho, 1997)[1]가 있는데 특히 쉐이홀리스라미는 쿠르드 민족주의가 여전히 분리독립운동의 가장 강력한 모티브이나 국경을 넘어선 즉 전체로서의 쿠르드 민족주의를 만들어내는 데는 실패하였다고 주장하였다. 다만, 많은 학자들은 쿠르드 민족주의가 서구의 민족주의의 사조가 시작된 이후 좌우 지식인들을 중심으로 유입된 것으로 판단한다. 쿠르드가 추구하는 민족과 시민국가 성격을 가진 민족국가는 근대국가와 자본주의 발전시기에 나타났으며 프랑스혁명과 나폴레옹 전쟁을 통하여 전파되었다. 프랑스 혁명과 나폴레옹의 정복전쟁으로 전제군주제, 봉건제와 같은 앙샹 레짐(Acient Regime)이 붕괴되었고 국가의 간섭으로부터의 자유를 중시하는 자유주의, 민족주의가 프랑스에서 주변국들로 전파되었다. 유럽 민족들 간의 전쟁과 혁명을 통해 확고하게 기층에 내재화 되었던 민족의 개념들이 쿠르디스탄에도 전파되었던 것이다. 쿠르드는 이미 근대이후부터 확고한 민족정체성을 소유한 채, 영토를 요구하고, 국가의 독립을 목표로 하였으므로 종족 개념보다는 민족으로 인식하여야 하며 민족분쟁, 민족주의의 시각으로 바라보는 것이 더 타당하다고 할 수 있다.

이와는 달리 압둘라 외잘란의 주장과 동일하게 민족주의가 자본주의와의 밀접한 관계속에서 탄생하였다는 주장이 있는데 찰리안트(Chaliand 1993, 4-8)는 민족주의나 민족국가가 자본주의와 밀접한 관계가 있는 18-9세기에 나타났다는 소개(*ibid*, 1)와 함께 쿠르드 민족주의가 오스만 제국 말기부터 윌슨의 민족자결주의, 로잔조약, 소수민족

---

1) 쿠르드에 관한 저서를 상당히 광범위하게 다루고 있다.

탄압 등을 계기로 성장하였다고 한다(*ibid*, 14). 화이트(White 2000, 4-5)는 사회주의와의 관련성보다는 자본주의적인 경제가 쿠르드 사회를 관통함에 따라 쿠르드 역시 스스로를 민족으로 인식하게 되었다고 한다. 쿠르드 엘리트 그룹에 의해서 제한적이고 다소 배타적인 형태로 진행되었으나 터키에서 쿠르드 농민들의 근대적인 쿠르드 민족주의자로의 전환은 1960년대 후반부터 속도를 내기 시작하였다고 주장한다. 카말리(Kamali 2003, 10-12) 역시 자본주의와 관련된 민족의 생성을 주장하는 학자로 이전의 부족적 대면(face-to-face)사회와 자본주의 이후에 나타난 상상의 공동체(Imagined Society)로서의 민족은 차이가 존재한다고 주장하며 부족장들의 봉기를 민족주의로 정의할 수 있는지 의문을 표하였다. 그리하여 그는 쿠르드 민족주의는 라스렛(Peter Laslett)와 앤더슨(Benedict Anderson)의 정의에 따라 쿠르드의 부족적 대면사회가 스스로를 민족으로 상상하게 된 공동체로 변모한 시점에 쿠르드 민족주의가 나타났으며 이란의 경우를 살펴보면 마하바드 공화국(The Kurdish Republic of Mahabad)부터 상상의 공동체로서의 민족과 민족주의가 나타나기 시작하였다고 주장하였다. 마이클 군터(Gunter 2008, 226)에 의하면 쿠르드의 민족정체성은 오래부터 존재하였으나, 다만 아랍 민족주의가 서구화와 근대화를 통하여 성장하였듯이 쿠르드 민족주의도 이러한 과정에서 성장하였고 최근에는 쿠르드 민족주의가 중요한 역할을 하고 있다고 주장하였으며 쿠르드 민족주의는 제1차 세계대전후 크게 5개의 나라로 분리되면서 충분히 성장할 기회를 상실하였다고 한다(Gunter 2011, 227). 특히 키리쉬지와 윈로(Kîrîşcî & Winrow 2003, 103)는 쿠르드 민족주의가 터키 민족주의의 등장에 대한 반응으로 쿠르드 민족주의가 등장했다는 오란(Oran)의 말을 소개하며 쿠르드 민족주의는 점진적으로 발전하였다고 주장하였다.

이러한 민족주의의 발전에 대해 브뤼네센(Martin van Bruinessen)[2)]과 콘(Khon)은 민족주의에 대한 유럽의 사상들이 19세기 후반에 이들과 접촉한 쿠르드인들 사이에 전파가 되었으며 이것이 오늘날 대중적인 쿠르드 민족주의 운동의 중요한 원인이었다고 주장한다(White 2000, 5). 그러므로 부족주의와 별개로 서구의 민족주의가 근대화와 더불어 쿠르디스탄의 지식인들과 선각자들을 중심으로 저변확대가 이루어졌다고 하는 것은 쿠르드 전공 학자들에게는 거의 정설로 받아들여진다. 메호는 1950년대 도시 이주, 정당정치의 정치적 동원, 산업화의 결과로 부족적 구조가 약화되면서 쿠르드 민족주의 발달을 초래하였다고 한다(Meho 1997, 2). 이 견해는 부족주의의 약화가 쿠르드 민족주의와 반비례 관계가 있음을 나타내는 중요한 견해이다.

브뤼네센(Bruinessen 1994, 11-37)은 '쿠르드 민족주의(Nationalism)'가 때때로 제한적인 지역에서 잠깐 동안의 반란을 주도하였던-지방부족장들이나 종교지도자들과 일시적인 동맹을 맺었던-상대적으로 적은 수의 교육받은 엘리트들과 관련이 있다고 주장하였다. 그는 최근 쿠르드 민족주의는 지역적인 차이뿐만 아니라 국가의 경계들을 초월하는 호소력을 가지고 쿠르디스탄의 모든 지역에서 대중운동이 되었고,[3)] '쿠르드 민족주의는 공고화되었으며(Kurdish nationalism has consolidated itself)' 쿠르드 민족주의자들의 목표는 민족자결이라고 주장한다. 벤지

2) 네덜란드 학자로 이슬람, 쿠르드 관련저술을 다수 한 학자이다. 쿠르드 관련 저서로는 "*Agha, Shaikh and State: On the Social and Political Organization of Kurdistan*, 1978.", "*Agha, Shaikh and State: Zed books, 1992, Kurdish language and culture*", 등이 있다.

3) 브뤼네센은 1980년대부터 목격되는 터키에서의 알레비 정체성은 쿠르드 민족주의자들에게 쿠르드 민족운동을 위협하는 경쟁자로 인식되었다고 동시에 주장하고 있다.

오(Bengio 2012, 205)는 수십 년 간 지속된 KDP와 이라크 중앙정권들과의 전쟁을 민족운동(National Movement)의 차원에서 이해하며 이라크 쿠르드는 이러한 전쟁을 통해서 민족정체성이 극도로 강화되었다고 주장한다.

이와 같은 맥락에서 중동의 민족주의를 천착한 프랑스 학자 테잘(Tejal 2009, 16-17)이나 쿠르드에 정통한 독일학자 군터 등 대부분의 쿠르드 관련 서구 학자들은 쿠르드 민족주의(Kurdish Nationalism)[4]가 오스만 투르크의 붕괴직전 시기에 당시 유행하게 된 민족주의 사상과 그 맥을 같이하여 대두되었다고 한다. 이는 기존의 쿠르드 정체성 위에 서구의 민족주의가 쿠르드 지식인들을 중심으로 확산되었고 오스만 제국의 몰락과 함께 촉발된 다양한 쿠르드 봉기들이 쿠르드 민족주의의 확산과 강화를 초래하였다는 것이다.

왈리(Abbas Vali)[5]는 쿠르드 민족주의와 서구의 고전적 민족주의를 구분하며 서구의 고전적 민족주의는 근대화와 더불어 민주적 시민의식, 시민사회와 더불어 유입되었고 쿠르드 민족주의는 쿠르디스탄에서 쿠르드의 정체성이 거부되고 시민사회와 민주적 시민의식이 억제되면서 시작되었다고 주장한다(Bengio 2012, 5).

반면 홍순남(홍순남 1998, 165)은 쿠르드족의 저항운동의 성격은 쿠르드족의 부족장이나 종교지도자에 대한 충성심이라고 지적하였다. 이는 전체로서의 민족주의를 만들어 내는데 실패하였다고 주장하는 쉐이홀리스라미의 견해와 함께 부족주의가 민족주의에 우선하는 쿠르드인들의 정치 이념적 성향을 표현한 것이기도 하다. 이봉원(이봉원

4) 조르디, 군터 등 서구학자들은 'Kurdish Nationalism'이라는 단어를 사용한다.
5) 이란 쿠르드인이므로 '왈리'가 쿠르드 발음에 가까운 표기라고 할 수 있다.

2008)은 쿠르드가 역사적 동질성과 시민의식을 공유하는 민족으로 성장하지는 못한 종족 수준으로 평가하였다. 종족집단 내에서 분리나 자치를 주장하는 집단을 종족 민족주의자로 정의하고 이에 속하는 군으로 팔레스타인인, 티베트인, 쿠르드인, 남수단인(South Sudanian), 바스크인(Basque people), 스코틀랜드인(the Scots), 아르메니아인(Armenian), 슬로베니아(Slovenian), 라트비아(Latvian)가 있다고 주장하였다.

쿠르드 분리독립운동에 관한 연구들을 살펴보면 특히 통계적인 측면에서 종족분쟁, 민족분쟁을 전문적으로 연구한 테드 거도 쿠르드 분쟁을 전체 통계자료의 일부분으로 분석하거나 인용하는 수준이며 쿠르드를 대상으로 한 전문적인 통계분석이 존재하지 않는 점은 아쉬웠다. 그러나 그가 제시한 분석모델을 통해서 지배민족, 지배국가에 의한 불평등과 억압이 피지배민족인 쿠르드 대중들을 동원시키고 나아가 무장투쟁으로 전환시키는 중요한 요인이라는 것을 알 수 있게 해준다.

부족주의에 관한 연구로는 이자디(Izady 2009. 74-86)가 있으며 그는 쿠르드 부족주의를 역사적인 맥락에서 소개하고 있다. 쿠르드 혈통의 미국학자인 이자디는 쿠르드 정체성(Kurdayetî)을 전체적인 맥락에서 인식할 수 있도록 쿠르드의 역사, 언어, 문화, 정치, 종교를 망라하였다. 이자디는 이란의 여러 왕조들이 쿠르드 왕조임을 주장하고 있으며 김정위의 이란사 내용과 일치하는 부분이 다수 존재하여 사료적 가치가 있다고 판단이 되었다. 그의 부족주의에 관한 기술은 본 연구에서 일부 인용하였다. 그에 의하면 쿠르드가 세계에서 최초로 성을 사용한 집단이라고 주장하는데 그 이유는 부족 이름을 성으로 사용한다는 것이다. 예를 들어 바르잔에 살았던 바르잔 부족 출신인 물라 무스타파 바르자니(Barzani)와 같이 부족 이름 바르잔(Barzan)을 성으로 사용(Izady 2009. 76)하는 경우가 많다는 것이다. 이는 부족 일체감을 일깨워주고 이러한 일체감은 부족주의의 형성에도 영향을 주며 그는 이러한 부족주의가 부족장이나 왕가에 대한 충성심과 연관이 있다고 주장한다.

군터는 바르자니의 권력의 근원이 부족주의인지, 이슬람인지에 대해서는 것은 논란의 여지가 있다고 주장하며 그는 '바르자니들의 권력은 원천적으로 낙쉬반디 쉐흐들(Naqshbandi sheikhs)의 권위에 기반'(Gunter 2011, 58-59)[6]한다고 주장한다. 그러나 이러한 것은 쉐흐 압두스 셀람 2세(Şeyh Abdusselam 2[7]), 또는 Sheikh Abdul al-Salam Ⅱ)[8]), 쉐흐 아흐마드(Şeyh Ahmad Barzani)의 사망이후 단절되었으므로 이러한 단절성을 극복하기 위하여 무스타파 바르자니는 종교 성직자를 의미하는 '물라(Mulla)'를 가칭(加稱)하였다고 판단된다.

한편 PKK의 테러단체 등록여부는 PKK의 동원, 국제적인 활동, 연대와 관련한 중요한 사안으로 미국 등 주요국가에서 테러단체로 등록될 경우에는 자금동결, 활동금지, 강제추방 등 다양한 제재를 받게 되고 국제적인 지원과 협력 또한 받기 어렵게 된다. 학계에서 PKK를 테

6) 많은 부분 바르자니들의 권력은 종교에서 기원하나 물라 무스타파는 쉐흐가 아니였을 뿐만 아니라 그의 민족운동은 부족이라는 정치단위를 통해서 전개되었으므로 부족주의에 더 기반하다는 분석은 타당하다. 물라 무스타파는 비록 성직자나 바르자니 부족장은 아니었으나 부족장들을 통제할 정도로 성장하였다.

7) 아랍어 발음식으로 쓴 이름이다(Mesud Barzani, *Barzani ve kürt Ulusal* Özgürülk *Hareketi Ⅰ,* DOZ Yayinlari, 2006. p.43).

8) 군터는 Sheikh Abdul Salam Ⅱ, Abdul Salam Ⅱ, Sheikh Abdul al-Salam Ⅱ, Sheikh Abdul Salam Barzani,이다. 한글로는 쉐흐 압둘 셀람 2세, 쉐흐 압둘 살람 2세 등으로도 표기되며 쉐흐 아흐마드는 쉐흐 아흐메드 등으로도 표기된다. 그러나 연구자는 Mesud Barzani, *Barzani ve kürt Ulusal* Özgürülk *Hareketi Ⅰ,* DOZ Yayinlari, 2006. p.43에 따라 쉐흐 압두스 셀람 2세(Şeyh Abdusselam 2)로 표기한다.

러단체나 분리독립운동단체로 보는 것은 관점에 따라 달라진다. 민족분쟁과 분리독립운동으로 보는 견해는 대부분의 학자들의 관점이다. 켈리(Kelly 2011)는 PKK에 대해 테러리스트라는 용어를 거부하며 PKK의 활동을 분리독립운동으로 여기는 입장이다. 마르쿠스(Marcus 2007)는 PKK가 쿠르드 민족운동단체의 하나이며 급진적 분리독립운동단체라고 주장하였다. 그러나 스트로지어(Charles Strozier)와 프랭크(James Frank), 돈메즈(Mustafa Donmez), 일디림(Necati Yildirim), 첼틱(Firat Çeltik) 등은 PKK가 테러리스트 단체라는 터키정부의 입장과 동일한 견해를 가지고 PKK를 연구하였다(Strozier and Frank 2011). 카버(Phil Karber 2012)는 테러의 입장에서 PKK를 바라보나 스트로지어 등에 비하면 다소 중립적인 입장이다.

제2절 이론적 토대

1. 현실주의와 민족분쟁

쿠르드 문제나 우리가 매일 부딪치고 있는 국제정치와 세계의 전쟁 그리고 분쟁[9]을 바라보는 시각은 현실주의와 이상주의, 최근에 이르러서 합리주의와 구성주의[10]로 구분하기도 하나 이러한 이론적 구

9) 미국은 9.11테러 이후 중동의 민주화를 통하여 테러리즘으로부터 미국 및 서방의 안보를 확보하겠다는 목표를 가졌다. 이는 미국의 워싱턴 컨센서스에 기반한 자유시장화를 위한 규제철폐, 민영화와 사유화, 자유시장정책, 단기투지자본의 자유스러운 흐름 등 세계화 전략과 더불어 중동 내 민주주의, 자유선거, 자유시장, 자유언론, 자유노동조합을 지원하는 것과 맥을 같이 한다(금상문 2006, pp.3-40, p.14). 이는 한마디로 하면 정치 민주화와 시장 자유화로 압축된다.

10) 국제정치학계에서 구성주의라는 용어는 1989년 니콜라스 오누프(Nicholas Onuf)

분들은 명확하게 구분하기가 쉽지 않은 것도 사실이다.

이념은 학자의 시각에 따라 다양하게 분류가 되기도 하며 다르게 인식되기도 한다. 과거 산업혁명시기, 자본주의의 극도의 이윤추구에 반기를 든 칼 맑스나 엥겔스 그리고 이들을 계승한 레닌이 한 시대를 풍미하며 공산주의를 전 세계에 확장해 가던 시기에 쿠르디스탄 역시 맑스-레닌주의의 영향을 강력하게 받았다. 그리하여 일단의 쿠르드 맑스-레닌주의자들은 계급적인 접근과 이상적인 사회인 공산주의를 통해 쿠르드와 터키의 갈등을 근본적으로 해결하려고 하였다.[11]

민족분쟁은 다양한 정치분쟁 중 하나로 강대국, 지역국가 등이 개

가 처음 사용하였으며 'IR'은 학문분야를 가르키며 곧 국제정치이론을 이를 때 쓰는 말이다 한편 'ir'은 국제정치의 현상 자체를 가르킨다(알렉산더 웬트 지음, 박건영 역, 앞의 책, p.71). 그러나 저자의 판단에 의하면 구성주의와 합리주의는 같은 맥락으로 구분되어야 하면 알렉산더 웬트는 기존의 관념론적 틀 안에서 크게 벗어나지 못하고 있다고 판단된다. 또한 국제정치이론들은 존재론과 인식론을 둘러싸고 자주 경쟁한다(*ibid*, p.19) 존재론은 국가의 정체성과 이익이 객관적으로 존재한다고 하며 존재론은 그것의 존재근원에 대한 질문을 회피한다. 인식론은 주관적으로 그 근원을 알고자 하는 것이다. 인식론적 존재론은 객관적 존재를 상대적으로 다르게 주관적으로 받아들이고 해석하는 것이다. 구성주의는 관념론적 존재론(*ibid*, p.19) 시각을 가지고 있으며 물질적 힘, 정체성이나 이익이 주어지는 것이 아니라 상호 주관적인 맥락 내에서 만들어 진다고 생각한다. 『국제기구의 이해, International Organizations』(마가렛 P 칸스저; 오경택외 6인 역, 2007)에서는 국가의 이익과 정체성은 문화, 규범, 아이디어와 국내외적 상호작용에 영향을 받는다는 것이다. 예를 들어 러시아는 소련연방 붕괴 후 자신의 정체성을 재규정할 수밖에 없었다는 것이다(위의 책, 65p). 좀 더 가까이 논쟁을 살펴보면 데카르트가 "나는 생각한다(인식) 고로 나는 존재한다(존재)"라는 말로 과거의 대상의 존재에서 주체의 존재로 인식론을 재부활시켰다. 그러면 이 주체의 존재성에 대한 논쟁에서 구성주의의 맥락이 닿아있고 국제정치의 이론적 논쟁과도 맥락이 닿아있다.

11) 그러나 그람시(Antonio Gramsci)는 비록 폭력에 의해 공산사회가 되었을지라도 문화, 관념까지 완전히 공산주의 이념으로 철저히 무장되지 않는 한 다시 자본주의로 회귀하게 된다고 주장하였다.

입되어 국제이슈화 되는 경향이 있으며 민족분쟁은 큰 틀에서 민족분쟁에 개입하는 강대국과 지역국가를 비롯하여 민족분쟁 중인 지배민족과 피지배민족은 정치현실주의[12]의 지배를 받는다. 국제정치에서 정치현실주의는 힘(power)을 바탕으로 한 정치질서나 신념체계를 의미한다. 또한 현실주의는 이익과 생존을 우선시하므로 대립과 전쟁의 상태를 설명하는데 용이하며 민족 간 갈등과 분쟁을 설명하는데 적합하다. 민족 간의 대립과 분쟁은 민족정체성의 인정, 자치 등을 요구하므로 정치 선진국이라 할지라도 자국의 생존, 이익과 직결되어 있으므로 항상 분쟁과 폭력, 전쟁의 위험성을 내포하고 있다. 그러므로 민족분쟁도 이러한 정치현실주의 내에 위치한다. 국제적 연대와 관련된 국제정치 역시 상위 권위체가 없으며 홉스안(Hobbesian)적인 정치현실주의가 극도로 작동되는 곳이다. 특히 피지배민족이 자치나 분리독립국가를 요구할 경우 극심한 민족분쟁상태에 돌입하게 되는데 지배민족은 이러한 자치나 독립의 요구를 자신들의 생존과 이익에 대한 중대한 위협으로 인식하여 대부분 정치적 타협이 아닌 무력을 행사한다. 이에 저항하는 피지배민족은 지배민족과 전쟁을 통해 자신들의 이익(생존, 자치나 독립)을 추구하므로 민족분쟁의 갈등과 전쟁의 위협상태를 설명하는데 현실주의 이론이 적합하다고 할 수 있다.

이러한 전통적인 현실주의자들은 한스 모겐소(Hans J. Morgenthau)[13]

12) 대표적인 현실주의(Realism) 학자는 한스 모겐소, 신현실주의(Neo-Realism) 학자는 케네츠 왈츠와 로버트 길핀(Robert Gilpin), 존 미어샤이머(John J. Mearsheimer) 등이 있다. 국제정치에서 나타나는 세력균형이론에 대해서 데이비드 흄(David Hume)은 "세력균형은 분별력 있는 정치의 불변의 법칙"이라고 표현하고 윌슨 대통령은 지도자가 국민의 이해와는 상관없이 국가를 정치적인 편의에 따라 마음대로 다루는 것을 세력균형이 조장한다고 생각하였다(조셉 나이, 『국제분쟁의 이해』, 서울: 한울아카데미, 2000, pp.93-94).

등을 통하여 힘을 얻게 되었고 이들은 민족국가를 포함한 개별국가의 행위에 좀 더 중점을 두었다. 1970년대 후반에는 국가보다는 국제체제의 구조적 특징을 좀 더 과학적으로 규명하는 케네츠 왈츠의 구조적 현실주의(Neorealism)가[14] 등장하게 되었다.

케네츠 왈츠는 1959년에 저술한 '인간, 국가, 전쟁-국제정치이론의 분석(Man, the State, and War-A Theoretical Analysis)'에서 전쟁의 원인을 개인에게서 찾는 것은 공자(기만과 교활로 인해 전쟁이 발생), 롱펠로우(잘못된 교육), 버트런드 러셀(소유본능) 등에게서 나타나게 되는데 이들은 인간에 대한 교육을 통해서 전쟁을 방지할 수 있다고 믿는 많은 평화주의자들의 일부라고 소개하고 있다. 이와는 다르게 인간은 본래 호전적 본성이 있으며 본성을 변화시키려 하는 것보다는 전쟁을 하려는 에너지를 다른 곳으로 분출시키자는 의견을 가진 사람으로 아리스토파네스(Aristophanes), 윌리엄 제임스(William James) 등을 예로 들고 있으며 이에 대한 관점이 낙관주의와 비관주의로도 나누어진다고 한다. 이러한 전쟁의 원인에 대한 이들의 일치에도 불구하고 원인의 제거에는 이견을 보이고 있다(Waltz 1959, 16-25).

왈츠는 그의 현실주의적인 시각의 맥락에 대해서 라인홀트 니버(Reinhold Niebuhr)의 말을 언급한다. 즉 라이홀트 니버는 자유주의자든

---

13) 정치현실주의 대표적인 학자로서 국제정치를 "힘의 정치"로 규정하고 "세력균형(a system of check and balance)"을 모든 다원적인 사회에 적용될 수 있는 보편적인 원칙으로 간주한다. 이들은 덜 나쁜(less evil) 상태의 성취를 목적으로 한다. 중동지역 정치의 설명에도 유용하다.

14) 이에 관한 케네츠 왈츠의 저서는 "*Theory of International Politics*"이다. 국제정치는 조정이 가능한 정부가 없는 로키안(Lockean)적인 무정부상태이며 힘의 위계관계로 편성된다. 이러한 위계 구조에 따라 상, 하위 국가들의 행동양식이 결정이 된다. 중동정치 역시 뚜렷한 맹주가 없는 로키안적인 구조를 형성하고 있다.

맑스주의자든 유토피아적, 이상주의적 견해를 취하는 사람을 빈번하고 단호하게 비판을 하였다. 낙관주의자들은 모든 인간행동 속에 악의 가능성을 등한시 하고 있으며 그들은 진보가 직선적, 상향적으로 이루어진다고 가정하고 있으나 지식적 진보나 기술적 혁신은 선악의 잠재 가능성을 동시에 포함하고 있다는 것이다(Waltz 1959, 20-21).

그리하여 케네츠 왈츠는 다음과 같이 자신의 견해를 피력한다. 즉 인간행위의 개선이 세상의 평화를 가져올 것이라고 주장하는 사람들은 물질적인 환경이 아니라 종교적, 정신적 교육에 의해서 결정된다는 확신을 가지고 있기 때문에 사회 정치적 제도들의 영향력을 소홀히 취급하는 경향이 있다. 그러나 '불변하는 인간의 본성'이라는 관점에서 이해되어야 한다는 왈츠의 기본전제는 결국 관심을 인간본성으로부터 다른 곳으로 돌리게 하고 있다. 왜냐하면 인간의 본성은 이기적이며 그 기본 전제 상 변화될 수 없는 것인 반면 사회정치적 제도들은 변화될 수 있는 것이기 때문이다(Waltz 1959, 40-41).[15]

15) 인간의 본성을 다루는 영역은 국제정치학자들에게 매우 버거운 영역이고 이러한 인간본성에 대한 고의적인 외면은 국제정치의 국제문제 해결능력을 감소시키게 되었다. 기존 국제정치를 위계적인 정치체제로 보는 구조주의에 대항하는 애덤 쉐볼스키의 게임이론적인 맥락, 행위자 중심(agent structure)이론의 대두, 또는 인간의 구성에 따라 구조도 변할 수 있다는 반성, 그리고 기존의 국제정치학의 구루(Guru)들도 인간의 본질에 대한 논의를 추구하지 못한 국제정치이론의 질적인 반성이 결국 알렉산더 웬트의 구성주의(Constructivism)를 탄생하게 만들었다. 알렉산더 웬트의 위대성은 국제정치무대에 인간의 본질을 중심테마로 올려놓았다는데 있다. 이 공로만 하여도 기존의 국제정치학계에 그 누구도 넘을 수 없는 지대한 공헌을 하였다고 할 수 있다. 그러나 웬트는 데이비드 이스턴이 주장하는 과학적 정치학인 행태주의의 지적 초석 8가지가 지니는 과학성의 세부 내용들과 같은 과학적 사고를 가진 기존의 과학적 사회학에 몰두하는 기성 정치학자들을 의식한 양자역학 등을 구성주의에 포함시켜 과학적 구성주의를 표방하나 이는 웬트가 넘어야 할 매우 어려운 난관으로 보인다. 그러나 왈츠와 같은 국제정치학자들이 인간의 본성, 인간의 자아의 문제를 외면하는 것 또한 매우 심각한 문제

이러한 주장을 하는 왈츠는 그의 정치 현실주의의 철학적 출발을 '2장 첫 번째 이미지: 국제분쟁과 인간의 행동(International Conflict and Human Behavior)'에서 밝히고 있는데 그는 선과 악적인 측면을 가진 인간의 본성은 타고나므로 이를 개선하기 힘들다면 국제정치를 인간의 타고난 본성을 조명하는 접근이 아닌 제도와 구조적인 측면에서 접근해야 한다는 밝히고 있다. 왈츠의 저서에 등장하는 라인홀트 니버의 표현 즉 "악의 소재지는 자아(the self)이며 그 악의 특성은 오만(pride)의 관점에서 정의될 수 있다"(Waltz 1959, 21)는 표현이 내포한 국제정치학적 함의는 지대하다고 할 수 있다. 인간의 분쟁과 전쟁을 부추기는 오만이 자아에서 비롯된다고 하는 심리적 구성 측면에서 지적하고 있는 것이다. 여기서의 자아[16]는 모든 분쟁의 원인을 잉태하는 출발점이므로 이에 대한 많은 논쟁은 정체성과도 연관시켜 논의되는 부분이다. 그러므로 민족분쟁의 다양한 이론 중에 심리학적인 측면의 민족정체성을 주제로 한 민족주의 이론, 민족정체성 이론 등이 존재하고 있다. 즉 정치적 사건의 이면에는 이러한 구성적인 심리적 정체성이 위치하고 있다는 것이다.

현실주의에 대해 좀 더 알아보면 국제정치학자인 한스 모겐소의 '현대국제정치론'과 알렉산더 웬트의 '국제정치의 사회적 이론: 구성

며 이러한 외면은 국제정치에서 나타나는 민족분쟁을 포함한 많은 문제들을 해결할 근본적인 처방을 힘들게 하는 딜레마에 봉착하게 하였다. 쿠르드 문제 역시 마찬가지이다.

16) 그러나 자아와 의식에 대한 탐구는 매우 어려운 주제이다. 그러나 알렉산더 웬트는 그 핵심을 가지고 이론을 전개하고 있다, 그에게 보낸 이 메일에서 "나는 당신 사상의 핵심을 잘 이해하므로 당신이 전개하는 논리적 설명을 잘 이해할 수 있었다"라는 서신을 보냈고 그 역시 답신을 보내주었다. 자아의 문제는 민족분쟁의 정체성과 직결되어 있다. 맑스-레닌주의나 종교 정체성 등은 강한 자아를 전제로 하는 경우들이다.

주의'를 들여다보면 행간에서 인간에 대해 그들이 고뇌의 흔적들을 보게 된다.

앞서 잔인한 전쟁의 세기를 경험한 모겐소는 보다 현실주의적인 접근을 하게 되는데 그는 정치현실주의의 6가지 원칙(이호재역 1987, 8-17)에서 말하기를 바람직한 것과 가능한 것은 엄격히 구별하여야 한다고 주장한다. 인간 자체가 불완전하므로 도덕적인 정치질서는 바람직한 것이기는 하나 경험적으로 가능한 것이 아닐뿐더러 "세계가 망할지라도 정의를 실현하자고 얘기할 수 있으나 국가를 책임지고 있는 정치가는 국가가 망하더라도 정의를 실현하자고 말할 수는 없다[17]"고 단언한다.

그러므로 현실주의는 도덕적인 이상과 규범보다는 당장의 안보를 중요시하고 안보와 생존을 보장해주는 가장 중요한 힘과 힘에 의한 정치를 추구한다. 그러므로 모겐소는 국가의 힘을 구성하는 요소[18]를 나열하면서 국가의 안보와 이익을 확보하기 위해서 힘(Power)은 절대적이며 인간이 구축하려고 하였던 도덕적 정치, 이상사회도 불가능할뿐더러 인간은 겨우 조정과 불완전한 타협을 통해 좀 더 낳은 상태를 조성해 갈뿐이라고 주장하였다(Morgenthau 1985, 3-4). 이러한 현실주의는 국제정치를 양극, 다극체제 등 구조적인 측면에서 이해하고자 하

17) 이 표현은 국제정치가 전쟁과 분쟁으로부터 평화공동체로 가는 길을 차단하고 있는 딜레마를 이 한마디로 정확히 표현한 것이다.

18) 모겐소는 지리적 요소, 자연자원, 공업 능력, 군비, 인구, 국민성, 국민의 사기, 외교의 질, 정부의 질로 나누어 분석하였다. 그리고 국력을 제한하는 것으로는 국제도덕과 세계여론, 국제법이 있다고 주장하였다. 나아가 국제사회의 평화를 이루기 위한 3가지 방법이 있는데 첫째는 국력의 제한에 의한 것 즉 군비축소, 안전보장, 사법적 해결, 세계정부 등, 두 번째는 변경에 의한 평화, 세 번째는 조정에 의한 평화로 나누어서 설명하고 있다(한스 모겐소 지음; 이호재역, 앞의 책, pp.149~208).

는 신현실주의[19]의 등장을 초래하게 되었다.

이와 같이 무정부적인 국제정치에서는 협조적인 칸트안(kantean)적 요소보다는 힘에 기반 한 분쟁과 전쟁의 위협이 상존하므로 이는 KDP의 정치이념인 부족주의와 미국의 현실주의적 전략이 부합하여 미국-KDP의 전략적인 협력관계가 구축된 측면도 존재하였다. 그러므로 강대국은 자신의 이익에 부합하지 않으면 매우 냉혹해지는데 그 예는 1975년 알제이 협정(Algiers Agreement)으로 인하여 KDP의 민족운동이 결정적인 붕괴를 맞이하게 되었을 당시 물라 무스타파의 간절한 지원요청에 대해 키신저(Henry Kissinger)는 자선사업과 혼동하지 말 것을 경고하며 구조요청을 차갑게 거절하였다(Gunter 2011, 164). 이와 같이 전쟁의 위협이 상존하는 쿠르드를 둘러싼 민족분쟁, 국제정치와 지역정치, 민족주의와 부족주의는 모두 현실주의의 지배를 받는다.

2. 민족분쟁이론

1) 민족분쟁의 정의

KDP와 PKK는 현실주의 내에 위치한 민족분쟁의 소용돌이 속에 존재하는 쿠르드 분리독립운동단체로서 이들의 분쟁은 동일 민족정체성에 기반 한 이들과 지배민족과의 갈등에서 출발한다.

거(Gurr)의 분석과 같이 민족갈등과 민족분쟁은 이라크, 시리아, 이

19) 국가중심주의, 상위정치 또는 안보의 우위 및 무정부상태의 구조적 맥락 등이 신현실주의의 주요 가정들이다. 웬트에 의하면 신현실주의자들은 물질주의적 렌즈를 통해서 국제현상을 바라보기 때문에 국제체제의 구조를 물질적인 능력의 배분으로 이해하고 구성주의자들은 관념론적 존재론을 가지고 있기 때문에 구조를 관념의 배분으로 본다(알렉산더 웬트, 앞의 책, p.19).

란, 터키와 같은 권위주의적인 정권들 하에서는 피지배민족이 비록 초기단계에서 평화적인 방법으로 자신들의 민족적 권리를 요구한다 할지라도 지배민족은 이를 정치적인 관용과 타협으로 해결하기 보다는 무력을 동원해 탄압하려는 경향이 있다. 특히 피지배민족의 요구가 자치나 독립일 경우 지배민족은 과도한 무력을 통해서 이들의 요구를 잔혹하게 응징하는 경우가 대부분이다. 그러므로 민족분쟁은 양측 분쟁민족 간에 과도한 긴장관계를 형성케 하여 그 피해 또한 매우 큰 분쟁형태라고 할 수 있다. 지배민족은 피지배민족이 특히 영토나 독립을 요구하는 경우 이를 제로섬 게임(zero-sum game)으로 인식하므로 이 경우 민족분쟁은 필히 민족분쟁의 최고단계인 격렬한 전쟁을 수반한다. 그러므로 영토와 국가를 요구하는 쿠르드 분리독립운동은 민족분쟁의 최고단계인 양측의 전쟁과 전쟁에 준하는 갈등을 중심으로 분석한다.

카우프만(Stuart Kaufman)은 민족집단을 정의하기를 "다른 집단의 신화-상징의 복합물들과 구별되는 공유된 문화와 민족집단을 함께 결합시키고 집단전체의 구성원들을 묶는 공유된 역사의 요소들을 발탁하는데 도움을 주는 신화-상징의 복합체"라고 정의한다. 그리고 어떤 집단의 신화-상징 복합체-가 특별한, 실질적인, 잠재적인 적(敵)집단을 향하여 적대감을 강조하고 적 집단이나 적 집단의 구성원들을 적이나 열등한 존재로 묘사할수록 민족분쟁의 가능성은 훨씬 상승한다고 주장하였다(Codell and Wolff 2010, 30). 이와 같은 현상은 터키의 반쿠르드 세력들이 TRT6와 같은 터키 공영방송 등을 통하여 쿠르드인들을 코믹하게 묘사하며 바보나 미개한 사람들로 인식시키는 것을 자주 볼 수 있는데 이러한 것은 터키인들과 쿠르드인들의 민족감정을 악화시키려는 의도로 볼 수 있다.

또한 스테판 울프(Stefan Wolff)는 분쟁을 "일반적으로 '분쟁(Conflict)'이라는 용어는 양립 불가능한 둘 또는 그 이상의 행위자가 각각의 입장에서 정당하다고 여겨지는 목표를 동시에 추구할 때 일어나는 상황을 의미한다"고 정의함과 동시에 "민족분쟁(Ethnic Conflict)은 다양한 분쟁유형들 중 특정한 하나의 형태이다, 이 유형에는 최소한 한 당사자의 목표가 전적으로 민족적인 입장에서 정의되며 분쟁의 주 단층선은 바로 민족 간의 차이이다. 이러한 분쟁 발발의 주된 사안이 무엇이든지 간에 최소한 당사자들 중 한쪽은 민족적인 측면에서 자신의 불만족을 표출한 것이다. 즉 최소한 분쟁의 한 당사자는 민족 구성원들의 이해를 실현하지 못하는 이유, 동등한 권리를 갖지 못하는 이유, 그들의 주장이 성립할 수 없는 이유가 바로 서로 다른 민족성에 있다고 주장한다. 따라서 민족분쟁은 집단분쟁의 형태를 띠게 된다(Codell and Wolff 2010, 5)"고 밝히고 있다. 이와 같이 민족분쟁은 '어느 한 집단이 민족이라는 자각을 통해 단일 민족공동체 의식을 가지고 집단적으로 자신들의 권리, 영토, 국가 그리고 신념을 위해서 투쟁을 할 때 이를 용납하기 어려운 상대집단 간에 일어나는 전쟁을 포함한 일체의 갈등 관계'를 민족분쟁이라고 할 수 있겠다.

로잔조약에 의한 쿠르디스탄의 분할과 이에 대한 쿠르드의 대응을 정치적 사건에 의한 정치분쟁[20]으로 보는 시각도 존재하나 연구자는

20) 전북대 최성권은 서구인들이 정치적인 사건을 민족분쟁, 종교분쟁, 문화적 충돌이라고 주장하는 것은 서구인들의 음모이며 강대국인 영, 프, 미, 소가 자신들의 죄과를 은폐하기 위하여 종교갈등, 민족갈등이라고 주장한다는 것이다. 기존에 아랍사회는 자신들의 생활방식으로 종족 간 평화공존을 하였으며 쿠르드 분리독립운동은 민족분쟁이 아닌 생활터전을 강탈한 세력과 강탈당한 세력의 정치적 사건, 정치적 분쟁으로 간주해야 하며 민족분쟁에 초점을 맞추면 본질을 망각한다고 주장한다.

이를 민족분쟁으로 규정하였다. 왜냐하면 첫째, 비록 로잔조약이 정치적 분쟁인 것은 사실이나 강대국에 의한 강제적인 쿠르디스탄의 분할을 쿠르드인들은 민족적인 입장에서 해석하고 받아들였다고 하는 점을 중시하였다. 즉 비록 강대국의 입장에서는 정치적 사건이었지만 쿠르드인들은 아랍 민족과 동등하게 쿠르드 국가를 건설해주지 않은 강대국의 행위를 민족차별로 인식하였다. 쉐흐[21] 등 당시 쿠르드 정치지도자들은 쿠르드 민족주의를 동원하여 민족운동과 더불어 민족국가건설을 추구하였으므로 저자는 민족분쟁으로 판단하였다.[22] 둘째, 로잔조약 이전부터 쿠르드인들은 그들의 민족정체성과 쿠르드 민족이 기반이 된 민족국가(Nation State)를 세우기 위해 투쟁하였다는 점을 중시하였다. 특히 모술 석유사건과 로잔조약 이전인 1880년 쉐흐 우바이둘라(Shaykh Ubayd Allah, 또는 우바이드 알라)가 타브리즈(Tabriz)에 있는 영국 총영사 윌리엄 애보트(William Abbott)에게 보낸 서한에서 "쿠르드 민족의 이름(the name of the Kurdish nation)"으로 페르시아를 공격하였음을 주장하며 "비록 쿠르드 민족(The Kurdish nation)은 각각 종교, 법, 관습이 다르고 분할되어 있는 민족(a nation apart)이지만 쿠르디스탄의 부족장들과 통치자들을 비롯한 쿠르디스탄의 모든 쿠르드인들은 우리의 일은 우리들 스스로 해결해 나가기를-즉 독립을[23]-원한다

21) 북부 쿠르만지어로 표기하였다. 쉐이크, 쉐흐도 가능하다.

22) 예를 들어 미, 소가 한반도를 강제 분할한 것은 정치적인 사건이나 이를 받아들이는 韓민족은 민족 감정으로 대응하여 반미, 반소를 주장하는 것과 비슷한 예일 것이다. 즉 쿠르디스탄에서도 로잔조약은 정치적인 사건일지라도 이 사건은 쿠르드인들의 민족감정을 격발시켜 로잔조약 이전에 비해 쿠르드 분리독립운동이 더욱 활발하게 전개되었고 그들의 민족감정은 더욱 확산, 공고화되었다. 즉 민족분쟁의 유형은 양측이 민족감정으로 분쟁을 하는 경우도 있지만 한쪽에 의한 일방적인 정치적 사건이 반대편에 의해 민족의 측면에서 해석이 되고 분쟁화 되었다면 이를 민족분쟁으로 보는 울프의 시각에 동의한다.

(Mcdowall 2004, 53)"라는 서한을 전달하였다. 이 당시 이들은 하나의 쿠르디스탄과 하나의 민족이라는 의식을 자각한 채 저항하였으며 이러한 저항의 이면에는 확고한 쿠르드 민족정체성이 존재하였다는 것을 쉐흐 우바이둘라의 서한을 통해서도 분명히 인식할 수 있다. 셋째, 민족분쟁은 구체화된 정치분쟁 중 하나라는 것이다.

쿠르디스탄은 1497년 바스코다가마(Vasco da Gama)의 희망봉(Cape Point) 발견으로 인한 해상항로가 발견되기 전까지는 지정학 상 동서문명의 중요한 육상 교역루트였다. 이러한 지정학상의 위치로 인하여 쿠르드는 과거 수천 년 전부터 수메르, 아시리아 등 주변 강대국들과의 끊임없는 전쟁과 협력을 통해 존속해 왔으며 지속적으로 주변 이민족들의 침입을 경험하였다. 새로운 문명과 기마술로 무장한 아리안족이 비옥한 쿠르디스탄에 침입하여 지배적인 종족으로 군림한 이후에도 알렉산더(Alexander the Great), 이슬람으로 무장한 아랍의 침입, 일한국, 셀주크 투르크, 오스만 투르크 등 이민족들의 침략은 끊이지 않았으며 쿠르드는 이들과의 잦은 전쟁을 통하여 그들의 강한 쿠르드 정체성과 전투능력은 역사적으로 유명하게 되었다.

이러한 역사적인 과정을 통해 강력한 쿠르드 정체성을 소유하게 된 이들은 주로 대 부족 단위의 중, 소 왕조와 공국체제를 유지하였으며 이민족의 통일왕조도 중앙에서 관리를 파견하는 제도가 아닌 일종의 봉건제 형식으로 쿠르드와의 관계를 유지하였다. 이러한 가운데 오스만 투르크의 1차 세계대전 패배 후 연합국은 1923년 로잔조약을 통하여 쿠르디스탄을 5개로 분할, 통치하게 하였다.

그러나 쿠르드는 이러한 정치적 분할에 대한 항거보다는 강대국이

23) 연구자 註. 당시 우바이둘라는 쿠르드 민족의 독립국가를 표방하였다.

제1차 세계대전 당시 연합군으로 대오스만 전에 동일하게 참전하였던 아랍민족에게는 시리아, 이라크, 요르단 등의 국가를 설립해 주었으나 쿠르드인들의 민족국가설립은 회피함으로 강력한 분리독립운동에 돌입하게 되었다. 이러한 맥락에서 KDP와 초기 PKK의 분리독립운동은 민족적 의식을 가지고 영국, 이라크, 터키 등 강력한 민족탄압을 자행한 지배민족과의 갈등에서 출발하였다.

또한 1960년대부터 현재까지의 KDP와 PKK의 분리독립운동에 비추어 보면 테드 거의 민족분쟁에 대한 인식과 같이 민족집단의 증가는 좀 더 많은 권리의 용인을 요구하게 되었는데 이 요구들은 냉전 후 국내분쟁과 국제분쟁의 주요원인으로 인식되었다. 이중 가장 강렬한 민족분쟁을 초래하는 요구는 KDP와 PKK 같이 자치나 독립을 요구하는 경우(Gurr, Harf 1994, 2)이다.

거(Gurr)에 의하면 모든 경우에 있어서 민족분쟁은 평화적인 정치 시위로부터 시작하나 대부분은 게릴라와 내전으로 발전되었으며 이들 중 가장 심각한 것은 북 에이레의 카톨릭[24], 동티모르의 민족들, 쿠르드와 팔레스타인, 남수단의 여러 민족의 경우를 포함한 49개 공동체간 분쟁들(Communal Conflicts)이다. 제2차 세계대전 후 50년 동안 민족집단의 권리와 요구들에 관한 오래된 공동체내 분쟁들은 다른 형태의 지방, 지역, 국제분쟁 보다 더 비참하고 더 많은 인권침해를 초래하였

24) 북아일랜드의 가톨릭교도들은 아일랜드와의 통합을 원하고 있으나 신교도들은 가톨릭의 지배를 반대하여 영국의 지배를 원한다. 얼스터 지역 내 소수 카톨릭 주민에게 탄압을 가하자 북부 카톨릭은 1919년 아일랜드공화국군(IRA)을 조직하여 북아일랜드에 있는 신교도들을 공격하였다 이에 대항하여 신교도들도 얼스터방위조직(UDA)을 만들어 내전을 계속하고 있다. 아일랜드는 영국과의 전쟁을 꺼려하여 북아일랜드를 지원하지 못하고 있다. 이와 같이 민족분쟁은 민주주의가 발전한 서구에서도 정치적 타협이 매우 어려운 분쟁형태이다.

다. 그리고 대부분의 세계난민들을 양산하였다(Gurr and Harf 1994, 6-7). 쿠르드 역시 거의 분석과 같이 최초에는 평화적으로 그들의 권리를 요구하였으나 대부분 지배민족의 강한 폭력을 경험하면서 무장폭력투쟁으로 전환되었음을 바르자니 가문과, 카라일란의 증언을 통해서도 알 수 있다. 그리하여 쿠르드 민족분쟁 역시 대규모 인권유린과 난민 발생을 초래하였다.

국제분쟁과 민족분쟁 연구에 천착한 많은 국제정치학자들은 민족분쟁을 감소시키기 위하여 민족분쟁이라는 현상과 민족분쟁의 원인을 찾으려고 노력하였다. 학자들마다 이 민족분쟁의 원인에 대해서 다양한 이론을 제시하나 저자는 다음과 같은 2가지를 KDP와 PKK의 주요 민족분쟁의 원인으로 파악하였다.

2) 민족분쟁이론

KDP와 PKK 역시 크게는 민족분쟁의 범주에 속하며 이러한 민족분쟁이 일어나는 원인을 알고자 국제정치 학자들은 연구를 통해 다양한 민족분쟁의 원인과 해결책을 제시하기에 이르렀다.

21세기는 세계화의 세기(이인성 2009),[25] 분쟁의 세기이기도 하지만 민족의 세기이기도 하다. 그 이유는 민족이 가지는 특별한 정체성에 기반하여 1, 2차 세계대전을 거치면서 많은 국가와 민족들이 독립하였고 그들이 세운 국가 내에 존재하는 소수 종족, 민족들이 국가내부에서 역시 민족정체성에 기반 한 분리독립운동을 지속하고 있기 때문이다. 이와같이 민족이 가지는 위상은 세계화 시대에도 줄지 않고 있으며 민족분쟁의 해결이 지구촌의 평화정착을 위하여 당분간 매우 중

25) 세계화 체제에 대한 찬성론과 반대론이 잘 정리되어 있다.

요한 이슈가 될 것으로 예상된다.

사회적 약자, 소수자(minority)의 구성원들이 긍정적인 사회정체성을 소유하기 힘든 것은 그들이 기득권층(majority)에 비해서 항상 열등한 지위에 있기 때문이다. 사회적 약자의 구성원들이 긍정적인 사회정체성을 획득하기 위해서는 차별화된 전략이 필요한데 첫째, 만약 사회제도(Social System)가 합법적이고 견고하다면 받아들일 수밖에 없다(예를 들면 봉건제). 둘째, 만약 사회적 약자가 사회제도를 부당하다고 인식한다면 대체 가능성이 있다. 기득권층이 지배하는 국가에서 제도가 불안정해지면 억압과 테러가 유일한 현상유지 수단이 된다. 셋째, 만약 기득권층-사회적 약자 관계가 부당하게 인식되고 제도가 더 이상 인정되지 않을 때 사회적 약자집단의 구성원들은 그들의 열등한 지위를 거부하려 할 것이다. 그리고 그들의 정체성을 긍정적인 것으로 전환시킬려고 노력할 것이다(Codell and Wolff, 2010, 38).

또한 호로위츠는 대부분의 민족집단 간의 긴장은 집단비교(Group Comparison)에서 기인한다고 주장한다. 왜냐하면 집단정체성이 종종 개인정체성의 중심에 위치하는 경우가 있기 때문이다. 예를 들면 아시아의 식민지시대에 국가정체성이 개인정체성의 중심에 자리 잡은 경우를 들 수가 있다. 그리고 식민지 정책은 집단정체성을 강화시키는 한편 '선진(Advanced)집단'과 '후진(Backward)집단'을 만들게 된다.

역사적으로 보면 민족분쟁은 프랑스 혁명이후 시기별로 부침을 거듭하여 왔다. 세계사의 주요한 부침 속에서도 민족분리독립운동은 이러한 조류와 결탁내지는 반목을 통하여 전개되어 왔으며 이들 분리독립운동단체 내부 또한 단체 내부의 분열과 반목, 파벌 간 동맹을 통하여 단체들 간 이합집산을 지속하였다.

이와 같이 심각한 폭력을 야기하는 민족분쟁이라는 현상과 지구평화의 위협요소를 제거하기 위해 학자마다 민족분쟁의 원인을 과학적으로 규명하려고 시도하였다. 그리하여 민족분쟁의 원인에 대한 다양한 이론들이 등장하게 되었다.

이러한 민족분쟁이라는 현상에 대한 이론적 논의는 냉전이후부터 국제정치이론 분야에서 폭발적으로 다양한 논의가 진행되어 왔으며 초기 연구들은 1950년대 까지 거슬러 올라간다. 이러한 초기의 민족분쟁현상의 연구는 주로 민족주의와 연관되었으며(예를 들면 Deutsch 1953, Gellner 1983, Kedourie 1960, Smith 1971, 1981) 소수민족의 특별한 사례에 초점을 맞추었다. 1970년대 후반에 들어서 학자들은 비로소 좀 더 체계적으로 민족분쟁현상을 연구하기 시작하였으며 민족분쟁의 사례에 대해서 분석적으로 정밀하게 연구하기 시작하였다(예를 들면 Rabushka와 Shepsle 1972, Esman 1994b). 이들 중에 가장 영향을 끼친 학자는 'Ethnic Groups in Conflict([1985]2000)'를 쓴 도널드 호로위츠이다(Codell and Wolff, 2010, 25).

그러나 대부분의 이론은 전체 보다는 부분을 설명하는 데에 집중하므로 복잡한 문제를 전체적이고 근본적으로 해결하는 데에는 한계가 있다고 볼 수 있다. 이러한 이론들이 가지는 태생적 한계성은 민족분쟁이론에서도 마찬가지이며 이와 같은 한계성을 민족문제 전문가인 호로위츠도 그의 저서 'Ethnic Group in Conflict'에서 토로하고 있다.

이러한 연구초기 노력에 비해서 1990년대 초반 분석들의 특징은 민족분쟁의 연구에 있어서 합리적 선택의 적실성(the relevance of rational choice)과 국제관계이론들(international relations theories)을 통하여 설명하려 하였다. 이와 동시에 좀 더 사회심리학적접근들(Social-Psychologically Informed Approaches)이 적실성 있게 되었으며-특히 사회정체성이론들(Social-Identity Theories)의 형태로-이러한 연구들이 발전되었다-예를 들면 마르코 하워드 로스(Marc Howard Ross 2007)의 연구와 같이 정신분석적인접근들(Psychoanalytically Informed Approaches)-, 이들 중에서 가장 탁월한 사람은 스튜어트 카우프만(Stuart Kaufman 2001)과 데이비드 레이크(David Lake), 도널드 로스차일드(Donald Rothchild 1996)[26)]-비록 아직까지는 주요 설명변수로 안보(불안정)가 구조 속에서 대부분 사용되지만 합리적 선택과 사회-심리학적인 접근들의 연구를 토대로 좀 더 통합적인 이론들을 만들어내기 시작하였다(Codell and Wolff, 2010, 25). 1990년대 후반부터 합리적 선택 접근법에 근거를 둔 3번째 종류의 이론들이 민족분쟁의 경제적 이론(economic theory)의 형태로 등장하였다. 이들 이론은 대부분 폴 콜리어(Paul Collier)[27)]와 연관되어 있다(Codell and Wolff, 2010, 25).

앞에서 살펴본 바와 같이 기존의 민족분쟁의 원인에 대한 이론은

---

26) 이 두 학자의 저작은 "*The International Spread of Ethnic Conflict: Fear, Diffusion, and Escalation.* princeton university press. 1998"이다. 이 책에 의하면 이들은 지구상에 만연하는 인종분쟁의 직접적인 원인은 내부그룹의 차별성이나 수백 년 된 반목이 아니라고 주장하며 소련붕괴가 단순히 오랫동안 억압된 민족적인 열정의 분출때문이 아니라고 한다. 대신에 두 학자는 안보불안, 자원경쟁, 정부와의 대화 단절, 지속적인 약속의 불능 등이 민족집단을 분쟁으로 이끈다고 주장한다. 나아가 두 학자는 민족분쟁과 민족분쟁의 효과적인 운영의 밑바탕에는 전략적인 상호작용이 있다고 간주한다. 그리고 제임스 피어런(James D. Fearon), 스테판 사이드맨(Stephen M. Saidman), 산드라 할페린(Sandra Halperin) 등은 오늘날의 민족분쟁은 단지 지역분쟁의 하나이며 독립을 요구하는 것이라고 주장한다. 스테판 크라스너(Stephen D. Krasner), 다니엘 프로츠(Daniel T. Froats), 신시아 카플란(Synthia S. Kaplan), 에드먼드 켈러(Edmand J. Keller) 등은 다국적인 민족분쟁을 다루는 것에 초점을 맞추고 국내적 신뢰를 세우는 조치들, 국제적인 개입, 예방적 외교 등을 강조한다.

27) 옥스퍼드대 경제학과 교수로 인간의 탐욕과 관련한 경제 심리학의 분야를 구축하여 경제적인 관점에서 지구의 환경, 정치, 빈곤국가문제 등을 연구하였다. "*On economic causes of civil war.* Oxford Economic papers. 1998".

대별하면 2가지로 나뉘는데 스테판 울프에 의하면 민족분쟁이론은 크게 합리적선택이론들(Rational Choice Theories)과 사회심리학적이론들(Social-Psychological Theories)으로 나뉘며 합리적선택이론들에는 불안정(Insecurity) 이론 즉 안보딜렘마이론, 탐욕(Greed)이론이 있으며 사회-심리학적 이론들에는 현실집단분쟁이론(Realistic Group Conflict Theory), 사회정체성이론(Social Identity Theory),[28] 정신분석이론(Psychoanalytic Theories) 또는 정신역학이론(Psychodynamic Theories)이 있다.[29]

(1) 민족정체성이론

종족이나 민족의 정의에 있어 소속감이 없이 단순한 특성들의 나열은 민족성/종족성(Ethnicity)이라 한다 그러나 종족이나 민족이 소속적인 자각의식을 가지고 다른 종족이나 민족들과 구별되는 문화적, 정치적, 생물학적 특성들을 가질 때 이를 종족정체성이나 민족정체성이라고 하는데 이러한 정체성은 그 구성원들을 하나로 결집시키고 동원한다는 점에서 정치적으로 매우 중요한 의미를 갖고 있다.

민족성은 민족분쟁이나 폭력 상황에서 민족을 동원시키는 가장 근원적인 바탕이며 이 민족성에 대한 이론은 크게 두 가지의 이상적인 형태로 나누어 볼 수 있는데 하나는 원초주의(Primordialism)와 구성주의(Constructivism)의 입장으로 나누어 볼 수 있다. 첫째 원초주의의 입장에서는 민족성이란 역사적 경험 속에서 깊이 내재화된 것이라고 주장하는 반면 에스만(Esman M. J) 등에 의한 구성주의의 입장은 민족성이 역사 속에서 주어지는 것이 아니라 고도의 적응성과 가변성을 가

28) 사회정체감이론으로 현실집단갈등이론의 반대되는 이론이다. 이는 내집단-편애성(Ingroup-Favoritism)으로 인하여 민족분쟁이 일어난다는 이론이다.

29) 정신역동이론이라고도 한다.

진 현상으로 개인이나 집단들이 보다 낳은 안전이나 경제적인 이익을 증진시키는데 그들이 선택적으로 사용할 수 있는 주요한 하나의 실질적인 자원이며 더 나은 보상을 공여하겠다는 대안적인 약속이 있을 경우 심지어 버릴 수 있다고 주장한다(Esman 1994, 10-11). 또한 이 두 가지의 민족성에 대한 이론을 극복하려는 다양한 시도가 전개되었는데 대표적인 것은 민족상징주의(Ethnosymbolism)이며 이것은 최초로 크로포드 영(Crawford Young)에 의해서 1976년 시작되었고 최근(2001)에는 스튜어트 카우프만(Stuart Kaufman)에 의해 심볼정치이론(Symbolic Politics Theory)이 형성되었다. 이러한 민족상징주의는 하나의 문화적인 집단이 공통된 신화를 소유하고 있으며 이 신화의 역할을 강조한다. 이들은 공통된 역사를 공유하며, 지역이나 언어와 풍습 그리고 제도 등의 차별성을 자각하고 있거나, 자신들의 차별적인 명칭 등을 가지고 있는 경우이다(Codell and Wolff, 2010, 14-15).

이와 같이 민족정체성(Ethnic Identity)에 관한 이론은 원초주의와 근대주의(Modernization)로 대별되기도 하며 근대주의는 도구주의(Instrumentalism)와 맥락을 같이한다. 그리고 구성주의는 원초주의와 근대주의를 반대하는 입장이다. 타라스(Raymond C. Taras & Rajat gangury)는 원초주의, 도구주의, 구성주의 3가지로 구분하는데 일반적으로 이 분류를 많이 언급한다.

칼 코델(Karl Cordell)과 스테판 울프(Stefan Wolf)는 하나의 이념형으로 원초주의와 구성주의로 나누고 이 둘을 극복하려는 시도로 최초로 1976년 크로포드 영에 의해 발전되고 앤써니 스미스(Anthony Smith), 워커 코너(Walker Conner)와-스튜어트 카우프만의 상징정치이론(symbolic politics theory)-연관된 민족상징주의(Ethnosymbolism)[30]를 소개하기도 하였다.

원초주의는 실스(Shils 1957)나 기어츠(Geertz 1963)[31]의 주장으로(김광억외 2005, 27) 민족정체성이 생물학적으로 인간이 태어나면서 선험적으로 주어지는 것으로 본다. 민족은 원초적인 가족이나 친족과 같은 자연스러운 것으로 민족공동체에서 자연스럽게 민족정체성을 형성하게 되고 그것은 종족, 언어, 조상, 신화 등을 공유한 원초적 본능에 기인한 민족주의라는 것이다. 근대주의는 말 그대로 도구주의자인 영국의 사회학자 어네스트 겔러가 1983년에 저술한 '민족과 민족주의'라는 저서에서 최초로 언급된 것으로 민족주의를 근대의 산물로 보는 견해이다. 이를 주장하는 학자들은 베네딕트 앤더슨(상상의 공동체 1986), 에릭 홉스봄(1780년 이후의 민족과 민족주의, 1990) 등으로 이들은 민족주의가 민족을 만들게 되었다는 것으로 민족은 인공적인 산물로 정치인들이 국민을 자신들에게 유리하게 이끄는 수단으로 민족주의와 민족성, 민족공동체를 내세우는데 이는 단순히 다른 사회단체와 유사하며 민족은 앞으로 역사의 산물로만 남을 것이라고 주장한다.

터키 쿠르드의 민족주의 운동을 저술한 폴 화이트도 근대주의자로 근대 민족국가는 자본주의의 등장과 관계를 맺고 있으며 이데올로기, 경제 구조적으로 완전히 새로운 형태의 정치적 국가라고 주장한다. 자본주의 이전에 유럽은 봉건주의 하에 있었으며 정치적인 지배권은 신을 통하여 정당성이 확보 되었으며 왕은 통치의 신성한 권리를 주장하였다. 그러나 일련의 부르조아 혁명이 이러한 봉건주의적인 귀족

---

30) 최근 2001년 '상징정치이론'이 스튜어트 카우프만에 의해 소개되었다. 앤써니 스미스에 의하면 민족상징주의는 민족그룹이 하나의 문화적 집합체로 신화의 역할과 역사적 기억을 강조하며 이것은 하나나 그 이상의 문화적 차이들, 지역, 관습, 언어, 제도 등의 차이를 인식하는 것이다(Karl Cordell and Stefan Wolff, *op. cit.*, p.15).

31) 타라스(Taras)에 따르면 Issacs, Naroll, Gordon, Mitchell, Epstein, Furnivall 등은 초기 원초주의자들로 구분한다.

사회의 국가를 파괴하여 버렸는데 이에 대한 고전적인 사례는 1789년 프랑스 혁명(White 2000, 4)이라고 주장하였다.

도구주의 입장을 살펴보면 바스(F. Barth 1969)의 파싼족 연구는 종족집단이 타 집단과 거래하는 방식에 따라서 종족의 경계를 더욱 강화한다는 점을 지적하였다. 또한 코헨(A. Cohen 1969)은 아프리카 하우사(Hausa)족 상인의 연구에서 종족을 이해관계에 있는 집단들이 경쟁을 위하여 생산하고 실천하는 일종의 정치적 자원이라고 주장하여 도구주의적 접근을 보여준다. 나아가 브라스(P. Brass 1991)은 종족이 집단적인 차원이 아니라 엘리트에 의하여 결정된다는 점을 보여 주며 특히 언어와 종교적인 상징이 핵심적인 전략적 자원으로 동원되고 불규칙한 사회에서 이용된다고 한다(김광억외 지음 2005, 27).[32)]

즉 도구주의는 어떤 목적을 위해 엘리트나 개인 그리고 집단이 그들이 가진 정체성 즉 민족성 규정하여 만들고 이를 사용하는 것이다. 즉 이들에게 민족정체성은 집단동원에 필요한 여러 대안들 중 하나로 간주되며 정치적이거나 사회적인 목적을 위해 동원되는 하나의 도구로 인식한다는 것이다.

구성주의[33)]는 구성주의적인 특징과 마찬가지로 선험적 즉 민족성을 자연적인 현상 즉 원초주의적 이라거나 개인이나 집단의 정치적인 목적을 위해 사용되는 단순한 도구일 뿐이라는 주장을 다 배격하고 민족정체성은 인간의 사고와 행동 그리고 선택에 따른 산물일 뿐이

32) 1992년 14대 대선을 앞두고 부산 초원복집에서 김기춘 전 검찰총장이 정치적 동원을 위해 한 발언은 원래 부정선거와 관건개입이 주요쟁점이었지만 집단을 정치적 목적을 위해 결속시킨다는 의미에서 도구주의의 한 예를 보여 준다고 할 수 있다.

33) 타라스(Taras)는 초기 구성주의자로서는 막스 베버(Max Weber)를 내세운다.

며 사회적인 구성을 지속한다고 주장한다(Taras & Gangury 2006, 4).

이와 같이 민족정체성은 쿠르드 민족분쟁의 가장 주요한 원인이며 KDP, PKK 동원의 원인이 된다. 그러나 터키 지배민족은 쿠르드인들을 '산악 터키인(Mountain Turks)', 이란의 지배민족은 '산악 이란인(Mountain Iranians)' 등으로 호칭하며 쿠르드인들의 민족정체성을 근본적으로 부정해 왔다(Gunter 2011, 103).

이에 대해 이라크, 터키 쿠르드의 경우 지배민족과는 다른 민족정체성에 기반 하여 쿠르드인들의 정치적 권리를 주장하고 나아가 독립과 자치를 요구하였다. 지배민족이 장악하고 있는 정치권에서는 이를 중대한 피지배민족의 도전, 국가를 파괴하려는 의도로 규정함으로써 지배민족은 정치적 타협과 대화가 아닌 강력한 동화정책, 분열정책, 강제이주정책 등을 통하여 민족정체성을 소멸시키려고 노력하였으며 무력과 전쟁을 통하여 이들을 민족정체성을 탄압하였다. 이러한 과정에서 쿠르드의 민족정체성은 강한 저항적 민족주의를 형성하게 되었으며 저항적 민족주의는 쿠르드 민족동원의 주요한 자원이 되었다. 이러한 민족정체성은 오스만 제국의 붕괴 이후 쿠르디스탄에서 폭발적으로 일어난 분리독립운동단체들의 동원을 설명해줄 수 있으며 이 연구에 포함된 KDP와 초기 PKK의 동원과 현재의 쿠르드 동원을 설명해줄 수 있는 중요한 이론적 토대가 된다.

타라스(Raymond C. Taras & Rajat Gangury)는 '민족정체성(Ethnic Identity)[34]'을 "개인들을 그 민족공동체에 결속시키고, 그 개인들이 속한 민족공동체집단이 타 민족공동체 집단들과 구별되는 속성을 포함하여,

34) 민족정체성은 공통의 언어, 문화, 역사를 가진 자신이 속한 집단에 자신을 귀속시키는 반면 민족성은 역사, 언어, 문화 등의 공통을 공유한 민족집단의 성향을 나타낸다. '민족성'은 'Ethnicity'를 사용한다.

개인들이 어떤 한 민족공동체에 그들의 소속감을 가지고 있다고 생각하는 의미들의 집합이다(Taras & Gangury 2006, 11)"라고 정의하였다.

이와 같이 "어떤 민족이 다른 민족들과 구별되는 역사적, 문화적, 정치적, 영토적 특성에 기반 한 심리적 특성들을 공유하고 이를 자각함과 동시에 집단 소속의식을 가지고 있는 것을 민족정체성이라고 한다." 이러한 정체성은 그 구성원들을 하나로 결집시키고 동원한다는 점에서 정치적으로 중요한 의미를 갖고 있다.

결과적으로 쿠르드인들의 민족정체성은 원초주의적인 특성을 가졌으며 동시에 민족정체성은 오랜 역사를 통하여 지속적으로 이루어져 온 지속적 영속주의 속성을 가진 가운데 근대 억압의 시대를 거치면서 민족주의가 표출되었고 PKK에 이용되었다고 할 수 있다. 그러므로 근대의 시기에는 도구주의적인 특성도 가졌다고 할 수 있다.

(2) 사회정체성이론 (Social Identity Theory)

민족정체성과 마찬가지로 사회정체성도 PKK의 동원의 원인이 된다. PKK 경우는 민족차별에 기반 한 민족갈등으로 인해 1차 동원이 일어나는 경우가 대부분 이었지만 맑스-레닌주의의 특성상 민족보다 상위 개념인 맑스-레닌주의를 의무적으로 학습하여 이념에 충실한 전사로 거듭나게 하는 2차 동원 과정은 사회정체성이론으로 설명이 가능하다.

개인은 누구나 고유한 개인정체성을 가지고 있고 개인이 속한 집단, 사회와 상호작용을 통해 구성원으로서 집단이나 사회정체성을 내재화하게 된다. 개인정체성과 사회정체성은 상호 영향을 주고 받으며 선호집단으로 이동하는 사회적 이동도 나타나게 된다. 특히 개인들은 집단이나 사회를 통해서 자신들의 긍정적인 이미지를 형성한다.

사회정체성 접근의 가장 중요한 이론가들은 타즈펠(Henri Tajfel), 빌

리그(Michael Billig), 도널드 호로위츠로 이들에 따르면 모든 개인들은 그의 사회적 세계(Social World)[35]를 분명한 계급(Distinct Class) 또는 소위 사회-범주들로 구분하고 그들 자신과 타자를 그들과 관계 속에 놓이게 한다는 것이다. 즉 그들 자신을 사회적 범주의 용어로 규정하는데 예를 들면 성, 지리적 위치, 계급, 직업 등으로 자신을 규정하는 것이다. 기본적인 가정은 사람들이 긍정적인 사회정체성을 위하여 노력한다는 것이다. 사회정체성이 내집단들(in-groups)에 대한 멤버십에서 나옴에 따라 긍정적인 사회정체성(positive social identity)은 내집단들 간에서 만들어지는 선호의 사회비교들로부터 나온다. 즉 어떤 집단에 오랫동안 속하게 되면 자긍심은 강화되고 단체가 자신의 요구를 만족시켜주지 못하면 집단의 구조를 변혁을 시도하거나, 집단을 이탈하거나, 새로운 진로를 모색한다(Codell and Wolff, 2010, 38)는 것이다.

이는 1차적으로 민족갈등에 기반 한 민족동원을 이룬 PKK가 민족분쟁이 아닌 이념분쟁의 성격을 가지고 투쟁하는 것을 잘 설명해준다. 즉 맑스-레닌주의에 기반 한 계급혁명 및 폭력혁명, 봉건주의 세력인 쿠르드 지주나 부족장을 공격하는 것, 외잘란이 피압박계급인 여성을 봉건적 잔재에서 가장 먼저 해방시켜야 한다고 주장하는 것(Strozier and Frank 2011, 100) 등은 맑스-레닌주의로 의식화된 PKK 쿠르드 대부분의 동원을 설명해준다. 그러므로 저자는 이 사회정체성을 PKK 2차 동원의 주요한 원인으로 파악하였다.[36]

---

35) 사람들이 만들어낸 세계.

36) 박주성, "민족분쟁의 관점에서 본 안중근과 이라크 쿠르드의 분리독립운동: 민족분쟁 분석틀 관점에서"(『제11차 한국평화연구학회 국제학술세미나 2014 한국평화연구학회·흑룡강외국어대학교 국제학술회의』 한국평화연구학회, 2014. pp. 759-795)에 일부 중복되어 있다.

3. 민족분쟁모델

일반적으로 민족분쟁모델은 다양한 가정들을 독립변수로 하여 민족분쟁을 설명하며 하나의 민족분쟁을 시기 및 단계에 따라 다양한 민족분쟁모델로 설명하는 학자[37]들도 있으나 이 경우 단기적 시기나 상황에 따른 민족분쟁 성격은 비교적 정확히 묘사하나 일반성은 낮아지는 단점이 있다. 저자는 민족분쟁모델 중에서 '지배국가의 폭력 vs 분리독립을 원하는 민족집단 간의 폭력관계'를 비교적 일반적으로 잘 나타낸 테드 거의 '민족정치폭력을 설명하는 틀(Gurr and Harf, 83-95)'을 참조하였다.

하나의 민족집단을 구성하는 구성원들의 정체성은 종교, 문화, 공통의 역사, 거주지, 인종과 같은 특성들을 공유하는데(*ibid*) 사회적 지위, 경제적 안녕 및 정치권력의 측면에서 우위에 있는 집단들로 인해 자신의 권리가 잠식되고 불평등한 대우를 받고 있다고 인식하는 집단의 경우 이들의 불만감이 상승할수록 인종 문화적인 정체성은 더욱 공고해진다. 특히 인종, 문화, 종교가 차별의 근본원인일 경우 이러한 집단정체성은 더욱 강하게 현시된다. 그리고 정부 또는 경쟁관계에 있는 집단들과의 갈등이 실질적으로 증폭될 경우 집단정체성이 강화되고 집단 구성원들 간의 결속력이 높아지게 된다. 결론적으로 한 집단의 인종 문화적 정체성은 세 가지 요인 즉 상호 교류하는 집단들 간 문화적 차이의 정도, 다른 집단들과 비교할 때 집단이 받는 상대적 불이익 정도, 그리고 정부 및 다른 인종집단들과 과거 또는 현재 겪고 있는 분규의 정도에 의해 발현된다고 한다(*ibid*, 104).

---

37) 예를 들면 발레리 퍼시벌(Valerie Percival)과 토마스 호머 딕슨(Thomas Homer Dixin)의 르완다 민족분쟁의 모델.

이러한 분석 하에 테드 거는 민족, 인종, 공동체적 정체성에 기반한 정치적 주장과 행동이 집단행동으로 발전하는 단체의 역량, 국내적 기회, 국내정치적 요소와 같은 연관되는 조건들과의 관계를 설명하는 이론적 틀을 제시하였다.

이 모델에 의하면 민족분쟁은 강한 민족 동질감을 가진 민족이 존재하고, 그 국가의 국제경제적인 지위는 낮으며, 독제국가이고, 억압과 차별 그리고 폭력을 행사하는 국가는 차별받는 민족의 폭력적 저항에 직면할 가능성이 높다고 주장한다. 여기에 민족운동을 하는 피지배민족의 경우 피지배민족 구성원들의 지지를 받고, 국제사회의 지지를 받는 지도자가 존재하는 경우 민족분쟁이 폭력분쟁화 될 가능성은 높아진다는 것을 알 수 있다.

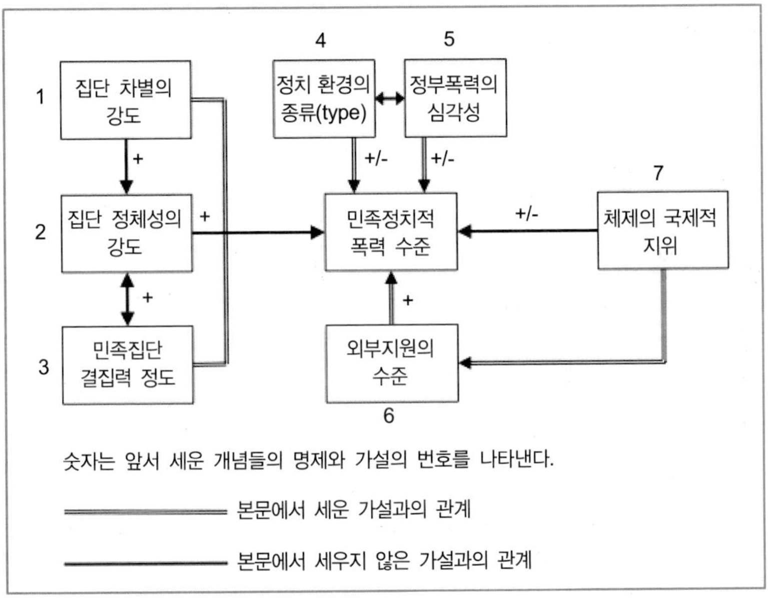

<그림 1> 민족정치폭력 분석틀

출처: Ted Robert Gurr, Barbara Harf(1994), *Ethnic Conflict in World Politics*, Westview Press, p.106.

따라서 민족집단에 대한 압제는 민주국가에서는 일어날 가능성이 상대적으로 낮은데 그 이유는 과정이 덜 폭력적일뿐더러, 정치권에서 민족갈등과 분쟁을 어느 정도 해소시켜 준다는 것이다.

이 모델은 민족정치폭력의 7가지 주요 요소와 가설을 주장하며 (Gurr and Harf 1994, 83-95) 이 요소들은 상호의존적인 성격을 내포하고 있다. 이 모델은 KDP와 PKK의 분리독립운동이 평화투쟁에서 무장독립투쟁으로 전환된 이유를 효과적으로 설명해주며 특히 PKK가 더욱 과격한 무차별적인 무장투쟁으로 선회한 원인의 많은 부분 설명해 줄 수 있는 모델이다. 즉 이는 쿠르드인의 정치적 권리 요구나 시위 → 터키, 이라크 지배민족의 폭력 행사 → 쿠르드의 민족정체성이나 이념적 정체성 강화 및 KDP와 PKK의 폭력수준 강화 → 지배민족의 무자비한 대응 폭력 → 양측 전쟁과 보복의 연속과 같은 민족분쟁의 악순환을 효과적으로 설명해주고 있다.

가설은 차별의 정도가 높을수록, 한 개인이 차별받고 있는 집단과 동질감을 강하게 느낄수록 동원력을 높아지고 응집력은 독재적인 리더십의 정도에 따라 증가한다. 정치환경이 민주적일 때 비폭력 양상을 띨 가능성이 크고, 정부가 폭력을 사용하면 단체도 폭력을 사용할 가능성이 높다. 그러나 오히려 지배민족이 극단적인 탄압을 하면 공개적인 저항의 가능성은 오히려 감소한다. 그리고 외부지원이 클수록 민족집단은 폭력적인 수단을 사용할 가능성이 증가한다는 것이다 (Gurr and Harf 1994, 83-86).

개념1인 차별의 정도는 가변적인 것으로 타집단과 비교해서 나타나는 민족집단의 경제적, 정치적인 차별과 불평등의 정도이다. 정책을 통해 나타난 민족집단 간 차별의 정도가 높을수록 민족정치의 폭력의 수위는 높아진다(*ibid*, 87-92). 이러한 차별은 KDP와 PKK의 구성원들이 불평등을 인식하고 동원이 되는 것을 설명해준다.

개념2는 역시 가변적인 것으로 집단정체성의 강도가 높을수록 역시 민족정치의 폭력의 수위도 높아진다. 종교, 신념, 역사, 문화 등 공유의 정도가 높을수록 민족정체성의 강도는 높아진다(*ibid*). KDP와 PKK는 강한 집단적 쿠르드 정체성을 소유하므로 탄압에 대항하는 수준도 매우 높다고 할 수 있다.

개념3은 민족집단 응집력의 정도이며 이는 리더십으로 민족집단의 지도자와 추종자들 간의 결집력의 정도를 나타내고 이들은 긴밀한 상호작용의 네트워크를 가지고 있다. 파벌, 리더십의 유형은 결집력에 영향을 미친다. 이는 집단 내 파벌과 분쟁이 많을수록 민족집단의 응집력은 낮아진다(*ibid*). 초기를 제외한 KDP와 PKK내의 단체응집력은 높은 수준으로 KDP는 부족주의적인 응집력이며 PKK는 막스-레닌주의에 기반 한 이념적인 응집력의 형태라고 할 수 있다. 단 KDP내의 분열 등으로 쿠르드 전체의 응집력이 낮아진 경우가 존재하였으며 터키 쿠르드 내에서도 케말 부르카이(Kemal Burkay)와 같은 온건파와 PKK와 같은 급진 좌파와의 파벌 등으로 국가 내 쿠르드 민족집단의 응집력이 낮아진 경우에 해당된다.

개념4는 정치환경의 형태이며 가변적인 것이다. 정치환경은 정치행위의 장으로 체제의 성격을 4가지로 구분한다. 즉 민주주의, 독제정치, 사회주의, 포퓰리스트 국가이다. 독재국가의 경우 피지배 민족집단과 같은 타 집단의 정치참여나 권한은 제한한다. 포퓰리스트 국가의 경우 많은 단기 정당들이 등장, 소멸한다(*ibid*). KDP나 PKK는 이라크나 터키 군부, 또는 독재정치 하에서 민족운동이나 분리독립국가건설을 추진하였으며 아주 강한 탄압일 경우 일시 약화된 경우도 있었으나 일반적으로 할랍자 학살과 같은 민족운동에 대한 강력한 탄압은 오히려 강한 저항을 불러일으키며 분리독립운동집단의 파벌에 대한 반성과 더불어 KDP의 내부 결속력 또한 강화되었다.

개념5는 정부폭력의 정도를 나타내는 것으로 가변적이다. 정부폭력은 종족학살, 대량학살, 고문, 사형, 불법구금, 강제이주, 불법체포 등을 포함한다. 민족운동을 억압하는 과정에서 사용되는 폭력은 민주국가에 비해서 사회주의 국가나 독재 국가에서 훨씬 더 빈번하게 사용된다. 포퓰리스트 국가는 극심한 압제와 수용사이를 왕래한다(*ibid*). 이는 이라크 정권, 시리아 정권, 터키, 이란의 공통적인 현상으로 쿠르드의 민족운동을 강력하게 탄압하였다. 이라크의 경우는 할랍자 사건 이후 부족적, 이념적으로 분리되었던 KDP와 PUK가 연합을 하였으며 범쿠르드가 결속하는 계기가 되기도 하였다. 이러한 경우 이념을 떠나서 결속하는 모습을 KDP와 PUK 등은 보여주었다. 그러나 부족, 종파, 이념의 차이를 완전히 극복하지는 못하였다.

개념6은 외부지원의 정도이며 가변적이다. 이는 민족집단을 지원하는 외부의 능동적, 수동적 행위를 포함한다. 국제사회[38]와 국가의 지위에 대한 관계를 나타낸다. 민족집단은 타국에 있는 디아스포라나 혈연집단의 지원을 받고 국제기구, 이해관계국, 주변국의 지원을 받는다. 그것은 무기 및 보급물자, 용병 및 군사자문, 망명 및 안식처 제공,

38) 고스(Gaurav Ghose)와 제임스(Patrick James)는 민족분쟁의 경우 외부 개입의 주요 변수들을 분석하여 이론적 틀을 제시하고 있는데 국가에 개입되는 외부환경으로는 수직적인 국제구조, 국제조직, 민족적 제휴를 들고 있으며 기대되는 정부의 역할을 둘러싸고 이들과 상호작용을 하는 국제체제 외에 지역적인 차원에서는 수직적 지역구조, 지역조직, 민족적 제휴, 민족정부의 역할 수행이 있다. 민족정부에 영향을 미치는 하위 레벨은 제도적인 제약, 민족적 리더십, 민족적 제휴, 민족적 통치나 다양성 등이 정부에 일방적 영향을 미친다고 이론적 틀을 제시하고 있다. 민족분쟁에 강대국이나 국제적인 조직이 개입을 하게 되고 지역적 차원에서도 영향력을 주고받는다고 설명하고 있다.

첩보제공, 재정지원, 조언과 독려 등이다(*ibid*).

개념7은 체제의 국제적 위상으로 가변성이다. 이는 국제 경제적 지위의 정도를 나타내는 말로서 저항집단에 부여된 지위는 국제사회가 그 집단이 속한 국가에 부여한 지위에 따라 결정 된다. 즉 독재국가와 같은 낮은 지위 체제에 저항하는 민족운동이나 저항은 민주주의 체제나 자본주의 체제에 저항하는 민족집단 보다도 높은 국제적 지위를 가진다. 즉 희소자원의 높은 매장, 1인당 소득, 국내총생산, 국민총생산, 무역수지흑자가 높은 나라가 높은 경제적 지위를 가진다. 또 하나 예를 들어 미국과 같은 경제대국은 무역의존도가 낮기 때문에 경제적 협박이나 제제가 가해진다 해도 교역을 통한 국민소득이 높은 나라보다는 덜 취약하다. 그러나 국제적으로 높은 경제적 지위는 내부적인 분쟁이나 사건에 면밀하게 세계에 보도되고 관심을 유발한다. 그러나 이러한 높은 지위로 인하여 미국과 같은 경제대국은 국제적 반응을 회피할 가능성이 높다(*ibid*).

민족분쟁단체에 대한 지원을 살펴보면 경제적 지위가 낮은 국가에서 민족운동으로 인한 인권침해가 이루어진다면 타 국가들이 희생자들을 위하여 상당한 원조를 할 가능성이 있다. KDP 같은 경우는 이라크가 반미로 전향한 시기에 매우 높은 국제적인 지위를 가졌으며 1, 2차 걸프전이라는 과정을 통하여 완전한 KRG 연방제를 획득하게 되었다. 그러나 PKK는 터키가 국제적으로 비난받거나 지위가 낮은 국가가 아니었고 특히 6.25 참전의 대가로 나토에 가입하는 등 현재까지 미국과 매우 가까운 동맹관계이므로 PKK는 KDP에 비해서 상대적으로 낮은 지위를 갖게 되었다. 더구나 맑스-레닌주의에 기반 한 이념으로 인하여 미국을 배재한 결과 구소련 붕괴 후 분리독립운동 침체의 한 원인이 되었다.

이 분석틀의 장점은 첫째, 이념적 기반을 떠나 민족운동과 민족분쟁 과정에서 KDP와 PKK가 사용하게 될 폭력의 수준을 잘 나타내준다. 둘째, 이 분석틀은 폭력적 민족운동의 발생 원인을 알 수 있게 해준다. 셋째, KDP나 PKK가 선택한 이념에 따라 강대국이나 국제사회가 반응하는 과정과 결과를 알아볼 수 있게 한다. 또한 지배국가의 성격과 분리독립운동단체의 성격에 따라 폭력의 강도와 지원, 정책의 성공 가능성을 유추해볼 수 있는 장점이 있다. 넷째 개입변수로서의 국제사회의 지원이나 디아스포라의 지원 등 다양한 변수들을 고려하였다.

이 모델의 한계는 첫째 분리독립운동단체들의 목표나 결과들이 나타나 있지 않다. 둘째 가변성이 높은 관계로 유형화에 어려움이 있다. 셋째 KDP와 PKK 같이 쿠르드 민족운동과 분리독립운동단체의 분석에 중요한 종교, 부족, 이념 등의 변수를 고려하지 않았다는 것이다. 넷째, 민족운동과 분리독립운동의 정치행위자에 대한 분석이 없다.

거는 KDP와 PKK와 같은 민족정체성에 기반 한 분쟁은 지속될 것이라고 주장한다. 즉 정체성에 기반을 둔 정치는 대부분의 경우 차별과 과거의 잘못, 소수민족들 사이에 이를 모방하고자 하는 충동이 발생하게 한다(이신화역 2003, 13)는 것이다.

이와 같은 논의를 종합해보면 테드 거의 민족정치폭력을 설명하는 틀은 KDP와 PKK의 정체성에 의한 동원과 국가 폭력에 따른 무장 분리독립운동을 시작하게 되는 원인을 설명해준다. 또한 종교, 신념, 역사, 문화등 공유의 정도가 높을수록 민족정체성의 강도는 높아지고 KDP와 PKK가 강한 집단정체성을 소유하고 이념이나 부족주의에 기반 한 강한 응집력 정도, 해당국가의 독재의 정도, KDP와 PKK의 국제적인 위상의 정도 등에 따라 KDP나 PKK의 폭력의 정도가 변화된다는 것을 알 수 있다.

그러나 예외적으로 본 연구에는 적용되지 않았으나 디아스포라 연구에도 일부 유효한 또 다른 분석의 틀을 살펴보면 그것은 메드라노(Juan Diez Medrano)의 민족분쟁모델[39]이다.

그에 의하면 19세기와 20세기에 걸쳐서 민족이라는 개념이 등장하고 더불어 이 시기에 대서양을 횡단하여 민족의 이동이 이루어졌다. 식민지 정책과 산업의 발달로 노동시장의 수요가 발생하여 국가적인 수준에서, 가난한 나라에서 부자 국가로의 대규모 이주가 이루어져서 이전의 민족 간의 고립에서 민족 간의 접촉의 증가와 이로 인한 대립이 일어났고 동시에 국가 내의 통합과 동화를 위해서 다양한 정책들이 실시되었다고 한다. 당시 민족성이 대두되었으며 더불어 이제는 정치에서 계급동원과 같이 민족동원이 이루어지게 되었다고 한다.

이러한 결과 민족분쟁이 다민족과 다문화 사회에서 중요한 하나의 이슈가 되었고 다민족 사회의 국가들은 문화나 정치적인 동화정책들을 주도하였다. 일반적으로 다민족, 다문화 국가들은 민족분쟁을 없애기 위한 정책(policy 2)을 실시하는 반면 다문화적인 특징을 보장하고 문화, 시민권, 정치적 평등성을 보장하는 정책들(policy 1)을 실시한다.

그는 민족분쟁을 영토기반 분쟁과 비영토기반 분쟁으로 나누었다. 영토기반 분쟁 같은 경우는 KDP나 PKK, 타밀반군[40]등이 있으며 그

39) 제목은 "다민족과 다문화 사회들의 발전적 연구를 위한 몇몇 주제와 전략적인 우선사항들(Some Thematic and Strategic Priorities for Developing Research on Multi-Ethnic and Multi-Cultural Societies)"이다. 분석틀에서 화살표는 정책의 의도된 결과들이며 점선으로 된 화살표는 의도되지 않은 결과들을 나타낸다. 그리고 other는 민족분쟁의 감소, 모든 민족집단의 평등한 시민권이라는 목표를 위한 민족분쟁정책, 다문화정책을 포함한 모든 변수들을 의미한다.

40) 스리랑카의 국민의 대다수인 불교계 싱할라족이 약 300만(전체인구의 20% 미

는 비영토기반 분쟁은 미국에서의 주류백인들과 아프리카 아메리칸들과의 분쟁을 그 예로 들고 있다. 그리고 국가 내 이주소수민족 간 분쟁도 존재하는데 그 예는 독일에서의 터키인들과 쿠르드인들 간의 대립이다. 비영토기반 분쟁은 미국에서 백인과 같은 지배집단의 동원과 흑인과 같은 소수집단의 동원으로 나뉜다. 또한 폭력분쟁은 KDP나 PKK, 보스니아 전쟁[41] 등이 있으며, 비폭력분쟁은 일종의 제도 내의 분쟁으로 퀘벡의 민족분쟁을 예로 들고 있다.

메드라노는 식민통치를 받다가 1, 2차 대전 후 신생된 국가들은 인위적인 국가구성으로 말미암아 시민정치 전통의 부재, 국내시장의 부재가 있게 된다고 한다. 이러한 부재는 민주주의의 발전을 더디게 하고 민주주의의 발전지체로 인해 결국 민족분쟁을 제도권으로 흡수하지 못하고 분쟁을 야기한다고 주장한다.

이 분석틀의 장점은 첫째, 다민족 국가 내 민족분쟁을 효과적으로 설명하고 있다. 즉 분쟁의 유형을 좀 더 다양하게 분류하여 폭력적 민족분쟁과 비폭력 민족분쟁으로 대별한 뒤 영토기반 분쟁과 비영토기반 분쟁으로 소별하였다. 그러므로 KDP와 PKK는 폭력적, 영토와 관련된 영토기반 분쟁에 속하게 된다. 둘째, 영토기반 민족분쟁의 결과는 자치, 분리, 중앙집권화로 분류시키고 비영토기반 민족분쟁은 지배

만)의 힌두계 타밀족을 차별하여 타밀반군에 의한 분리독립운동이 일어났다. 타밀족은 인도로부터 건너온 이주민들이 대부분이며 타밀반군(LTTE)은 2009년 1월 1998년 이래로 정치수도인, 수도 콜롬보에서 북쪽 330km에 위치한, 킬리노츠치를 점령당하였다.

41) 유고연방의 붕괴과정에서 새로 생겨난 보스니아 헤르체고비나 공화국은 카톨릭의 크로아티아계 등 3민족으로 구성되었는데 1992년 크로아티아계와 보스니아인들이 독립선언을 하자 동방정교회 세르비아인들이 이웃 세르비아공화국의 지원을 받아 무슬림 보스니아인들을 집단으로 처형하였다. 그러나 세르비아의 뒤에는 러시아와 세르비아의 밀로셰비치가 있었다. 데이튼 협정으로 내전은 일단락되었다.

집단이 동원되는 경우와 소수집단이 그들의 권리를 찾기 위하여 동원되는 경우로 분류하였다. KDP와 PKK는 자치나 분리에 해당되며 소수집단이 동원되는 경우에 해당한다. 그러나 한계점은 첫째, 국가가 민족분쟁을 해소하기 위하여 여러 가지 정책을 실시한다고 하나 민족분쟁의 원인에 대해서 만족스런 분석틀이 되지 못하고 있다 예를 들어 민족정체성에 주목하지 않고 있다. KDP가 처음부터 분리독립을 주장하며 분리독립운동을 추진한 것은 민족정체성에 근거한 것이지만 이들은 이러한 설명을 하지 못하고 있다.

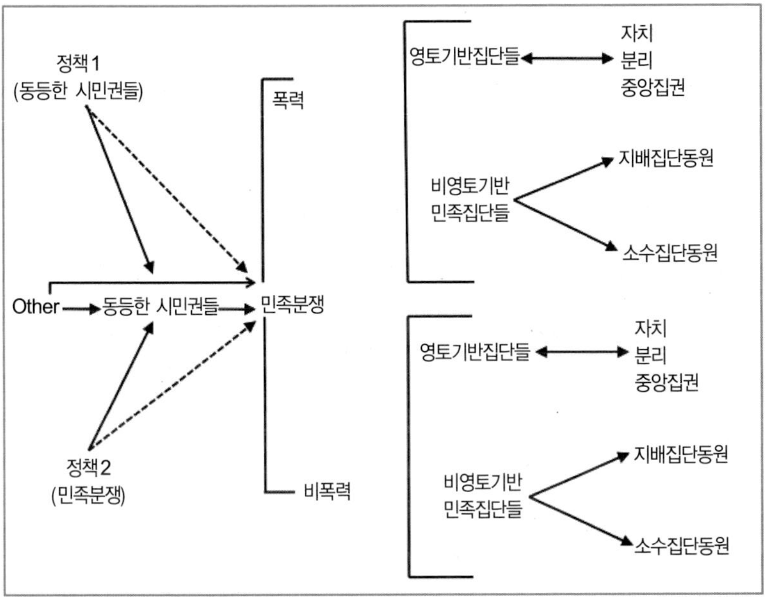

출처: Medrano, Juan Díez(1996). "Some thematic and strategic priorities for developing research on multi-ethnic and multi-cultural societies." Management of social transformations (*Discussion Paper Series*, No. 13), UNESCO, Paris, France.

둘째, 분석틀에 영토기반 분리독립운동단체들의 분리독립의 과정들이 나타나지 않고 있다. 즉 KDP는 부족주의에 기반 한 분리독립운동을 PKK는 막스-레닌주의에 기반한 분리독립운동을 하였는데 이러한 다양한 분리독립운동의 형태를 나타내지 못하고 있다.

셋째, 분리독립운동의 행위자가 누락되어 있다. 즉 이것은 분리독립을 쟁취하기 위한 주요 행위자들의 성향과 민족분쟁을 겪고 있는 국가의 성격에 대한 분석이 결여되어 있다. 독립변수로서의 해당국가의 상태 즉 혼란, 해체 등을 나타내지 못하고 있다. 또한 주요행위자들의 리더십을 제대로 표현하지 못하는 단점이 있다.

제3절 연구의 분석틀

1. 분석틀

테드 거의 분석틀은 민족분쟁중인 피지배민족의 정치폭력의 정도와 정체성, 외부 환경, 특히 양측 민족과 정치폭력 수준간의 상관관계를 잘 설명해주는 장점이 있다. 이 분석틀은 지배민족과 피지배민족을 대입해서 판단해보면 민족분쟁은 양측의 대립에 의해 필히 폭력의 동반상승을 초래한다는 점을 알 수 있게 해준다. 더구나 피지배민족인 쿠르드가 영토획득이나 국가설립을 목표로 하므로 이를 제로섬 게임으로 인식하는 양측 간의 전쟁은 피할 수 없게 된다. 그러나 거의 분석은 민족분쟁과정에서 가장 중요한 정치 행위자인 민족운동단체나 분리독립운동단체의 분석이 정밀하지 못한 단점이 있다.

그러므로 저자는 극심한 민족분쟁을 겪었거나 민족분쟁 상태인 이들의 연구에서 그동안 중요하게 여기지 않았던 중요한 정치적 변수인 정치 행위자로서의 단체를 깊이 연구하여야 할 필요성이 있다고 판단하였다. 그러므로 이들 민족운동과 분리독립운동단체의 가장 중요한 정치적 변수인 정치이념, 조직과 동원, 국제적 연대를 상호 비교하여 이들 간의 배타적인 정치적 행보를 연구하는 것이 매우 중요하다고 할 수 있다. 이러한 측면에서 이라크와 터키에서 민족분쟁 과정에 있는 정치집단인 KDP와 PKK를 비교분석하였다. KDP와 PKK의 정치이념, 조직과 동원, 국제적 연대를 비교분석하게 될 본 연구의 분석틀은 <그림 2>와 같다.

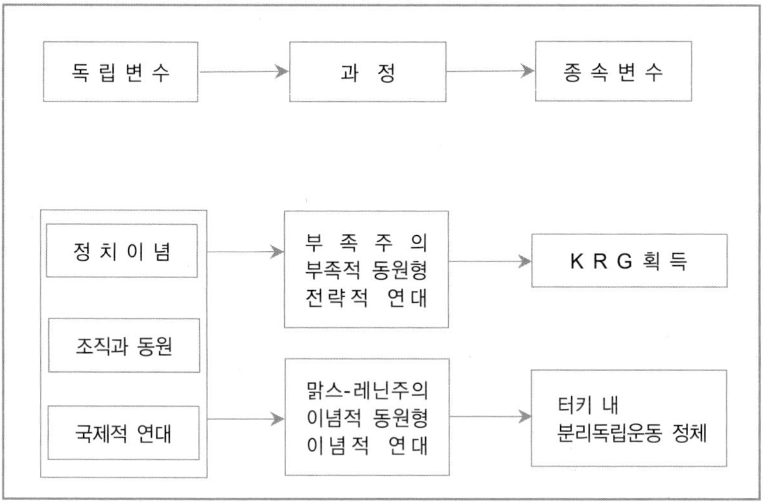

<그림 2> 연구의 분석틀

2. 연구의 독창성

민족분쟁 상태에 있는 쿠르드 분리독립운동단체를 전체적으로 비교분석하거나 쿠르드 분리독립운동단체의 독립변수들을 연구한 논문을 찾기가 어려웠다. 특히 이념적 정향이 다른 PKK, KDP, KDPI, PUK, Komala 등 분리독립단체를 비교연구한 논문은 더욱 찾기가 힘들었다.

저자는 현실주의 구조 틀안에 존재하는 쿠르드의 민족주의와 민족분쟁속에서 부족주의를 정치이념으로 치열하게 민족분쟁을 전개하였던 KDP와 맑스-레닌주의를 정치이념으로 이상주의적인 목표를 위해 민족주의를 배재하며 투쟁하는 이념분쟁(맑스-레닌주의)의 성격을 가진 PKK를 3가지 독립변수를 통해 비교분석하였다. 그리하여 이 연구는 다른 쿠르드 연구에 비해서 다음과 같은 독창성을 갖는다.

첫째, 정치행위자를 중심으로 비교분석을 하였다.

둘째, 민족분쟁에서 차지하는 정치이념의 중요성을 분석하기 위하여 두 쿠르드 정치집단의 정치이념을 비교분석하였다. 즉 부족주의에 기반 한 KDP와 맑스-레닌주의에 기반 한 PKK를 비교분석하였다.

KDP, PKK는 동일민족, 언어적 유사성, 종교, 부족주의와 같은 공통점과 더불어 지배국가인 터키, 이라크, 시리아, 이란 등 해당국가의 지배민족에 의한 쿠르드 정체성 거부와 인권탄압 그리고 강력한 동화정책 등을 공통적으로 경험하였다. 도시 지식인들은 이미 도시에 형성된 지식인 사회를 중심으로 민족운동을 전개하였으며 그 수단으로 맑스-레닌주의를 선택하여 쿠르드 분리독립운동단체를 결성하였다. 이러한 맑스-레닌주의에 기반 한 쿠르드 정치집단들은 이웃 국가에서 활동하는 동일한 맑스-레닌주의 단체들과 연합하거나 거주국가의 지배민족으로 구성된 맑스-레닌주의자들, 정당, 단체들과 공동전선을 형성하기도 하였으나 결국 쿠르드 맑스-레닌주의자들은 선 쿠르드 독립을 주장함으로써 지배민족의 공산당과는 큰 노선의 차이점이 부각되었다. 이러한 의식은 외잘란의 4단계 혁명론을 통해서도 드러난다. 결국 외잘란은 사회주의 국가와의 연대를 통해 쿠르드 독립을 이룬 후 모택동의 중화인민공화국, 호치민의 베트남, 구소련과 같은 사회주의 국가건설을 추구하였다고 판단되며 한발 더 나아가 최종적으로는 공산주의 체제 건설을 목표로 하였다.

그러나 지배민족과의 민족분쟁을 부족에서 출발하였거나 종교지도자들이 중심이 된 분리독립운동단체들은 맑스-레닌주의를 일시 수용하고 이용한 측면이 있으며 동시에 맑스-레닌주의에 기반 한 쿠르드 분리독립운동단체들도 그들의 목표를 위해서 부족장 세력, 자본주의 강대국인 미국과도 일시적인 연합을 추진하기도 하였다.

셋째, 지배민족에 대항하는 민족분쟁의 효율성 측면에서 KDP와 PKK라는 두 정치집단의 조직과 동원을 비교분석하였다. 쿠르드 분리독립운동의 중요한 필요조건인 조직과 동원의 비교분석은 중요하다. 그리고 민족분쟁 중인 두 정치집단의 동원을 내부동원과 외부동원으로 구분하여 분석하였고 두 집단의 능력을 최소한의 계량화를 통해 객관화를 시도하였다.

넷째, 민족분쟁 과정에서 중요한 외부적 필요조건인 두 정치집단의 국제적인 연대를 비교분석하였다. 해당 국가의 체제 공고성과 국제적 연대의 중요성을 언급하였다.

다섯째, 저자는 많은 희생을 요구하는 민족분쟁과 국제분쟁의 해결 방안으로 새로운 패러다임인 반구성주의(Non-Constructivism)[42]와 글로벌연방제(Global Confederalism)를 간략히 제시하였다.

42) 탈구성주의, 후기 구성주의(Post-Constructivism) 등으로도 묘사가 가능하다. 그러나 정확한 용어는 반구성주의가 더 적합하다.

03

정치이념

제1절 쿠르드민주당(KDP, Kurdistan Democratic Party)

1. 부족주의

1) 부족주의의 정의

정치이념으로서의 부족주의(Tribalism)는 현실주의에 기반한다. 일반적으로 이념은 첫째, 관념, 신념, 행동을 판단하는 기준이 되는 가치가 존재한다. 둘째, 이상적인 정치체제(Polity)의 비전이 있다. 셋째, 인간 본성에 관한 인식이 있다. 넷째, 이상적인 정치로 변환시키는 행동전략이 있다. 다섯째, 전술이 있다(이성구·연명모 2012, 552-553). 그러나 논자는 이러한 엄격한 이념의 정의보다는 유달승의 부족주의의 통치 이념적인 분석과 서정민·인남식의 옳은 이념적인 정의를 받아들여 부족주의를 정치이념에 포함시켰다. 그러므로 이라크 KDP의 주요한 정치이념은 부족주의이다. 이라크 KDP는 현실주의적인 부족주의를 정치이념으로 민족주의, 타 이념을 수용하여 민족운동을 전개하였으며 분리독립국가건설을 위해 지배민족과 민족분쟁에 돌입하게 되었다.

부족주의(서정민·인남식 2011, 12)[1]는 "개인의 삶과 사회질서 그리고 상위 정치질서에 연관되어 있는 혈연적·지리적·언어적·종교적·문화적·역사적 정체성을 바탕으로 한 이념이라고 정의할 수 있다(위의 논문, 13)." 이는 부족사회(Tribal Society)의 개념과는 차이가 있는데 근대화된 지역에서는 이미 부족사회가 존재하지 않지만, 부족주의는 완전히 사라지지 않고 개인의 의식 속에 남아 사회 및 정치질서에 영향을 줄 수 있다(위의 논문). 즉 부족주의는 "지역, 언어, 문화, 역사, 신념 등을 공유한 부족구성원, 부족공동체의 부족중심적인 신념체제가 이념을 포함한 정치적 의미와 연관된 것"라 할 수 있다. 또한 쿠르드 사회 연구가인 타흐리(Hussein Tahiri)는 부족주의(Tribalism)와 부족 시스템(Tribal System)을 동일한 의미로 사용하고 있으며(Bengio 2012, 278) 부족주의 내에는 부족 시스템의 의미 역시 내포하고 있다.

2) 부족주의의 특징

"국제정치는 권력을 위한 투쟁(Morgenthau 1985, 31-32)"이라는 주장과 같이 국제정치는 맹수의 세계와 동일하다. 부족사회도 역시 힘에 의한 권력투쟁이 중심이 되는 사회다. 과거 부족들은 약탈전쟁을 경험하였으며 이러한 약탈전쟁은 제로섬 게임으로 인식되었다. 부족주의 내에는 제로섬 게임의 특징을 함유한 정치권력투쟁의 성격이 존재하였다. KDP는 강력한 힘을 바탕으로 부족 간 권력투쟁을 전개하였고 이 권력투쟁을 통해 KDP는 주변 부족의 협조를 얻거나 복속시켰다. 이러한 권력관계는 중동에 산재한 부족들의 일반적인 권력투쟁 현상이었다. 이와 같이 정치현실주의와 부족주의는 정치권력을 통해

1) 이념의 크기를 보면 현실주의 원안에 민족주의와 부족주의가 있다.

권력자들 및 대중을 지배하고 정치적 타협보다는 '힘의 정치'를 통한 권력투쟁 및 지배를 주장하는 공통적인 요소가 존재한다.

그러므로 중동의 부족주의는 일반적으로 다음과 같은 내부적 특징을 가지고 있다. 첫째, 강한 현실주의가 작동한다. 이러한 현실주의는 중동의 특성상 부족의 생존과 힘이 가장 큰 목표였던 과거 역사적 경험에서 비롯되었다. 이는 '승자독식(winner takes all)'으로도 표현되며 부족 간 전쟁에서 승리한 부족은 패배한 부족의 모든 것을 차지할 수 있었다. 최성권은 이를 이스라엘의 경우 '마사다 심리(Masada Complex)'[2]라고 지적하고 있으며 현실주의와 부족 간 약탈전쟁을 극명히 현시한 대표적인 예가 칭기스칸이다. 즉 양자 간에는 이념적 친화성이 있다.

둘째, 부족중심주의, 독점성과 세습성이다. 부족과 가문이 중심이 되어 독점과 세습을 한다는 것이다. 소위 왕정이라 불리는 걸프 국가에서는 부족이나 가문의 수장이 절대군주이자 세습군주로 군림하고 있으며 '죽어야 바뀌는 정권'의 특징을 지닌다. 사우디아라비아의 '사우드' 가문, 아랍에미리트의 아부다비는 '나흐얀', 두바이는 '마크툼' 가문, 카타르는 '싸니' 가문, 쿠웨이트는 '사바흐' 가문이 왕위는 물론 주요 정부의 요직을 독차지하고 있다(서정민·인남식 2011, 33). 부족 내 최고 엘리트인 부족장과 그의 일가는 경제엘리트이자 정치엘리트로서 역량을 갖추고자 한다(서정민·인남식 2011, 33; 장세원 2009, 67 재인용). 또한 최대 부족 내 가장 강력한 가문이 사실상 모든 것을 차지한다(서정민·인남식 2011, 53). 아랍에서는 공화제보다 입헌군주제에서 그리고

2) 마사다 심리는 이스라엘의 심층 속에 내재된 '패배는 이스라엘의 멸망이다'라는 심리와 직결된다. 왜냐하면 마사다 언덕에서 유대인 960명이 행한 최후의 자결로 1948년 5월 이스라엘이 건국되기 전까지 유대국이 지상에서 소멸되었기 때문이다(최성권, 『중동의 재조명』, 서울, 파주: 도서출판 한울, 2011, p.120).

입헌군주제보다는 세습군주제에서 부족의 지배와 가문의 역할이 강력하다(위의 논문, 10-11).

셋째, 가부장적 권위주의 체제가 나타난다. 물리력에 기반을 둔 가부장적 권위주의 전통은 현재도 아랍사회의 지배적 특징이다. 중동 부족주의에서 나타나는 가부장적 권위주의 체제에서 지도자는 강한 힘과 권위에 의존하며 부족주의는 사회통제 시스템의 일환으로 작동해 왔다. 많은 아랍 국가들은 부족적 전통을 강조함으로써 권위주의 체제의 유지를 꾀하고 있다(위의 논문).

넷째, 부족연맹체를 통한 전체부족의 의사 결정과 결집과정이 존재한다.

다섯째, 가부장적 권위주의는 독재지향성을 가지며 지도자는 아버지와 같은 권위를 가진다. 아버지에게 도전하는 것은 터부시되어 왔다. 그러므로 가부장적이고 권위주의적 정치체제는 독재체제를 유지하는 경향이 존재하며 이는 공화정 형태에서도 마찬가지다. 선거가 있지만 이름뿐이며 정권교체 없이 장기독재가 이어진다(위의 논문, 33).

여섯째, 부족구성원은 부족장의 명령과 권위에 절대적으로 복종한다. 과거 부족구성원들은 부족장의 의견을 따르게 되며 이러한 충성심은 부족의 대소사나 국가의 선거, 종교의 수용에 있어서 매우 일사불란하게 움직이는 경향이 있으며 국가정책의 경우도 부족장의 승인이 없으면 결코 부족원들에게 침투되지 않는다.[3)]

일곱째, 좀 더 탈이념적이다. 부족주의는 부족의 생존이 우선하므로 부족의 생존을 위해서는 필요하다면 다양한 이념들을 수단으로 사

---

3) 저자가 현지에서 파악한 부족구성원들의 일반적인 행태다. 중동은 부족장, 종교지도자의 영향력이 절대적이다. 물라 무스타파도 이러한 부족주의의 중요한 특징을 잘 이용하였다. 그러므로 부족주의적 이념과 동원의 특징을 가지고 있다.

용하는 경향이 있다.[4)]

또한 부족주의의 외부적 특징들은 다음과 같다.

첫째, 어떤 경우에도 지역 부족은 속성상 탈중앙집권적이다. 강한 부족은 중앙집권을 방해하는 경향이 있다(유달승 2010, 108-109). 아프가니스탄, 내전 이후의 리비아, 시리아, 소말리아, 수단의 경우도 마찬가지다. 나약한 중앙정부가 장악한 수도 인근을 제외하고는 지방의 많은 부족들은 사실상 중앙정부의 통제를 따르지 않고 있다. '국가안의 국가'로서 다양한 반정부 부족세력이 존재하며(서정민·인남식 2011, 51) 중앙정부도 산악, 사막지역에 거주하는 반정부 부족세력에 대한 무리한 군사작전을 추진하지 않는다. 이와 같이 아직도 국가보다는 부족에 충성하는 전통이 남아있다. 문제는 이러한 반정부 세력이 자신들의 행위를 정당화하기 위해 종교를 정치적으로 이용하고 있다는 점이다(위의 논문). 이러한 경향은 KDP의 부족주의를 잘 설명해주고 있다.

둘째, 중앙정권에서 볼 때 부족은 3가지 방향으로 다스리게 된다. 즉 정벌, 회유, 방치의 대상이 되는데 부족의 입장에서 보면 극단적인 방법은 독자적인 길을 가거나 중앙에 대항하는 2가지 길이 있다. 즉 중앙정부에서 멀리 떨어진 부족은 독자적인 행보를 채택했는데 국가의 개입과 착취를 벗어나기 위해 군사적으로 대항하거나 중앙정부에서 보다 멀리 떨어진 지역으로 이동했다. 또 다른 하나는 강력한 부족의 경우 국가기관을 직접 공격하거나 장악하였다. 이런 현상은 아랍세계에서 일반적인 것으로 이븐 칼둔(Ibn Khaldun)이 정립한 아랍의 정치변동 과정에 잘 나타난다(서정민·인남식 2011, 14-15)는 것이다. 시아

4) KDP에 비추어 판단해 보면 그러하다.

파 왕조인 사파비조는 부족 연합체인 크즐바시(Qizilbash)의 부족장들이 총독으로 임명되어 사파비조의 강력한 후원세력이 되기도 하였으나 이들을 통제하기 위해서 샤 타흐마습은 샤세반(Shahsevan)이라는 부족연합체를 이용하여 견제하기도 하였다(유달승 2010, 104-105). 과거 아랍세계는 수천 년 전부터 국가와 국가기관이 있었으며 약 5,000년 전에 형성된 이집트의 고 왕국(the Old Kingdom)도 정부가 존재하였던 중앙집권 체제였다. 그러나 이러한 중앙집권 체제 하에서 부족은 결국 중앙정부의 적이 되거나 협조자 혹은 권력의 동참자 역할을 수행하였다(서정민·인남식 2011, 14)는 것이다.

회유의 경우는 중앙정권의 다양한 정책이 실시된다.

회유의 경우 아랍의 지배세력은 부족과의 관계를 원활하게 하기 위해 부족의 존재와 영향력을 인정하면서 다양한 전략을 실행하였다. 첫 번째는 정략적인 결혼이다. 두 번째 전략은 후원관계(Patronage)를 형성하는 것이다. 요르단과 사우디아라비아의 사례처럼 유목부족이 국가의 군사조직에 편입되는 방식이 대표적이다(서정민·인남식 2011, 15). 이와 같이 부족이 중앙집권적인 국가를 지향하는 국가의 군사조직에 편입되는 방식은 유달승의 이란의 '군부엘리트와 부족주의의 관계 연구'에도 잘 나타나있다. 또한 중앙정부의 요직에 부족의 주요인물을 임용하는 경우가 있다.

이와 같이 중동은 중앙정부와 부족 간의 파워게임 현상이 과거부터 현재에 이르기까지 지속되고 있다는 것을 알 수 있다.

3) 부족주의의 한계

부족주의의 한계는 무엇보다도 국제정치와 동일하게 강력한 상위 권위체가 존재하지 않거나, 적절한 세력균형이 이루어지지 않거나, 세력균형이 무너질 경우 대화나 협의보다는 전쟁이나 무력투쟁을 통한 권력투쟁이 일반화되고 전쟁의 위험성이 상존하기 쉽다는 것이다. 그러므로 부족 내, 외부가 힘에 기반 한 상시 권력투쟁에 노출되어 전쟁을 통한 해결이 선호될 수 있는 관계며 전쟁 발발의 위험성이 높다.

이를 좀 더 설명하면 첫째, 독재가 되기 쉬운 경우로 살즈만(Philip Salzman)은 이슬람에 녹아든 부족주의가 아랍 역사에 독재의 형태를 가져왔다고 주장한다(서정민·인남식 2011, 13-14). 잠재적으로 원심성(Centrifugal)을 가진 부족주의를 약화시키기 위해 아랍의 정부는 억압적 정치를 수행해왔다는 것이다. 이에 겔러는 아랍 국가의 대중이 시민(Citizens)이 아니라 신민(Subjects)의 지위였으며, 권리보다는 의무를 행해야했던 통치의 대상이었다고 지적했다. 따라서 대중은 자신들의 이해와 권리를 돌보기 위해 자체적인 방안을 마련해야 했고 이 과정에서 가장 중요한 역할을 담당한 주체가 부족이었다는 것이다(위의 논문).

둘째, 모든 정치적 행위는 부족을 통해 표출되는 경향이 있다. 이슬람 세력과 더불어 부족집단이 아랍의 정치변동에 주요 행위자로 부상하고 있다. 예를 들어 리비아 사태가 친 카다피와 반 카다피 부족 간의 내전양상을 보여주었으며 정통성이 없는 아랍의 정권들이 이슬람 세력과 더불어 가장 두려워하는 국내 도전세력이 바로 부족들이다(위의 논문, 50).

셋째, 법, 통치 등에 있어서 자치적인 특성이 있다. 부족의 자치권은 아랍의 오래된 전통이다. 1988년에서 1990년까지 이라크 남부에서 시아파 반란이 발생했을 때 사담 후세인(Saddam Hussein)은 친정부측 부족장들을 회유하여 반란을 진압하는 정책을 시행하였다. 부족 내에서 발생한 범죄에 대해서는 재판권과 사법권을 갖는 경우가 많다. 특히 일부 국가에서는 이런 부족의 자치권은 절대적이다. 정부의 군대라 할지라도 부족의 영역을 침범하고 부족의 이해와 가치를 침범한다면 공격당할 수 있다(위의 논문, 52). 아프가니스탄, 내전 이후의 리비아, 시리아, 소말리아, 수단의 경우도 마찬가지다. 나약한 중앙정부가 장악한 수도 인근을 제외하고는 지방의 많은 부족들은 중앙정부의 통제에 사실상 따르지 않고 있다. '국가안의 국가'로 다양한 반정부 부족세력이 존재하고 있다는 것이다(위의 논문, 51).

넷째, 부족의 이익이나 생존이 걸린 정치투쟁의 경우 승자독식, 제로썸 게임 양상을 보인다. 현재 걸프 산유국에서도 정치 및 경제 이권은 거의 지배 가문이 차지하고 있다. 이집트 튀니지와는 달리 리비아, 예멘, 시리아 등의 반정부 투쟁에 피를 뿌리고 장기화한 배경도 '패배하면 모든 것을 잃는다.'라는 인식을 가진 지배 부족이 '벼랑 끝 전술'을 동원했기 때문이다. 이와 관련하여 부족주의의 또 다른 특징은 보복이다(위의 논문, 53).

다섯째, 과다한 부족 간의 경쟁과 부족주의는 타흐리의 지적과 같이 쿠르드를 분열하게 하고 민족국가 형성을 방해한다(Bengio 2012, 278)는 것이다. 예멘 출신인 알 캅시 회장은 "30년 이상 장기 독재체제를 유지해온 예멘 정부는 정통성에 약점을 가지고 있다."라고 주장하였고, "가장 큰 실수는 국가통합을 이루지 못하고 자신의 출신 부족과 군부에 지나치게 의존한 것"이라고 강조하였다(서정민·인남식 2011, 50).

그러나 중동에 서구식 민주주의가 확산되고 선거에 의한 정권교체와 공화정이 공고화되는 시기에 접어든다면 부족주의에 의한 부자권력세습도 줄어들게 될 것이다. 나아가 탈권위주의 체제가 점진적으로 나타난다면 다원화된 사회체제가 이루어지게 되고 더불어 다양한 시민세력이 등장하여 중동의 민주주의는 점진적으로 진행될 것으로 판단된다. 그러나 중동의 경제 및 지리적 특성상 강력한 부족체제와 부족주의가 유지되고 IS와 같은 강력한 이슬람근본주의가 정치체제에 도전을 계속한다면 중동에서 서구식 민주화와 민주주의의 정착은 더욱 많은 시간이 요구될 것으로 판단된다.

4) 이라크의 부족주의와 쿠르드의 부족주의

(1) 이라크의 부족주의

터키 보다 상대적으로 높은 이라크의 부족주의는 이라크 국가의 통일을 저해하여 KDP의 민족국가건설에 유리한 작용을 하였으며 이러한 분열적 부족주의는 KDP의 부족주의를 중심으로 한 민족운동에 긍정적인 역할을 하였다.

넓은 영토를 지배하였던 메데 제국 이후에도 쿠르드는 이라크[5]가 세워지기 오래전부터 쿠르디스탄에 거주하여왔으며 이라크 북부의 지배적인 종족이었다. 오늘날의 이라크는[6] 20세기에 건국되었으며 메

5) 메소포타미아 지역은 비옥한 평야지대로 많은 왕국들이 저지대 메소포타미아 지역을 중심으로 흥망을 거듭해 왔다. 수메르 왕국, 바빌론 왕국을 거쳐 아시리아가 이 지역을 지배하였다. 메소포타미아를 중심으로 지금의 사우디 북부를 포함하여 시리아, 요르단, 이스라엘을 영토로 한 바빌론 왕조가 있었고 당시 동쪽으로는 바빌론 왕조의 약 2배 이상의 영토를 가진 메데 제국이 있었다. 이 메데는 아리안 계통인 쿠르드가 자부심을 갖고 있는 그들의 고대 제국이었다.

6) 이라크는 인종적으로는 아랍, 투르코만, 쿠르드, 아시리아인들 간의 갈등과 종교적으로는 이슬람과 순니, 시아, 기독교, 정교회, 카톨릭 간의 갈등이 있다. 전체 이라크 인구의 약 60%는 남부의 시아파이며 약 15-20%(재이라크 대한민국 대사관 홈페이지)는 북부 쿠르드인, 중부와 북부의 순니파는 약 20%이다. 사담 후세인 시절 냉대를 받은 쿠르드와 시아파는 걸프전 당시 연합군과 협력하여 2005년 1월 30일 선거에서 시아파가 승리하고 쿠르드는 제2의 다수당이 되었다. 이라크는 크게 5개 문화구역으로 나눌 수 있는데 아르빌을 중심으로 하는 북부 쿠르드 문화권, 바그다드를 중심으로 하는 순니 이슬람 문화권, 바스라를 중심으로 하는 시아 이슬람 문화권, 북부 여러 도시에 사는 기독교인 아시리아 문화권, 유프라테스강과 티그리스강 중류에 살고 있는 유목민 아랍인들의 문화권이다(공일

소포타미아 문명이 바그다드를 중심으로 발생하였다 할지라도 오늘날의 이라크는 오스만 투르크 제국 붕괴의 부산물이었다(Entessar 2010, 67). 이라크의 첫 왕조인 하세미(Hashemite) 왕가[7])도 메카의 통치자인 후세인에서 시작되었으며 PKK가 활동하는 터키에 비해서 더 강력한 부족적 전통을 가지고 있었다. 이러한 바탕위에 급조된 이라크의 특성을 갈브레이스(Peter W.Galbraith)는 "이라크의 근본적인 문제는 이라크인들이 없다."는 말로 표현하였으며 이라크는 급조된 실패한 국가라고 하였다(Gunter 2011, 16). 실패한 국가라는 말은 기존 세력권을 형성하고 있던 부족의 영향력이 공고화 되었고 종교간, 민족 간 갈등이 첨예할 뿐 국가의 역사성은 일천한 국가라는 의미이다.

다음의 표는 이슬람주의와 부족주의의 국가별 영향력 정도를 1~10 사이의 점수로 환산한 것으로 핵심은 중앙집권화와 부족주의는 반비례적 현상을 보이고 있다는 점이다. 또한 KDP가 속한 이라크의 부족주의와 이슬람주의의 정도가 높다는 것은 의미가 있다. 도표의 내용을 살펴보면 첫째 그룹은 부족주의가 가장 강력하게 작용하고 있는 나라로 예멘, 소말리아, 리비아이며 이들은 부족의 권한과 자치권이 중앙정부와 대립할 수 있을 정도로 강력한 곳이다. 리비아의 경우 부족주의를 장악하기 위해 정부가 강력한 권위주의 체제를 유지하였다(서정민·인남식 2011, 28). 두 번째 그룹은 바레인, 사우디, 이라크, 시리아, 수단이다. 이들 국가에서 부족은 중앙정부와 일정한 거리를 유지

주, 『이라크의 역사: 순니파, 시아파, 쿠르드족의 각축』 서울: 살림, pp.3-5. 2009. 2판). 쿠르드의 경우 인구 등 정확한 통계가 부족하다. 한국 외교부 2013년 9월 현재 KRG 홈페이지에는 인구가 520만이라고 나오며 이는 이라크 인구의 약 15.5% 정도가 된다. 이라크는 18개 주(Governorates)와 3개 주로 이루어진 1개의 연방정부, 즉 쿠르드연방자치정부(KRG)가 있다.

7) 영국에 의해 후세인의 3남 아미르 파이잘이 1921년 8월 이라크 왕이 되었다.

하면서 자신들의 정체성과 영향력을 유지하여 왔다. 요르단, 아랍에미리트(UAE), 카타르, 오만, 쿠웨이트 등의 걸프 산유국에서는 지배세력이 부족을 중앙정부에 참여시킴으로서 중앙정부와 부족 간의 갈등을 무마시키는 전략을 추진하였고 셋째 그룹은 상당히 서구화되고 개방된 국가인 튀니지와 레바논의 경우 부족주의가 가장 약한 것으로 드러났다(*ibid*).

<표 1> 주요 아랍국의 부족주의 및 이슬람주의 수준

부족주의 수준		이슬람주의 수준	
소말리아	9.6	사우디아라비아	7.9
예멘	9.3	팔레스타인	6.3
리비아	8.9	알제리	6.1
바레인	7.7	**이라크**	**5.2**
사우디아라비아	7.1	예멘	5.2
수단	7.0	소말리아	5.1
이라크	**6.8**	이집트	5.0
시리아	6.7	레바논	4.8
요르단	6.2	모로코	4.4
오만	6.2	수단	4.4
쿠웨이트	6.0	바레인	4.2
UAE	5.8	튀니지	4.0
카타르	5.6	시리아	3.9
이하생략	-	이하생략	-

출처: 서정민·인남식, "중동 민주화의 대내외 정치역학", 대외경제정책연구원, 서울: 예당문화인쇄, 2011. p.29.

이라크도 전통적으로 부족주의 사회였으며 현재도 부족사회와 부족주의가 유지되고 있다. 이들은 통치권을 일정지역에 걸쳐 행사하며 중앙정부와 일정한 정치적 관계를 유지하며 존재해왔다. 결국 서구화,

개방화가 부족주의의 약화를 가져오겠지만 그것은 좀 더 완만하게 진행될 것으로 판단된다.

(2) 이라크 쿠르드의 부족주의

쿠르디스탄의 부족주의는 중동의 부족주의와 동일한 오랜 역사성이 존재한다. 쿠르드 사회는 평야이든 산기슭이든 거주지와 무관하게 아직까지 기본적으로 부족적이다. 산악 쿠르드인들의 충성은 일차적으로 가족과 씨족이며 그 다음이 부족이다. 쿠르드 부족의 결합은 기본적으로 핏줄, 강한 종교적 충성심과-특히 쉐흐에 대한-관련된 영토적(지역적) 충성에 기반하고 있다. 비록 아직까지 대다수 쿠르드인들 사이에서 부족주의가 살아있지만 산업화, 이주, 교육, 매스컴의 발달, 더 큰 추진력을 가진, 발달된 쿠르드 민족주의의 등장으로 부족주의가 약화되고 있는 것 또한 사실이다(Meho 1997, 2).

다음은 쿠르드인들이 거주하고 있는 지역을 나타낸 지도로서 이들의 분포는 비옥한 초승달 지대의 형태와 비슷한 모양을 보이고 있음을 알 수 있다. 쿠르디스탄은 실제 광활한 메소포타미아의 기름진 평야지대, 풍부한 수량, 유전지대를 가지고 있으므로 강대국과 주변국들이 쿠르디스탄을 강탈하려 한 주요한 원인이 되었다. 터키의 예만 하더라도 터키에서 석유가 생산되는 주요지역은 바트만(Batman) 등 터키 쿠르디스탄이며 이라크의 키르쿠크는 원래 쿠르디스탄으로 기름위에 떠있는 도시라는 별칭도 있을 정도로 쿠르디스탄의 유전은 경제성이나 생산성이 높은 곳이다. 다음은 위의 특징을 가진 쿠르디스탄의 강역(疆域)과 인구분포를 나타낸 지도이다.

이러한 쿠르디스탄을 살펴보면 쿠르디스탄에 거주한 쿠르드인들의 과거 영화(榮華)가 간단치 않았다는 것을 알 수 있다. 미놀스키(Vladimir

Minorsky)는 쿠르드인들이 이란인들과 같은 아리안족이라고 언급하고 있다(Bengio 2012, 1). 또한 이들은 부족을 중심으로 활동하였고 이들 부족은 타 부족들과 동맹을 하여 부족연맹체를 이루었다. 그리고 이들을 통솔하는 대 족장(Mir)이 있었다. 대 족장은 과거 독립적인 왕조를 이루어 통치하였으나 앞의 지도에서 보이는 쿠르드 인구분포는 과거 왕국을 이루고 세거(世居)하였던 왕가들의 흔적들과 어느 정도 일치한다. 이후에도 이러한 토후국들은 공국의 형태로 중앙 정부와 협력하며 어느 정도 독립적인 정치형태를 유지하게 된다. 예를 들어 주나라의 봉건제와 유사하게 중앙 왕조에 충성을 하나 독립적인 자치를 하면서 위급시 군사비용을 부담하여 전쟁에 참가하는 것과 같은 정치형태다.

1300년대 존재했던 토후국들(Emirates)은 국가적 특징을 많이 소유

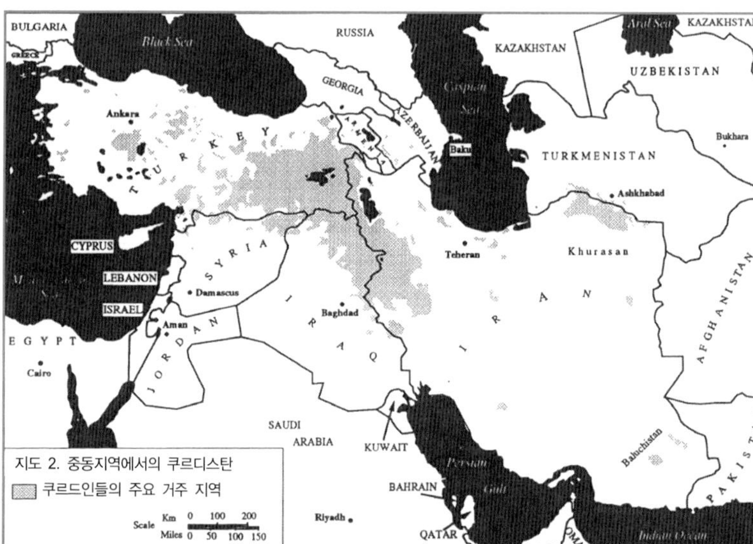

출처: Mehrdad R. Izady, *A Concise Handbook The Kurds*, Published by Talor & Francis, 2009. p.4.

<그림 3> 쿠르디스탄과 쿠르드인들의 주요 거주지

한 쿠르드 공국들이었으며 마지막 공국은 거의 19C 중반에 사라졌다. 다양한 시대에 쿠르드 공국의 지배자들은 '미르(mirs, emirs)', '멜리크(meliks, king)', '벡(begs)'라는 명칭으로 불리어졌다. 유명한 쿠르드 공국들은 아르달란(Ardalan), 바반(Baban), 비틀리스(Bitlis), 보탄(Botan), 하카리(Hakkari), 하산케이프(Hasankeyf) 등이 있었다(Gunter 2011, 91).

이라크의 부족주의 정도는 터키에 비해서 상대적으로 높은 비율을 나타내고 있는데 이는 KDP가 민족분리독립운동에서 유리한 동원 요소를 점유하고 있다는 의미와도 상통한다. 군터에 의하면 이라크 쿠르디스탄에서는 1960년대 까지 이라크 전체 쿠르드인들의 60%가 부족적 소속감을 가지고 있었다고 한다. 이러한 부족적 소속감은 이라크의 바르자니 가문과 탈라바니 가문 등의 지속적인 성공을 상당 부분 아직까지 설명해 준다고 한다(Gunter 2011, 42). 카야(Kaya 2011, 36)는 이러한 부족주의적 성향의 한 예로 1990년대까지 거의 모든 자자(Zaza)부족들은 부족장이 지지하는 후보에게 투표하였다고 한다.

자자 쿠르드 부족들의 일반적인 특징에 관한 카야의 연구결과를 살펴보면 첫째, 같은 혈통을 나눈 혈연관계가 바탕이 된다. 둘째, 엄격한 부계사회이다. 셋째, 이러한 혈통의 동질성, 평등한 친척관계, 친밀한 친척의식이 부족의 힘이나 통합력의 근본이 된다. 넷째, 부족은 부계 혈통중심의 수직적, 피라미드와 같은 사회를 이룬다. 다섯째, 부족은 부족구조의 유지를 위해서 부족구성원들의 권리나 의무 등에 관한 전통적인 관습, 규칙, 분업, 역할 등의 형태가 고정되어 있다. 여섯째, 피라미드 사회라고해서 고도로 중앙집중화 되었다는 의미가 아니라 중앙집권적인 국가나 행정시스템에 비교하면 다소 느슨한 형태이다. 즉 강하게 통제하거나 감시하는 전제적인 형태는 아니다. 이러한 엄격한 부계의 전통은 이슬람의 교리로 인하여 더욱 힘을 얻게 되었다

(Kaya 2011, 28-36; 42-47).[8] 일곱째, 쿠르드 부족은 과거 수많은 전쟁과 이산 그리고 주변국들과의 전쟁과 경쟁을 통해 살아남은 매우 역사가 오래된, 많지 않은 사례에 해당된다. 그들은 수천 년 전 부터 메소포타미아의 평원의 많은 국가들과의 전쟁에서도 살아남았다.

쿠르드가 현재까지 생존하게 된 힘의 원천은 자신들의 강한 정체성, 부족장의 리더십과 이를 중심으로 한 부족주의적인 충성심, 강한 단결력과 전투력 등에 있다. 그러므로 이러한 수천 년의 역사를 지닌 부족과 부족주의적 전통위에 KDP라는 정치단체가 현대에서도 여전히 힘을 발휘하고 있다. 그러나 현대 전체 쿠르디스탄 부족들은 해당거주국가의 경제발전 및 현대화로 인하여 많은 젊은이들이 대도시로 진출함으로써 부족 내 단결이나 협동성이 약화되고 있는 것 또한 사실이다.

그럼에도 불구하고 소(小) 부족장 집에서 숙식하며 관찰해 본 결과 많은 부족원들이 아직도 부족장 집안의 대소사나 임종 등의 중대사에는 부족장 집에서 회합하여 동참하는 모습을 보였다. 이러한 경향은 부족장이 쿠르디스탄의 대도시로 이주한 경우에도 동일하였다. 다음은 쿠르드의 일반적인 부족체계를 나타낸 도표이다.

카야의 연구에 의하면 부족장의 임무는 일반적으로 다음과 같다(Kaya 2011, 28-36). 첫째, 부족장은 부족을 대표한다. 둘째, 부계혈통중심의 수직적인 위계질서를 가진다. 즉 공통의 조상을 가진 혈통적 계보를 가지고 있다. 셋째, 타 집단으로부터 자신의 집단을 단결시키고 보존하는 것을 최우선 과제로 삼는다. 그러므로 전쟁이나 위협 시 총동원 체제가 된다.

---

8) 카야의 부족에 관한 그녀의 참여관찰을 통한 연구결과가 대부분이며 저자의 참여관찰도 일부분 포함되어 있다. 쿠르드 부족 단위별 구성도는 카야의 자자부족 관찰결과 작성된 부족 단위별 구성도이다.

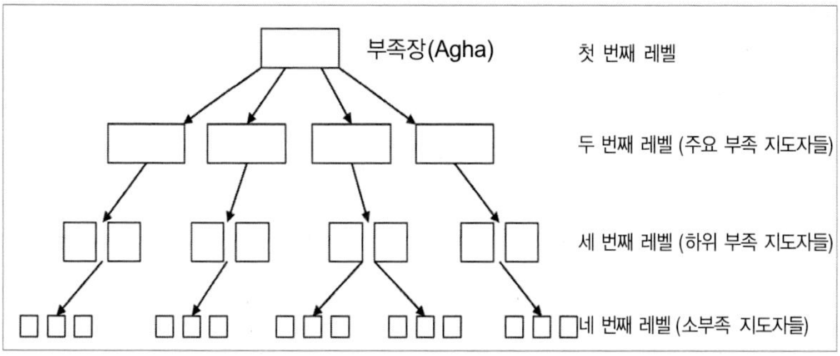

출처: Mehmed S.Kaya, *The Zaza Kurds of Turkey-The Middle Eastern Monority in a Globalised Society*, I.B.Tauris & Co Ltd, 2011. p.33.

<그림 4> 쿠르드 부족 단위별 체계도

넷째, 부족은 명예를 중요시하므로 부족이 불명예를 당하는 일에 부족원을 총동원을 하여 명예회복을 위한 복수를 하게 된다. 다섯째, 최고 부족 지도자의 지위를 가지며 부족의 일상생활 등 모든 일을 총괄한다. 여섯째, 부족과 관련된 사안에 대해서 최고의사결정권자이다. 정치, 경제, 사회, 부족의 안녕 등 부족의 생존과 관련된 모든 일의 최고 의사결정자이다. 일곱째, 부족장은 의식, 도덕적 의무 등 전통의 계승자이자 전달자의 역할을 한다. 이러한 가치들을 교육하고 후세에 전달하는 임무를 갖는다. 여덟째, 부족장 밑에는 두세 명에서 여러 명의 단위 지도자들이 있으며 두 번째 단위(중간), 세 번째 단위(하위) 등 더 하위 단위 지도자들이 존재하기도 한다. 이들 지도자들은 부족장이나 상위 지도자들의 가장 가까운 협력자들이다. 이들 지도자들은 상하의 중요한 연결 역할을 수행한다. 아홉째, 단위의 지도자들의 힘의 크기는 조직과 마찬가지로 피라미드의 구조이다. 그러나 힘의 크기가 꼭 고정적인 것은 아니며 상하, 좌우간 유동성이 있으며 이들 간 긴장관계도 나타난다. 열 번째, 부족장의 명령이나 힘의 실질적인 집

행자들은 제일 하위의 리더들이다. 열한 번째, 이들 쉐흐, 부족장, 중간이나 하위단위 지도자들은 세습이다. 열두 번째, 상하관계가 명확하다. 열세 번째, 이들의 분담과 협업 방식은 단위 간 경계와 책임, 의무 등이 명확히 구분된다. 열네 번째, 특히 그 지역의 종교지도자인 쉐흐는 부족장의 지지를 받아야 권위를 유지할 수 있다. 그러므로 양자의 관계는 매우 밀접한 협력관계이다. 자자부족이 수피종단의 종교를 가진 경우 쉐흐와 대부분의 도덕적인 문제들(남녀문제 등)을 상의하여 해결한다. 카야는 이와 같은 연구를 통해 자자 부족의 특징을 설명하였으나 이는 쿠르드 부족들의 일반적인 모습이기도 하였다.

다음으로 부족주의에 기반 한 KDP 결성이전 이라크 쿠르드의 분리독립운동을 고찰해보면 부족장들이나 쉐흐들은 주로 1차 세계대전 후 쿠르드 민족에 기반 한 분리독립운동을 주도하였다. 물론 바르자니 가문도 여기에서 출발하였다. 이 당시의 분리독립운동은 쉐흐라는 종교지도자들이 부족의 세력과 협력한 형태를 이루고 있었다. 이라크 초기의 쿠르드 분리독립운동 지도자들은 부족장과 쉐흐의 배경을 가진 부족장이거나 쉐흐 출신들이었다(Gunter 2011, 28).

이 당시 점증하였던 쿠르드 분리독립운동은 2가지의 기본 배경을 가지고 있었는데 그중 하나는 메소포타미아 평원의 가장자리와 읍내에 사는 비부족적인 쿠르드인들의 점증하는 민족의식, 또 하나는 중앙정부의 간섭에 대한 적개심을 가지고 직접적으로 정부에 대항하여 정기적으로 분출된 부족들의 무장봉기였다(Mcdowall 2004, 159). 후자 경우에는 영국이 쿠르드 독립국가건설 약속을 이행하지 않음으로써 쿠르드의 대규모 무장봉기는 예고돼 있었다. 영국은 일단 '남부쿠르디스탄(a single Southern Kurdistan)'[9]을 설립하려 하였으나 국가의 저발전 상태, 통신망의 미비, 부족 간의 이견으로 즉각적인 실행은 어려웠다(Mcdowall 2004, 152-153). 영국이 남부 쿠르드 지역을 메소포타미아 평원에 통합하고 쿠르드의 민족국가 설립 움직임을 방해하자 쉐흐 마흐무드 바르진지(Şeyh Mahmud Barzinji, or Barzanji)[10]는 총독(Governor)으로 임명된 즉시 "범쿠르디스탄 해방(Free United Kurdistan)"이라는 기치 아래 1919년 5월 무장봉기를 일으키며 영국으로부터 쿠르드 분리독립을 선언하였다. 그는 1922년 2차 봉기를 통하여 술레마니아[11]에서 왕이 되었으나 영국은 그를 축출하였다. 그는 12년 동안 영국과 싸웠으나[12] 지배력은 단지 술레마니아에 한정되었다(Izady 2009. 63-64).

강대국인 영국은 다음해인 1923년 로잔조약을 통하여 모술지역을 이라크에 편입시켰으며 실제로는 1926년 영-터키 협정에서 영국의 압력에 의해 모술지역을 양보하였다(홍순남 1995, 138).[13] 결국 쿠르드는

9) 1918년 12월 1일 판무관 대리로서 아놀드 윌슨이 술레마니아를 방문하여 쒜흐 마흐무드(Shaykh mahmud)와 이란과의 국경선을 넘어온 대표들을 포함한 남부 쿠르디스탄의 60개 부족장들을 방문하여 그들에게 제한적 상황을 설명하고 그들의 희망을 들었다. 그들의 일치된 의견은 투르크의 재통치는 원하지 않으며 영국의 보호가 필요하다는 것이었다. 비록 몇몇 부족장들은 영국 행정관(Administer)을 파견하는 것을 좋아하지 않았지만, 몇몇 부족장들은 반드시 이라크로부터 쿠르디스탄이 분리되어야 하며 바그다드가 아닌 런던의 직접적인 관리를 주장하였다((Mcdowall 2004, 151-153).

10) 그는 수 세기 전으로 올라가는 오래된 존경받는 카디리 쒜흐 가문(Respected family of Qadiri sheikhs)의 후손이었다. 카디리(Qadiri)는 자유의지를 강조하는 이슬람 신학운동으로 에고(ego)의 욕망과의 투쟁을 강조하였다(Michalel M. Gunter, *op. cit.*, p.59. 2011).

11) 술레마니아, 술레이마니아, 술래이마니아 셋 다 표기가 가능하다. 그러나 아르빌에서 술레마니아로 발음하므로 술레마니아로 표기하였다. 솔로몬에서 어원한 이름이므로 술레마니아가 고대어 어원에 가깝다고 본다. 한 단어가 다수 음절로 나뉘는 것은 원음에서 멀어졌다는 의미이다.

12) 쿠르드 부족장들은 친영, 친이라크 등의 세력으로 분열되었다.

13) 이외에 맥도월이 기술한 실재적 과정을 좀 더 살펴보면 로잔조약에서 터키는 국민투표를 요구하였으나 영국은 국제연맹을 통한 합법적 지배를 획책하였다. 1924

독립국가건설을 위한 강력한 무장투쟁을 지속하게 되었다.

5) KDP와 부족주의

(1) 바르자니 부족과 바르자니

쿠르디스탄의 부족은 이자디의 분류에 의하면 크게 1. 호라산 지역 55개 부족, 2. 알 부르즈 산맥지역 37개 부족, 3. 중앙 이란 고원지역 12개 부족, 4. 동부 쿠르디스탄 69개 부족, 5. 남부 쿠르디스탄 213개 부족, 6. 중앙 쿠르디스탄 83개 부족, 7. 북부 쿠르디스탄 108개 부족, 8. 서부 쿠르디스탄 139개 부족, 9. 아나톨리아지역 22개 부족으로 총 738개 부족이 존재하며 부족 연맹체는 쿠르디스탄 전체에 56개가 존재한다(Izady 2009. 78-85).

이 가운데 바르자니 부족과 바르자니 연맹체(Bârzânî Confederacy)의 경우 종교적으로는 이슬람 순니파[14]이며 쿠르만지어와 소라니어를 사용한다. 이들 바르자니 연맹체는 바루쉬(Bârushi), 돌라마이리(Dolamayri), 므주리(Mizuri), 네르와(Nervâ), 라이캬니(Raykâni), 쉐르와니(Sherwâni) 등 6개 부족으로 이루어져 있으며(Izady 2009. 83) 구체적인 부족구성원의 숫자는 알 수 없다.

년 10월 '브뤼셀 라인'이 구획되었으며 1925년 1월 모술에 국경선구획위원단이 런던과, 앙카라, 바그다드를 경유하여 도착하였다. 모술주의 주민 대부분은 쿠르드인들이었으므로 위원단은 조사결과 쿠르드인들이 터키 통치를 원한다는 터키측 주장이 허구라는 것을 알게 되었다. 위원단은 영국의 뜻대로 쿠르디스탄은 이라크에 귀속시키면서 쿠르드인들의 정치, 언어, 사법, 행정의 권리들을 양여할 것을 조건으로 제시하였다. 이라크가 1930년에 국제연맹에 가입되면서 위임통치가 종료되고 모술은 영국의 뜻대로 이라크에 귀속되었다(David Mcdowall, *op. cit.*, pp.143-150).

14) 북부 쿠르만지어 발음은 '수니' 보다는 '순니'에 가깝다.

바르잔은 오늘날 북부 이라크의 북쪽 국경선 부근이자 오늘날 터키의 남쪽 국경선 부근, 시린산(Mt. Shireen)의 가장자리에 위치하며, 좌측으로는 대 잡강(the Great Zab[15] River)의 강둑이 있는, 깊은 산속에 위치한다. 샤라프 칸 비틀리시(Sharaf Khan Bitlisi)가 그의 유명한 샤라프나메(Sharafnama)[16]에서 이 지역을 바르잔이라고 불렀으며 바디난 대부족장(mirs)의 소유라고 기록하였다(Gunter 2011, 52).

바르잔 부족은 유목적인 바르잔 마을 이름에서 유래되었으며 부족의 선조는 마수드(Mesud)이며 그는 바르잔 근교 헤윈카(Hewinka)에 정착하였다. 부족의 권력은 아들 사이드(Said)[17]와 마수드의 손자 타제띤(Şeyh Taceddin)에게 계승되었다. 이 쉐흐 타제띤 베흐비(Şeyh Taceddin Vehbi)[18]는 종교학자로 그에게는 많은 제자(mürit)[19]들이 운집하여 바르잔 수도원(Barzan Tekkesi)을 설립[20]하였으며 수도원장이 되었다. 수

15) 'Zab'은 '강(river)'의 의미이며 인도의 펀잡('펀'은 '5'를 의미하는 '펜타'의 '펜'과 같은 어원일 가능성도 있다)은 5개의 강이 모인 곳 이라는 의미이다.

16) 북부 쿠르만지어로 'nama', 'name' 등은 편지, 소식, 이야기 등을 의미한다. 'Roj name'는 'Roj'는 해, 날(日)등의 의미이다. 'name'는 소식 등의 의미로 '로즈나메'는 신문을 의미하기도 한다. 북부 쿠르만지어는 다른 말로 바디난(바디니)어라고도 하는데 바디난 공국이 지배적인 지역에서 사용된 언어라는 의미이다. 바르잔 지역도 바디난 지역이므로 당연히 북부 쿠르만지어권이다.
그러나 이라크 쿠르디스탄에서는 바디니어와 소라니어가 공통적으로 쓰인다. 바디니어는 도훅에서 모술 지역에 이르기까지 사용되고 소라니어는 주로 키르쿠크, 술레마니아, 이르빌, 메르게수 지역에서 사용된다. 이들 언어는 지역 방언과 같아서 특정 언어를 제외하고 이들 언어들 간 소통은 가능하다(2014년 현재 이라크 KRG에 거주하는 정정열의 증언).

17) 원문에서 'Sait'와 'Said'로 표기하며 연구자는 이를 서로 다른 표기로 판단하여 동일인물로 간주하였다.

18) 베흐비(Vehbi)는 이슬람 존칭.

19) 종교적 가르침을 따르는 제자.

20) 쉐흐 타제띤 베흐비가 바르잔에 수도원을 세운 것으로 판단해 보면 쉐흐 타제띤

도원장직은 아들 쉐흐 압둘 라흐만(Şeyh Abdurrahman)과 라흐만의 아들인 쉐흐 압둘라(Şeyh Abdullah)에게 계승되었다. 압둘라는 금욕주의(zühd)와 신앙심(takva)[21]으로 유명하였으며 압둘라는 이슬람 교육을 위해 아들 쉐흐 압두스 셀람(Şeyh Abdusselam) 1세[22]를 위대한 쉐흐 세이드 타하 네흐리(Şeyh Seyyid Taha Nehri)가 운영하는 마드라사(Nehri Medresesi)[23]에 유학 보냈다(Barzani 2006, 23-24).

학업을 마친 쉐흐 압두스 셀람 1세가 바르잔 수도원으로 귀환한 이후 제자들의 숫자는 더욱 증가하였고 이들을 수용하기 위하여 그는 바르잔에 이슬람 교리를 가르치는 이슬람 신학교를 설립하였다. 쉐흐 압두스 셀람 1세가 설립한 신학교의 명성은 단기간에 전 지역에 급속히 전파되어 많은 학생들이 운집하였다. 쉐흐 압두스 셀람 1세는 세이드 타하 네흐리와 친밀한 관계였으며 메블라나 할리드 낙쉬반디(Mevlana Halid nakşivandi)가 수도원 순방 중 바르잔 수도원에 방문을 하여 압두스 셀람 1세를 할리파(halife)로 승격시켰다. 그는 1872년에 임종하였으며 이슬람 관습법(Islam fikhi)에 관한 저서를 편찬하였다. 그의 아들 쉐흐 무함마드(Şeyh Muhammed) 또한 금욕주의와 신앙심으로

베흐비가 바르잔에 최초로 정착한 것으로 판단이 되나 군터는 이 타제띤이 쉐흐 압둘 라흐만이며 라흐만이 이곳 바르잔에 최초로 정착하였다고 주장한다. 그러나 쉐흐 타제띤 베흐비와 쉐흐 압둘 라흐만이 동일 인물일 가능성도 존재하지만 이 부분은 마수드 바르자니 저서의 원문에 충실하여 동일인물이 아닌 것으로 기술한다(Michalel M. Gunter, *op. cit.*, p.52. 2011).

21) 알라를 경외하고 숭배하는 것.

22) 원래는 1세 표현이 없지만 구분할 필요가 있어 구별하여 주었다. 보통 외국 서적에서도 1세, 2세로 구분한다. 바르자니 가문의 전통주의적인 종교지도자의 역할은 쉐흐 압두스 셀람 2세와 몰라 무스타파 바르자니의 민족운동의 중요한 추동력 중 하나가 되었다. 잘랄 탈라바니 가문 역시 카디리 종단의 종교지도자 출신으로 양 대 가문의 분리독립운동에 지대한 영향을 미쳤다.

23) 수도원, 군터는 수피학교라고 칭하며 '타르카(Tariqa)'로 표기하였다.

유명하였으며 1903년 사망한 그는 쒜흐 압두스 셀람 2세, 쒜흐 아흐마드, 물라 무스타파 (1903-1979) 등을 자식으로 두었다(Barzani 2006, 23-24).

19C에 마지막 토후국(공국)이 사라지자 종교적인 쒜흐들이 이전의 미르(Mirs)와 같은 정치적인 힘을 지닌 채 점점 더 행동을 표출하기 시작하였다(Gunter 2011, 91). 이와 같은 역할을 수행한 대표적인 바르자니는 쒜흐 압두스 셀람 2세 바르자니, 아흐마드 바르자니이다. KDP의 물라 무스타바가 민족운동을 시작하였던 시기 이전부터 전통적인 분리독립운동의 지도자와 구성원은 부족장과 부족구성원, 그리고 종교지도자인 쒜흐와 그 신자들이었다.

또한 바르잔 부족의 마을 자체는 바르자니의 민족운동 과정에서 정부에 의해 16번이나 파괴되었으나 1991년부터 재건되었다(Gunter

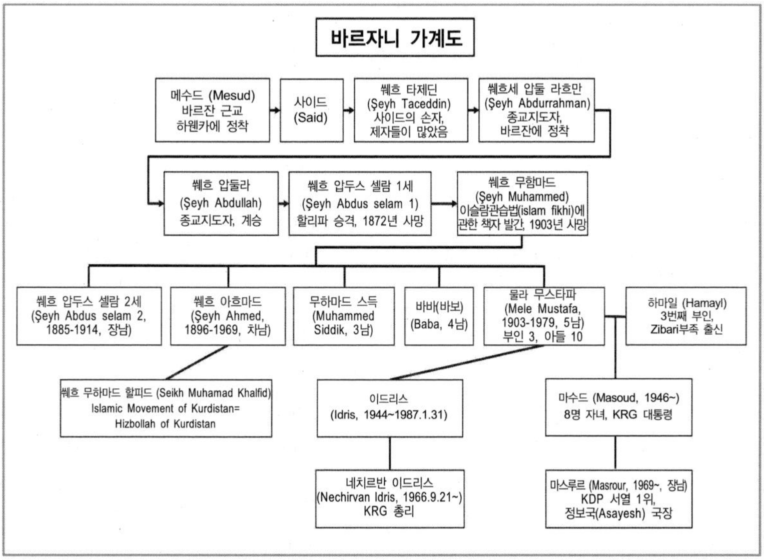

출처: Mesud Barzani, *Barzani ve kurt Ulusal Ozgurluk Hareketi* Ⅰ, DOZ Yayinlari, 2006. pp.23-24.

<그림 5> 바르자니 가계도

2011, 52).[24] 물라 무스타파는 20C 가장 유명하였던 전설적인 쿠르드 영웅으로 타고난 지도자였으며 강인하고 용감하였다. 초기 쿠르드 민족의식을 함양시키는데 공헌한 그는 이라크에서 쿠르드 민족운동과 실질적으로 동의어가 되었다(*ibid*, 55).

(2) 탈라바니 부족과 탈라바니

탈라바니(Talabanî) 부족은 중앙 쿠르디스탄 내에 위치하며 부족 연맹체에 포함되지 않는 비연맹 부족이다. 그러나 비연맹 부족일지라도 소규모 부족만 존재하는 것은 아니며 쉐흐 마흐무드 바르진지 역시 중앙 쿠르디스탄 내에 위치한 비연맹체 대부족으로 1919년-1932년까지 부족주의적인 민족분리독립운동을 선도하였다. 이와 같이 탈라바니 부족도 비연맹 부족이지만 대규모 부족을 형성하고 있었다.

이브라힘 아흐마드(Ibrahim Ahmed)와 함께 KDP의 좌파 세력을 이끌었던 잘랄 탈라바니(Jalal Talabani) 역시 탈라바니 부족의 동원을 통하여 KDP 내에서 물라 무스타파 그리고 마수드 바르자니와 권력투쟁을 전개하였다. 잘랄 탈라바니(1933-)는 이라크 쿠르디스탄의 소라니 지역(Sorani area)에 있는 두칸(Dukan) 호수 근처[25]의 마을인 켈칸(Kelkan) 출신으로 탈라바니 가계는 최소 300년 이전으로 소급된다. 탈라바니 쉐흐들은 수피 이슬람의 카디리(Qadiri) 종단에 속하며 젊은 탈라바니의 출발에 중요한 종교적인 역할과 정치적인 역할을 하였다. 탈라바니는 민족운동에 매우 적극성을 가지고 13세 때 비밀 쿠르드학생회를

24) 물라 무스타파는 그의 바르자니 부족 동료들과 이곳에 안장되었다. 미국에서 사망 후 이란에 임시 매장되었다. 그후 이곳으로 이장하여 과거 민족운동을 하였던 동료들과 같이 안장되었으며 현재 기념관도 건립되어 있다.

25) 아르빌과 술레마니아 직선거리 중간부근에 위치한 부족이다. 소라니어권이다.

조직하였으며 18세에는 KDP 당 중앙위원으로 선출되었다(Gunter 2011, 285-286).

1975년까지 이라크 쿠르드 분리독립운동은, 비록 다양한 세력이 포함되었다 할지라도, KDP와 쿠르디스탄애국동맹(Patriotic Union of Kurdistan 이하 PUK) 양대 퍼벌의 지도자들이 양대 부족을 거느린 채 KDP내에서 공존하는 체제였다. 여기에 KDP 초기부터 당내 활동이 활발하였던 탈라바니도 부족주의적인 특성과 맑스-레닌주의 이념적 성향을 지닌 경우[26]로 결국 물라 무스타파에게 반기를 들고 독립적인 PUK를 창당하게 되었다. 이들의 분당의 결정적인 이유는 이념적인 이유보다 물라 무스타파의 1975년 이라크 정부의 자치안 거부와 1975년 3월 6일에 맺어진 알제이 협정 때문이었다. 이로서 물라 무스타파가 몰락하자 이브라힘 아흐마드와 잘랄 탈라바니는 KDP내에서의 오랜 전략적인 동거관계를 청산하고 KDP 정치국을 주도하였던 좌익 세력들과 타 사회주의 파벌들을 아우르는 PUK를 1975년 6월 다마스쿠스에서 창당하였으며 1977년 이라크로 귀환하여 대이라크 투쟁을 지속하였다. 사회주의 세력이외에 잘랄 탈라바니 역시 대부족인 탈라바니 부족의 영토와 자본, 주변 소부족의 통합을 통한 부족적 기반위에 성장하였고 첫째 아들인 바펠 탈라바니(Bafel Talabani)는 2005년 당시 PUK내 대게릴라 부대의 부대장을 역임하였으며 2014년 현

26) 그는 초기를 제외하면 맑스-레닌주의 국가를 설립하려한 것인지는 잘 알 수 없다. 초기 PUK는 맑스-레닌주의 계열, 사회주의 계열 등이 연합하여 창당하였다. 그는 압둘라 외잘란과 같은 철저한 맑스-레닌주의자는 아니었으며 오히려 민족주의에 가까운 사회주의 계열의 지도자로 판단된다. 왜냐하면 그의 조상들이 카디리 종단의 쉐흐들 이었으며 탈라바니도 이슬람을 신봉하여 이슬람인들이 평생에 한번은 실행한다는 하즈(Haj, Haji, Haci, 또는 하지)를 행하였기 때문이다(Gunter 2011, 226-227).

재 대IS(Islamic State) 군사부분에서 유사한 역할을 수행하고 있다. 둘째 아들인 쿠바드 탈라바니(Qubad Talabani)는 2014년 현재 KRG의 부총리[27]로 활동하고 있으며 PUK의 정치적 지원을 받고 있다.

(3) KDP와 부족주의 투쟁의 과정

바르자니들과 KDP의 부족주의적인 민족분리독립운동에 대해 보자르스란(Bozarslan)은 1990년대 말의 이라크 쿠르드 민족운동의 성공은 쿠르드 부족들이 민족운동에 참여한 것에 기인한다고 주장하였으며(Bengio 2012, 278), KDP는 바르자니의 가문의 미래와 매우 밀접하게 관련되어 있다고 하였다(Gunter 2011, 58-59). 즉 KDP는 근본적으로 민족주의적이며 전통적인 세력의 당으로 바르자니 가문이 장악하여 왔다(*ibid*, 72)는 것이다.

KDP 창당 이전 바르자니 가문은 낙쉬반디 쒜흐들(Naqshbandi sheikhs, Nakşibendi)로서 바르자니들은 떠오르는 쿠르드 민족주의의 중심이 되었다(*ibid*, 58). 바르자니 가문이 본격적으로 쿠르드 권리를 위하여 정치투쟁을 처음으로 주도한 것은 쒜흐 압두스 셀람 2세로부터 기원하였다(*ibid*, 52-53). 선각자이자 종교지도자였던 쒜흐 압두스 셀람 2세는 다른 부족장들과 함께 오스만 제국의 중앙정부에게 쿠르드인들의 민족적 권리를 요구하였다. 그것은 쿠르드 지역에서 쿠르드어를 공식언어로 지정해줄 것과 쿠르드어 교육을 할 수 있는 권리를 주장하는 등 7개안의 혁신적인 내용을 오스만 정부에 요구하였으나 오스만 투르크 제국은 1914년에 그를 교수형에 처하였다. 이러한 일련의 사건은 쒜흐 아흐마드 바르자니에게 영향이 파급되었다.[28] 쒜흐 아흐마드

---

27) KRG 홈페이지 참조.

28) 바르자니 부족과 가문의 역사는 군터(Gunter)의 책과 http://www.barzanihistory.

바르자니[29]는 '바르자니 부족의 쉐흐(Sheikh of barzani)'라는 칭호를 가진 바르자니의 마지막 쉐흐였다. 1920년대에 그는[30] 동생인 물라 무스타파와 더불어 정부에 대항한 봉기로 인하여 종국에는 감옥에 수감되었다(*ibid*).

물라 무스타파의 권력은 비록 원천적으로 가문의 낙쉬반디 쉐흐들의 권위에 기반 하지만 또한 전투력으로 유명한 부족에서도 기인한다. 바르자니 부족은 현재도 빨간 줄이 있는 독특한 터번을 두르고 다니며(*ibid*, 58-59) 이와 같이 물라 무스타파는 태생적인 보수주의와 부족 정신에도 불구하고 1946년 9월 16일 창당된 KDP를 이끌었다(*ibid*, 14).

물라 무스타파는 이라크 정부의 감시를 벗어나 1943년 바르잔에서 바르자니 부족들을 규합하여 부족주의에 근간한 대이라크 무장투쟁을 전개하였다. 그는 마하바드 공화국의 패망과 함께 소련으로 망명하여 1958년까지 머무르게 되었는데 이 기간 동안 KDP는 아흐마드 좌파가 장악하게 되었다. 1950년대 후반에 잠시 KDP는 '통합 KDP'로 불렸는데 이것은 이브라힘 아흐마드와 함자 압둘라(Hamza Abdullah)가 일시

com/index 참조.

29) 1896년부터 1969년까지 생존하였다.

30) 그는 바라도스트(Baradust) 쿠르드의 리더인 쉐흐 라시드(Rashid of Lolan)와 라이벌이었으며 쿠르드 정치지도자인 물라 무스타파의 형으로 영향력 있는 낙쉬반디 수피종단의 지도자였다(David Mcdowall, *op. cit.*, p.179). 그는 사회개혁을 꿈꾸었던 또 다른 혁명가였다. 쿠르드는 과거부터 오랫동안 독립된 공국의 형식으로 오랫동안 존재해왔으나 영국이 이라크를 세우면서 붕괴되었다. 게다가 이라크를 세운 뒤 1932년 쿠르디스탄의 직접적인 지배를 위한 조세정책 등을 발표하자 쿠르드 민족운동은 크게 확산되었다. 이 당시 아흐마드 바르자니가 무장민족운동을 주도하였다. 이러한 쿠르드의 무장봉기는 결국 영국 공군의 폭격으로 이어졌다. 그러나 이태숙은 1931-1932년의 바르자니 부족장 아흐마드 바르자니의 이라크군과의 분쟁은 부족장의 기득권을 수호하려는 부족적, 보수적인 성격이라고 평가하였다.

적으로 재결합한 것을 나타낸 것이며 이라크공산당(Iraq Communist Party, 이하 ICP)의 쿠르드 지부가 되었으나(Gunter 2011, 172-173) 물라 무스타파는 부족의 지원을 받아 ICP와 결별을 단행하였다(Mcdowall 2004, 305).

1958년 물라 무스타파는 망명생활을 종식하고 망명 동료들과 귀국함으로써 KDP내에서는 새로운 권력투쟁이 바르자니와 연계된 보다 보수적이고 전통적인 쿠르만지어를 사용하는 부족적인 세력들과 아흐마드와 양자인 잘랄 탈라바니가 이끄는 좌파적 지식인들로 소라니어를 사용하는 공산주의 세력(KDP의 Politburo라고 불리운) 간에 전개되었다(Gunter 2011, 172-173; Mcdowall 2004, 302-303). 또한 분당 이후에도 이들 KDP와 PUK의 쿠르드 분리독립운동은 이라크 바아스 정권의 이간정책으로 항상 분열되었다(Kreyenbroek 1992, 134-142).

한편 분리독립운동과정에서 일어난 당 외 부족통합의 측면을 살펴보면 1958년 귀국한 물라 무스타파는 그가 바르잔 지역을 떠난 1945년부터 바르자니 부족의 땅을 빼앗은 부족과 오랜 적대 부족인 헤르키(Herkis), 수르치, 바라도스트(Baradustis), 지바리 부족들을 1959년 말에 공격하여 복속시키면서 독립운동을 전개하였으며 쇼비니스트적인 아랍 민족주의자들과의 대립에서도 바르자니 부족들은 큰 역할을 하였다. 그러나 물라 무스타파의 세력이 확대되자 카셈 총리는 수르치, 헤르키, 쉐흐 라시드(Shaykh Rashid), 바라도스트, 지바리 부족을 결탁시켜 물라 무스타파가 이끄는 친 바르자니 부족세력을 견제하였다. 카셈이 쿠르드 자치를 허용할 의사가 없음을 간파한 이브라힘 아흐마드와 잘랄 탈라바니도 반카셈전선에 동참하였다(Mcdowall 2004, 304-308).

이와 같이 KDP의 물라 무스타파는 보수 전통세력을 대표하는 지도자였으나 KDP와 타 쿠르드 부족 간의 민족운동을 둘러싼 대립도 또한 존재하였다. 물라 무스타파와 마수드 바르자니가 쿠르드인들에게 지지도가 매우 높은 이유는 대부분 바르자니 가문의 독립운동에 대한 많은 희생에 기반한다. 이렇듯 바르자니 가문은 유명한 쉐흐 가문으로 쉐흐 압두스 셀람 2세 바르자니,[31] 쉐흐 아흐마드 바르자니, 물라 무스타파 바르자니, 마수드 바르자니 등 바르자니 가문과 부족 중심의 쿠르드 분리독립운동은 부족주의와 이슬람세력이 자연스럽게 이라크 쿠르드 분리독립운동의 중심세력으로 부상하는 원인이 되었다.

(4) KRG와 부족주의

KRG에서 부족주의는 더욱 확연히 드러나는데 특히 바르자니 가문을 중심으로 한 부족계열과 탈라바니 부족계열의 권력분점 현상은 뚜렷하다. 중동의 부족주의라는 정치적 특성은 시민사회의 성장을 억제하여 서구식 민주주의의 실현을 억제하고 있는데 KRG 역시 비록 다양한 정당들이 존재한다 할지라도 KRG의 정부와 의회에서 강력한 부족주의를 기반으로 분리독립운동을 전개해온 KDP와 PUK의 권력 양분화 현상은 당분간 지속될 것이다.

후세인 정권의 철수로 인한 공백을 메우기 위하여 쿠르디스탄에서 1992년 3월 19일 쿠르드자치의회(al-Majlis al-Watani al-Kurdistani)를 설립하기 위한 자유선거를 실시하였는데 총 105개 의석을 놓고 8개 정당이 경쟁하였다. KDP는 50.22%, PUK는 49.78%를 얻어 각각 50석을 차지하였으며 나머지 중 소수 기독교인들을 대표하는 기독교통합당(Kurdistan Christian Unity Party)이 1석, 아시리아민주운동당(Assyrian Democratic Movement)이 4석을 차지하였다. 투르코만당은 1석도 얻지

31) 아랍어 발음은 '에'발음이 된다. '아부' 즉 'Abu'는 '에부' 즉 'Ebu'라고 하듯이 북부 쿠르만지어 발음은 '살렘'이나 아랍어 발음은 '셀람', 마수드도 '메수드', '물라'는 '멜레(mele)', '멜라(mela)' 등으로 발음이 된다.

못하였다(Bengio 2012, 202-203; Mcdowall 2004, 381). KRG 대통령 선거에서는 마수드 바르자니가 약 48%, 잘랄 탈라바니가 약 45%, 그리고 KSP의 우스만(Mahmud Uthman)이 2%를 각각 득표하였다(Mcdowall 2004, 381-382; Kamali 2003, 216).

2006년 5월 7일 이라크 연방헌법에 의한 쿠르드연방자치정부(KRG)가 정식으로 출범하였으며[32] 마수드 바르자니[33]의 장조카인 네치르반 이드리스 바르자니(Nechirvan Idris Barzani)가 총리[34]가 되었다. KDP는 13이, PUK는 14명이, 이슬람당은 3명이, 투르코만당은 1명이, 아시리안당 출신은 1명이 각각 장관에 임명되었다. KRG의 주요한 문제점은 주요 4개 부처장관들을 KDP와 PUK가 양분하였다는 것이다. 내무부, 재무부, 법무부, 국방부(Peshmerga)는 부처마다 KDP출신과 PUK출신 각각 2명의 장관을 두었는데 결국 이들 두 장관은 하나로 통합되었다(Gunter 2011, 18).

KDP와 KRG에 내재한 부족주의 현상의 하나인 권력독점의 측면을 살펴보면 마수드 바르자니의 장남 마스루르 바르자니(Masrour Barzani)로서(Gunter 2011, 55) 그는 1998년에 쿠르디스탄으로 돌아와 KDP의 12회 전당대회에서 중앙위원과 정치국원에 선출되었다. 또한 그는 최근에 KRG 정보 총괄책임자가 되어 대테러와 국내안보를 담당하는 '아사예쉬(Asayesh, Security)'와 KDP 정보기관인 '파라스틴(Parastin, Protection)'의 수장이 되었다(*ibid*, 53).

---

32) 입법부는 1992년 KDP와 PUK가 합의하여 동수 의원으로 설립한 KNA(Kurdistan National Assembly)였다. KRG 이전에 KDP는 아르빌과 도훅을 통치하였고 PUK는 술레마니아를 통치하는 자치정부를 각각 소유하였다.

33) 2005년 6월 12일 KRG 의회는 그를 대통령으로 선출하였다.

34) 부통령은 PUK 진영에서 선출하였다.

네치르반 이드리스 바르자니(1966-)[35]는 이드리스 바르자니의 장자로 청소년기부터 민족운동에 뛰어든 그는 부친의 조기사망(1987년) 후 권력층에 진입하였다. 그는 1989년 10차 당 전당대회에서 KDP 중앙위원에 선출되었으며 1993년 11차 전당대회에서 당 정치국원으로 선출되었다. 그는 2006년 단일화된 KRG의 총리로 선출되었으며 이어진 2009년 7월 25일 의회선거에서 총리 사직[36] 후 KRG의 두 명의 부통령 중 한명의 부통령이 되었다(*ibid*, 57). 그는 이미 1999년에 쿠르드자치정부의 총리로 임명되었으며 2010년 12월 KDP 부총재로 임명되었다.[37] 또한 2009년 7월 25일 마수드 바르자니는 약 250만 유권자의 70% 가까운 지지를 획득하여 KRG 대통령에 재선되었으며(*ibid*, 54-55) 2017년 3월 현재도 대통령으로 재직하고 있다. 이와 같이 대부분의 연구자들은 바르자니가 이끄는 KDP가 KRG 지역의 민주주의뿐만 아니라 사회경제적인 발전을 증진시키는 가장 중요하고도 애국적인 역할을 수행하였다고 주장한다(*ibid*, 174).

그러나 이러한 권력의 독점이 나타나는 KDP, PUK, KRG의 부족주의적 현상에도 불구하고 이라크 쿠르디스탄은 현대화 과정에서 부족적 정체성이 하락하는 현상은 꾸준히 나타나고 있다. 지난 수십 년 동안 많은 부족적인 쿠르드인들이 현대화에 밀려 감소하였다. 예를 들어 최근 1960년대에 이라크 쿠르디스탄에서는 쿠르드의 약 60%

---

35) 총리 네치르반 바르자니는 1966년 바르잔의 산악마을에서 출생하였다. 1975년 수만 명의 이라크 쿠르드가 이라크를 탈출하여 이란으로 망명할 당시 그 역시 망명하였다(KRG 홈페이지 참조).

36) 2009년부터 2012년까지의 총리는 바르함 살리(Barham Salih)가 총리직을 수행하였다. 2012년 3월 7일부터 2017년 6월 현재까지 네치르반 이드리스 바르자니가 총리직을 수행하고 있다(KRG 홈페이지 참조).

37) KRG 홈페이지 참조.

가 부족적 소속감(Tribal Affiliation)을 가지고 있었으나 21C 초에는 이러한 비율이 대폭으로 하락하였다. 이러한 유사한 패턴은 타 쿠르디스탄에서도 존재하는데 터키도 부족적 소속감이 큰 폭으로 하락하였다(Gunter 2011, 42).

2. 경제체제: 자본주의 도입

이라크는 기본적으로 사회주의 체제였다. 이라크의 영향을 받은 이라크 쿠르디스탄 역시 마찬가지였으나 1차 걸프전 이후 미국의 영향으로 자본주의를 받아들이기 시작하였다. 이라크 쿠르디스탄은 조합들(Unions)로 이루어진 사회라고 호칭이 될 정도로 쿠르드 전 사회가 조합중심으로 구성되어 있으며 KRG는 식량, 주택 등 의식주와 기초생활은 국가가 보장하는 등 정식적인 사회주의 체제가 아닌 사회주의의 근본 개념 정도만 적용되는 대체적으로 느슨한 의미의 유럽식 사회주의 체제이다. 그러나 1차, 2차 걸프전(이라크전)을 통해 현재는 미국식 자본주의의 체제를 도입하는 과정에 있다(2014년 현재 KRG에 거주하고 있는 정정열의 증언). 이와 같이 KRG는 현재 스웨덴과도 매우 긴밀한 정책적 연대를 맺고 있으며 스웨덴의 코포라티즘(조합주의)을 도입하려 하고 있다.

한편 사회주의 색채를 지닌 PUK가 서구식 정치제체나 자본주의를 반대하여 KDP와 정치이념이나 경제체제에 대한 투쟁을 하였다는 정황은 드러나지 않고 있다. KDP는 물라 무스타파 이래로 미국과 동맹을 유지하여 왔으며 1991년 걸프전 등에서도 강대국 미국과의 오랜 동맹관계를 지속하였다.[38] 이러한 동맹의 유지는 미국과 유럽의 자본

38) KRG의 경제는 1990년대 후반 이라크 나머지 지역을 능가하였는데 그 이유는

주의 시장경제를 도입하게 하였고 이러한 자본주의 도입을 통하여 KRG는 쿠르드 민족부흥을 꿈꾸고 있다. 더구나 현재 KRG에는 한국 자본을 비롯하여 중국자본 등 다양한 국가의 자본이 유입되고 있으며 네치르반 총리도 3차례나 한국을 방문하여 KRG에 대한 적극적인 투자[39]를 호소한 바가 있다(『연합뉴스』, 2014년 4월 2일자).

3. 정치체제: 서구식 민주주의 체제

1) 쿠르드 민족국가

창당 당시 KDP의 정책은 뚜렷하지 않았으며 쿠르드의 민족적 목표들과 그들이 선택한 국가에서 살기를 원한다고 말할 뿐이었다. 정책들이 진보적인 사회 경제적 본질에 관한 것을 결여한 것은 전통적인 부족지도자들이 당을 장악하였기 때문이었다(Gunter 2011, 72). 이는 물라 무스타파가 맑스-레닌주의 계열과는 달리 민족주의적인 성향을 가지고 민족국가건설을 의도하였다는 것을 증명해주고 있다.

벤지오는 대쿠르디스탄(Greater Kurdistan) 이라는 용어를 사용하지만 쿠르드 지도자들은 이라크, 이란, 터키, 시리아 등 주변국들이 쿠르드 국가의 등장을 달가워하지 않는다는 것을 잘 인식하고 있었다(Bengio 2012, 219). KDP는 부족주의에 기반할 뿐 PKK의 외잘란과 같이 맑스-레닌주의에 기반한 범쿠르디스탄 이상주의 국가체제를 꿈꾸지 않았다. 단지 바르자니 부족을 중심으로 한 부족정체성, 민족정

UN을 통한 이라크 원유의 판매로부터 받은 석유식량프로그램기금에 기인하였다. 게다가 2003년 이후부터는 남쪽의 안전문제들 때문에 많은 외국인 투자자들이 KRG 지역에 매력을 느끼고 있다.

39) 한국 이명박 정부는 실패한 KRG 원유개발사업 투자로 인하여 국부유출 논란에 직면하였다.

체성, 이슬람정체성 등에 기반 하여 민족운동을 전개하였으므로 당연히 KDP의 국가론은 일단 물라 무스타파와 KDP를 중심으로 한 이라크 쿠르드 민족국가를 목표로 하였다.

이와 같이 독립적인 분리독립운동을 추진할 역량을 갖춘 물라 무스타파는 마하바드 공화국을 대신하는 쿠르드 민족운동의 상징이 되면서 KDP가 주도하는 쿠르드 민족국가를 설립하려 하였으며 그 결과 KDP와 PUK의 연정형식으로 KRG라는 이라크 쿠르드연방자치정부를 수립하게 되었다.

2) 서구식 민주주의 체제

KRG는 사담 후세인이 지배하던 당시의 이라크보다 먼저 1992년 5월 19일 입법부를 구성하기 위한 자유선거를 실시하여(Bengio 2012, 202) 서구식 선거 시스템에 기반 한 민주주의 체제를 지향하였으며 대통령제와 의원내각제를 겸하였다.

KRG는 1992년 쿠르디스탄에서 첫 민주적 선거에 의해 구성된 쿠르드민족의회(Kurdistan National Assembly, 이하 KNA)에 의해서 구성되었다. 의회는 자유, 복수정당제가 보장되고 헌법제정, 정부정책과 행정 감시, 주요현안 등을 심사한다.[40]

미국은 사담 후세인 이후 이라크에 3권 분립에 의한 공화제 국가를 세웠는데 이는 총리가 실권이 더 강한 의원내각제로 의회는 단원제다.[41] KRG는 이라크 중앙의회의 진출에도 적극적인데 이 경우는 연합하여 총선거에 참여한다. KRG를 지배하던 KDP와 PUK는 2003년

40) KRG 홈페이지.

41) 주이라크 대한민국 대사관, 『이라크 개관』, 참조.

'쿠르디스타니리스트(Kurdistani List)'를 결성하여 최근의 선거들을 장악하였다. 그러나 이것은 결과적으로 의미 있는 민주적 경쟁을 가로막는 결탁이 되었다. 그러나 대부분의 관찰자들은 마수드 바르자니가 이끄는 KDP가 KRG 지역의 민주주의뿐만 아니라 사회경제적인 발전을 증진시키는 가장 중요하고도 애국적인 역할을 수행하였다고 생각한다(Gunter 2011, 174).

<표 2> 정당의 주요인물 및 성향

정당	주요인물	소속정당	성향	의석수
이라키야 (시아, 순니)	이야드 알라위 전총리	순니파 국민대화 전선(NDF), 바스당	연합, 종파갈등 해소	91석
법치국가연합 (시아)	누리 알 말리키 전총리	시아파, 쿠르드, 기독교 등 40여개 군소정당	친미	89석
이라크국민연맹 (INA)	아딜 압둘 마흐디 부총리, 무꾸타다 알 사드르	이라크 이슬람 최고회의 ISCI(시아파 최대정당)	반미, 친이란	70석
쿠르드연맹	마수드 바르자니, 잘랄 탈라바니	KDP, PUK	친미	43석
기타1	-	쿠르드계	-	14석
기타2	-	아시리아계, 투르크멘	-	18석
총	-	-	-	325석

출처: 이성수, "이라크 민주화에 관한 연구; 이라크 전후 정치상황과 3번의 총선분석을 중심으로, 『국제정치연구』 제13집 2호, 2010, pp.14-15.

이와 같이 미국은 사담 이후 이라크에 서구식 민주주의를 이식시켜 중동에 이를 확산시키고 중동의 반미정서를 가진 중동의 권위주의 정권들을 견제하게 함으로써 중동에서 새로 구성된 민주주의 정부들과 새롭게 중동질서를 재편하고 싶어한다. 그리하여 이 지역에서의 소련과 중국의 영향력을 차단하고 나아가 미국과 우호적인 연대를 유지할 수 있도록 하는 것이 미국의 새로운 민주주의 전략이다. 그것은 반미적인 중동의 정권에 대항하는 반정부 세력, 민주주의 세력과 연대하는 것을 의미한다.

또한 미국에 의해서 서구식 민주정치시스템이 도입된 이라크 중앙정부의 총선에서도 KDP와 PUK는 상호협력하여 450만 정도 인구를 가진 이라크 쿠르드연방자치정부의 이익을 대변하기도 한다. 그러나 2010년 3월 7일 치룬 제2차 총선에서는 43석을 획득하여 중앙에서 쿠르드 세력이 감소하는 추세를 보이고 있다. 4년 동안 집권하였던 법치국가연합은 2석 차이로 총선에서 제2당이 되었고 의석수의 1/3에도 미치지 못한 정당이 되었다. 비록 사담 후세인 통치 이후에 이라크의 연방과 민주주의를 이루었을지라도 마수드 바르자니는 새롭게 성취한 쿠르드의 권리들이 앞으로 훼손된다면 쿠르드 독립을 위해서 봉기할 것을 명백히 하였다(Gunter 2011, 53).

제2절 쿠르디스탄노동당(PKK, Partia Karkaren Kurdistan)

1. 맑스-레닌주의

1) 맑스-레닌주의의 정의

이상주의적인 목표를 가진 맑스-레닌주의는 프로레타리아 독재, 유물사관, 계급투쟁, 유물변증법, 폭력혁명론 등의 특징을 가지고 있다. 한마디로 경제적 결정론이다. 모든 생산수단을 국가가 소유하여 경제적 평등사회를 만든다는 것이며 맑스-레닌주의가 지향하는 공산주의 사회도 지극히 이상적인 사회다(정인흥 외 1988, 530-532). 맑스 사상은 역설적으로 물질과 경제적 고통으로부터 해방되고 싶은 인간의 욕구가 표출된 사상이다.

물라 무스타파와 다르게 1970년대 농촌출신 대학생이나 지식인들은 터키를 강력히 지원하는 미국이 존재하는 한 터키를 상대로 한 민족국가설립은 불가능 하다는 인식을 공유하고 있었고 민족국가건설이나 분리독립국가를 갈망하던 이들의 선택은 첫째, 터키 체제에 순응하여 터키 체제 내 민족투쟁을 통하여 조금이나마 민족의 불평등성을 완화시키거나 둘째, 구소련에 의지하여 미국과 대항하는 두 가지 방법 외에는 대안이 존재하지 않았다. 그리하여 체제 내 투쟁의 한계를 체감한 젊은 학생을 중심으로 한 급진 좌파들은 맑스-레닌주의를 수용하였고 새로운 정치이념인 맑스-레닌주의를 통하여 민족운동과 분리독립운동의 견인하였다. 좌파들 가운데 PKK는 프로레타리아 세력을 규합하고 이들을 중심으로 한 계급투쟁을 통하여 1단계로 쿠르드 분리독립국가를 건설하겠다는 로드맵을 제시하게 되었다.

PKK 이념적 성향을 객관적으로 파악하기 위해서 1980년대 말까지 KDPI와 함께 매우 활발한 무장투쟁을 벌었던, PKK의 맑스-레닌주의와 같은 이념을 가진, 이란의 코말라(Komla)를 살펴보는 것은 매우 유익하다. 1969년 지하조직 형태로 솔타니(Fouad Mostafa Soltanialso or Kak Fouad)에 의해 재설립된 코말라는 혁명적 조직으로 KDPI 보다 더 급진적인 맑스-레닌주의 조직이었다. 그들은 1981년 자아비판의 기간을 통하여 극단주의적인 과거를 반성하고 프로레타리아와의 연대를 강조하였다.[42] 코말라는 '공산주의전사동맹(The Union of Communist

42) 이는 부족장과 지주들에게 대항하는 이념을 추구한다는 것을 의미하였으며 전통적인 지배계급과의 갈등을 의미하였다.

Fighters)'[43]에 의해 1983년에[44] 설립된 '이란공산당(Communist Party of Iran, 이하 CPI)' 쿠르디스탄 지부가 되어 투데당(Tudeh Party)과 탈소비에트조합(the Ex-Soviet Union)의 강력한 반대자가 되었다(Kamali 2003, 181).

마리완(Marivan)과 사난다즈(Sanandaj)와 같은 남부와 남동부는 상대적으로 평탄한 지형으로 농업이 발달하여 농업이 주요 경제활동을 차지하였고 계급투쟁 이념들이 이들 지역에서는 지지를 받았다. 제4차 전당대회의 선언문에서 이전의 쿠르드 운동이 부족장과 부르조아의 봉건적 군사력에 의해 추동된 것을 비판하고 차후부터는 탄압받는 노동자, 농민이 쿠르디스탄을 지배하는 쿠르드 자치건설을 통한 쿠르드 민족자결의 달성을 그들의 목표로 설정하였다. 코말라의 쿠르드 자치를 위한 프로그램은 KDPI와 유사하나 노동자의 권리와 농업정책에 차이점이 있었다. 코말라는 더욱 구체화된 프로그램을[45] 가지고 과격한 용어를 사용한다는 점이다(*ibid*, 181).

몇몇 농민반란과 관련되어 있는 코말라는 KDPI에 비해서 훨씬 지주나 부족장들과 대립하게 되었다. 코말라는 우라마나트, 마리완. 사난다즈 등에 '농민조합'을 설립하고 토지 특히 소유주들이 떠난 마을의 토지를 농민들에게 분배하고 '노동조합' 소속 마을들은 조합원 소

43) 또는 공산주의전사동맹. Union은 동맹으로도 번역한다.

44) 1983년 9월 코말라의 당 초대 사무총장은 압둘라 모타디(Abdulla Motadi)가 되었다(Nader Entessar, *op. cit.*, p.50).

45) 노동자의 권리를 KDPI와 비교해보면 코말라는 최대 주 40시간을 지지하고, 1년에 휴일은 30일을, 여성들의 출산휴가, 노동현장의 노동자 권리들이 이행되는지를 감시하는 노동자위원회의 설립, 노동자에 의한 노동자문단의 설립, 노동자와 농민의 권리를 보장하고, 계급투쟁 달성 강조, 농민들에 의한 지주들의 토지몰수지지 및 고무, 농촌에서의 지역위원회와 여타 민주조직들을 설립, 농민들이 지주들에게 지고 있던 모든 농가부채 탕감, 모든 도시와 농촌의 토지와 숲 그리고 목장과 수자원 광물 등의 자치정부에 귀속 즉 국유화를 표방하였다(Kamali 2003, 182).

속 마을 사람들로 페쉬메르가를 포함한 일부 군사력을 구성하였다. 그들의 임무는 농민의 권리를 보호하고 지주들이 옛날제도로 회귀하지 못하도록 하는데 있었다. 코말라는 맑스-레닌주의 수사(修辭)보다는 민족주의자들과 같은 용어를 사용하여 동원을 하였으며 이란과 쿠르디스탄의 자치를 주장하였다(*ibid*, 182). 이러한 코말라의 활동은 맑스-레닌주의에 기반 한 적극적인 정치활동으로 터키의 PKK도 역시 이들과 비슷한 이념적인 궤적을 답습하게 되었다.

2) 맑스-레닌주의 특징

(1) 유물론과 유물사관에 기초한 프로레타리아 계급투쟁 및 폭력혁명

공산주의는 목표가 매우 이상주의적이며 이론은 유물론과 유물사관에 기초한다. 유물론은 한마디로 물질이 정신을 규정한다는 의미이다. 즉 선후 관계를 보면 물질에 따라 정신이 결정된다는 말이다.

맑스는 헤겔의 주장 즉 역사는 변증법적으로 발전한다는 것은 받아들이지만 그 주요 요인이 절대정신이나 절대적 관념이라는 것은 반대한다. 즉 물질적인 상태에 따라서 달라진다고 주장한다. 정, 반, 합에 있어서 正은 물질이다. 생산양식에 따라 원시 공산제, 고대 노예제, 봉건제, 자본제, 사회주의 사회로 역사발전이 이행하게 된다고 주장한다(정인흥 외 1988, 530-531).

이러한 공산주의 발전 단계를 살펴보면 생산력이 어느 단계를 넘어서게 되면 지금까지의 생산관계(생산의 물질력과 이의 사용에 필요한 지식으로 형성되는 생산조건은 생산관계라는 양태로 조직)는 그 사회의 경제구조를 형성하여 그 지배하에 맞는 정치, 철학적 체계를 만들어 낸다. 그러나 여기서 생산력이 어느 단계를 넘어서게 되면 지금까지의 생산관계와 충돌하게 되어 기존의 상부구조와도 충돌하게 된다(위의 책)는 것이다.

따라서 새로운 생산관계를 주장하는 계급과 기존의 생산관계와 지배력을 고수하려는 계급간의 대립이 계급투쟁으로 치닫는다. 프로레타리아 계급은 물질적 재화를 생산하면서 소외로 인하여 계급의식과 단결력이 강화되어 부르조아를 전복하고 생산수단을 사회적 소유로 이전하려는 투쟁이 프로레타리아를 중심으로 이루어진다는 것이다. 이때 자본주의 사회에서 새로운 사회로 넘어가는 과도기적 기간에 계급 구별의 모든 잠재요소를 제거하기 위한 과정은 필수불가결한 것으로 제시되었다(위의 책). 그리고 계급투쟁의 방법에 있어서 생산수단을 사회적 소유로 만들려는 프로레타리아의 투쟁 방법은 점진적인 방법이 아니라 폭력에 의존해야 한다고 주장한다(위의 책). 그러므로 맑스-레닌주의에 기반한 PKK는 초기부터 폭력혁명을 예찬하면서 무차별적인 폭력을 통해 그들의 이념투쟁을 전개하기 시작하였다.

(2) 1당 독재 및 중앙집권주의

맑스-레닌주의에 의거한 모든 사회주의 국가들의 공통점은 공산당 1당 독재체제, 사회주의 계획경제의 특성상 강한 중앙 집권주의적 정치체제를 지향한다. 당 이론과 마찬가지로 PKK도 직업혁명가인 맑스-레닌주의자들이 전체 PKK 게릴라들을 지도하며 이끌어간다. 그리고 이들 핵심 맑스-레닌주의자들이 현재 외잘란을 대신하여 동원된 이들을 의식화시키고 전체 PKK를 이끌어 나가는 주도적 역할을 하고 있다.

3) 맑스-레닌주의의 한계

맑스-레닌주의와 PKK는 인간이 주체적으로 계급적 동원을 통하여 자본주의가 지닌 구조적인 억압적 상황과 착취의 갈등구조를 공산주의 혁명을 통해서 해결할 수 있다는 믿음을 가졌다. 그러나 맑스-레닌주의의 한계는 첫째, 공산주의는 과도한 이상주의적 이념이다. 현실주의 입장에서 보면 공산사회는 잠꼬대 같은 이야기이다. 둘째, 과다한 폭력 혁명론은 일반 대중과의 유리를 가져왔다. 셋째, 프로레타리아 독재는 또 다른 소외를 불러일으킨다. 셋째, 당 이론 등에 의한 독제체제는 비민주적인 폭압정치가 일상화되게 만들었다. 넷째, 인간의 본질을 경제적인 측면에서만 파악하는 오류를 범하였다. 다섯째, 맑스-레닌주의는 극단적인 물질주의로 오히려 가치, 정신, 완성추구적인 인간의 본질을 외면함으로써 인간에 대한 근본적인 성찰이 결여된 본말이 전도된 사상이 되었다. 그리하여 맑스-레닌주의의 유일성을 내세우는 이념 만능주의에 함몰되는 오류를 범하였다.

급진적 이상주의 이념인 맑스-레닌주의에 의하면 자본주의는 필연적으로 멸망하며 사회주의를 거쳐서 형성되는 공산주의 사회는 종교, 국가, 계급 등 갈등과 전쟁이 소멸된 사회라고 주장한다. 또한 종교에 있어서 무신론에서 출발하는 유물론은 신 그리고 신으로부터 파생되는 종교 자체를 부정할 수밖에 없는 구조이다. 그러므로 공산주의나 맑스-레닌주의자들 역시 신과 종교를 부정할 수밖에 없다.

맑스-레닌주의가 주장하는 지나친 폭력성과 물질주의 그리고 강경론은 PKK에게 전수되어 초기의 폭력성을 강하게 드러내는 원인이 되었다. 그러나 이러한 맑스-레닌주의가 쿠르드 분리독립운동 과정에서도 매우 이상주의적인 이념이었다는 것은 이란의 코말라를 통해서 어느 정도 증명이 되었다.

1980년 중반, 이란의 KDPI가 이라크로 후퇴하여 PUK의 군사적인 지원에 의해 겨우 명맥을 유지하고 있을 무렵 지속적으로 계급투쟁 이념을 추구하였던 코말라 역시 이라크로 망명하였다. 그것은 쿠르드 이슈들에 관하여 협소한 정치적 시야를 고집함에 따라 코말라는 쿠르드 일반 대중들로부터의 점진적으로 소외되는 추가적인 퇴조(extra setback)를 겪게 되었다. 이러한 이란 쿠르드 대중과의 유리는 결과적으로 조직의 축소와 동원의 제한을 초래하였고 결국 이란 코말라가 무장투쟁을 지속하는 것을 실질적으로 불가능하게 하였다(Kamali 2003, 211). 공산주의의 붕괴는 이란, 이라크, 터키 쿠르드의 맑스-레닌주의 정당과 민족해방운동에도 광범위하게 영향을 미쳤다(*ibid*, 211-212).

4) 터키 맑스-레닌주의와 쿠르드의 맑스-레닌주의

(1) 터키의 맑스-레닌주의

중동에 공산주의가 유입된 것은 주로 유럽에서 교육을 받았거나 영향을 받은 지식인들이 유입되거나 생겨나면서부터이다. 그러므로 유럽보다는 늦었지만 일찍 공산당이나 사회주의 정당이 중동에도 생겨나게 되었다. 국가별 공산당 결성시기를 표를 통해 알아보면 다음과 같다(이종택 1991, 108).

<표 3> 아랍 사회주의 운동의 발전과정

정당 또는 운동	지 역	설립년도
공산당	알제리	1920
공산당	시리아·레바논	1924
공산당	이라크	1931
공산당	모로코	1939
아랍 바아스사회당	시리아	1947
(이하 줄임)	(이하 줄임)	(이하 줄임)

출처: 이종택, "아랍 사회주의 연구", 한국중동학회, 『한국중동학회논총』, 12권, 1991, pp.103-149(p.5)

이러한 가운데 소련의 영향으로 터키에서도 터키공산당(The Communist Party of Turkey)이 1920년에 설립되었으나 곧 폐쇄되었다. 이와 같이 터키에도 조기에 공산주의 사상이 유입되었으나 강력한 케말주의로 인하여 법적인 정당활동의 보장까지는 시간이 더 요구되었다. 1950년대 이후 복수정당제 실시로 다양한 정당이 출현하게 되었으나 1960년대와 1970년대는 여당인 공화인민당(CHP, RPP)[46]과 야당인 정의당(구 민주당, 1965, 1969년 여당이 됨), 쿠르드가 지지한 민주당,[47] 민족질서당 등 정당간의 대립으로 사회적 불안이 고조되었다. 1970년대 이후는 정치 불안정이 지속되었으며[48] 특히 1960-70년대는 세계를 휩쓴 좌파적인 이념이 터키의 좌파 정당과 대학생, 지식인들에게 큰 영향력을 미친 것이 큰 특징이다.

터키에서의 좌익들은 1960년대 중반에 사회주의 단체를 결성하고 확장시키기 위한 3가지 길이 있었다. 첫 번째는 '터키노동당(Turkish Labor Party, 1965-1969, 이하 TLP)'에 의하여 지지되었던 주장으로 의회선거에서 승리한 이후에 사회주의를 건설하고자 하는 것이었다. 둘째는 사회주의 지식인들이 지지했던 주장으로 군의 도움으로 쿠데타를 일으켜 사회주의 국가를 건설하는 것이었다. 셋째는 프로레타리아 혁명가들이 지지하였던 것으로 무장군을 창설하는 등의 불법적인 활동을

---

46) CHP(Cumhuriyet Halk Partisi), RPP(Republican Peoples Party)로 소득분배의 균형화, 토지개혁, 노동자와 저소득계층의 권익보호를 중시하는 중도좌익계 정당으로 사회민주주의를 추구하는 정당이다. 국가통제 경제체제이다. 이슬람을 지지하는 우익계, 공산주의를 추구하는 극좌익으로 나뉜다(김대성, 『터키 들여다보기』, 한국외국어대학교출판부, 2006, p.131).

47) 공화인민당에 비해서 자유주의 경제체제를 주장하며 지주계층, 자본가, 지식인층의 지지를 받았다. 케말주의를 반대한 쿠르드는 민주당을 지지하였다.

48) 외교통상부, 『터키개황 2005. 3』, 2005, p.22.

통하여 힘을 축적한 다음 사회주의 국가를 건설하는 것이었다(Strozier and Frank 2011, 10-11).

정치권에서는 '터키노동당(Worker's Party of Turkey, 1961-1988, 이하 TWP, TLP와는 다르다)'이라는 좌파정당이 출현하여 1965년 총선에서 쿠르드인을 포함한 15석의 의석을 확보하였다. 1971년 새로 집권한 혁명정부는 즉시 터키노동당을 해산하고 터키노동당의 지도자들을 체포하여 실형을 선고하였다(이희수 1995, 25). TWP는 결국 터키공산당(Communist Party of Turkey)과 합병하였다.

결국 이들은 무장투쟁과 더불어 모순에 가득 찬 권위주의적이고 자본주의적인 터키정부를 전복하고 새로운 사회주의 터키국가를 세우려는 시도로 나타나게 되었다. 이에 체제위협을 느낀 세속주의와 군부는 1971년, 1980년의 쿠데타를 통하여 급진적인 맑스-레닌주의자들을 극도로 탄압하였다.

'혁명적노동조합연맹(Türkiye Devrimci Işçi Sendikalari Konfederasyonu, Turkey Revolutionary Workers Unions Confederation, 이하 DISK)'의 탄생에 TLP는 결정적 기여를 하였는데 DISK는 정부가 조종하는 조합인 'Turk Is'에서 탈퇴한 좌익들에 의해서 1967년 터키에서 창설된 급진좌익 노동조합이다. 2014년에도 존재하는 DISK는 터키의 1980년 9월 군부 쿠데타의 원인을 제공하기도 하였으며 PKK를 창설하는 과정에 이들의 무정부주의자, 열정적인 지식인, 테러리즘이 중요한 역할을 하였다(Gunter 2011, 84). 이러한 터키의 좌익적인 분위기에 힘입어 1972년 10월 19일 총선에서 승리한 공화인민당(RPP)은 최초의 좌파 수상인 에제비트(Bulent Ecevit)가 탄생되었다. 그러나 1971년에서 1980년 9월 군부 쿠데타가 발생한 기간 동안 10개의 정권들이 교체되었으며 이념논쟁도 극도에 달하여 노조의 정치화는 물론 대학은 좌우익의 대결장으로 변모하여 총격과 사보타지가 빈번하였다(이희수 1995, 26).

1978년 터키에서 설립된 '혁명좌익(Dev Sol, Revolutionary Left)'은 '혁명청년(Devrimci Genclik Federasyonu, Revolutionary Youth, 이하 Dev Genç,)'에서 분파된 폭력적인 좌익운동으로 '혁명청년' 운동의 다양한 논쟁과 분열로[49] 설립된 것이며 '혁명좌익' 테러리스트들은 1980년 7월 19일 전 터키총리인 에르임(Nihat Erim)을 암살하였다. 이것은 1980년 9월 군사 쿠데타 원인 중 하나였으며 '혁명좌익'의 한 파벌이 최근까지 터키의 폭력 테러조직의 하나로 아직 존재하며 스스로를 '혁명적인민해방당전선(Devrimci Halk Kurtulus Partisi- Cephesi, Revolutionary Peoples Liberation Party Front, 이하 DHKP-C)이라고 부른다. 수년 동안 조직은 몇몇 도시지역에서 활동해 왔으며 PKK와 협력 또한 모색해 왔다(Gunter 2011, 82-83). 이러한 터키 내 좌익의 소용돌이 속에서 쿠르드인들도 자유로울 수는 없었다.

(2) 터키 쿠르드의 맑스-레닌주의

동일한 좌파 내에서 활동하던 터키 좌파들은 선 사회주의 또는 공산주의 혁명을 주장했으나 민족운동의 수단으로써 사회주의를 선택한 급진 쿠르드 좌파는 선 쿠르드 민족해방을 추구하여 자신들의 이념적 노정을 고수하였다. 터키에 침투한 좌익사상이 터키 쿠르드 사이에서 지지를 얻은 것은 세계적인 좌파의 범람과 지식인들의 증가, 지배민

---

49) '혁명의 길(Dev Yol, Revolutionary Way)'도 그 중 하나이며 1976년 터키에서 급진 좌파운동의 하나로 설립되었다. 1980년 9월 쿠데타로 대부분 해체되었으나 계승자들이 '자유연대당(ODP, Ozgurluk ve Dayanisma Partisi, the freedom and Solidarity Party)'의 일원으로 '해방사회주의플랫폼(Libertarian Socialism Platform)'으로 활동하고 있다(Michalel M. Gunter, *op. cit.*, p.83, 2011).

족인 터키의 민족차별로 인한 극심한 인권탄압과 정치적 불평등, 물라 무스타파의 영향 등이 그 원인이었으나 무엇보다도 쿠르드 독립국가에 대한 지식인들의 열망 때문이었다. 그러므로 이들 좌파 쿠르드 분리독립운동은 극단적인 맑스-레닌주의 세력에 의해서 또 다른 탄력을 받게 되었다. 이러한 현상은 이란, 이라크, 시리아, 터키 쿠르드 사이에서 나타난 공통된 현상으로 쿠르드 전체적으로 보면 이라크의 경우 KDP와 같은 부족주의 세력과 터키의 맑스-레닌주의자에 의한 세력이 쿠르드 민족운동과 분리독립국가건설의 양대 세력을 형성하게 되었다.

그러나 물라 무스타파와 같이 부족주의에 기반 한 지도자가 부재하였던 터키에서는 1970년대 터키 내 민족주의 계열의 집단과 새로운 공산주의로 무장한 양측 지식인 집단의 대립은 각자의 이념적인 연대를 추구하게 하였는데 터키 전통주의적인 민족주의 계열은 물라 무스타파와 연대를 하였다. 그러나 이러한 연대를 좌파들은 위협으로 받아들여 이들 양 세력은 헤게모니 전쟁을 벌이게 되었다. 이러한 쿠르드 좌파들이 결성하여온 단체들을 살펴보면 다음과 같다.

'혁명적동부문화클럽(DDKO, Devrimci Dogu Kultur Ozaklari, Revolutionary Eastern Cultural Club, 이하 DDKO)은 1969년에 설립되었으며 이듬해 디야르바크르, 바트만, 실완(Silvan)[50] 등에 지부를 설치한 맑스-레닌주의주의 사상학습 네트워크였다. 이 단체는 'DDKO Bülten(1970. 3-1971. 3)'이라는 월간지를 발행하여 동부 터키 쿠르디스탄의 정치적, 시민적,

50) 북부 쿠르만지어 발음은 '실완'이다 그러나 'w' 발음이 되지 않는 터키어는 '반'으로 발음한다. 그러므로 현대 터키인이나 쿠르드인 모두 '실반', '실완' 두가지로 발음하는 경향이 있다. 실제 터키에서 만난 실완 출신 쿠르드인이 자신의 고향을 소개할 때 '실반'으로 발음하였다.

경제적 권리를 주장하였으며 터키 쿠르드의 민족주의의 자각과 함양을 고취하였다. 1970년 10월 많은 DDKO의 지도자들이 체포되었으며 재판은 이스탄불과 디야르바크르에서 열렸다. 무사 안테르, 엘지(Serafettin Elci), 베식지(Ismail Besikci) 등이 이때 수감되었다. DDKO는 곧 폐쇄되었으나 터키의 현대 쿠르드 민족운동을 부활하게 하는 중요한 역할을 하였다(Gunter 2011, 83).

'혁명적민주문화협회(Devrimci Demokratik Kultur Dernekleri, Revolutionary Democratic Cultural Association, 이하 DDKD)는 1975년 터키에서 세워졌으며 1960년대와 1970년대에 세워진 쿠르드 좌파 단체의 하나였다. PKK 초기에는 DDKD를 적대시하였는데 서로를 '사회주의 쇼비니스트들'과 '민족 개혁주의자들'이라고 비난하였다(Gunter 2011, 83). 그러나 온건 개혁주의자들과 무장 봉기를 주장한 PKK와는 근본적으로 길이 달랐다.

'혁명청년(Dev Genç)'[51]은 중요한 급진적, 군사적, 학생기반으로 1969년에 터키에서 설립된 조직이다. 회원들은 대부분 터키인들이며 쿠르드인들도 섞여있었다. 이 조직은 시간이 지나서 수많은 다른 중요한 급진 좌익운동을 탄생시키는데 일조하였으며 그 가운데에 PKK도 포함되었다. '혁명청년'은 1971년 3월 군사 쿠데타 이후에 터키에 의해 공식적으로 막을 내렸다(Gunter 2011, 69, 82). 영어권 쿠르드 학자들은 이 '혁명청년'이 PKK의 실질적인 모체가 되었다고 주장하며 브뤼네센의 주장에 의하면 1970년대의 쿠르드인들의 대도시 이주와 이

---

51) 데브 겐츠, 영어권 책자에서 'ç' 문자 등 터키어 표기가 난해한 관계로 'c'로 표기해서 혼란을 가져오게 되는데 이 경우에도 '청년'을 뜻하는 '겐츠'의 정확한 터키어 표기는 'genç'이다. 일부 '오잘란'으로 발음하고 표기하나 '외잘란'이 좀 더 터키어 발음에 가깝다.

로 인한 상대적 빈곤, 증가한 대학생들이 쿠르드 정치정당들이 급진화 된 중요 요인이었다고 한다(Entessar 2010, 119-120).

쿠르드 민족이념을 고취하려는 조직은 점점 그 활동 반경이 확산되었다. 1970년대 터키를 주도했던 쿠르드 급진좌파 이념의 대표는 데니즈 게즈미쉬(Deniz Gezmiş)[52]와 마히르 차얀(Mahir Çayan)[53]이었다. Dev-Genç에서 파생된 맑스 계열의 두 지도자는 "터키인민해방당-전선(Turkiye Halk Kurtulus Partisi ve Cephesi, Turkish Peoples Liberation Party and Front, THKP-C)"과 "터키인민해방군(Türkiye Halk Kurtuluş Ordusu, Turkish Peoples Liberation Army 이하 THKO)"을 협력하여 조직하였으며 터키 쿠르드 좌파들은 무장투쟁을 통해 터키 당국에 항거하면서 쿠르드 인민해방을 표방하였다. 그리하여 1970년대 동안 적어도 20개 이상의 지하조직이 주로 차얀을 추종하며 신설되었다(이희수 1995, 26). 특히 데니즈 게즈미쉬는 급진 좌파 쿠르드인으로 THKO의 지도자였으며 동일한 쿠르드 혁명가인 마히르 차얀과 함께 처형되었으며 PKK 지도자인 압둘라 외잘란의 초기 롤 모델이 되었다(Gunter 2011, 103).

터키 내 맑스-레닌주의의 대규모 확산은 외잘란의 이념에 영향을 미쳤는데 특별히 DDKO와 같은 몇 개의 특별한 단체는 외잘란의 이념의 형성에 결정적인 역할을 하였다. DDKO는 터키 동부문제를 해결하기 위해서 공산주의 혁명의 중요성을 강조하였다는 것은 중요한 점이다. 게다가 DDKO는 이 문제를 민족문제로 진단하기보다는 외부

---

52) 터키 쿠르드인으로 터키의 체 게바라로 불리웠다. 그는 1946년-1972년까지 생존하였으며 그의 체포를 마히르 차얀이 항의하며 인질극을 벌였고 마히르 차얀이 터키군에게 진압당한 것에 항의하는 시위에 외잘란이 참석하였다.

53) 터키 보안군에 의해 1972년 3월 30일 피살되었다(Michalel M. Gunter, *op. cit.*, p.69. 2011).

제국주의자들로부터의 독립의 문제라고 진단하였다. 즉 터키좌파 집단에서 기원한 외잘란은 일반적인 혁명적 맑시즘에서 1970년대 후반에 분리주의적 혁명적 맑시즘으로 변화하였다(Strozier and Frank 2011, 10-11). 외잘란은 이미 그들의 나라를 가진 터키 좌파들이 선 공산주의 혁명을 주장한 것을 거부하였다. 마오쩌뚱이나 레닌이 자신들의 조국을 먼저 폭력혁명을 통하여 해방시키고 봉건주의와 자본주의 체제를 사회주의 체제로 변화시켰듯이 외잘란 역시 터키로부터 먼저 독립을 한 후에 사회주의 국가건설을 하는 것이 쿠르디스탄의 진정한 해방운동의 순서라고 자각하였다. PKK는 초기부터 후자의 투쟁을 중심적으로 펼쳤으며 동시에 제도권 내의 정당 설립을 통해 그들의 목표 관철을 시도하는 등 다양한 전략을 전개하였다.

5) PKK와 맑스-레닌주의

(1) PKK의 탄생

"<표 4> 맑스-레닌주의에 기반 한 PKK 폭력혁명단계"에서 보는 바와 같이 PKK의 주요 타도대상은 터키, 쿠르드 봉건적 지배계급이며 무력투쟁은 곧 계급투쟁임을 의미한다고 할 수 있다.

1978년 여름[54] 터키 쿠르디스탄의 상징적 수도인 아메드(Amed) 즉

54) 마르쿠스(Aliza Marcus)는 11월 28일(일반적으로 알려진)이 아닌 8개월 전에 PKK가 설립되었다고 주장한다(Aliza Marcus, *op. cit.*, p.46). 2013년 8월 30일 인터뷰 당시 회합에 참석한 18명중 1명인 000씨의 증언에 의하면 결성 당시가 여름이었다는 증언을 하였는데 이를 알리자 마르쿠스가 주장하는 3월 말과 대비해보면 11월은 시기적으로 차이가 많이 난다. 그러므로 000씨의 증언이 유력해 보인다. 그러나 압둘라 외잘란이 PKK의 결성 전에도 여러 차례 이곳을 방문하였고 회합을 하였다는 증언으로 미루어 보아 KK가 PKK로 판단되며 000씨도 KK가 PKK와 동일하다고 증언하였다. PKK 결성 모임 당시 의사소통은 북부

디야르바크르[55]에서 자동차로 약 한 시간 정도 거리에 있는, 피스(Fis) 마을 대로변에 위치한, 당시 직업이 교사였던 알라딘(Aladin)[56]의 집에 사회주의자들 18명이 회합하여 '쿠르디스탄의 노동자들' 또는 '쿠르디스탄노동당'이라는 의미의 'KK'를 창설하였다. 이것이 곧 PKK(Partiya Karkaren Kurdistan, Kurdistan labour's Party)[57]의 첫 출발이었다. 이들은 이 회합에서 새로 결성된 단체의 지도자를 선출하기 위하여 무기명 투표를 실시하였는데 투표 결과 압둘라 외잘란[58]이 단 한 번의 투표를

쿠르만지어로 하였다고 증언하였다. 외잘란의 출생년도가 1948년(1949년설은 Michalel M. Gunter, *op. cit.*, p.236)인 것을 보면 당시 나이가 약 30세 정도였음을 알 수 있다.

55) 'diyar'는 '지역'의 의미로 '바크르족이 사는 지역'이라는 의미이다. 중심가에 거대한 성이 있는데 암반 위에 위치한 관계로 지진의 영향을 받지 않는 곳이기도 하다. 실질적인 터키 쿠르드의 수도이며 고대부터 쿠르드 왕조가 존재하였다.

56) 정확한 발음을 확인하지 못하였다. 아이딘(Aydin) 등 일 수도 있다.

57) '쿠르디스탄노동자당'이 좀 더 정확한 번역이 되겠으나 문맥상 '쿠르디스탄노동당'으로 번역한다. 쿠르드의 공산주의 계열은 국적을 불문하고 '쿠르디쉬(kurdish)' 대신 '쿠르디스탄(kurdistan)'을 사용하는데 이것이 갖는 의미는 쿠르드인들만의 정당이 아닌 쿠르디스탄에 사는 모든 농민, 노동자 계층을 아우르는 정당이라는 의미와 전체 쿠르디스탄을 아우르는 정당을 지향한다는 의미를 동시에 내포하고 있다.

58) 그는 할페티(Halfeti)를 거쳐 약 30여분을 경과하면 터키인 마을을 경유하여 도착한 파스타치오, 무화과, 포도 등의 농사를 주로 짓는 아마라(Amara)마을에서 1948년(군터는 1949년)에 태어났으며 외잘란 손위 자씨(姉氏)는 하와(Hawa)로 아다나(Adana)에 거주하며 남동생은 2014년 현재 이 마을에 거주하고 있는 메흐멧(Mehmet)과 이라크에 거주하면서 PKK에 관한 활동을 하였던 오스만(Osman Öcalan)이 있다. 이 당시 외잘란은 약 30세 정도였으며 KK 결성 후 쿠르디스탄 지역에서 조직을 결성하던 중 쿠데타 소식을 접한 즉시 시리아로 이동하여 그가 터키 압력으로 추방되었던 1998년까지 머물렀다. 이 곳 샨르(샹르) 우르파는 179년에 기독교가 최초 공인된 도시이기도 하다. 이곳은 시리아와도 지리적으로 가까울 뿐더러 수루츠 역시 가깝다. PKK 정당인 BDP(HDP)도 매우 활발하게 정치활동을 하고 있었으며 방문한 BDP 당사에서는 쿠르드인뿐만 아니라 아랍인, 터키인들도 일부 보였다. BDP 당사에서는 공식적으로 터키어를 사용하게 하는데 이는 외잘란의 민주적연방제 즉 탈민족주의적인 범쿠르디스탄주의와 관련된다고 하겠다.

통하여 한, 두 명 정도를 제외한 당시 회합에 참석한 사회주의자들의 압도적인 지지를 받아 KK 즉 PKK의 지도자로 정식 선출되었다.[59)]

이러한 창당배경과 더불어 PKK 보다 약 10년 전에 재창당되었으며, 창당이념 등이 PKK와 동일한 강경 맑스-레닌주의를 표방한 코말라의 탄생배경을 살펴보면 코말라는 1967년-1968년 쿠르드 봉기와 궤를 같이하여 샤리프자데(Ismail Sharif Zadeh), 술레이만(Sulayaman), 모이니(Abdullah Moini)와 같은 쿠르드 공산주의자들에 의하여 1969년 재창당되었는데 이들은 쿠르드와 이란인 프로레타리아들을 두 축으로 하여 조직되었으며 맑스의 혁명사상을 추구하였다. 이들의 당 조직과 구조는 1980년대 초까지 비공식적이었으나 1983년 9월 재조직된 코말라는 초대 사무총장으로 압둘라 모흐타디(Abdullah Mohtadi)를 선출하였다. 코말라는 쿠르드인들에게 정치이념적 교육을 중점적으로 실시하였다. 특히 시골 소년들과 소녀들에게[60)] 계급이론과 게릴라 전쟁을 가르치며 민중들의 지지를 얻고자 하였다(Entessar 2010, 50-54). 코말라가 쿠르드인들과 이란인들 중에서 노동자와 프로레타리아들을 결집시켜 맑스-레닌주의 혁명을 추구한 과정을 답습하여 PKK 역시 이와 유사한 투쟁과정을 거치게 되었다.

(2) 맑스-레닌주의와 PKK

창당 당시 PKK 이념은 맑스-레닌주의에 기반 한 쿠르드 민족주의

---

59) 군터의 의하면 PKK의 창설과 무력투쟁 이후에 남동부 터키에서 3,700명이 사망하였으며 약 3,000개의 마을이 파괴되었다고 한다(Michalel M. Gunter, *op. cit.*, p.191. 2011). 쿠르드 변호사는 약 4,000개 마을이 소개되었다고 하였다.

60) PKK 역시 나이어린 소년, 소녀들의 대규모 동원이 이루어졌는데 중요한 이유는 동원이 용이했던 측면과 더불어 소년기부터 맑스-레닌주의를 주입시켜 맑스-레닌주의 체제를 지향하는 확고한 세력의 확장을 추구한 의도가 일부 있었다고 보여진다.

혁명, 민주주의 혁명, 사회주의 혁명을 통한 공산주의 실현을 목표로 하였다. 맑스-레닌주의에 기반하여 반제국주의, 반봉건주의, 계급혁명을 추구하였다. 내부적으로는 본격적으로 지주, 부족장, 터키에 협력하는 쿠르드인 등을 대상으로 극단적인 무장투쟁을 전개하였고 외부적으로 PKK는 공산주의 실현의 가장 첫 단계인 터키와의 민족해방전쟁을 전개하였다. 즉 터키 남동부에서 맑스주의 공화국을 설립하려 한(장병옥 2006, 334-335) 단계로 이는 쿠르드 대중들을 민족해방이라는 명분하에 동원할 수 있는 중요한 단계였다.

1974년 정부에 의해서 사면된 외잘란은(Entessar 2010, 118)[61] 6명의 동료들과 함께 터키 좌익집단과의 관계를 완전히 단절한 채 맑스-레닌주의에 기반 한 쿠르드 민족해방운동을 시작하였다. 1975년 외잘란과 그의 추종자들은 터키 쿠르디스탄으로 이동하여 우르파(Urfa), 엘라지그(Elazig), 툰젤리(Tunceli, 데르심), 가지안텝, 마르딘(Mardin) 등에서 조직을 구축하는데 집중하였다. 기존 쿠르드 단체들이 쿠르드인들로만 구성되었다면 이들은 부족장, 상인들, 지배층들로부터 착취를 당하는 농촌과 도시 프로레타리아들로 구성되었다(장병옥 2006, 331).

PKK는 맑스-레닌주의의 폭력혁명론을 계승하였음을 다음과 같이 밝히고 있다. 즉 아포쿠스(Apocus) 회의에서 다음과 같이 선언하였다. "폭력은 쿠르디스탄에서 새로운 사회로 갈 수 있는 산파의 역할뿐만 아니라, 모든 것을 새롭게 만들 것이다(장병옥 2006, 333)." 또한 PKK가 표방했던 쿠르드 민족해방과 사회주의 혁명의 골자는 다음과 같다. "① 지주의 땅은 몰수되어 국유화되어 가난한 농민에게 무상으로 분

61) 맥도웰은 외잘란과 마히르 차얀이 친구였다는 언급을 하고 있으나 마르쿠스가 저술한 외잘란 일대기에 비추어 보면 사실은 아닌 것으로 판단된다.

배될 것이며 ② 고리대금업자와 은행에 대한 빈농의 빚을 탕감한다. ③ 경제는 중앙정부에서 통제되고 기간산업과 중공업 분야의 투자에 우선순위가 주어질 것이며 ④ 국어로서 쿠르드의 한 방언이 선택되어 사용될 것이며 ⑤ 노동자-농민의 정부는 어떤 외세에게도 군사기지나 특권을 부여하지 않을 것이며 ⑥ 쿠르디스탄의 통일을 위하여 이란, 이라크, 시리아 등지의 쿠르드 혁명동지들과 상호 긴밀히 협력할 것이며 ⑦ 사회주의 국가와의 우호증진 및 민족해방운동과 노동자의 계급투쟁과 연대한다. 또한 터키를 식민착취국가로, 동부와 동남부의 쿠르디스탄을 피식민 상태로 정의하였다(이희수 1995, 27-28)."

외잘란이 아포쿠스를 통하여 주장한 것은 터키로부터 독립하여 국가설립 → 봉건적, 자본주의의 잔재 청산 → 사회주의 혁명 → 공산주의 체제건설[62] 순서다. PKK의 강령의 마지막 부분에서 그들은 쿠르드 문제를 해결하기 위해서 민족적, 민주적 측면의 두 단계 혁명을 제시하고 있는데 먼저 쿠르드 혁명의 민족적 측면은 맑스-레닌주의자 및 쿠르디스탄에 거주하는 노동자, 농민을 동원하여 독립국가를 먼저 건설하는 것이다. 차후 쿠르드 혁명의 민주적 측면은 낡은 봉건제도의 청산, 매판자본의 청산, 종족, 종파주의, 여성을 종속시키는 노예제도와 같은 중세에서 기인한 낡은 사회적 폐습을 제거하는 것이다. 그러므로 최종 목표인 계급없는 사회를 확립하기 위해서 가장 먼저 쿠르드 분리독립이 이루어져야 하다는 것이다.

따라서 그들은 터키 식민상태에 있는 조국 쿠르디스탄의 해방이라는 목적 달성을 위해 수단과 방법을 가리지 않았다. 폭력투쟁을 강

62) 공산주의가 실현된 사회는 국가가 소멸한 사회이므로 엄밀한 의미에서는 국가라는 표현은 사용하지 않는다.

<표 4> 맑스-레닌주의에 기반 한 PKK의 폭력혁명 단계

폭력혁명단계	혁명의 과정	혁명의 세부 내용
1 단계	민족주의 혁명	터키 식민지 억압에서 해방, 외세 지배 종식, 민족해방을 위한 쿠르드를 포함한 독립국가 건설
2 단계	민주주의 혁명	봉건제도에서의 매판적인 착취, 종족 우월주의, 종파주의, 그리고 여성을 종속시키는 노예제도와 같은 중세에서 기인한 낡은 사회적 폐습을 제거
3 단계	사회주의 혁명	사회주의 체제 건설
4 단계	공산주의 혁명	공산주의 체제 건설

조한 그들은 우파인사는 물론 자신들의 투쟁에 방해가 되거나 노선이 다른 좌파 조직체도 모두 그들의 적으로 간주하였다(이희수 1995, 27-28).

임세트(Imset, 1992)에 의하면 1970년대의 외잘란의 이념은 페루의 '빛나는 길(Shining Path)' 집단과 유사하였다(Strozier and Frank 2011, 11). 1977년 외잘란과 그의 동료들은 "쿠르드 혁명의 길"이라는 이름 아래 그들의 강령의 초안에 "쿠르디스탄은 이란, 이라크, 터키, 시리아에 의해서 각각의 식민지가 되었다. 식민 자본주의를 쿠르디스탄에서 발전시키는 것은 그 지방의 자원을 약탈, 착취를 증대시키는 전략인 것이다. 그리고 이런 자본주의 단계에서 쿠르디스탄을 식민지화하는데 무력을 사용하는 나라 가운데 그 선두가 터키다(장병옥 2006, 335)"고 선언하였다.

1977년 PKK는 파시스트, 터키 정부 지지자, 쿠르드 지주계급, 심지어 터키 좌익마저 쿠르드인의 적으로 규정하였으며 쿠르드 지주계급을 가장 중요한 공격의 목표로 정했다(위의 책, 332). 그리하여 PKK

는 봉건지주의 민병대나 PKK의 이념이나 활동과 대립되는 좌파단체도 적대세력으로 간주하고 공격하였다.

그러나 과다한 폭력투쟁과정을 거치면서 PKK는 일반 대중, 종교세력이나 민족주의 세력, 그리고 주변 쿠르드 분리독립운동단체들의 지지를 획득하는데 어려움을 겪게 되었다. 이 지역에서 대중의 지지 획득을 원하였다면 PKK는 사상적 전환을 시도했어야만 했다(Strozier and Frank 2011, 10). 특별히 1988년 이후에 PKK는 이 지역에서의 종교 공동체의 지지를 얻기 위하여 종교적인 주제를 강조하였고 외잘란이 조직 속에서 이러한 근본적인 변화를 선택하기까지는 20여년의 경험이 축적된 후였다. 그리하여 1980년대 후반에 비로소 그들의 전략과 정책 속에 이슬람적인 신념들을 포함시켰던 것이다(*ibid*).

이러한 외잘란의 전술적 변화는 1989년 구소련(USSR)의 붕괴에 기인한다고 할 수 있다. 비록 외잘란이 1990년대까지 가문, 종교, 부족주의가 지배하는 제도들을 비난하였으나 이후부터는 여성, 가문, 부족들의 지지를 얻는 것이 중요하다는 것을 언급하기 시작하였다. 그리고 투쟁의 도구로서 종교를 다루기 시작하였다(Strozier and Frank 2011, 95). 이러한 외잘란의 전략적인 수정은 구소련이라는 커다란 동맹을 상실한 공간을 채울 지지세력 확보를 위해 가문, 부족, 이슬람과의 협력 필요성이 대두된 것으로 구소련과 공산권이 유지되었다면 이러한 전략적인 변화는 초래되지 않았을 것이다.

이러한 PKK의 이념과 전략 변화의 시대적 분석은 다양한 사람들에 의해서 시도되었는데 'Ankara Papers' 저널에서는 그들의 이념적 발전을 3시기로 구분하였다. 첫 번째는 1969년-1978년 시기로 이 기간은 PKK가 공식적으로 설립되기 전으로 조직으로 발전되는 기간을 포함한다. 두 번째 시기는 1978년-1989년까지이고 세 번째 기간은 구소련이 붕괴된 1989년 이후의 기간이다(Strozier and Frank 2011, 10). 또 다른 구분을 살펴보면 PKK는 그들의 첫 번째 시기(1970년대-1990년)에 맑스-레닌주의를 좀 더 강조하였으며(*ibid*, 16) 두 번째 시기(1990-1999)에는 PKK가 맑스-레닌주의 이념 대신 민족주의 이념을 강조하였다는 것이다. 게다가 쿠르드 독립국가를 건설하려하지 않는다는 것을 천명하였다. 이 시기의 또 다른 전략의 하나는 조직의 하락세를 막기 위해 정전을 선언하는 것이었다(*ibid*).

그러나 외잘란이 체포된 1999년 이후 PKK는 전략을 전환하게 되었는데 그것은 터키국회 내에서의 정치투쟁을 확대하는 것이었다. 그 목표는 정치적인 아레나에서 문제를 찾아 해결하고 쿠르드를 억압하는 터키를 조명하고자 하는 것이었다(*ibid*). 또한 세르힐단(Serhildan, Civil Disobeidience)63) 등을 통한 지지세력을 결집하는 것이었다.

PKK는 2000년 9월 1일 열린 7차 의회에서 '민주공화국과 평화프로젝트(Democratic Republic and Peace Project)'라는 이름하에 결집된 전략을 수용하기로 선언하였다. 이 전략에 의해서 쿠르드 정체성, 사형제도, 외잘란의 석방 등을 포함하는 여러 가지 요구안들을 발표하였고 PKK는 팔레스타인의 인티파다(Intifada)와 비슷한 세르힐단을 강조하기로 결정하였다(*ibid*, 37-38). 당시의 이러한 전체적인 전략수정의 주요한 원인은 외잘란의 체포로 인한 과격한 투쟁의 자제와 더불어 무장투쟁이 한계에 봉착한 것이 그 원인이었다.

---

63) 봉기라는 의미이다. 쿠르만지어인 'ser'는 '머리', '전쟁', 'hildan'은 '일어나다'는 동사, 즉 '봉기', '반란'의 의미이고 자자어로는 '봉기'가 '세레웨다르티쉬(Serewedaritiş)'이다. 후에 세르힐단이라고 불리어진 민중봉기는 1990년 시리아 국경선과 접경한 누사이빈에서 최초로 발생되었다. 이 사건은 누사이빈 북쪽 사우르(Savur) 근처 동굴에서 잠복하고 있던 13명의 게릴라들이 3월 중순에 처형되면서 촉발되었다(Aliza Marcus, *op. cit*., p.14).

세르힐단의 몇 가지 주요한 항목들을 살펴보면 비폭력 활동가들을 세르힐단에 활용하였고 이 정치적 세르힐단 운동을 위하여 특히 여성, 청년, 노동자 등 모든 사회단체들의 활동들과 연계하였다. 또한 미디어, 문화 및 외교활동을 정치투쟁의 수단으로 활용하여 정체성선언(Identity Declaration)과 쿠르드어로 교육하기 등 제2차 평화운동(Second Peace Movement) 실천을 지속하는 것 등이었다(Strozier and Frank 2011, 37-38).

PKK는 세르힐단, 시민불족종운동 전략에 따라 쿠르디스탄 즉 터키, 이란, 이라크에서 이 작전을 수행하기 위해 영향력 있는 인물들을 선발하였다. 또한 DOLE KOGE 캠프[64]에서는 여러 가지 학교를 설립하였고 군사훈련과 정치적인 훈련도 실시하였다. 이러한 요원들은 터키나 타국 쿠르디스탄에서 표면상으로는 합법적인 NGO를 통하여 작전을 수행하였다(*ibid*, 38).

이와 같이 PKK는 맑스-레닌주의에 기반 하였으며 그 과정과 결과를 보면 PKK는 비록 민족주의에서 출발하였지만 맑스-레닌주의가 핵심 이념이 되었음을 알 수 있다. 그들은 맑스-레닌주의 아래 쿠르드 민족을 위치지우며 민족의 개념을 부정하는 교조적인 성향으로 바뀌었다는 것을 알 수 있는데 그 이유는 민족운동과 맑스-레닌주의의 혼합과정에서 이념적인 일관성 때문에 민족이 탈색되어 맑스-레닌주의 이념이 가지는 탈민족성, 탈국가성이 더 중요하게 되었다고 판단된다.

---

64) 이라크 북동부, 이란접경 칸딜산에 있는 PKK의 캠프다. 교육과 군사훈련을 주목적으로 설립되었고 숙소, 간이발전소, 병원 등을 갖추고 있다. 칸딜산과 인근 및 주변 접경지역에 여성 게릴라 캠프, 지도자 은신 캠프, 라디오 캠프, 다양한 목적과 용도를 가진 많은 PKK 캠프들이 운영되고 있다. 순교자 이름을 캠프명칭으로 사용하는 곳도 많다. 보통 수십-수백 명 단위로 은거하고 있다.

그러나 극단적인 이념적 순수성을 추구하는 과정은 강한 이념투쟁을 초래하게 되고 PKK의 지도이념과 다른 파벌이나 주장은 용납하기 어렵게 만든다.

결국 터키 쿠르디스탄에서 맑스-레닌주의에 기반 한 PKK가 핵심세력으로 부상한 것은 다음과 같은 이유에 기인한다. 첫째, 부족주의, 이슬람에 기반 한, 이라크 KDP와 필적할 만한, 민족운동 지도자가 터키에서는 출현하지 않았다 그러므로 이러한 전통주의적이고도 이슬람적인 동원이 불가능한 상황에서 맑스-레닌주의에 의한 동원이 이를 대신하였다. 둘째, 쿠르드 대학생들은 당시 유행하던 맑스-레닌주의를 수용하여 민족운동, 분리독립운동과 결부시켜 봉건적인 쿠르디스탄을 독립시키고 사회주의 혁명을 이루고자 하였다. 셋째, 가난, 실업 등 쿠르디스탄의 열악한 경제 환경은 이들 맑스-레닌주의에게 좋은 활동기반이 되었다. 넷째, 쿠르드인들이 피지배 민족으로서 겪었던 불평등, 인권침해, 민족차별로 인한 민족정체성의 강화는 가장 강한 대안세력인 PKK의 동원으로 이어졌다. 다섯째, 외잘란의 리더십으로 인하여 PKK가 활성화가 되었다. 여섯째, 시리아의 지원은 외잘란 축출전까지 PKK에게 중요한 역할을 하였다. 마지막으로 미국과 터키의 동맹을 극복하고 터키 쿠르드 독립을 성취할 수 있는 유일한 수단은 맑스-레닌주의 외에는 선택적인 대안이 전무하였다.

(3) PKK 게릴라들의 정치의식화 과정

초기 입산세대들은 모두 맑스-레닌주의로 무장하여 동원이 된 세대들이지만 알리자 마르쿠스가 언급한 바와 같이 1980년대 후반부터 급격히 동원된 젊은 게릴라들은 맑스-레닌주의와 이에 관한 정치의식이 부족한 채 피지배민족인 쿠르드의 민족적 탄압을 직시하면서 발생한 자신의 쿠르드 민족정체성을 자각하고 PKK에 지원한 세대다. 그러므로 PKK는 이들에게 맑스-레닌주의 사상교육 과정을 필수적으로 이수시켰다.

할랍자 학살 이후 몰려드는 지원자들은 PKK 비밀 아지트에 수용하여 사상교육을 이수하게 하였다. 예를 들어 터키 국외 지원자들의 경우, 지프트지(Ciftci)의 증언에 의하면 그가 1990년 아테네에 도착하였을 당시 PKK는 선전선동과 정치적 교육을 위해 최소한 4개의 아파트를 아테네에서 운용하고 있었다. 그가 방문한 아파트에는 최소한 20여명의 지원자들이 거주하고 있었는데 이들 대다수는 21-22세 전후의 대학출신들이었다고 회고하였다(Marcus 2007, 169). 아파트에 있던 남녀는 각기 다른 방에 거처하였으나 아침 기상 후 회합하여 PKK의 활동, 외잘란의 사회분석, PKK의 역사 등을 독서하고 토론하였다. 외잘란의 쿠르드 봉건사회 비판 등 그의 모든 연설은 타이핑되어 책으로 발간되었고 테이프로 된 것과 카세트 테이프 등은 PKK 사상교육 캠프들로 배포되어 정치교육용으로 사용되었다(*ibid*, 156-157).

그러나 게릴라 입문단계의 사상교육은 게릴라가 된 이후에도 지속되었다. 지배민족의 폭압에 항거하여 쿠르드 민족국가건설을 위하여 지원하였던 게릴라들은 이제 쿠르드 국가건설이 아니라 국가 없는, 정부 없는 다민족 공동체를 건설하기 위하여 자본주의 사상투쟁을 하게 된 것이다.

그리하여 저자가 인터뷰한 PKK 관련 지식인은 비록 공산주의를 내포한 민주적연방제를 설명하였지만 저자에게 말하기를 "PKK가 처음에는 쿠르드를 위해 싸웠으나 나중에는 정부와 자본주의에 대항해서 싸우게 된 것은 정부가 있으므로 민족분쟁이 존재하기 때문이었다. 그러므로 우리는 정부가 없는 세상을 추구하고 있으며 PKK는 분쟁의 원인인 정부를 없애고 여러 민족이 평화적으로 공존하는 세상을 만들기 위해서 투쟁하고 있다"라고 하였다. 그리고 "우리는 자본주의를 거부하며 인류를 위해 투쟁한다"는 사명감을 가지고 있다고 하였다. 그리하여 이러한 맥락에서 PKK 캠프에서는 과거 맑스-레닌주의 이념교육을 거쳐 민주적연방제에 이르기까지 많은 이념강습이 이루어졌다.

(4) PKK와 민주적연방제

민주적연방제(Democratic Confederalism)의 탄생을 고찰해 보면 외잘란과 PKK의 사상적 변화는 2003년 민주적연방제 이전과 이후로 분기된다. 인터뷰 등에 의한 판단 결과, 맑스-레닌주의 기초한 사상체계의 근본적인 변화는 존재하지 않으며 민주적연방제는 투쟁목표를 기존 분리독립국가건설에서 터키 국가 내 쿠르드 자치를 주장한다는 것이다.

PKK의 창설초기의 정치이념이 외잘란 수감 후에도 지속되고 있는 것을 알 수 있다. 즉 초기에 그들은 자신들이 민족주의 입장에서 좌익에 기반 한 분리독립운동, 쿠르드 민족운동을 시작하였지만 아포쿠스 등에 드러난 바와 같이 민족주의를 벗어나 맑스-레닌주의 이념을 지향하게 되었다.

그러나 1989년 구소련의 붕괴는 맑스-레닌주의자인 외잘란에게 충격이었으며 공산권 국가 대부분이 붕괴하자 외잘란은 자신들이 선택한 반자본주의와 맑스-레닌주의가 옳다는 것을 증명하고 조직원들을 납득시켜야 되는 상황에 직면하게 되었다. 그리하여 외잘란은 임랄리 감옥에서 맑스-레닌주의를 재해석한 민주적연방제를 창안하여 PKK의 정치 및 투쟁이념으로 제시하게 되었다. 이는 일단 민족에 상관없이 하나의 이념아래 다양한 공동체 단위들을 하나의 정치 공동체로 재조직하는 것이라고 할 수 있다. 학자에 따라서는 민주적연방제를 중요시하지 않으나 맑스-레닌주의 맥락에서 PKK의 정치이념적 투쟁을 시작하였던 외잘란과 PKK에게 새로운 지도이념과 투쟁목표 역할을 하리라는 것을 예측할 수 있다.

이러한 필요성에 의해 PKK의 당시 명칭인 KKK(Koma Komalen Kurdiatan)는 2005년 외잘란의 민주적연방제를 칸딜산의 쿠르디스탄인민의회(Kongra-gel, Kurdistan People's Congress)에서 당의 정치이념으로 정식 채택하였다. 또한 당명도 KKK가 터키 중심적이라는 비판에 직면하자 2007년 5월 쿠르디스탄인민의회에서 정식으로 쿠르디스탄민주연방(Koma Civaken Kurdistan, Kurdistan Democratic Confederation, 이하 KCK)로 변경하였다(Gunter 2011, 192, 164-165).

이러한 PKK의 민주적연방제의 내용을 좀 더 고찰해 보면 다음과 같다. 비록 외잘란이 PKK의 지도자로 인식이 되고 있으나 그가 감옥에서 하는 주장은 가끔 혼란스럽다. 그 중 하나는 쿠르드인들로 하여금 민주적연방제 시스템 아래서 살 것을 요구한 것이다. 이 시스템은 터키 국가 내에서 어쨌든 그들이 자치를 하는 것이다(Gunter 2011, 10). 그러나 한발 더 나아가 민주적연방제의 자치는 무정부, 무국가, 무차별의 사회공동체를 만들고자 하는 이념이다. 맑스가 미래 사회에 소멸하는 것 중 하나가 국가라고 주장하였는데 민주적연방제 역시 국가나 정부를 배재한 자치공동체들의 연방을 의미한다.

저자는 터키 쿠르디스탄에서 PKK의 민주적연방제에 해박한 지식인과의 인터뷰를 하였는데(2013.8.28. 오후) 그는 분리독립운동 혐의로 체포된 후 형을 살고 출소하였으며 그의 증언에 의하면 감옥 내 장기수들은 대부분 PKK 출신들이며 현재 양심수가 1만 명이 넘는다고 주장하였다. 그는 인터뷰에서 2013년 현재 PKK 게릴라 지원자들이 2배로 늘었으며[65] 그 동원의 원인은 이라크 KRG의 성공 등으로 인한 PKK의 가능성이 주요한 동원의 원인이라고 증언하였다. 다음은 대담 내용 중 민주적연방제 부분이다.

문: 민주적연방제는 무엇인가?

답: 한마디로 말하면 첫째, 각기 다른 민족들이 민주적인 평화공동체 아래 평등하고 자유롭게 공존하는 것이다. 이것은 아르메니아인, 유대인, 터키인, 아랍인, 쿠르드인이 공존하는 것이다. 둘째, 기존의 민족들은 자신들을 대표하는 정부를 가지고 살았으나 민주적연방제는 정부 대신에 각 공동체들의 대표들을 구성하여 협의공동체를 구성한다. 결국 민주적연방제의 민주주의는 서로 다른 공동체의 공존[66]을 의미한다. 예를 들면 한 공동체 내부에 존재하는 다양한 내부 단위들이 평화적으로 공존하기 위해서는 민주적연방제를 통하여 하나로 통합시키는 것이 중요하다. 또한 나와 다르다고 남을 공격하거나 제거하는 것이 아니라 공존을 주장한다."

문: 정치체제를 좀 더 알고 싶다.

답: 첫째, "유럽과 같은 서구식 민주주의는 아니다." 둘째, "정부나 국가가 없이 공동체에서 자신들이 자발적으로 스스로 결정하고 스스로 공존하는 사회다. 그러므로 소수들은 무시당하지 않고 강제적인 물리적 폭력과 사회적인 폭력을 거부한다. 소수민족의 차별은 민주적연방제에는 존재하지 않는다."

---

65) 이 부분은 확인이 어려워 일단 논문에서는 배제하였다. 그러나 시리아 사태로 쿠르드 내부적으로는 동원의 증가 움직임이 있었을 것으로 추측된다.

66) 저자는 이 인터뷰를 통해 '움마(Ummah)' 즉 기존 부족 협의체와 유사한 수직적 형태의 단위별 공동협의체 형태로 판단된다. 권위주의체제만 제외한다면 수직적 협의체 의미에서 과거 쿠르드의 부족연맹체의 구조와 유사하다.

문: 경제체제를 알고 싶다.

답: "서구식 자본주의를 반대한다.", "서구식 자본주의는 대중에게 강요를 하는 측면이 존재한다."

민주적연방제 역시 맑스-레닌주의를 기반으로 한 사상체계이며 머레이 북친(Murray Bookchin)의 사회생태학에서 주장하는 자본주의의 모순의 근원은 구조 즉 국가체계에 있다고 하는 주장과 공산주의의 국가 소멸론이 일치하는 것을 발견한 외잘란은 쿠르드의 새로운 대안을 북친의 무국가, 무정부적 다민족공동체 시스템에서 사상적 공통점을 발견한 것으로 판단이 된다. 즉 정부가 있으므로 민족분쟁이 생기며 종교를 없애면 종교분쟁 역시 없어지므로 PKK가 최초에는 쿠르드를 위해 싸웠으나 나중에는 정부시스템, 자본주의에 저항해서 싸우는 것은 쿠르드만을 위한 것이 아닌 전체 인류를 위한 것이라고 인터뷰이는 주장하였다.

그러나 외잘란의 이러한 맑스-레닌주의에 기반 한 이념적인 일관성과 경직성은 내부에서 제시되는 발전적 대안이나 자유로운 의견을 용납하기 어렵게 만들어 조직의 유연성을 약화시키는 측면이 있다.

PKK와 민주적연방제가 처한 현실을 살펴보면 1999년 외잘란 체포 이후에도 외잘란의 정치이념은 KCK의장이자 PKK 지도자인 카라일란에 의해 존속되었다. 과거 맑스-레닌주의가 전 세계를 범람하던 시대에 중국의 마오쩌뚱이나 베트남의 호치민과 같이 사회주의 또는 맑스-레닌주의 이념으로 민족을 결집시켜 혁명을 성공시켰던 사례를 학습한 외잘란과 그의 초기동료들은 맑스-레닌주의가 혁명의 동력으로서의 능력을 상실한 현대에 이르러 PKK의 존재의 근간이 되는 정치이념과 사상운동에 대한 딜레마에 빠진 것으로 판단된다.

이러한 달레마를 극복하고 분리독립운동을 더욱 활성화시키고 최소한의 연방이나 자치를 이루기 위해서 PKK는 내부 사상투쟁을 통해서 KDP와 같이 민족주의 이념을 정치이념으로 선택하여 대터키 투쟁에 들어가는 방법으로 전환하거나 아니면 새로운 사상체계를 창안해야 하는데 외잘란은 후자를 선택한 것이다.

그리하여 조직의 전도(前途)를 고민한 외잘란이 PKK의 대안적 혁명 동력으로 민주적연방제를 제시하였다. 그러나 비록 미국과 터키의 관계가 터키 쿠르드에게 분리독립의 구조적 장애가 된다 할지라도 여전히 맑스-레닌주의나 이에 기반 한 사상을 주장한다는 것은 시대에 맞지 않은 동력을 기반으로 분리독립운동을 추진한다는 비판에 직면할 수 있다.

2. 경제체제: 반자본주의 경제체제

비록 2003년 민주적연방제 이후 정치적 목표를 터키 지배하의 자치 획득으로 변경하였지만 그는 최근 저서를 통해서도 민주적연방제의 경제체제는 일관되게 반자본주의적 형태를 주장한다(Öcalan 2011, 48-49). 현재 외잘란은 구소련과 동구의 몰락을 체험한 채 공산주의적 경제체제를 주장하기는 힘들다고 본다. 그러나 그가 반자본주의 사상을 소유한 것은 명확하며 과거의 맑스-레닌주의적인 이념을 포기한 것은 아닌 것으로 판단된다. 이와 같이 외잘란은 근본적으로 맑스-레닌주의에 의한 사회주의 경제체제를 주장하였으므로 자본주의 경제체제를 부정하는 것은 당연하다 하겠다. 이 부분은 KDP에 비해 더 높은 이념적 고착이 드러나는 부분이다.

공산주의는 자본가들이 가진 생산수단이나 요소의 대부분을 국가가 소유하고 이를 인민들에게 제공, 배분하는 경제체제이다. 이는 자본주의의 시장경제원리인 무역과 시장의 자유가 용인되는 자유 시장

경제체제와 대비되는 경제체제이기도 하다. 즉 단일경제공동체로서 공동생산에 의한 공동소유 내지는 공동분배가 이루어지는 사회라고 할 수 있다.

자본주의 또한 지나친 자원의 낭비, 부의 집중, 환경오염과 공해, 물질 만능주의 등 많은 문제점을 내포하고 있는 것은 사실이나 중국 등 많은 공산주의 국가들이 계획경제가 지니는 지나친 비효율성과 낮은 생산성으로 인하여 자본주의 경제시스템을 도입하고 있는 것은 실제 맑스가 이야기한 공산주의는 현재 인류의 생산구조로는 실현 불가능한 사상이라는 것을 증명하는 예라고 할 수 있다.

3. 정치체제: 민주적연방제

1) 민주적연방제 체제

PKK 정치이념은 2003년 이전과 외잘란이 민주적연방제를 주장한 2003년 이후로 분리하여 고찰하여야 하며 이 양자 간에는 지향하는 목표의 차이점이 존재한다. 원래는 PKK는 이브라힘 아흐마드와 같은 탈민족적 범쿠르디스탄 공산주의 체제건설이 목표였다. 이와 같은 주장은 공산주의자들에게서 나타나는 공통적인 현상으로 공산주의자인 이브라힘 아흐마드는 1953년부터 1964년까지 잘랄 탈라바니와 함께 맑시스트 정치이념을 가지고 KDP내 정치국 파벌을 강력하게 주도하였던 인물로(Gunter 2011, 29) 1953년 1월 3번째 총회를 개최하여 당명을 'KDP(Kurdish Democratic Party)'에서 'KDP(Kurdistan Democratic Party)'로 기습적으로 변경하였다. 이는 쿠르디스탄에 거주하는 모든 인종이 참가할 수 있다는 의미로 시민 국가주의(Civic Nationalism)를[67] 표방하였다(Mcdowall 2004, 297).[68] 민주연합체라고도 한다.

이와 같이 맑스-레닌주의 계열들은 탈민족적, 범쿠르디스탄적 체제를 지향하는 경향이 있으며 터키 BDP도 PKK의 정당임에도 터키인, 아랍인 등을 당원으로 받아들이며 정당에서도 쿠르드가 아닌 터키어를 사용케 하는 등 탈민족적 성향을 표출하려고 노력한다. 민주적연방제 이전 PKK의 목표는 범쿠르디스탄 공산주의 체제를 만들고자 하였다. 그러나 외잘란이 감옥에 수감된 이후 적극인 독립국가건설 보다는 민주적연방제를 주장하면서 단지 터키 내에서 자치수준을 지향하고 있다.

2) 비서구식 정치체제

외잘란의 민주적연방제는 연구자가 인터뷰한 내용을 근거로 정리해 보면 정부나 국가를 거부하며 이는 공산주의의 국가 없는 사회와도 맥락을 같이한다. 첫째, 민주적연방제는 터키 통치아래 무정부 공동체를 만드는 것이다. 무정부주의[69]의 일종이므로 공동체들의 집합

67) 민족주의는 civic적인 nationalism과 ethnic적인 nationalism으로 구분하는데 전자는 국가 내 여러 인종들을 하나의 시민권자로 통합하여 기존의 종족, 민족정체성을 벗어난 국민적 정체성을 의미한다. 반면 후자는 동일한 혈통적 근원을 갖고 동일한 언어, 문화적 특성과 자각 의식을 가진 종족 공동체를 의미한다.

68) 이것은 기존의 부족적, 전통적 민족주의적인 세력보다는 맑스-레닌주의 계열인 이브라힘 아흐마드 파벌이 당권을 장악하였음을 의미한다.

69) 정부의 존재를 부정하고 여하한 형식의 정치적 권위도 불필요하다는 사상. 따라서 이는 정부에 의해서 대표되는 국가의 존재를 부인하는 것이다. 이는 사유재산제도와 종교적 권위에 대한 적개심이 결합된 결과이다. 즉 개인의 자유를 억압하는 국가를 반대하는 자유주의 이념과 사유재산의 반감과 노동자계급 착취의 철폐를 주장하는 사회주의 관념이 혼합된 것으로 무정부주의는 고드윈과 톨스토이의 개인주의적 무정부주의, 푸루동과 바쿠닌의 집산주의적 무정부주의, 크로포트킨의 공산주의적 무정부주의가 있다. 푸루동, 고드윈 등은 철학적 무정부주의, 바쿠닌, 크로포트킨 등은 혁명적 무정부주의에 속한다. 무정부주의자들은 프로레타리아 독재도 반대하며 자유로운 협동사회를 구상하였다. 이 자유사회에서는 계급과 권위가 소멸하고 인종, 국만, 신념의 차별 없이 노동의 참여와 노동의 과

이 정부나 국가를 대신하는 체제이다. 즉, 자발적으로 결정하고 공존하는 협의적 공동체를 지향한다. 이들 공동체간의 권력관계는 구체적으로 밝혀진 것은 없으나 각 공동체의 정체성은 평등성에 기반 한다. 둘째, 각 공동체는 기존의 투표제도를 거치지 않고 합의를 통한 공동체 운영방식을 지향하고 공동체 대표자는 권한을 가진 자가 아니라 공동체 의사를 전달하는 사람의 역할을 할뿐 모든 결정은 공동체내에서 이루어진다고 한다. 이 공동체의 대표들이 모여 상위 공동체의 문제들을 협의하여 결정한다.

제3절 소결: 비교분석

민족운동과 분리독립운동 과정에서 나타난 KDP와 PKK의 정치이념에 대한 비교분석 내용은 다음과 같다. 첫째, 두 정치집단의 쿠르드 민족정체성과 민족주의 이념을 접인(接引)하는 과정의 차이를 보면 다음과 같다. KDP와 PKK 모두 분리독립운동의 출발은 쿠르드라는 정체성과 지배민족에 대항하는 피지배민족의 민족운동에서 출발하였다. 그러나 KDP는 부족주의 입장에서 민족주의를 받아들였고 PKK는 민족주의에서 출발하였으나 결국 탈민족주의를 주장하였다.

즉, KDP는 부족이 핵심이 되어 민족주의를 추인(推引)하는 체제였다. 즉 중요한 판단의 기준은 부족이었다. 반면 PKK는 비록 최초 민족주의에 입각한 민족운동으로 출발했지만 곧 맑스-레닌주의가 유일

실을 향유하고 토지, 전물자(全物資), 생산수단을 자유사회자체가 소유한다는 것이다(정인홍외, 앞의 책, pp.577-578, 1988).

정치이념이 되었다. 즉 PKK와 외잘란은 맑스-레닌주의를 추구하면서 두 마리 토끼를 한꺼번에 잡는 전략을 취하였다. 즉 터키 쿠르드의 독립과 더불어 다른 사회주의나 공산주의 체제의 수립이었다. 그러므로 가장 중요한 고려 요소는 맑스-레닌주의였다. 터키 쿠르드의 독립은 맑스-레닌주의를 추구하는 과정에서 나타나는 하나의 결과물일 따름이다. PKK는 맑스-레닌주의 이념 아래 쿠르드 민족이 위치하며 심지어 민족의 개념을 부정한다는 것을 알 수 있다. PKK는 맑스-레닌주의를 반대하는 세력을 용납하지 않았다.

둘째, 두 정치집단의 목표를 살펴보면 KDP가 지배민족에 대항하여 이라크 쿠르드 민족국가건설이라는 목표를 가진데 비하여 초기 PKK는 범쿠르디스탄 공산주의 체제를 선언하였고 2003년 이후에는 과거 그들이 가졌던 맑스-레닌주의라는 정치이념에 기초한 민주적연방제라는 터키 내 무정부 자치를 주장하는 다소 이상적인 목표를 제시하였다. 이러한 부족주의와 민족주의, 그리고 맑스-레닌주의가 투쟁한 결과 부족주의에 기반 한 KDP의 물라 무스타파와 마수드 바르자니는 대이라크 민족운동을 성공적으로 이끌었으며 현재 이라크 내 연방자치정부를 성취하게 되었다. 반면에 PKK는 맑스-레닌주의 이념에 기반 한 폭력혁명을 통해 민족해방에 의한 독립국가, 민주해방에 의한 봉건주의 타파, 사회주의 혁명, 공산주의 혁명에 의한 이상사회를 성취하려 하였으나 미국과 터키의 견고한 구조적 틀을 파괴하지 못하고 현재 터키 내에서 정체를 겪게 되었다.

셋째, 두 정치집단의 지향하는 정치체제와 경제체제를 비교해보면 KDP는 기존 유럽식 사회주의를 바탕으로 KRG 설립 이후 서구식 민주주의 체제와 자본주의 체제를 받아들였으며 PKK의 경우 2003년 이전은 공산주의 체제, 2003년 이후는 민주적연방제 즉 터키 내 무정부 자치 공동체를 주장하며 경제체제는 반자본주의를 주장한다. 특히 기존의 엷은 사회주의 체제였던 KDP는 자본주의를 수용함으로서 경제체제의 유연성을 발휘한 반면 PKK는 맑스-레닌주의에 근거한 경제체제의 고착도가 매우 높아 이 부분의 유연성은 매우 낮은 것으로 판단된다.

넷째, 담론의 크기를 살펴보면 KDP는 현실주의적인 쿠르드 민족국가, 서구식 민주주의, 자본주의를 받아들이는 반면 PKK는 세상을 변혁해야 하는 즉 미국 또는 자본주의에 대항하는 이상적이고 거대담론(metanarratives)을 제시하였다. 또한 케네츠 왈츠는 라인홀트 니버의 말을 인용하여 맑스주의자들이 가지는 유토피아적인 견해를 비판하였듯이(Waltz 1959, 20-21) 이상적인 맑스-레닌주의를 선택한 PKK에게 이 세상은 변혁의 대상일 뿐이다. 민족주의도 변혁해야 할 대상이며, 종교, 경제, 정치 등 지구상의 모든 시스템은 변해야 한다고 주장한다. 쿠르드 민족에게 당장의 민족국가건설이 아닌 실현된 적이 없는 공산체제나 무국가공동체 건설과 같은 이상사회 건설은 다소 막연한 것이다.

다섯째, 세계는 자본주의와 맑스-레닌주의와의 이념전쟁이 일단락되었다는 것이다. 후란시스 후쿠야마(Francis Fukuyama)가 표방한 이념의 종말이 이루어졌다는 선언과 새뮤엘 헌팅턴이 언급한 지역정치에서 민족분쟁이 가속화 될 것(이희재 역 1997, 21)이라는 예측은 시사하는 바가 크다. 다음 표는 KDP와 PKK의 정치이념적 성향을 비교하여 정리한 것이다.

<표 5> KDP와 PKK의 정치이념 비교

구분	KDP	PKK
정치이념	부족주의	맑스-레닌주의
분쟁성격	민족분쟁	이념분쟁
민족정체성 수용 관계	부족정체성 중심으로 민족정체성수용	민족정체성에서 사회정체성으로 변화
핵심세력	부족 지도자 및 부족세력	맑스-레닌주의자
중요한 판단기준	부족	맑스-레닌주의
민족대비 충성도	부족이 더 높음	맑스-레닌주의가 더 높음
국제정치이론적 시각	현실주의	이상주의
투쟁목표, 지향체제	쿠르드 민족국가	범쿠르디스탄 공산주의 체제(2003년 이전)
목표와 담론	현실적인 담론	이상주의적 담론
정치체제	서구식 민주주의 체제	민주적연방제 (2003년 이후)
경제체제	자본주의 체제지향	반자본주의 체제
유연성	자본주의 수용	기존 경제체제에 대한 고착도가 매우 강함.
국가존재여부	국가 존재	터키내 무정부 공동체주의 (2003년 이후)

이와 같은 이념적인 정향을 쿠르디스탄에서 활동하고 있는 대표적인 분리독립운동단체를 중심으로 그래프 상에 표시하면 다음과 같다. 즉 KDP는 비록 내부적으로 다양한 세력들과 부족들이 존재하지만 근본적으로 PKK와 같은 탈부족주의의 반대편에 위치하는 부족주의적이며 기존의 사회주의에서 자본주의를 받아들이는 과정이므로 수직선 중앙에 위치한다. 반면 PKK는 강한 탈부족주의이며 극좌의 이념적

성향을 나타내므로 이념적 동질성을 공유한 코말라와 같은 위치에 표시된다. 탈라바니의 PUK와 이란의 압둘라흐만 가셈로우가 이끌었던 KDPI는 중도좌파적인 성향을 가지고 있으며 PUK는 좀 더 부족주의에 기반 하므로 부족주의에 근접하여 위치하고 KDPI는 부족주의에 기반하는 정향을 찾을 수 없어 탈부족주의 면에 배치하였다.

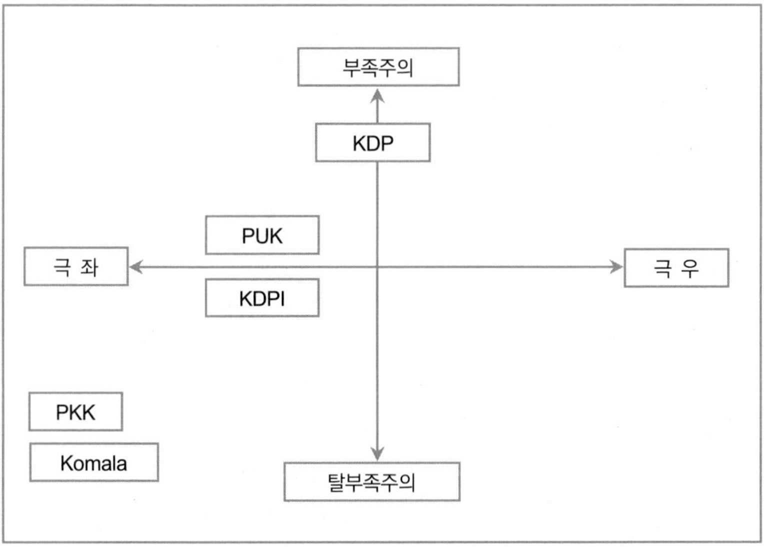

<그림 6> 쿠르드 분리독립운동단체의 이념적 분포도

04

조직·동원

제1절 KDP: 부족적 동원형

1. KDP의 민족독립운동과 부족적 동원의 과정

1) 1차 부족적 동원(1975년 이전): KDP 결성과 알제이 협정

(1) KDP의 결성(1958년 이전): 부족적 동원과 마하바드 공화국

일반적으로 지배민족의 강한 동화정책과 탄압은 피지배민족의 강한 민족적 저항에 직면하게 되며 이러한 피지배민족의 강한 저항은 주로 민족분쟁의 최고 형태인 무장투쟁과 전쟁의 형태로 표출된다. 이는 이라크나 터키의 물리력이 동원된 강압적인 동화정책에 반항하여 나타났던 이라크 쿠르드와 터키 쿠르드의 공통된 피지배민족의 항거 방식이다. 거의 아래의 도표를 고찰해 보면 이라크 쿠르드의 민족적 자치요구에 대한 이라크 정권의 강제적인 탄압과 학살이 무장투쟁의 격화로 이어지는 과정을 설명해주고 있다.

<표 6> 4집단의 종족동원에 있어서 내부적 요소들

변 수 들	이라크 쿠르드
경제적 차별	농촌경제의 의도적 파괴
정 치	자치요구 거부와 강제이주
집단 정체성	중 → 강, 정권과의 분쟁을 통해 강화됨
집단 응집력	부족과 정치적 분열로 약화
정부정치의 유형	권위주의 정권
정부폭력의 심각성	가혹 → 집단학살로
종족동원과 종족분쟁의 영향	반란으로 전환됨

출처: Ted Robert Gurr, Barbara Harf, *Ethnic Conflict in World Politics,* Westview Press, 1994. p.137. 이라크 쿠르드 부분 발췌.

물라 무스타파의 민족운동과 부족적 동원은 이미 쉐흐 압두스 셀람 2세 바르자니부터 시작되어 왔다. 민족운동으로 감금된 물라 무스타파는 1943년 술레마니아에서 탈출하여 바르잔으로 귀향한 뒤, 무장투쟁병력을 재조직하여 이라크군과 전투를 통해 이라크를 위협하였으나 영국이 이라크군과 합동작전을 전개하며 압박해오자 이란으로 도피하였다. 물라 무스타파와 바르자니 부족이 주축이 된 페쉬메르가[1]는 1946년 1월 선포한 마하바드 공화국의 주력군대가 되었으나 12월 함락당한 이후 물라 무스타파는 소련으로 망명 이후부터 1958년 귀국 전까지 특별한 대이라크 민족운동을 전개할 수는 없었다(Gunter 2011, 55-57).

1) 북부 쿠르만지어 발음과 터키 발음은 '페시메르게'이다. 소라니어권, 영어권은 '페쉬메르가(peshmerga)'로 발음하고 표기하므로 연구자는 KDP가 이라크 쿠르드인 것을 참조하여 그들의 발음인 '페쉬메르가'로 발음하고 표기하였다.

(2) KDP의 대공세(1958년 이후): 1975년 알제이 협정과 바르자니 망명

벤지오는 물라 무스타파가 구소련에서 귀국한 이후 1961-1968년에 강한 쿠르드 민족주의 운동이 일어나 전면적인 무장투쟁동원이 일어난 시기였다고 언급하고 있다(Bengio 2012, 13). 카셈(Abdul al-Karim Qassem)의 쿠데타(자세한 설명은 최성권 2011, 150-151) 이후 물라 무스타파와 카셈은 일시 협력하였으나 자치를 주장한 물라 무스타파와의 관계는 오래 지속될 수 없었으며 1963년 2월 8일 아리프(Abdull Salam Arif), 바크르(Amed Hassan al-Bakr)[2]가 쿠데타를 일으켜 총리직에 있던 친소적인 카셈을 축출하였다.

1960년대-1975년까지 물라 무스타파의 독립운동은 이란과 이스라엘 그리고 미국의 군사, 경제적인 지원을 받아 이라크 정권들을 위협할 수준에 이르렀다. 이에 이라크 정권은 물라 무스타파와 꾸준한 협상을 시도하였고 드디어 1970년 3월 선언을 타결하여 쿠르드의 자치권을 보장하는 수준의 합의안에 이르게 되었다.

그러나 이러한 합의는 이라크 정권과 미국의 방해로 이행되지 않았으며 1974년 이란의 정규군의 지원아래 물라 무스타파가 이라크 정규군과의 전쟁에서 승리하여 이라크 정권을 위협할 수준에 이르자 당황한 이라크 바르크 정권은 1975년 3월 6일 기존의 샤트 알 아랍 수로(Shatt al-Arab waterway)[3]의 전체 수로통제권을 포기하고 강 중간

2) 1968년 7월 쿠데타를 일으켜 이라크 5대 대통령이 되었다. 쿠르드 문제 해결에 실패하였다.

3) 이라크가 오스만 제국의 일부였던 1913년 체결된 협정은 샤트-알-아랍 수로의 국경선을 이란 강변으로 하여 체결되었다. 1932년 이라크의 독립과 동시에 이란은 국제관례인 계곡선으로 국경선 변경을 시도하였으나 영국의 이라크에 대한 지원으로 변화를 이루지 못하였다. 그러나 미국의 절대적인 후원에 의해 페르시아만의 경찰국가로 성장한 이란은 1975년 알제이 협정에서 양 국가의 새로운

을 국경선으로 하는 알제이 협정을 급격히 조인하였다(Mcdowall 2004, 333-338).

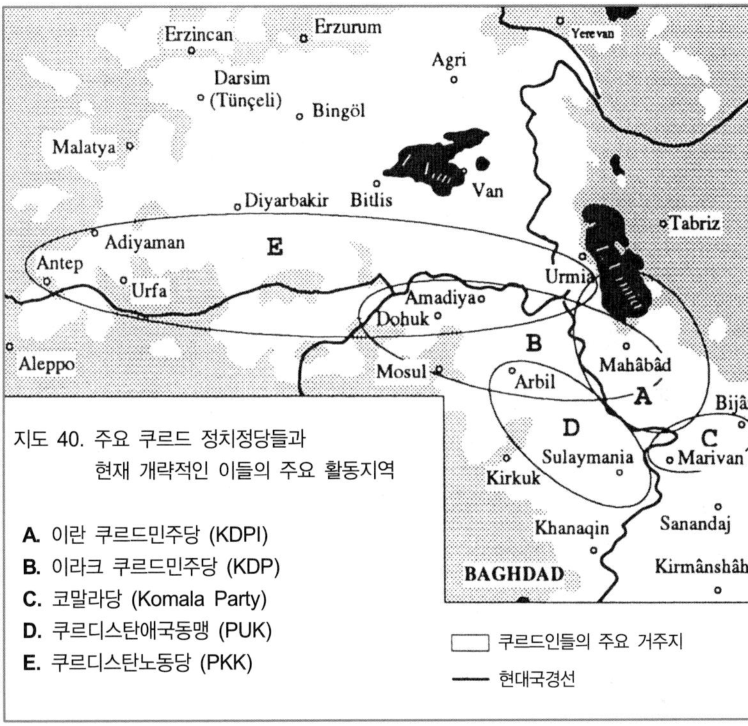

출처: Mehrdad R. Izady, *A Concise Handbook The Kurds*, Published by Talor & Francis, 2009. p.211.

<그림 7> KDP, KDPI, PUK, PKK, Komala 정당세력 범위도

국경선을 샤트-알-아랍의 계곡선으로 변경하는데 성공하였다. 이러한 알제이 협정을 군사적인 열세에 의한 굴욕적인 협상으로 인식하여온 사담 후세인은 이란의 호메이니 혁명을 계기로 알제이 협정의 무효화를 선언하고 전쟁을 통하여 문제를 해결하려 하였다(박종평, "중동문제의 구조적 요인", 『중동연구』 제20권, p.6).

2) 2차 부족적 동원(1975년 이후): 이란 vs 이라크전

1975년 알제이 협정으로 물라 무스타파의 민족국가건설 노력이 무산된 이후에 발생한 KDP의 쿠르드 독립운동의 공백은 1976년부터 이드리스 바르자니(Idris Barzani)와 마수드 바르자니가 승계하였으며 잘랄 탈라바니[4]의 PUK는 내부투쟁과 동시에 대이라크 쿠르드 분리독립운동을 치열하게 전개하였다(Gunter 2011, 286).

알제이 협정 이후 미국과 이란은 KDP에 대한 지원을 즉시 중단하였으며 물라 무스타파의 1979년 사망과 더불어 KDP는 이드리스 바르자니와 마수드 바르자니에 의해 승계되었다. 이들의 부족주의적인 민족분리독립운동은 새로운 차원으로 전개되었는데 두 사람은 부족주의적인 세력들을 재결집시켜 새로운 대이라크 투쟁을 전개하게 되었다.

이들은 초기에 미국과의 동맹을 신중하게 접근하였으나 결국 강대국과의 동맹은 필요하다는 인식하에 이란, 이스라엘, 강대국과의 연대를 지속하였으며 바르자니 부족의 지원과 부족주의적인 리더십은 마수드 바르자니가 초기 난관을 극복하는 데 큰 도움이 되었다. 1980년대부터는 바르자니의 쿠르드 민족운동보다는 도시중심의 이념적 성향을 가진 쿠르드 저항운동이 쿠르드의 민족운동을 주도하고 있었다. 쿠르드 저항운동이 이라크 바아스 정권의 분열정책으로 쿠르드는 반군세력과 친정부 세력으로 언제나 분열되었다(Kreyenbroek 1992, 134-142).

1980년 9월 22일 이라크가 '샤트 알 아랍' 수로의 영유권 문제를 제기하며 이란-이라크 전쟁을 시작하였다. 양국은 이 전쟁을 통하여 자국과 공동으로 양면작전을 수행해 줄 KDP와 PUK를 필요로 하는

4) 잘랄 탈라바니는 터키 대통령인 투르구트 외잘(Turgut Özal)과 회동하였으며 이명박 정부시절 방한하여 유전사업 등 경제협력을 협의한 바 있다.

상황이 전개되었다. 그리하여 이라크는 이란에 대항하여 분리독립운동을 하던 KDPI를 지원하였으며 이란은 역시 이라크 사담 후세인에 대항하고 있던 마수드 바르자니와 이드리스 바르자니,[5] PUK를 지원하며 대리전을 치르게 하였다(Mcdowall 2004, 346-347).

PUK는 이란-이라크 전쟁 초기에 이라크 정부를 지지하면서 쿠르드 민족적 권리를 요구하였으며 후세인은 기만적 평화협상정책[6]으로 PUK의 탈라바니와 바그다드정부는 비밀협정을 체결하여 휴전하였다. 이 휴전협정은 계속 유지되지 못하였으나 쿠르드와의 협상창구를 개설하게 되었다(*ibid*, 104). 후세인 정권은 쿠르드 영토 문제를 제외하고 모두 동의하였다. 그러나 가장 중요한 이슈는 형식상으로 영토문제였지만 내면적으로는 쿠르드 세력 간의 알력으로 반대세력의 약화 또는 제거가 가장 중요한 협상목적이었다(홍순남 1995, 155). 1985년 이란-이라크 전쟁이 국제분쟁적 성격을 가지게 되었고 1985년 2월 PUK는 키르쿠크와 술레마니아 지역을 장악하였으며 KDP는 시리아 국경지역에서 루완다즈(Ruwandaz)까지 지배하여 이라크 북부지역은 힘의 공백상태가 되었다(위의 논문, 156).

1987년의 이라크쿠르디스탄전선(Iraqi Kurdistan Front, 이하 IKF)의 창설에 대한 원칙적인 선언은 1991년 걸프전 이후 이라크 쿠르드 지역정부인 KRG로 이어졌다(Gunter 2011, 136). 1987년부터 사용되어온 VX 등 화학무기가 1988년 3월 이란 접경의 할랍자 지역에 살포되어

5) 이드리스 바르자니는 1986년 중반까지 마수드 바르자니와 적대적이었으며 그는 PUK와 대이라크 민족운동 중 1987년 7월 심장마비로 사망하였고 이후 KDP는 마수드 바르자니가 민족분리독립운동을 주도하였다.

6) 쿠르드 문제를 잘 알고 있었던 사담 후세인은 이를 해결하기 위하여 노력하였으나 그들에게 영토적인 보장은 있을 수 없는 것이었다.

5,000여명이 사망한[7] 충격적인 사건이후 전 세계 여론이 이라크를 비난하게 되면서 세계에 산재해 있는 쿠르드인들이 민족정체성을 자각하게 되었고 다양한 쿠르드 단체들을 포함하여 KDP, PUK도 오랜 대립을 끝내고 대사담전선에 상호협력하게 되었다.

3) 3차 부족적 동원(1991년 이후): 1차 걸프전과 자치정부 획득

북부 이라크에 존재하는 쿠르드인들은 탈라바니 부족과 바르자니 부족, 이 두 부족에 대한 부족적 충성심으로 나뉜다(Raphael 2004, 77).[8] 이라크 북부 지역은 바르자니 지역(Barzaniland)과 탈라바니 지역(Talabaniland)으로 분할되었으며 현재 정부군과 같은 페쉬메르가, 민병대격인 제르바니가 있다. 그리고 KDP, PKK는 각각의 당비로 충당되는 특수부대(KDP는 빨간베레모, PUK는 녹색베레모)를 각자 독립적으로 운용하고 있다. 즉 이라크 쿠르드 민족운동은 양대 진영으로 분리되어 각자의 군대를 이끌고 독립운동을 주도하려고 하였다.

1990년 8월 2일 이라크의 쿠웨이트 침공[9]으로 1991년 걸프전 발

7) David Mcdowall, *op. cit.*, pp.353-360. 할랍자 사건이 자세히 서술되어 있다.

8) 이스라엘리는 쿠르드 민족주의가 1880년대 쿠르드 봉기로 시작되었다고 주장한다(Raphael 2004, 80).

9) 이라크의 쿠웨이트 침공의 직접적인 배경은 유전의 불법채굴과 같은 경제문제에서 발단이 되었으나 점령 후 취해진 이라크의 조치를 분석하면 보다 근본적인 요인은 영토문제에 있었다는 사실을 발견할 수 있다. 즉 사담 후세인은 쿠웨이트를 이라크의 한 주로 선언하고 이라크의 영토로 합병하였다. 이러한 조처의 역사적 배경을 살펴보면 현재의 쿠웨이트는 오스만 제국에서 이라크의 바스라의 행정구역에 속하는 하나의 부족단위의 자치지역에 불과하였으나 페르시아만으로 진출을 구상하던 영국과 쿠웨이트의 알사바 부족장과 외교 교섭에 의하여 쿠웨이트가 국가로 인정을 받게 된 것이었다. 1961년 영국이 이 지역에서 퇴각한 이래 이라크와 쿠웨이트간의 영유권 문제는 계속되었고 영국의 퇴각 이래 2년간을 이라크는 쿠웨이트의 독립을 인정하지 않았고, 부비안, 외르바 섬 반환을 요구하

발하였다. 이러한 쿠르드를 둘러싼 지역국가의 전쟁은 쿠르드에게는 대규모 동원이 이루어지는 시기이자 또 다른 분리독립의 기회를 제공하였다. 이라크가 유엔 안전보장이사회가 설정한 쿠웨이트 철군 시한을 무시하자 미군과 다국적군은 이라크 공습을 시작으로 사막의 폭풍작전이라 불리는 1차 걸프전을 44일 간에 걸쳐 수행하게 되었다(Mcdowall 2004, 369-371). 이 당시 이라크 쿠르드는 미국의 독려로 걸프전에 참전하면서 쿠르드 민족국가건설의 기회를 맞이하게 되었다.

사담 후세인은 이러한 이라크 쿠르드의 참전에 대해 화학무기를 사용하여 보복을 하였고 이를 피하여 많은 쿠르드 난민들이 국경선에서 기아와 추위, 질병으로 죽거나 고통을 받게 되자 국제사회의 큰 주목을 받게 되었다. 이에 안전보장이사회는 1991년 4월 3일 '구호작전(OPC, Operation Provide Comfort)'을 시작하였다(Gunter 2011, 242-243).

이어 안보리는 1991년 4월 5일 유엔 안보리 결의안 688조를 통해 이라크는 이라크 일반국민과 쿠르드인이 밀집한 지역에서의 탄압을 즉시 종식시켜야한다고 요구하였다. 이러한 언급은 쿠르드에 대해 유엔이 지금까지 언급한 것 중에 쿠르드에 대한 가장 중요하고 단호한 것이었다. 얼마 후 미국은 이 안보리결의안을 이용하여 처음으로 이라크 북부지역에 쿠르드를 위한 '안전피난처(safe heaven)'의 일시적인 실시와 그 지역에 대한 '비행금지구역(no fly zone)'의 강제실시를 정당화하였다. 이러한 보호 아래 쿠르드자치정부인 KRG는 1992년 설립 이후 발전을 거듭하여 2005년 10월 15일에 채택된 새로운 이라크 영

고 루마일라 유전의 소유권을 주장하였다. 이라크의 주장은 이라크와 쿠웨이트 간의 국경문제는 영국의 이라크에 대한 위임통치와 쿠웨이트에 대한 절대적 영향력을 행사하던 시기에 인위적으로 일방적인 이해관계 속에서 형성된 것이므로 재조정이 필요하다는 입장이었다(박종평, 『중동연구』 제20권, p.6).

구헌법에 의해 이라크 내의 연방국가(federal state)로서 인정되었다. 게다가 유엔은 이라크 쿠르디스탄 지역에 대한 수많은 인도주의적 원조를 지속하였다(*ibid*, 297-298).

당시 미국은 1992년 5월 19일 이라크 쿠르디스탄의 행정 공백을 채우기 위한 목적과 쿠르드 자치를 위한 '쿠르드자치정부(KRG)' 설립에 필요한 이라크 쿠르드지역 대통령 선거와[10] 의회선거를 실시하였으나 선거는 KDP와 PUK를 중심으로 치러졌다. 선거결과 두 당은 약 45% 정도를[11] 각각 득표하였으며[12] 양 당은 '쿠르드자치정부(KRG)[13]'를 아르빌[14]에 설치하기로 합의하였다. 또한 쿠르드 지역의회 의원선거에서 105명[15]이 선출되었고 KDP와 PUK는 각각 50석을 획득하였다(Kamali 2003, 216-217, Bengio 2012, 202-203).

쿠르디스탄민족의회(KNA)는 1992년 6월 4일 첫 개원을 하였으며 즉시 쿠르드 내각을 구성하였다. 이 내각은 곧 쿠르드자치정부

---

10) 바르자니가 48%, 탈라바니가 45%, KSP의 마흐무드 우스만(Uthman)이 2%를 획득하였다.

11) 맥도웰에 의하면 KDP는 45%, PUK는 43.6%를 획득하였다고 한다. 또한 KRG는 단원제의회이다(David Mcdowall, *op. cit.*, p.381).

12) PUK가 43.6%, 이슬람운동(Islamic Movement) 5%, 이라크공산당(ICP) 2.2%, 쿠르드사회당(KSP:Kurdish Socialist Party) 2.6%, KPDP가 1% 득표하였다(David Mcdowall, *op. cit.*, p.381).

13) 2010년 현재 KRG 아래 약 450만이 살고 있는데 그중에는 약 10만-20만의 투르코만족, 5만의 아시리아인이 살고 있다. 최근의 발전으로 약 인구의 80%가 도시에 거주하고 겨우 20%만이 시골에 거주한다. 아르빌에는 약 100만이 살고 술레마니아에는 약 75만이 거주한다(Michalel M. Gunter, *op. cit.*, p.186. 2011).

14) 아르빌은 '하울' 즉 쿠르드자치정부의 수도가 되었다.

15) 나머지는 아시리아민주당(Assyrian Democratic Movement) 4석, KDP 산하 쿠르디스탄기독교통합당(Kurdistan Christian Unity Party)이 1석이었다(David Mcdowall, *op. cit.*, pp.381-382, 2004).

(hukuma iqlimiyya)가 되었으며 PUK의 푸아드 마숨(Muḥammad Fū'ād Ma'ṣūm) 총리[16)]아래 국방부 장관을 비롯한 15명의 장관이 임명되었다. 또한 1,100개의 학교에서 일제히 쿠르드어를 가르치기 시작하였고 3개의 종합대와 군사대학이 설립되었다. 비록 과거 물라 무스타파의 단일 지도체제에서 양(兩) 지도체제로 전환되었지만 주변국들은 KRG에 대해 거부반응을 보였으며 이러한 KRG 설립의 영향이 자국 내로 파급되는 것을 차단하려고 하였다. 그러나 KRG는 내부적으로 곧 경제적인 문제 등에 부딪치게 되었고 수입배분 및 정치적 이견을 둘러싼 양측 간의 전쟁은 재개되었다(Bengio 2012, 202-204).

1993년 12월 PUK와 '쿠르디스탄이슬람운동(Isalamic Movement of Kurdistan)' 간에 최초 전쟁이 발발하였다. 또한 1994년 5월 1일 PUK와 KDP간의 유혈전투가 재발되어 재전(再戰)과 정전을 반복[17)]하는 과정에 3,000명이 사망하였으며 KRG의 존립마저 위협받게 되었다. KDP와 PUK의 전쟁으로 인하여 KDP는 아르빌에, PUK는 술레마니아에 각각의 분점정부를 개설하고 오로지 의회만 아르빌(Arbil)에 존치시켰다(Gunter 2011, 186).

KDP와 PUK는 1994년 7월 파리에서 일시적으로 양측의 전쟁을 완화시키는 정전협정을 맺었으나 실질적으로 2개의 정부로 나뉜 이들은 각자의 지역을 통치하였다. 이들 간의 지속적인 전쟁과 권력투쟁은 결국 KRG의 전도를 어렵게 하였으며 양 지도자의 권력투쟁은 외부 국가들과의 연대를 촉진시켰고[18)] 이러한 양측의 극단적인 대립은

16) 2017년 3월 현재 이라크 대통령.

17) 1992년도 대규모 전쟁으로 1000여명이 사망하였는데 주요 원인은 석유수입의 배분문제였다.

18) 잘랄 탈라바니는 터키, 이란, 세계의 좌파세력들과 연계하였고 바르자니는 이 시

결국 KRG의 성장을 저해하였다. 이러한 양측의 대립은 오랜 부족정치와 민주주의의 경험이 일천한 것이 그 원인이었다(Kamali 2003, 217).

그리고 KRG는 설립 이래 경제적인 문제로 고통을 받았는데 KDP와 PUK가 무엇보다도 주로 경제적인 원인 때문에 전쟁하는 것을 인지한 미국이 1998년 2월 20일 유엔 안보리 결의안 1153조를 통해 매 6개월마다 석유판매 허용량을 $ 5.256 billion까지 증가시켰으며 KRG는 이 석유판매로부터 나오는 기금의 13%를 수령하였다. 유엔으로부터 나오는 이 석유기금은 북부 이라크의 쿠르드 지역경제를 발전에 많은 기여를 하였다(Gunter 2011, 298). 비로소 평화와 상대적인 번영, 민주주의가 북부 이라크 지역 국가에서 점증하기 시작하였다(*ibid*, 16).

4) 4차 부족적 동원(2003년 이후): 2차 걸프전과 헌법상 연방 KRG 획득

1998년까지 주도권 싸움을 벌이던 KDP와 PUK는 미국의 중재로 타협하여 사담 후세인을 제거하기 위한 대이라크 전선에 동원되었다. 미국의 화해중재 이후 협력하게 된 KDP와 PUK는 2002년 10월 실질적인 쿠르드자치국가 KRG의 재통합된 국회는 1994년 양측전쟁 이후 첫 공동민족국회를 구성하였다(Gunter 2011, 16).

2차 걸프전이후 KDP는 중동에서 확고한 미국의 동맹으로 인정받았고 대이라크전에서 KDP와 PUK는 미국의 동맹으로서 약 10만 2천여 명에 달하는 페쉬메르가를 동원하여 미국과 합동작전을 펼치며 활약하였다. 결국 이러한 대이라크전 결과 2005년 10월에 통과된 이라크 연방헌법에서 미국의 지원으로 이라크 내 쿠르드연방자치정부

기에 사담 후세인과, 터키와도 동맹을 맺었다. 이 두 세력은 서로의 거점인 아르빌과 술레마니아 쟁탈과정에 마수드 바르자니는 1996년 이라크 군대를 빌려 자신들의 거점도시였던 아르빌을 탈환하여 자신들만의 정부를 세우기도 하였다.

(KRG)가 설립되었다.

2003년 2차 걸프전 개전 전에 KDP, PUK 양측은 과거 미국의 배신을 상기하며 미국이 반사담세력을 하나로 통합하려는 노력에 회의적이었으며 쿠르드의 상황을 복잡하게 만든다는 이유를 거론하며 쿠르드가 반사담 전선의 중심이 되는 것을 거부하였다. 그러나 알-카에다(Al-Qaeda)에 의한 2001년 9.11 테러발발 이후 2002년 9월 마수드 바르자니와 잘랄 탈라바니는 통합전선에 참여하겠다는 의사를 미국에 전달하였다. 또한 2002년 말 친알-카에다인 안사르 알 이슬람(Ansar al-Islam)[19]과 전쟁이 시작되었는데 KDP와 PKK 역시 미국의 군사적 원조를 필요로 하였다. 전쟁직전 미군으로부터 이미 군사훈련을 받은 3,000명의 페쉬메르가가 대기 중이었다(Bengio 2012, 266).

터키가 이라크전에 참전하지 않기로 결정함에 따라 이라크 쿠르드는 즉시 이라크 북부에서 미국의 주요한 동맹이 되었다. 전쟁은 즉각적으로 이라크 쿠르드 민족운동세력에게 과거에는 존재하지 않았던 긴밀한 수준의 강대국과의 동맹을 가능하게 하였으며 KDP와 PUK는 이전에는 이라크에서 누려보지 못했던 가장 강력한 위치를 점할 수 있게 되었다. 이라크 북부의 KRG 모델은 터키, 이란, 심지어 시리아 쿠르드에게 용기를 주어 이전에는 시도하지 못하였던 그들의 권리를 대담하게 요구하게 되었다(Gunter 2011, 109).

그러나 더 중요한 것은 터키가 이라크 쿠르드의 연방제가 독립으

19) 2001년에 알-카에다의 지원을 받아 설립되었다. 쿠르드인들과 아랍인들로 구성되어 있다. 샤리아에 의한 지배를 받는 이슬람주의 국가를 지향한다. 이들은 주로 소련-아프간 전쟁에서 단련된 전사들로 KRG에 위협적이었으며 주 활동 무대는 PUK 지역인 할랍자 북쪽 이란 국경선 접경지역 이었다(Ofra Bengio, *op. cit.*, p.266., *ibid.,* 276).

로 가는 첫 걸음이 되는 것과 터키 쿠르드가 이를 통해 민족운동과 민족국가건설을 위한 운동에 긍정적 작용을 하는 것을 두려워 한다는 것이었다(*ibid*).

5) 5차 부족적 동원(2005년 이후): 중앙정치의 동원

이라크 임시국회에서 연방 영구헌법이 2005년 10월에 가결되었는데 국민투표로 영구헌법이 통과된 것은 KRG에게도 중요한 의미를 지닌다. 왜냐하면 이라크 최초로 연방주의가 헌법으로 채택되었고 이것은 KRG가 이라크의 연방임을 헌법이 보장한 것이다. 이는 과거 물라 무스타파로부터 시작된 민족운동과 민족국가설립을 위한 쿠르드의 많은 피와 희생의 결과로 탄생된 것이었다.

이제 쿠르드와 KDP는 피지배민족의 자격이 아닌 동등한 민족의 자격으로 중앙정치무대에 법적으로 진출을 하게 된 것이다. 이제는 민족운동을 위한 군사적인 동원에서 한 단계 더 상승된 중앙 정치무대를 향한 합법적인 정치동원의 형태로 전환된 것이다. 그것은 이원집정부제인 이라크 연방헌법에 따라 국회의원의 원내진출이 쿠르드의 생존이나 이익과 직결되는 형태로 바뀐 것이다. KRG 내부에서는 KDP와 PUK가 분점정부 형태로 운영된다 할지라도 이라크 총선에서는 통합하여 선거에 임할 수밖에 없는 상황이 되었다.

영구헌법이 제정된 이후 2005년 12월 15일 최초로 실시된 대통령 선거[20] 및 이라크 제1차 총선에서는 275석 중 압둘 아지즈 알 하킴(Abdul Aziz al-Hakim)이 이끄는 시아파인 '이라크통합연맹(UIA)'이 128

20) 이라크는 연방공화국이 되었으며 2017년 현재 이원집정부제와 유사한 형태이다. 총리는 정부의 수반이며 부총리가 있다. 대통령은 국가원수로 군통수권을 가지며 국가를 대표한다.

석, 수니파의 총선 참여로 22석이 줄어든 결과 잘랄 탈라바니와 마수드 바르자니가 연합한 '쿠르드연맹(KA)'[21]이 53석, 아드난 알 둘라이미(Adnan al-Dulaimi)가 이끄는 순니파 정당인 '이라크화합전선(IAF)'이 44석, 이야드 알라위 전 총리계인 '이라크국민리스트(INL)'가 세속 시아파로서 25석, 다른 순니파인 '이라크국민대화전선(IFND)'이 11석, 기타가 14석으로 제헌의회가 구성되어 새로운 헌법으로 치룬 첫 번째 총선이었으나 기존 제헌의회 총선에 비해서 처음 총선에 참여한 순니파 계열인 '이라크합의전선(IAF)'과 '이라크국민대화전선(IFND)'이 약진하여 총 55석을 획득하여 순니파가 정치적 영향력을 가진 정당으로 탄생하였다는 점이다(이성수 2010, 12).

그러나 이라크통합연맹(UIA)이 128석으로 과반의석 확보에 실패하였을 뿐만 아니라 대통령 선출 및 개헌에 필요한 2/3석인 183석을 확보하지 못함으로써 구세력이었던 순니파를 견제하기 위해서 시아파와 쿠르드의 연합전선은 필연적이었다. 그리하여 대통령은 과도정부의 대통령이었던 잘랄 탈라바니[22]가 선출되었고 시아파 계열의 이브라힘 알 자파리(Ibrahim al-Jaafari)는 총리로 선출되었다(위의 논문, 13-14).

잘랄 탈라바니는 2006년 4월 22일 이라크 대통령이 되었다. 잘랄 탈라바니는 비아랍 민족출신으로서 아랍인이 대다수인 국가에서 최초

21) 원래는 DPAK(Democratic Patriotic Alliance of Kurdistan)이었다.

22) 잘랄 탈라바니의 부인은 헤로 탈라바니(Hero Talabani)이며 이브라힘 아흐마드의 여식이다. 그녀는 KRG 의회의 의원이었으며 중요한 정치적인 역할들을 하였다. 그녀는 Kurd Sat TV의 소유자이고 Khak 출판그룹과 쿠르디스탄 아동구호단체의 회장이기도 하다. 그녀는 강력한 여권 운동가이자 다양한 여성조직의 장이기도 하다. 이라크의 퍼스트 레이디로서 그녀는 1년 중 절반은 바그다드에서 나머지 절반은 KRG 지역에서 보내며 PUK 정보원의 수장인 바펠(Bafel)과 과거 미국 KRG 대표, 2017년 현재 부수상을 역임하고 있는 쿠바드(Qubad) 두 아들을 두고 있다(Michalel M. Gunter, *op. cit.*, p.285. 2011).

로 대통령이 되었다(Gunter 2011, 287). 이후 2014년 7월부터 2017년 3월 현재 PUK 창설멤버였던 푸아드 마숨이 이라크 제7대 대통령을 역임하고 있다. 한편 많은 내부진통 끝에 2006년 5월 20일 시아파 정당인 다와(Islamic Dawa Party)당의 지도자이기도 한 누리 알 말리키(Nouri Kamel al Maliki)가 이라크 총리가[23] 되었으나 IS 사태가 격화된 이후 현 2017년 3월 현재 같은 다와당 출신 하이다르 알 아바디(Haidar al-Abadi)가 이라크 총리를 역임하고 있다.

2006년 5월 7일에는 이라크 연방정부로서의 쿠르드연방자치정부(KRG)도 정식으로 출범하였다.[24] 이에 이라크 내 신생 쿠르드연방자치정부가 터키 민족운동을 고무시킬 것을 우려하여 이라크 쿠르드 자치나 연방제를 결사적으로 반대하였던 에르도안(Recep Tayyip Erdoğan) 등 터키 정치 지도자들도 더 이상 KRG의 존재를 부정할 수 없게 되었다.

이러한 가운데 연방자치정부인 KRG와 중앙정부와의 이해관계가 첨예한 문제 중 하나는 다량의 원유가 매장된 키르쿠크의 미래와 같은 원유자원의 분배나 소유문제다. 이라크 영구헌법 140조는 2007년 말까지 키르쿠크의 미래에 대해 국민투표를 통해 결정하도록 규정하였는데 이에 대한 동의가 부족하여 현재까지 국민투표는 실시되지 않고 있는 실정이다. 그리고 2008년 여름 KRG와 이라크 군대는 양쪽의 경계선에 있는 카나킨(Khanaqin)에서 일촉즉발의 전쟁직전까지 갔다. 또 다른 첨예한 관계는 터키와의 관계인데 중요한 문제는 KRG내의 칸딜산에 거점을 가지고 있는 PKK에 대한 문제다(Gunter 2011, 18-19).

23) 이후 2선을 하였으며 그의 총리 임기만료는 2014년이다,

24) 입법부는 1992년 KDP와 PUK가 합의하여 동일 의원수로 설립한 쿠르디스탄 민족의회(KNA)이다.

2009년 7월 25일 마수드 바르자니는 약 250만 유권자들 중 거의 70%의 지지를 얻어 KRG 대통령에 재선되었다. KRG 수장으로서 마수드 바르자니는 중요한 역할을 수행하였는데 미국, 영국, 이태리, 사우디아라비아, 요르단 등의 지도자들과 정상회담을 하였으며 바티칸에서 교황을 예방하기도 하였다. 그러나 그는 터키와 키르쿠크, PKK의 사안에 대해서는 자주 첨예하게 대립한다(*ibid*, 54-55).

2. KDP의 부족주의·민족주의·이슬람 수용

1) KDP의 부족주의 수용

쿠르디스탄의 한 도시인 에르가니시의 높은 뒷산은 티그리스 강의 발원지이다. 도도히 흐르는 티그리스 강을 끼고 많은 부족들이 고대부터 존재하여왔으며 이 티그리스 강의 역사와 동일하게 부족주의의 역사 또한 그 근원이 오래되었다.

중동은 근본적으로 부족주의와 이슬람주의[25] 그리고 민족주의가 현재 중요한 이념의 역할을 하고 있다. 또한 이들은 중동 다수 민족들의 중요한 정체성이기도 하며 이러한 세 가지 이념충돌이 가장 첨예한 지역이기도 하다. 쿠르드의 경우를 살펴보면 이란 쿠르드 민족운동 리더십의 핵심은 항상 도시지식인들인 반면 이라크 쿠르드 민족운동의 리더십은 전통적, 부족적 특성을 가지고 있으며(Kamali 2003, 170) 이와 같은 전통적, 부족적 특성은 이라크 쿠르드 분리독립운동의 특징이라고 할 수 있다.

KDP의 부족주의 수용과정을 보면 다음과 같다. 첫째, 부족주의는

25) 'Islam'은 아랍어로 '복종'을 의미한다.

부족정체성과도 관련이 있으며 이러한 부족정체성은 부족의 오래된 역사와 경험을 통하여 형성되었다. 부족정체성을 규명하는데 사용되고 있는 이론적인 방법은 크게 4가지로 요약된다. 언어, 지역, 경제, 문화적 토대-로 구분하는 방법, 문화인류학자들의 접근 방법, '상황접근' 등인데 중동에서는 공통의 혈통에 의해서 부족이 규정되는 것이 원칙이다(유달승 2010, 100). 이러한 부족정체성은 오랜 혈통적 기원에 기반 하므로 어떠한 이념이나 정치성보다 우위적인 정체성이라고 할 수 있다. 그러므로 부족정체성은 국가적 혹은 민족정체성에 우선하며 민족국가 이전에도 존재해 왔으며, 일부 지역에서는 현재까지도 부족에 대한 연대감과 소속감이 국민국가(nation state)에 우선한다(서정민·인남식 2011, 13).

둘째, 부족장들은 무장과 동원능력을 가지고 있다. 이들 부족장들은 자체무장을 하고 절대적인 충성을 바치는 부족 구성원들을 거느리고 있는데 부족장보다 더 큰 쉐흐 가문의 물라 무스타파가 이러한 부족장들의 동원에 치중한 것은 당연한 것이며 자신의 민족운동의 토대 역시 부족이었다. 물라 무스타파는 주변부족들의 협력을 통해서 때로는 정복이나 지배를 통해서 이들의 부족적인 힘을 결집시켜 대이라크 민족투쟁 전선을 형성하였다. KDP는 초기에 기본적으로 부족장이나 종교지도자, 민족지도자 등 명망가를 포용한 집단으로 출발하였고 이들의 협력을 동원하여 민족운동과 민족국가건설에 총력을 다 하였다.

셋째, 이러한 부족주의는 내부투쟁을 일으키기도 한다. 1940년대 초 물라 무스타파가 민족운동을 시작하던 시기, 영국 정치고문관은 당시 독립적 세력을 가진 수많은 부족장들의 존재를 "조그만 연못에 너무 크고도 많은 물고기들(Gunter 2011, 237)"이라고 표현하였다. 이라크는 바르자니 부족 외에 친정부적 부족들(josh)이거나 반 KDP적인 바라도스트, 헤르키(가장 큰 부족으로 이란, 터키, 시리아, 이라크에 걸쳐 있다), 지바리, 수르치 부족들이 존재하였으며 KDP 내부적으로는 부족적 특성에 기반 한 바르자니파와 탈라바니파가 존재하였다. 물라 무스타파는 이들 친정부적이고 적대적인 부족을 무력으로 복속시키거나 지바리 부족같은 경우 부족장 마흐무드와 혼인동맹을 통해 부족의 협력을 이끌어냈다(Gunter 2011, 292). 특히 탈라바니 부족과의 투쟁 및 갈등은 오랜 기간 동안 지속되었으며 양자는 오랫동안 상호불신이 존재하였다. 그 예로 물라 무스타파의 소련 망명 당시 이브라힘이 정치국을 장악하려 한 것과 1963년 아리프(Abdul Arif)[26]가 권력투쟁에서 승리한 이후[27] 1964년 아리프를 지지한 물라 무스타파와 잘랄 탈라바니의 정치국 세력들 간의 정전협상을 둘러싼 내부투쟁 등이 그것이었다. 물라 무스타파는 이란과 동맹을 유지하였고 아흐마드와 탈라바니는 바아스(Baath) 정권과 유대를 발전시켜 나갔다(*ibid*, 173). 또한 바르자니 부족과 탈라바니 부족과 같이 현대에도 정당이나 정치에 부족적 가치나 관습이 이식되거나, 정당 내에서 부족 간의 권력분점이 이루어지거나, 정당 자체가 부족을 대표하거나, 부족을 중심으로 운영

26) 아리프는 1963-1966까지 재임. 1966년 4. 13일 비행기 사고로 사망하기 전까지 집권하였으나 쿠르드 민족운동과 민족문제에 관하여 강력한 동화정책을 기본으로 하는 등 역대 이라크 지배민족 집단의 정책과 대동소이 하였다.

27) 아리프는 쿠르드지역에 아랍화 정책을 시작하였는데 그것은 키르쿠크 유전지대 주변, 두브즈(Dubz), 알 데비스(Al-Debiss) 거주하는 쿠르드 주민을 추방하고 북부 지역의 주지사를 아랍인으로 임명, 마을명칭을 아랍어로 교체, 석유회사 쿠르드 직원의 해고 및 전출, 초/중등 교사들을 남/중부 이라크로 전근, 페쉬메르가를 방어하기 위한 아랍부족의 비정규군 조직과 아랍부족의 무장, 학교등 공공기관명을 아랍어로 교체. 사업주들이 공개적으로 활동하기 위해서는 아랍 식으로 이름을 개명하도록 하였다(남옥정, "이라크 전쟁 이후의 쿠르드족의 지위변화 고찰,"『e-Journal Homo Migrans』 Vol.2, June 2010, pp.10-11).

되는 것을 신부족주의(neo-tribalism, neo-tribal contest)라고(Mcdowall 2004, 462) 한다면 저자는 이러한 신부족주의 라는 정의도 의미가 있지만 기존 부족주의가 새로운 정치체제에서도 변함없이 지속되었다는 의미에서 과거의 부족이나 가문이 서구식 민주주의나 정치체제 내에서 새로운 세력화와 더불어 정치집단을 형성하므로 과거의 부족주의가 정당정치체제에 흡수, 참여하여 부족주의가 공고화되어가는 새로운 과정으로 파악하였다.

2) KDP의 민족주의 수용

첫째, 쿠르드의 민족주의 수용과정을 보면 다음과 같다. 부족국가는 부족의 혈연적 유대의 기초인 씨족제도였으며[28] 부족국가도 부족연맹(confederacy of tribes)을 거쳐 점차 민족으로 발전하였다. 따라서 민족의 최초의 형태 속에는 부족의 잔재가 남아 있다(정인홍 외 1988, 710). 이러한 부족은 부족정체성을 가지고 있으며 이러한 부족정체성 위에 민족정체성이 추가되거나 부족정체성이 약화된 경우 이것이 민족정체성으로 전환되었다. 쿠르드의 정체성은 여러 문헌들을 통해 고찰해 보면 이미 중세 이전에도 쿠르드의 정체성이 존재했었고 중세에 이르러서도 비록 그들이 대 부족 중심의 왕가나 공국의 형태들로 분할되어 있었지만 '샤라프나메(Sharaf Name)'와 같은 쿠르드의 역사나 문화정체성을 보존하기 위한 문서화 작업들이 면면히 이루어져 온 것을 알 수 있다.

---

28) 이러한 씨족과 혈통에 근거한 부족의 유대감, 통합성이나 응집력을 자자어로는 '메르두마티(Merdumati)'라고 한다. 원래 이 뜻은 이웃, 부족구성원, 자자어를 말하는 쿠르드인, 무슬림 등의 다양한 뜻이 있으나 다른 뜻은 가까운 친척들 간의 유대감으로 뜻을 제한해서 사용하는 경우도 있다(Mehmed S. Kaya, *op. cit.*, p.31).

둘째, 민족주의 확산, 강화과정을 보면 다음과 같다. 먼저 확산의 과정을 보면, 근대 민족주의 등장과 더불어 쉐흐나 부족장, 쿠르드 지식인들 사이에서도 쿠르드 민족주의가 소개되었고 오스만 투르크의 붕괴를 전후로 하여서도 쿠르드 민족주의는 이미 대중 사이에 광범위하게 확산되었음을 알 수 있다. 단지 민족주의보다 더 강한 부족주의가 존재하였으므로 유럽이나 아시아보다 덜 부각되었을 따름이다. 그러나 민족주의가 광범위하게 인식된 계기는 일제 강점기에 한국 식민지 민중들에게도 영향을 미쳤던 윌슨(W. Wilson)의 민족 자결주의의 영향도 지대하였다. 즉, 윌슨은 1916년 5월 사이크스-피코협정에 의한 영, 불의 오스만 투르크 강제분할 시기인 1918년 1월 8일 '세계평화를 위한 14개 조항(Fourteen Points for World Peace)'[29)]을 선언하였다. 선언문에 나타난 민족자결주의는 전 세계의 피지배민족들에게 민족주의를 확산시켜주었으나 미국은 영, 불의 이익에 따라 오스만 투르크가 일방적으로 분할되는 것을 방지하고 차후 분할과, 국제정치와 관련하여 그들의 경제적, 정치적 이익에 기반 한 자신들의 개입여지를 남겨두기 위한 일부 목적도 존재하였다. 그러나 12조에 오스만 투르크제국 내 각 민족들의 자치 및 자율성이 보장되어야 한다는 조항은 쿠르드 민족운동에 상당히 긍정적인 역할을 하였으며 쿠르드 역시 이 조항에 의해 민족주의가 확산되었다(Mcdowall 2004, 115-117).

이러한 쿠르드의 민족주의의 강화과정을 살펴보면 다음과 같다. 이는 18세기 후반 라틴 아메리카에서 본국인들에게서 차별을 받던 식민지 태생 백인들에 의해서 민족주의가 생성되었다고 하는 주장과 맥락이 유사하다(21세기 민족주의 포럼 엮음 2010, 91). 즉 쿠르드의 민족주의

29) 14조에 국제연맹 창설이 들어있다.

는 지배민족이었던 오스만 투르크제국, 이란, 터키, 이라크, 시리아에서 쿠르드를 차별하고 억압하였던 지배민족에 대항하여 일어났던 쿠르드 분리독립의 열망, 민족국가건설의 열망과 좌절, 그리고 이어진 지배민족의 무자비한 탄압 과정에서 자연스럽게 민족주의는 강화되었으며 바르자니들과 물라 무스타파와 KDP의 부족주의 역시 이러한 맥락에서 민족주의를 도입, 강화하게 되었다.

셋째, KDP 바르자니들의 민족주의 투쟁과정은 다음과 같다. 바르자니들은 비록 부족주의에서 출발하였지만 쉐흐 압두스 셀람 2세가 봉기하면서 대이라크 정부에 요구한 사안들은 자신들의 부족적인 이익이 아니었을 뿐더러 쿠르드 민족전체를 위한 요구였다. 그러나 이 당시에 이미 쿠르드 민족주의는 지배층, 지식인 등 민족운동 세력들에게는 일반적이었다. 이러한 민족운동 가운데 바르자니들은 부상하는 쿠르드 민족주의의 중심이 되었다(Gunter 2011, 58). KDP는 근본적으로 민족주의적이고 전통적인 당으로 바르자니 가문이 장악하여 왔으며(*ibid*, 172) 바르자니의 민족주의 투쟁과정은 간략히 다음과 같다. 바르자니 형제 가운데 가장 나이가 많았던 쉐흐 압두스 셀람 2세[30]는 오스만 투르크 제국 당시인 1907년 다른 부족장들과 함께 오스만 투르크 제국에게 쿠르디스탄에서 쿠르드어의 사용과 교육 등의 허용을 요구하였으나 오히려 체포되어 처형되었으며 이러한 민족운동은 쉐흐 아흐마드, 물라 무스타파에게 계승되었다. 반세기 이상을 물라 무스타파는 이라크 정부와 투쟁하였으며 그의 타고난 보수주의와 부족정신에도 불구하고 1946년 9월 16일 창당된 KDP의 정신을 인도하였다(*ibid*, 14).

30) 아랍어 발음은 셀람이나 살렘으로 표기한다. 정확한 북부, 남부 쿠르만지어 발음을 알기 어렵다. 다양한 표기가 쿠르드인들 사이에 쓰여진다.

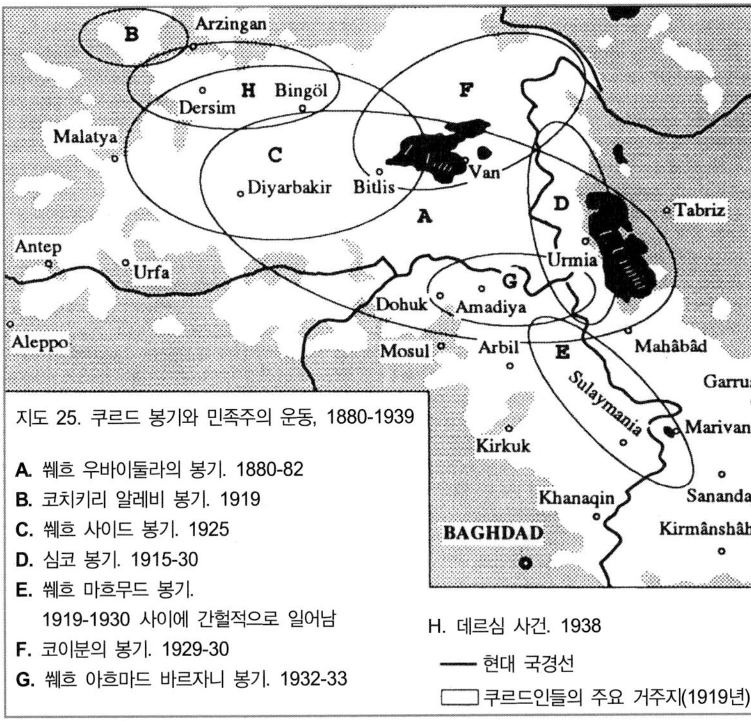

출처: Mehrdad R. Izady, *A Concise Handbook The Kurds*, Published by Talor & Francis, 2009, p.63.

<그림 8> 1880-1939년 시기의 쿠르드 봉기와 민족주의 운동

이와 같이 KDP는 비록 부족에서 출발하였지만 민족주의를 수용하였으며 물라 무스타파의 분리독립운동에 대해서 많은 서구학자들은 물라 무스타파와 KDP가 민족주의 입장에서 분리독립운동을 하고 있음을 서술하고 있으며 벤지오는 이를 '쿠르드민족운동(Kurdish national movement)'이라고 일관되게 서술하고 있다.

3) KDP의 이슬람 수용

KDP는 이슬람을 수용하였으며 생활전반에 걸친 이슬람의 영향력은 수용하였다. 그것은 바르자니와 탈라바니 가문이 유명한 수피 쉐흐 지도자 가문이었던 영향도 존재한다. 이슬람은 이미 쿠르디스탄에 광범위하게 확산되어 있으며 여기서 사용하는 이슬람주의의 의미는 이란과 같이 이슬람 성직자나 이슬람의 종교적 가치가 국가의 일체를 지배한다는 의미는 아니며 쉐흐 등 이슬람의 가치와 영향력이 쿠르드인들의 심리에 내재하고 영향력을 미친다는 의미다. 이러한 이슬람의 영향력은 KRG의 헌법에도 국교는 이슬람이라고 명문화하고 이슬람을 정치적으로 동원하므로 이슬람이 갖는 정치적 의미 역시 높다고 할 수 있다. 그러므로 옅은 의미를 가진 이슬람주의를 사용하기도 하나 이슬람의 통치를 의미하는 이슬람주의와 차별을 두기 위하여 이슬람의 수용이라는 용어를 사용하였다. 이와 같이 중동에는 이란, 사우디아라비아, 터키의 에르도안과 같이 이슬람을 자신의 정치적 기반으로 삼으려는 이슬람주의적인 정치세력들이 항상 존재한다.

이슬람주의의 정의를 살펴보면 호메이니가 1971년 발표한 "이슬람법학자통치론(Valayat-e Faqih)" 또는 "이슬람정부(Hokumat-e Islami)"에서 이슬람법과 원리에 따른 사회와 행정기관이 필요하다고 주장하였다. 이슬람법학통치론은 이슬람법학자가 통치하는 사회를 말한다(유달승 2007, 47-48)라고 하는 부분은 이슬람주의를 잘 표현하고 있다. 또한 버먼(Sheri Berman)은 이슬람주의를 "이슬람이 사회적·정치적·개인적 삶을 인도해야 한다는 믿음"이라고 설명한다(서정민·인남식 2011, 16).

이슬람주의의 근원은 코란과 무함마드에서 기원하는데 이슬람 경전 쿠란 4장 59절 "믿는 자들이여, 알라께 복종하고 사도 무함마드와 너희 가운데 책임이 있는 자들에게 순종하라."는 구절은 아랍권의 정부 혹은 지배세력의 정통성에 절대적 가치를 부여하는 내용이다. 권위주의 체제를 정당화하기 위해 1,400여 년 전에 계시된 이 쿠란 구절들은 현재도 정치적으로 이용되고 있다. 무함마드는 종교지도자인 동시에 정치지도자였다(위의 책, 36). 유교와 마찬가지로 이슬람도 일종의 통치철학적인 특성을 상당부분 보여주고 있다. 또한 국민의 삶을 통제하는 데 용이한 생활종교 형태를 갖추고 있다. 무함마드는 자신의 종교적 권위와 더 나아가 정치적 권위에 도전할 세력을 용납하지 않았다. 때문에 이슬람 전체 인구의 약 90%를 차지하는 순니파에는 성직자 계급이 없다. 무함마드가 추구한 것은 백성의 도전이 존재하지 않는 권위주의 사회였다(위의 책, 36-37).

다음은 이러한 이슬람주의가 무함마드 이후 정치에서 발현되는 예들이다. 오스만 제국시대에는 이슬람학자인 울라마(ulama)와[31] 수피 지도자가 정치와 사회생활에서 중요한 역할을 하였다. 이들은 무력을 바탕으로 하는 군사엘리트와 서민 사이의 중재자였다. 상급 울라마는 정치적 지배세력과 관계를 맺고 설교와 같은 종교적인 임무를 수행했으며, 그 대가로 와크프(waqf, 종교적 재산) 등을 수령하였다. 그들은 맘

31) 울라마는 이슬람에 관한 높은 학식을 갖춘 신학자이자 법학자 층으로 이슬람종교에 관한 지식을 쌓은 무슬림 법학자, 신학자들을 통칭하는 말이다. 이들은 이슬람법의 수호자이지만 성직자는 아니다. 단지 종교에 관한 가르침과 올바른 인도를 할 수 있는 지식인들로서 높은 학식 때문에 무슬림 대중으로부터 존경을 받고 있는 무슬림 학자들일뿐이다. 이슬람은 신-인간은 본질이 전혀 다르며 관련이 없는 것으로 양자 간의 구분이 분명하다. 인간의 영혼과 육신은 신의 소유이며 인간은 창조주 앞에 모두 동일하므로 이맘, 할리파 역시 마찬가지다(조선시대 인물성동이론과 유사한 논쟁이다. 정호와 이재 그리고 이간의 낙론은 인물성동론을 주자와 기호학파인 우암과 권상하 그리고 한원진의 호론은 인물성이론을 주장했다-저자 주). 그러므로 할리파의 권위도 신에게서 나온 것이 아니라 움마라는 공동체 구성원들이 할리파를 신임하여 충성서약을 한다는 것이다. 무슬림은 샤리아(아랍어-길)라는 법체계에 의해 지배를 받는데 이는 알라에게 복종하고 추종해야할 길을 의미한다. 샤리아는 모든 영역에서 무슬림의 행위를 구속한다. 그러므로 도덕상의 죄와 법률상의 죄가 구별되지 않으며 이러한 모든 해석에는 울라마의 해석이 참고된다(손주영 2005, 42-46).

루크 파벌들 사이의 분쟁에서 협상가와 조정자로서 활동하였으며, 은행가나 징세관의 역할도 수행했다. 또한 정권의 요구사항을 서민에게 전달하는 역할을 하였다(위의 책, 17-18).

한편 오스만 제국 시대에 대부분의 아랍국가에서도 울라마는 서민들과 긴밀한 관계를 유지했다. 교육, 법률, 공중보건, 사회복지 문제들은 대부분 이슬람 지도자, 즉 울라마들의 관할권 하에 있었다. 지도급 학자와 수피는 자신의 거주하는 지방의 분쟁을 조정하고 빈민을 구휼하는 한편 병사나 징세관의 횡포로부터 주민을 보호하는 역할도 맡았다. 그러나 19세기를 거치면서 울라마는 대부분의 영향력을 상실하였다. 울라마는 공적인 활동에서 벗어나, 교육과 사법이라는 협소한 영역을 지키기에 급급했다. 수피의 권력도 위축되기는 마찬가지였다(위의 책, 18-19).

현대에 이르러 이슬람주의는 수많은 소 집단에 의해 다양한 방식으로 표현되었다. 이브라힘(Saad Eddin Ibrahim)은 이슬람주의에 영향을 받은 사람들을 네 부류로 특징지었다. 첫째, 비정치적인 성향으로 체제를 수용하려는 집단, 둘째, 무슬림형제단과 유사한 방식, 즉 현대적이고 점진적인 방식으로 제도권 내에서 활동하려는 집단, 셋째, 정부에 대한 무장투쟁을 강조하는 과격성향 집단, 넷째, 겉으로만 혹은 명목상의 이슬람을 표방하는 사회에 대해 기꺼이 무력을 사용하려는 집단이다(위의 책, 23).

이러한 가운데 첫째, 쿠르드의 이슬람 수용을 살펴보면 다음과 같다. 쿠르드인들은 천사의 종교(Cult of Angels) 중 하나로 고대 천문력을 소유한 예지디(Yezidism)와 같은 6000년 이상 된 토착 종교부터, 믿음의 조상 아브라함 역시 쿠르디스탄의 샨르 우르파에서 탄생하였으며, 야르사니즘(Yârsânism), 알레비즘(Alevism)과 수피종단(Sufi Mystic Orders),

쿠르드인 조로아스터가 직접 만든 조로아스터교(Zoroastrianism) 등을 비롯한 다양한 종교를 창시 또는 수용하여 왔다. 한때 중앙 쿠르디스탄은 유대교가 번성하였으며 기독교 역시 발달하였다. 수피종단을 받아들여 수피즘의 영향을 강하게 받은 쿠르드인들은 직접 왕조를 개창하기도 하였다. 이슬람은 쿠르디스탄에 7세기 이후 하층부터 전파되었으나 12세기에 이르러서도 중심종교 역할을 하지는 못하였으나 점차적으로 늦게는 16세기에 개종하기도 하였다(Izady 2009. 135).

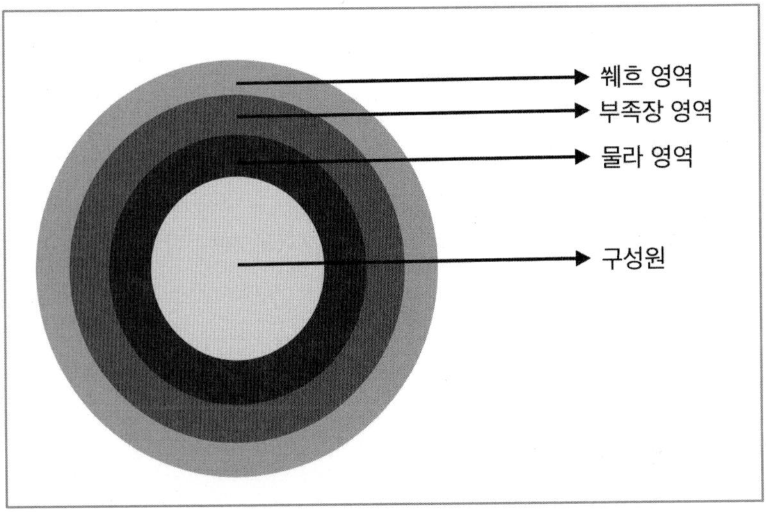

출처: Mehmed S. Kaya, *The Zaza Kurds of Turkey-The Middle Eastern Monority in a Globalised Society*, I.B.Tauris & Co Ltd, 2011, p.75.

<그림 9> 자자 부족에서 구성원을 둘러싼 쉐흐, 부족장, 물라 세력권표시도

둘째, KDP의 이슬람 수용을 살펴보면 다음과 같다. 쿠르디스탄에서 이슬람의 지도자들이 민족운동과 분리독립운동의 중심세력으로 자연스럽게 성장하였다. 바르자니 가문은 전통적인 쉐흐 가문으로 쉐흐 압두스 셀람 2세 바르자니, 쉐흐 아흐마드 바르자니(1896년-1969년) 등도 쉐

흐로서 종교적인 권위를 가진 채 민족운동에 투신함으로서 이슬람과 부족주의가 결합된 KDP의 민족운동은 시작되었다. 이러한 이슬람의 영향력을 알고 있었던 무스타파 바르자니가 물라[32]라는 명칭을 사용하고 이슬람을 표방한 것은 민족운동의 측면에서 의미가 있으며 특히 이슬람 정도가 높은 이라크에서 전략적 의미가 있었다.

먼저 이라크 쿠르드의 종교분포는 대략 다음과 같다. 이라크는 디얄라주의 쿠르드 시아파가 약 50%에 이르는 것을 제외하고는 순니파는 술레마니아 97.5%, 아르빌 94%, 도훅 80.5%에 이른다(Izady 2009. 133). 이러한 이라크 쿠르드의 종교적인 분포와 함께 아래의 표 '주요 아랍국의 부족주의 및 이슬람주의'을 보면 이라크 바르자니의 부족주의와 이슬람을 기반으로 한 분리독립운동이 이라크에서 효과적이었다는 것을 상대적으로 보여준다. 이스라엘과 팔레스타인, 세속주의 군부정권과 1990년대 내전을 치른 알제리, 이슬람주의의 본산인 이집트, 다국적군의 침공을 받은 이라크, 알카에다의 새로운 거점이 되고 있는 예멘과 소말리아의 경우가 이슬람주의의 영향을 많이 받고 있는 국가들이다. 정치적 성격이 강한 이슬람주의 단체들이 존재하는 것이 사우디, 팔레스타인, 알제리, 예멘, 소말리아, 이라크, 이집트 등이다(서정민·인남식 2011, 30).

결론적으로 KDP는 이슬람주의식 통치 방식이나 이슬람 성직자들을 중심으로 정부를 운영하는 등의 극단적인 이슬람주의가 아닌 이슬람의 원리나 샤리아 등을 수용하는 수준이며 이란과는 달리 정교분리적인 태도를 견지하고 있다.

---

32) '물라' 즉 'Mulla'는 종교 교리를 가르치는 선생이나 지도자라는 종교적인 의미가 있다.

<표 7> 주요 아랍국의 부족주의 및 이슬람주의 수준

부족주의의 수준		이슬람주의의 수준	
소말리아	9.6	사우디아라비아	7.9
예멘	9.3	팔레스타인	6.3
리비아	8.9	알제리	6.1
바레인	7.7	**이라크**	**5.2**
사우디아라비아	7.1	예멘	5.2
수단	7.0	소말리아	5.1
이라크(이하 생략)	**6.8**	이집트(이하 생략)	5.0

출처: 서정민·인남식, "중동 민주화의 대내외 정치역학", 대외경제정책연구원, 서울: 예당문화인쇄, 2011. p.29.

3. KDP의 조직

1) KDP의 조직

(1) 국내 정당 및 조직

KDP는 과거 민족운동이 활발하던 시기에 PKK의 BDP와 같이 이라크 국회 내에서 정당 활동을 하는 위성(衛星)[33]정당을 별도로 존치시키지 않았다. 또한 KDP의 국내조직은 당 조직과 군사조직, 비밀정보조직 외 다른 특별한 조직은 크게 드러나지 않았다. 반면에 PKK는 터키의 복수정당제 실시를 이용하여 다양한 세력들을 원내에 침투시켰고 PKK는 합법적 정치투쟁과 쿠르디스탄의 대표성을 나타내기 위하여 정당을 설립하였다. 이러한 합법정당을 통한 정치권 진입은 맑스-레

33) PKK를 중심으로 PKK와 관련을 맺고 PKK의 외곽에서 PKK를 지원하는 역할을 한다. 이는 물론 PKK를 중심에 놓고 보는 관점이며 정치적인 관점에서는 위성정당, 위장정당의 역할을 한다.

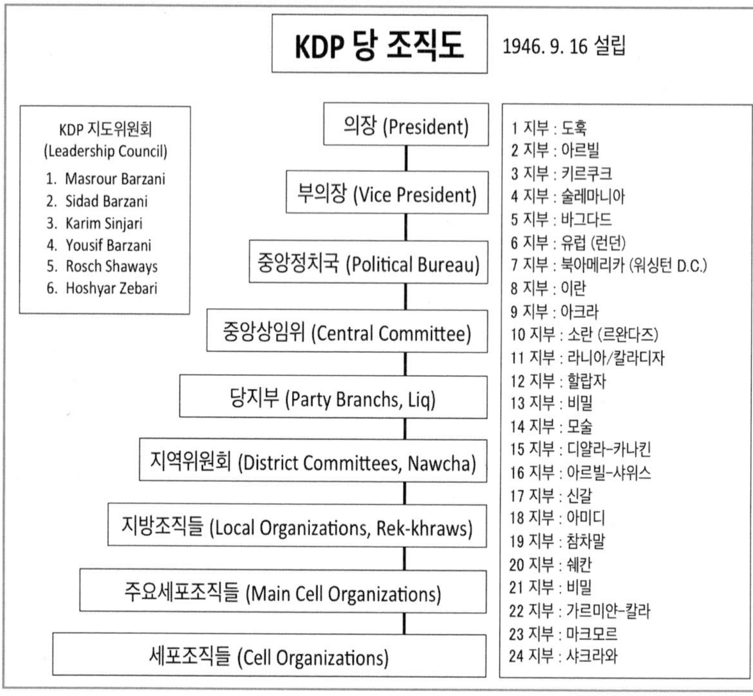

출처: 2014년 10월 KDP 정당 홈페이지 참조.

<그림 10> KDP 당 조직도

닌주의나 사회주의 계열의 권력투쟁에서 나타나는 공통적인 특징이기도 하다. 그러나 KDP는 정당을 대변하는 신문을 발행하고 라디오 방송을 송출하였는데 그것은 다음과 같다. 첫째, KDP 당 신문은 '알 타크히(Al-Ta'akhi)'가 존재하며 쿠르드어와 아랍어로 된 알타크히(Bengio 2012, 100)[34]는 매일 발간되었다. 둘째는 라디오 방송으로 '라디오 쿠르디스탄(Radio Kurdistan)' 역시 당에서 운영하였다(*ibid*, 145).

34) 형제의 의미가 있다. 당 신문인 카바트(Khabat, Struggle)는 이브라힘 아흐마드에 의해서 1950년대에 창간되었으나 폐간되었다.

또한 KDP 당 정보조직으로 파라스틴이 존재하는데 마수드 바르자니는 16세에 학업을 포기하고 페쉬메르가에 입대하였고 그가 20세가 되었을 때 파라스틴의 수장이 되었다(*ibid*, 162).[35]

(2) 국외 정당 및 조직

KDP는 이라크 쿠르드 민족국가를 지향하였으므로 범쿠르디스탄 공산체제를 지향하는 PKK와 같이 주변 지역국가들 내에 그들의 세력을 규합하기 위한 정당설립 필요성이 적었다. 그러나 1965년 터키에서 KDP의 지부형식으로 물라 무스타파의 영향을 받아 PKK를 견제하고 전통주의와 민족주의 세력의 결집을 의도하여 창당된 터키쿠르드민주당(The Kurdistan Democratic Party of Turkey, 이하 KDPT)과 현재도 활동하고 있는 시리아쿠르드민주당(Kurdistan Democratic Party of Syria, 이하 KDPS) 등이 있다. KDPT는 1965년 파익 뷰작(Faik Bucak)이 창당하였으며 KDP의 보수적이고 민족주적인 모델을 답습한 것으로 이라크 KDP와 바르자니의 영향력 아래 존재하였다. 1966년 터키 쿠르드 내 분리독립운동 세력과 헤게모니 쟁탈과정에서 뷰작이 암살당하였다. 이어 세라페틴 엘지(Serafetin Elci)가 지도자 직을 승계하였으나 KDPT는 분열되어 1970년대 초반에 붕괴되었다(Gunter 2011, 176). KDPS는 시리아에서 PYD와 협력보다 갈등이 더 많은 관계다.

국외 조직은 이라크의 주변 지역국가 또는 유럽이나 북미 등에 존재하는 조직으로 KRG라는 이라크연방자치정부가 설립되기 이전에

---

35) 동일 페이지 벤지오에 의하면 약 1967년경 파라스틴 수장에 임명되었으며 1979년 이란에서 열린 KDP 9차 당대회에서 당명을 KDP로 확정하였다고 한다. 1987년 이드리스 바르자니 사망 후 2살 연하의 마수드 바르자니가 지도자가 되었다고 언급하고 있다.

존재했던 뚜렷한 해외조직은 알 수 없다. 범쿠르디스탄을 지향하는 PKK는 다양한 해외 네트워크를 구축하였지만 KDP는 자체 부족을 중심으로 민족운동을 추진하므로 북미, 유럽, 주변지역 국가들에 존재하는 연락사무소나 업무적인 기관이외에 민족국가건설과 직접적으로 연결되어 적극적으로 활동하였던 조직여부는 조사가 더 필요하다.

2) KDP의 목표

(1) 2단계 목표 설정

일반적으로 쿠르드 민족이 곧바로 민족국가건설을 추구한다는 것은 중동지역 국가들의 정치역학 상 힘들다고 판단이 되며 이러한 국내외 정치를 의식한 쿠르드 민족운동진영에서는 대부분 자치를 우선 요구하여 일단계로 지배민족의 가혹한 탄압과 민족불평등의 상황에서 탈피하고자 하였다. 또한 KDP와 같이 비록 분리독립운동과정에서 전략적으로 일시 쿠르드 자치를 주장하였으나 근본적으로 그들의 목적은 쿠르드 민족국가건설이다. 마수드 바르자니는 점진적인 쿠르드 민족국가건설의 단계를 이행하려고 노력하였다. 왜냐하면 마수드 바르자니는 성급한 분리독립의 추진이 지역국가들의 큰 반발을 초래 할뿐만 아니라 강대국도 주저한다는 것을 이미 잘 인식하고 있었다. 그러므로 그동안의 쿠르드 자치는 다분히 전략적 요구였다고 판단된다.

(2) KRG 이후-민족국가건설

마수드 바르자니는 2014년 6월 IS로 인해 시기가 도래하자 쿠르드 민족국가 건설을 언론에 공개적으로 피력하였으나 이는 주변국들의 경계를 사기에 충분하였다.

이라크 KRG는 자치정부 수립이후 실질적으로 주변지역 국가에 거주하는 쿠르드인들에게 쿠르드 민족운동의 의지처 역할을 하고 있는 것은 사실이다. 터키, 이란, 시리아 등에서 쿠르드 민족운동을 하고 있는 많은 분리독립운동단체들도 KRG와 관련을 맺고 있다. 그러나 범쿠르디스탄 국가를 주장하였던 PKK와는 헤게모니 쟁탈전이 존재한다. 비록 연방 헌법에 의한 쿠르드연방자치정부가 성취되었으나 IS로 인하여 전쟁이 재발하였으며 공동의 적을 앞에 두고 있는 KDP와 미국은 이러한 전쟁의 역학구도에서 2014년 현재 KRG의 민족국가건설 목표와 더불어 민족국가건설이 어떤 방식으로 전개될지는 주목되는 부분이다.

3) KDP의 구성원

(1) 지도자 계층

KDP는 부족장, 사회주의 파벌, 종교 지도자나 명망있는 민족 지도자들이 중심이 되어 이끌어가는 민족분리독립운동단체로 출발하였다. 이라크 KDP와 전략적으로 연대하여 1964년에 터키에 설립된 터키 KDP(KDPT)도 도시의 유명한 변호사나 이슬람 성직자(울라마) 등 쿠르드의 명망가를 중심으로 창당되었다. 이와 같이 바르자니는 쉐흐 가문으로 쿠르드 분리주의 운동을 전개한 전통적인 종교적, 부족적 보수세력의 가문이었다.

(2) 주요 구성원

과거 KDP는 좌우와 다양한 세력들이 결집된 단체였으며 군사조직인 페쉬메르가를 살펴보면 조직 자체는 바르자니, 탈라바니 양 부족을 중심으로 양분되었고 여기에 민족적, 이념적 동원이 추가 된 군대조직으로 정규군 보다는 숫자가 적지만 일반 군대편제를 보유한 KDP 무장투쟁의 핵심 전위부대였다. 이러한 부족조직을 통한 충분한 병력

의 부재였다. 군사력의 중요성을 인식한 물라 무스타파는 소련 망명 당시에 게릴라전 등에 관한 군사지식을 습득하여 왔다.

(1) KDP의 무장 수준과 페쉬메르가의 숫자

미국과 이스라엘은 KDP 자체가 내포하고 있는 대중동 전략의 유용성을 일찍 간파하였으며 이스라엘 국가 설립 시 모르데차이(Yitzhak Mordechai)와 같이 쿠르디스탄에서 이주해 간 쿠르드 유대인들이 군 장성 등으로 성장하면서 군사, 정치적인 면에서 KDP-이스라엘 간의 가교 역할을 수행하였다. 그러므로 KDP는 이스라엘, 이란, 터키, 미국과 전략적인 연대를 맺고 무장, 보급, 전투능력 향상을 위한 전술훈련 등 전쟁에 관한 전반적인 지원을 받게 되어 약 10만 명 정도인 페쉬메르가의 무장능력과 전투력은 이라크군과 정규전을 수행할 정도로 성장하였다. 2003년 이라크전 당시 쿠르드 군대는 KDP 소속의 페쉬메르가 약 6만 2천 명, PUK의 페쉬메르가가 약 4만여 명으로 도합 약 10만 2천여 명에 달하였다. 이들은 주로 게릴라 부대였으나 근래에 들어 정규군의 교육을 이수하여(김은수 2007, 132-133)' 이들이 꾸준히 게릴라전과 정규전에 대한 훈련을 받아 온 것을 알 수 있다.

다음 표에 나타난 병력은 일반적으로 언급되고 있는 페쉬메르가의 숫자이다(위의 논문, 132). 이와 같이 KDP는 이라크 정규군과도 대적할 수 있는 동원이 이루어져서 미국의 대중동 전략에도 매우 높은 가치를 지닌 동맹가능 세력이라고 할 수가 있으며 이러한 전체적인 무력의 측면에서 살펴보면 PKK 보다 우세한 전력을 보유하였다.

<표 8> 쿠르드 군대와 공화국 수비대 전력 비교[37]

구분	이라크군	쿠르드연합군
지도자	사담 후세인	마수드 바르자니(KDP), PUK
병력	375,000 여명	102,000 여명
항공무기	전투기 316대, 지원기 176대, 헬기 283대.	알 수 없음
해군전력	총 18척-미사일정, 기뢰제거함, 초계함 등.	없음
전차/장갑차	장갑차 : 3,700대 전 차 : 2,200대	상당수의 탱크, 야포 보유
자금조달	유류판매, 세금[38]	하부르 세관 연간 약 9,125만 달러 등[39]

출처: 김은수, 「9.11테러 이후 미국의 아프간·이라크전 연합작전의 성격과 행태분석」, 경기대학교 정치전문대학원 박사학위논문, 2007. p.132.

(2) KDP의 경제력

또 다른 무력의 일면은 경제적인 능력이다. PUK와 주요 분쟁의 원인도 터키 국경 하부르(Khabur)[40]에서 1990년대 매일 징수되는 통행세

37) 김은수 2007, 113-114에 의하면 2003년 이라크전 당시 KDP의 페쉬메르가는 6만 2천명의 병력과 소규모 탱크와 야포를 소유하였다. PUK는 4만 명의 페쉬메르가를 보유하였으며 미국 CIA와 특수부대로부터 장비와 훈련 등의 지원을 받아 왔다고 한다. 이 페쉬메르가 숫자는 두 가지 이유에서 합산하였다. 즉 첫째, 최초 통합 KDP로 물라 무스타파와 이브라힘 아흐마드-탈라바니가 1946년 출발하였다는 이유와 둘째는 비록 이들이 1975년 분파되었으나 연합군과 대이라크 연합 전쟁의 시점에서는 양측이 협력하였던 체제이므로 KDP, PUK 양측 병력을 합산하였다. 또한 두 단체 모두 대이라크 전선에서 민족운동을 위한 중요한 시기에는 협력하였다.

38) 연구자 註

39) 연구자 註

40) Hebrew와 발음이 비슷하다. 군터는 하부르 세관에서 매일 15만 달러에서 최대 1백만 달러의 수입이 발생하였다고 한다(Gunter 2011, *op. cit.*, p.111). 시르낙에

약 25만 달러 등의 관세수입과 키르쿠크 쟁탈전과 같은 경제적 기반을 쟁취하기 위한 전쟁도 주요 원인으로 작용하였듯이(Mcdowall 2004, 389-390) 경제적인 능력 즉 자금력은 분리독립운동의 활동에 매우 중요하다. KDP는 이란, 터키, 미국 등으로부터 지원과 일부 원조를 받았으며 오랜 부족적인 기반으로부터도 민족운동에 필요한 재정적인 부분을 조달한 것으로 보인다.

(5) KDP의 리더십: 가부장적 권위주의 리더십

부족의 전통에 의한 가부장적 권위주의 리더십이다. 단 바르자니 가계의 민족운동은 쉐흐들로부터 이루어진 측면이 있어 종교적 권위주의도 추가되었다. 서정민은 부족사회의 특징을 가부장적 권위주의로 표현한다(서정민·인남식 2011, 33). 그러나 대대로 쉐흐 가문이었던 바르자니는 이슬람적 리더십도 포함한 것으로 간주된다.

4. KDP의 4시기별 동원

분리독립운동에서 중요한 시기를 선택하여 KDP와 PKK의 시기별 동원의 원인을 분석하는 이유는 다음과 같다. 결국 분리독립운동 과정에 있는 정치집단인 KDP, PKK가 자신들의 목적(Goal)을 달성하기 위한 내부변수인 조직과 동원의 능력은, 특히 동원은, 분리독립운동 과정에서 조직에 의한 정치이념의 선택, 조직의 역량, 국제적 연대 등의 결과가 집약되어 표출되는 산출의 역할을 하므로 매우 중요하다. 그러므

위치한 하부르 세관은 국경검문소가 있으며 이라크로 반입되는 대부분의 물품은 이곳을 통과한다. 이곳을 장악하고 있는 KDP는 이곳 세관에서 나오는 수입이 과거 민족운동의 주요 자금원이 되었다.

로 지배구조를 변화시키기 위한 조직과 동원, 이념과 동원, 국제적 연대와 동원의 상관관계를 알아보는 것은 중요하며 이러한 동원의 원인과 숫자는 정치집단인 분리독립운동단체의 무장투쟁의 결과에 막대한 영향을 미치게 된다. 특히 내부동원의 역량이 높은 분리독립운동단체의 경우 분리독립운동의 결과에 긍정적인 영향을 미치게 된다.

저자가 기준으로 삼는 내부동원과 외부동원의 차이를 구분하면 내부동원은 예를 들어 KDP의 분리독립운동과정에서 KDP와 이라크간의 상호대응 결과로, 즉 난민, 강제이주 등도 포함하여, 동원이 일어났거나, 이라크 내정과 관련하여 KDP가 동원되어 정치적 결과를 얻는 동원의 형태를 의미한다. 이 외에는 외부동원에 해당되며 외부동원은 주변국의 영향 등 정치집단인 KDP가 속한 국가외적인 사건과 이라크 외 지역에서 일어난 사건의 영향을 받아 동원이 일어나는 경우이다.

PKK의 동원과 KDP의 동원이 그들 자신의 역량에 의한 내부동원력에 기인하느냐 아니면 외부동원력(인근 국가 쿠르드 집단의 영향)에 기인하느냐를 분석하는 이유는 그 분리독립운동단체의 순수한 분리독립운동역량과 동원능력을 알 수 있는 중요한 지표중 하나라는 것이다. 즉 지배민족의 국가에 대항했던 분리독립운동단체들이 가진 민족국가를 설립하기 위한 조직의 역량정도를 측정하기 위한 것이다.

1) 1차 대규모 동원(1975년 이전): 내부동원

KDP는 창당 당시 3개의 주요세력이 연합하였다. 첫째, 부족 세력, 둘째, 공산주의 세력, 셋째, 쉐흐 등 이슬람 세력이다. 1946년 8월 KDP의 창당 초기에는 다양한 파벌들이 참여하였다. 최소한 4개의 다른 정치적 그룹들의 일부분들이 창당과정에 참여하였는데 그것은 히와(Hiwa)[41], 소레쉬(Shoresh, Revolution: 쿠르드공산주의자그룹), 리즈가리

(Rizgari, Liberation: 쿠르디스탄의 자유와 통일을 모색하는 대중전선그룹), KDPI의 이라크 지부이다. 함자 압둘라는 당 사무총장, 두 지주인 쒜흐 라티프(Sheikh Latif, Sheikh Mahmud Barzinji의 아들)와 쒜흐 지아드 아가(Sheikh Ziad Agha)는 당 부총재로 선출되었다(Gunter 2011, 172).

바르자니 계열로 쒜흐, 지주, 부족장 등 전통주의적이고 부족적인 세력들과 이브라힘 아흐마드, 잘랄 탈라바니 등 맑스-레닌주의 계열의 사회주의자들까지 좌우를 망라한 동원이 이루어졌다. 그러나 이는 곧 심각한 내부분열을 예고하는 것이었으며 특히 물라 무스타파를 둘러싼 세력과 맑스-레닌주의자인 이브라힘 아흐마드 세력 간의 치열한 헤게모니 전쟁은 이미 예고되어 있었다.

1958년 귀국한 물라 무스타파는 초기 카셈의 지원 하에 주변부족들을 통합하여 민족운동의 발판으로 삼았으나 1961년 쿠르드 자치권 요구이후 1963년 아리프 쿠데타 세력의 집권 전까지 카셈정권과 전쟁을 지속하였으며 이라크 정권의 빈번한 정권교체의 주요 원인은 이란과 이스라엘, 미국의 지원을 받아 이라크 정권에게 결정적인 패배들을 안겨준 물라 무스타파의 무장독립투쟁이었다.

그리하여 KDP와 바아스당은 1970년 '3월 선언(March Agreement)' 즉 쿠르드 자치안에 동의하였으나 협상과정에서 KDP는 추가로 바아스당에 권력의 양도를 상당부분 요구하였다. 그러나 이는 곧 바아스

---

41) 히와(혹은 헤와, Hiwa, Hewa, 즉 Hope)당은 이라크 쿠르드 민족주의 정당으로 대부분 도시 지식인들로 구성되었으며 정치적 스팩트럼은 좌, 우가 망라되어 1941년에 창당되었다. 히와당은 쿠르드 민족주의 운동을 시작하는데 있어서 점진적인 사회변혁을 추구하였다. 라피크 힐미(Rafiq Hilmi)는 당의 지도자였다. 그러나 히와당은 농민들의 부재와 1940년대 중반 바르자니 봉기를 능가하지 못하여 약화되었다. 당은 1945년 말에 해산되었고 당원들은 1946년 KDP의 설립에 참여하였다(Gunter 2011, *op. cit.,* p.120).

당을 자극하여(Bengio 2012, 91) 양측이 전쟁에 돌입하게 되었다. 1974년 말까지 전체 쿠르디스탄을 점령하려던 이라크군의 계획은 이란의 무기, 탄약, 대전차미사일, 지대공미사일, 중 포격 지원, 약 1000명의 이란군 지원에 힘 입어 KDP가 이라크 정권에 결정적인 타격을 입혔으나 결국 KDP는 1차 대규모 동원과 전쟁에서 패배를 경험하였다(*ibid*, 127-130). 그러나 1975년까지 KDP는 전례없는 대규모 동원이 달성되었는데 정부기관에 근무하던 쿠르드인까지 페쉬메르가에 가입하여 그 숫자가 약 5만 명에 도달하기도 하였다(*ibid*, 133).

<표 9> 1974년 자치안 거부 후 발발한 이라크-KDP전 병력규모(Yildiz 2007, 23)

	이라크군	KDP 페쉬메르가
병력 숫자	90,000 명	60,000명, 예비군 6만 명
이란 지원	-	중포, 대전차 미사일 등
무기 종류	탱크 1,200대. 장갑차, 항공기 200대	-

1차 대규모 동원의 패배원인은 KDP에 대한 이란의 지원을 중단시키는데 목적이 있는 이라크의 알제이 협정 체결로(*ibid*, 139)[42] 인한 것이었다. 이로 인해 물라 무스타파는 3월 20일 사령관들과 페쉬메르가들에게 전쟁을 중지하고 이란으로 이동할 것을 명령하였으며 '라디오 쿠르디스탄'도 21일에 방송을 중단하였다(*ibid*, 145). 이로써 자체무장능력을 보유하지 못하였던 KDP의 독립운동은 1차 내부동원의 시기를 마감하였으며 PKK 역시 종주국 소련의 붕괴로 이 과정을 답습하게 되었다.

42) 3월 6일 체결, 15일 공포, 17일 시행되었다(Yildiz 2007, 145).

2) 2차 대규모 동원(1975년 이후-1990): 내부동원

이 시기는 이란-이라크전이 발발한 시기로 KDP는 주로 이란의 지원을 받아 내부동원을 하였다. 1975년 6월 PUK의 창당과 더불어 좌파 파벌이 분당되어 나가면서 KDP는 1979년 마수드 바르자니와 이드리스 바르자니가 새롭게 당을 재건하면서 바르자니 중심의 정당으로 재탄생되었다. 특히 KDP는 터키와의 국경선에 있는 하부르 세관에서 당 운영자금이 징수되어 동원에 유리하였다. 1980대 중반부터는 이라크 정규군과의 전투를 통하여 이라크 북부를 장악하였다. PUK 역시 키르쿠크나 술레마니아를 장악하였는데 이는 이란-이라크전으로 인한 이란의 지원에 힘입은 바가 컸다. 이는 이란군에게도 유리하였는데 이라크 4개 군단 중 1개 군단은 쿠르드 봉기를 저지하기 위하여 이란-이라크 전쟁 중에도 발목이 묶여있었다(홍순남 1995, 156).

결국 대규모 이라크군 병력이 북부 쿠르디스탄에서 페쉬메르가와 대치하고 있었던 관계로 대이란전 작전수행에 어려움을 겪게 되었다. 이러한 과정에서 KDP는 이란-이라크전 당시 이란의 원조를 통하여 동원을 극대화시키고 무장투쟁 능력을 크게 향상시켰으며 이 당시에도 대규모 정규전을 통하여 이라크의 존립을 위협할 정도가 되었다. 이 당시 이란과 이라크는 적국의 쿠르드 민족운동단체를 자국의 세력권으로 편입시키려고 노력하였는데 PUK도 이란과 긴밀한 연대를 하였다. 그리하여 PUK가 지배하는 지역인 술레마니아 인근지역이 보복의 대상이 되어 화학무기가 살포되었다(Gunter 2011, 112-123).

1987년 3월 29일 케미컬 알리(Chemical Ali) 즉 알리 하산 알-마지드(Ali Hassan al-Majid)가 이라크 북부의 전권을 위임받은 사령관으로 부임된 후 그는 사담 후세인에게 이란과 협조하는 페쉬메르가를 꾸준한 화학무기 살포를 통해 이란으로 추방시키겠다는 결의를 보고하고 승인을 받아 1987년부터 안팔작전이 전개되기 시작하였다. 특히 PUK가 장악하고 있는 할랍자(Halabja)에는 1988년 3월 16일 화학무기가 살포되었으며 이러한 화학무기 살포로 인하여 수천 명이 희생되자 국제 여론은 비등(沸騰)하였고 마침내 마수드 바르자니는 UN에 화학무기 사용금지를 청원하게 되었다. 이에 UN 안보리는 결의안 620호를 1988년 9월 26일 채택하여 이라크의 화학무기 사용을 비난하였다(Bengio 2012, 17-183). 결과적으로 KDP의 2차 대규모 동원은 비록 눈에 띄는 분리독립국가건설의 결과를 산출하지는 못하였으나 대규모 내부동원을 통하여 KDP의 민족운동체제는 마수드 바르자니를 중심으로 확고히 재편되었다.

3) 3차 대규모 동원(1991-2003): 내부동원

이란-이라크 전쟁이 끝난 후, 이라크는 쿠르드 문제의 급진적 해결을 시도하였다. 예를 들면 80만 명 이상의 쿠르드인들을 사우디와 요르단 국경으로 대량 이주 및 국외 추방시키며 4천개 마을을 파괴하고 북부 국경지역에 30km의 무인지대를 설치하였다. 이 결과 그 당시 4년 전에는 40만 명에 불과했던 아르빌의 주민 수는 90만 명으로 증가하였다. 이라크의 가장 큰 4개의 쿠르드 도시는 난민 수용소처럼 변하였다. 이것은 쿠르드의 대이라크 투쟁에 있어서 시골 중심의 게릴라 전술과 도시 중심의 시민 항의시위를 동시에 가능케 하였다(장병옥 2006, 287-288: Bengio 2012, 186-191).

1990년 9월 쿠웨이트전 이후 이라크군은 쿠르디스탄에서 쿠웨이트 전선으로 집중 배치되었다. 1991년 1월 16일 1차 걸프전 발발과 동시에 마수드 바르자니는 쿠르드 민중봉기[43]를 지시하며 이란으로

부터 귀국하였다. 더구나 이라크 군대가 1991년 3월 4일의 남부 나자프(Najaf)와 카르발라(Karbala)에서 이란의 지원이 의심되는 시아의 반란으로 수도 바그다드 사수를 위해 무기를 대량으로 방치한 채 급히 퇴각하여 시아 봉기 일주일 후 페쉬메르가가 즉시 무장민족투쟁에 돌입하였다. 봉기 전에 친정부적이었던 쿠르드 출신 군인들도 쿠르드 민족운동 측에 가담하여 그 숫자가 1991년 3월 중순까지 약 6만여 명에 이르렀고 게다가 무기[44]까지 휴대한 채 반정부 측으로 전향하였다. 민중봉기 1개월 전 PUK[45] 게릴라 활동가들도 시리아로부터 귀환하였다(Bengio 2012, 197-202).

이라크, 시리아 등에서 귀환한 쿠르드 지도자들은 쿠르디스탄의 주요 도시들 즉 키르쿠크, 아르빌, 도훅, 술레마니아들을 속속 점령하였다. 그러나 1991년 3월 쿠르드의 민족봉기는 4월까지 지속되지 못하였는데 그 이유는 시아 반란으로 위협을 느낀 순니파의 단결과 외부적으로는 미국이 이란을 견제해줄 사담 후세인 정권이 붕괴되는 상황을 기피하였기 때문이었다(Bengio 2012, 197-202). 그러나 민중봉기 실패 후 이라크의 화학무기 보복을 두려워 한 이라크 쿠르드는 200여만 명[46]이 경쟁적으로 터키, 이란국경으로 급거 피난하였고 곧 국제적인

43) 메호는 'uprising', 'intifada'라는 표현을 사용하였다. Yildiz도 역시 같은 용어를 사용한다.

44) PKK는 이 당시에 이라크의 방치된 무기들을 대량으로 입수하여 1991년부터 대규모 대터키 무장투쟁을 벌였다(Marcus 2007, 186). 일디즈에 의하면 민중봉기는 사담이 2월 말 패전하고, 항복한 3월 초 이후 시아지역인 이라크 남부 바스라(Basra) 등에서 발생한 인티파다가 시청, 바아스당 본부, 보안경찰 건물, 교도소 등을 습격하면서 인티파다 기운은 즉시 술레마니아, 아르빌을 경유하고 3월 20일에는 키르쿠크까지 도달하였다(Yildiz 2007, 34-35).

45) 탈라바니는 2년간 망명중이었으나 귀국하였다(Bengio 2012, 199).

46) 300만 설도 다수 존재한다.

이목이 집중되었다. 더구나 대사담전선에 이라크 민족운동 세력과 KDP를 동원한 미국은 이에 대한 책임이 분명하였다. 국제적 비난에 직면한 미국은 화학무기를 살포에 대비하여 이라크 전투기의 비행을 금지시키고, 공군전투기의 공격으로부터 피난민을 보호하기 위하여 1991년 4월 '안전피난처'와 36도 상의 '비행금지구역'을 설정하게 되었다. 두 정당이 아르빌, 도훅, 술레마니아 지역을 통제하고 연합함으로서 드디어 KRG가 탄생하게 되었다(Bengio 2012, 197-207).[47] 또한 '구호작전'이 실시되어 유엔과 국제 NGO단체들은 피난민들에게 캠프설치와 더불어 생존과 안전에 필요한 조치를 실행하였다(*ibid*, 200). 그리고 1992년의 선거는 쿠르디스탄 지역에서 이라크 정부가 철수한 이후 발생한 정치적인 공백을 방지하기 위하여 실시되었다(Yildiz 2007, 46). 이러한 쿠르드 민족봉기의 실패와 피난민들의 엑소더스(exodus)는 결과적으로 쿠르드자치정부(KRG, Kurdistan Regional Government)를 탄생하게 하였다(Gunter 2011, 108). 즉, 1991년 1차 걸프전과 그 이후의 쿠르드 동원은 내부동원으로 KDP와 PUK를 중심으로 동원이 이루어졌으며 그 결과 쿠르드자치정부 KRG를 획득하게 되었다.

4) 4차 대규모 동원(2003-2005): 내부동원

2003년 3월 19일[48] 제2차 걸프전쟁 즉 이라크전(작전명: Iraqi

---

47) KRG는 크게 행정부와 입법부로 구성되었다. 당들의 연합정부로서 1992년 5월 KNA(Kurdistan National Assembly)를 창설하기 위한 선거에서 KDP, PUK, 쿠르디스탄노동당(Kurdistan Toilers' Party), 쿠르디스탄사회민주당(Kurdistan Socialist Democratic Party), 쿠르디스탄이슬람연합(Kurdistan Islamic Union), 쿠르디스탄공산당(Kurdistan Communist Party), 이슬람단체투르코만형제당(Islamic Group and the Turkoman Brotherhood Party)이 참가하였다.

48) 미국의 부시 대통령은 대이라크전 개전을 선언한 후 일방적인 공습을 시작으로

Freedom)이 시작되었는데 미국은 9.11 테러의 배후 지원과 대량살상무기(WMD: Weapon of Mass Destruction) 제거를 명분으로 이라크를 침공하였다.[49] 쿠르드 민족국가건설을 가장 위협적으로 판단하던 터키는 역설적으로 이라크전 불참을 통해서 이라크 쿠르드가 민족국가를 설립할 수 있는 단초를 제공하게 되었다. 이 당시 터키의 동맹국 불참선언으로 이라크 북부 쿠르디스탄이 대사담 전쟁에서 연합군의 북부전선투입과 병력전개를 위한 전략적 요충지로 급부상하였으므로 미국의 중요한 동맹대상이 되었다. KRG의 정규군 역할을 하던 페쉬메르가는 미군과 합동작전을 수행하였다(Gunter 2011, 108-109).

페쉬메르가는 정규군의 교육을 이수하고 이라크군 내부에서 고위직에 종사하였던 사람들로 합동군사지휘부가 구성되었다. 이라크는 이라크 북부지역에 형성된 전선을 포기하고 남쪽지역으로 후퇴하였고 이는 미군부대가 아르빌 근처 하리르(Harir) 공항을 통하여 대규모 미군부대가 진입하게 되었다. 그러나 그것은 사전에 페쉬메르가와 연합

이라크전이 발발하였으나 실은 석유와 교두보 확보 및 이 지역의 헤게모니 장악을 위하여 이라크전을 일으켰다는 시선도 있다. 전쟁시작 후 2003년 4월 9일 바그다드가 함락되어 개전 후 40일이 경과한 5월 1일 조지 부시 대통령은 종전을 선언하였으나 실제 종전은 2010년 8월 31일 오바마의 종전선언으로 종결되었다. 쿠르드 역시 연합군의 일원으로 참전하였다((Gunter 2011, 16).

49) 미국은 이라크에 서구식 민주주의를 이식시켜 서구식 민주주의의 확산, 반미정서를 가진 중동의 권위주의 정부들의 몰락을 통해 아랍 민주주의 정부들과 새로운 중동질서를 재편하려는 목적도 있었다. 그리하여 이 지역에서의 러시아와 중국의 영향력을 차단하고 나아가 미국과 우호적인 연대를 이룰 수 있도록 하는 것이 미국의 이라크전을 통해서 시도하는 새로운 전략이기도 하였다. 그것은 아랍의 권위주의 정부에 대항하는 반정부 세력, 민주주의 세력과 연대하는 것을 의미하였다. 그러한 의미에서 쿠르드와 미국의 이라크전 당시의 연대는 당연한 결과라고 보아야 할 것이다. 앞으로도 중동에서의 민주주의의 확산과 이를 이용하려는 반정부 세력 그리고 미국의 지원은 예정되어 있다고 보아야 할 것이다.

군 특수부대가 키르쿠크와 모술을 점령한 후에 가능했다(김은수 2007, 132-133). 그 결과 특히 2005년 이라크 영구 연방헌법에 의한 중앙정치로의 민족동원체제가 새롭게 전개되었다.

5) 부족주의와 동원

KDP의 1, 2, 3, 4차 동원은 모두 부족주의와 민족주의가 중심이 되어 대이라크 투쟁과정에서 나타났던 내부동원으로 PKK에 비해서 KDP는 모두 대이라크 투쟁과정에 의한 내부적 동원이 이루어졌다. 즉 대이라크와의 민족투쟁과정에서 동원이 이루어진 것이다. 이와 같이 어느 민족운동집단 또는 분리독립운동집단의 내부동원이 외부동원보다 많다는 것은 그 정치집단의 조직과 동원능력이 우월하다는 것을 나타낸다. 부족주의가 기반이 된 KDP는 민족운동과정에서 1, 2, 3, 4차 모두 내부동원으로 조직과 동원에서 상대적으로 성공적이었다고 할 수 있다.

이러한 부족주의에 기반 한 KDP 동원의 성공요소는 첫째, 부족적 동원의 측면에서 살펴보면 비록 쿠르드의 부족성이 쿠르디스탄에서 전체적으로 약화되는 현상에 직면하고 있으나, 터키에서는 강력한 서구화와 중앙집권화를 추진한 케말리즘으로 인하여 상대적으로 더 와해되었다면 이라크는 상대적으로 덜 와해된 측면이 존재하였다, 바르자니와 탈라바니 부족의 부족성은 오히려 강화된 측면이 있었다. 그러나 민족운동에서 이러한 부족적 동원은 매우 강한 동원력을 지닌 동시에 지배민족에 의한 부족탄압 역시 매우 잔폭하다는 것이다. 1983년 말 물라 무스타파의 두 아들 사비르(Sabir)와 루크만(Luqman)이 15명의 바르자니들과 함께 피살당함과 동시에 8천 명의 남녀노소 바르자니 씨족과 지지자들이 바그다드로 압송되었으며 이들은 곧 행방불명되었다(Bengio 2012, 156).

둘째, 부족적인 연결망이다. 물라 무스타파는 아쉬레트를 통해서 부족지도자의 지지를 얻어내고 동원을 이끌어냈다. 일(il), 아쉬라(Ashira), 카빌라(qabila), 타이파(taifa), 티라(tira), 오바(oba), 하우즈(hawz) 등은 상위 부족 연맹체부터 밑으로는 씨족과 세부 부분들을 칭하는 부족들을 나타내는 호칭들이다(Gunter 2011, 42). 쿠르드의 최고 상위 부족 연맹체를 아쉬레트(Aşhret)라고 하는데 이 아쉬레트 밑에는 티라(Tira)라고 불리우는 여러 중간 부족 단위가 있다. 이 단위는 기본적인 정치, 군사, 경제단위 역할을 하며 토지소유 단위이며 이들은 전통적으로 부계상속이 이루어진다. 각 티라는 라이즈(raiz, 지도자)에 의해서 상속이 되며 티라 밑에는 켈(khel)이라는 다수의 가구들로 구성되어 있다. 이미 이러한 단위는 군대단위와도 비슷하여 상위 부족장이나 부족지도자들과의 관계도 역시 중요하였으며 쿠르드 부족 지도자들은 쿠르드 민족주의운동에 지도적인 역할을 수행하였다.[50)]

셋째, KDP는 민족분리독립운동과정에서 자신들에 적대적이거나 친정부적인 부족을 정벌하거나 자신들의 세력권으로 편입시키는 등 적극적인 부족투쟁도 전개하였다. 부족들은 KDP를 지지하거나 이라크 중앙정부나 정권을 지지하게 되었는데 물라 무스타파가 이끄는 KDP는 이러한 부족체제에서 부족장들이나 부족연맹체의 힘을 견제하거나 자신의 세력권에 편입시킴으로써 민족운동의 효과적인 동원을 위해 노력하였다(Gunter 2011, 281-282). KDP는 자신들의 세력권아래에 편입을 거부하고 대적하거나 장애가 되는 경우는 이를 제압하였는데 수르치(Surchi) 부족의 경우는 물라 무스타파가 민족운동을 하던 당

---

50) Global Security. org. *"Shia and Kurdish Tribes"*,

시 카셈정권을 지지하기도 하였으나 1991년 쿠르드 봉기에서는 오마르 수르치(Omar Surchi)[51] 아래 쿠르드 민족주의 대열에 합류하였다. 이들은 수르치 부족주의를 바탕으로 1991년 9월 모술에 '쿠르디스탄 보수당(Kurdistan Conservative Party)'을 창당하였으나 1996년 7월 후세인 아가 수르치(Hussein Agha Surchi)가 KDP에 의해서 피살당하였다(*ibid*).

물라 무스타파는 동맹을 통해서도 세력을 넓혀갔는데 예를 들면 지바리 부족 같은 경우이다. 지바리 부족(Zibari tribe)은 전통적으로 친정부적이고, 바르자니 부족과 적대적이었으나 물라 무스타바가 지바리족에서 3번째 부인을 맞이하여 혼인동맹을 성사시켰으며 KDP의 호시아르 지바리(Hoshyar Zibari)가 KDP 내 고위 간부, 대변인, 이라크 외무장관 등을 지냈다(*ibid*, 312-313).

넷째, 지배정권의 가혹한 민족탄압은 민족운동의 동원증가를 초래하였다. 테드 거의 분석 즉 강한 정부폭력이 민족의 정치폭력 수준을 강화시킨다는 분석과 같이 할랍자 학살에서 살아남은 청년들 전체가 페쉬메르가에 입대한 예와 같이 지배민족의 잔인한 폭력은 곧바로 민족운동과 KDP의 동원으로 직결되었다. 이와 같이 터키보다 부족정체성이나 부족주의가 상대적으로 더 발달한 이라크의 경우는 부족단위 동원이 더 중심이 되었다.

아래의 그래프는 KDP와 PKK의 부족주의, 민족주의, 이슬람의 수용여부와 분리독립운동의 강화와의 관계를 나타낸 것으로 KDP는 기존의 부족주의와 이슬람의 기반위에 민족주의를 수용하였으나 PKK

---

51) 수르치 부족은 바르자니 부족 근처에 위치하였으며 터키의 지명인 수루츠와는 구별된다.

는 맑스-레닌주의 이념에 따라 부족주의, 민족주의, 이슬람, 이슬람주의를 모두 부정하게 된다. 이러한 결과는 분리독립운동 과정에 서로 다른 반대의 영향을 미치게 되었다.

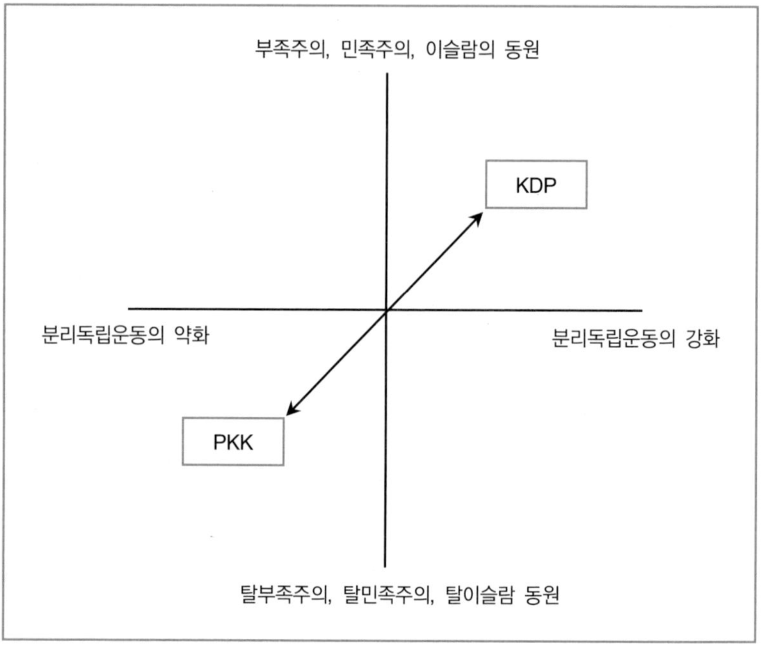

<그림 11> 쿠르드 동원의 측면에서 본 부족주의, 민족주의, 이슬람의 수용과 배제의 결과

결론적으로 KDP는 총 4차에 걸친 대규모 동원이 모두 내부동원이었다. 그러므로 KDP의 객관적인 분리독립운동의 능력과 효율성은 PKK에 비해서 상대적으로 우월하다는 것이다. 그 과정에서 KDP는 정권의 탄압, 쿠르드 민족정체성, 이슬람 등의 모든 동원요소를 강력한 부족주의로 흡수하고 용해시켰다. 그러므로 PKK와 같은 일반 대중과의 괴리는 상대적으로 적었다고 판단되었다.

제2절 PKK: 이념적 동원형

1. PKK의 분리독립운동과 이념적 동원의 과정

1) 1차 이념적 동원(1972년부터): 무장투쟁 발아기

이 시기는 1972년 크즐데레 사건(Kizildere Incident)이 일어난 시기부터 1978년 PKK 결성 전까지 이다. 터키 내 쿠르드 민족운동은 계속된 좌절과 가혹한 민족탄압에 직면하였다. 그것은 지배민족이 지배력을 유지하기 위한 기존의 방법들이었다. 터키의 권위주의 정권과 지배민족은 쿠르드에 대해서 강력한 동화정책을 전면적으로 실시하였으며 쿠르드 언어, 문화, 의상, 축제, 정치적 권리나 참여, 인권 등에 대한 많은 탄압이 이루어졌다. 이러한 탄압은 곧 피지배민족의 무장투쟁을 초래하였고 민족분쟁은 곧 전쟁수준으로 격상되었다. 이제 피지배민족에게 남은 것은 무장방안과 전쟁의 방법만 존재하게 되었다.

무장과 전쟁을 위해서 PKK는 맑스-레닌주의에 충실한 전사들을 양성하였다. 그러므로 PKK는 정치이념을 목표로, 정치이념을 위해 투쟁하고 동원을 하는 이념집단의 성격이 강하다. 즉 PKK의 동원은 맑스-레닌주의 이념과 관련된 사상개조의 측면, 인식측면 등 정치이념에 중점을 두는 이념투쟁과 사상을 위한 동원이라는 점이 특징이다. 또한 PKK는 민족정체성이나 여타 원인으로 동원이 된 경우에도 맑스-레닌주의의 이념적 동원으로 전환시켰다.

압둘라 외잘란이 무장투쟁에 입문하게 된 계기는 크즐데레 사건이었다. 외잘란이 대학 1학년[52]이던 1972년 크즐데레 사건[53]이 3월 30

52) 외잘란은 1971년 3월 12일 군부의 2차 쿠데타 당시 21세로 이스탄불에 있는

일에 발생하였고 이에 대한 항의 시위에 참가하였던 외잘란은 1972년 4월 7일 체포되어 7개월 동안 수감되었다(Özcan 2009, 89). 체포된 그는 앙카라의 마막(Mamak) 군 형무소로 이송되었는데 이곳은 학생 좌익운동의 산실 역할을 하였으며 7개월 만인 1972년 10월에 방면된 외잘란은 "나에게 감옥은 진보적인 정치투쟁의 학교였다"라고 회고하였다(Marcus 2007, 22-25). 그는 마막 형무소에서 맑스-레닌주의를 접한 후 무장 폭력혁명만이 유일한 방법이라는 것을 인식하게 되었고 동시에 쿠르드 문제는 쿠르드 독립과 직결되어 있다는 것을 자각하였다(*ibid*, 25). 또한 외잘란은 이 당시 쿠르드 문제가 식민지주의와 식민지 문제와 직결되어 있다고 판단하였다(Özcan 2009, 92). 1974년 외잘란은 사회주의를 진작시키기 위한 학생들의 조직 '앙카라민주대학생협의회(Ankara Dev-rimci Yûksek Ogrenim Derneği, Ankara Democratic Higher Education Association, 이하 ADYÖD)'[54]에 가입하였으나 ADYÖD는

국가토지등기소 직원이었다. 그는 쿠데타 직후 곧 사직하고 앙카라로 이동하여 앙카라대학교의 정치학과에 입학하여 1972년부터 수강하였다(Aliza Marcus, *op. cit.*, pp.22-25).

53) 모험적 좌익들은 항복하지 않았으며 과두적이고 보스가 지배하는 국가(boss lord state)에 대항하여 즉각적인 무장투쟁을 전개하지는 않았다. 그러나 그들의 낭만적인 열망은 현실과 동떨어져 있었다. THKO의 지도자인 데니즈 게즈미쉬와 다른 조직의 지도적 구성원들은 체포되어 다양한 방법으로 살해되었다. 게즈미쉬와 그의 가까운 동료 2명, 유수프 아스란(Yusuf Aslan)과 후세인 이난(Hûseyin Inan)은 1972년 5월 6일 처형되었는데 1972년 3월 30일 크즐데레에 있는 시골 가옥에서 마히르 차얀은 THKO의 지도적인 행동대원 8명과 3명의 영국 레이더 기술자들과 함께 포위되었다. 게즈미쉬와 2명의 동료를 처형하는 것을 차단하기 위하여 3명의 기술자들을 인질로 붙잡았으나 결국 모두 사망하였다. 단지 에르투으를 퀴르크취(Ertuğrul Kürkçü)만이 살아남아서 사건 발생 22년 후 다마스쿠스에서 외잘란과 인터뷰를 하였다(Özcan 2009, 89).

54) 또는 "앙카라혁명대학생협의회". 1974년 DEV-Genç 모임에서 다른 좌익들을 포함하는 '앙카라대학생협의회(AYÖD)'가 앙카라 좌익 대학생들을 중심으로 설

1975년에 당국에 의해 곧 폐쇄되었다(Marcus 2007, 28).

이미 맑스-레닌주의자인 그는 1975년 물라 무스타파의 실패를 쿠르드 민족운동의 잘못된 상징처럼 여기게 되었고 실패의 원인이 물라 무스타파 자체가 봉건사회의 일부분이었고 미국에 대한 의존과 이란에게 종속된 태도에 기인한다고 비난하였으며(*ibid*, 34) 또한 물라 무스타파는 비사회주의자로 진정한 민족해방전쟁이 아닌 관계로 실패하였다고 주장하였다. 동시에 쿠르드의 지주들과 전문가 계급들도 비판하였다. 그러나 그는 경쟁관계에 있는 타 쿠르드 단체들 즉 Kawa, Ozgur-luk Yolu, DDKD, 그리고 재조직된 TKDP에 대한 비난은 자제하였으나 이들은 적국의 협력자(collaborators)들이며 수정주의자들이라고 거부하였다(*ibid*). 외잘란은 이들과의 경쟁에서 더욱 철저한 맑스-레닌주의자로 변모하게 되었는데 그는 온건한 이 단체들이 쿠르드 분리독립운동의 명예를 실추시켰으며 이들 지도자들은 자본주의 힘과 미국, 터키의 힘에 굴복한 배신자들이라고 분명히 비난하면서 자신을 이들과 차별화시켰다(*ibid*).

그는 이념적으로 이미 맑스-레닌주의에 기반 한 범쿠르디스탄적인 사고체계를 가지고 있었다. 그리고 터키에서 민족단체의 모든 무장투쟁이 실패한 것을 거울삼아 기존 지식인들이 합법적인 정치투쟁에만 치중하는 것을 비판하고 외잘란은 무장투쟁을 준비하였다. 이를 위해 그는 감옥 동기인 이브라힘 아이딘(Ibrahim Aydin) 등을 규합하기 시작하였다(Marcus 2007, 31). 20대 중반인 1975년 당시만 하여도 외잘란은

립되었다. 외즈잔(Ali Kemal Özcan)에 의하면 ADYÖD가 금지된 후 이 단체가 설립되었다고 한다. 맥도웰은 “Ankara higher education Association” 이라고 표기하였으며 ‘higher education’을 필자는 대학생으로 번역하였다. Dev-rimci는 ‘혁명가’, Yûksek은 ‘높은’, ‘고등’, Ogrenim Derneği는 ‘협회’, ‘클럽’, ‘협의회’이다

학적을 유지하며 동지규합과 무장투쟁에 필요한 무기들을 입수하는 방법 등을 모색하였다(*ibid*, 36). 가난한 농촌 출신이었던 그는 쿠르드 독립과 쿠르드의 봉건적 사회의 변혁을 동시에 추구하고자 하는 이상주의적인 혁명가 기질을 이 당시에 이미 소유하고 있었으며 다음은 프로레타리아 출신이었던 압둘라 외잘란의 가계도이다.

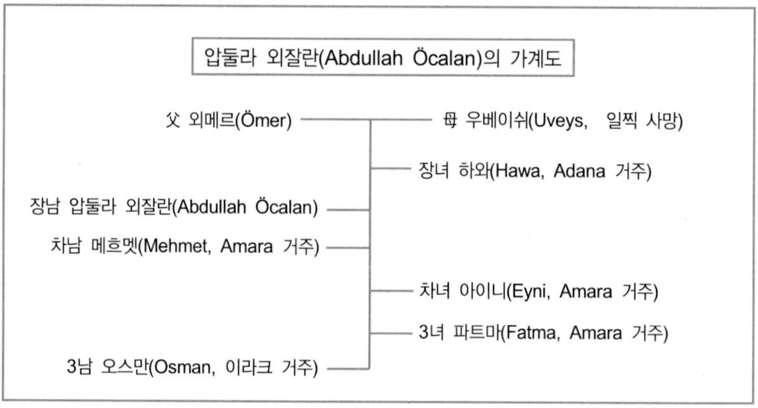

<그림 12> 압둘라 외잘란 가계도

2) 2차 이념적 동원(1978년 이후): 무장투쟁 준비기

이 시기는 PKK 결성부터 1984년 첫 무장투쟁 전까지다. 터키는 피지배민족인 쿠르드인들에게 강력한 동화정책을 시행하였고 동화된 쿠르드인들은 터키인과 동일한 출세와 기회를 보장하였다. 이에 다양한 쿠르드인들이 터키의 정계나 경제계로 진출하여 수상 등 거물이 되었다. 그러나 2차 시기에도 동화정책에 저항하는 쿠르드인들에게는 여전히 가혹한 민족적 탄압을 가하는 이중적 민족지배 행태는 1차 이념적 동원의 시기와 마찬가지로 여전했다. 동화정책 핵심에는 군부와 에르게네콘(Ergenekon), 국가안보위원회(MGK), 국가정보국(MIT), 헌법재판소

등과 같이 지배민족의 체제수호를 전담하는 집단이 존재했다.

외잘란은 기존의 여타 쿠르드 단체들과는 분명한 차별성을 드러냈다. 그것은 무장투쟁이었다. 당시 PKK의 선언전단 내용은 터키 국가를 전복하기 위해 민족혁명을 요구하였으며 그들의 주장은 "독립된, 통일된, 민주적 쿠르디스탄을!. 제국주의와 식민주의를 무너뜨리자!. 독립과 프로레타리아 인터내셔널리즘 만세! PKK 만세!"였다(Marcus 2007, 46). 이 구호를 살펴보면 먼저 터키 식민지로부터 독립, 전체 쿠르디스탄의 통일, 민주적 사회 건설이라는 절차적 혁명순서를 내포하고 있다.

그러나 PKK 창설 당시 중앙위원회 3인중 한명인(Cemil Bayik 포함) 샤힌 돈메즈(Sahin Donmez)가 조직재건 활동 중 1979년 5월 엘라지그(Elazig)에서 경찰에 체포되자 외잘란은 7월 시리아로 도피하였고 수백명의 터키인, 쿠르드인 활동가들도 임박한 쿠데타를 피해 시리아로 도피하였다(Marcus 2007, 47-49).

외잘란은 시리아와 레바논을 오가며 무장투쟁을 실행하기 위한 준비 작업을 하였는데 특히 레바논 동부에 위치한 베카계곡에는 게릴라 훈련캠프가 있었다. 외잘란은 레바논 수도에 머물면서 수십 년 전 터키 쿠르드봉기의 실패와 가난을 피해서 레바논에 정착한 쿠르드공동체와의 접촉을 통해 지원을 얻었다. 외잘란은 1979년 후반부터 1980년 초반에 베이루트에서 시리아가 후원하는 '팔레스타인해방민주전선(DFLP, 이하 DFLP)'의 나이프 하와트마흐(Nayif Hawatmah)를, 다마스쿠스에서는 팔레스타인집단의 정치지도자인 아부 라일라(Abu Laila, Qais Abdul Karim)를 접촉하였으며 아부 라일라에게 군사적, 금전적인 지원보다는 군사적인 훈련을 강렬히 희망하였다(*ibid*, 55).

1980년 PKK 게릴라들이 헬베(Helwe)에서 본격적으로 훈련을 받을 무렵 DFLP가 운용하는 캠프는 100여 명을 수용할 수 있었다. 팔레스타인 게릴라들과 쿠르드지원자들은 대부분 군사훈련을 동일하게 수행하였는데 10일내지 2주가 소요되는 폭파교육, 지형학, 포병술과 게릴라전술을 배우는 참모장교들을 위한 2달 코스가 개설되어 있었다. 팔레스타인인들은 전투경험이 있는 요원들이었고 이들이 PKK에게 게릴라전을 전수하였다. 이들은 PKK에게 군 이동정보 수집을 위한 민병대의 활용, 통제와 지지를 확산시키기 위해 여성과 학생들을 조직(setting up)하는 법, 식량과 피난처를 마련하는 방법 등을 교육시켰다(*ibid*, 56-57).

1980년과 1982년 기간 동안에 300명의 PKK 전사들이 훈련을 받을 목적으로 캠프에 도착하였으나 캠프책임자인 맘도 노팔(Mamdoh Nofal)과 외잘란 양자 사이에 비용문제가 발생하여 훈련을 지속할 수 없게 되었다. 외잘란은 즉시 야시르 아라파트(Yasr Arafat)의 파타당(Fatah), 게오르게 하바쉬(George Habash)의 팔레스타인해방대중전선당(Popular front for the Liberation of Palestine), 레바논공산당 등과 같은 여타 팔레스타인조직들과 연대하여 훈련을 하였다(*ibid*, 57). 이 시기는 외잘란이 1978년 PKK 결성 후 맑스-레닌주의에 기반 한 조직 형성과 조직원 포섭을 위해 마르딘 등 동부 쿠르디스탄에 역량을 집중하던 중 동료의 체포소식을 접하고[55] 1979년 7월 시리아로 피신한 이

55) 당시 이미 군부 쿠데타 기운이 확산되고 있었다. 1980년 9월 한국전 참전 군인이자 당시 육군참모총장이었던 케난 에브렌 장군의 군사쿠데타 이후 1982년 11월 2차 헌법 개정을 통하여 양원제의 상원을 폐지하고 대통령의 임기를 7년, 정치적 활동을 규제하는 2차 헌법안을 국민투표로 결정하였다. 이러한 전후 과정에서 당시 쿠르드 좌파 운동가들 수천 명이 체포되는 등 정부와 군의 극심한 탄압으로 인하여 무장투쟁의 길로 들어섰다. 케난 에브렌이 대통령으로 선출되었으나 경제가 악화되자 외잘 총리가 1983년 12월 경제개혁을 단행하였다. 외잘은

후 불과 1-3년이 경과한 시기이며 게릴라 훈련이 막 시작된 단계다. 조직의 자금이나 운영 면에서는 거의 무상 위탁교육을 받아야 하는 시점이었다. 외잘란 역시 불과 30세 정도로 게릴라전술을 학습하는 젊은 게릴라 지도자였다. 이념적 동원과 자금조달을 위한 PKK 기본적인 조직들이 국내외에서 무장투쟁을 준비하는 시점이었다.

3) 3차 이념적 동원(1984): 무장투쟁 전개기

이 시기는 1984년 첫 무장투쟁부터 1991년 민중봉기 전까지다. 1984년 초 PKK는 정탐 팀들이 터키군의 위치와 민족주의자들의 정서 등의 정보를 수집하여 터키로부터 귀환한 후 3개의 전투부대(unit)들을 10명-30명 단위로 편성하여 첫 무장 투쟁에 투입하였다. 당시 "우리의 목표는 많은 군인들을 죽이는 것이 아니었다"고 한 바란(Baran)의 설명과 같이 그들의 초기 무장투쟁의 목적은 더 많은 쿠르드인들의 지지를 획득하고, PKK 조직 가담을 유도하는 것이었다. 동시에 쿠르드인들에게 PKK 능력에 대한 신뢰를 얻는 수준의 공격을 원하였다. 1984년 8월 15일 게릴라 30여 명이 오후 7시 30분 에루흐(Eruh)를 습격하였다. 한 명의 군인을 사살하고 몇몇 게릴라들은 중심가에서 전단을 살포하고 커피숍 앞에서 군중들에게 그들의 무장투쟁 취지를 전파하면서 쿠르드해방전쟁은 시작되었다. 두 시간 후 산속에 위치한 4천여 명이 거주하는 쉠딘리(Semdinli)에서 두 번째 PKK의 무

이후 조국당을 이끌며 총리로 재임 중이던 1989년 10월 7년 임기의 대통령이 되었으나 1991년 총선에서는 정도당에게 패배하였다. 1993년 5월 당시 총리였던 술레이만 데미렐이 대통령이 되었다. 2000년 5월에는 헙법재판소장인 세제르가, 2007년부터는 압둘라 귤이 대통령이 되었다. 그러나 터키의 현 실권자인 에르도안이 2003년부터 총리로 재직하였으나 2014년 대통령직선제를 통해 2014년 8월 28일 대통령에 취임하였다.

장공격이 시작되었다(Marcus 2007, 79-80).

이 시기의 특징은 무장투쟁을 위한 초보적인 동원의 시기로 동원은 크게 3가지로 나뉘었는데 첫째는 이후 PKK의 자체 병역법에 의한 동부 시골의 청소년, 청년들의 동원이 있었다. 둘째는 PKK의 조직적인 초기 동원이었다. 조직적인 동원은 크게 2가지로 나뉘는데 하나는 PKK 신병 모집책들(recruiters)을 통한 동원과 감옥에서의 동원이 그것이었다. 매일 밤 감방에서 PKK 출신이 PKK의 역사를 가르치고, 쿠르드 역사, 국제정치, 권력투쟁 등을 토론하였으며 이러한 방식을 통해 일부 동원이 이루어졌다(*ibid*, 112-113). 먼저 PKK 신병 모집책에 의한 동원을 살펴보면 그는 오랫동안 안면이 있던 사람들을 통하여 도시에서 학생들을 접촉하거나, PKK를 지지하는, PKK에 동조하는, 급조된 소규모 항의시위에 참여한 사람들을 집중포섭 대상으로 하여 게릴라들을 모집하였다(*ibid*, 134).

셋째는 예상치 못한 조직활동 즉 외적인 동원이다. 예를 들면 할랍자 학살로 세계적인 이목이 집중되었고 이로 인한 많은 동원이 1990년대 초까지 조직을 통해서 홍수처럼 이루어졌는데 이들 중 많은 지원자들이 학생이거나 전문직 종사자들이었다. 이들은 쿠르드 민족의식의 맹아(萌芽)가 막 발아(發芽)한 지원자들이었다. 이렇게 급격히 많은 지원자들이 쇄도한 것은 미증유였으며 이러한 지원자 쇄도에 대한 적절한 준비는 부족하였다(*ibid*, 134-135). 동원된 지식인들 중에 외잘란의 이념에 동조하지 않는 지원자들도 다수였다. 1980년대 말부터 급증한 고등교육을 이수한 지원자들이나 전 세계에서 지원한 게릴라 지원자들 중 쿠르드 사회, 역사, 그리고 쿠르드 미래에 대한 외잘란의 분석에 대해 맹목적 수용을 강요하는 정치학습과정 등에 환멸을 느끼거나 경악한 사람들도 있었다(*ibid*).[56] 이 시기 이들에게 강한 쿠르드 민족주의 의식과 독립의식을 강의하고 배양해 주었다면 결과는 매우 긍정적이었을 것이다.

4) 4차 이념적 동원(1991년 이후): 무장투쟁 최성기

이 시기는 민중봉기부터 외잘란의 체포 전까지다. 첫째, 이 시기는 민중봉기의 기운이 팽배하였으며 게릴라 동원의 숫자가 절정에 이르렀다. 1991년 3월 이라크 쿠르드의 민중봉기와 비행금지구역의 설정 등으로 동원은 극에 달하였다. 그러나 모든 지원자들이 곧바로 캠프로 배치 수용될 수는 없었다. 1990년대는 지원자들이 기하급수적으로 증가하였으나 이들을 수용하고 훈련시킬 공간과 시간은 매우 부족하였다. 이 당시에는 게릴라 사망률이 높았는데 그 이유는 이들 대부분이 도시기반 지원자들, 대학생들, 터키 남동쪽 농촌출신들의 14-5세의 청소년들과 같은 신입지원자들의 쇄도로 말미암은 것이었다. 이들은 연소하고 경험이 적어 전투 중에 사망할 가능성이 높았고 도주의 우려도 높았다. 그러나 지원자들의 지극히 높은 사망률에도 불구하고 이 사실이 PKK의 동원에 장애가 되지는 않았다. 왜냐하면 신입지원자들은 그러한 높은 사망률을 인식할 수도 없었고 지원자들도 그 사실에 관심을 기울일 여유가 없었다(Marcus 2007, 170).

둘째, 최대동원과 더불어 무장투쟁 성패여부도 결정되었다. 이 시기는 PKK가 민중봉기(mass uprising)를 수용해야 하는지, PKK 게릴라를 중심으로 무장투쟁을 지속해야 하는지에 대한 강한 분수령이 된 시점이기도 하다. 또 하나는 게릴라전 전략에 관한 것이다. 먼저 민중

56) 1980년대 말 할랍자 사건이후 급증한 게릴라 지원자들은 쿠르드 민족정체성을 자각하고 지원하였으나 PKK 캠프에서 접한 이념적 현실은 달랐다.

봉기와 관련하여 살펴보면 외잘란이 민중봉기를 제대로 활용하지 못했다는 내부비판이 있었다.

PKK 지휘관들은 이라크 쿠르드에 의해서 촉발된 민중봉기에 대한 관심이 지대하였다. 그러나 외잘란은 통제가 어려운 대중의 봉기를 독려하는 대신 민중들이 PKK 게릴라 군대를 직접적으로 지지하게 하거나 또는 그들의 게릴라지원과 수용에 주안점을 두었다. 술레이만(Dr, Suleyman)은 그 당시에 PKK가 민중봉기를 원했다면 시민군(milis)을 설득, 무기를 소지한 이들을 동원하여 무장민중봉기를 전개할 수 있었다고 주장하면서 외잘란이 1990년대 초반에 민중봉기를 지시하지 않은 사실에 대해서 후일 몇몇 PKK 지휘관들은 의구심을 표명하였다(Marcus 2007, 180-181).

외잘란의 가장 큰 전략적인 패착은 1990년대 초반 게릴라 숫자가 극대화 되었을 당시 게릴라전과 무장민중봉기를 포기한 것이었다. 이후유증으로 PKK 내부에서는 외잘란의 리더십과 전략에 대한 비판에 제기되었는데 그것은 최소한의 병력으로 대규모 터키 군대를 묶어놓는 게릴라 전법 대신 정규전(Conventional War)으로 전환한 것에 대한 비판이었다. 이러한 정규전으로의 전환은 두 가지 면에서 패착이었다. 첫째, PKK의 군사력 수준은 전투기, 헬리콥터, 기관총, 대포, 기갑부대 등을 보유한 터키군의 우월한 기동성과 화력에 대적할 수가 없었다. 게다가 터키군은 미 첩보위성으로부터 PKK 이동 등에 대한 정확한 정보를 제공받고 있었다

둘째, 대중동원의 중요성을 알지 못한 것이었다(Mcdowall 2004, 436-437). 이러한 전략적인 실수의 원인에 대해 좀 더 살펴보면 외잘란은 1991년 당시의 나이가 약 41세 전후였고 1984년 초보적인 무장투쟁을 시작한 이래 겨우 7년이 지났으며 물라 무스타파나 마수드 바르

자니와 같이 청소년기부터 자신들이 직접 총을 들고 전쟁터를 경험한 것도 아니었다. 그런데 당시 몇 백 명을 유지하던 일천한 PKK의 조직과 경험에 맞지 않는 대규모 민중봉기와 동원이 발생한 것이었다. 즉 상대적으로 적은 무장투쟁의 경륜과 경험, 그리고 맑스-레닌주의 이념과 민족분쟁의 헤게모니를 자신들이 전담하고자 하는 외잘란의 판단이 실기의 주요원인이었다고 생각된다.

셋째, 이러한 대규모 동원을 위협으로 인식한 터키는 강력한 대 PKK 전쟁을 수행하게 되었는데 지배민족인 터키 입장에서는 성공적이었다고 할 수 있다. 1991년 1차 걸프전으로 KDP가 실질적인 자치를 회복하자 위협을 느낀 세속주의와 쿠르디스탄을 실질적으로 지배하고 있던 당시 터키 군부는 PKK 게릴라들의 대규모 소탕작전에 돌입하여 쿠르드 민족운동과 PKK의 분리독립국가건설 시도를 원천봉쇄하려 하였다.

터키 군부는 PKK가 터-KRG 국경통제에 불만을 품은 채 바디난(Bahdinan)[57] 협곡에 있는 은거해 있던 약 5,000여 명의 PKK 게릴라들에 대한 터-KRG 합동작전수행을 KRG에게 설득하였다. 1992년 낙엽이 지는 10월과 11월 수 천명의 터키군은 산을 정밀하게 수색하며 잠복하고 있던 게릴라들을 이라크 쿠르드군이 주둔하고 있던 남쪽으로 추격하여 수백 명의 PKK 전사들이 사망하였다. 게릴라 대부분은

57) 바디난(바흐디난) 공국(Principality, Chiefdom-self independent entity로서 보통 16세기-19세기에 존재하였다)이 있었던 곳이다. 바디난 공국은 1376년-1843년까지 존재했던 강력한 공국 중의 하나였으며, 하카리 남쪽으로 존재했으며, 수도는 높고 평탄한 지형의 모양위에 세워진 아마디예(Amadiye)다. 지금의 행정구역은 도훅이며, 도훅의 북쪽에 위치한다. 바흐디난(바디난도 같이 사용한다) 공국은 1843년 오스만 투르크에게 붕괴되었다. 쿠르드어, 쿠르드 역사에서 중요한 위치를 점하고 있다.

이라크 쿠르드군에 항복하거나 이란으로 탈출하였다(Mcdowall 2004, 436). 9월 터키 압력으로 시리아 베카계곡의 훈련캠프[58]가 폐쇄된 이후에 치러진 이 전쟁으로 1992년 겨울 PKK의 주력이 붕괴되었고 외잘란은 라타키아(Lataqiya)[59]로 도피하였다(Mcdowall 2004, 436-437).

이 당시에 터키가 수행한 작전들을 살펴보면 1992년 작전은 하쿠르 작전(Hakur)이라고 명명되었으며 이외에도 1994년에 수행된 젤리(Zeli)작전, 1995년에 수행된 젤리츠(Zelic)작전, 1997년과 2006년에 수행된 발요즈(Balyoz)작전이 있었다(Strozier and Frank 2011, 15). 1997년[60] 5월 14일 중재와 함께 동시에 이라크 쿠르디스탄에 있는 PKK에 대한 25,000명-50,000명이 동원된 한 달여 군사작전(즉 Operation Sledgehammer)이 실시되었다. 이 작전으로 27개의 PKK 캠프가 파괴되고 2,500명의 PKK 게릴라들이 사망하였다(Bengio 2012, 253).[61]

넷째, 터키의 강력한 토벌로 조직의 위기를 겪은 PKK는 무차별 테러를 하게 되었다. 1994년-1995년 PKK는 본격적인 테러 활동을 강화하였다. 대도시에서 슈퍼마켓 폭발, 시내버스에 대한 수류탄 투척 같

58) 'Biqaa' 또는 'Bekaa'. 베카 계곡은 시리아의 통제 하에 있는 레바논의 계곡으로 오랜 기간 동안 PKK 등 게릴라와 테러리스트 조직들의 본부와 훈련 캠프가 존재했었다. 1992년에 터키의 요구에 의해 폐쇄되었다(Gunter 2011, 62).

59) 시리아 북서부에 위치한 항구도시이며 라타키아주의 주도이며 항구도시이기도 하다.

60) 1997년 9월 24-10월 13일까지는 또 다른 군사작전(Operation Twilight)이 행해졌다(Bengio 2012, 255).

61) 마수드 바르자니와 외잘란은 1983년에 대이라크, 대터키 전에 협력하기로 약속하고 2인은 1984년 다마스쿠스에서 처음이자 마지막으로 만났으나 1990년대에 협력을 종식하였다. PKK는 이라크 쿠르드의 영향력이 미치지 않는 이라크, 이란, 터키 국경선 부근에 은밀히 이라크 정부의 지원을 받아-이라크 쿠르드의 약화를 위해-캠프를 설치하여 5,000여 게릴라들의 활동 근거지로 삼았다(Bengio 2012, 205). PKK 캠프가 국경선에 집중된 것은 진퇴의 용이성 때문이었다.

은 극단적인 방법 등을 사용하였으며 1994년 3,905명[62]의 쿠르드게릴라가 살해되고 757명이 생포되었다. 한편 터키 측 민간인 희생자는 908명에 이르렀고 10년간 무려 14,000명에 희생되었다. 그러나 PKK에 의한 희생자들의 대부분이 쿠르드 동족이었다(이희수 1995, 30-31).

다섯째, 터키 군부는 PKK와의 전쟁과정에서 축적된 힘을 바탕으로 1997년 6월 군사쿠데타를 감행하였고 이 쿠데타 세력이 적극적으로 반PKK 정책을 추진한 결과 그해 10월 미 국무부로 하여금 PKK를 테러단체로 규정하게 하였다. 이듬해 1998년 10월 20일에는 아다나 협정[63]을 맺어 시리아와 PKK의 연대를 완전히 차단하였다. 외잘란은 곧 11월에 로마로 도피하였고 PKK의 위기는 시작되었다.

5) 5차 이념적 동원(압둘라 외잘란 체포 이후-): 무장투쟁 정체기

1999년 2월 외잘란이 체포되자 쿠르드인들의 저항은 매우 격렬하게 나타났으며 이러한 저항은 곧 PKK의 동원으로 이어졌다. 그리하여 이 당시의 PKK 게릴라 숫자는 급격히 증가하였으나 이후에 분리독립운동과 동원은 다시 정체 및 소강상태에 접어들게 되었고 무장투쟁보다는 터키 정치권 내의 정치투쟁에 집중되었다. 그러나 IS로 인한 대규모 동원이 2016년 현재 이루어지고 있어 이 부분은 추가 연구가 필요하다.

---

62) 1994년 한 해 동안 전체 게릴라 병력의 50%에 가까운 손실이 발생하였다.

63) 1조, 시리아는 무기, 보급품, 금융지원을 PKK에게 하지 않으며 PKK가 시리아에서 선전선동활동을 금한다. 2조, 시리아는 PKK를 테러조직으로 간주하며 PKK의 모든 활동을 금지시킨다. 3조, 시리아는 자국내 PKK 캠프나 훈련용이나 피난용 시설들을 금지시킨다. 4조, 시리아는 PKK 게릴라들이 시리아를 경유하여 3국으로 가는 것을 금지한다. 5조, 시리아는 외잘란의 시리아 입국을 차단하는 모든 필요한 조치를 강구한다.

2. PKK의 탈부족주의·탈민족주의·탈이슬람

1) PKK의 탈부족주의

PKK의 정치이념은 맑스-레닌주의로 반봉건주의, 반부족주의이다. 맥도웰에 의하면 1900년대 초에 부족장들이나 지주들은 대토지를 가지거나 그들의 무력으로 부족구성원 위에 군림을 하였고 부족 구성원들은 이들에게 오로지 노동력과 군사력을 제공하는 일종의 봉건적인 시스템이 존재하였다고 한다(Mcdowall 2004, 75).

외잘란이 20C에 가장 유명한 쿠르드 지도자였던 물라 무스타파(1903-1979)를 봉건주의와 반동주의[64]라고 호칭하였듯이(Gunter 2011, 55) 외잘란에게 쿠르드의 현실은 봉건주의가 지배하고 있었으며 그는 이 봉건적 착취구조를 타파해야만 PKK가 전진할 수 있다고 강조하면서 PKK 앞에 놓여있는 가장 큰 장애물은 봉건적인 가치와 봉건주의의 상징인 부족주의라고 주장하였다(Strozier and Frank 2011, 155). 이러한 상하의 철저한 봉건적 지배구조는 맑스-레닌주의나 외잘란에게는 혁명의 대상이었다(Öcalan 2011, 9). 외잘란이 반부족주의와 반봉건주의를 주장하는 또 다른 이면은 이러한 봉건체제가 무너진 후 새로 형성되는 프로레타리아 계층을 통해 PKK의 입지를 확보하고 혁명세력의 동원을 이룰 수 있기 때문이었다. 그러나 중동의 정치특징 중 하나는 부족주의로 현 요르단의 국왕도 베드윈 부족장 출신 집안이며 사우디나 기타 중동의 국가들의 왕들이 부족장 출신 가문인 경우가 많고 여러 부족들의 연합으로 이루어진 국가들도 있다. PKK에게 이와 같은 중동의 부족주의는 부족장에 의한 착취가 이루어지는 봉건주의

---

64) 좌파 쪽에서 그를 봉건적이며 반동적이라고 하였다.

적인 잔재로 외잘란의 이념체계와는 양립이 불가능한 것이었다.

터키 대도시 중심의, 진보적이고 혁명적인 쿠르드 사회주의자들과 오래된 봉건적 지배계급이었던 부족장들과 대립은 이라크, 터키, 이란 등에서 나타나는 공통적인 현상이었다. 카야는 PKK 간부들이 1980년대와 1990년대에 부족장들과 협력을 외면한 채 민중계층만을 대상으로 조직을 확대해 간 반면에 부족장들은 터키 국가와 협력을 유지하고 터키 정당들과 동맹을 하였다고 주장하였다(Kaya 2011, 36-37).

앙카라 페이퍼(Ankara Paper, 2004)에 따르면 PKK는 이 지역에서 쿠르드의 부족적 특성[65]으로 인하여 막스-레닌주의 이념 전파활동이 심각한 난관에 직면하였다. 그리하여 외잘란은 봉건적이거나 부족적인 쿠르드공동체 뿐만 아니라 PKK 정책들에 반대되는 그 어떤 사람들도 터키 부역자들로 선언하였다(Strozier and Frank 2011, 10). 그러나 터키에서 이러한 부족주의는 완전히 소멸되지 않고 2000년대 초 선거에서도 부족주의가 어느정도 영향력을 발휘하고 있었다.

민주인민당(Demokratik Halk Partisi, 이하 DEHAP)[66]은 2004년 지방선거에서 총 득표율이 4.9%로 감소되었다. 터키에 거주하는 쿠르드 인구가 1천5백만에 이르렀는데도 불구하고 몇 가지 이유가 DEHAP에 대한 드라마틱한 총 득표율 감소의 원인이 되었다. 첫째는 많은 쿠르드인들이 좀 더 좋은 직업을 위해 터키 남동부지역에서 서부와 남부지역으로 이주한 이후 이들은 더 이상 자신들을 PKK의 지지자로

65) 1999년 터키 디야르바크르 등지에서 쿠르드인을 상대로 설문조사한 결과 응답자의 26.6%가 부족적 소속감을 가지고 있다고 응답하였다(Ali Kemal Özcan, *op. cit.*, p.254. Tables).

66) 대표적인 쿠르드 단체나 정당들은 주로 영문 이니셜 표기하였다. 터키 현지 쿠르드인들도 이니셜로 발음한다.

간주하지 않았다. 두 번째 이유는 남동부 지역의 부족적인 구조에서 기인하는데 부족의 지도자는 아직 부족구성원들에 대해서 권위를 유지하고 있으므로 국가지지와 거부에 대한 결정 등을 부족원들을 대신하여 결정을 할 수가 있다(Strozier and Frank 2011, 14)는 것이다. 터키에서 부족장이 존재하는 시골에서는 선거가 실시되면 실수나 착오 등을 제외하고 부족장이 지지하는 정당이나 후보의 득표율이 거의 95%에 육박한다. 그러나 PKK는 초기부터 대부족장이나 지주 세력들과는 양립할 수 없는 이념적 적대관계로 출발하였다.

2) PKK의 탈민족주의

다음 표는 쿠르드인들 대부분이 PKK가 민족주의자들이 아니라는 사실을 명백히 인식하고 있음을 보여주는 설문조사이다.

<표 10> "PKK가 민족주의당이라고 생각하느냐?"는 질문에 대한 응답[67]

교육수준	예	아니요
대학 및 고졸	2.6%	96.5%
중등, 초등 그리고 이하	4.3%	91.3%
합계	3.2%	94.5%

터키는 비록 2016년 현재 아케페(AKP)의 에르도안에 의해서 위협받고 있지만 케말주의와 세속주의가 유지되고 있다. 이들은 제말 구

67) 스트로지어와 프랭크의 설문조사 이전인 1999년의 설문조사다. 설문조사 대상자의 인원도 적다. 대도시와 디야르바크르에서 쿠르드인들을 대상으로 설문조사를 하였으며 남녀 20-40대 이상, 184명을 상대로 조사한 결과이다. 비록 외즈잔의 다른 설문조사에 보면 응답 쿠르드인들의 20%가 PKK를 사회주의자로, 응답자의 76%가 사회주의와 민족해방주의자, 2.1%가 민족주의자로 생각한다고 응답하였다(Ali Kemal Özcan, *op. cit.*, p.254. Tables).

르셀(Cemal Gursel)의 쿠데타가 발생한 1960년부터, 1971년, 1980년, 1997년의 지속적인 군사 쿠데타를 통해서 실권을 장악하고 쿠르드 민족운동, 좌파와 쿠르드 분리독립운동을 강력하게 억압하여 왔다. 특히 1980년의 쿠데타를 일으킨 군부의 강력한 쿠르드 분리독립운동의 탄압은 PKK의 최초입산을 초래하였다. 이렇듯 최초 민족정체성에 의해서 민족분쟁을 시작한 PKK는 사회정체성인 맑스-레닌주의 이념을 확고히 하며 민족주의를 거부하였다.

외잘란은 민족, 민족국가, 민족주의를 거부하는데 그 이유는 민족주의 자체가 자본주의와 더불어 등장한 부르조아 사상이라는 것이다. 즉 자본주의 등장으로 인하여 민족과 민족국가가 생겨났다는 것이다 (Öcalan 2011, 9-11). 자본주의 생산양식은 무역을 창조하거나 자유무역을 필요로 하게 된다. 결국 국내시장은 기존의 조직을 국가조직으로 변화시키게 되는데 기존에 이들이 가지고 있었던 유사한 문화, 언어는 하나의 일반적인 민족정체성으로 변화한다. 이러한 변화는 유럽에서 오래된 왕정을 새로운 정부로 변화시키게 하였다. 결국 민족국가는 정치적인 시스템 그 하부에 부르조아가 이끄는 리더십 아래 모여든 민족이라는 각기 다른 모든 집단들의 이익들이 존재한다. 자본주의의 정치적 다양성으로 인하여 공화제가 지배적으로 발달하였으며 부족이나 종족은 민족시장의 힘에 의하여 민족으로 변화하게 되었다고 주장한다(Öcalan 2011, 9-10). 즉 그는 민족국가와 자본주의는 불가분성의 관계라고 하는데 이 주장은 근대주의적 해석을 하는 겔러의 주장과 같다.

이처럼, 농업사회는 신분으로 나뉜 수직적 사회로 동질적인 문화를 만들 수 없었으나 산업사회는 신분질서가 무너진 수평적 사회이므로 동질적인 문화의 형성이 가능하고 노동자는 국가가 담당하는 대중교육을 통해 신분이나 지역을 넘어선 동질적인 문화(高度文化)가 가능해진다. 왕족국가를 대신할 새로운 형태의 국가를 구성하려고 할 때 이 고도문화를 가진 사람들을 하나로 결속하는 공동체적 이념이 민족주의라는 것이다(21세기 민족주의 포럼 엮음 2010, 88).

이러한 가운데 쿠체라(Kutschera, 1999)의 언급에 의하면 PKK의 목표는 PKK의 설립과정에 몇 명의 투르크인이 있었으므로 쿠르드 민족주의에 근간을 둔 것이 아니라고 하였으며 또한 라두(Radu, 2001)는 PKK가 비록 그들의 이념을 쿠르드 민족주의에 기반 한다고 선언했을지라도 실제 PKK 조직은 쿠르디스탄에서의 사회주의를 위한 투쟁이었다(Strozier and Frank 2011, 11)고 주장하였다. 즉 PKK는 투쟁목표가 쿠르드민족국가 건설이 아닌 쿠르디스탄에 거주하는 모든 민족이 맑스-레닌주의 기치아래 사는 공산주의 체제를 구축하는 것이 최종목표인 이념투쟁의 성격을 지녔다. 따라서 PKK와 민족주의, PKK와 민족의 관계설정은 중요하다. 그들 내부에서도 마찬가지였겠지만 PKK의 성패와 더불어 동원의 중요한 갈림길에 민족주의가 존재하였다. 이러한 민족주의를 대하는 쿠르디스탄의 맑스-레닌주의자들은 민족주의를 이중적으로 대하는 측면이 있다. 동원의 많은 부분을 민족정체성에 의지하지만 그들의 실제 정치이념은 탈민족주의적이다. 민족주의 진영에는 맑스-레닌주의자들이 타도해야할 대상인 지주, 종교, 부족 등 반봉건적인 세력이 그 중심에 있기 때문이다. 즉 전략적인 측면에서 민족주의를 접근하였으며 PKK는 게릴라 전술과 기층 민족주의를 통하여 1980년대에 성장하였다고 할 수 있다(Gunter 2011, 191).

이러한 PKK의 혁명대상이 되는 집단은 누구인가 그것은 첫째, 1977년 PKK는 파시스트, 터키정부 지지자, 쿠르드 지주계급, 터키좌익을 PKK의 적으로 규정하였으며 그중에서 쿠르드 지주계급을 가장 중요한 공격의 목표로 설정하였다(장병옥 2006, 332). 둘째, PKK의 폭력혁명론을 부정하는 쿠르드인들을 PKK의 적으로 규정하였다. 셋째, PKK에 방해가 되는 농민은 같은 쿠르드일지라도 적으로 간주하였으며 그 대표적인 사례는 '마을 수비대(village guard)'이다. 넷째, 더불어 PKK는 쿠르드 정체성을 잃어버린 쿠르드인들을 보복하였는데 PKK는 주로 터키 남동부에 거주하는 동화된 쿠르드인들을 대상으로 노약자를 불문하고 무차별적인 테러활동을 벌였다. 또한 그들은 비쿠르드인에 대한 테러를 자행함으로써 불안을 야기하려 시도했다. 그 일환으로 터키 남동부 지역의 동화된 쿠르드인이면서 행정서비스를 제공하는 공무원을 포함하여 교사, 의사, 기술자, 및 유명 인사들을 테러의 대상으로 삼았다. 터키경제를 약화시키고 국가이미지 실추를 위해 기간산업, 유전시설, 사회시설, 관광단지 등을 공격하여 민간인 사상자가 발생하기도 하였다(위의 책).

또한 PKK는 터키 투르크인과의 투쟁을 수행하고 터키의 신무기를 배치에 항의하여 PKK는 터키남부 해안의 관광지를 공격하여 외국인들의 관광을 경고하였으며 베른의 터키대사관 등을 공격하였다(Mcdowall 2004, 438-439). 즉 혁명의 대상은 신입 PKK 지원자부터 맑스-레닌주의를 부정하는 모든 사람들이 혁명의 대상이 되었다.

그러나 쿠르드 사회에서는 이미 민족주의가 보편적이고도 지배적인 정치이념 중 하나가 되었다. 즉 탈민족적인 PKK의 좌파적인 이념적 경도와는 반대로 도시화가 진행되고 부족주의적인 전통이 약해짐에 따라 민족주의는 부족주의나 맑스-레닌주의를 대체하면서 광범위한 쿠르드 정치이념으로 자리를 잡아가고 있다.

대체적으로 터키 국내에서는 부족주의적인 특징이 도시화, 도시이주, 매스컴, 교육의 증가, 산업화 등으로 약화되었고 이 약화된 공간을 민족주의가 신속하고 광범위하게 점유해 갔다. 대도시로 이주한 쿠르드인들은 그들의 사회적, 정치적 의식들을 자각하기 시작하였고 쿠르드의 정체성을 자각하였다. 유럽이나 외국으로 이주한 쿠르드인들은 자유스럽게 쿠르드단체들을 만들어서 활동하며 이러한 과정들 속에서 쿠르드 민족주의는 발전하게 되었다. 또한 지배민족의 정치적, 문화적 탄압은 쿠르드 민족주의를 발전시키는데 결정적인 역할을 하였다 (Meho 1997, 2-3). 이러한 발전된 쿠르드 민족주의를 통해서 PKK는 민족해방전쟁[68]과 사상투쟁을 전개한 측면이 있으며 구소련 붕괴 이후 가문, 부족, 종교 등과 전략적 연대를 주장하였듯이 민족주의 역시 다소 전략적인 접근을 한 것으로 판단된다.

3) PKK의 탈이슬람

이슬람에서 신앙고백인 샤하다의 첫 구절 "라 일라하 일라 알라(la illaha illa-Alla)[69]"는 신의 유일성을 단정적으로 표현해주는 말이다. 유일신 논리를 통해 인간은 정신적, 육체적, 도덕적으로 발전하게 되고 코란의 "모든 인간은 하나의 공동체였다"라는 구절처럼 세계민족

68) 민족해방전쟁은 쿠르드 민족의 해방이라는 의미가 일차적인 의미이지만 민족적 갈등을 해방시키고자 하는 외잘란의 정치적 의도도 내재한다고 판단된다.

69) '오직 알라만을 숭배하라' 또는 '알라 외에 신이 없다' 는 의미이다. 이러한 신의 유일성은 다른 종교나 타인을 용납하지 않는 무서운 도그마에 빠지게 하는 종교의 가장 무섭고 잔인한 측면이며 저자는 이러한 구절이 가지는 위험성을 우려한다. 이는 기독교에서도 나타나는 구절인데 이미 이와 유사한 구절은 훗날 성경을 만들면서 필진이 의도적으로 삽입한 구절이라는 설이 지지를 얻은바 있다. 중동은 시아와 순니의 대립을 비롯하여 종교적인 대립은 지속될 것이다. 자신의 종교에 대한 우월성, 자신의 신념에 대한 우월의식은 곧 국제정치 학자들의 우려와 같이 공존을 위한 인간의 노력을 차단한다. 그러므로 구성주의의 문제제기는 민족과 종교분쟁에 중요한 해결 실마리를 제공하였다.

의 단일화를 추구하게 된다(황병하 1992, 77-78). 예언자로서의 무함마드는 자신들의 종교적 믿음을 위한 계시서인 코란을 신을 통해 전달받았으며, 이를 통해 본질적인 사회적·정치적·종교적 개혁의 실현을 추구하였다. 이 개혁의지의 목표는 이슬람 아래 일차적으로 아랍인의 단결과 통합이었으며, 이차적으로는 이슬람 아래 세계 인류의 단일화와 통일이었다(황병하 1991, 230-231).

이슬람과 알라의 유일성은 비록 만인의 평등을 주장하였으나 유물론과 무신론의 맑스-레닌주의 이념을 기반으로 하는 PKK 입장에서 보면 관념적인 것으로 새로운 봉건적 질서와 새로운 기성 정치질서 속에 내재하는 또 다른 계급인 것이다. 이러한 이슬람이 내세우는 단일성과 통합성은 종교적, 정신적인 차원의 접근으로 물질에 기반 하여 사상적 유일성, 통일과 투쟁을 주장하는 맑스-레닌주의와는 완전한 대척점에서 대항하고 있다.

원래 맑시즘은 종교를 지식인들의 가면(mask)으로 여겼으며 종교를 거부하여 인민들에게 정치적, 경제적 불평등의 실재를 보여주려고 하였다. 그러나 이러한 이념적인 관점은 쿠르드인들에게는 결코 용납될 수 없는 것이었다(Strozier and Frank 2011, 21). 맑스의 유물론과 유물사관 자체가 무신론에 기초하므로 맑스는 모든 종교를 부정한 것을 넘어서 종교소멸론, 종교폐기론을 주장한 무신론자였다. 이러한 맥락에서 오스만 투르크 제국 말기 당시의 지식인들 중심의 사회주의 사상과 이슬람, 기존 기득권 세력인 쉐흐나 물라 등과의 대립과 갈등은 당연한 것이다.

그러나 터키에서 비록 할리프제가 없어지고 세속주의가 채택되었다 할지라도 터키와 쿠르디스탄에서 종교적인 영향력은 현대에도 여전히 큰 영향력을 발휘하고 있다. 특히 터키 쿠르디스탄에서는 쉐흐를 중심으로 초기 민족분리독립운동이 발발하였는데 1880년 터키 동남부 하카리 지역의 쉐흐 우바이둘라(1831-1883)의 봉기, 1925년 쉐흐 사이드(Sheikh Said, 1865-1925)의 대규모의 봉기,[70] 1936-1938년의 쉐흐 사이드 레자(Sayyid Riza)[71]의 봉기 등이 그것이었다. 그러나 쉐흐들이 대부분 사라진 현대 터키에서도 이슬람 정치세력은 여전히 큰 영향력을 발휘하고 있다. 그러므로 PKK는 다음과 같은 두 가지 이유에서 이슬람 세력과 전략적 연대를 추구하였다. 첫째는 이슬람을 이용하여 PKK 조직을 와해시키려는 터키정부의 의도를 인식하였다. 이는 PKK가 탈이슬람의 이념을 가진 것을 이용한 것으로 터키가 조직한 터키 히즈불라(Hizbullah, the Party of God)는 1990년대 초 PKK 요원들이나 무사 안테르 등 민족운동을 하는 쿠르드인들을 직접적으로 위해하였다. 이에 대항하여 PKK는 이란정부나 이슬람 세력들과 협력을 모색하였다. 둘째는 이슬람의 영향력이 중동지역뿐만 아니라 쿠르디스탄에서도 매우 크다는 것이다. 남동부와 동부에 거주하고 있는 대다수의 쿠르드인들은 종교적인 가치를 존경하거나 의존하는 대중들로 이들 대중들과의 원활한 관계를 위해서 외잘란은 1980년대에 이르러서 대이슬람에 관한 PKK의 정책을 수정하였다(Strozier and Frank 2011, 10; Gunter 2011, 120-122).

이렇듯 PKK는 정치이념의 탈종교성, 탈이슬람적인 특성으로 인하여 PKK 초기에는 직접적으로 이슬람, 이슬람주의에 대해서 적개감을

70) 1925년 2월 피란에서 봉기를 일으켰다.

71) 터키어로는 'Seyit Riza', 'Sayyed Reza', 자자어로는 'Sey Riza' 또는 'Pir Sey Riza'로 데르심의 리르틱(Lirtik)에서 1863년에 태어났다. 그의 부친은 하세난(Hasenan)부족 출신이며 알레비파, 자자키 부족의 정치 지도자였다. Sheikh sayyid Riza(Michael M. Gunter의 표기)에 의해서 1936년에 봉기가 일어나 사이드 레자는 1937년에 사망하였으며 이후 1938년까지 저항하였으나 패배하였다.

표현하였으나 1980년대 이슬람을 가장한 터키 히즈불라의 위협, 1980년대 후반 구소련의 붕괴와 더불어 위기감을 느낀 PKK는 부족주의, 민족주의와 마찬가지로 이슬람에 대해서도 자신들의 정치이념을 고수한 채 다소 전략적인 측면에서 접근하였다.

3. PKK의 조직

1) PKK 조직

PKK의 조직은 대외적으로 KCK가 최고기구이며 일부에서 PKK는 KCK의 군사부분이라고 축소하여 이야기하기도 한다. KCK는 조직을 대표하는 명칭으로 PKK, 이란의 쿠르디스탄자유생명당(Partiya Jiyana Azad a Kurdistanê, Kurdistan Free Life Party, 이하 PJAK), 푸아트 오메르(Fuat Omer)가 이끄는 시리아의 민주동맹당(PYD), 파익 굴피(Faiq Gulpi)가 이끄는 이라크의 쿠르디스탄민주해법당(PCDK)을 이끄는 최상부 조직으로 2010년 현재 PKK의 오랜 지도자인 카라일란은 KCK 12인 집행위원회의 의장을 역임하고 있다. 이와 같이 KCK는 PKK의 또 다른 이름이다(Gunter 2011, 164-165).

(1) 국내 정당 및 조직

국내정당과 조직은 PKK의 위성정당으로 국외조직인 해외단체, 국외정당과 더불어 대터키 정치투쟁의 전위조직의 역할을 수행하고 있다. 특히 국내 정당조직은 내부에서 직접적으로 대터키 합법적 정치투쟁을 전담하는 전위조직의 역할을 수행한다.

첫째, 인민노동당(Halken Emek Partisi, People's Labor Party, 1990-1993. 7, 이하 HEP)이다. 터키 정치체제 내에서 합법적 정치투쟁을 시도한

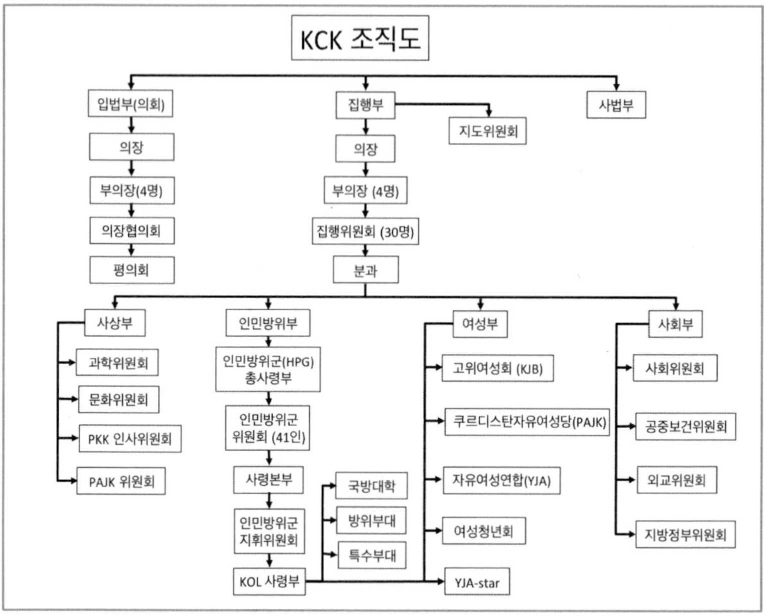

출처: 『Zaman』, April 14, 2009.

<그림 13> PKK 조직도[72)]

PKK는 2년 전 사회민주당(SHP)에서 축출된 쿠르드 국회의원들로 구성된 HEP를 통해 그들의 정치적인 능력의 확장을 추구하였다. HEP는 1991년 11월 총선에서 시르낙 같은 지역에서는 HEP[73)]가 70%를 득표하여 정치권이 이를 의식할 정도에 이르렀다(Mcdowall 2004, 432-433). 이는 PKK가 합법적인 정치투쟁을 위해 설치한 정당으로 이라크 쿠르드의 민중봉기의 영향과 PKK의 무장투쟁이 활발하게 이루어져 쿠르드인들의 지지가 급격히 상승하였다. 그러나 터키의 "막후국가(deep state, derin devlet)"[74)]는 HEP를 용납하지 않고 PKK의 에이전

72) 글자를 잘 알아보기 힘든 작은 기구 부분들은 생략하였다.
73) 정당명 표기는 알파벳 대문자로 하였다.

트라고 비난하며 헌법재판소를 통해 정당을 강제해산시켰는데 이러한 패턴은 현재까지 이루어지고 있는 정치행태이다.

둘째, 민주노동당(Democracy Labour Party, 1993-1994. 6, 이하 DEP)이다. 이 당은 1993년 7월 HEP가 쿠르드 민족주의를 자극하는 상징적인 행동으로 인하여 헌법재판소로부터 정당활동을 금지 당하자 몇몇 전 HEP 당직자들은 이미 새로운 정당인 DEP를 미리 조직하여 헌법재판소의 해산에 대비하였다(Mcdowall 2004, 438, 432-433).

셋째, 인민민주당(Peoples Democracy Party, 1994-2004, 이하 HADEP)이다. 이당은 HEP, DEP의 정당해산 선고이후 설립된 정당으로 1995년 총선에서 4.17%를, 1999년 총선에서는 4.75%를 득표하였다. 2002년 총선에서는 군소정당인 DEHAP와 동맹하여 6.22% 득표하였다(Gunter 2011, 112).

넷째, 민주인민당(Democratic People's Party-2005. 8, 이하 DEHAP)이다. 이는 HADEP가 변신한 당으로 DEHAP는 2002년 11월 3일 총선에 참가하였으며 HADEP가 정당 활동이 금지될 경우를 대비한 당이었다. DEHAP는 HADEP의 동맹이었으며 1998년 총선에서는 10% 이상을 득표하지 못하여 국회진출은 하지 못하였다. 그러나 몇 개의 동남부 지역에서는 40% 이상을 득표하였으며 2005년 8월 17일 DTP에 합병되었다(Gunter 2011, 80-81). 2002년, 2004년 선거에서 DEHAP의 전체득표율은 10% 미만을 기록하였으며 PKK의 정치적인 조직인 DEHAP는 곧 헌법재판소에서 PKK와의 협력을 이유로 정치활동을 금지 당했다.

---

74) 터키 세속주의 핵심적인 집단들이다. 즉 군부, 에르게네콘, 헌법재판소, 지템(JITEM, Jandarma Istihbarat ve Terorte Mucadele, The Gendamerie Intelligence and Counterterrorist) 등이다.

다섯째, 민주사회당(Democratic Society Party, 2005. 8. 17-2010, 이하 DTP)이다. DEHAP의 헌재 해산명령 이후 쿠르드 민족주의 운동은 DTP 아래에서 그들의 정치적인 투쟁을 지속하였다. DTP는 PKK와의 연계성을 이유로 2010년 터키 헌법재판소에서 정치활동을 금지 당하였다(Strozier and Frank 2011, 14).

여섯째, 평화민주당(Bariş ve Democraci Partisi, Peace and Democratic Party, 2007. 11~2014. 7, 이하 BDP)이다. 베데페 즉 BDP는 DTP를 대체할 수 있도록 2007년 11월에 이미 창당 작업을 종료한 상태였다. 수감 돼있던 외잘란의 지시로 터키의회에 잔류하고 있던 19명의 DTP 의원들이 BDP로 합류하였다. 2010년 2월 BDP는 2000명의 대의원들과 공동의장으로 선출된 셀라하틴 데미르타스(Selahattin Demirtas)와 굴텐 키사낙(Gulten Kisanak)이 참석한 전당대회를 개최하였다. 앙카라 정부의 검찰은 즉시 이에 대한 수사에 착수하였으며 곧 전 터키에 있는 수 백 명의 BDP 쿠르드 정치인들이 체포되는 상황에 직면하였다(Gunter 2011, 51-52).[75] 이 전당 대회 전후로 BDP의 거물급 정치인들이 대거 체포되어 감옥에 수감되었으며 조기 출옥한 정치인들은 2013년 인터뷰 당시 BDP의 주요 당직을 맡고 있었다. 또한 BDP는 지역별 총회를 4-6개월에 한 번씩 즉 1년에 2, 3회 정도 개최하고 총회에서 재정수지현황을 공개한다. 그 이유는 초기에 내부 부정행위가 적발된 경우가 있어서라고 하였다.

어떤 쿠르드인의 증언에 의하면 BDP가 이라크에서 이전에는 암암리에 활동하였으나 2012년 마수드 바르자니의 허락 하에 이라크에

75) 2013년 저자가 인터뷰한 지구당 위원장도 역시 이 당시 체포되어 수감생활 끝에 출옥한 상태였다.

BDP 사무실을 정식으로 개소하였는데 공식 사무실은 한개이나 비공식 사무실은 여러 개가 존재한다고 하였다. 이란, 유럽, 미국에도 비공식 연락사무소가 있다고 증언하였다. 그러나 이라크에서 PCDK와 활동이 겹치진 않으나 소수자 권리보호, 여성권리향상 등은 주장하는 바가 같으며 3정당 모두 외잘란의 지도를 받는데 변호사 통해 지시받기도 하며 2013년 평화협상을 지시받기도 하였다고 증언하였다.

일곱째, 인민민주당(Peoples Democratic Party, 2012. 10-2017. 6월 현재, 이하 HDP)이다. HDP는 2014. 7월 BDP를 비롯하여 기타 사회주의 정당들과 통합하여 탄생한 정당이다. 그리하여 셀라하틴 데미르타스와 피겐 육섹다으(Figen Yüksekdağ)가 공동 의장이 되었다. 대변인은 전 디야르바크르 시장 오스만 바이데미르이다. HDP는 2014년 8월 대통령 선거에서 데미르타스를 후보로 내세워 400여만 표를 득표하여 3위에 머물렀다. 그러나 2015년 6월 총선에서는 쿠르디스탄에서 높은 지지율을 획득하여 원내 3당으로 부상하였다. 2016년 쿠데타가 실패한 이후 에르도안 정부는 수천 명을 체포하였는데 이들 중 상당수가 PKK를 지지한 사람들과 귤렌운동(Islamist Gülen Movement)[76] 지지자들이었다. 또한 HDP 관련자들을 체포하였는데 공동의장 육섹다으와 디야르바크르를 포함한 시장들, 법률가들, 공무원들 등을 구금하였다. AKP와 터키정부는 HDP를 해체시키기 위하여 압력을 넣고 있다. 에르도

---

76) 무하마드 페툴라흐 귤렌(Muhammed Fethullah Gülen)은 이슬람 학자 및 성직자로 학생들에게 교육을 통한 도덕을 가르치고 기업가들은 부를 사회에 환원하여야 한다는 주장을 폈다. 그를 추종하는 자들이 많으며 이들을 귤렌주의자(Gülenists)라고 한다. 그러나 에르도안은 그를 2016년 7월 쿠데타를 지시한 배후로 지목하고 그가 종교적 집회인 Nurculuk 운동의 하나라고 속이면서 많은 사람들과 자금을 모아 테러조직을 설립하였다고 비난하고 있다. 그는 현재 미국 펜실바니아주에 살고 있다. 미국은 터키의 신병 인도 요구를 거부하고 있다.

안과 AKP는 2017년 4월 16일 헌법개정을 통해 터키 공화국 출범이래 유지해오던 의원내각제를 폐지하고 중임가능한 제왕적 대통령제를 국민투표를 통해 겨우 통과시켰다. 이 개헌헌법은 무소불위의 대통령제로 대통령이 의회승인 없이 부통령, 장관을 임명할 수 있고, 국가비상사태선포권 등을 가지며, 입법부와 사법부를 통제할 수 있게 된다. 국민적 저항이 없다면 이 선거에 의한 첫 대통령 선거는 2019년에 치러지게 되나 터키의 정치적인 혼란은 당분간 지속 될 것이다.

여덟째, 쿠르디스탄자유매(TAK, Kurdistan Freedom Hwaks)이다. 일부에서는 PKK와 관련이 있는 것으로 판단하며 급진적이다.

(2) 국외 정당 및 조직

초기 범쿠르디스탄 공산체제를 목표로 하는 PKK가 터키를 제외한 쿠르디스탄에 PKK 외부조직인 PKK 정당을 세우는 것은 당연한 수순이었다. 이러한 주변국가의 국외정당을 통해서 PKK가 처한 테러단체로서의 불법성을 탈피하여 합법적 활동을 가능하게 하고 동일한 이념적 세력을 규합하고 지도하여 동원하는 역할을 수행하며 범쿠르디스탄의 이념을 추구하는 실제적인 역할도 수행한다.

첫째, 쿠르디스탄민주해법당(Kurdistan Democratic Solution Party, 이하 PCDK, KDSP)이다. 2차 걸프전 직전에 PKK는 2002년 KRG 지역에 친PKK 정당인 페체데케 즉 PCDK(KDSP)를 설립하였으며 디야르 가립(Diyar Gharib)과 파이크 굴피가 현재 지도자로 알려져 있다. 이 당은 2008년 5월 1일-3일까지 키르쿠크에서 네 번째 연례 전당대회를 개최하였으나 2009년 7월 25일의 KRG 선거에서 참가가 금지되었다. 터키의 요구로 많은 도시의 정당사무실이 폐쇄되었으나 정당활동은 지속하고 있다(Gunter 2011, 176-179, 192). 그러나 BDP 소속 쿠르드 시장의 증언에 의하면 PCDK는 민주정당으로 소수자 및 여성권리향상을 위해 노력하고 있으며 이라크 지방의원 배출 가능성이 있다고 하였다. 이와 같이 PCDK도 의원을 선출시키기 위해 정당 활동을 하지만 마수드 바르자니 입장에서도 전략적인 이유 즉 다당제 시위 등의 이유로 PCDK를 허용한다고 증언하였다. 외잘란의 지시를 받고 있다.

둘째, 쿠르디스탄자유생명당(PJAK)이다. 이 당은 쿠르디스탄민주연방(Koma Civakên Kurdistan, 이하 KCK)[77] 산하조직으로 2004년부터 이란 내에서 쿠르드인의 독립을 위해서 정치, 무장투쟁을 하는 조직이다. PJAK[78]은 이란 쿠르드정당으로 2004년 3월 25일에 첫 전당대회를 개최하였으며 PKK와 밀접한 관련이 있다. PJAK의 지도자는 아흐메디(Abdul Rahman Haji Ahmedi)로 전직 PKK의 멤버였으며 현재 유럽에서 활동하고 있다. PJAK의 기원은 이라크 쿠르드와 PKK의 성공에 고무되어 1997년 평화적인 학생주도의 인권운동에서 시작하였다고 한다. 1999년 이란정부의 일련의 강력한 탄압으로 PJAK 지도자들은 안전한 칸딜산으로 피신하였고 여기서 압둘라 외잘란의 이념을 채택하게 되었다. 이란 출신의 베테랑 PKK 전사들이 PJAK으로 이동하여 역할을 수행하게 되었다(Gunter 2011, 177-178, 192). PJAK은 민주적연

77) 나중에 쿠르디스탄인민의회(Kongra-Gel, KGK)로, PKK로 명칭이 변경되었다.

78) 대략 2004년에 창당되었으며 터키의 PKK와 많은 부분에서 목표가 동일하며 이라크 KRG의 성공과 PKK의 투쟁을 본받아 이란에서의 쿠르드 자치를 주장하고 있다. 2004년 첫 무장공격을 시작으로 2005-2013년까지 무장투쟁을 전개하였다. PKK는 테러단체에서 벗어나기 위하여 명칭을 KADEK으로 변경하고 이란, 이라크, 터키, 시리아 등에 PKK 지부정당들을 창설하였다. 이란 쿠르드는 PKK와 제휴하여 PJAK를 설립하였다. 아흐메디가 PJAK의 지도자였으며 2006년 5월 사망한 굴리스탄 도안(Gulistan Dogan)도 지도자였다(THE WASHINGTON INSTITUTE, *Improving the quality of U.S.Middle East Policy*, POLICY WATCH 1224).

방제를 주장하는데 그것은 자치제로 쿠르드뿐만 아니라 이란의 아제리, 발루치, 아랍지역의 자치도 동시 주장하는 것이다. 여성들도 PJAK에서 주요역할을 담당하고 있으며 약 3000명의 전사 가운데 40%가 여성으로 구성되어 있으며 게다가 이란 내에 수천 명의 활동가가 존재한다고 PJAK은 주장하고 있다. 비록 PJAK이 PKK와 많은 부분 목표를 공유하고 KCK와 협력하고 있지만 PJAK도 자체 행정기구[79])를 소유하고 있다(*ibid*, 178).

미국이 미 국무부에 의해서 공식적으로 테러단체로 규정된 이란 반정부적인 단체인 무자헤딘 칼크(Muja-hedin-e Khalq)를 지지한 것은 이미 알려져 있었다. 그러나 2009년 2월 미 재무부는 그들의 동맹인 터키 요구에 따라 PJAK을 블랙리스트에 올렸다(*ibid*). PJAK은 기지로부터[80]) 필요시 이란으로 이동, 습격할 수 있는 위치에 있다. 2007년 2월 16일 외잘란의 체포에 항의하는 거대한 시위와 군중집회를 이란 쿠르디스탄에서 개최하였다(*ibid*, 22).

셋째, 민주동맹당(Partiya Yekîtiya Demokrat, Democratic Union Party, 이하 PYD)는 2003년 PKK(산하단체는 모두 깃발에 붉은 별이 표식되어 있다)에 의해서 시리아 북부 지역에 세워졌다(*ibid*, 192). PYD는 시리아 사태 발발 후 칸딜산에서 시리아로 전원투입된 PKK 전사들과 함께 미

---

79) 자체 행정기구로는 당 총회, 당 지도자, 의회 등이 있다. 산하기구로는 YJRK (Union of Woman of Eastern-Iranian-Kurdistan), Union of the Youth of Eastern Kurdistan, 굴리스탄 도안은 중요한 여성분과의 지도자이다. 그녀는 또한 PJAK의 7인 지도위원회 위원이기도 하다. 아사드 압둘 라흐만 차데르취(Assad Abdul Rahman Chaderchi)와 2006년에 사망한 아피프 자그로스(Afif Zagros)도 위원이었다(Gunter 2011, 178).

80) 칸딜산내 PKK의 주요 캠프가 있는 지역의 서쪽에 위치한다고 한다(THE WASHINGTON INSTITUTE *Improving the quality of U.S. Middle East Policy*, POLICYWATCH 1224).

국의 무기를 지원받아 페예데 즉 PYD 군사조직인 YPG, YPJ와 더불어 실질적인 무장투쟁을 주도하고 있다.

PKK의 국외조직들은 터키를 압박하고 터키 쿠르드의 정치적 불평등, 민족적 불평등을 시정시키도록 국제사회에 압력을 가하는 외부조직의 역할을 하며 동원과 관련된 역할을 수행하기도 한다. 이러한 조직들은 첫째, 쿠르드 디아스포라와 유럽 PKK 조직으로 쿠르드 디아스포라는 이란, 이라크, 터키에 따라 차이가 존재한다. 이라크 쿠르드는 영국으로 계속 유입되었고 이란 쿠르드인들은 프랑스로 이주하였다. 다수의 이라크 및 이란 쿠르드 망명자들은 고등교육을 이수하였지만, 터키출신 망명자들은 교육수준이 낮은 노동자, 농민출신이 많았다. 특히 쿠르드 지식인들은 연구와 출판에 좋은 환경을 제공했던 스웨덴으로 유입되었다. 스웨덴은 쿠르드 디아스포라를 위한 지적인 심장부 역할을 하였다(장병옥 2006, 395).

특히 터키 디아스포라는 다음과 같은 시기적인 변화가 있었다. 1970년대 빠르게 성장한 유럽경제는 많은 비숙련 노동력의 수요가 증가하였으며 점차 늘어나는 터키의 이주 노동자들로 인해서 초기 지식인들 중심 사회에 균형의 변화가 초래되었다. 초기에 대부분의 노동자들은 터키 서부지역에서 이주하여 왔으나 1979년 후반부터는 고소득직장의 기회뿐만 아니라 터키 동부지역에서 증가하는 무질서와 민족 억압으로 인해서 현저히 많은 사람들이 동부 터키로부터 이주해오기 시작하였다(위의 책, 394-395).

유럽에는 당시 2백만에 이르는 터키 이주노동자들(guestworkers)이 있었으며 이중 절반이상이 독일에 거주하였다. 이러한 환경은 PKK에게는 디아스포라 정치와 새로운 지지자들과 재정을 확보하는데 최적의 환경이 되었다. PKK는 유럽에 소수의 요원들이 존재하였으나

1981년 중반에 5명의 고위 조직원들을 파견하여 조직을 확장시켰다. PKK는 독일에서 즉시 조직화 작업[81]을 시작하였으며 네덜란드를 시작으로 스웨덴, 프랑스 등 점차적으로 주변 국가들로 조직을 확산시켜 나갔다(Marcus 2007, 66). 이렇게 구성된 초국적 친PKK 조직들을 살펴보면 다음과 같다.

먼저 콤카르(KOMKAR)이다. 1970년대 초반에는 서부, 중부 터키인들의 터키인들이 유럽 국가들로 유입되었으며 1979년대 후반에는 터키 쿠르드인들이 대량으로 유입되어 쿠르드공동체를 형성하여 나갔다. 이들 쿠르드 노동자들이 최초로 만든 단체가 콤카르였다. 또한 정치화된 쿠르드 대학생들은 자신들을 쿠르드인으로 인식하고 유럽 국가들이 쿠르드어의 정체성을 인정하도록 압력을 행사하였다. 또한 콤카르는 쿠르드인들의 문화적 의식을 고양시키기 위하여 많은 노력을 경주하였다. 자신의 정체성을 고민하던 이주 쿠르드인들은 1980년대와 1990년대 젊은 쿠르드인들을 중심으로 자신들의 정치적, 언어적 정체성에 대한 관심이 촉발되었다. 그러나 맑스-레닌주의에 기반 한 계급투쟁 의식을 가진 PKK와 쿠르드 문화, 언어 등 정체성 회복에 집중하며 온건한 정책을 선호한 콤카르와의 갈등은 피하기 어려웠다(Mcdowall 2004, 456-457).

또 다른 단체는 쿠르디스탄망명의회(Kurdistan Paliament-in-Exile, PKWD, 이하 KPE)이다. KPE는 1995년 PKK와 타 쿠르드 단체들과 협력하여 설립되었으며 본부는 벨기에 브뤼셀에 있다. 이 단체는 초기 터키 DEP의 망명 쿠르드 의원들을 포함한 쿠르드 인사들, 시장들, 아시리

81) PKK 주요 활동 무대는 문화클럽들로 카페나 독서실, 토론센터, 사회복지 사무실 등이었다. 이곳에서 PKK에 대해서 교육하고, 그들의 문제해결에 도움을 주었다. 이러한 패턴은 여타 국가에서도 마찬가지였다(Marcus 2007, 66).

아인들, 여성들, 무역협회 등을 대표하는 65명으로 구성되었으며 쿠르디스탄 내부와 외부에 존재하는 쿠르드인들의 의사를 대표하였다. 이 KPE'[82] 의원들 전체가 PKK에 동조하였으나 PKK의 조직이라는 인식으로 인하여 미국 영국, 프랑스, 독일 등은 이 단체를 허가하지 않았다. 더구나 KDP, PUK는 냉담한 반응을 보였으며 1999년 5월에 창설된 이전 쿠르드인들을 대표하는 쿠르디스탄민족의회(Kurdistan National Congress, KNK 또는 KNC)에 흡수되었다(Gunter 2011, 182-183; Bengio 2012, 10).[83]

또 하나는 쿠르드고용주협회조합이다. 프랑크푸르트-쿠르드고용주협회조합(Union of Association of Kurdish Employers, KARSAZ) 역시 친PKK 단체이다(Gunter 2011, 192). 1993년 설립된 유럽쿠르드협회연맹(The Confederation of Kurdish Associations in Europe, KON-KURD)은 해외 쿠르드망명조직으로 친PKK적이다. 유럽, 북미 등 다양한 국가에 지부가 상설되어 있으며 대부분 터키 쿠르드인이다. 파리쿠르드연구소(Institut Kurds de Pari)는 쿠르드 학문과 문화 연구를 위한 연구소로 1983년에 파리에서 개설되었다(장병옥 2006, 396-397). 2013년 1월 9일 이 연구소에서 3명이 피살되었는데(한겨레 인터넷 신문 2013년 1월 11일자) PKK 창설 멤버이자 여성 게릴라 대장 사키네 잔시즈(Sakine Cansiz, 일명 사라)와 동료들이었다.[84] 이 사건은 PKK와 터키의 평화협상도중

82) DEP 출신의원들도 망명하여 KPE에 가담하였다(Gunter 2011, 72).

83) 벤지오에 의하면 1989년 런던에 세워진 '쿠르디스탄민족의회(KNC)'와 1985년 스톡홀름에 세워진 '쿠르드과학예술아카데미(Kurdish Academy of Science and Art)' 등이 있다고 한다.

84) 이후 외잘란은 2013년 3월 21일 PKK 무장요원들을 터키 영토 밖으로 철수하게 하고 정전을 선언하였다. PKK는 2012년 말부터 에르도안 정부와 정전협상을 시작하였다. PKK는 쿠르드 언어의 사용과 쿠르드 정체성의 인정, 정치적인 활

에 발생하였다. 쿠르드인권프로젝트(Kurdish Human Rights Project, KHRP)의 친PKK 여부는 확실하지 않으나 1992년 12월 영국에서 설립되었으며 쿠르디스탄에서 일어나는 인권탄압을 감시, 감독한다. 그리고 이러한 인권탄압의 사례들을 EU의 사법적 기관인 유럽인권재판소(European Court of Human Rights)에 고발하여 법을 개정하는 등의 실적이 있었다(Gunter 2011, 170-171).

둘째는 선전선동과 매스 미디어[85] 부분으로 PKK의 중요한 조직사업의 한 분야다. 덴마크 코펜하겐에 있는 쿠르드 TV 방송국인 ROJ-TV[86]는 PKK의 선전방송이며 터키를 비롯하여 중동, 유럽에 걸쳐 방송되면 쿠르드의 자긍심을 고취시켰다(Gunter 2011, 209, 262-263).

1995년에 친PKK 위성 텔레비전 방송국인 MED-TV를 런던과 브뤼셀에 설립하고 터키로 방송을 송출하였으나 폭력선동죄로 1999년 3월 방송금지 되었다. 그러나 3개월 후 MEDIA-TV를 개국하였으나 터키의 압력으로 폐쇄되었으며 현재는 ROJ-TV로 방송한다(Mcdowall 2004, 459). 다양한 쿠르드어로 방송을 하는 목적은 PKK 동조자들을 확대시키기 위한 것이며 방송국의 설립은 쿠르드인들에게 자긍심을

동의 보장 등을 요구하였다(『dailymail』, January 10, 2013).

85) 쿠르드 민족주의와 미디어의 관계는 Jaffer Sheyholislami 2011, "*Kurdish Identity, Discourse, and New Media*", The Palgrave Macmillan Series in International Political Communication에 소개되어 있다.

86) 국제적인 쿠르드 위성방송 쿠르만지어, 소라니어, 자자어 뿐만 아니라 아랍어로도 방송되는데 이는 쿠르드어를 모르는 현대 쿠르드인을 위한 것이다. 덴마크에서 방송을 하며 벨기에에도 사무실과 스튜디오 등이 있다. 이전에는 1999년 4월에 취소된 영국소재 MED-TV가 있었다. 이 MED-TV가 취소되자 1999년 곧바로 쿠르드 위성방송 MEDYA-TV가 벨기에 스튜디오에서 프랑스 위성방송을 통해서 송출하였으나 2004년 2월 방송허가가 PKK와의 관련성을 이유로 취소되었다. 곧바로 ROJ-TV가 방송을 시작하였으나 PKK와의 관련성을 이유로 덴마크에서 기소되어 유죄 판결을 받았다(ROJ-TV: http://www.roj.tv. Gunter 2011, 44).

심어주는 역할을 하였다(Gunter 2011, 209). 이러한 방송 캠페인 등은 통계에서 나타나듯이 PKK의 동원의 중요한 부분을 차지하고 있으며 PKK의 주요한 동원기제 중 하나이다. 셋째, 해외 정치이념 캠프로 실제 PKK 동원을 위한 아지트 역할을 한다. 이라크 북부, KRG 지역, 시리아, 그리스, 터키 내 캠프와 유럽에 정치이념을 학습하는 사상학교나 캠프가 다수 설치되어 PKK의 역사, 외잘란의 저서, 녹음테이프 등을 통하여 사상을 교육시키고, 동원을 준비하거나, 안내하는 장소로 이용되었다.

2) PKK의 목표

(1) 범쿠르디스탄 공산주의 체제

2003년 이전의 목표는 폭력혁명을 통해서 민족차별이 없는 다민족 범쿠르디스탄 공산주의 체제를 설립하는 것이었다. 외잘란은 범쿠르디스탄에 걸쳐 공산주의 체제를 세우고자 하였으므로 그 전단계인 분리독립국가건설은 필수 선행조건이었다. 그러나 외잘란은 1991년 터키의 강력한 대PKK 군사적 작전이 진행되자 시리아에서 터키와의 연방제를 제의하거나 자치를 전략적으로 주장하였다.[87]

(2) 터키 쿠르디스탄 민주적연방제

미국과 터키의 강력한 동맹관계가 지속되는 한 터키 쿠르드의 독립은 난망(難望)다는 사실을 일찍 간파한 외잘란은 터키를 지지하며 자신들의 독립을 반대하는 자본주의 종주국인 미국을 상대로 한 거대담론을 제시하여 미국을 이념적으로 무력화시키고 미국과 터키의 동

87) "터키와의 분리는 불가능하다. 우리는 터키가 필요하다. 최소한 40년 동안은 분리할 수 없다"(장병옥, 앞의 책, p.355).

맹을 차단시켜야 하는 문제에 결국 봉착하였다.

외잘란의 민주적연방제라는 거대 담론 역시 미국을 자본주의 종주국으로 규정짓고 이 자본주의의 종주국을 전도(顚倒)시켜 미국의 지원이 차단된 터키를 상대로 분리독립운동을 전개하기 위한 전략이 일부 내재한다고 판단된다. 결국 PKK는 자본주의라는 거대한 담론과 전쟁을 할 수 밖에 없었고 이러한 결실이 민주적연방제로 나타난 것이다. 외잘란에게 여전히 맑스-레닌주의가 필요한 이유는 터키 분리독립을 위해서는 미국이라는 산을 넘어야 하는 필연성 때문이다. 그러므로 그는 맑스-레닌주의적인 맥락에서 유럽 좌파들의 사상, 고대 중동의 부족공동체를 혼융한 새로운 무정부 사회공동체인 민주적연방제를 제시하고 터키 내에서 터키 쿠르디스탄이 이 무정부적[88] 연방제하에서 타 민족들과 무정부적인 평등공동체를 이루어 살 것을 주장하고 있다. 즉 외잘란식 공산주의 체제이다.

3) PKK의 구성원

(1) 지도자 계층

구성원의 분석을 통해서 PKK가 추구하는 목표와 정치이념에 대한 충실도를 파악할 수 있다. 계층, 구성원, 구성원의 출신민족별 구성, 출신국가별 구성 등은 모두 정치단체가 지향하는 목표 및 이념과 직접적인 관계가 내재한다. 특히 게릴라의 민족별 구성원의 파악은 매우 중요한 문제이나 구체적인 자료는 알 수 없다. 그러나 정치이념의 특성상 일부지만 타 민족 구성원들이 존재할 것으로 판단이 되며 PKK 위

88) 터키당국을 의식하여 국가나 정부설립 주장하는 내용은 포함하지 않고 파리 코뮨, 고대 부족제도와 유사한 공산사회를 의도적으로 주장한 것인지 알 수는 없다.

성정당으로 판단되는 BDP, HDP 등에서는 실재 타민족당원들이 존재하며 정당내 공용어도 쿠르드어가 아닌 터키어가 공식 언어로 사용된다.

이러한 맥락에서 단체 지도자층을 살펴보면 이라크에서는 전통주의적인 세력층에서 독립운동의 지도자들이 배출되었던 것에 반해 터키 PKK 조직들의 지도자들은 일부 지식인 및 빈민계층에서 배출되는 경향이 있었다. 이러한 상황으로 인해 PKK가 주도하는 터키 쿠르드 정치는 급진 좌익이념에 의해 지배되어 왔었다. 이들은 급진 좌익으로 비타협적 강경론을 고수한다(장병옥 2006, 372).

(2) 주요 구성원

맑스-레닌주의는 노동자, 농민의 해방을 추구하고 이들이 계급혁명의 전위세력 역할을 수행하므로 PKK도 노동자, 농민을 당연히 게릴라의 핵심 전위세력으로 구축하였다. 그러므로 PKK 게릴라들은 맑스-레닌주의의 폭력혁명의 전사이자 동시에 쿠르드 분리독립운동의 전사라는 두 개의 과업을 동시에 수행해야하는 입장이 되었다.

첫째, 터키 게릴라들의 주된 거주지와 직업 계층, 교육수준을 살펴보면 다음과 같다. PKK 게릴라들의 대다수는 터키 쿠르디스탄 출신들이며 직업은 지식인 계층부터 대학생, 전문직, 농부, 무직 등 매우 다양하다. 또한 도시출신들은 대부분 대학생, 전문직 및 노동자들이며 농촌출신들은 청소년, 농민들이 많으며 소수 목동들도 있다. 터키 게릴라의 경우 브뤼네센은 PKK의 게릴라들이 소 읍내와 농촌출신들이 대부분이라는 것을 지적한다. 게다가 이러한 젊은 요원들은 낮은 사회계급 집안출신으로 적절한 교육을 받지 못하였으며 이들은 사상적인 추론 대신 대터키투쟁의 최전선에서의 직접적인 행동을 추구하였다고 지적한다(Strozier and Frank 2011, 10). 이는 저자의 쿠르드 인터뷰에서도 확인하였다. 이와 같이 이들 대부분은 교육, 경제, 직업에서 소외된 계급출신으로 PKK는 계급이론과 자본주의의 구조적인 모순, 식민주의 지배하의 쿠르디스탄의 현실을 민족주의와 혼합한 재교육화 과정을 통하여 대터키전선에 투입되었다. 아래 표를 통해서 추론할 수 있는 것은 비록 PKK 협력자 내지는 PKK를 위해서 활동하는 동조 세력이지만 이들 대부분이 소외받는 계층이라는 것을 알 수 있다.

<표 11> 체포된 협력자들의 학력 분포(Strozier and Frank 2011, 204)

		Frequency	Percent	Valid Percent	Cumulative Percent
Valid	Illiterate	10	11.1	22.7	22.7
	Elementary school graduate	23	25.6	52.3	75.0
	Junior school graduate	7	7.8	15.9	90.0
	High school graduate	4	4.4	9.1	100.0
	Total	44	48.9	100.0	
Missing	System	46	51.1		
Total		90	100.0		

둘째, PKK 민간협력자들의 직업구성이다. 통계에 의하면 1992-2008년까지 터키국경의 무기 밀수업자들을 체포하여 터키경찰이 분석한 결과 국제범죄조직 관련인 25.6%를 제외한 74.4%가 PKK와 연관되었다. 이 통계는 PKK의 민간동원이 이루어지고 있음을 보여준다(Strozier and Frank 2011, 204-205). 즉 비록 일부 지식인들이 PKK를 이끌어 간다할지라도 학력수준은 전체적으로 낮으며, 작업은 소규모 사업이나 노동자 농민들로, 대부분 가정을 유지한 채 정상적인 생활을 하면서 PKK의 외부적인 일이나 중요한 무기조달을 해 준다는 의미로 파악이 되었다. 아래 표의 결과는 노동자, 농민이 PKK의 주요 동원층이라는 것을 보여주고 있다.

<표 12> 체포된 협력자들의 직업 분포(Strozier and Frank 2011, 205)

		Frequency	Percent	Valid Percent	Cumulative Percent
Valid	Small business	15	16.7	25.0	25.0
	Worker	24	26.7	40.0	65.0
	Farmer	12	13.3	20.0	85.0
	Unemployed	6	6.7	10.0	95.0
	Other	3	3.3	5.0	100.0
	Total	60	66.7	100.0	
Missing	System	30	33.3		
Total		90	100.0		

아래의 통계는 여러 가지 추론이 가능한데 실재 PKK 게릴라들은 결혼을 하지 않고 게릴라 임무를 수행하며 외잘란도 공식적으로는 결혼을 하지 않았으며 집행부도 초기 입산세대며 공식적으로는 결혼을 하지 않은 것으로 확인된다. 그럼에도 불구하고 이 통계가 말해주는 것은 동부 터키의 민간인 중에 PKK의 동원이 상당수 이루어지고 있음을 보여주는 증거라는 판단이 든다. 즉 가정을 가지고 정상적인 생활을 하면서 PKK의 외부적인 과업이나 무기조달 등을 수행한다는 의미로 파악이 된다.

<표 13> 체포된 협력자들의 혼인 여부(Strozier and Frank 2011, 205)

		Frequency	Percent	Valid Percent	Cumulative Percent
Valid	Married	49	54.4	84.5	84.5
	Single	9	10.0	15.5	100.0
	Total	58	64.4	100.0	
Missing	System	32	35.6		
Total		90	100.0		

(3) 국가별 구성원

터키와 터키 주변국가 즉 이란, 이라크, 시리아 출신과 유럽 즉 독일, 프랑스와 같은 유럽출신들로 나뉜다. 1980년대 말 이후 대규모 동원이 이루어졌을 당시 유럽출신 쿠르드인들의 대량동원이 이루어졌고 PKK의 국적구성은 독일을 비롯한 다양한 국적을 소유한 쿠르드인들이나 쿠르드 2세들임을 알 수 있다.[89)]

(4) 여성 게릴라

첫째, 전체 PKK 게릴라에서 차지하는 여성 게릴라 비율은 약 35% 정도에 이른다. PKK에서 활동하는 여성 게릴라들은 중동의 일반적인 특성상 존재하기 힘든 현상이며 중동에서 쿠르드 여성 게릴라는 PKK가 주장하는 봉건주의 타파의 상징과도 같은 존재가 되었다. <그림 14>

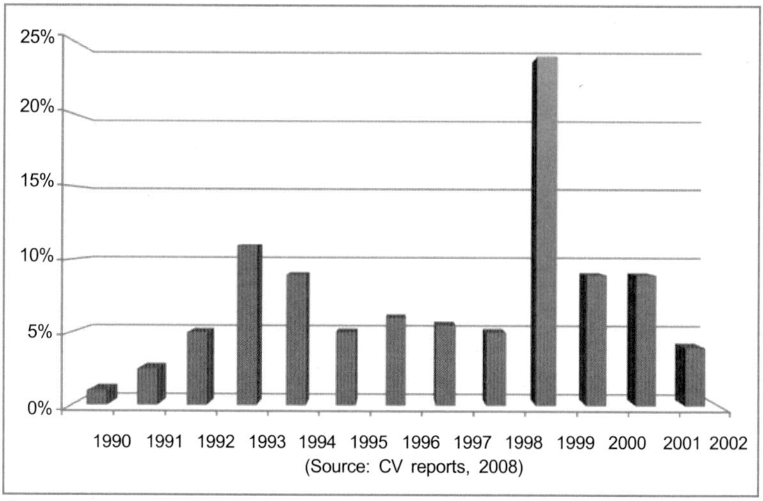

출처: Charles Strozier. James Frank, *The PKK-Financial Sources, Social and Political Dimensions*, VDM Verlag Dr. Muller, 2011. p.93.

<그림 14> PKK 여성 게릴라의 연도 별 전투참여도

89) 다양한 국적의 증언은 알리자 마르쿠스의 저작에 소개되어 있다.

'PKK 여성 게릴라의 연도 별 전투참여도'를 참조해 보면 독립부대로 편성된 여성 게릴라의 1999년의 전투 참여비율이 전체 PKK 게릴라 작전 중 25%에 육박하고 있다.

둘째, 직업분포와 학력분포는 전문직부터 무직, 대학생출신부터 초등학교 졸업, 무학 등 다양하다. 학력 및 직업의 경우 터키에서 실제 자녀들을 입산시킨 부모들을 인터뷰해 본 결과 자녀들이 보통 초등학교를 졸업하고 사회생활을 몇 년 지속하다 15세 전후로 입산하는 경우들이 많았다. 현재는 의식화된 젊은이들이 많이 입산한다.

셋째, 여성 게릴라가 많은 이유는 과거 쿠르드의 전통적인 특성과 더불어 터키 쿠르드인들의 개방성과 실업 등이 주요한 요인이었으나 현재는 의식화된 여성들이 늘어난데 그 원인이 있다.

넷째, 여성 게릴라 부대의 편제시기는 1993년 외잘란의 선언으로 독립적인 여성 게릴라 부대가 편성되어 단독작전을 수행하여 왔으며 (Strozier and Frank 2011, 101) 이 여성 게릴라 특수캠프는 시리아의 외잘란 거주지역에 1993년 이후에 설립되었다고 한다(*ibid*, 98). 다섯째, 여성 게릴라부대가 만들어진 곳은 보탄(Botan state)[90)]이라고 하는 주장이 존재한다(*ibid*, 104).

최초의 여성 게릴라 참가자는 일디림(Kesire Yildirim, 일명 Fatima)으로 1978년부터 참가하였다고 한다. 외잘란이 여성 게릴라들을 조직구성원으로 용인한 이유는 맑스-레닌주의의 사상에 기반하는데 그는 타

---

90) 이라크 북부와 터키 남동부 사이에 위치한다. 비틀리스를 수도로 한 보탄(Botan, Buhtan, 또는 부탄) 대 부족 내지는 공국이 있었다. 지즈레도 이 보탄 공국 내에 존재한다. 도훅을 수도로 하는 바디난 왕국 바로 위에 위치한다. 1848년 베디르 칸 베그(Bedir Khan Beg, Michael M. Gunter는 Badr Khan Beg)는 반독립적인 보탄지역 토후국의 마지막 통치자였으며 1847년 오스만 투르크에 항복하였다 (Michael M. Gunter, *op. cit.*, 2011, p.6).

파해야할 대표적 쿠르드 봉건잔재를 부족주의로 간주하였으며 이 부족주의와 봉건적 억압의 상징인 쿠르드 여성들을 게릴라 조직에 편입시켜 봉건주의 타파의 선봉장이 되게 하는 것이라고 판단하였다(*ibid*, 94).

4) PKK의 무력

(1) 게릴라전의 중요성

게릴라전은 쿠르드의 고대, 중세 역사에도 나오는 유명한 전술이기도 하며 소수의 병력으로 다수의 병력을 상대할 때 유리한 전술이다. 게릴라전 전문가인 채명신은 게릴라전의 필요성과 게릴라전의 중요한 조건들을 지적하고 있다. 그는 게릴라전의 7가지 필수요소를 다음과 같이 주장하고 있다. 첫째, 숭고한 투쟁목표, 가치관이며, 대의명분이다. 둘째, 외부로부터의 정치, 외교, 군사 등의 지원을 받을 수 있어야 하며 인적, 물적 지원이 손쉽게 자신들에게 도달할 수 있어야 한다. 셋째, 국민이나 그 지역의 주민들로부터 전폭적인 지원과 협력을 얻어야 한다. 넷째, 언제든지 도피하거나 재편성을 위해 시간을 얻거나 휴식을 할 수 있는 성역이 있어야 한다. 다섯째, 적이 공격하기 어려운 천연적인 요새지대가 있어야 한다. 여섯째, 최고 지도자는 카리스마와 존경을 받으며 용기, 진취력을 구비하여야 한다. 일곱째, 국가의 전쟁수행 능력이 미약한 국가나 정권일 경우 게릴라전이 유리하다(최명신 2012, 172-173).

게릴라전, 사상전의 전쟁은 단순히 군사작전에 그치는 것이 아니라 정치투쟁적인 측면도 분명히 존재한다(최명신 2012, 172-173). 그의 '백명의 베트콩을 놓치는 한이 있어도 한 명의 양민을 보호하라'는 슬로건은 게릴라가 대중의 지지를 얻는 방법을 상징적으로 잘 표현하고 있다. 특히 게릴라전은 전쟁 이전에 사상전, 정치전이라는 채명신의 분석은 PKK의 초기, 1994년의 무차별 폭력 등 대쿠르드 민간인 무장투쟁의 전략적 패착을 설명해주는 것으로 분리독립운동과정의 주요 전략분석 중 하나다.

그러나 게릴라전이 소수의 인원으로 적의 대규모 정규군을 상대할 수 있는 장점이 있음에도 불구하고 막강한 터키군을 상대로 2차 대규모 동원의 시기에 정규전으로 전환한 것은 전략상 오류였다고 판단된다. 1980년 중반 KDP가 PUK와 대이라크 정규전을 수행할 당시 KDP, PUK는 이란의 대규모 병력의 지원까지 받는 상태였으며 이라크군 대비 쿠르드 페쉬메르가 게릴라 비율이 약 30%에 육박하므로 지형과 게릴라전을 병용한 정규전 수행이 가능하였으나 PKK 경우 터키군 대비 약 1/58 수준의 병력으로 PKK가 정규전을 수행한 것은 무리한 전략이었다. 그러므로 2차 대규모 동원의 시기에 약 1만 명을 동원한 게릴라전을 산악중심과 도시중심의 산발적 투쟁 양 팀으로 나뉘어 쿠르드 대중과의 연대를 통해 극대화를 추구하였다면 터키는 큰 혼란에 이르렀을 것이다. 그러나 산악 게릴라들의 후퇴로가 주로 이란, 이라크 국경에만 집중된 것은 전술상 제약으로 여겨진다. 저자가 관찰해본 바로는 시리아 국경은 개활지가 대부분으로 특성상 산을 무대로 전개 하여야 하는 게릴라전에는 불리한 지형이며 정규전에 적합한 지형을 가지고 있었다. 그러므로 PKK가 2014년 현재 시리아와 이라크에서 수세라면 교두보를 평지가 아닌 산악이나 산악을 대신하는 도시를 중심으로 형성하여야 하고 미국의 지원과 더불어 병력확보만 된다면 합동작전과 정규전으로 전환하여 IS에 대해 큰 타격을 가하는 것도 유리하다 하겠다. 그러나 시리아는 개활지가 많은 관계로 IS와의 전쟁은 우수한 무기운용과 유능한 지휘관과 전투력이 높은 병력의 동원이 전투의 판세를 결정짓는 요소 중 하나가 될 것이다.

(2) PKK의 무장수준과 게릴라 숫자

아래 표는 PKK 게릴라의 소규모 전투조직을 구분한 것으로 소규모 단위 편제방식이며 또한 PKK가 게릴라전에서 사용하는 주요 무기편제를 나타낸 것이다. 이러한 무기 편제도표를 통해서 본 PKK의 무장능력은 터키군과의 정규전 수행이 사실상 불가능하다는 것을 알 수 있으며 이러한 무기편제 수준은 단지 터키군을 상대로 소규모 게릴라전 수준의 무장투쟁을 수행할 수 있다고 판단된다. 그러므로 PKK는 주변국에서 일어나는 전쟁 상황이나 이에 준하는 사태를 통하여 무장을 확대하고 내부동원을 증가시킬 수밖에 없는 구조적인 한계를 지니고 있으며 현재 시리아에서 확보된 3곳의 자치지역인 이 교두보를 유지하지 못한다면 이러한 구조적인 한계는 당분간 지속될 것으로 판단된다.

<표 14> PKK 소규모 전투조직(Marcus 2007, 168, 179)

구분	내용
망가(manga, 7명 단위로 구성)	PKK내 가장 작은 전투 조직
타킴(takim, 30명 단위로 구성)	PKK 전투 조직(head 1인)
밀리스(milis, 60,000명 추산)	무장봉기가 가능한 무장이 된 시민들

<표 15> PKK 주요무기 체계

구분	주요무기
개인화기	칼리쉬니코프(Kalashnikovs)
	자동 화기(BKC machine gunes)
	로켓추진 유탄발사기(rocket-propelled grenades)
대공화기	대공 기관총(Dushka anti-aircraft guns)
	견착식 대공미사일(SA-7 Strela shoulder-fired missiles, 1990s)

출처: Aliza Marcus, Blood and Belief-The PKK and the Kurdish Fight for Independence, NEW YORK UNIVERSITY PRESS, 2007. pp.186-189.

나아가 PKK 군사조직의 변천을 살펴보면 다음과 같다. 첫째, PKK는 쿠르디스탄해방군(Hêzên Rizgariya Kurdistan, Kurdistan's Liberation Forces, 이하 HRK)을 1984년에 창설하였다(Gunter 2011, 181). 1984년 군부의 강력한 탄압으로 인하여 이라크 북부로 이동한 PKK는 '쿠르디스탄해방군'을 통해 터키군이나 경찰을 공격하였다. PKK는 1984년 8월 15일 333Km나 떨어져 있는 거친 산맥지형으로 나누어진 터키 동남부 두 마을인 에루흐와 쉠딘리에 주둔하고 있던 터키군인과 관공서를 공격함과 동시에 HRK 창설을 선언하였으며 이 날이 PKK 무장투쟁을 시작한 날로 간주된다. 듀란 칼칸(Duran-Abbas-Kalkan)이 HRK의 지도자로 임명되었다(*ibid*, 118).

둘째, 쿠르디스탄민족해방전선(Eniya Rizgariya Netewa Kurdistan, Kurdistam National Liberation Front, 1985. 3-1999, 이하 ERNK)[91)]은 쿠르디스탄 내부에 침투시켜 대중을 동원하기 위한 대중조직으로 창설되어 쿠르드 동원에 성공하였다. 셋째, 쿠르디스탄인민해방군(Kurdistan People Liberation

91) ERNK는 1985년 3월 설립되었으며 PKK의 대중전선과 선전분야를 담당하며 주로 PKK 요원을 충원하는 도시 활동을 하였다. ARGK는 대중폭동, 자금과 정보수집, 연락, 이슬람활동의 수행, PKK를 위한 선전 같은 PKK의 활동을 조직하는 것으로 산에 있는 ARGK 게릴라 병참보급선을 유지하며 지방의 고정 거점들을 조직하기도 한다. 유럽에서 ERNK는 PKK의 해외요원들과 연락을 취하고, 선전활동과 PKK 문제에 주의를 집중시키는 계획된 시위를 주도하며, ARGK 병력충원을 하며, ARGK의 위장임무를 수행하였다. 미국에서는 AKIN (American Kurdish Information Network)이 상당히 낮은 수준의 ERNK의 기능을 수행하였다. 비록 ERNK 요원들이 전투능력이 있고, 임무수행 중 사망하기도 하지만 그들은 ARGK 같이 군복을 입지는 않았다. 낮에는 ERGK 요원들은 웨이터나 학생, 점원, 농부들로서 활동하였으며 그들의 활동이 가장 왕성하였던 시기는 1980년대 후반부터 1990년대 중반까지였으며 ERNK는 50,000명이 공식요원으로 활동하였고 동조자가 315,000명 정도였다. 외잘란이 1999년 체포된 이후에 ERNK가 해체되었고 이어서 많은 다른 PKK 계열의 조직들이 생겨났다(Gunter 2011, 181).

Army, 이하 ARGK)은[92] 전문 게릴라 군대의 전초조직이었으며 1984년에 창설되었다. 넷째. 쿠르디스탄인민해방군은 1999년 외잘란이 체포된 후에 인민방위군(Hezen Parastina Gel, Peoples Defence Force, 이하 HPG)으로[93] 개칭되었다.

HPG는 PKK의 전문 게릴라군대이며 외잘란 체포이후 PKK의 지도자가 된 카라일란의 지도아래 약 3,000-5,000명의 게릴라로 구성된 것으로 알려져 있다. 이란과의 경계인 북부 이라크의 대부분 접근 불가능한 산악지역에 게릴라 대부분이 은거하고 있다. 2004년부터 HPG는 터키에서 활동을 증가시켜 왔다. 2007년 12월과 2008년 2월에 다시 터키 군대는 이라크 북부에 있는 HPG를 타격하였으나 HPG를 전멸시킬 수는 없었다(Gunter 2011, 119).

2009년 4월 15일 바호즈 에르달(Dr. Bahoz Erdal or aka Fahman Husein)'이 5년간의 HPG 사령관직을 마치고 '뉴레틴 소피(Nurettin Sofi)'에게 인계하였다. HPG는 팀 리더들에게 좀 더 자율을 부여하여 팀들은 소형화, 경량화, 민첩화되어 좀 더 독립적으로 작전을 수행하고 기회가 포착된 타겟들에 대해 즉자적으로 임무를 수행할 수 있게 되었다. 이러한 부대편성이 의미하는 것은 PKK가 1990년대 초, 중반에 발생되

92) ARGK(Artes-i Rizgariye Geli Kurdistan, Artêşa Rizgariya Gelê Kurdistan)는 좀 더 도시에 기반 한 ERNK와 같은 민간, 대중전선보다는 산악과 시골지역에서 활동하는 전문 게릴라군대를 창설할 필요성이 대두되어 1986년 10월 PKK의 3차 전당대회에서 설립되었다. ARGK는 10,000명을 넘지는 않았으며 이들은 모두 당원들로 추정되었고 군복을 입고 규율에 관한 엄격한 조항들에 의해 움직였다. 1999년 2월 외잘란의 체포이후 ARGK는 터키 영토에서 철수하여 이라크 쿠르디스탄으로 이동하였다. 터키 국가 내에서 쿠르드 권리를 위해 평화적으로 투쟁한다는 PKK의 새로운 전략을 강조하기 위하여 이름을 HPG(Hezen Parastina Gel, Peoples Depence Force)로 개칭하였다(Gunter 2011, 183-184).

93) 2014년 현재 HPG만 존재하는 것으로 판단된다.

었던 것과 같은 터키군과의 대규모 전투가 더 이상은 불가능하다는 것을 의미한다(Gunter 2011, 119-120). 이러한 기술로 보면 2차 대규모 동원과 같은 동원은 더 이상 이루어지지 않고 있으며 이는 HPG와 같은 군사적인 편제가 증명하여 주고 있다. 그러나 시리아 내전으로 PKK는 더욱 더 많은 게릴라들을 필요로 하게 되었으며 이는 대규모 쿠르드 동원의 증가로 이어지고 있다.

주요한 군사조직의 변화를 그림으로 나타내면 다음과 같다.

PKK의 군사조직

ERNK : (Eniya Rizgariya Netewa Kurdistan, 쿠르디스탄민족해방전선(1985.3~1999)
쿠르디스탄 내부에 침투시켜 대중을 동원하는 조직.

HRK : (Hazen Rizgariya Kurdistan, 쿠르디스탄해방여단, 1984.9.15~1986)
ERNK의 전위대로 북부 이라크 중심으로 활동.
지도자 : 듀란 칼칸(Duran Kalkan)

ARGK : (Arteshen Rizgariya Gelli Kurdistan, 쿠르디스탄인민해방군, 1984.10~1992)
도시기반의 ERNK에 비해 산악중심 게릴라 부대를 창설하여 활동. 활동이 가장 활발했다.
외잘란 체포 후, 이라크 쿠르디스탄으로 철수.

HPG : (Hazen Parasting Gel, 인민방위군, 1999~)
PKK의 전문 게릴라부대. 외잘란 체포 후 창설된 소형, 경량화 된 부대.
소규모 전투부대 대형으로 편성.
지도자 : 바호즈에르달 박사(Dr. Bahoz Erdal), 뉴레틴 소피(Nurettin Sofi)
무기 : AK-47, 로켓발사기, 수류탄 등은 대부분 러시아산.

<그림 15> PKK 군사조직의 변천

이어서 매우 중요한 PKK의 무장투쟁 게릴라 동원의 숫자를 고찰해 보면 다음과 같다. 첫째, 동원된 숫자를 살펴보면 다음과 같다. PKK는 초기 수 십 명으로부터 1980년대 중반 수 백 명에 이르렀다. PKK 게릴라활동이 최고에 달한 기간은 1992-1994년 시기로 이 당시 무장투쟁 게릴라들의 숫자를 고찰해보면 이희수는 1995년 논문발표

당시 '현재 PKK 전투요원의 숫자는 1만 명에서 1만 5천 명 정도로 추산되며 그 가운데 터키 내에서 활동하는 숫자는 약 4-5천 명 정도이다(이희수 1995, 31)' 라고 서술하였다. 이와 유사한 주장으로 켈리 역시 1990년대 중반 동원이 정점일 당시 1만 명 - 1만 5천 명을 주장하였다(Kelly 2011, 3). 또한 술레이만은 이 당시[94] PKK 게릴라들의 숫자가 전체 약 1만 명에 달하였다고 주장하였으며(Marcus 2007, 179) PKK 게릴라 숫자의 최대치는 다른 연구자의 논문들과 증언을 토대로 판단해보면 무장투쟁에 참여하였던 PKK 게릴라의 최대 숫자는 기존의 PKK와 외부 증언이 공통적으로 중복되는 최대 약 1만 명을 약간 상회하는 정도로 판단된다. 그러나 1992-1994년 사이의 대규모 2차 동원 시기가 종식된 이후 조직이 하강세에 접어들었으며 켈리에 의하면 외잘란 체포 이후 게릴라의 숫자는 1/3 축소되었다고 한다(Kelly 2011, 3). 비록 외잘란 체포로 3차 대규모 동원이 일시 발생하였으나 쿠르디스탄자유민주의회(이하 KADEK)가 세워진 2002년 이후에는 산속의 게릴라들이 약 5천 명 선인 것으로 자료들을 추정하고 있다. 그 예로 2008년 터키 합동참모부의 통계에 의하면 PKK 게릴라 숫자는 3,000명-7,000명 수준이며 터키에 2만 명의 지원자, 동조자가 있다고 한다. 결국 PKK 게릴라 및 민간 동조자를 포함한 전체적인 숫자는 3만 명을 넘지는 않을 것으로 판단한다(Strozier and Frank 2011, 24). 또한 PKK 게릴라 숫자는 저자가 2013년 터키 쿠르디스탄에서 접한 정보 즉 PKK 전체 무장투쟁이 가능한 게릴라 5천여 명이 시리아 전선에 투입되었다는 내용과 대부분 일치한다. 비록 PKK는 2차 동원 시기 이후에 게릴라 숫자를 1만 명이라고 하지만 여러 자료들과 증언을 토대로

94) 약 1992년 정도 무렵.

판단하면 비록 시리아 사태로 계속 동원이 증가하는 것은 사실이나 2013년 현재 PKK 게릴라들의 숫자를 약 5천 명 정도로 추산하는 것은 타당하다고 판단된다. 이러한 게릴라 동원의 숫자를 그래프로 그리면 다음과 같다.

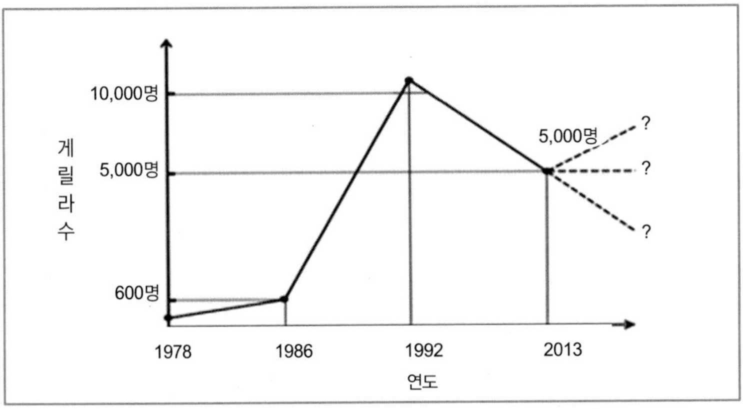

<그림 16> PKK 무장투쟁 게릴라 숫자의 변화

둘째, PKK 게릴라 동원에 대한 터키군의 대응은 다음과 같다. 1980년 터키 군사쿠데타 이후 쿠르드인들에 대한 탄압은 더욱 강경해졌다. 1983년에는 '쿠르드'라는 용어 자체를 금지하였으며 이 지역에 대한 군의 직접적인 통제도 강화되었다. 그리하여 1980년대부터 증가하기 시작한 이 지역 터키군의 숫자는 1990년대 초까지 20만 명에 이르렀고 계엄령이 선포된 8개 쿠르디스탄의 주에는 강제소개 및 군, 경찰, 군 헌병대, 마을 수비대 등을 통제할 수 있는 막강한 권한을 가진, 과거 총독과 같은, 총괄주지사 왈리(VALI, governor-general)가 임명되었다. PKK와 관련되었거나 협조한 마을이나 쿠르드인들의 강제소개, 고문 등 많은 탄압이 행해졌으며 이러한 민족적 대립은 쿠르드인들로

하여금 강한저항과 더불어 PKK의 지지가 늘어나는 역효과가 발생하였다(Mcdowall 2004, 426-427).

중요한 것은 이러한 터키 군사정권 등 지배민족에 의해 자행된 고문 등 강력한 탄압과 PKK를 고립시키기 위하여 삶의 터전을 잃게 하는 강제소개 방식[95]은 터키 쿠르드 동원의 중요한 요소 중 하나가 되었다는 것이다. 그러나 1990년대 초 당시 터키 군부는 KDP를 포함한 이라크 쿠르드자치정부의 출범으로 인하여 터키 쿠르드인 등 많은 쿠르드 젊은 이들의 지원이 PKK에 집중되는 상황을 좌시하지 않았고 이를 차단하려는 강한 초기 진압작전은 어느 정도 성공을 거두었다고 할 수 있다.

(3) PKK의 경제력

PKK에서 활동한 전직 게릴라의 증언에 따르면 경제적인 문제는 크게 존재하지 않았으며 필요한 물품을 조달할 능력은 상시 존재하였다고 증언하였다. PKK는 PKK 초반기 자체적으로 다양한 단체 운영 자금 징수방법 등을 모색하였는데 1986년 3차 총회 당시 세금부과(taxing people)를 선언하였으며(Marcus 2007, 182, 186-189) 닥터 술레이만에 의하면 1개월에 1회 또는 수개월에 1회씩 정기적으로 PKK 지지자들이 게릴라 활동에 필요한 자금을 수금하여 산 아래까지 현금 파우치를 이송해 왔으며 자산가들의 기부도 존재하였다고 증언하였다. 이러한 PKK의 주요 수입원은 첫째, 유럽에 거주하는 쿠르드 개인들

95) 한 예를 들면 어느 마을은 기존에 PKK와 전혀 무관하였으나 이동 중이었던 PKK 게릴라들이 우연히 이 마을에서 터키군과 교전하게 되었다. 그러나 단지 PKK 게릴라들이 이 마을에 나타났다는 이유만으로 마을이 1992년 1차 소개, 1994년 2차로 강제소개를 당하였다. 강제소개 후 대도시에 거주하게 된 이 마을 부족장은 적극적으로 PKK를 지원하였으며 강제소개 된 이 부족의 청년들은 이스탄불에서 몇 년간 거주한 이후 동반으로 PKK 게릴라가 되었다.

이나 쿠르드 사업가들로부터 매년 수 천만 달러가 원조되었으며 둘째, PKK가 자체적으로 자신들의 관할 지역에서 징수하는 세금으로 국경 밀수민간인, 지방주민들 등을 통하여 일정부분을 징수하였다. 셋째, 쿠르드 민간의 자발적인 기부 넷째, 과거 구소련과 지역국가들의 원조. 다섯째, 기타 불법적인 방법 등으로 나뉜다. 이러한 자금은 보급, 병참, 무기와 탄약 구입 등에 주로 소모되는 것으로 나타났다(Marcus 2007, 182, 186-189).

5) PKK의 리더십: 카리스마적 리더십

외잘란의 리더십은 비전을 제시하고 이를 위해 구성원들 위에 위치하면서 통솔적 지배력을 발휘하는 일종의 카리스마적 리더십으로 주위의 도전을 용납하지 않는 특징이 있다. 특히 외잘란이 저술한 서적을 강독시키고, 외잘란의 사상을 강요하고, 주입시키는 의식화 과정이 헬베 캠프나 칸딜산의 캠프 등에서도 필수적인 코스였다. 이러한 외잘란의 카리스마적인 리더십은 다음과 같다.

첫째, 그는 미래의 비전을 제시하고 있다. 둘째, 외잘란은 자신의 탁월한 능력을 과시하며 자신에 대한 절대적 충성을 요구한다. 특히 자신이 사상가, 뛰어난 지도자의 모습으로 조직원들과 대중에게 인식되고자 하는 측면이 강하며 그러한 사례는 많이 존재한다. 외잘란이 신, 예언자처럼 보였다는 소즈다르(Sozdar)라는 전직 PKK 게릴라의 증언을 보면 그가 전형적인 카리스마적 리더십을 가지고 있음을 알 수 있다(Strozier and Frank 2011, 102). 이와 같이 그는 일선 게릴라들에게 경이와 존경의 대상이었음을 알 수 있다. 셋째, 권력투쟁에서 2인자를 용납하지 않았음을 보여준다. 넷째, 사회와 조직을 폭력적 수단을 사용하여 혁명적으로 변화시키려 한다. 무장투쟁을 통하여 봉건주의를 타파하려하고, 분리독립국가를 건설하려 하며, 범쿠르디스탄 공산체제를 설립하려 하는 것 등의 의미를 포함한다. 다섯째, 폭력을 통하여 조직을 장악하고 조직유지를 위하여 조직원들을 처형하기도 한다. 외잘란은 베카캠프에 급증한 게릴라 지원자들 중에 조직에 대한 위해가 의심되는 지원자들을 처단하거나 측근들을 처단함으로써 자신의 권위와 조직을 유지하려 하였다(Marcus 2007, 134-140). 1989년에서 1990년까지 실제적인 또는 잠재적인 배신자들로 의심하여[96] 처형한 신입 지원자들은 최소한 수십 명에 이르렀다. 처형 장소는 PKK 전사들이 모여 있는 터키 내 기초교육캠프, 주쿠르자캠프(Cukurca camp)와 같이 이라크 국경선을 따라 설치된 반영구적인 기지들, 마흐숨 코르크마즈 아카데미(Mahsum Korkmaz Academy), 베카계곡 등이었다. 이러한 내부 처형은 일상적이었다(*ibid*, 135).

그러나 카리스마적 리더십의 부정적인 모습은 독재적, 독단적, 책임 회피적인 모습이 나타나기도 한다. 즉 실패한 징병제에 대한 책임 소재 문제가 대두되자 외잘란은 1988년에 PKK 사령관인 하릴 제말 카야(Halil-Cemal-Kaya)를 처형하였다(*ibid*, 144). 톱기데르(Topgider)는 외잘란의 이러한 태도에 대해 “어떤 사람이 과업을 훌륭히 수행하면 당의 영도(領導)로 공(功)을 이루었다고 하며 과업이 실패하면 개인적인 과오로 전가하였다(*ibid*, 145)다는 것이다. 8년간의 디야르바크르 감옥생활 후 1989년 베카계곡 캠프로 온 세네르(Mehmet Cahit Sener)처럼(*ibid*, 146-147) PKK가 약화된 원인이 외잘란의 리더십이라고 비판하는

96) 부모가 터키경찰인 경우 등은 처형의 대상이 되었다. 1987-89의 시기 대규모로 동원되었던 대학생들이나 젊은 지원자들 모두에 대해 외잘란은 조직을 와해하기 위한 터키공작원 잠입여부에 대해 의심하였고 이 점에 신경을 집중하였다(Marcus 2007, 136-137).

세력이 있지만 외잘란은 대터키 분리독립투쟁으로 터키 쿠르드인들에게 분리독립운동의 상징과도 같은 인물이 된 것 또한 사실이다.

4. PKK의 4시기별 동원

앞서 PKK의 이념적 동원의 과정은 중요한 이념적 동원의 시점에 따른 분류인 반면 이 동원의 시기별 분류는 PKK의 대규모 동원이 일어난 시기별로 구분하여 동원의 능력을 탐색하고자 하는 것이다.

이는 본질적으로 터키 내 지배민족과 피지비민족간 민족문제와 민족분쟁이다. 그러므로 내부동원의 정의는 터키 내정과 관련하여 쿠르드가 동원된 경우이거나 PKK와 터키 간 상호대응 과정에서 PKK의 조직적 활동과 무장투쟁에 동원이 된 경우를 의미한다. 또한 내부동원은 PKK가 터키 내에 독립체제건설을 의도하므로, 터키 내부문제나 내부동원은 PKK의 터키 내 분리독립체제건설과 직결되어 분석에서 중요한 위치를 차지한다. 외부동원은 이러한 내부동원이 아닌 즉 PKK와 터키의 상호 무력투쟁이나 정치투쟁이 아닌 터키국가 외적인 영향을 받아 일어나는 동원의 경우이다. 시리아 내전으로 인하여 증가하는 동원은 터키영역 외에서 발생한 원인에 의한 동원으로 또 다른 외부동원에 속한다. 내부동원이 우세하다는 의미는 지배세력과의 갈등에서의 단체의 동원능력이 우수하다는 것을 나타내는 것으로 분리독립운동 과정에 있는 그 정치집단의 이념, 조직 등 전체적인 투쟁능력이 뛰어나다는 의미이다. 투쟁능력이 우수하다는 것은 분리독립운동과 분리독립의 역량이 상대적으로 높다는 의미이다. 그러나 외부동원이 우세하다는 이야기는 해당 정치집단의 이념, 조직과 동원의 역량이 상대적으로 낮다는 의미이다.

PKK 게릴라들은 일반적으로 다음과 같은 원인에 의하여 내, 외부 동원이 이루어진다. 내부동원의 경우는 터키 당국에 대한 불만자들이나 PKK에 동조하는 쿠르드인들이 도농(都農)간에 분포된 PKK 신병 모집책과 산하조직들을 통하여 흡수 및 동원되는데 신병 모집책들이 적극적으로 게릴라를 모집하는 경우와 적극적으로 입산을 원하는 자들을 안내하여 동원하는 2가지 경우로 나뉜다. 이들의 입산 원인은 다음과 같다. 첫째, 일상에서 지배민족에 의한 불평등, 억압, 차별을 경험하게 되면서 게릴라로 동원되는 경우이다. 둘째, 쿠르드 민족정체성을 지닌 쿠르드인이 자신들이 귀속된다고 인식되는 쿠르드 집단이 위기에 처하였다고 판단이 된 경우 또는 민족국가를 세우기 위한 경우이다. 셋째, 강제소개 등과 같이 대규모 무장투쟁의 과정과 결과로 인하여 직접적으로 지배민족의 강력한 탄압을 경험하게 된 경우이다.

외부동원으로는 주변국과 관련하여 일어나는 동원이다. 주변국의 쿠르드 민족운동이나 독립국가건설이 활발하게 전개되거나 주변국 민족운동이나 민족국가건설이 어느 정도 성공적인 시기에 자극을 받아 자국의 민족운동과 민족국가건설에 대한 희망을 지닌 채 게릴라로 동원되는 경우, 반대로 타국의 쿠르드 동족이 지배민족과의 전쟁이나 탄압을 통해 위기상황이 초래되거나, 대규모 사상자가 발생하였거나, 대규모 난민이 발생한 경우에 쿠르드 자신의 내부 민족정체성이 강한 영향을 받아 PKK에 지원한 경우이다. 이러한 경우는 PKK뿐만 아니라 KDP 역시 동원이 급증하였다. 동시에 타 민족운동 단체나 분리독립운동단체 역시 동원의 급증현상이 일어난다. 1차 동원, 2차 동원, 4차 동원의 경우뿐만 아니라 시리아 내전으로 인한 2013-2014년 동원 역시 외부적 원인으로 PKK의 동원이 증가하였으므로 외부동원의 일종이다. 그러나 IS의 경우 시리아내의 분쟁으로 저자가 분석하고자 하는 터키와의 분쟁이 아니므로 제외하였다.

아래 그래프[97]는 PKK의 무장공격 빈도수의 증감추이를 명시한 자료이며 이 그래프를 분석해보면 1993년에 무장투쟁 횟수가 최고조에 달하였다는 것을 인지할 수 있다. 또한 이 도표를 통해 고찰해 보면 무장공격의 숫자와 PKK 게릴라들의 숫자가 비례하였다는 것을 알 수 있는데 그 이유는 첫째, 터키 산악지형과 이에 적응하여 운영되는 게릴라 특성상 전투 횟수와 게릴라의 숫자는 비례한다. 1993년 한 해 동안 6,956회의 게릴라전을 수행한 것에 견주어 판단해보면 전투에 투입된 게릴라 병력과 동원이 전투 횟수에 비례할 정도로 확보되었다는 것을 의미한다. 둘째, 무장투쟁 횟수와 게릴라 숫자 증감추이가 일치한다. 즉 1988-1989년 수 백 명[98]의 게릴라 숫자가 1992년 1만 명 이상으로 늘어난 것과 도표 상에 나타난 PKK 게릴라의 대터키 교전 증감추이가 일치한다. 그러므로 저자는 PKK 게릴라의 대규모 동원을 총 4차로 분류하였는데 PKK 무장투쟁의 횟수를 연도 별로 적시한 터키 경찰 측 도표가 갖는 동원의 원인을 분석해 보면 다음과 같다.

97) 위의 도표는 터키국립경찰(TNP, Turkey National Police)내 '대테러부(anti-terrorism department)'의 공식 문서자료로 터키 측과 PKK 양측의 연도별 교전 횟수를 나타내는 자료다.

98) 아마 1988년 초의 숫자가 기존 숫자와 큰 차이가 없는 약 6-700여 명 수준이었을 것으로 추정된다.

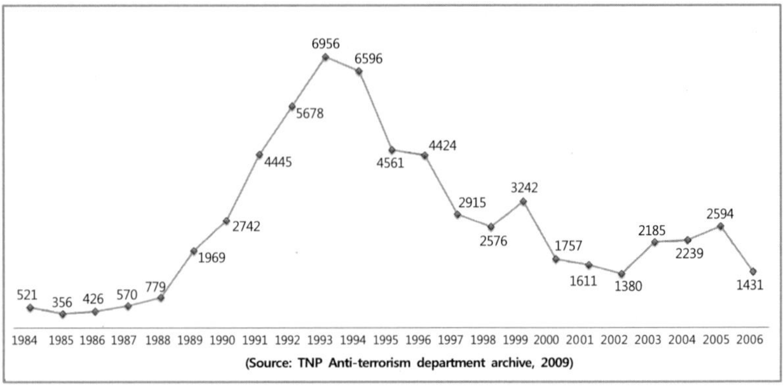

출처: Charles Strozier. James Frank, *The PKK-Financial Sources, Social and Political Dimensions*, VDM Verlag Dr. Muller, 2011. p.97: 재인용.

<그림 17> 1984-2006년 사이의 PKK's 무장공격 통계

1) 1차 대규모 동원(1988년-1990년): 외부 동원

이 시기는 할랍자 학살의 영향을 받아 대규모 국내외 쿠르드 동원이 발생하였던 시기이다. 1989년 이 시기는 쿠르드 대학생들이 캠프로 홍수처럼 쇄도하기 시작한 시기였으며 1980년대 말부터 PKK로 폭발적으로 쇄도하는, 고등교육을 받은, 세계로부터 동원되는 지원자들에 대해 외잘란과 그의 군 지휘부는 사전준비가 전무하였으며 이는 유능한 게릴라 양성과 실전에서의 효과적인 전투가 이루어지지 않아 분리독립운동에 결정적인 패착이 되었다(Marcus 2007, 134-136). PKK는 창당 초기부터 동원의 중요성을 인식하여 이념적 동원의 일환으로 신병 모집책들을 적극적으로 활용하였다. 이들이 본격적으로 활동을 한 1980년대 초반부터 동원이 증가는 되었으나 완만한 수준이었다.

이러한 가운데 동원이 쇄도한 1차 대규모 동원의 원인은 다음과 같다. 1987년부터 1988년 11월까지 수차례에 걸쳐 화학무기가 살포되었는데 1988년 3월 이라크 공군이 이라크 할랍자 지역에 화학무기를 살포하여 약 5천여 명이 죽는 민족청소 사건이 발생하였다.[99] 이는 TIME지 표지사진을 장식하며 세계적인 반향을 초래하였고 이러한 국제적인 비난여론과 함께 이를 목도한 쿠르드인들의 민족정체성이 크게 각성되어 해외 및 쿠르디스탄과 터키 및 시리아, 이라크, 이란 등 주변부 국가에 거주하는 쿠르드의 동원이 급격히 증가하여 결과적으로 PKK 게릴라동원이 급증한 사실을 알 수 있다.

이러한 급증한 동원과 동일하게 1988년부터 대터키 교전 횟수가 급증한 것을 도표는 보여주고 있다. 이러한 상관관계에 비추어 판단해보면 600명 정도의 게릴라 숫자로 1989년 1,969회에 이르는 무장투쟁을 실현한다는 것은 실질적으로 어렵다고 판단이 된다. 또한 당시 PKK 지원자들과 더불어 이 병력을 운영할 물질적인 지원도 여러 통로를 통해 급증한 것도 사실이었다.

2) 2차 대규모 동원(1991년-1994년): 외부 동원

이 시기는 이라크 민중봉기와 이라크 자치정부설립의 영향을 받아 일어난 대규모 외부동원이다. 2차 대규모 동원의 시기는 1991-1994년으로 PKK 역사상 가장 최대 규모의 동원이 이루어졌다. 이러한 동원의 절정은 PKK 뿐만 아니라 KDP, PUK도 상황은 동일하였다. 이 시

---

99) 이라크는 1925년 제네바 협정에 의한 화학무기 사용의 금지를 위반한 것으로 국제법을 위반하였다는 국제여론의 비난을 받았다(홍순남 1995, 157). 민족운동의 대상이 되는 국가의 국제적인 비난이나 독재 등은 민족운동의 세력에게는 유리한 지위를 획득하게 하고 해당국가가 강대국의 적으로 규정되거나 전쟁의 대상인 경우는 민족운동세력에 유리하게 작용한다. 2017년 4월 4일 시리아 비무장 국민들에게 사린가스를 무차별 살포한 것 역시 제네바협정 위반으로 트럼프가 7일 미국 방문 중인 시진핑과 만찬 후 폭격을 지시하였다. 시진핑은 매우 불쾌한 감정을 감추면서 미국의 입장을 이해한다는 말을 하였다. 현재 이념이 부족한 시진핑은 주변국가들을 군사적 힘과 경제력으로 굴복시키려 하고 있다.

기 PKK의 최대 동원이 형성된 원인을 살펴보면 첫째, 이라크 쿠르드의 민중봉기와 대규모 난민발생으로 인한 국제적인 이슈화가 쿠르드 민족정체성을 크게 자극하였다.

이라크 쿠르드 난민들의 엑소더스는 쿠르드에게 이전에는 결코 경험할 수 없었던 국제적인 주목을 받게 하였으며(Gunter 2011, 108) 난민들은 주변국과 세계에 직접적인 영향을 주게 되어 주변국들과 세계가 이를 간과할 수 없는 사건이 되어버렸다. 이와 같이 이라크 쿠르드의 민중봉기와 이에 따른 대규모 난민발생은 터키, 이라크, 시리아, 이란을 비롯한 유럽의 많은 쿠르드 2세들 내면에 잠재되었던 쿠르드 민족정체성을 자각시켰다. 그리고 이러한 자각된 민족의식은 유례없는 대규모 PKK 동원이 이루어진 결정적인 원인이라고 할 수 있다.

둘째, 쿠르드 국가건설이 가능하다는 희망적 상황이었다. 이러한 미국과의 동맹 → 민중봉기 → 난민 발생은 결과적으로 현재까지 유지되고 있는 이라크 쿠르드연방자치정부(KRG)의 탄생을 가능케 하였다(Gunter 2011, 108). 2차 대규모 동원 당시인 1992년 5월 19일 최초의 쿠르드자치정부 설립을 위한 이라크 쿠르드 지역에서의 대통령 선거와 의회선거가 실시되었으며 주요한 경쟁 상대는 KDP와 PUK 였다(Kamali 2003, 216-217). 이러한 쿠르드자치정부 설립으로 인한 쿠르드 국가건설의 기대감과 영향은 PKK 동원이 최고조에 이르는 과정에 큰 영향을 주었다. 이러한 할랍자 학살과 민중봉기, 난민발생, 쿠르드자치정부 건설이라는 에스칼레이션 형식의 연이은 대형 사건과 희망적인 결과는 전체 쿠르드의 민족성 자각과 민족운동의 참가를 위한 희망과 명분을 제공하여 대규모 동원으로 이어지는 결과를 낳았다.

이와 같은 많은 물질적 지원과 동원이 이루어진 결과 PKK는 1992-1994년에 걸쳐 19,230회에 이르는 동시다발적인 최다무장투쟁을 수행할 수 있었다. 그러나 PKK는 이러한 이라크 쿠르드의 영향으로 발생한 1991년, 1992년의 대규모 동원과 훈련된 인원을 바탕으로 1993년 게릴라의 무장투쟁이 최고에 이르렀으나 곧 외부요인에 의한 영향력 감소와 전략적인 실패를 통해 분리독립운동의 하강기에 접어들게 되었다.

당시의 급격한 동원은 PKK 지도부도 전혀 예상하지 못했던 결과로 이는 비록 맑스-레닌주의 이념에 의한 조직적인 동원, PKK의 여론선동,[100] 가입 권유에 의한 동원이 기본바탕이 되었으나 이것이 이 당시 급증한 동원의 결정적인 원인은 아니었다.

다음의 표는(Kîrîşcî and Winrow 2003, 126) 2차 대규모 동원 당시 드러난 PKK 게릴라의 손실규모를 나타낸 것으로 3년간 PKK 게릴라 손실규모는 1만 명을 상회하였음을 알 수 있다. 이는 터키군 손실에 비해 3배 이상의 손실을 보였는데 이러한 대규모 손실이 정규전 전환으로 인한 추가손실인지는 불분명하다. 그러나 이 통계를 통해서 이 당시 PKK의 주력이 붕괴한 것을 알 수 있다.

<표 16> 1984-1995 시민, PKK, 보안군 사망자

	시민	PKK	보안군	합계(명)
1984-1991	1,278	1,444	846	3,568
1992-1995	3,736	10,102	2,775	16,613
합계	5,014	11,546	3,621	20,181

100) 파리에 1983년 '쿠르드연구소'가 설립된 것을 시작으로 독일 본에 '국제쿠르드인권협회', 영국에 '쿠르드인권프로젝트'가 설립되어 활동하였다.

3) 3차 대규모 동원(1999년): 내부 동원

이 시기는 외잘란의 체포로 인하여 대규모 내부동원이 일어난 시기다. 3차 대규모 동원[101] 시기에는 전 세계에 이산되어 있던 쿠르드인들의 집단적인 시위와 반발이 있었다. 이러한 대규모의 항의집회는 PKK의 조직들이 주도하였으나 이러한 조직들의 선동과 더불어 유럽이나 터키, 중동에 거주하였던 분노한 젊은 쿠르드인들이 쿠르드 민족정체성을 자각하고 대규모로 게릴라를 자원하여 속속 PKK 캠프로 입소하였다. 이 3차 동원은 PKK와 관련된 내부동원으로 간주할 수 있다.

외잘란의 체포 과정과 이에 대한 PKK 조직과 쿠르드 사회의 반응은 다음과 같았다. 1998년 10월 터키는 1만 명의 군대를 시리아 북쪽 국경선에 배치하고 1980년 터키 군사쿠데타 이후 시리아와 레바논에 본부를 둔 PKK를 추방할 것과 외잘란의 신병인도를 요구하였다. 그러나 외잘란은 그동안 이념적 연대의 종주국 이었던 모스크바를 거쳐 11월 중순 이탈리아에서 체포되었으며 이탈리아는 국제적 체포영장을 이미 발부한[102] 독일의 송환을 희망하였다. 그러나 독일은 국내에 거주하는 50만 쿠르드인들의 격렬한 반응을 두려워하여 독일송환을 거절하였다. 터키의 송환요구도 거절한 이탈리아는 그를 1999년 1월 중순 러시아로 재입국시켰다(Mcdowall 2004, 442-443).

외잘란은 러시아에서 헤이그(Hague)행을 원했으나 네덜란드가 이

---

101) 2차 대규모 동원 당시의 무장투쟁 횟수인 6,956회에 비해서 1/2 정도 감소한 3,242회를 기록하고 있다. 게릴라 숫자는 이 무장투쟁 횟수 감소율과 비례한다고 할 수 있다.

102) 1980년대 초반부터 독일 내에서 터키-쿠르드인들 간의 테러가 많이 발생하였으나 외잘란은 1996년 독일에서 폭력을 더 이상 행사하지 않겠다고 선언하였다. 독일에서는 1993년에 PKK가 불법화 되었으나 현재도 PKK 요원과 동조자들이 상당수 존재한다.

를 수락하지 않았다. 1월 말 아테네로 이동하였으나 미국의 압력으로 2월 1일 CIA 아프리카 본부가 있는 나이로비로 이동한 후 1999년 2월 15일 체포되어 즉시 터키로 압송되어 임랄리(Imrali) 감옥에 수감되었다. 한편 1998년 11월 이탈리아의 일시적인 감금에 대해서 HADEP는 11월 전국적인 항의시위를 일으켰다. 이로 인하여 3천 명 이상의 시위자들이 체포되었으며 이스탄불에서는 한 시위자가 성난 터키군중에게 죽임을 당하였다. 외잘란의 체포 후 보안대(security forces)는 단속을 강화하였다. 1999년 3월 네우르즈 축제는 매우 통제가 심하였으며 대략 8천여 명이 이 축제기간 동안에 구금되었으며 이들 중 약 1,700여 명은 이스탄불에서 구금되었다. 또한 그 당시 유럽의 20개 이상의 도시에서 외잘란의 체포에 분노한 시위가 동시 다발적으로 발생하였다(Mcdowall 2004, 442-445, 장병옥 397-398, 366-367).

PKK 정당인 HADEP가 국내적인 시위와 동원을 주도하였고 PKK의 해외조직들도 조직활동을 통해서 극렬한 시위와 동원을 주도하였다. 즉 외잘란의 체포는 쿠르드인들의 3차 대규모 동원과 격렬한 대터키 투쟁의 원인이 되었다.

4) 4차 대규모 동원(2003년-2005년): 외부동원

이 시기는 2차 걸프전 즉 이라크전과 이라크 쿠르드연방자치정부의 탄생으로 인한 외부동원이 일어난 시기다. 2003년 3월 19일 2차 걸프전인 이라크전[103]이 발발하여 KRG 역시 연합국의 동맹으로 참전하였다. 사담 후세인을 실각시킨 후 설치한 2003년 연합군임시기구(CPA, Coalition Provisional Authority)의 통치 하에 2003년 7월 13일부터

103) 전쟁의 명분은 9.11 테러지원과 대량살상무기(WMD)의 제거를 이유로 2차 걸프전을 일으켰으며 2003년 4월 9일 바그다드가 함락되었다.

2004년 6월 1일까지 존속된 25인 이라크통치위원회(IGC, Iraq Governing Council)에 마수드 바르자니, 잘라 탈라바니 등 쿠르드 대표들도 참여하여(Gunter 2011, 139-140) 미국의 승인 아래 이라크 영구헌법에 이라크 쿠르드 연방제와 쿠르드의 권리들이 대거 포함될 수 있도록 하였다. 그리하여 2003년 이 당시에 이미 쿠르드연방자치정부를 설립하기로 어느 정도 내부합의가 되었으며 쿠르드연방자치정부안이 포함된 영구헌법이 2005년 통과되었다. 이 과정에 고무된 2003-2005년 기간 터키 쿠르드의 동원과 무장투쟁 역시 증가하였음을 알 수 있다. 이 기간이 4차 대규모 동원의 시기이다.

5) 맑스-레닌주의와 동원

비록 1, 2, 3, 4차 동원이 PKK라는 조직을 통해서 이루어졌고, 그 과정에 PKK의 조직적인 그리고 이념적 동원이 이루어진 것은 사실이지만 3차 동원을 제외한 나머지 대규모 동원의 보다 근본적인 원인은 맑스-레닌주의라는 정치이념의 추종이 아닌 쿠르드 민족정체성이었다.

그러나 PKK와 외잘란은 향후 그들의 기본 정치이념인 맑스-레닌주의를 쉽게 포기하지는 못할 것으로 판단된다. 만약 PKK가 맑스-레닌주의를 포기한다면 이는 맑스-레닌주의 이념에 기반 한 외잘란과 지도부의 지금까지의 정치투쟁과 분리독립운동의 과오를 시인하는 결과가 되며 이 경우 외잘란과 지도부의 리더십에 큰 타격을 초래할 수 있기 때문이다. 그러므로 이들은 맑스-레닌주의를 포기하는 대신 변화와 대안을 추구하였다. 과거 일반 쿠르드 민중들과 PKK 게릴라들에게 사상가로 인식되고 있는 외잘란은 민주적연방제를 통하여 이러한 모순을 극복하고자 한 것으로 판단된다.

6) 터키 쿠르드 대중과 동원의 인식

PKK의 동원에 대한 문제점들을 좀 더 정밀하게 파악하기 위하여 저자는 객관적인 데이터를 조사하였는데 PKK 동원에 관한 자료는 외부인들에게 접근의 한계성이 존재하였다. 이러한 한계성 때문에 정확한 터키정부 측 자료를 통해 2차 분석을 시도할 수밖에 없었으나 터키 측의 정확한 자료는 쿠르드 동원 관련 분석에 상당한 자료적 가치를 내포하고 있었다. 다음은 PKK의 내부동원의 인식을 중점적으로 분석한 내용이다. PKK는 1984년 민족해방과 분리독립을 위한 무장투쟁을 본격적으로 선언한 이후 1세대가 지났으며 지난 30년 동안의 무장투쟁은 쿠르드 대중의 민족정체성을 각성시키고 쿠르드 대중을 동원시키는 결과를 가져왔다.

그러나 맑스-레닌주의 정치이념에 의한 조직과 대중동원의 성공여부에 대해서는 여전히[104] 의문이 존재하며 이러한 의문을 해소하기 위하여 KDP에 비해 상대적으로 적은 대중 동원의 원인을 좀 더 분석적으로 살펴보면 다음과 같다.

첫째, PKK의 폭력투쟁이 터키 쿠르드 대중의 관심과 동원을 유발시킴과 동시에 국제적인 여론과 관심을 환기시키고 또한 외국 쿠르드 디아스포라들의 동원을 유인하는 중대한 요소로 작용한 것은 사실이다. 다음 아래의 통계들에 표시된 ◆[105]는 터키전략연구소의 자료라

104) 터키 측 통계이므로 Terrorism이라는 용어를 쓰나 이는 터키 정부의 입장이므로 저자는 PKK가 분리독립운동을 하고 있다는 학문적 원칙하에 맑스-레닌주의의 일반적인 용어인 폭력투쟁으로 번역하였다. 그러나 터키의 입장에서는 사상투쟁을 전개하는 PKK에 대해서 테러리스트라는 용어를 사용할 수도 있다고 본다.

105) ◆의 표식을 가진 통계는 BILGESAM(http://www.bilgesam.com/tr/index.php)이라는 터키전략연구소에서 만든 통계로 쿠르드인들이 압도적으로 많은 터키 내 19개의 서로 다른 도시에서 8,607명을 3그룹으로 나누어 조사한 것이다.

는 의미이며 <표 17>은 PKK의 폭력투쟁이 쿠르드의 정체성을 일깨우는데 일정정도 역할을 하였다는 반증을 역설적으로 제시하는 통계이다. 이 통계는 PKK의 지지도가 PKK의 폭력투쟁을 심각하게 경험하지 않은 그룹에 비해서 PKK의 폭력투쟁을 경험하고 정부의 폭력을 경험한 1, 3 그룹이 월등히 높다는 것은 PKK의 폭력투쟁이 대중의 관심과 지지를 유발시킨 점이 분명히 존재한다는 것이다. 더불어 <표 17>내의 2의 통계는 폭력투쟁을 경험하거나 이러한 강제소개로부터 영향을 받지 않아 PKK의 지지나 관심이 부족한 쿠르드인들은 이미 터키인으로의 동화의 정도가 높다는 것을 역설적으로 보여준다. 1990년에 발간된 신뢰할 만한 보고서는 보탄이나 디야르바크르와 같은 몇몇 도시들은 PKK가 광범위한 지지를 받고 있으며 터키군의 탄압이 상대적으로 약한 완(Van), 아그리(Agri)와 같은 지역에서는 덜 대중적이라고 언급하고 있다(Mcdowall 2004, 430-431).

<표 17> 응답자들의 도시 특징에 따른 PKK 지지 여부: 무장투쟁 경험여부

◆ 응답자들의 도시특징에 따른 PKK 지지도	지지(%)	반대(%)
1. 심각한 테러사고를 겪은 도시들	20.53	79.47
2. 덜 심각한 테러사고를 겪은 도시들	5.96	94.04
3. 테러 때문에 이주한 쿠르드인이 거주하는 도시들	30.33	69.67

출처: Charles Strozier. James Frank, *The PKK-Financial Sources, Social and Political Dimensions*, VDM Verlag Dr. Muller, 2011, p.22.

첫째 집단은 심각한 PKK 폭력투쟁 사건을 경험한 도시, 둘째 집단은 심각한 PKK 폭력투쟁 사건을 경험하지 못한 도시, 셋째 집단은 PKK 폭력투쟁으로 인해 도시로 이주한 집단으로 정부 폭력이나 PKK의 폭력투쟁 사건을 경험한 도시이다. 이 통계는 터키 정부 측의 입장을 대변하는 통계이나 이 통계 속에서 드러나는 쿠르드인들의 의식을 재분석한 결과 의미있는 내용들이 도출되었다.

둘째, PKK의 주요 지지계층을 보여주는 것이다. 다음의 표는 이러한 지지가 주로 발생하는 계층을 제시해주는 통계이며 결과적으로 문맹 층이나 저학력층, 무직자층이 PKK를 상대적으로 더 높이 지지하고 있음을 보여주는 통계이다. 그러나 이스탄불에서 만난 쿠르드 대학생과의 대화 결과 그들은 강한 민족정체성을 가지고 학내시위를 주도하였는데 자신의 미래에 대한 대안으로 PKK를 생각할 정도로 의식화된 대학생들은 PKK를 지지하고 있다는 것을 알 수 있었다.

<표 18> 응답자들의 도시 특징에 따른 PKK 지지 여부: 학력 분포

◆ 교육수준에 따른 PKK 지지도	지지(%)	반대(%)
문맹	18.42	81.58
고등학교 학력 이하	15.91	84.09
석사학위와 대학원 연구과정	13.46	86.54

출처: Charles Strozier. James Frank, *The PKK-Financial Sources, Social and Political Dimensions*, VDM Verlag Dr. Muller, 2011, p.22.

아래의 여론 조사는 무직자층이 PKK 주요 지지자들이며 이들의 사회 불만과 PKK의 지지가 중복되는 현상을 볼 수 있다. 또한 터키 공무 직에 있는 쿠르드인들의 지지율이 저조한 것은 동화정도와 경제적인 격차도 PKK의 지지에 영향을 미친다는 것을 알 수 있다.

<표 19> 응답자들의 도시 특징에 따른 PKK 지지 여부: 직업 분포

◆ 직업분포에 따른 PKK 지지도	지지(%)	반대(%)
실업자	21.44	78.56
공무원	11.46	88.54
민간부분	17.01	82.99

출처: Charles Strozier. James Frank, *The PKK-Financial Sources, Social and Political Dimensions*, VDM Verlag Dr. Muller, 2011, p.22.

아래의 표는 위의 3가지를 포함한 지지층이 고르게 나타난 연령층의 분석을 포함한 것으로 PKK의 지지율은 여론조사대상 전체 쿠르드 중 약 16,7%로 나타났으며 실제보다 더 낮게 나왔을 것을 감안할지라도 터키인구 중 PKK 게릴라가 되는 비율과 비교하여 판단해 보면 KDP에 비해 상대적으로 낮은 터키 쿠르드의 PKK 동원을 설명해주는 주요한 지표가 된다.

이 통계가 나타내는 상대적으로 낮은 동원의 원인은 첫째, 쿠르드인들의 높은 동화율이다. 이는 지배민족의 강력한 동화정책이 어느 정도 성공하였다는 것을 의미한다. 둘째, PKK의 무차별적인 폭력이 주요한 요인이라고 볼 수 있다. 실제 터키 쿠르드 인구 대비 PKK 게릴라가 되는 동원율은 0.0007%이다. 이 비율도 PKK 게릴라들 전체가 터키 쿠르드 출신이라는 가정 하의 동원율 이므로 실제 터키 쿠르드인들의 동원율은 상당부분 더 저조할 것으로 판단된다.

<표 20> 연령, 직업, 교육정도에 따른 전체 지지도

◆ 응답자들의 도시특징에 따른 PKK 지지도	지지(%)	반대(%)
연령분포에 따른 PKK 지지		
직업분포에 따른 PKK 지지		
교육수준에 따른 PKK 지지		
평균	16.70	83.30

출처: Charles Strozier. James Frank, *The PKK-Financial Sources, Social and Political Dimensions*, VDM Verlag Dr. Muller, 2011, p.22

아래의 도표 역시 8,607명을 대상으로 조사한 결과로 다양한 의미를 함축하고 있으며 응답자들에게 PKK에 가입한 게릴라들의 가입 이유에 대한 그들의 견해를 조사한 통계다. 이 통계가 나타내는 중요한 점은 첫째, 3번에서 보이듯이 지배민족의 정부 폭력이나 강제적인 정책이 게릴라 동원의 중요한 동원요소 중 하나라는 것이다.

<표 21> PKK 조직에 가담하는 이유[106)]

◆ 가담 이유	%
1. 실업	71.32
2. 저학력	60.63
3. 국가불신	34.25
4. 쿠르드 민족주의	27.88
5. 환경, 가족의 압박	24.85
6. PKK 캠페인이 좋아서	23.22
7. 쿠르드 독립국가를 세우기 위하여	21.77
8. PKK에 먼저 가입한 가족의 권유	20.65
9. PKK가 쿠르드를 대표하므로	19.99
10. PKK와 같은 이념을 공유하므로	19.33
11. ROJ TV 방송을 보고	19.20
12. PKK가 쿠르드의 권리를 옹호하므로	16.79

출처: Charles Strozier. James Frank, *The PKK-Financial Sources, Social and Political Dimensions*, VDM Verlag Dr. Muller, 2011, p.24.

둘째, 1, 2항에서 보이듯이 실업, 저학력 층의 게릴라 지원이 압도적으로 많다는 것은 PKK의 정치이념이 이들을 혁명의 전위대로 활용하는 측면도 있으나 다른 한편 터키사회에서 기회가 적은 피지배민족

106) 2009년 터키 BILGESAM(BİLGESAM, Bilge Adamlar Stratejik Araştırmalar Merkezi, 빌게전략조사연구소, www.bilgesam.org)에서 8,607명을 대상으로 실시한 설문조사 결과다. “사람들이 PKK에 가입하는 이유는 무엇이라고 믿느냐” 라는 질문에 대한 쿠르드인들의 응답이다.

으로서의 소외감이 PKK 동원의 주요요인이 된다는 것이다. 이는 PKK의 맑스-레닌주의가 이들에게 침투할 수 있는 주요한 요인이 되기도 한다. 맑스-레닌주의는 이러한 불평등, 가난의 원인이 생산수단의 소유관계에 있으며 이러한 소유관계에 있어 쿠르디스탄은 터키의 식민지이므로 이러한 불평등 구조를 폭력혁명을 통해서 변화시켜야 한다는 사상을 주입하기 좋은 동원계층이다. 그러나 자본주의나, 민족주의, 기타 사상, 다른 목적으로 입산하는 경우 이들의 사고를 개조하기 위해서 필연적으로 2차 동원과정이 필요하다. 산에서는 PKK의 페자라는 곳에서 사상학습이 꾸준히 이루어지게 된다.

셋째, PKK의 내부동원을 달성하기 위한 다양한 대중선전선동 전략이 게릴라 지원의 직접적인 동기가 된다는 것이다. PKK는 로즈 티브이나 저널, 라디오, 인터넷 등 다양한 수단이 기존 불평등이나 민족정체성을 가진 쿠르드인들의 동원을 유도하는 중요한 역할을 수행한다는 것이다.

넷째, PKK의 지원동기 중 4번째 항의 쿠르드 민족주의 동원이 10번 항의 PKK의 이념적 동원에 비해서 더 높다고 하는 사실 역시 중요한 항목이다.

결론적으로 통계는 지배민족의 동화를 거부한 쿠르드인들의 실업, 불평등, 교육의 불균등, 소외 등이 게릴라 동원의 중요한 원인이 되며 쿠르드인들이 맑스-레닌주의 이념을 위해서 입산하는 것은 주요 동원요인은 아니라는 것이다. 결론적으로 이 도표가 나타내는 것은 맑스-레닌주의 이념에 의한 쿠르드 동원력은 현저히 낮다는 것이다. 그러나 이 조사의 단점은 터키 쿠르드인들이 만약 PKK를 반대한다면 그 반대원인이 무엇인지에 대한 조사가 결여되어 있다는 점이다. 그러나 반대원인은 이미 인지하였듯이 높은 동화율, 민족운동의 외면, 이념투쟁, 폭력혁명론에 근거한 무차별 폭력투쟁에 기인한다. 그리고 만약 PKK를 탈퇴한 게릴라들의 분포와 구성을 조사한 자료가 있었다면 동원과 관련하여 흥미로운 분석이 도출되었을 것이다.

7) PKK 동원의 문제점

<표 21> "PKK 조직에 가담하는 이유"의 도표와 "<그림 17> 1984-2006 사이의 PKK's 무장 공격 통계"가 갖는 의미는 적지 않다. "<표 21> PKK 조직에 가담하는 이유"의 10번 항목은 비록 이 표의 통계에 대한 저자의 정확한 내용을 찾을 수 없어 변별력에 다소 의문이 있을 수 있으나 응답자들 중 맑스-레닌주의에 동조하여 게릴라가 된다는 비율이 전체 비율의 19.33%에 불과하다는 것으로 이를 전체 대비 환산하면 약 5.4% 즉 1만 명중에 약 540명 정도만이 맑스-레닌주의 동조자들이라는 의미이며 나머지 약 94.6% 지원자들은 대부분 쿠르드 정체성 또는 쿠르드 민족정체성에 근간하여 지원한다는 사실은 중요하다. '당 이론'[107]의 설명과 같이 비록 이들 5.4%가 장래 PKK 핵심세력으로 성장하겠지만 PKK의 한계 역시 이로써 명백히 드러난다.[108]

PKK의 쿠르드 전체동원이 낮은 주요한 3가지 이유는 다음과 같다. 첫째는 맥도웰은 PKK의 실패요인 중의 하나가 일반시민들의 대중동원에 중점을 두지 못한 점(Mcdowall 2004, 437)이라고 하였듯이 그 원인

107) '당 이론'은 일반적으로 소수의 혁명가들이 무산대중을 이끌어 가야 한다고 주장한다.

108) 이 도표는 정확한 100분위로 표시되어 있지 않은 관계로 연구자가 전체를 100으로 판단하여 19.33%를 해석하였으나 이론이 있을 수 있다. 그러나 큰 맥락에서 살펴보면 이 통계적 해석과 동일하게 극단적인 맑스-레닌주의의 혁명적 이념관을 실천하기 위해 지원자가 되는 경우는 많지 않을 것으로 판단된다.

은 맑스-레닌주의라는 PKK의 지배적인 이념이 그 원인이었다. 맑스-레닌주의는 배제적 동원형으로 자본가, 프띠 부르조아, 사회주의 정체성이 없는 일반 민중은 배제하는데 그 원인이 있다. 즉 동원이 제한적이며 이는 결국 PKK의 정체나 약화를 가져온 중요한 요인 중 하나라는 것이다. 또한 중요한 것은 맑스-레닌주의가 이 지역의 지배적인 정서인 민족주의, 이슬람, 이슬람주의, 부족주의 등 대부분의 세력을 적으로 간주하여 더욱 입지가 협소하였다는 점이다.

둘째 맑스-레닌주의의 폭력혁명론이다. 맑스-레닌주의 이념이 지닌 성격자체도 전체 시민들의 동원을 제한하지만 맑스-레닌주의에 내재한 폭력혁명론은 또 다른 부작용을 초래하게 되었다. 터키에서 접한 대다수의 쿠르드인들은 PKK의 무차별적인 폭력으로 인한 PKK의 과격한 이미지와 자신들의 평화적인 이미지와는 차별이나 거리를 두려고 하였다. 그러나 자신이 게릴라가 될 수도 있다고 언급한 민족정체성이 확고한 의식 있는 대학생은 그러한 폭력투쟁의 불가피성을 인정함과 동시에 대중에 대한 무차별적인 폭력에 대해서는 반대하는 입장을 조심스럽게 내비쳤다.

이러한 폭력행사는 쿠르드 대중들과 쿠르드 디아스포라들에게 민족정체성을 자각하고 동원시키는 결과와 함께 전 세계의 관심과 더불어 EU의 대터키 인권개선 압박 등을 가져왔지만 이에 못지않게 광범위한 기층 쿠르드의 지지와 동원을 제한하기도 한다는 양면적인 성격을 지닌 것이었다.

셋째는 미국이 냉전에서 승리한 것은 PKK에게 불행한 결과였지만 맑스-레닌주의에 기반 한 혁명은 구소련과 동구권이 무너지면서 이미 유행이 지나 버렸다는 것이다. 이런 지난 유행은 동원을 제한하나 민족해방전쟁을 목전에 둔 PKK는 맑스-레닌주의를 포기하지 못하는 딜레마에 봉착하였다. 이제 PKK에게는 자본주의 이념과의 대립이 가장 첨예한 문제로 대두되었다.

제3절 소결: 비교분석

민족분쟁과 분리독립운동과정에 나타난 KDP의 부족적 동원형과 PKK의 이념적 동원형을 비교분석해보면 다음과 같다. 첫째, 두 정치집단의 동원형을 살펴보면 KDP는 부족에 기반 한 현실주의적, 부족적 동원형으로 부족의 특성상 부족장의 강력한 리더십 아래 전통주의적인 부족을 중심으로 한 동원체제이다. 그리고 KDP는 주요 핵심 구성원이 바르자니 가문과 부족중심으로 이루어진 체제이며 이 부족적 동원형은 이라크 쿠르드 민족운동과 민족국가건설의 성공적인 모델이 되었다. 반면, PKK는 이념에 기반 한 이상주의적 목표를 가진 이념적 동원형으로 이념의 특성상 외잘란의 강력한 리더십 아래 주로 이념의 대상인 노동자, 농민, 소외계층을 중심으로 한 동원체제이며 PKK의 주요 핵심 구성원은 철저한 맑스-레닌주의자로 이루어진 체제다.

둘째, 두 정치집단과 민족주의, 이슬람, 부족주의와의 관계를 살펴보면, 동서 이념분쟁이 사라진 중동지역에서 민족주의, 이슬람주의, 부족주의는 이 지역의 지배적인 정서이며 세력이라는 것이다. 특히 이 지역의 확고한 이슬람, 이슬람주의와 부족주의는 맑스-레닌주의자들에게는 가장 큰 반봉건적 유산이다. KDP는 민족주의, 이슬람에 대해 수용적인 동원형이다. 반면 PKK는 민족주의, 이슬람, 이슬람주의에 대해 배제적, 배타적 동원형이다. 그러므로 동원 측면에서 KDP는 쿠르드 민족주의, 이슬람 등의 동원요소를 부족주의와 융화시킴으로써 동원력을 배가시켰다. 이를 정체성의 측면에서 보면 일반 쿠르드인들이 내재하고 있는 부족정체성, 이슬람정체성, 민족정체성 3가지 정체성을 동원한 총 동원체제이며 3가지를 모두 소유한 페쉬메르가의 단결력, 전투력 또한 높다고 판단된다. 반면 PKK는 쿠르드 부족주의, 민족주의, 이슬람, 이슬람주의를 배제함으로써 동원력이 감소되었다. 특히 민족운동을 거부하고 민족정체성을 거부한 것은 터키 내에서 점증하였던 민족정체성에 비추어 이는 매우 중요한 정치이념과 조직 및 동원의 패착이다. 사회정체성인 이념정체성만 수용하며 나머지 정체성은 배제한다.

셋째, 두 정치집단의 대규모 동원을 4시기로 구분하여 동원의 원인을 살펴본 결과 KDP는 4회 모두 내부동원이 이루어졌고 PKK는 1회를 제외한 나머지 3회는 외부동원으로 조직과 동원의 측면에서 KDP의 부족적 동원형이 PKK의 이념적 동원형보다 상대적으로 우월하였음이 증명되었다.

넷째, 두 정치집단의 사상교육과정을 살펴본 결과 KDP의 부족적 동원형은 필수적인 사상교육과정이 존재하지 않으나 PKK의 이념적 동원형은 필수적으로 사상교육과정을 통한 재교육과 재동원화 과정이 필요하며 이를 통해 조직이 유지된다.

다섯째, 두 정치집단의 폭력사용을 살펴본 결과 KDP는 폭력을 선택적으로 사용하였는데 주된 폭력의 대상은 주로 지배민족인 이라크, 반민족운동세력, 집단정적세력에 한정하며 일반대중을 상대로 한 무차별적 폭력행사는 알려진 바 없다. 반면 PKK는 1994년 당시 대도시에서 일반대중을 상대로 무차별적 폭력을 행사하여 일반 쿠르드 대중들과 유리가 심화되었다. PKK의 폭력투쟁이 일정부분 쿠르드의 민족정체성을 자각시키고 동원에 긍정적인 영향을 미친 사실은 증명되었으나 무차별적인 과도한 폭력은 오히려 동원을 제한하였다는 것이다.

여섯째, 두 정치집단의 이념과 형태에 기반 한 대중친밀도와 지지도를 살펴보면 KDP는 이라크에서 부족의 형태와 부족주의가 상대적으로 더 전통적이었으며 KDP의 부족기반 동원과 투쟁이 대중으로부터 거부감이 낮은 관계로 일반대중과의 괴리감도 낮았으며 정당투표나 지도자선출 면에서 살펴보면 KDP와 마수드 바르자니의 대중성, 상징성이 투표로 연결되어 높은 득표율과 압도적 지지로 KDP는 지배적 정당이 되었고 마수드 바르자니는 KRG 대통령으로 선출되었다.

반면 PKK를 살펴보면 대다수 대중에게 맑스-레닌주의 이념기반 동원과 투쟁이 부족주의에 비해서 상대적으로 더 괴리감이 존재했다. KDP는 정당선호도에서도 대중의 높은 인기가 득표로 직결된데 반해 PKK는 터키 쿠르드인들 사이에서 분리독립운동에 대한 상징성은 높으나 쿠르드 전체를 대표한다는 대표성은 상징성에 비해 많이 낮다는 점이다. 즉 PKK의 인기와 상징성이 BDP에 대한 정당 지지도로 직결되지는 않았다고 하는 점이다. 이 의미는 동화의 정도가 더 높다는 해석도 가능하다.

일곱째, 두 정치집단 구성원의 연령을 살펴보면 KDP는 부족장과 종교적 권위를 소유한 부족장의 결정과 지시에 절대 복종하고 부족장적인 권위를 가진 지도자의 명령에 구성원들은 남녀노소를 불문하고 민족운동에 참여하여야 한다. 그러므로 이러한 유형의 민족운동단체에는 장년층들이 많으며 노년, 중년, 청년층들이 어느 정도 골고루 분포되어 있다. 대를 이어 동원되는 경우도 있다. 즉 부족 자체가 바로 전투조직으로 전환이 가능한 체제로 과거부터 생존을 위해서 단련된 조직체계였다. PKK는 1980년대 초 입산한 층을 재외하면 대부분 청소년층도 다수 포함된 청, 장년층으로 KDP에 비해서는 다소 젊은 층이다.

여덟째, 두 정치집단의 최대동원 당시의 무장 게릴라 숫자를 비교분석해보면 KDP의 페쉬메르가 숫자는 대략 10만 2천 명(PUK포함) 정도이며 PKK 게릴라들은 약 5,000명-최대 1만 명 수준으로 판단된다. 이를 인구대비로 살펴보면 다음과 같다. KDP는 이라크 쿠르드 인구 대비 1만 명당 138명의 동원이 이루어졌고 PKK는 터키 쿠르드 인구 대비 7명의 동원이 이루어졌다. 더구나 이 7명 내에는 터키출신이 아닌 타 지역 국가 출신이나 유럽출신들이 대거 포함되어 있으며 터키 국내동원은 7명보다 더 낮은 동원이 이루어졌다고 판단할 수 있다.

앞에 제시된 여섯 번째까지의 원인과 차이의 결과 KDP와 PKK 동원은 아래 표[109]와 같은 차이를 보이고 있다. KDP·PUK는 이라크 쿠르드 인구 대략 1만 명당 227명 이상이(반올림한 숫자) 동원되었다는 통계가 산출되며 PKK는 1만 명당 7명 이상이라는 통계가 산출된다. 그러므로 쿠르드 인구 대비로 보면 KDP·PUK가 PKK에 비해서 약

109) 본 저서에 사용된 통계 등은 정확한 통계가 부재하므로 일부 근사치를 사용하여 분석을 시도하였으나 분석결과는 큰 틀에서 실재와 대동소이할 것으로 판단된다. KDP는 1946년 물라 무스타파와 이브라힘 아흐마드-잘랄 탈라바니가 함께 창당하였고 KRG의 국가를 동시에 구성하고 있으며 대이라크 민족운동을 전개한 공통적인 세력이며 중요한 민족운동시기에 협력하였다. 그리하여 KDP, PUK를 합한 숫자를 원칙으로 하되 공식적으로 타 논문에 실린 최대 동원 당시의 숫자를 기준으로 계산하였다. PKK 숫자는 게릴라 동원이 가장 많이 이루어졌던 1992년 기준이며 도표에서 이라크 인구는 외교통상부 2013년 이라크 개황, 터키 인구는 외교통상부 2013년 터키 개황, 이라크 쿠르드 인구는 450만 등 다양하게 추정하나 저자가 타당하다고 생각되는 학자들의 당시 추정인구 450만을 채택하였다. 터키 쿠르드의 인구는 외교통상부 2013년 터키 개황에서는 1,200만-1,400만으로, 켈리도 최대 1,400만(Kelly 2011, Appendix A), 메호(Meho)는 1,650만으로 추정하나 최대 동원당시 일부학자의 1,400만을 기준으로 하였다. 다음 그림의 숫자 기준은 게릴라가 상호 협력적이고 숫자가 가장 많은 시기를 기준으로 하였다. PKK는 터키 외국출신 쿠르드의 정확한 숫자 파악이 어려운 관계로 전체를 터키 쿠르드 동원으로 간주하였다. 실제 터키 내부 동원은 비율이 훨씬 더 낮아질 수도 있다. 누적적 동원은 원로의 일부 통계를 제외하고 전체 통계가 불가능하므로 제외하였다.

32배[110]의 동원이 된 것은 맑스-레닌주의에 기반 한 PKK의 배제적 동원체제 보다는 부족주의, 이슬람, 민족주의를 포용한 KDP의 부족주의에 기반 한 수용적 동원체제의 효율성을 반영한 것이다.

<표 22> KDP, PKK 무장투쟁 게릴라 동원의 비교

구분 / 단체	이라크, 터키인구	쿠르드 인구	이라크, 터키 인구대비 쿠르드인	KDP · PKK 게릴라수	이라크, 터키 인구대비 게릴라 수	쿠르드 인구대비 게릴라 수	쿠르드 인구대비 (만명당)
KDP	3,427명	450만 명	13%	6만 2천명	0.0018%	0.0138%	138명
PUK	3,427명	450만 명	13%	4만명	0.0012%	0.0089%	89명
KDP · PUK	3,427명	450만 명	13%	10만 2천명	0.0029%	0.0227%	227명
PKK	7,563명	1,400만 명	19%	최대 1만명	0.0001%	0.0007%	7명

아홉째, 두 정치집단의 무장투쟁 전략을 살펴보면 KDP는 민족운동의 역량이 결집되었을 당시 이라크 정규군의 약 1/3(PUK포함)에 달하는 병력으로 이라크 군인들과 비등한 정규전을 수행하였거나 오히려 정부군을 압박할 정도에 이르렀다. 그리하여 민족독립국가건설의 의지와 희망을 가진 쿠르드인들이 급격히 재 동원되는 선순환 구조를 만든데 반해 PKK는 1992년 당시 1만 명 이상으로 게릴라가 동원된 당시에 효율적이고 강력한 게릴라 무장투쟁 및 확산투쟁을 지속하지 못하고 정규전을 수행한 측면이 있다. 다음의 이라크나 터키의 병력대비 게릴라 숫자를 비교해보면 PKK의 정규전 수행의 무모함을 보여주는 자료가 된다. 또한 무기와 같은 무장의 정도를 비교해 볼 경우 PKK는 KDP에 비해서 무장의 정도가 상대적으로 더 열세한 것으로 판단이 되었다. 이러한 무장 수준은 게릴라전 정도를 수행할 수 있는 무기체계라고 판단된다. 열 번째, 두 정치집단의 해외동원을 살펴보면

110) 반올림한 수치.

KDP는 외국에 거주하는 쿠르드 디아스포라의 동원이 크게 나타나지 않은 반면 PKK는 시리아, 이란, 이라크, 유럽 등지에서 다양한 국적을 가진 쿠르드인들이 게릴라로 충원되었다. PKK의 다양한 선전매체와 이란, 이라크, 시리아의 PKK 지부정당, 유럽의 지부조직 등 다양한 경로를 통하여 동원이 이루지고 있다. 주요 국가는 터키 주변국 출신과 유럽 쿠르드 디아스포라 출신들이다. 특히 외국출신들 중에 여성 게릴라 지원자들도 다수를 점하고 있다. 즉 해외조직과 선전선동 분야는 PKK가 KDP에 비해 상대적으로 큰 강점을 보이고 있다.

<표 23> KDP, PKK의 군사력 및 병력 비교(비율은 %)

구 분	이라크	KDP·PUK	비율	터키	PKK	비율
병력	375,000	102,000	27.2	580,000	10,000	0.017
전투기	316대	-	-	-	-	-
전차	2,200대	탱크, 야포[111]	소수	-	-	-
군 체제	3군 합동군	게릴라	-	3군 합동군	게릴라	-

주) 터키군은 2013년 현재 전군의 군사력으로 이중에 지상군은 470,900명이고 PKK도 2013년 연구자가 조사한 추정 기준이다. 이라크군과 KDP는 2003년 이라크 전 당시의 기준이다. 터키군 관련의 출처는 외무부, "2013년 터키 개황", p.66.

열한 번째, 두 정치집단의 여성동원을 살펴보면 KDP는 부족 등을 통한 충분한 남성동원이 이루어진다. IS와의 전쟁이 시작된 이후 2014년 여성 페쉬메르가가 등장하여 전투를 수행한 사실이 대중에게 알려질 정도로 기존에는 여성 게릴라가 눈에 띌 만큼 드러나지는 않았다.[112] 그러나 앞의 도표를 통해 인식할 수 있듯이 PKK의 여성 게릴

111) 김은수, 앞의 논문, p.113.

라 전투참여 분포도를 보면 1992년 2차 대규모 동원과 3차 대규모 동원의 시기를 통하여 여성 게릴라 숫자가 급증하였고 이는 전체 게릴라숫자 대비 35%에 이르게 되었다. 또한 여성 게릴라들의 전투참여율이 1993년 10%를 상회하고 1999년에는 25%에 육박하는 것을 보았을 때 1999년에 쿠르드 여성의 동원이 급증하였다는 것을 알 수 있다. 그러나 이러한 높은 여성 게릴라 비중은 여성의 체력이나 전투능력에 비추어 보면 전체 게릴라의 전투력에 긍정적인 영향을 미치지만은 않을 것으로 판단된다.

열두 번째, 민중봉기,[113] 특히 무장민중봉기는 분리독립운동에 중대한 영향을 미치며 파급력이 가장 큰 민족동원의 형태이다. 이 민중봉기는 민족분리독립국가 건설을 열망하는 민중이 민족지도자, 민족운동단체나 민족운동에 높은 신뢰를 가진 경우에 나타나는 형태로 민족운동이나 정치적인 목표를 위한 대중동원의 정점에서 나타나는 현상이다. 그러므로 정치집단은 민중봉기를 위하여 노력한다. KDP는 1991년 초 이라크 쿠르드의 무장민중봉기를 독려하며 주도하였고 이러한 민중봉기와 그 결과로 나타난 대규모 난민사태는 국제사회의 반향을 불러일으키며 이라크 내 쿠르드자치정부 수립에 큰 영향을 미쳤

112) 이라크 연방정부인 쿠르드연방자치정부(KRG)를 형성한 후에는 여성 군인들이 일부 존재한 것으로 판단이 되나 KRG나 KDP 등 홈페이지 등에는 정확한 군대의 숫자나 군인이 구성 등의 기록이 존재하지 않아 정확한 판단은 어렵다.

113) 군사정권의 오랜 통치가 지속된 한국은 민족운동과정에 있는 이라크나 터키와는 구분된다. 한국의 경우는 5.18 광주민중항쟁(광주민주화운동)이 무장민중봉기의 형태에 해당된다. 단순 민중봉기에 비해서 무장민중봉기는 봉기 파급력이 더 크고 강력하다고 할 수 있으며 무장민중봉기는 규모가 클수록 영향력은 더 확대된다. 이러한 광주 무장민중봉기의 영향력은 1980년대 대학가에 파급되었고 결국 1987년 제6공화국의 대통령 직선제 개헌을 이끌어냈으며 한국 군사정권의 퇴조에 지대한 역할을 담당하였다.

다. 그러나 PKK는 이 당시 이라크 쿠르드의 영향으로 터키 쿠르디스탄에서 최초 결정적인 무장민중봉기의 기운이 나타났으나 외잘란의 반대로 무장민중봉기는 좌절되었다.

열세 번째, 분리독립운동의 대표적인 두 정치집단 중 하나인 KDP의 부족적 동원형은 민족주의 동원, 이슬람 동원을 수용한 형태로 지원자들 대부분은 KDP의 정치이념과 부족적 동원형에 거부감이 없는 1차 동원이 이루어졌다. 반면 PKK의 경우 <표 21> PKK 조직에 가담하는 이유"의 10번 항목과 같이 PKK 정치이념과 이념적 동원에 동조한 지원자를 환산하면 대부분이 맑스-레닌주의 이념의 동조자가 아닌 쿠르드 민족정체성이나 기타 요인에 의하여 지원한다는 것을 알 수 있다. KDP의 경우 동원자들이 지도부의 민족주의, 부족주의와 동일한 정체성을 가지고 민족운동에 동참하나 PKK의 경우 극히 소수만이 PKK 지도부의 사상에 동조하는 동원이라는 의미이다. 결국 이러한 1차 동원은 민족운동의 효율성 측면에서 단체의 정치이념에 대한 취사 여지가 존재한다.

열네 번째, 결국 지배민족의 다양한 민족탄압과 당근정책을 포함한 동화정책의 성패여부를 살펴보면 이라크 지배민족의 동화정책은 실패하였으며 터키 지배민족의 동화정책은 어느 정도 성공하였다고 할 수 있다. 그러나 터키 지배민족의 민족탄압은 일정부분 동화정책의 성공에 기여하였으나 강제소개, 강제이주 등 강력한 폭력적 탄압 등은 PKK의 동원이나 민족운동의 동원에 많은 부분 기여하였다는 사실을 알 수 있다.

다음은 KDP와 PKK의 동원의 성향을 구분하여 정리한 것이다.

<표 24> 조직과 동원 소결

구분	KDP	PKK
조직과 동원	부족적 동원형	이념적 동원형
부족주의 수용 여부	부족주의 수용	탈부족주의
민족주의 수용 여부	민족주의 수용	탈민족주의
이슬람의 수용 여부	이슬람 수용	탈이슬람
지도부 구성원	부족장, 쉐흐가문, 중산 이상층	빈농, 서민층
게릴라 구성원	부족 중심	대부분 노동자, 농민, 학생, 청소년, 소외계층
조직 활용	부족 등 기존조직 활용	새로운 조직을 구성
게릴라 국적	대부분 이라크 쿠르드	터키 외 국적 다수
여성 게릴라	대부분 비전투 요원	전체의 약 35%
주요한 1차 동원의 원인	부족적, 민족적 동원	민족적 동원
동일이념 동원의 비율	대부분 부족, 민족 동원	소수의 맑스-레닌주의
사상적 재동원화 과정	불필요	필수
게릴라 숫자(PUK포함)	약 10만 2천 명	약 최대 1만 명
동원/쿠르드 인구	약 138명/ 1만 명당	약 7명/ 1만 명당
3군 합동 정규군 대비	약 27.2%(PUK포함)	약 0.017%
무기 등 무장의 정도	상대적으로 높음	낮음
정규전 수행여부	정규전 일부 가능	게릴라전 수준
내부동원 횟수	4회	1회
내부동원	성공	상대적으로 성공 못함
대중지지	성공	어느 정도 성공
대중과의 관계	대중과 긴밀한 유대	대중과 유리
국외조직과 선전선동분야	약함	매우 강함
지배민족의 동화정책	실패	어느 정도 성공
민중봉기	수용과 독려	1991년 민중봉기 외면
리더십	가부장적 권위주의	카리스마
리더십 성패	부족적, 세습적 리더십 성공	리더십 단절

05

국제적 연대

제1절 KDP: 전략적 연대

국제정치는 세력균형(balance of power)을 추구한다. 더불어 강대국들은 중동지역에서 견제와 균형정책(check and balance)을 취하는데 지역국가들이 지역의 강자가 되기 위해서 강대국에 편승[1]한다 할지라도 강대국은 어느 한 지역국가가 자신들에 대항하면서 중동의 패자가 되는 것을 원하지 않는다. 단지 강대국들이 자신들이 이익에 기반 한 질서를 유지하기 위해서 지역국가들을 견제하여 세력균형을 이루게 하고 주변국이 비록 편승을 통한 패권국이 되려한다 할지라도 복수극(Plural Polar) 체제 하의 타 강대국이 이를 용납하지 않는다. 지역국가들의 상태는 세력균형이론에서 말하는 가정 즉 무정부 상태로 보는 것이 타당하다면 그들은 동맹과 연대를 통한 편승 등 다양한 외적인

1) 편승은 강한 편승, 약한 편승, 일시적 편승, 지속적 편승, 전략적 편승, 전술적 편승 등이 있다. KDP, PKK는 국가가 아니었으므로 연대라는 용어를 사용하였으나 동맹이라는 용어를 써도 무방하다고 판단된다.

전략적 관계와 더불어 힘에 의지한 채 자신들의 안보와 이익을 위해 투쟁한다.

KDP는 전쟁의 위험성이 상존하는 홉스안적인 사회에서 생존을 가장 우선시하는 부족주의에 기반 하므로 생존에 필요한 대부분의 환경을 적극적으로 받아들인다. 국제정치의 현실주의[2]가 이상보다는 생존과 이익을 우선하듯이 KDP도 국제적인, 지역적인 연대를 모색함에 있어서 PKK 보다는 탈이념적인 그래서 더 현실주의적이고 전략적인 행태를 보여주고 있다. 부족주의가 현실주의의 가장 원초적인 형태라면 맑스-레닌주의는[3] 생산수단쟁취를 위한 계급투쟁을 통해 이상사회를 건설하려는 작위성이 높은 이념이다. 즉 현실주의는 국제정치를 힘과 이익을 추구하는 무정부적 격돌장으로 파악하는 반면 맑스-레닌주의는 기존 세계를 변혁시키고자 하며 이념 추구적인 면이 강하게 존재한다. 이는 PKK의 이념 지향적인 특성을 잘 설명해주고 있다.

KDP의 부족주의가 상징하는 또 하나는 자본주의나 사회주의의 선택에 있어서 보다 더 탈이념적이고 전략적이라는 것이다. 부족주의를 기반으로 민족주의, 이슬람 등 많은 동원자원들을 수용하였듯이 국제

---

2) 한스 모겐소에 의해 대표되며 신현실주의 이전의 고전적 현실주의라고 한다.

3) 마르크스주의자들은 국제정치를 국가 간의 관계가 아닌 계급관계로 파악하여야 한다고 주장한다. 즉 국제정치의 주요행위자는 국가가 아니라 계급이라는 것이다. 정부나 국가의 정책결정은 지배계급의 이해관계와 직결된다고 가정한다. 그리고 계급은 국경을 초월해서 형성되며 서로 협력한다고 주장한다. 국제정치의 무정부성을 강조한 현실주의와는 달리 마르크스주의는 국제사회는 불평등한 계급들 간의 위계적인 구조를 포함하고 자본가 계급들은 계급적 이익을 증대시키기 위해 제국주의 정책을 실시하게 된다고 주장한다. 그러므로 마르크스주의자들은 계급갈등을 소멸시킨 사회주의를 확립시키려고 노력한다. 현실주의가 현상유지적 이라면 마르크스주의는 현상파괴를 주장하는 혁명적인 성격을 가지고 있다(신정현. 2005.『정치학-과학과 사유의 전개-』, 파주: 법문사. pp.563-569).

적, 지역적 연대에 있어서도 이러한 현상은 동일하게 나타났다. 반면 PKK는 국제적 연대에서 보다 더 이상적, 이념 지향적이고 이념 고착적인 형태로 나타났다. 이러한 이념적 지향성은 극단주의로 이어질 가능성이 높고 조직 내부에서 온건파보다는 강경파가 지배적 세력이 될 가능성이 높은 형태이다.

KDP는 초기부터 다양한 세력을 포용하였고 PKK는 순수 맑스-레닌주의주의자들로 구성된 당을 창설, 추구하였다. 그러한 이념적인 수용성과 배재성은 KDP와 PKK의 국제적인 연대와 지역국가들과의 연대에서도 차이가 나타났다. 즉 KDP는 미국, 이스라엘로부터 구소련, 이란의 왕정, 이란의 신정정부, 이라크의 카셈정권, 이라크 사담정권 등 다양한 강대국, 지역국가들과의 연대를 맺은 반면 PKK는 전략적인 연대가 아닌 경우 주로 구소련, 시리아 등 사회주의권 국가들과 강한 이념적 연대를 추구하였다. PKK는 KDP의 이스라엘과의 연대를 극도로 비난하였으며 그들의 정치이념인 맑스-레닌주의 특성상 자본주의 국가 내 세력과 불가피한 전략적 연대할 경우에도 계급적인 연대를 중요시하게 되었다. 그러므로 PKK는 상대적으로 이념적인 연대를 더 추구한 것을 알 수 있다.

1. 강대국

1차 세계대전 이후 강대국인 영국과 프랑스가 자국의 이익에 따라 중동을 강제 분할한 후 이란, 이라크 등에 허수아비 왕조를 세워 그들의 석유자원을 강탈한 역사를 보면 국제정치는 철저히 현실주의가 지배하고 있다는 것을 알 수 있다. 더구나 상위 포식자로서의 강대국이 미국으로 대체되면서 냉전적인 양극체제하에서 미국과 소비에트의 이념적 충돌이 이 지역에서 더욱 극렬하였다.

이러한 중동에 대한 강대국의 행태를 최성권은 다음과 같이 지적하고 있다. "외부 열강은 이 지역을 자국의 이익을 확장하기 위한 전초지로 이용하고, 석유자원을 약탈해왔으며, 전략적 거점을 강점해 이를 이 지역에 대한 개입의 지렛대로 삼고, 그들이 만들어낸 골치 아픈 유럽 유대인 문제를 이 지역에 떠넘겼다(최성권 2011, 8)." "중동에 대한 외부열강의 개입이 상대 경쟁국과의 세력균형을 고려해 행해졌으며 합리적인 국제관계의 부재는 문제해결을 위한 타협과 조정을 불가능하게 만들어 결국은 최후의 대안인 전쟁을 유발시키고(최성권 2000, 98)"의 내용은 중동 정치와 쿠르드 문제를 압축하여 설명하고 있다.

중동에서의 강대국 간의 충돌하는 이익과 이들 간의 세력균형, 지역국가들 간의 세력균형 틈바구니 속에 쿠르드 분리독립운동단체들은 이들의 '대리인(proxy)', '졸(卒, pawn)'[4] 역할을 하여온 것은 사실이다. 이러한 강대국과 지역국가들의 세력균형 틀 속에서 상대적으로 온건 vs 급진세력을 형성하고 있는 KDP와 PKK는 대리인(agent) 역할 속에서도 자신들의 정치적인 목표를 달성하기 위하여 노력하고 있다. 특히 "경제적 상호의존성, 정치적 민주주의, 핵무기가 안보 딜레마를 감소시켜 열강들이 팽창의 압력을 덜 받게 되는 핵심부는 분쟁이 사라지지는 않겠지만 군사적으로는 해결되지 않는 반면 주변부에서는 절대적 억지가 존재하지 않고 내부 불안정, 부와 인구, 보호의 목표로부터 연유하는 팽창에 대한 압력이 여전히 존재한다(최성권 1992, 77, 최성권 2011, 337-339)."는 설명은 중동에서 여전히 전쟁이 끊이지 않는

4) 체스(Chess)의 '졸(卒)'을 'pawn'이라하며 'proxy'와 함께 국제정치나 세력균형과 관련하여 서구 쿠르드 관련 영어권 학자들이 쿠르드가 강대국과 지역국가들의 이해관계의 첨병으로 활약하는 것을 빗대어 사용하는 단어이다.

이유를 핵심부와 주변부 논리를 통해 구조적으로 설명하고 있다.

중동국가들은 앞에서 살펴보았듯이 국가 내부적으로는 부족주의에서 연유하는 탈중앙집권적 형태와, 부와 권력을 일부 부족과 세력이 독점하는 구조, 서구식 민주주의의 미발달로 인한 시민사회의 부재와 종교 갈등 등의 통합 저해요인들이 상존하고 있다. 국가 외부적으로는 강대국에 의한 중동국가들의 분열정책 등으로 분쟁억지력이 효과적으로 작동을 하지 못하며, 국가 간 분쟁이 과열되고, 종교 갈등이 극단적이며, 1945년 창설된 아랍연맹(The League of Arab States)과(최성권 2011, 102, 110-111) 이슬람회의기구(OIC, Organization of Islamic Conference) 등이 제 역할을 하지 못하는 구조적인 원인도 있다. 이러한 복합적인 중동 내, 외적인 요인들은 중동에서 일어나는 끊임없는 분쟁과 갈등 그리고 외세의 개입을 설명해준다.

1) 구소련

KDP와 구소련은 엷은 전략적 연대관계라고 할 수 있으며 일시적으로 과거 창당초기와 소련망명 당시는 어느 정도 이념적+전략적 연대를 형성하였다고 본다. 1946년 KDP가 창설된 당시 미국과 영국은 KDP가 친소 공산주의 색채가 강하며 잘 조직된 단체라는 결론을 내렸다(장병옥 2006, 35). 물라 무스타파는 KDP 창당 당시 맑스-레닌주의 세력들 및 기타 세력들과 협력하여 창당을 하였으나 물라 무스타파의 부족기반 세력들과 아흐마드의 맑스-레닌주의기반 파벌들과의 투쟁은 창당초기부터 이미 예고된 것이었다(Gunter 2011, 172-173). 이러한 맑스-레닌주의 세력들까지 아우르는 초기의 통합창당은 후일 좌파파벌인 PUK의 분당원인으로 작용하였으며 이러한 분당의 배경에는 좌파파벌들과 좌파세력의 거두인 이브라힘 아흐마드와 잘랄 탈라바니가 존재하였다. 이러한 다양한 좌파 파벌들은 물라 무스타파의 힘과 상징성이 사라진 1975년 3월 물라 무스타파의 몰락 직후부터 이들은 본격적으로 PUK 창당에 박차를 가한 후 본격적인 대KDP 권력투쟁을 전개하였다(*ibid*, 286). 소련으로 망명하였던[5] 물라 무스타파는 카셈[6]의 쿠데타 이후에 귀국하였으며 이 쿠데타로 인하여 이라크에서 지배적인 영향력을 행사하였던 영국의 대이라크 지배력 역시 퇴조하였다. 이러한 강대국인 영국의 철수는 물라 무스타파에게는 오히려 활발한 민족운동의 전개를 가능하게 하였고 이러한 과정 속에서 그는 과거 친소련적인 연대에서 탈피하였다. 당시 이라크 사회주의의 확산을 경계하던 이란과 KDP는 전략적 이해관계가 상합하였고 중동지역에서 구소련의 세력팽창을 방어해야 했던 미국과의 이해관계 역시 맞물려 KDP-이스라엘-이란-미국의 전략적인 연대의 축이 이 시기에 확고하게 갖추어지기 시작하였다.

2) 미국

(1) 미국의 대쿠르드 기본정책

미국은 영국의 세력이 이라크에서 철수한 이래 이스라엘을 통하여 강한 전략적 연대관계를 형성하였다. 이러한 전략적 연대는 탈이념적 연대의 일종으로 이념에 따른 확고한 동맹이 아닌 경제, 정치적인 목

---

5) 물라 무스타파는 마하바드 공화국이 붕괴하자 터키, 이라크, 이란을 배회하였다. 500명의 무장세력과 함께 모스크바로 탈출하여 1958년 카셈정권이 설립될 때까지 망명생활을 하였다(홍순남, 앞의 논문, 995, p.141).

6) 알 카셈은 모계가 쿠르드인으로 기존의 왕정을 공화정으로 변화시켰다. 그는 쿠데타를 일으키면서 쿠르드와 다른 반정부 세력들과 연합하게 되었고 불완전한 연합에 기반을 둔 카셈은 곧 실각하였다.

적에 따라 일시적으로 강하게 형성되는 연대관계이다. 즉 탈이념적 연대의 의미로 사용하였다.

미국의 이라크 쿠르드연방자치정부 지원은 오랫동안 지속해온 미국-터키간의 동맹을 손상시켰다. 2003년 이라크전은 양국 간의 관계를 더욱 손상시켰고 심지어 부분적으로 동맹이 역전되기도 하였다. 쿠르드연방자치정부 설립 이래 현재의 이라크 쿠르드는-최소한 지금까지-강력한 동맹국 미국을 최초로 소유하게 되었다. 이러한 상황은 2차 걸프전 초기인 2003년 3월 미군이 이라크 후세인을 공격하기 위한 이라크 북부전선 전개과정에서 일어났는데 이는 터키가 미국의 터키 기지사용 요청을 거부한데서 기인하였다.[7] 이라크 쿠르드는 터키의 거부로 갑자기 신뢰받는 미국의 동맹으로 부상하였으며 이러한 상황은 쿠르드가 바라던 것이었다(Gunter 2011, 13). 그런데 이와 유사한 상황이 2014년 IS의 출현으로 연루 딜레마가 재현되었으며 터키는 내부적으로 IS를 지원하며 외부적으로는 마지못해 미국의 편을 드는 상황이 된 것이다.

미국과 같은 강대국의 기본 정책은 첫째 중동지역의 안정이며 이 안정은 미국에 유리한 형태의 안정이다. 둘째 미국이 지배적 영향력을 행사하고 있는 중동지역에 균형을 깨트리는 국가나 요소가 나타나면 이 국가나 요소를 제거하거나 견제할 방법을 모색하게 되는데 가장 큰 제거 방법은 군사력을 동원하는 것이고 그 다음은 미국을 대신해서 싸워줄 이이제이(以夷制夷)의 세력을 필요로 하였다. 이 두 가지 방법에 쿠르드는 매우 유용한 보조자로서의 역할을 성실히 수행하였다. 쿠르드는 아랍민족과는 다른 민족이며 같은 아리안족인 이란과는

7) 이 당시 터키 에르도안 총리는 920억 달러를 미국에 요청하였다.

종파가 다른 순니파이다. 그들은 공산주의자들도 아니어서 시리아와 구소련을 견제해줄 좋은 여건 또한 보유하였다. 이러한 것은 부족주의를 중심으로 한 민족주의와 맑스-레닌주의 이념에 대한 충성도, 순니적 전통 등에 기반 한 쿠르드는 이스라엘과 미국의 대중동 전략적 연대의 적합한 대상으로 인식되어 왔다.

그 결과 미국의 지지를 얻어 쿠르드연방자치정부를 설립할 수 있었다(Charountaki 2011, 165-203).[8] 그러나 미국이 쿠르드를 연방정부 정도 수준을 유지시키면서 계속 중동문제의 카드나 이라크 내 시아파 견제용으로 활용할지 아니면 민족국가를 세워서 활용을 할지는 아직 미지수다. 왜냐하면 미국 정책결정자들 사이에서도 의견이 나뉘기 때문이다. 미국의 쿠르드 민족국가건설의 지원은 터키나 이란의 강력한 반대에 부딪칠 우려가 존재하고 무엇보다도 먼저 이라크 내 시아파 세력과 아랍민족들이 이를 용납하지 않을 것이기 때문이다.

1991년 1차 걸프전과 마찬가지로 2003년 11월 이라크 파병을 터키 정부가 거절하였고 터키의 반대로 미군이 터키 남부를 통해서 북부 이라크로 진입하는 군사계획이 좌절되므로 인해서 미군은 많은 비용을 들여 변경된 군사작전을 전개하였다. 이러한 터키의 불참선언으로 KDP와 PUK는 미국과의 관계를 더욱 돈독하게 할 수 있었다. 이미 자신들의 분리독립을 위하여 다양한 이념적 수용을 보여 온 이라크 KDP는 1차, 2차 걸프전에서 이미 강대국과의 가장 좋은 동맹의 형태와 결과를 보여주었다. 2013년, 2014년 IS와 관련하여 이라크 쿠르드 전도에는 민족국가설립이라는 대전제 앞에 또 다른 선택적 동맹과 결과가 전개될 예정이다.

---

8) 미국의 대쿠르드 정책이 시기별로 잘 정리되어 있다.

(2) 반이라크 연대

반이라크 선봉에 KDP가 활약하였다. 물라 무스타파와 KDP의 민족운동은 주로 이란과 이스라엘 그리고 미국에 의존하였는데 KDP는 이란의 지원을 받은 대신 그 대가로 이라크 내에서 활동하였던 이란 KDPI나 코말라 등의 활동을 억제시켰다. 물라 무스타파는 쿠르디스탄의 민족운동은 전략적으로 국가공고도가 낮고 취약한 이라크에 쿠르드 민족운동에 선 집중되어야 한다는 전략적 논리를 주장하였다. 그러나 쿠르드의 민족문제는 이미 강대국인 미국과 구소련, 주변국과 이스라엘 등이 개입된 복잡한 양상으로 전개됨으로써 이라크 정권의 통제한계를 벗어나 있었다.

1970년 3월 11일 물라 무스타파와 이라크 바크르 대통령 사이에 쿠르드 자치가 합의된 '3월 합의(March Agreement)' 당시의 전략적 연대의 축을 살펴보면 반이라크 세력: 바르자니-이란-이스라엘-미국 vs 반미 세력: 탈라바니-바아스 정권-아랍 민족주의, 이집트, 시리아-소련, 중국으로 이를 그림으로 표시하면 다음과 같다. 1990년 1차 걸프전에서 KDP는 곧 미국과 동맹을 맺고 중요한 전략적 거점인 키르쿠크 장악을 포함하여 이라크 쿠르디스탄의 전 지역을 거의 장악하였으며 더구나 미국의 화해 중재이후 극적으로 협력하게 된 KDP와 PUK는 1994년 이래로 처음으로 2002년 10월 실질적인 쿠르드 국가의 KDP와 PUK가 재통합된 공동국회를 구성하게 되었다(Charountaki 2011, 16).

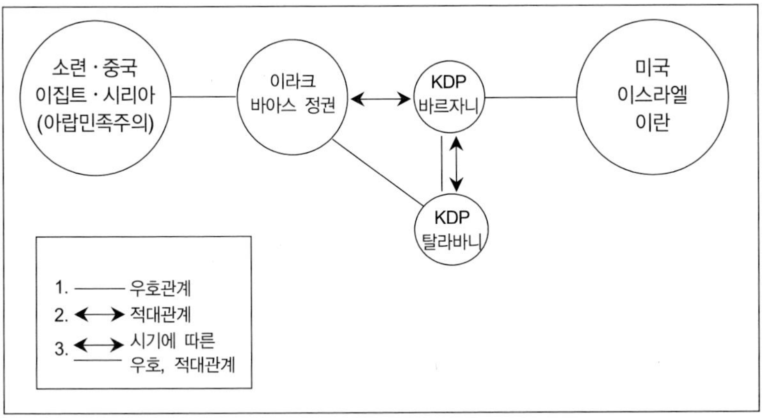

<그림 18> 1970년 당시 KDP 내부의 연대관계

아래의 그림은 KDP와 PKK의 강대국과의 연대의 정도가 분리독립운동의 활성화에 미치는 영향을 그래프로 표시한 것이다. KDP의 물라 무스타파는 구소련에서 귀국한 직후부터 활발한 부족통합을 통하여 국내기반을 강화시켰고 미국과의 연대을 통해 강대국이었던 미국의 지원을 이용하여 바아스 정권을 압박하였다. 마수드 바르자니 역시 1, 2차 걸프전에서 미국과의 연대를 통해 이라크 쿠르드 연방자치정부를 설립할 수 있었다. 반면 PKK는 구소련과의 연대를 추구하였으나 구소련의 몰락으로 인하여 분리독립운동이 약화되었다. 또 다른 측면에서 살펴보면 이와 같은 강대국과의 연대 행위는 일종의 강자에 편승하는 행위(Bandwagening)로써 분리독립운동단체는 필히 먼저 강대국과 연대 또는 편승을 하여야 하며 두 번째는 지역국가들과 연대 또는 편승을 하여야 하는 구조적인 한계 내에 위치하게 된다. 이러한 강대국 및 지역국가들과의 연대와 편승행위는 구체적으로 분리독립운동을 지속시키게 하는 중요한 외부변수 역할을 한다.

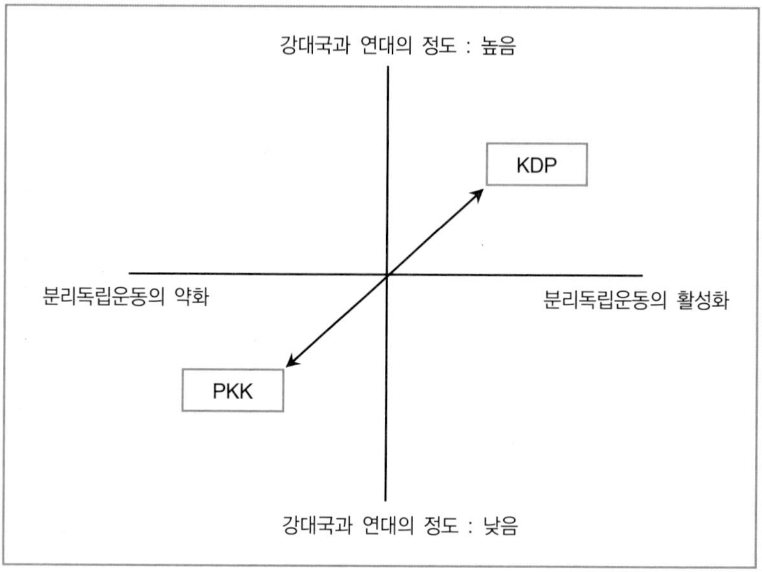

<그림 19> 강대국과의 연대의 정도에 따른 결과

2. 지역국가

1) 전략적 연대

KDP를 비롯한 분리독립운동단체들은 이라크, 터키, 이란의 지역국가의 정권들과 서로 전략적 연대와 동맹을 통해서 민족운동과 분리독립운동을 전개하였으며 분리독립운동단체들은 자신들의 단체와 민족운동을 우위에 두고 상대 분리독립운동단체를 견제하는 가운데 PKK, PUK, KDPI, Komala(Association) 등도 각자의 이념과 투쟁방식으로 분리독립운동을 전개해 나갔다.

(1) 이란

물라 무스타파는 1964년 4월 이라크 정부와의 전투에서 5만 명의 압도적인 이라크 정부 정예군과 대면하게 되자, 물라 무스타파는 이란으로부터 대량의 무기 및 지원을 수용하였다(장병옥 2006, 260).

이란은 기본적으로 KDP를 통해서 자국의 분리독립운동세력인 KDPI와 코말라를 견제하고 동시에 이라크도 견제하는 정책을 견지하였다. 특히 바아스 정권에 대항하는 KDP의 물라 무스타파 파벌을 지원하여 KDPI의 민족운동을 억압하였다. 또한 당시 이란의 샤(Shah)와 KDP를 통해 이라크 사회주의 바아스 정권을 약화시키는 것은 미국의 대중동 기본정책이기도 하였다. 이란의 샤는 친미성향으로 전통적으로 중동의 패권국가가 되고자 하였으므로 중동에서 바아스 사회주의 정당의 세력확장은 미국과 이란의 샤에게 위협으로 인식이 되었다 그러므로 샤는 이라크의 물라 무스타파를 통해 이라크 바아스당을 견제하여 두 가지의 목적을 달성하였다. 샤와의 이러한 연대는 이란 KDPI의 민족운동을 방해하였으며 물라 무스타파는 이란 샤와의 전략적 동맹이 단절되지 않기 위하여 KDPI의 민족운동을 강하게 억압하였다 그리하여 KDPI는 이라크의 PUK와 연대을 맺고 협조하게 되었다.

1974년 3월 12일부터 시작된 이라크-쿠르드 간의 전쟁은 1975년 알제이 협정까지 지속되었으며 기존의 어떤 전쟁보다도 격렬하였다. 과거와는 다르게 정규전의 양상을 띠었으며, 위기에 봉착한 이라크 정권은 처음으로 강대국인 구소련으로부터 공개적으로 전투기 조종사를 비롯한 고문단 등 무기 및 전투관련 병력의 지원을 받았다. 이에 대해 KDP는 구소련이 쿠르드인을 상대로 신무기를 실험하고 민간인을 살상한다고 비난하였다. 이러한 이라크의 대규모 민족탄압에 대항하였던 이라크 쿠르드는 KDP를 중심으로 대대적인 민족동원이 이루어졌으며 심지어 공공기관의 이라크 쿠르드 공무원들마저 직업을 버리고 페쉬메르가에 입대하여 당시 페쉬메르가의 숫자가 5만 명 이상에 도달하였다(Bengio 2012, 125-133).

또한 이란은 이 전쟁에 개입하여 개인화기를 비롯한 각종 중화기, 지원하였으며 게다가 이란 정규군까지 직접 파견하였다. 수세에 처한 이라크 정권은 이라크 쿠르드 민족운동을 지원하는 이란의 지원을 종식할 대안을 찾을 수밖에 없었으며 이란의 종전 조건은 그 당시 유일하게 바다를 경유하는 석유수출 통로인 샤트 알 아랍수로의 통제권을 양보 받는 것이었다. 이라크는 이를 즉시 수용하여 알제이 협정을 체결하였고 협정체결과 동시에 이란의 KDP의 지원 역시 즉시 중단되었다(Bengio 2012, 137-141).

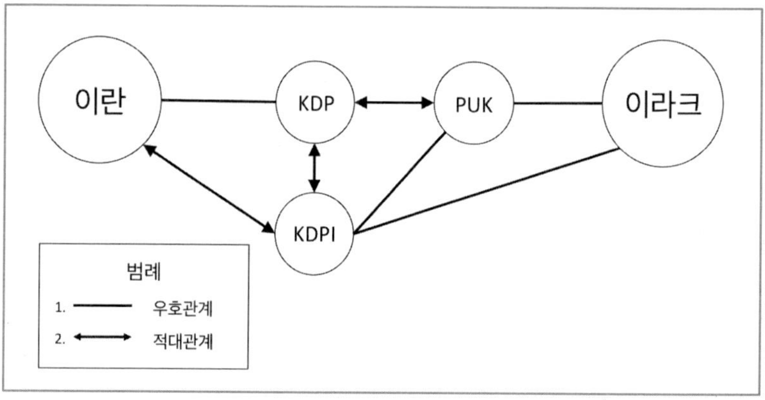

<그림 20> 이란-이라크전 당시 PUK가 이라크와 연대를 맺은 후 KDP, PUK를 둘러 싼 양국 간의 연대관계

1980년 9월의 이란-이라크전은 이란의 이슬람 혁명 파급차단이 목적이었으며 KDP는 1975년 이란의 배신에도 불구하고 호메이니를 선택하는 것 외에는 선택의 여지가 없었다. 시리아는 이미 PUK가 연대를 맺은 상태였다. 이란-이라크의 8년 전쟁 기간 동안에 PUK는 연대를 3회에 걸쳐 변경하였는데 처음에는 시리아, 다음은 이라크 정부,

마지막은 이란 정부였다. 1986년 10월 연대를 맺은 이란 정부는 PUK에게 무기, 금융, 의료지원을 하였다(Bengio 2012, 171).

33년간 지하활동을 하였던 KDPI는 1979년 3월 마하바드에서 공식적으로 지상 활동과 자치를 표명하며 이란 혁명에 동참하며 샤의 군대가 사라진 쿠르디스탄을 통제하였다(Kamali 2003, 171). 그러나 이란-이라크 전쟁 기간에 KDP는 이란 신정정부와 초기 몇 년 동안 협력하며 KDPI를 견제하는 역할을 하였으며 PUK는 KDPI와의 협력을 통해 KDP에 대항하였다. 이라크와 이란은 KDP와 PUK를 상대로 이중적인 연대를 추구하는 등 이들의 분열을 부추긴 것 또한 사실이다(*ibid*, 191). 이란은 상황에 따라서는 KDP 지원을 통해 KDPI를 견제함과 동시에 PUK를 지원하여 쿠르디스탄에서 이란의 지배력과 영향력을 확보하려 하였다.

(2) 이스라엘

1931년 해외 유대인들이 이스라엘 지역에 유입될 당시 유대 쿠르드인(Jewish Kurds)들 중 약 5만 명이 이스라엘로 귀환하였다.[9] 이들이 KDP와 이스라엘 간 전략적 연대의 선도적 역할을 담당하였다. 그러나 이러한 이스라엘과 이라크 쿠르드의 연대를 주변국들은 자신들의 안보를 위협하는 행위로 인식하였으며 이러한 이스라엘의 KDP와의 연대 목적과 주변국들의 인식은 다음과 같다.

---

9) 이때 귀환한 유대인 중 1948년 이스라엘 건국 이후 유명한 유대 쿠르드는 1980년대에 장군 진급과 더불어 나중에 루키드 정부에서 1996년-1999년에 국방장관을 역임한 이라크 쿠르드인 이츠학 모르데차이(Yitzhak Mordechai)가 있다. 이전 1960년대에는 이스라엘 군사 고문단이 이라크 쿠르드 게릴라들을 훈련시켰으며 이스라엘 장교들이 물라 무스타파를 원조하여 1966년 5월 바그다드 부근 힌다린산 전투에서 승리를 하였다(Gunter 2011, 147).

이스라엘이 2012년 최근까지도 이라크 쿠르드 민족의 무장투쟁에 관여하여 공작원을 쿠르드 지역으로 보내기로 한 샤론 정권의 결정을 모사드에선 '플랜 B'라고 한다. 터키뿐 아니라 이란과 시리아도 플랜 B에 신경을 곤두세웠다. '이스라엘 요원들이 쿠르드의 독립국가 희망을 부추길지 모른다는 점을 터키정부가 심각하게 여기고 있다'고 알려왔다. 1960~70년대 이스라엘은 쿠르드의 봉기를 적극적으로 도왔다. 이는 중동지역의 비(非)아랍 세력과 연합하려는 이스라엘의 전략적 정책목표에서 비롯된 것이었다(신동아 2004, 11월호).

독일정부 안보분야의 고위관리는 이렇게 증언하였다. "부시행정부 내의 일부 사람들, 특히 (유대인 네오콘 출신으로 이스라엘의 국가이익을 챙겨온) 국방부 부(副)장관 폴 월포위츠(Paul Wolfowitz)와 그의 측근들은 쿠르드가 독립국가를 세워도 나쁠 것 없다는 생각을 가지고 있다." 쿠르드 독립국가를 통해 이란과 시리아를 견제할 수 있기 때문이다. 그러나 터키가 반발할 것이고, 터키-이스라엘의 우호관계는 파괴될 것이다. 한편 터키와 시리아는 불편한 관계이고, 터키와 이란은 오랫동안 중동지역의 라이벌로 지냈다(위의 책).

2004년 6월 이라크 주권 이양 뒤 이스라엘 요원들의 단기 활동목표는 이라크 시아파 무장 세력과 군사적 균형을 이루도록 쿠르드 특공대를 양성하는 것이다. 이스라엘의 한 전직 정보요원은 "2003년 말부터 이스라엘 요원들은 쿠르드 특공대를 훈련시켜왔다"고 털어놨다. "그들은 이스라엘의 비밀특공대 미스타라빔(Mistaravim)과 마찬가지로 강도 높은 훈련을 받았다. 그들에게 주어진 임무는 미군 특수부대가 규정상 수행하기 어려운 작전을 벌이는 것이다. 이를테면 시아파와 순니파 저항세력 내부에 침투해 정보를 수집하고 지도자를 암살하는 임무 따위다. 한 전직 정보요원은 "이스라엘은 쿠르드를 지원해왔다.

후세인을 견제하기 위해서"라고 말했다(위의 책).

쿠르드와 연대함으로써 이스라엘은 이라크는 물론 적대국가인 이란·시리아를 견제하고 정보를 얻는 눈과 귀를 얻게 된다. 워싱턴 중근동정책연구소 부소장 패트릭 클로슨(Patrick Clawson)은 "이스라엘 안보에 관한 한 이란이 가장 큰 문제"라며 "쿠르드 지역에 이스라엘이 근거지를 마련하면 이란의 동향, 이를테면 핵무기 개발 움직임 따위를 감시할 수 있다"고 했다(위의 책). 다른 전직 미 고위 정보요원은 "이스라엘은 쿠르드와 유착관계를 맺는 것이 터키와 유대관계를 맺는 것보다 더 가치 있다"고 말했다. 2004년 여름 앙카라에서 만난 터키 고위관리는 말하길 "오래전부터 이스라엘 요원들은 쿠르드 지역에서 활동해왔다. 우리 터키에게도 위험스런 일이다. 터키는 이라크 쿠르드 분리를 원하지 않는다(위의 책)." 이와 같이 이스라엘은 미국의 이익을 철저히 대변하고 있음을 인식할 수 있고 이스라엘은 KDP와 PUK를 통해서 이라크, 이란, 시리아 등을 철저히 견제하려는 의도를 가지고 있음을 인식할 수 있다. 또한 KDP는 미국, 이스라엘과의 전략적 연대를 통해 민족국가건설을 달성하려 하고 있다. 이스라엘은 2017년 현재 이라크 쿠르드의 민족국가건설을 적극적으로 찬성하고 있다.

(3) 터키

KDP에게 터키와의 협력은 KDP의 존립에 많은 영향을 미치고 있으므로 전략적인 연대관계를 유지하였으며 터키는 KDP의 협력을 얻어 이라크 북부에서 활동하고 있는 PKK를 견제하려하고 있다. 왜냐하면 이라크 북부 산악지대는 PKK의 주요 상설캠프가 있을 뿐만 아니라 이란 및 터키지역으로 이동하기 위한 중요한 루트이기 때문이었다. 터키는 KDP 지원을 통해 PKK를 억제하는 동시에 KDP의 민족국가건설을 방지해야 하는 이중적인 입장에 처해있으며 터키의 대 KDP 정책은 이 양 극단을 오간다. KDP 역시 하부르 세관 등 KDP 자금을 제공할 수 있는 터키와 쿠르드 민족국가설립은 방해하는 이중적인 터키 사이에서 전략적인 관계를 유지하고 있다. KDP는 1990년대 이라크 북부 국경선 부근에서 전개되는 터키군의 작전에 협조적이었는데 그 이유는 하부르 세관을 통해 터키가 KDP의 자금줄을 통제할 수도 있기 때문이었다(Mcdowall 2004, 389, 442).

PKK가 이라크 쿠르디스탄에 캠프를 설치한 것은 1991년부터 이며 터키는 마수드 바르자니를 통해 PKK 캠프건설 차단을 시도하였다. KDP도 PKK 군사캠프에 위협을 느껴 PKK 공격의 가이드 역할을 수행하였다. 이로 인해 외잘란과 PKK는 KDP를 공격하게 되었다(Bengio 2012, 254). 외잘란이 1999년 2월 체포되고 터키 쿠르디스탄에 있던 PKK 게릴라들이 그들의 중심 기지를 이라크 북부 쿠르디스탄으로 이전하려 하였는데 KDP는 PKK 특공대원의 절반이 이라크 쿠르드 출신들이라는 점을 의식하였다. KDP와 터키의 전략적 관계는 대규모의 경제적인 거래에 기인하지만 또 다른 이유는 1999년 11월 KDP의 새로운 정부구성과 선언을 터키가 용인한 것에도 기인한다(*ibid*, 256). KDP는 철저히 KDP를 중심으로 PKK 관계를 다루었는데 KDP의 기본 전략은 PKK가 주는 위협은 제거하되 PKK의 완전소멸은 아니었다(*ibid*, 253).

2) 엷은 전략적 연대

(1) 이라크공산당(ICP)과의 연대

KDP는 나세르의 아랍민족주의에 기반 한 통일아랍공화국(UAR, The United Arab Republic)이 1958년 2월에 이집트 시리아를 중심으로 결성되기 이전부터 고조되는 아랍민족주의에 위협을 느꼈다. KDP는 소련의 지지로 군사쿠데타에 성공한 좌파적인 카셈정권과 반공산주의 세력의 결집을 두려워 한 이라크공산당(ICP)과 연대를 하였으나 관계는 오래 지속되지 않았다.

(2) 이라크

KDP는 이라크 역대 정권들과 대립적인 관계를 유지하였다. 일시적으로 전략적인 유대관계를 유지하였으나 본질적으로 민족운동을 하는 KDP에게 이라크 정권은 자신들의 목표를 위해서 싸워야 하는 근본적인 독립투쟁 대상이었다.

반면 이라크는 이라크 쿠르드 정치집단에게 회유와 이간이라는 대표적인 정책을 통해서 KDP와 PUK의 민족분리독립운동 분열을 유도하였으며 이러한 정책은 어느 정도 유효하였다. 또한 이라크는 일반 쿠르드 부족들과 페쉬메르가의 연대를 차단하기 위하여 국경지대 부족들을 강제해체 시키고 대거 분산 이동시켰다. 이와 동시에 키르쿠크 등 쿠르드 도시의 아랍화를[10] 위한 강제 소개정책 등은 쿠르드 부족들을 분산 해체시킴으로서 물라 무스타파 등 민족운동을 약화시키려는 목적이 내재하였으며 이러한 분산 해체정책은 터키에서도 마찬가지로 실행되었다.

---

10) 1970년대와 1980년대에도 쿠르드 지역 특히 키르쿠크를 중심으로 아랍인 정착촌은 계속 확대되었다. 그리고 신거주지에 정착한 아랍인들은 경찰, 안보부, 정보국 및 군대나 정부기관에 임용되었다. 1980년대 말까지 신거주지가 건설되었는데 아자디(Azadi), 이스칸(Iskan) 사이에 약 600여개 거주단지가, 키르쿠크와 술레마니아 도로상 알 카마라(Al-Kamarah) 지역에는 1972-1973년 기간에 500여 거주지가, 키르쿠크와 술레마니아 근교에 사담 친인척들에게 공여되는 200개의 거주지가, 1979년 아라파하 신키르쿠크에 200개의 주택단지가 건설되었다(남옥정 2010, 13).

이러한 분할통치(devide and rule) 전략에 이라크의 민족운동세력이 분열된 것 또한 사실이다. KDP는 이 당시 이란의 지원으로 이라크 정권들과의 강력한 무력투쟁을 통해 그들을 협상장으로 유인하였지만 역대정권의 분할통치 전략에 내부분열 또한 가속화되었다.

이러한 분열정책에 대항하였던 물라 무스타파는 이란과 이스라엘, 미국의 지원을 받아 대이라크 무장투쟁을 가속한 결과 결국 양측 1970년 3월 15개 항목의 자치안인 '3월 선언'에 합의하였으나 이후 1974년 자치안 역시 권력의 분배, 키르쿠크 문제가 해결이 전제되지 않고서는 양측이 합의에 이를 수 없는 구조였다(Gunter 2011, 207). 더구나 1973년 가을의 1차오일 쇼크로 인하여 유가폭등이 발생한 당시에도 유전도시 키르쿠크 문제는 서로 간에 양보할 수 없는 중대한 사안이었다.

이러한 바아스당-탈라바니 vs 바르자니-이란·이스라엘·미국의 구도는 KDP의 분당 직전까지 지속되었으며 이란과 이스라엘, 미국은 물라 무스타파를 자국의 이익과 자신들의 공동의 적인 중동의 대공산주의 세력의 첨병으로 활용한 것 뿐이었다. 그러나 이란 왕조는 내부의 반미세력과 시아파의 이슬람원리주의자들의 역습으로부터 붕괴되었다.

1974년 KDP가 이라크 정규군과의 전쟁에서 승리하자 정권의 존립에 위협을 느낀 이라크는 이란에게 굴욕에 가까운 양보를 통하여 난국을 타개하였고 미국도 이라크의 존속이 중동의 안정에 필요하다는 판단아래 KDP의 지원을 즉시 중단하였다. 즉 미국은 쿠르드 국가를 수용할 수 없었다.

사담 후세인 집권 시기를 고찰해 보면 다음과 같은 특징이 존재한다. 즉 1979년 KDP의 세대교체로 이드리스 바르자니와 마수드 바르자니가 새로운 지도부를 구성하였으며 이라크도 1979년 사담 후세인

이 집권하였다. 이란혁명으로 새로 집권한 이란 신정정부도 초기 몇 년 동안은 마수드와 이드리스 바르자니를 지원하며 대이라크전의 공동작전을 수행하였다. 이에 반해서 이라크는 PUK, 코말라, PKK를 지원하며 대이란전을 수행하였다. KDP와 PUK의 분열을 유도하는 방법은 사담 후세인 정권도 전 정권들과 동일하였다. 즉 사담은 잘랄 탈라바니를 지원하여 KDP 무력화를 시도한 것이다. KDPI, 코말라는 오랫동안 이라크의 지원을 받았으며 1982-1983년 기간 동안 KDPI가 이란군-KDP의 합동공격에 처했을 때 PUK는 파병을 통해 KDPI를 지원하였고 1984년 KDPI는 이라크 정권과 PUK의 협상 중재자가 되는 등 PUK와 긴밀한 동맹관계를 유지하였다. 그러나 이라크의 지원을 의지하였던 KDPI와 코말라는 이라크군과 합동으로 이라크 쿠르드를 무장 공격하는 경우는 존재하지 않았다(Kamali 2003, 191).

반면 쿠르드 분리독립운동단체들을 살펴보면 PUK는 급진파인 코말라에 비해서 전통적 민족주의자로 사회주의 진영과는 거리를 둔 KDPI의 가셈로우와 협력을 유지하였고 이전부터 바아스당과 가까웠던 PUK는 사담 후세인과 엷은 전략적 협력관계를 유지하였다(Kamali 2003, 190-193). 이는 위급시 KDP와 협력하여 대이라크 전쟁을 수행할 수 있다는 의미였다. 이라크와 엷은 협력관계는 KDP도 마찬가지였으며 이들 두 민족운동집단인 KDP, PUK를 상대하는 이라크 정부 입장도 동일하였다.

1993년 국제전략연구소(IISS, International Institute for Strategic Studies)의 군사보고서(Military Balance Report)에 따르면 KDP는 25,000명의 페쉬메르가와 30,000명의 예비군이 존재한 반면 이란의 지원을 받았던 잘랄 탈라바니는 12,000명의 페쉬메르가와 6,000명의 예비군을 보유하고 있었다고 한다. 이란의 지원을 받은 잘랄 탈라바니는 1995년 사담 후세인을 전복하려는 쿠데타를 획책했으나 KDP의 방해로 사전노출 되어 실패하였다(Bengio 2012, 235-236).

1996년 9월 이라크 KDP의 지도자 물라 무스타파는 사담 후세인의 정예 공화국수비대 3만 명을 지원받아 PUK 지도자인 잘랄 탈라바니의 관할 하에 있었던 수도 아르빌을 재탈환하였다. 이와 같이 이라크 정부군의 군사작전으로 PUK의 세력이 쿠르드 자치지역에서 축출된 후, 1996년 9월 그곳에 KDP 단독의 신 자치정부가 수립되었다. 사담 후세인의 지원 하에 이라크 북부 쿠르드지역을 완전 장악한 물라 무스타파는 탈후세인 친서방노선으로 급선회하였다(장병옥 2006, 297-298).

1980년 이후 KDP와 PUK의 협력과 충돌의 시기를 살펴보면 1983년, 1985년, 1994년, 1996년(사담과 대PUK전선), 1997년에 양측은 군사적 충돌을 일으킨 반면 1987년 화학무기 살포 이후 이라크쿠르디스탄전선(IKF, Iraqi Kurdistan Front) 창설과 더불어, 1992년 민중봉기 이후 쿠르드자치정부 창설 과정에서, 1998년에 각각 군사적인 충돌을 자제하고 협력을 하였다.

3) 지역국가들의 반KDP 조약

1975년 3월 이라크-이란간의 협정으로 인하여 미국과 이란의 대 KDP 지원중단이 선언되었다. 물라 무스타파는 아들 마수드 바르자니, 이드리스 바르자니와 이란으로 동반 망명함으로써 KDP의 맹렬하였던 쿠르드 민족운동은 즉시 무력화 되면서 강력한 이라크 쿠르드 민족운동의 1세대가 마감되었다.

아래의 그림은 KDP와 PKK의 분쟁 대상이 되는 이라크와 터키의 국가공고도가 분리독립운동에 미치는 영향을 나타낸 그래프이다. KDP의 경우 이라크의 국가공고도가 낮은 관계로 분리독립운동이 강화된 경향이 존재하였다. 반면 PKK는 터키의 강력한 케말리즘과 세속주의의 영향으로 인한 정치적인 안정과 미국과의 동맹 등 높은 국가 체제공고도로 인하여 분리독립운동이 약화된 측면이 존재하였다.

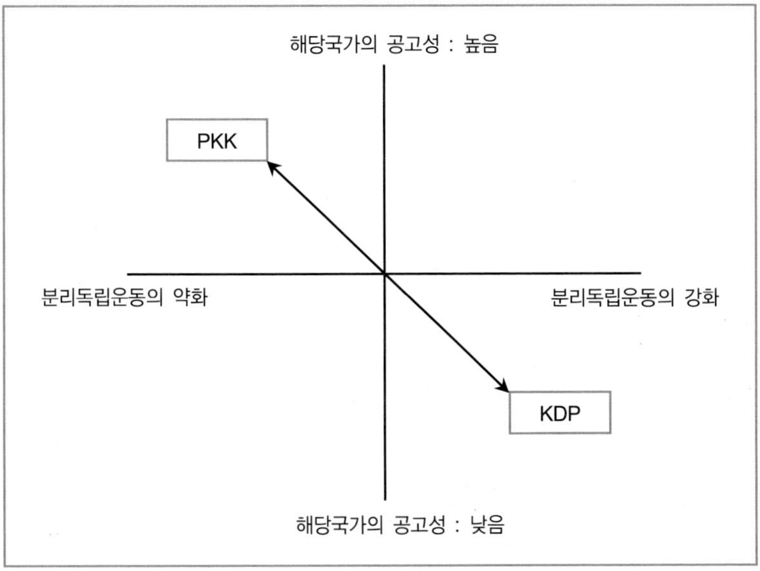

<그림 21> 분리독립운동 대상국가의 체제공고성과 분리독립운동과의 관계

제2절 PKK: 이념적 연대

터키는 한국전 참전대가로 나토(NATO)의 회원국이 되었다. 미국은 맑스-레닌주의의 이념적인 확산과 자국의 세력 확장을 추구하던 구소련과 중동지역에서 충돌하였다. 미국은 터키를 미국의 강력한 대중동 정책의 선봉으로 삼았고 터키는 미국의 지원을 받으며 공산세력의 중동침투를 저지하는 서방의 교두보 역할을 수행하고 있었다. 민족국가

설립을 갈망하였던 터키 쿠르드에게 강대국 미국은 터키와 동일하게 자신들의 독립을 차단하는 세력으로 간주 될 수밖에 없었고 미국이 쿠르드 자신들의 독립국가건설을 찬성할 이유가 적다는 것을 인식하였다.

이러한 정치역학을 간파한 좌익 쿠르드 민족청년들과 외잘란은 미국의 연대나 협력을 통해 민족운동 또는 분리독립국가건설이 난망(難望)하다는 것은 인지하였을 것으로 판단된다. 결국 쿠르드 독립을 원하는 터키 청년 좌익 쿠르드와 외잘란의 선택은 맑스-레닌주의 사상투쟁을 전개하는 동시에 강대국 구소련의 협력을 얻어내는 구소련과의 강한 이념적 연대 외에는 별다른 대안이 존재하지 않았다.

1. 강대국

1) 구소련

PKK는 전통적으로 사회주의 세력들과 연대하여 왔다. 구소련은 바르샤바조약기구(WTO, Warsaw Treaty Organization)를 통해 나토(NATO)를 견제하는 동시에 중동지역에서의 세력확장을 위해 1900년대 초부터 이 지역 사회주의 세력과의 동맹을 통해 미국과 서방의 중동지배전략에 대항해 왔다. PKK는 종주국인 구소련이 맑스-레닌주의를 중동지역에 확산시키던 냉전시기에 이념을 수용하여 자신들의 지배적 정치이념으로 수용하였다. 구소련이 PKK, 시리아 등을 지원하여 1952년 나토에 가입한 터키와 나토의 종주국인 미국을 견제한 것은 당연한 전략이었다. 서방 교두보인 터키를 무력화시키고 중동지역의 헤게모니를 장악하려던 구소련의 대중동전략과 외잘란의 이해관계는 대부분 일치하였다.

구소련은 직, 간접으로 PKK에 깊이 관여하고 있었다. 오데사에 본부가 있던 '세계소수민족운동전선(International Minority Movement Front)'을 통해 쿠르드에게 재정지원을 한 것으로 알려지고 있다. 전통적으로 소련은 터키 인근의 이라크나 시리아 캠프에서 주로 공산이념을 표방하는 PKK 요원들에 대한 지원을 담당하였으나 1989년 이후 이런 상황은 급전되었다(이희수 1995, 34). 1989년 1월 터키 언론은 PKK 여성게릴라인 게르거(Emine Gerger)의 '고백록(Confessions)' 내용 중에 구소련이 시리아, PKK, 구소련의 3각 연대를 통해 터키 남동부의 게릴라 작전들을 진두지휘했다는 사실을 공개하였다(Entessar 2010, 128). 소련은 터키 인근의 이라크나 시리아 캠프에서 주로 공산이념을 표방하는 PKK요원들에 대한 훈련과 지원을 담당했으며 PKK는 1994년 12월 25일 모스크바에 자신들의 이익을 대변할 쿠르드 대표부를 개설하였다.[11] 러시아는 터키내부의 민감한 쿠르드문제를 언급하고 쿠르드 자치투쟁에 대한 간접적인 지지의사를 보임으로서 체첸이나 아제르바이잔 같은 카프카스 지역에서의 터키계 종족들에 대한 자신들의 정책에 터키의 개입을 차단하려 하였다(이희수 1995, 34).

이와 같이 PKK의 이념적 연대의 중추인 구소련은 대중동전략의 차원에서 PKK에 대한 정치, 군사적으로 지원을 지속하여 왔으나 구소련의 붕괴이후 과거와 같은 다양한 직접적 지원 역시 축소되었다.

---

11) 쿠르드대표부의 모스크바 개설은 PKK의 활동과 그 정당성을 러시아가 인정했다는 점에서 여타 사회주의 국가로 확산될 가능성이 높아졌고 국제사회에 쿠르드의 실상과 자치투쟁을 부각하는 중요한 거점을 확보한 것으로 평가된다. 쿠르드 대표부 개소식에 PKK의 지도자 외잘란의 최측근인 제말 바이크가 참석한 것으로 알려져 PKK가 이 대표부에 거는 기대를 쉽게 이해할 수 있었다(이희수 1995, 34-35).

2) 미국

PKK와 미국은 기존 구소련과 같은 이념적 연대가 아닌 엷은 전략적 연대관계이다. 미국은 전통적으로 터키와 강한 동맹관계를 형성하고 있으므로 터키로부터 독립을 원하는 쿠르드에게 미국은 터키 쿠르드 분리독립운동의 결정적인 장애물이자 PKK에게는 극복의 대상인 자본주의의 종주국이었다. 그러나 미국은 자국의 이익을 우선한다는 정치현실주의에 기초한 전략적 약점이 있으므로 PKK 입장에서는 이 점을 유념하여야 한다. 즉 1, 2차 걸프전에서 미국과 터키는 자국이익 우선추구로 인하여 양국관계가 급랭된 시기를 경험하였다. IS가 PKK와 미국의 공동의 적이라는 사실은 중요하며 이는 미국과 PKK 관계의 청신호가 된다.

노엄 촘스키(Avram Noam Chomsky)는 미국이 중동에 개입하는 중요한 원인을 다음과 같이 제시하고 있다. "(그리스) 대게릴라 작전의 주된 동기는 중동의 원유다(유달승 2001, 76). CIA의 지원 아래 1953년 이란의 샤를 복위시킨 쿠데타의 결과 이란 원유의 40%가 영국에서 미국의 손으로 넘어갔다(위의 책, 77)." 라고 하는 주장들은 미국이 중동에 개입하는 주된 이유를 원유로 보는 입장이다. 미국의 중동자원 수탈에 반감을 가졌던 반미적 성향의 군부나 급진세력들이 구소련의 군사적인 지원 등을 통해 이라크 등 중동지역에서 혁명에 성공하였다. PKK 역시 구소련, 시리아 등과 협력하여 미국에 대항하는 강력한 이념적 연대를 형성하였다.

PKK의 미국에 대한 인식은 전통적인 맑스-레닌주의자들과 이념을 추구하는 국가들의 인식과 동일하다. 자본주의의 종주국인 미국이 자국의 이익에 따라 중동질서를 재편하려 한다는 것이다. 그리고 이스라엘은 그 전위대 역할을 한다는 인식이 팽배하였다. 이러한 이스라엘은 터키와 긴밀한 전략적 연대관계를 유지하며 대PKK 전선을 구축하였다.

터키의 쿠르드 정체성에 대한 반대, 1947년 트루먼 독트린[12]이 최초로 공포된 그날부터의 터키와 미국과의 강력한 전략적 동맹은 1차 세계대전 후에 발전하기 시작한 현대 중동에서 쿠르드가 어떠한 형태의 독립국가도 만들지 못하게 된 거의 확고한 2가지 주요 원인이다. 미국은 쿠르드 이슈에 대해서 지금까지 미국의 전략적인 나토동맹국인 터키 지지로 전향하였다(Gunter 2011, 12). 단지 미국은 이라크 쿠르드가 이라크나 사담 후세인을 저지하는데 유용할 경우만 부분적으로 친쿠르드적인 입장을 취하였으며 그것도 이라크 쿠르드에 제한되었다(*ibid*, 12-13). 그러나 미국의 PKK에 대한 입장은 이념적이거나 전략적인 연대관계가 아닌 편의상 관계로 터키가 1990년대에 PKK를 추적하여 북부 이라크에 일방적으로 개입하는 것을 방치하였다(*ibid*). 즉 미국과 PKK의 연대관계는 표면상 크게 드러난 바 없으나 근래에 들어서 특히 전쟁이나 IS와 관련하여 미국의 대중동 정책상 필요한 경우는 일시적 연대관계는 형성될 수 있다. 2014년 현재 IS를 격퇴해야하는 미국은 표면적으로는 테러단체로 등록된 PKK에게 직접적인 무기지원을 하지 않는 대신 PYD를 통해서 무기 및 보급품 지원을 하고 있다고 주장한다(이 투데이, 2014년 10월 20일자).

12) 1947년 3월 12일 '그리스, 터키 원조법안'의 승인을 위해 트루먼 독트린이 발표되었는데 공산주의 폭동을 겪고 있는 그리스와 터키와 같이 소련의 세력확대로 고립될 위기에 처하고 공산주의 세력에 의해 위협을 받는 나라는 미국이 경제원조를 포함한 군사원조와 군사고문단을 파견하여 공산주의로부터 자유민주주의를 지켜야 한다는 것이다.

3) EU

PKK와 유럽연합(European Union, 이하 EU) 역시 과거 구소련과 같은 강한 이념적 연대가 아닌 엷은 전략적 연대관계이다. 2014년 현재 EU 가입 후보국인 터키는 사법부 독립과 언론자유 등을 이유로 2005년부터 시작된 EU 가입협상이 난항을 겪고 있으며 2014년 아이단 외조구즈(Aydan Özoğuz) 터키계 독일 연방국무장관은 터키가 언론의 자유를 제한하고 있다고 비난하면서 EU 가입은 시기상조라고 주장하였다(연합뉴스, 2014년 4월 13일자). 2016년 11월 EU의회는 지속되는 터키의 언론탄압과 자유와 평등의 침해 그리고 인권탄압의 부당성을 지적하며 터키의 EU 가입교섭을 중지하였다.

첫째, PKK의 대EU 정치활동들을 살펴보면 PKK는 터키를 압박하는 EU와 EU내 각종 단체들과 전략적인 연대를 형성하고 있다. 비록 EU가 PKK와 직접적인 연대를 형성하고 있지는 않으나 EU가 인권개선 상황들을 EU 가입조건으로 요구함에 따라 일종의 연대관계가 형성되었다. PKK는 EU 및 국제사회에 EU 소재 PKK 단체들, 또는 쿠르드 디아스포라단체, 계급적인 연대를 통한 유럽 사회주의 단체들 등 친PKK 단체들을 통한 시위, 청원, 압력의 형태를 통해 터키의 쿠르드와 PKK의 정치적 탄압 및 인권상황개선에 대한 전 방위적인 압력을 행사하였다. 이러한 결과 개선된 언론, 집회의 자유는 BDP(HDP) 및 PKK의 정치적 활동성을 보장하게 되어 PKK 세력 확장의 주요한 통로 역할도 수행하였다.

터키가 1990년대 중반까지 유럽인권보호조약(European Convention on Human Rights)[13)]을 빈번하게 위반한 것은 주지의 사실이었으며 특

---

13) 유럽인권위원회는 유럽위원회(European Commission)와 인권헌장(Court of Human

히 생존권, 공정한 재판권, 고문을 받지 않을 자유, 집회와 표현의 자유 등을 위반하였다. 국제사면위원회(Amnesty International)는 심각한 위반 사례들을 정기적으로 출판하였다(Mcdowall 2004, 444-445). 이러한 기록에도 불구하고 EU는 1995년 12월 터키와 관세동맹(Customs Union)을 맺으면서[14] 동시에 터키의 추가적 인권위반을 경고하였다. 그러나 이러한 터키에 대한 인권개선 이행요구는 실행되지 않았다. 이에 대해 1999년 6월 유럽평의회(the Council of Europe)[15]의 41명 회원의 각료위원회는 터키의 반복적이고도 심각한 인권침해들을 공개적으로 비난하였다(*ibid*, 445).

1999년까지 영국, 독일과 같은 많은 EU회원국들이 그들의 경제적, 전략적 이익을 위해 빈번한 인권침해를 외면하였으나 위원회(body of parliamentarians)와 인권운동가들이 증가하자 더 이상의 외면은 사실상 어렵게 되었다(*ibid*). 게다가 그리스 등 기존 반대국을 포함하여 프랑

Rights)의 영향으로 전체 유럽공동체 회원국 승인으로 1953년 9월 3일 유럽인권조약의 이행을 위해 설립된 인권단체로 주요활동은 인권문제로 인한 개인 및 국가 간 고발의 법적해결을 한다. 위원회 의장은 3년 임기로 선출되며 위원은 회원국 동수로 구성되는데 임기는 6년이다. 1964년 이래로 1,100여명의 인권 문제를 고발했으며 위원회는 유럽인권재판소(European Court of Human Rights)를 통해 법적으로 해결해주었다(두산백과사전). 터키 쿠르드인들이 자신들의 인권 등에 관한 제소를 하고 있다. 특히 청년들은 병역관련 인권문제를 제소하고 있다.

14) 관세동맹 후 터키의 대EU 수출이 급성장하였다,

15) 유럽평의회 또는 유럽위원회(the Council of Europe)는 EU연합위원회(The Council of the European Union)와 국가나 정부의 지도자 모임인 유럽위원회(The European Council)와 다르며 EU의 기관이 아니다. 유럽평의회, 또는 유럽위원회는 41개 회원국의 정부 간 기구이다. 본부는 스트라스부르그에 있으며 각료위원회(ministerial committee)는 유럽평의회(유럽위원회)의 의사결정기구이며 41개 회원국의 외무장관(또는 상주대표)으로 이루어져 있다. 약 1300여명이 근무하며 유럽사회가 직면한 문제를 다루며 인권, 민주주의, 법률, 경제, 사회, 문화, 교육 등 모든 문제를 망라한다(유럽위원회 홈페이지, http://hub.coe.int/).

스, 독일, 오스트리아와 같은 터키의 회원가입을 거부하는 EU 회원국들이 증가하기 시작하였다.

둘째, EU의 압력에 대한 터키의 입장과 반응은 다음과 같이 나타났다. 쿠르드의 언론의 자유나 자유로운 정당활동을 그들의 민족적 지배력에 대한 위협으로 인식하는 터키 내 강경 사법, 군부세력과 같은 집단이 여전히 존재하나 터키의 오랜 숙원인 EU의 가입16)은 쿠르드 문제 해결과 연계되어 있다는 딜레마가 존재한다. 즉 EU의 잠재적인 후보인 터키가 EU의 회원이 되는 것은 케말 아타 투르크(Kemal Atatürk)의 소망이 성취된다는 것을 의미하지만 동시에 EU회원국이 갖추어야 할 코펜하겐 기준17)을 충족시켜야 한다는 문제에 직면하게 되었다.

그리하여 터키는 2002년18) 8월부터 EU 법률에 적합한 국내법 개

---

16) 터키는 EU 가입을 위해서 1963년 '앙카라 협정'을 통해 EU 협력국(준 회원국)이 되었으며 EU 인권조항에 맞추어 사형제도를 철폐하였다. 그러나 2017년 현재 장기집권 대통령제 개헌에 성공한 에르도안은 사형제 부활을 시도하고 있다.

17) 코펜하겐 기준(Copenhagen Criteria)은 유럽연합 회원국들이 충족하여야 할 기준으로 후보국을 EU에 가입시키기 전에 기준들을 점검하며 이 기준이 충족되지 않으면 EU에 가입할 수 없다. 그 기준은 정치, 경제, 입법으로 크게 나뉜다. 정치적 기준은 민주주의 정도(자치, 시민수준, 정치참여의 자유, 비밀투표, 정당설립의 자유, 개인의 자유 등), 법에 의한 지배, 개인의 인권, 국가 내 소수민족의 존중과 언어, 문화적 전통유지이며 경제적 기준은 시장경제여부와 경제적인 능력 등이고 입법은 유럽법의 근간을 따라야한다. 터키는 이러한 기준에 맞춰 국내법의 일부수정을 통해 일부 쿠르드권리를 인정하나 표면상에 그친 경우가 많다.

18) 1994년에 이어 2001년 2월에도 터키의 경상수지의 적자가 터키의 버블붕괴를 야기하였으며 2002년 5월부터 에체비트 총리의 건강문제로 국정이 정상적으로 운영되지 못하고 경제도 난국에 빠지자 야당 측은 연정 및 조기총선을 요구하여 2002년 11월3일 조기 총선을 실시하였다. 조기총선 결과 제58대 정부의 조각권을 세제르 대통령으로부터 부여받은 정의개발당의 2인자인 압둘라 귤 총리(2007-2014년 11대 대통령)는 11월 18일 AKP 단독으로 구성한 내각을 출범하였다. 에르도안 당수(12대 대통령)를 총리로 지명할 수 있는 길을 열기위해 2002

정을 통하여 사형제도 폐지, 쿠르드의 문화적 권리허용 등을 개정하였다. 이러한 노력의 결과, 비록 회원가입이 만장일치로 통과되어야 하지만, EU는 마침내 2005년 10월 3일 터키와 가입협상을 시작하였다. 그럼에도 불구하고 궁극적으로 EU의 회원 가입은 터키에서의 쿠르드 문제에 대한 실질적인 해결을 전제로 하고 있다(Gunter 2011, 9).[19]

4) 국제 사회주의 단체

강한 이념적 연대이다. PKK는 유럽과 중동 각국에 조직거점을 확보하여 역내 좌파 그룹과의 연대를 통해 국제사회에 쿠르드 민족투쟁을 홍보하는데 치중하였으며(이희수 1995, 29) PKK 아포쿠스도 이점을 명백히 하고 있다. 즉 "세계 모든 지역에 있는 노동운동 및 민주운동 단체와 결속해야 한다(장병옥 2006, 336-337)" 라고 하는 일곱 번째 조항이 그것이다.

특히 PKK는 구소련이나 중국의 지원을 받은 것으로 판단이 되나

년 12월 26일 헌법 개정안을 통과시키고 동남부 시르트에서 국회의원에 출마하여 2003년 3월 9일 당선이 되었다. 에르도안에 의해 2001년 창당된 AKP는 헌법재판소 판결에 의해 폐쇄된 복지당 및 미덕당 등 이슬람계 정당에 기반을 두고 있다. 친 이슬람 정책을 추진하는 정당이 아니라는 것을 국정운영에서 보여주겠다고 약속하고 EU 가입을 적극추진하고 미국을 중심으로 하는 서구국가와의 협력증진 등 친 서방주의 노선을 표방하고 있다. 이슬람 정당인 AKP의 세속주의를 불신하는 여론은 정치적 영향력을 약화시키는 요소이다. 그러나 AKP의 이러한 친이슬람적인 행보는 세속주의자들과 EU에게 의심을 사기에 충분하였다(외교통상부, 『터키개황 2005. 3』, 2005, pp.34-36). 귤과 에르도안은 초기 쿠르드 문제해결에 관심을 표명하였으나 현재 큰 진전은 없다.

19) EU 회원국 심사는 2015년에 종료될 예정이며 그리스와 프랑스가 가입을 반대하고 있다. 그러나 터키 입장에서는 EU 가입으로 인한 경제발전에 큰 기대를 가지고 있다. 그러나 EU에서는 쿠르드 인권문제, 정치적 평등, 언론의 자유 등 다양한 분야에 대해서 터키에게 시정을 강력히 요구하고 있다. IS와 터키와의 관계는 회원국 심사에 영향을 미칠 것으로 판단된다.

구소련의 몰락으로 동서의 이념전쟁이 종식이 되고 맑스-레닌주의가 쇠퇴하는 시기에 이르러 유럽의 좌파나 국제사회주의 세력과의 연대 중요성이 더욱 부각되었다. 그러므로 이들 국제 사회주의 단체들과의 연대는 자연스러운 현상이었다. 대표적인 단체는 사회주의인터내셔널(Socialist International, SI) 등이다. 런던에 있는 사회주의인터내셔널은 사회민주주의를 지향하는 국제 사회주의 단체로 1951년 창설되었으며 생산수단을 독점하는 소수자로부터 인민을 해방하는 것을 목적으로 한다. 또한 반자본주의적 태도를 견지하는 동시에 소련의 1당 독재를 비난한다(정인흥 외 1988, 791).

2. 지역국가

1) 이념적 연대

PKK의 아포쿠스 강령을 고찰해 보면 "⑥ 쿠르드 통합을 위한 이란, 이라크, 시리아 등 모든 지역의 혁명세력과 연대해야 한다. ⑦ 사회주의 국가와 우의를 돈독히 하고 민족해방운동과 연계해야 한다(장병옥 2006, 336-337)."라는 조항을 통해 PKK가 이념적 연대를 추구한 것을 인식할 수 있다. 외잘란은 1979년 시리아 입국 이후 1998년 시리아에서 추방되기 전까지 약 20여년을 시리아내 PKK 기지에 머물며 소련과 시리아의 강력한 지원을 통해 PKK 무장투쟁을 지휘하였다. 이와 같이 외잘란은 구소련-시리아-지역 공산주의 세력-PKK의 강력한 이념적 연대를 중심으로 적극적인 정치활동과 분리독립운동을 추진하였다. 또한 필요한 경우 보조적으로 일시적인 연대를 통해서 정치적 돌파구를 개척하려 하였다.

(1) 시리아

시리아와는 구소련, 중국과 같은 사회주의 국가와 강한 이념적 연대관계이다. 시리아 정치체제는 전통적인 사회주의 국가로 대통령제를 채택하고 있다. 정당은 사회주의 바아스당 일당독재체제를 장기간 유지하였으나 2012년 2월 헌법개정을 통해 복수정당제로 전환하였다(이용빈 옮김 2012, 13). 구소련의 지지를 받아온 시리아의 아사드 정권은 장기간 PKK를 후원하였으며 PKK의 지휘부가 터키의 쿠데타 세력의 압력으로 폐쇄되기 직전까지 시리아에 존속하였다. 구소련은 시리아를 통하여 PKK를 지원하였으며 시리아는 중동에서 구소련의 전초기지 역할을 그리고 PKK는 터키와 미국, 그리고 유럽을 견제하는 구소련의 첨병역할을 수행하였다.

시리아는 미국이 악의 축으로 호칭하는 3대 반미국가 중 하나로 전통적인 반미국가였다. 시리아는 이란과 반미공동전선을 형성하였으며 우호적인 관계이다. 북한을 포함 한 3국은 친중, 친소 국가로 핵기술 및 미사일 기술을 공유하는 긴밀한 동맹관계이다. 시리아가 붕괴직전에 북한제 EMP 폭탄 등으로 기사회생 하였다는 일부정보가 있을 정도로 북한군이 시리아 내전에 파견될 정도로 북한과의 군사적인 협력은 각별하다. PKK는 시리아의 베카계곡에 훈련캠프를 설치하였다.

(2) 레바논

맑스-레닌니스트 단체인 '팔레스타인해방민주전선(Democratic Front for the Liberation of Palestine, 이하 DFLP)'은 PKK의 소수전사들을 위탁받아 게릴라전을 전수하였다. DFLP의 군사령관이었던 맘도 노팔은 니콰라과 산디니스타[20], 이란 좌익들, 그리스 공산당, 사우디 단체들을 망라한 맑스-레닌주의 집단들은 일체 DFLP가 수용하여 훈련시켰다고 증언하였다. 1980년 터키 군사쿠데타 이후 1980년대 초에 군사훈련을 받기위하여 소수의 PKK 지원자들이 시리아 국경을 통해 레바논에 당도하였다. 이들은 레바논에 있는, 시리아가 통제하는 베카계곡의 가장자리에 위치한 헬베(Helwe) 캠프를 포함하여 DFLP의 다수 캠프에 분산 배치되었다(Marcus 2007, 56). 시리아는 1976년부터 이 베카계곡을 자국의 국경을 보호한다는 명분으로 점령하여왔으며 시리아의 중무장한 포병들이 근처언덕에 원형으로 분산 배치되었다(*ibid*). 마르쿠스에 의하면 외잘란은 레바논과 시리아를 왕래하며 추방전까지 활발한 분리독립운동을 지속하였다고 한다.

2) 엷은 전략적 연대

(1) 이란

PKK의 이란과의 관계는 이념적 연대가 아닌 상호 엷은 전략적 연대관계라고 볼 수 있다. 외잘란은 테헤란과 직접적인 관계형성을 기대하고 리비아에서 쿠르드 노동자들로부터 PKK 자금을 조달하던 동생 오스만(Osman)을 이란에 특사로 파견하여 접촉하였다. 1987년 PKK는 이란 영토의 사용 승낙을 받고 서부 이란의 우르미예(Orumiyeh, Urmia), 마쿠(Maku) 등 이란 쿠르디스탄 곳곳에 PKK 전사들을 위한 안가들을 설치하였다. 터키군이 월경하여 PKK 캠프에 폭탄을 투하하는 이라크 북부에 비해 이 지역은 이란의 통제가 완벽하여 PKK는 이 캠프를 고급지휘관들의 안전한 회합장소, 새로운 지원자들을 위한 정치적인 사상학습장소로, 부상자 치료센터로 활용하였다. 또한 이란 국경을 통하여 서부 터키로 진입할 수 있는 작전루트를 확보하게 되었

20) 1979년 니콰라과 소모사 정권을 전도(顚倒)시켰다.

다(Marcus 2007, 120). 그러나 이러한 지원은 이란의 이해관계와 시기에 따라 변경되어 2000년대 후반에는 터키가 이란 영공을 통과하여 이들 캠프를 폭격하기도 하였으나 최근 터키 내무장관 샤힌(Idris Naim Sahin)은 자만신문과 악시욘(Aksiyon magazine)잡지와의 인터뷰를 통해서 이란의 PKK에 대한 병참지원(Logistics support to PKK from Iran)을 비난하였다.[21] 이와 같이 이란은 시리아와 같은 굳건한 이념적 유대관계는 아니며 상호 필요에 따라 서로 협력하는 엷은 일시적 협력 체제를 유지하고 있으며 역사적으로 오랜 라이벌 관계였던 터키는 이러한 이란의 지원을 비난하였다.

(2) 그리스

PKK와 그리스의 관계는 주로 전략적 연대이며 이러한 연대가 가능한 원인은 1차 대전 이후 영토문제, 최근에는 키프러스 문제 등으로 발생한 그리스와 터키의 강한 정치적 대립관계에서 비롯되었다. 터키와 그리스 양국관계는 적대적이며 그리스는 PKK를 지원함으로써 경쟁관계에 있는 터키의 정치적 불안정을 추구하였다.

그리스 군부와 정보국 요원들이 PKK를 지원하였으며 그리스 섬인 라브리온(Lavrion)에 PKK 훈련캠프를 창설하였다. 또한 전 키프러스 민족수비대 사령관이였던 마타파스(Matafas) 장군이 시리아에 있는 PKK 게릴라들을 훈련시켰다(Entessar 2010, 129). 터키는 PKK를 지원하는 많은 나라들 중 하나로 항상 그리스를 지명하였다. 그리스는 터키와 해상영유권 분쟁부터 키프러스 점유 문제 등 많은 분쟁현안들이 양국 사이에 존재해왔다. PKK는 이들 양국 간의 긴장관계를 통하여

21) 『al-monitor』, December 30, 2012.

그리스의 원조를 받을 수 있었다. 그리스는 PKK의 게릴라 동원, 정치 사상학습, 선전선동 등과 같은 비폭력 행동 수준의 정치적 활동은 간섭하지 않았다(*ibid*, 156). 파판드레우, PASOK당과 연관성이 있다.

PKK의 외잘란도 PKK가 그리스, 시리아, 이란의 지원을 받아왔으며 그리스의 조력을 통해 PKK가 지대공 미사일 보유가 가능하였다고 증언하였다.[22]

(3) 이라크

이라크 바아스당이 비록 사회주의를 지향하였지만 PKK의 관계는 엷은 전략적 연대로도 볼 수 있다. 이라크는 표면적으로 터키의 PKK 소탕을 적극적으로 용인하며 심지어 쿠르드 소탕작전에 터키군의 이라크 국경 진입을 용인해 주었다. 이는 이라크가 실제적으로 이라크 북부와 터키 접경지대를 근거지로 하는 PKK의 테러활동의 근절능력을 결여하고 있기 때문이었다. 그러나 실제적으로는 마수드 바르자니의 KDP에 대한 견제를 위해 은밀히 PKK에 대한 지원을 지속해 왔었다. 특히 걸프전 이후 북부 이라크의 쿠르드 지역이 다국적군의 보호막 아래 자치를 누리게 되자 PKK의 근거지도 대거 이라크로 옮겨왔었다(이희수 1995, 36). "우리의 가장 큰 이라크와의 연대는 1991년 이었다(Marcus 2007, 187)"는 톱기데르의 주장과 같이 1차 걸프전에서 사담 후세인은 후방의 KDP를 견제해 줄 PKK가 전략적으로 상황에 따라 필요하였음을 나타낸다. 엷은 이념적 연대로도 볼 수 있다.

22) 『BBC NEWS』, Wednesday, June 2, 1999. Published at 08:39 GMT 09:39 UK, World: Europe, Ocalan: "Greeks supplied Kurdish rebels".

(4) 지역국가들의 반PKK 조약

쿠르디스탄을 둘러싸고 있는 지역국가들이 쿠르드 민족운동과 분리독립운동을 적극적으로 저지하기 위해 맺은 조약들을 살펴보면 다음과 같다. 먼저 사다바드 조약(The Treaty of Saadabad)은 1937년 사이드 레자(Sayyid Reza)가 봉기하자 4국 즉 터키, 이란, 이라크, 아프가니스탄이 1937년 이란 사다바드에서 맺은 상호불가침 조약으로 쿠르드 문제를 공동대처하며 상대국에 적대적인 무장단체의 자국 내 활동을 금지하는 내용을 담은 협약이었다(Gunter 2011, 265).

미국의 영향력 하의 냉전시대 반소비에트 동맹으로 1955년에 조인된 바그다드 협정(Baghdad Pact)이 존재하였는데 공식적으로는 중동조약조직으로 알려졌다. 회원국은 영국, 이라크, 이란, 터키, 파키스탄이다. 이 조약은 동맹국들로 하여금 쿠르드 문제에 대해서 협력을 강요하는 의미가 내포되어 있다. 1958년에 카셈의[23] 이라크가 탈퇴하여 CENTO(The Central Treaty Organization)로 변경되었으나 1979년 이란혁명 후 폐기되었다(*ibid*, 48; 최성권 2011, 134). 1988년부터 터키 언론들은 PKK와 KDPI의 공조 및 PKK가 KDPI의 엄호아래 이란으로 도피한 것, 터키가 북부 이라크에서 작전수행이 불가능한 점을 보도하면서 1937년 7월 이란, 이라크, 터키, 아프가니스탄이 가입한 상호불가침, 내정불간섭, 안보협력, 국경준수 등을 협약한 사다바드 조약을 준수할 것을 종용하였다(Entessar 2010, 128). 이 역시 반쿠르드 민족운동 협약들 중 하나로 PKK의 활동에 부정적인 영향을 미쳤다.

한편 터키에서는 1990대 초부터 대PKK 진압작전을 통해서 힘을 비축한 터키 군부가 1997년 6월 군사 쿠데타를 결행한 후 1998년 10

---

23) 연구자 註

월 20일에 20년간 PKK를 지원하여왔던 시리아와 '아다나 협정(Adana Agreement)'을 체결하였다. PKK는 1990년대 터키 내, 외에서 대규모로 행해진 터키 군사작전으로 딜레마에 봉착하게 되었고 그중에서 가장 결정적인 것은 아다나 협정으로 협정체결 결과 시리아는 PKK를 테러단체로 인정하고 외잘란을 시리아에서 추방하게 되었다(Strozier and Frank 2011, 98). 터키 군부는 PKK의 생존에 중요한 역할을 하던 시리아와 PKK의 동맹을 완전히 차단시켰다. 이 협약으로 PKK는 거점을 상실하고 외잘란은 체포되었다.

<그림 22>는 KDP와 PKK의 국제적 연대를 간략히 나타낸 것으로 쿠르드 민족운동과 분리독립운동단체인 KDP와 PKK의 연대를 둘러싼 지역국가들과 강대국 간의 대립의 축을 전체적으로 나타낸 것이다. 이러한 전략적 연대관계는 국제정치에서 회자되는 나의 적의 적은 나의 친구라는 등식이 국제적 연대에도 적용되고 있다.

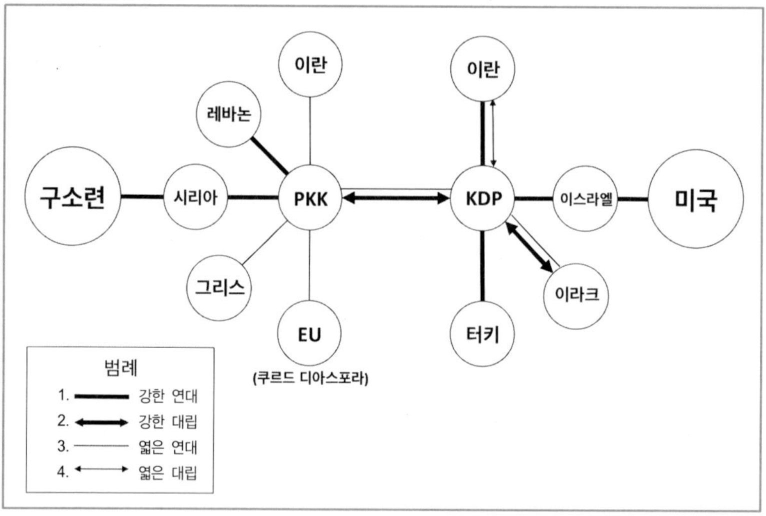

<그림 22> KDP와 PKK의 국제적 연대

<그림 23>은 KDP와 PKK의 지역국가들과의 동맹의 정도를 나타낸 그림이다. KDP의 경우 이란, 터키, 심지어 이라크 정부와도 동맹을 적극적, 능동적으로 맺을 정도로 전략적이었다. PKK의 경우는 주로 시리아, 이란, 이라크의 일시적인 지원은 있었지만 KDP에 비해서 상대적으로 동맹의 정도가 약하였다. 특히, 지역국가들 중 약소한 시리아와의 동맹마저도 아다나 협정으로 폐기되었다.

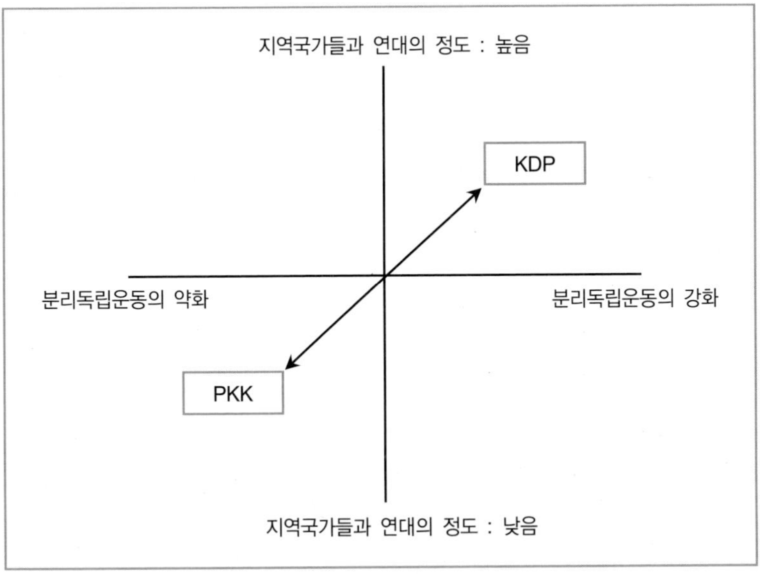

<그림 23> 지역국가들과의 연대의 정도에 따른 결과

4) IS와 PKK, KRG

2014년 11월 현재 PYD는 시리아 행정이 마비된 세 지역에서 자치를 실시하고 있다. 첫 번째 지역은 알레포(Aleppo) 북부에 위치한 알레포주[24] 소속의 중소도시인 에프리네 지역(Kantona Efrînê, Afrin), 두 번째 지역은 수루츠 인근의 코바니(Kobanî)이며 세 번째 지역은 지즈레

(Kantona Cizîrê, Jazira) 지역이다. 시리아 서북부 터키 접경지역의 대부분을 포함하는 자치지역 중에서 가장 광활한 지즈레 지역은 과거 PKK의 이라크, 터키, 이란의 주요 이동로 상에 위치하며, 특히 거점 역할을 하였던 카미쉴리(Qamişlo)시를 포함하는, 전략적으로도 PKK에 중요한 지역이다.[25] 필자가 카미실리를 바라다 본 경험에 비추어 보면 PKK의 카미쉴리 점령은 대터키 투쟁에서 상당히 중요한 전략적 교두보를 확보한 경우에 해당된다. 이 카미쉴리는 큰 규모의 도시이며 PKK는 이곳 카미쉴리를 포함한 지즈레 지역을 통해 터키, 이란, 시리아, 이라크의 교통이 가능하게 된다. 이 도시를 비롯한 지즈레 지역이 PKK의 수중에 넘어간다면 대터키 무장투쟁이 격화되고 터키 역시 자국의 안보상 PKK의 점령과 현재의 자치실시는 좌시하기 어려운 부분이기도 하다.

PKK는 시리아 내전과 IS와의 전쟁으로 새로운 기회와 위기를 동시에 맞고 있다. 새로운 기회라는 의미는 강대국 미국과 외부의 적이 일치한 최초의 기회를 맞이하였다는 것이다. 위기라는 의미는 PKK가 현재 진행 중인 시리아 내전에서 2차 대규모 동원(1991년-1994년) 당시의 전략적 오판과 동일하게 외부동원으로 증가한 동원의 운용과 전쟁수행 과정의 전략상 과오, 조직과 동원의 실수, 정치이념의 경직성 등 지도자의 판단착오, PKK 내부나 주변 민족운동단체와의 헤게모니 쟁탈전, 국제적 연대의 오판 등이 재현되면 호기가 무산될 수도 있다는 의미이다.

이와 같은 연구의 필요성에도 불구하고 IS와 시리아 사태를 외부동

24) 알레포는 과거 쿠르드 도시였다.

25) Aydınlık: Öcalan planned Syrian Kurdish autonomy with MİT, Friday 29 August, 2014

원에서 배재한 이유는 첫째, 본 연구가 PKK. KDP가 속한 터키, 이라크와의 관계에서 일어나는 국내 분리독립운동이나 민족운동에 제한한다는 정의에서 벗어났으며 둘째, 외부동원은 주변국가에서 일어나는 분리독립운동이나 정치적인 영향으로 국내동원이 증가하거나 감소하는 경우로 IS와의 전쟁으로 PKK의 외부동원이 이루어진 것은 사실이지만 PKK 경우에는 시리아 내전으로 국내동원이 증가하였다고 할지라도 터키 국내의 분리독립운동에 미치는 직접적인 영향을 판단하기가 어렵다. 예를 들어 PKK 동원이 증가하였다 할지라도 이러한 동원이 미래 터키 분리독립운동에 미치는 영향을 분석한다는 것은 과거 경험적 자료를 통한 분석을 지향하는 본 연구의 목적에 맞지 않았다. 그러나 PKK가 터키 남부 국경지역에 집중적으로 확보한 세 곳의 자치구가 존속된다면 이는 어떤 형식이든지 터키 내부동원에 영향력이 파급될 것이다.

이 연구의 일부 독립변수에 근거하여 KRG(KDP), PKK, 터키, 미국과 IS의 관계를 판단해 보면 다음과 같다. 시리아 사태에 반군세력으로 대규모 투입이 이루어졌던 알카에다와 시리아에 투입되었던 알카에다의 내부투쟁에서 성공한 아부 바크르 알 바그다디(Abu Bakr al Baghdadi, 43)가 순니파 중심의 이슬람 국가(IS)를 선포하고 2014년 6월 29일 스스로 세속, 종교 지도자인 할리파[26]가 되었다. 본명은 아와즈 이븐 이브라힘 알 바드르(Awaz Ibn Ibrahim al-Badri)로 이라크 북부 살라하딘 주의 주도 사마라 출신으로 알려져 있다. 그의 이름을 아랍 발음식으로 표기하면 Ebu Bekir el-Bağdadi이며 al, el의 의미는 바그

26) 'kh' 발음으로 한국의 발음은 존재하지 않으나 아랍, 쿠르드는 'ㅋ, ㅎ'를 같이하는 발음으로 목젖 아래 양쪽에서 나는 '크할'을 동시에 하는 발음과 유사하고 터키, 쿠르드 발음은 '할'과 유사하므로 본 연구에서는 '할리파'라고 표기한다.

다드에서 온 즉 바그다드 출신이라는 의미이다. IS는 시리아 북부 지역에 위치한 라까(Ar Raqqah)를 수도로 한 채 서부 유전지대를 장악하는 등 경제력을 확보하고 바그다드 함락을 위한 총공세를 폈다. 그러나 2017년 6월 현재 이라크군을 포함한 다국적 세력이 주요 거점 도시들을 함락 시키는 등 IS를 패퇴시키기 위해 전투중이다.

먼저 IS가 절반의 성공을 거둔 배경을 5장의 국제적 연대에 비추어 살펴보면 IS는 중동 지역국가의 지원을 통하여 현재와 같은 성공을 거두었다는 것은 분명하다. 이러한 IS와 관련한 쿠르드의 역학관계를 살펴보면 다음과 같다.

첫째, IS와 관련한 터키의 입장이다. 첫째, 과거 케말 파샤는 모술을 자국 영토에 포함시키기 위하여 노력하였고 현재 터키에서 석유가 대량으로 생산되는 지역은 바트만 등 쿠르디스탄 지역이다. 특히 전통적으로 터키는 시리아와 적대관계를 유지하였으며 시리아의 붕괴는 IS가 점유한 시리아의 유전지대로부터 파생되는 경제적인 이익이 존재한다.

둘째, 무엇보다도 2013년 PKK와 쿠르드 독립운동단체들이 시리아에 집중한 결과 2014년 현재 확보된 세 곳의 자치구는 모두 터키 접경지역에 위치한다. PKK의 입장에서는 대터키 분리독립운동의 교두보를 확보한 것이며 PKK와 PYD의 입장에서는 이 교두보 확보와 방어가 분리독립운동의 중대 분수령이 될 수도 있는 상황이다. 그러므로 이러한 교두보 확보를 가장 위협으로 간주되는 국가는 단연 터키이다.

셋째, 2013년 당시 터키 국경지역에서 파악한 또 다른 정보는 2013년 시리아 사태가 분기(奮起)한 직후부터 많은 세력이 반군에 합류하였으며 이들 중에 쿠르드에 적대적이며 터키 군부나 세속주의의 적극적인 지지를 받는 알카에다도 반군으로 활동하고 있었다. 터키가 알카에

다와 같은 반쿠르드 세력을 적극지원하고 있다는 현지인의 정보를 접하였으며 또한 화학무기 피해자의 대부분이 시리아 쿠르드라는 소식을 접하였다.

넷째, 3곳의 자치구가 가지는 국내파급력을 인식하고 있는 터키의 입장에서는 터키안보의 위협이 되는 이 세 곳의 쿠르드 자치구가 시급히 와해되기를 바라고 있으며 이러한 이해관계는 IS와 이해관계가 일치한다. 그러므로 터키는 IS를 통해서 반쿠르드 전략을 취할 수밖에 없다. 더구나 IS를 지원하는 터키의 정치적 전략은 미국 등 서방세력들에게 PKK나 KRG를 대IS 전선의 가장 중요한 동맹세력으로 부각시키는 역할을 하여 터키의 또 다른 패착이 주목되는 부분이다.

이러한 터키 국경부근의 쿠르드자치모델을 위협으로 간주하는 터키 군부는 IS를 지원하여 쿠르드자치도시들을 점령하려 하고 있다고 한다. 이에 반해서 IS 성공이 터키의 위협이 되는 요인은 첫째, EU의 이슬람의 거부감이 터키의 EU 가입에 방해가 될 수도 있다. 즉 EU 일부 회원국들은 터키가 이슬람 국가인 사실을 부담으로 여기고 있으며 이들은 터키의 IS의 지원 사실을 이미 공유하고 있다. 서방세계가 이러한 터키의 행보를 위협으로 간주한다면 터키는 EU와 IS의 양자 중 택일해야 할 수도 있을 것이다. 둘째, 터키는 이라크나 시리아 사태에 관하여 연루딜레마에 빠지게 된다. 그러나 터키는 동맹국 편에 가담하여야 손실이 적다고 판단된다. 쿠르드 분리독립운동의 억제, 석유나 기타 이익을 위해서 IS를 지원하였으나 IS가 패망한다면 터키는 반 IS 국가들의 지탄과 함께 비난을 감수하여야 한다. 즉 터키의 IS와의 전략적 연대는 미국-유럽-반 IS 중동세력 및 IS를 거부하는 전체 순니세력의 동맹에 대항하여야 한다. 셋째, 이러한 IS와의 연대는 서방과 터키, 미국과 터키관계의 악화를 초래하고 이는 오히려 PKK의 분리독립과 KRG의 민족국가건설에 유리한 측면을 조성해 줄 수도 있다.

시리아 사태에서 나타나는 미국과 PKK의 관계를 살펴보면 미국의 입장에서는 중동의 안정을 위해서는 이라크가 존립되어야 하며 이를 위해서 IS는 격퇴되어야 한다. 현 상황에서 미국의 PKK 지원은 불가피한 선택이다. 그러나 테러단체를 지원한다는 국제적인 비난에 직면하게 되므로 시리아 PYD에게 무기를 공급하며 PKK와 PYD는 법적으로 다른 단체라고 강조[27]하고 있다.

2013년 8월 저자가 쿠르디스탄 현지 디야르바크르에서 접한 또 다른 정보에 의하면 PKK의 게릴라 5,000여 명이 시리아 전선에 투입되었다고 한다. 이 시기는 PKK의 강한 전략적 연대의 중요성이 더욱 대두되고 있으며 PKK의 이념적인 선택은 이 부분에서 아쉬운 부분이다. 이러한 의미에서 IS가 일으킨 전쟁은 PKK에게 절처봉생(絕處逢生)의 기회를 제공하였다. IS가 유지될수록 PKK는 미국의 중요한 전략적 연대 대상이 된다. 동시에 분리독립이 당분간 힘든 터키보다는 이곳 시리아에 자신들의 분리독립국가나 자치구를 구축하는 것이 작금의 상황에서는 최적의 대안이며 PKK가 범쿠르디스탄 공산체제의 일환으로 시리아에 국외정당을 존치시킨 전략적인 노력의 일부가 PYD를 통해서 결실되고 있다.

KDP와 IS 관계를 살펴보면 첫째, 거의 분석과 같이 IS의 성공은 KDP의 입지를 더욱 강화시킨다. 미국이 이란에게 접근을 하고 있으나 그나마 미국에게 남은 가장 좋은 전략적 연대 대상은 수 십 만의 용맹한 페쉬메르가를 보유한 KRG가 단연 대안세력으로 부상할 가능성이 높다. KDP와 KRG는 IS의 성공을 바라보며 쿠르디스탄을 방어

27) 『뉴시스』, 2014년 10월 23일자.

한다면 많은 참전비용 감당을 피하고 싶은 중동의 친미국가들, 유럽 등 역시 KRG의 십만이 넘는 페쉬메르가를 운용하고자 할 것이다. 미국은 먼저 마수드 바르자니에게 우호적으로 전략적 연대를 제안할 것이다. 페쉬메르가를 운용하고 싶어하는 미국 측과 협상력만 남아있게 되며 민족독립국가건설이라는 협상안이 협상테이블에 등장할지는 알 수 없다. 미국이 선택할 수 있는 차선의 카드 중에는 시리아를 붕괴시킬 수 없다면 시리아를 영토를 축소시켜 시리아, 쿠르드, 이라크라는 삼분지계(三分之計)를 적용하는 것도 나쁘지는 않다고 판단된다.

둘째, 정치적, 국제적 연대의 입장에서 보면 KRG의 대통령 마수드 바르자니는 2014년 6월 쿠르드 민족국가 추진을 발표하여 터키를 더욱 자극하였다.[28] 이러한 적절한 자극은 터키로 하여금 IS와 터키의 연대를 강화시키는 역할을 일정 정도 할 것이다.

이 연구에 비추어 IS를 판단해 보면 첫째 이념측면에서 과격하고 종교적 유일성만 추구하는 배타적 종교이념은 고립을 자초할 수 있으며 폭력의 과다 사용과 대중 친밀도의 문제점들이 노출되기 시작할 것이다. 또한 조직의 측면에서 보면 IS 내부동원은 주로 젊은 층으로 일단은 성공적이나 동원이 지속되지 않을 것이다. 경제력, 무기, 군사적인 정규전 수행은 높은 점수를 소유하므로 이 부분은 긍정적인 부분이다. 조직의 리더십의 측면에서 보면 시스템에 의해서 움직이지 않고 개인의 과다한 능력과 명성에 의지하는 급조된 조직의 경우 지도자가 피살되면 조직이 급속히 붕괴되는 경향이 있다. 연대의 경우 종교적 연대만 추구하면 실패할 확률이 높으며 특히 순니파[29] 만의

28) 『뉴시스』, 2014년 6월 24일자

29) 쿠르드인의 설명에 의하면 순니파는 일일(一日)기도를 5번 시행하는데 아침, 점심, 점심과 저녁사이, 저녁, 자기 전에 걸쳐하는데 아침은 여름에는 3시 30분에

연대를 추구한 점은 더욱 그러하다. 역시 IS의 과격한 행위와 반미적인 행보는 유럽 국가들과 미국, 주변국가들로 하여금 KRG를 필요로 하여 새로운 전략적 연대를 추구하게 하였다. 앞으로 IS가 더욱 반미를 외치며 오로지 순니 이슬람과의 종교적 연대만을 추구하면 과거 PKK의 이념적 연대와 동일한 맥락에서 어려움에 처할 수 있을 것이다. 결국 미국은 IS의 장점을 차단시켜야 하는데 즉 순니 지지자들, 순니 이슬람 국가와 터키 등 지역 국가와의 연대차단, 이들의 무차별폭력성 부각을 통한 대중과의 유리 및 동원차단, 경제적 고사, 쿠르드, 이라크를 통한 압박 작전이 성공적으로 수행된다면 IS 세력은 급격히 축소될 수 있다는 결론에 이르게 된다. 이는 KRG, PKK와 미국, 서방 및 반IS 세력 간의 더욱 긴밀하고 전략적인 연대를 초래할 것이며 연대가 클수록 쿠르드의 분리독립 가능성은 점점 높아질 것이다.

그러나 문제는 IS의 격퇴 이후이다. 이들이 중동의 지역국가 및 아프리카, 유럽, 중앙아시아, 아시아로 잠행, 확산되어 이제는 전 세계 및 개별국가들이 IS 조직을 상대로 싸워야 하는 상황이 초래될 수 있다. 이들은 민족분쟁, 종교분쟁, 정치분쟁에 개입하여 과도한 폭력을 선동하거나 자행하여 국제정치의 엔트로피(Entropy)와 무질서한 폭력은 한층 더 증가할 것으로 판단된다.

서 5시까지며 2번씩 2번 절하고 점심은 여름은 12시 30분, 겨울은 12시쯤에 2번씩 4번 절하고 점심과 저녁사이는 2시30분, 4시 30분 정도에 2번씩 4번 절하고 저녁은 7시 50분쯤 2번씩 3번 절하고 마지막은 취침 전에 2번씩 4번 절한다. 즉 2, 4, 4, 3, 4 이다. 기도시간은 대략 5분 정도이다. 기도 방향은 캬바(카바)신전을 향하여 한다. 이러한 절 동작을 쿠르드어로는 '메즈(mej)', 터키어로는 '나마즈(namaz)', 아랍어로는 '살라트(salat)'라고 한다. 메즈를 하기 전에 손에 물을 묻혀 팔뚝까지, 앞머리, 발은 복숭아뼈 부근까지 씻고 기도를 시작하는데 순니 쿠르드아동들은 보통 10살 전후부터 메즈를 시작한다.

5) 민족분쟁의 대안-반구성주의(Non-Constructivism)[30]와 글로벌연방제 (Global Confederalism)

지금까지 저자는 현실주의 측면에서 민족분쟁의 문제를 분석하였다. 그러나 이러한 현실주의 역시 한계가 존재한다. 즉 현실주의는 분쟁과 전쟁을 설명하는데 적합한 반면 갈등과 전쟁의 종식을 설명하는 부분은 부족한 측면이 존재한다. 즉 지배민족이 민족분쟁 즉 피지배민족의 정치적 불평등, 인권, 문화적 권리, 민족자치, 민족국가건설을 제로섬 게임으로 인식한다면 이 다양한 현실주의 대안은 또 다른 전쟁을 유발하게 하는 원인을 제공하게 되며 결국 전쟁이 전쟁을 낳는 악순환이 이 지구 역사에서 되풀이 될 수밖에 없다.

평화공동체를 기원하여 왔던 지구의 자유주의자들과 이상주의자들의 염원과는 반대로 지구는 전쟁이 지속되었으며 이들 전쟁들의 형태는 자원전쟁, 민족전쟁, 종교전쟁, 이념전쟁 등 매우 다양하였으나 그 원인은 라인홀트 니버의 '오만'의 예와 같이 정체성이 원인이 된 전쟁이 대부분이다. 즉, 강한 자아정체성의 형성과 정체성 우월주의에 기반 한 전쟁이 인류 전쟁사의 대부분을 차지하여 온 것이 사실이다. 저자는 발은 현실주의에 닿아 있지만 안목은 이상주의 측면에서 국제정치의 무정부성을 극복하는 하나의 대안으로 첫째, 국제정치에서 보다 전통주의적인 방법으로서 글로벌연방제(Global Confederalism)를 제시하고자 한다. 글로벌연방제는 지구적 중앙연방정부아래 세계 각국이 연방으로 참여하는 형태다. 지구적 중앙연방정부라는 상위권위체가 존

30) 이 부분은 대부분 논문을 그대로 실었다. 추가된 반구성주의 관련 부분은 분량이 많아 같이 싣지 못하였다. 기회가 된다면 국제정치의 구성주의의 대안으로 반구성주의를 자세히 언급할 예정이다.

재함으로서 국제정치의 무정부성의 한계를 극복하고 민족분쟁 요소를 제어할 수 있는 대안적 국제정부체제(Global Government System)[31]이다.

둘째, 반구성주의를 제안하는데 반구성주의(Non-Constructivism)는 글로벌연방제의 이론적 배경이 된다. 국제정치 측면에서 합리주의(Rationalism) vs 구성주의(Constructivism)의 구분이 아닌 기존의 합리주의가 일체 구성주의에 포함되는 구성주의(Constructivism) vs 반구성주의(Non-Constructivism)[32]의 구도가 민족분쟁, 종교분쟁 등 분쟁의 본질과 국제정치의 본질을 파악하는데 보다 근원적이라고 할 수 있다. 지구상의 모든 사상은 반구성주의로 귀착된다. 이러한 반구성주의는 지구를 평화공동체로 인도하는 역할을 할 수 있을 것이다. 왜냐하면 지금까지의 모든 합리주의와 구성주의는 결국 구성주의에 포함되며 이러한 구성 자체를 반대하는 반구성주의는 기존의 구성적 정체성에 기반 한 분쟁과 전쟁의 대안을 제시할 수 있다고 판단된다. 이는 종교분쟁, 정치분쟁, 민족분쟁, 이념분쟁 등과 같이 정체성이 근간이 된 모든 전쟁은 구성주의적 전쟁이기 때문이다.

이러한 의미에서 글로벌연방제[33]는 반구성주의를 근간으로 하며 반구성주의는 현재까지의 강한 정체성 즉, 자아정체성, 민족정체성, 종교정체성, 국가정체성, 이념정체성의 순화내지는 약화와 더불어 근본적으로는 유가의 적연부동(寂然不動)과 불가의 적멸위락(寂滅爲樂)에

31) Robert J. Art, Robert Jervis, *International Politicts anachy force impelialism*, Little, Brown and Company, Boston, p.5. 1973. 저비스는 국제정치의 무정부성을 '이익들의 조화'와 '세계정부'를 통하여 극복하려는 기존의 방법을 소개하고 있다.

32) 반구성주의는 기존 알렉산더 웬트로 전승되는 구성주의의 근본적인 출발에 대한 문제제기로부터 시작된다.

33) 박주성, 앞의 논문, pp.792-794. 또는 글로벌연방주의와 대동소이하다.

나타나는 적(寂) 정체성과 이로부터 발현되는 인(仁)과 무일여즉(無一如卽)을 통해서 대동세계(大同世界)를 구현하는 것을 제시하고자 한다.

제3절 소결: 비교분석

다음은 KDP와 PKK의 국제적 연대를 구분하여 정리한 것이다. 표에서 KDP나 PKK의 쿠르드의 독립국가건설을 향한 국제적, 지역 국가 및 다양한 세력과의 연대를 살펴보면 다음과 같은 몇 가지 차이점이 노정된다.

<표 25> KDP, PKK의 국제적 연대 비교

구분	KDP	PKK
국제적 연대	전략적 연대	이념적 연대
국제적 연대의 효율성	상대적으로 높음	상대적으로 낮음
강대국과의 연대	전략적 연대	주로 이념적 연대
지역국가 연대	전략적 연대	주로 이념적 연대
주요 연대의 축	미국 → 이란 → KDP	소련 → 시리아 → PKK
주요 연대 축의 적	이라크	터키
국가 공고도	이라크 낮음	터키 높음
해당국가와 강대국 관계	미국-이라크 적대관계가 KDP에게 유리	미국-터키의 우호관계가 PKK에게 불리
해당국가의 국제적 지위	이라크 낮음	터키 높음
연대 강대국의 현 상황	미국 건재	구소련 붕괴
연대 지역국가 현 상황	터키 등 건재	시리아 내전

첫째, 국제정치는 세력균형을 추구하는데 이러한 세력균형 추구에 의해서 국제적 연대와 동맹이 원활하게 작동하게 된다. 정치 집단인 KDP와 PKK의 강대국과의 연대의 차이를 살펴보면 다음과 같다. KDP의 강대국과의 연대는 현실주의에 기반 한 전략적 연대를 추구하며 맑스-레닌주의나 사회주의에 고착되지 않는 탈이념적인 성향을 보인 반면 PKK의 강대국과의 연대는 강한 이념적 연대를 추구하였다. 국제정치에서 지역정치에 작용하는 힘의 크기는 수직적 역 원뿔(▽)형태로 나타나는데 최 상층부는 강대국, 중층부는 지역국가 및 해당 지역국가, 그리고 하층부에는 민족운동단체나 분리독립운동단체들이 위치하게 된다. KDP와 PKK는 최하층부에서 분리독립운동을 하게 되므로 상층부에 위치하는 힘이 강한 강대국, 지역국가와의 정치적 연대는 필수적이다. 분리독립운동단체의 미래에 미치는 힘의 결정력은 강대국 → 지역국가 순서로 나타난다.

둘째, 전쟁이나 분쟁상황은 정치집단인 KDP와 PKK에게 큰 기회를 제공하였다. 전쟁이나 분쟁은 조정자 강대국에게 해당국가의 반정부단체와 연대를 필요로 하므로 직접동맹[34)]의 기회를 부여한다. 그러나 지원의 정도에 있어서 분쟁상황보다는 지속적인 전쟁상황 하의 지원이 가장 크고 직접적이다. 전쟁상황 하에서 민족집단과 동맹이 필요한 상황은 지역국가들도 동일하다. 강대국도 자국의 세계전략에 따라 적 배후에서 움직여줄 단체나 집단(pawn)을 필요로 한다는 것이다. 강대국은 지역국가들을 1차적으로 움직이며 분리독립운동단체는 보조(pawn)로 이용한다. 그러나 전쟁의 상황은 쿠르드 분리독립운동단체

34) 국제정치에서 동맹은 국가 간의 연합의 일종이다. KDP 연대는 힘의 차이가 있는 비대칭동맹의 일종이다.

를 직접적으로 필요로 하게 된다. 그러므로 역설적으로 전쟁 즉 1, 2차 걸프전이나 시리아 사태가 KDP나 PKK에게 직접 동맹과 연대의 기회를 부여하였다.

이러한 분석이 시사하는 또 다른 점은 민족운동과 분리독립운동은 강대국과 공동의 적에 대항하여 연대할 경우 연대의 효과는 극대화된다고 하는 점이다. 즉 1, 2차 걸프전은 KDP와 미국이 공동의 적인 사담 후세인과 민족을 억압하는 독재정권에 대항하는 공동전선을 전개하면서 민족국가건설의 유리한 국면을 형성한 것과 유사하게 PKK 역시 PYD를 통하여 시리아에서 IS라는 공동의 적과 대항하기 위하여 미국과 연대를 하였다. 시리아 역시 과거 이라크 정권과 유사한 미국의 적국이므로 이러한 전쟁 상황에서 미국과의 연대는 PKK의 전도에 매우 긍정적이며 PKK가 IS와의 전쟁에서 조직과 동원의 역량을 총집중하여야 할 이유는 정치 역학적 측면에서도 분명하다.

셋째, 정치집단인 KDP와 PKK에게 분쟁당사국가인 해당국가 또는 지배민족의 공고도와 분리독립 가능성은 반비례 관계이다. 해당국가 또는 지배민족의 외부적 및 내부적 요인에 의한 국가의 공고도는 민족운동과 분리독립국가건설에 중요한 영향을 미친다. KDP의 입장에서는 시리아 사태와 마찬가지로 이라크의 낮은 국가 공고도 역시 KDP의 정치투쟁에 긍정적인 영향을 초래하였다. 터키의 높은 국가 공고도는 PKK의 분리독립투쟁에 부정적인 영향을 미치고 있다. 특히 이라크의 경우 외부적으로는 강대국과의 마찰, 주변 지역국가들과의 잦은 분쟁과 내부적으로는 일천한 국가의 역사, 국론 및 종파분열과 부족주의 세력들의 할거, 낮은 국방력과 대량살상무기의 무리한 개발, 무모한 화학무기의 대량살포 등으로 인한 낮은 국제사회의 평판과 낮은 국가 공고도는 쿠르드 민족운동에 긍정적인 요인이 되었다.

넷째, 미, 소의 이념분쟁 결과 구소련의 패배는 즉시 강대국 레벨인 구소련의 지원을 받던 지역국가들과 전 세계 피지원 세력들의 동반 약화와 더불어 PKK에게도 불리한 구도가 초래되었다. 강대국이나 지역국가의 위기나 해체는 분리독립운동단체들에게 위기이자 기회가 되기도 하였다. 강대국인 구소련의 해체, 이라크, 시리아의 약화는 정치적 균열을 초래하였고 분리독립운동단체들에게 기회와 위기를 동시에 제공하였다. 그러므로 강대국인 구소련, 지역국가인 시리아와 후견－피후견 관계(Patron-Client Relations)였던 PKK는 곧 위기상황에 봉착하게 되었다. IS 역시 국제정치적인 측면에서만 보자면 강대국 수준, 지역국가 수준의 국가들과 연합관계 또는 후견-피후견 관계가 내재하고 있는 것은 사실이며 이러한 후견-피후견 관계는 미국을 향하여 그 창을 겨누게 되는 것은 당연한 결과이다.

다섯째, 정치집단인 KDP와 PKK는 동맹의 안보딜레마(Security Dilemma) 중 하나인 일종의 유기(遺棄 또는 放棄, Abandonment) 딜레마에 빠지게 된다는 것이다. 즉 강대국이나 지역국가이자 주변국인 이란, 이라크, 시리아, 터키 등 주변 지역국가가 상대와 대립적인 상황일 경우 KDP나 KDPI, PUK, PKK 등 분리독립운동단체를 철저히 이용하여 대리전(proxy)을 치루게 하고 자국의 목적을 달성하거나 이용가치가 상실되면 즉시 버린다는 점이다. 반대로 터키는 1, 2차 걸프전 참전 요구와 같이 미국의 이익에 관련된 분쟁에 연루(連累, Entrapment) 되는 것을 두려워하는 연루 딜레마가 발생하였다. 터키의 이러한 연루 딜레마로 인하여 KDP는 미국과 연대관계를 맺고 민족운동과 연대의 방향이 동일한 전쟁을 수행하였다.

여섯째, 지역국가들은 KDP와 PKK의 분리독립국가건설을 제로섬게임으로 인식하였다. 나아가 아랍세계, 이란 등 지역국가들은 KDP

등 쿠르드 민족국가건설을 모두 반대하는 입장인데 그 이유는 KDP의 독립을 한 국가의 문제가 아닌 중동지역과 지역국가 자신들의 안보문제로 인식하고 있기 때문이다. 즉 쿠르드 분리독립국가건설을 지역안보 문제로 받아들임으로써 두 정치집단의 분리독립운동 역시 이라크 외부변수인 지역국가들과 강대국들 간의 파워게임의 영향을 직접적으로 받게 되는 한계성 내에 위치하였다. 종합하면, 쿠르드 분리독립운동을 평면적으로 부감해 보면 외부변수이자 수퍼파워인 강대국의 변수, 지역국가들 변수, 그리고 마지막으로 해당국가 변수라는 3축에 겹겹이 둘러싸인 주요한 힘의 3중(重) 구조와 충돌 내에 갇혀 있다는 의미이다.

이와 같이 KDP의 탈이념적인 전략적 연대는 내부동원을 성공적으로 유도해냈고 외부변수인 지역국가, 강대국의 지원과 동맹도 상대적으로 성공적이었다. 반면 PKK의 강한 이념적 연대는 구소련의 붕괴와 시리아의 붕괴로 결국 이념적 연대의 대부분이 무력화됨에 따라 새로운 이념과 신 이념에 기반 한 조직과 동원, 연대를 추구해야 하는 입장에 처하게 되었다. 변화는 PKK의 몫이지만 외잘란을 대체할 지도력의 부상이 없는 현재 과단성 있는 변화의 가능성은 낮다. 그러나 시리아 사태와 같은 외부적인 요인은 이러한 PKK의 고립무원 상태 해결의 좋은 외부변수가 된다고 할 수 있겠다. 특히 시리아의 남은 사회주의 세력, 이란내의 일부 사회주의 세력, 그리고 이라크 내의 강한 맑스-레닌주의 이념적 충성도를 가진 집단과 터키 사회주의 세력의 이념적 연대와 더불어 쿠르드 민족주의 세력을 동원할 수 있다면 시리아에서 새로운 정치투쟁의 결과를 얻을 수도 있을 것이다. 터키는 이 점을 두려워한다. 즉 터키는 시리아, KRG, 터키 내 PKK에 의한 포위와 대터키 위협구도의 형성을 가장 민감한 안보문제로 인식하고 있다.

06
나가는 글

1장부터 5장까지 연구는 지배민족의 동화정책과 강력한 탄압에 저항하여 분리독립운동을 치열하게 전개하였던 이라크와 터키 쿠르드의 두 정치집단인 KDP와 PKK의 서로 다른 이념의 선택, 조직과 동원, 국제적인 연대라는 3가지 독립변수를 상호 비교하여 이들의 정치적 행보가 초래한 민족운동과 분리독립운동의 과정과 결과를 분리독립운동의 효율성 측면에서 비교분석하였다. 이러한 연구과정에서 국제정치의 패권적 체제하에서는 분리독립국가를 성취하기 위해서 다음과 같은 3가지 분리독립운동의 철칙(The Iron Laws of Separate Independent Movement)이 필수조건으로 필요함을 알게 되었다. 첫째는 정치이념의 철칙(The Iron Law of Political Ideology)이었다. 분리독립이 성취되기 위해서는 분리독립운동단체는 단체를 효과적으로 결속시키는 정치이념이 필요하였다. 둘째는 조직, 리더십, 동원능력 등 분리독립을 실행하는 단체의 능력에 관한 조직과 동원의 철칙(The Iron Law of Organization & Mobilization)이었다. 셋째는 세력균형을 추구하는 국제정치에서는 역량이 있는 지역국가의 원조와 패권적 강대국의 지원 및 승인이 필요하다는 국제적 연대의 철칙(The Iron Law of International Alliance)이다.

더불어 앞에서 연구한 3가지 독립변수를 비교분석하여 다음과 같은 결과를 얻을 수 있었다. 그것은 첫째, 부족주의나 민족주의와 같은 원초주의에 가까운 현실주의적 정치이념이 민족분쟁에서는 더 지속적이고 효과적이었다. 두 정치집단이 선택한 정치이념은 두 집단의 민족운동과 분리독립운동의 과정, 목표달성에 큰 영향을 미쳤다. KDP의 부족주의와 PKK의 맑스-레닌주의는 그들의 조직과 동원, 국제적인 연대, 무력투쟁의 대상, 조직과 구성원, 결과 등에서 많은 차이점을 발생시켰다. 두 집단의 분쟁성격을 정치이념의 측면에서 살펴보면 KDP는 영향력이 한정되어 있는 부족주의라는 핵심정치이념과 민족주의를 통해서 쿠르드 민족운동을 추진한 민족분쟁의 성격을 내포하였지만 PKK는 지배민족의 탄압에 저항하는 쿠르드인들의 민족주의적인 1차 동원을 토대로 맑스-레닌주의라는 이념을 추구한 이념분쟁의 성격이 더 강하였다. 소 범위 정치이념에 해당되며 원초적인 현실주의로 이해될 수 있는 부족주의와 정치현실주의의 중요한 특징 중 하나는 힘과 생존을 가장 우선시 한다는 점이다. 이러한 부족주의의 특징은 이념 자체의 원칙과 룰이 지배적으로 경직되게 작동되는, 이상주의적인 미래의 거대한 이념적 목표를 위해 폭력투쟁을 불사하였던 PKK에 비해서 보다 근원적이며 활동측면에서는 다소 유연성이 더 확보되었다.

둘째, 가장 중요한 사실은 점증하였던 쿠르드 민족주의가 쿠르드 KDP의 민족운동과 PKK의 분리독립운동의 중요한 동원요소로 작용하였다는 점이다. 쿠르드 민족주의는 이미 1880년대부터 1900년대 초 당시부터 쿠르디스탄에 광범위하게 확산되었다. 이러한 민족주의는 산업화의 시기를 거치면서 부족주의 쇠퇴와 함께 KDP, PKK 두 정치집단의 중요한 1차 동원요소가 되었다. 맑스-레닌주의가 쇠퇴해 가는 미래에는 민족정체성에 기반 한 쿠르드 민족주의가 가장 광범위한 동원요소가 될 것으로 판단된다.

셋째, 두 정치집단의 목표와 대중동원 간에는 밀접한 관련성이 존재하였다. KDP는 이라크 쿠르드 민족국가설립을 추구하였으며 정치체제는 사회주의 체제에서 미국의 걸프전 참전이후 이식된 서구식 민주주의체제와 자본주의체제를 수용, 발전시키고 있다. 반면 PKK는 2003년 이전에는 범쿠르디스탄 공산주의체제 설립이 목표였으나 2003년 민주적연방제를 새롭게 주장하였다. 정치체제는 민주적연방제로 무정부공동체 체제이며 경제체제는 반자본주의체제를 주장한다. 목표의 차이는 정치이념과 관련이 있으며 이러한 목표는 그들이 추구하는 정치체제의 국민 또는 구성원을 결정한다. 그러므로 KDP가 추구하는 국가의 주요 구성원은 이라크 쿠르드인들이며 PKK가 추구하는 체제의 주요 구성원은 인종과 민족을 초월한 노동자, 농민 등 프로레타리아 계급을 중심으로 한 정치체제이며 공산주의를 추종하므로 역시 무정부, 무국가공동체를 추구한다. 또한 두 정치집단이 추구하는 정치체제의 실현가능성 측면에서 보면 KDP의 민족국가건설이라는 목표는 쿠르드 민족이 염원하는 목전의 목표로써 명확하고 실현 가능하다. 그러나 PKK의 맑스-레닌주의나 민주적연방제가 추구하는 무국가공동체, 무정부공동체라는 이상주의적인 목표는 일종의 거대담론으로 담론의 규모가 매우 크다. 그러므로 이러한 무정부공동체 등 PKK가 추구하는 정치체제는 현대정치사 이래 성공하거나 공고화되지 못한 실험적 목표라고 할 수 있다.

넷째, 능동적, 수용적 동원체제나 형태는 민족운동에 긍정적인 영향을 초래하였다. KDP는 부족적 동원형, PKK는 이념적 동원형이다.

이 두 가지 동원형의 대표적인 특징은 타 이념을 가진 집단이나 개인의 동원에 대해서 수용과 배제라는 서로 다른 동원행태를 보여주었다. 즉 KDP는 부족을 기반으로 한 동원형으로 민족운동과정에서 나타나는 부족주의의 한계를 타 부족의 협력을 이끌어 내거나 강제를 동원함과 동시에 부족주의가 지니는 한계를 민족주의, 이슬람, 심지어 맑스-레닌주의 등의 수용을 통하여 극복하려 하였다. 즉 KDP는 적대적인 부족을 제외한 민족주의 세력, 이슬람 세력, 공산주의 세력까지 동원하였다.

PKK는 맑스-레닌주의가 기반이 된 이념적 동원형으로 이념 경직성이 강하므로 노동자, 농민, 소외세력 등 주로 무산자들을 동원하는데 효과를 발휘하는 반면 이념자체가 지니고 있는 탈민족주의, 탈이슬람, 탈부족주의 라는 이념적 편향성은 쿠르드 동원에 제한성과 배제성을 갖는다. 즉 PKK는 반맑스-레닌주의적인 민족주의 세력, 이슬람 세력, 부족주의 세력의 동원을 불가능하게 하였고 쿠르드 민족주의와 소외계층, 일부 맑스-레닌주의자들 만을 주된 동원자원으로 활용하였다. 또한 조직의 활용도 측면에서 보면 KDP는 기존조직을 활용하는 측면이 강하였다. 즉 기존의 부족연맹체나 부족을 통한 동원을 통해서 충분한 병력자원을 공급받을 수 있었고 더구나 부족시스템을 기반으로 민족주의와 이슬람의 동원도 거부감 없이 이루어지므로써 동원의 결핍에 따른 문제점이 PKK에 비해서 상대적으로 낮았다. 반면 PKK는 이념에 기반 한 새로운 조직을 구축하였다. 이러한 조직구축작업은 이념적 연대 단체, 국가의 조력을 통해 범쿠르디스탄 조직과 국제적인 조직을 지향하였으며 이러한 국제적인 조직은 PKK의 가장 큰 강점으로 드러났다. 그러나 결국 쿠르드 민족운동과 분리독립운동의 경우 수용적인 부족적 동원형이 이념적 동원형과 같이 경직되고 편향적인 배제적 동원형보다는 더 긍정적인 영향을 미쳤으며 민족국가건설이라는 측면에서 보면 전체적인 동원의 효율성은 KDP가 더 우세한 것으로 나타났다.

다섯째, 강력한 재동원 과정이 필수적 이라는 의미는 이념이나 동원의 측면에서 강한 작위성이 개입된다는 의미로 대중과 단체의 괴리감의 정도를 나타낸다. KDP는 오랜 전통주의적인 부족주의를 기반으로 민족주의나 여타 세력을 수용한 이후 이들을 재교육시켜야 하는 의무적인 사상교육 과정이 존재하지 않는다. 그러므로 동원의 기층은 훨씬 넓고 광범위하므로 활성화 된 동원을 통하여 무장투쟁을 활발하게 전개하였다. 그러나 부족적 기반이 전무하였던 PKK는 동원을 위한 다양한 방법을 강구하였으며 여러 가지 원인으로 동원된 자원들에 대해서 PKK는 조직의 존속와 혁명적 생명력을 유지하기 위하여 자신들의 정치이념으로 무장시키는 재교육, 재동원의 과정을 필수적으로 실행하였다. 즉 2차 동원과정이 의무적으로 존재하였다. PKK는 이 2차 동원된 재교육 과정을 성실히 이행하지 않은 지원자들은 확고한 PKK 핵심 혁명전사가 될 수 없다. 그러므로 기층에 존재하는 많은 쿠르드 동원의 자원들을 효과적으로 수용하는데 한계가 존재하였으며 PKK 조직과 구성원 등은 이들 핵심 이념세력에 의해서 추동(推動)되어진다.

여섯째, 정규전 수행능력의 여부는 민족국가건설의 중요한 필요조건이다. KDP는 일부 정규전 수행이 가능한 무기체제와 동원이 이루어졌다. KDP는 이라크 쿠르드 인구대비 1만 명당 약 138명의 동원이 이루어졌다. 게다가 대사담 전선에 참여한 PUK 페쉬메르가까지 합산하면 쿠르드 인구대비 1만 명당 약 227명의 동원이 이루어진 반면 PKK는 터키 쿠르드 인구대비 1만 명당 약 7명의 동원이 이루어졌다.

그러나 7명의 동원마저도 국외 동원자들이 다수 포함되어 있어 터키 내 쿠르드의 동원은 더욱 저조하다고 보아야 한다. KDP는 상대적으로 더 높은 무장수준과 더 많은 병력동원을 달성하였고 이러한 무장과 동원을 기반으로 대이라크 정규전을 병행하여 빈번하게 이라크 정권들을 곤경에 처하게 하였으며 또한 주변 지역국가들과 반이라크 국가들에게 KDP의 전략적 가치를 인식시켰다. KDP(PUK 포함)의 페쉬메르가 숫자는 이라크 전군 대비 약 27.2%인 반면 PKK게릴라 숫자는 터키 전군 대비 약 0.017%로 병력 비율은 터키 군인 1만 명당 약 17명에 불과하므로 정규전 수행이 불가능하였음에도 불구하고 2차 대규모 동원의 시기에 정규전을 수행하였다. 그러므로 PKK의 무장수준이나 병력구성 등을 고려하면 PKK에게 가장 유효한 전략은 게릴라전이었음을 알 수 있다.

일곱째, 내부동원이 많은 분리독립운동단체는 외부동원이 많은 단체에 비해서 분리독립국가건설의 가능성이 높다고 할 수 있다. 두 정치집단의 내부동원의 측면에서 살펴보면 내부동원은 정치집단의 투쟁력을 나타내는 하나의 지표로서 KDP는 네 차례에 걸친 결정적인 대규모 동원이 자국 내 정치투쟁이나 자국과 연관된 내부동원으로 KDP의 민족분리독립운동과 정치투쟁의 능력은 상당히 높게 평가될 수 있는 반면 PKK는 4차례 결정적인 대규모 동원에서 내부동원은 1회만 나타남으로써 KDP에 비해서 분리독립운동 능력은 상대적으로 낮게 나타났으며 3차 동원을 제외한 나머지 3차례의 대규모 동원의 원인은 맑스-레닌주의 이념이 아닌 쿠르드 민족정체성인 것으로 판명되었다.

여덟째, 높은 대중성과 친밀도, 대표성, 지지도 등은 분리독립운동단체의 성패와 깊은 관련이 있었다. 먼저 이념적 친밀도를 살펴보면

KDP의 부족주의는 이라크 쿠르드에게 거부감이 낮은 전통적인 통치 행태이며 KDP의 높은 대중성은 친밀성, 정당지지, 전체 쿠르드 대표성으로 연결된 반면 PKK의 맑스-레닌주의의 대중 친밀도는 일정 시기를 제외하고는 KDP에 비해 상대적으로 낮은 편이었다. PKK는 대중성은 높으나 이러한 높은 대중성이 친밀성, 지지도, 전체 쿠르드 대표성으로 직접 연결되지는 않고 있다. 또한 폭력의 사용과 대중과의 관계를 살펴보면 KDP는 폭력사용이 선택적이었던 반면 PKK는 일부 시기에 일반 대중을 상대로 무차별적 폭력을 사용하여 대중과의 유리를 자초하였다. 그 결과 쿠르드 대중의 대표성과 지지성, 동원손실이 초래되었다.

아홉째, 리더십은 민족운동집단의 중요한 필요조건 중 하나였다. KDP, PKK의 핵심적 리더인 물라 무스타파 바르자니, 마수드 바르자니, 압둘라 외잘란의 리더십이 분리독립운동의 과정과 결과에 파급되는 영향력은 매우 컸다. 물라 무스타파는 척박한 분리독립운동의 환경에서 부족주의에 의지하여 분리독립운동을 성공적으로 추동한 결과 쿠르드 분리독립운동과 민족주의의 상징으로 부상하였다. 마수드 바르자니 역시 이라크 쿠르드의 분리독립운동 역량을 결집시켜 2세대의 한계를 극복하고 주변국들의 견제를 강대국과의 동맹을 통해 KRG를 획득하는 등 분리독립운동의 성공적인 리더십을 보여주었다. 압둘라 외잘란 역시 과감한 폭력투쟁을 통해서 터키 쿠르드의 민족의식을 각성시키고 이들을 맑스-레닌주의 명분아래 결집시키는 역할을 하였다. 그러나 그의 높은 상징성에도 불구하고 그가 체포됨으로서 PKK의 리더십 단절 현상이 일어나게 되었다.

열 번째, 국제적인 연대는 분리독립국가건설에 중요한 필요조건이었다. KDP는 현실주의에 기반한 탈이념적인 전략적 연대를 주로 모색하였다. 반면 PKK는 엷은 전략적인 연대를 일부 채용하였지만 주로 이념적인 연대를 추구하였다. KDP의 연대의 축은 미국-이스라엘-KDP이며 보조적으로 지역국가인 이란, 터키의 전략적인 지원이 추가되었다. 반면 KDP의 연대 축과 대립적인 양상을 보인 PKK는 구소련-시리아-PKK라는 이념적 동질성에 기반 한 이념적 연대의 특징을 보이며 이라크, 이란의 엷은 전략적인, 상대적으로 약한 연대가 보조적으로 추가되었다. 결국 쿠르드의 분리독립운동은 국제정치적인 양상을 내포하였는데 1981년 취임한 레이건의 무한 군비경쟁선언에 동참한 소비에트가 몇 년 후 몰락하였고 이러한 구소련의 몰락은 1차적으로 위성 동맹국가를 형성하던 동구 공산권의 도미노적 붕괴를 가져왔으며 2차적으로는 구소련과 연대하였던 전 세계 맑스-레닌주의 세력의 약화를 동시에 초래하였다. 결국 구소련의 지원이 차단된 시리아는 터키의 압력에 굴복하여 PKK 지원중단을 중단하였고 나아가 외잘란을 추방하여 PKK의 분리독립운동은 급격한 정체의 시기에 접어들었다. 대안적 후원세력이 부재한 이념적 동원력이나 연대의 경우 후원국가가 몰락하거나 세력이 붕괴하게 되면 민족운동이나 분리독립운동 역시 결정적인 위기상황이 도래할 수 있다는 것이다. 현재 구소련의 몰락과 그 영향으로 PKK는 이념적 동원력의 많은 부분이 상실되었다고 판단된다. 특히 지역국가들이나 주변국가들 간의 전쟁이 발발한 경우, 지역국가들과 강대국에게 유용한 전략적 동맹의 상대로 부각된 분리독립운동단체는 지역국가, 강대국과의 연대를 통해서 무장능력과 동원의 동반상승이 이루어지게 되며 기 구축 된 연대국가의 신뢰가 민족운동이나 분리독립국가건설에 긍정적인 영향을 미친다고 하는 사실을 인지할 수 있다.

열한 번째, 두 정치집단이 속한 해당국가의 공고도 역시 민족운동과 분리독립운동에 큰 영향을 미쳤다. KDP가 속한 이라크는 1차 세계대전 후 급조된 국가로 국가 공고도가 터키나, 이란에 비해 낮았으며 이 점은 시리아도 동일하였다. 그러므로 KDP의 정치투쟁에 있어서 유리한 변수로 작용하였다. 반면 PKK가 속한 터키는 오랜 역사성, 강한 케말리즘의 추구, 성공적인 국가발전 그리고 나토와 미국과의 강한 동맹을 통하여 국가의 공고도가 상향되었고 이는 PKK에게 불리하게 작용하였다. 공도도가 낮은 이라크의 경우 화학무기 사용이라는 극단적인 민족운동 탄압 방법 등은 쿠르드의 민족운동에 긍정적인 결과를 초래하였다.

열두 번째, 정치행위자들인 KDP와 PKK의 정치적 행위 즉 정치이념의 선택, 조직과 동원, 국제적인 연대의 결과 KDP는 2005년 10월 이라크 헌법에 명시된 이라크 쿠르드연방자치정부(KRG)를 설립하게 되었다. 반면 PKK는 초기 강력한 대터키 무장투쟁을 전개하였으나 맑스-레닌주의 정치이념의 국제적인 몰락과 이념의 유연성 확보 실패, 터키 동화정책의 상당한 성공, 조직운영에서 드러난 문제점과 동원의 저조, 기존연대의 파괴와 대체연대의 확보실패 등으로 1991-1994년 동원의 정점을 기록한 이후 하락하였다. 2014년 현재 터키 내에서는 동원이 정체된 모습을 보이고 있으나 시리아 내전으로 이념 외 동원은 급증할 것으로 판단된다. 그러나 수면아래에 내재해 있는 터키 쿠르드의 민족운동의 역량은 이라크 쿠르드의 국가 설립, 시리아 자치구의 자치확립, 다양한 경로를 통한 쿠르드 민족성의 추가 각성, PKK의 이념과 조직의 유연성 확보가 이루어진다면 마그마와 같이 분출할 잠재력 또한 보유하고 있다고 판단된다.

이상의 연구와 더불어 향후 보완되어야 할 몇 가지 연구는 첫째, 국내 쿠르드 연구자들이 소수일 뿐만 아니라 쿠르디스탄의 접근성이 현저히 낮아 현장조사 및 대면조사가 힘든 관계로 연구내용이 피상적인 연구가 대부분이었다. 필자도 이라크와 이란 학술탐사를 실행하지 못한 채 논문에 임한 점은 아쉬웠다. 터키 이스탄불에서 만난 독일, 미국 대학원생들이 중동에 몇 달 또는 몇 년씩 머무르며 중동전공 논문과 쿠르드 논문을 준비하는 모습을 관찰한 결과 유럽권의 자료를 통한 피상적 연구보다는 실제적인 측면에서 현지조사를 병행한 심도 있는 연구가 더 필요하다고 판단된다.

둘째, 시리아 쿠르드의 연구가 더 진행되어야 할 필요성이 있다. 아사드 정권의 강력한 탄압으로 인하여 민족적 억압, 민족적 불평등의 정도가 더 심했던 시리아 쿠르드의 연구가 상대적으로 미비하여 연구의 질적 향상 저해되고 있다. 그리고 시리아 사태와 IS 그리고 쿠르드의 상관관계의 연구가 앞으로 더 필요할 것이다.

셋째, 쿠르드 디아스포라에 대한 연구가 지속적으로 이루어질 필요성이 있다. 이들 쿠르드 디아스포라들은 민족적 탄압을 피해 주변국이나 구소련, 유럽 등 각국으로 이산되어 갔다. 그리고 이들은 쿠르드 민족의 탄압에 대해 국제사회나 자국의 정치권에 압력을 가하여 왔다. 또한 민족운동이나 분리독립운동단체를 지원하거나 이들과 관련한 문제에 대해서 거주국의 정부를 압박하는 등 쿠르드 인권향상을 위해 적극적인 활동을 하고 있으나 이들에 대한 구체적인 국내조사가 미진한 상태이다. 구소련, 이스라엘, 레바논, 요르단 등 주변국과 독일, 영국, 영국, 스웨덴 등 다양한 나라에 이산되어 있는 쿠르드 연구도 매우 중요한 연구분야다.

넷째, 민족분쟁과 분리독립운동의 효율성을 나타내는 지표를 객관적으로 계량화할 수 있다면 민족분쟁 연구의 효율성을 높일 수 있을 것이다. 왜냐하면 저자의 비교는 상대적 비교인 관계로 민족국가설립에 관한 어느 정도 정확성을 갖춘 예측의 측정을 방해한다는 문제에 봉착하였다. 그러므로 민족운동단체의 민족운동의 효율성 측정이 가능하도록 이러한 3가지 독립변수를 통한 객관적인 계량화 방법을 도출한다면 민족분쟁 및 분리독립국가건설 연구에 공헌할 수 있을 것이다.

다섯째, 이와 더불어 인류평화공동체 구현을 위해 세계가 폭압적인 민족분쟁이나 종교분쟁의 소용돌이에서 벗어날 수 있는 국제정치사상과 실제적인 인류공동체 통합방식에 대한 국제정치학계의 진지한 논의와 진전이 필요하다고 본다.

제2부

07

이란 쿠르드의 민족분쟁[1)]

제1절 들어가는 말

쿠르디스탄이 강대국에 의해 강제 분할된 이후 지배민족의 압박과 전쟁으로 인하여 쿠르드 디아스포라는 지속적으로 발생하였다. 현재도 IS 사태로 인하여 시리아 쿠르드인들, 쿠르드 예지디인들, 이라크와 터키 국경부근의 쿠르드인들이 수천 년을 살아온 고향마을과 부족을 등지고 난민이 되어 주변국가, 유럽 및 전 세계 각지로 흩어져 새로운 디아스포라가 되고 있다. 이와 같이 쿠르드인들은 민족분쟁과 전쟁에 의한 디아스포라의 지표사례 역할을 하고 있다. 쿠르드인들은 로잔조약에 의해 쿠르디스탄이 분할된 터키, 이라크, 이란, 시리아에서 민족차별에 저항하는 정치적 투쟁과 더불어 무장 분리독립운동을 지속하여 왔다. 그러나 이러한 분리독립운동은 쿠르드인들로 하여금

1) 이란 쿠르드의 민족분쟁은 한국이슬람학회논총 제27-1집에 실린 저자의 논문 "이란 쿠르드족 분리독립운동단체에 관한 연구-KDPI와 Komala의 이념을 중심으로-"를 본서에 맞게 편집한 것임.

삶의 터전을 상실하게 하였고 지배민족의 강제 이주정책으로 대도시로 밀려나거나 아예 유럽이나 해외로 이주하였다. 특히 터키나 이라크 쿠르드인들은 많은 디아스포라가 발생한 반면 분리독립운동의 성과 또한 존재하였다. 특히 지배민족에 대항하여 치열한 무장 분리독립운동을 전개하였던 이라크 쿠르드는 이란 쿠르드민주당(KDP)의 이라크 지부로 출발하였으나 물라 무스타파 바르자니, 마수드 바르자니라는 민족지도자들이 출현하여 2005년 이라크 내 쿠르드연방자치정부 KRG를 수립하게 되었다.

이와 같은 쿠르디스탄 분리독립운동단체 가운데 이란 쿠르드 분리독립운동단체는 이란 쿠르디스탄에 쿠르드의 첫 현대국가인 마하바드 공화국을 건국하여 일시적으로 전체 쿠르드인들의 희망이 되기도 하였다. 그러나 이란 쿠르드 분리독립운동단체는 마하바드 공화국 패망 이후 70여년이 지난 현재에 이르러서도 이라크 쿠르드인들에 비해서 확고한 정치적 독립성 조차도 보장을 받지 못하고 있다. 그러므로 왜 이란 쿠르드의 분리독립운동은 큰 성과가 없게 되었을까 하는 문제제기를 하게 되었다 이러한 문제제기를 바탕으로 한 이 연구의 연구목적은 이란 쿠르드 분리독립운동단체의 특징과 상대적으로 정체된 원인이 무엇인지를 알아보는 것이다. 이러한 연구목적을 달성하기 위하여 이란 쿠르드의 대표적 분리독립운동단체인 이란쿠르드민주당(Kurdish Democratic Party of Iran, 이하 KDPI)과 이란쿠르디스탄노동당(Komala, 이하 코말라)을 살펴볼 예정이다.

1935년 팔레비 1세에 의해 국호로 채택 된 이란은 ‘아리아인의 땅’을 의미하는 단어의 소유격 복수인 ‘아리야남(ariyanam)’이라는 고대 페르시아어에서 파생되었다(이희수 옮김 1998, 30). 쿠르드인들과 이란인은 동일한 아리안족이다. 이란은 과거 쿠르드의 제국이었던 메데 제국의 지배하에 있었으나 키루스 대왕(Cyrus the Great)이 자신의 외조부가 통치하던 메데 제국을 멸망시키고(박광순 역 2001, 64-68) 아케메니드 왕조(Achaemenid Dynasty)를 연 이래로 많은 왕국이 흥망을 거듭하여 왔으며, 근대에는 팔레비 왕조(Pahlavi Dynasty) 직전에 투르크계인 카자르 왕조(Qajar Dynasty, 1794-1925)가 존속하였다. 이러한 이란의 과거역사를 살펴보면 쿠르드인들이 세운 왕조가 이란에 영향을 미친 경우도 다수 존재하였다. 그러므로 쿠르드 언어가 동일한 서부 이란어 계열일 정도로 양 민족의 문화적 유사성은 높은 편이며 쿠르드어인 자자어는 고대 페르시아어의 원형들을 많이 간직하고 있는 경우가 많아 고대에는 두 언어가 동일 언어권이었음을 증명해주고 있다. 헤로도투스의 '역사'에 나타난 바와 같이 쿠르드와 이란은 동일한 아리안족이며 문화적, 언어적 유사성에도 불구하고 다른 역사적인 배경을 가진 민족임을 알 수 있다. 쿠르드인들과 이란인들은 서로 다른 역사성과 상징성을 가진 채 민족주의가 도입된 이후 자신들의 민족적 지배권을 고수하려는 이란과 지배권을 획득하려는 쿠르드인들 간의 격렬한 민족분쟁은 이미 예고되어 있었다.

제2절 이란 쿠르드 민족분쟁

"민족은 공통의 역사와 상징, 문화를 공유한 주관적, 심리적 공동체"이며 이러한 민족이 정치적 의미를 가질 때 이를 민족주의라고 할 수 있다. 보통 어떤 민족이 민족분쟁상태로 돌입하는 원인은 각자가 가진 민족정체성이다.

이란 쿠르드는 마하바드 공화국 붕괴 이후, 무장 분리독립운동을 강력하게 전개하였다. 비록 분리독립운동단체들이 쿠르드 자치, 쿠르드 연방을 요구한다 할지라도 그들의 궁극적 목표는 쿠르드 독립국가 건설이었다. 이러한 이란 분리독립운동단체는 크게 민족 추구형과 이념 추구형 두 가지로 대별되는데 이러한 원인은 쿠르드 민족 정체성이 광범위하게 확산되던 당시 지구상에 큰 반향을 불러일으킨 맑스-레닌주의 이념의 영향을 받은 것 때문이었다. 즉 세계 역시 자본주의와 공산주의 양극 구조로 재편되는 과정이었고 쿠르드 분리독립운동단체 역시 맑스-레닌주의와 소련의 팽창정책에 영향을 받아 맑스-레닌주의를 추구하는 정치집단들이 속속 등장하기 시작하였다. 그리하여 쿠르드 분리독립운동단체들은 크게 이라크의 KDP와 같은 민족 추구형, 터키의 PKK와 같은 이념 추구형[1])으로 대별되었다. 이란 역시 KDPI와 같은 민족 추구형, 코말라[2])와 같은 이념 추구형으로 양분되었다.

이념 추구형은 이념이나 종교가 민족의 상위에 도그마 적으로 존재하며 일체의 타 이념이나 종교를 부정하는 형태다. 분리독립운동단체의 성격이 민족보다는 이념에 치우친 형태로 이데올로기를 중심으로 분리독립운동을 추진하게 된다. 이러한 형태는 과거 공산주의, 사회주의 사상이 세계적으로 확산될 때 나타난 분리독립운동의 경우라고 할 수 있다. 이 이념형에는 종교가 이념의 역할을 대신하는 경우도 있다. 그러나 EU 예와 같이 이념 추구형[3])은 민족 추구형을 뛰어넘는 것으로

---

1) 박주성(2015), "이라크와 터키 쿠르드족 민족분쟁에 관한 연구-분리독립운동단체 KDP와 PKK를 중심으로-", p.39.

2) 정식 명칭은 'Society of Revolutionary Toilers of Iranian Kurdistan' 즉 '이란쿠르디스탄혁명노동자협회(당)'이나 대부분 Komala로 호칭한다.

3) 이 이념 추구형은 종교적인 분리독립운동도 포함되지만 기능주의적인 접근인 기존의 국가의 개념을 능가하는 경제적인 이익의 도모라는 기치아래 형성되는 EU와 같은 지역 경제공동체 역시 이념 추구형의 한 부류로 분류할 수 있다. 그러므

오히려 민족이라는 개념이 사라지거나 희미해지는 경우에는 이념 추구형이 다시 탄력을 받을 것으로 추론이 되며 이념 추구형은 과거에 그리고 미래에도 일어날 또 다른 분리독립국가의 형태가 될 것이다.

민족 추구형은 이데올로기보다는 민족정체성을 중심으로 하여 분리독립운동을 추진하게 된다. 그러므로 민족을 위해서는 민족의 입장에서 사회주의 세력, 공산주의의 세력과도 연합하고 나아가 포용하기도 한다. 이 경우 민족 정체성을 중요시하고 동일 민족 정체성을 가진 개인이나 부족이 분리독립운동을 전개해 나간다. 이들은 민족정체성을 통해 분리독립운동의 동력을 얻는 유형이라고 할 수 있다. 이러한 두 가지 유형으로 나뉜 이란 분리독립운동의 대표적인 두 단체는 4가지 변수에 의해서 그들의 민족운동과정이 큰 위기에 직면하게 되었다. 그러한 위기에 직면하게 되는 원인을 두 정치집단의 특징인 민족 추구형, 이념 추구형을 중심으로 한 내분과 내전, 리더십의 단절, 이란의 정치적 안정과 강력한 군사력, 지역국가들과의 연대를 살펴볼 예정이다. 이러한 두 가지 추구형의 종속변수는 KDPI의 경우 연방국가건설 → 민족국가건설[4], 코말라의 경우 연방국가건설 → 공산주의 체제건설이다. 분석수준은 이란 쿠르드 분리독립운동단체인 KDPI와 코말라이다.

1. 이란쿠르드민주당(KDPI)과 민족 추구형

KDP와 코말라 이전 이란 쿠르드 분리독립운동의 발생을 살펴보면 1880년 쉐흐 우바이둘라에 의한 민족봉기는 카자르 왕조시기 쿠르드

로 민족 추구형 보다는 상위의 개념이며 구성주의 관점에서 앞으로 이러한 이념 추구형이 세력을 얻을 수 있다고 판단된다. IS 역시 이념 추구형의 일종이다.

4) KDP는 창당 당시 강령에서 자치를 주장하였으나 곧 소련의 지지를 얻어 독립국가를 건설하였다.

독립국가건설을 목표로 이란, 터키, 이라크, 시리아 쿠르디스탄 걸쳐 일어난 대표적인 근대 쿠르드 민족봉기였다. 또한 이란의 경우 샤카크(Shakak) 부족장인 이스마일 아가 심코가 1918년부터 약 4년간에 걸쳐 민족봉기를 주도하였다(Gunter 2011, 132). 그는 당시 쿠르드 독립국가건설을 목적으로 무장독립투쟁을 주도하였다. 우르미예 호수 서남부를 장악하고 자치정부를 수립한 채(Izady 2009, 63) 1920년부터 1924년까지 이란 쿠르디스탄 북부 지역에 대한 통치권을 장악하였다. 그러나 심코는 이란 정부와 싸우면서 동시에 이 지역의 아제르바이잔인, 아시리아인 등 주변 이민족 세력들과의 전쟁도 수행하였다.

이러한 쿠르드의 독립국가건설에 위협을 느낀 레자 칸[5]은 1921년 2월 쿠데타 성공 후 압도적인 화력과 군사력을 바탕으로 쿠르드가 지배하고 있던 주요 도시들을 탈환하였다. 그리하여 심코는 1924년까지 샤카크 부족의 1만 명에 달하던 군대가 1천명으로 감소한 뒤 이란에 항복하여 감금되었으나 1925년 왕 된 레자 샤는 심코를 사면하였다. 그는 1926년 헤르키 부족장 하지 아가(Haji Agha), 메르게웨르(Mergever), 테르게웨르(Tergever)의 부족장 베그자데(Begzadeh)와 연합하여 일으킨 쿠르드 반란에 참여하였으나 이란군에 패하여 재수감되었다(Entessar 2010, 16-17). 그는 재 방면된 이후 1930년 6월 오쉬누(Oshnu)시에서 발생된 소규모 전투 중 전사하였다. 그러나 서방측 자료는 6월 21일 이란군에 의해 암살당하였다고 한다(*ibid*, 17). 이와 같이 이 당시 독자적인 무장을 하였고 부족전사들을 동원할 수 있었던 쿠르드 부족장들은 민족정체성에 기반 한 쿠르드 독립국가건설을 위해 무장투쟁에 돌입

5) 1925년 레자 칸은 레자 샤가 되어 팔레비 왕조의 첫 번째 군주가 되었다(Entessar 2010, 17). 칸은 샤가 되기 이전의 명칭.

하였으며 이러한 민족운동의 전통은 KDP, KDPI에 의해서 계승, 발전되었다. 동시에 이러한 부족주의에 기반 한 민족분리독립운동의 한계를 체감한 새로운 민족분리독립운동 세력이 민족주의적 지식인들을 중심으로 나타나기 시작하였다.

레자 샤는 강력한 무력으로 민족에 기반 한 쿠르드 무장 분리독립운동을 진압하였으며 쿠르드를 포함한 이란 소수민족들을 중앙집권적인 이란체제내로 순치시키기 위한 다양한 동화정책들을 추진하였다. 특히 쿠르드어 사용이 광범위하게 금지되었는데 학교에서도 쿠르드어 사용은 금지되었다(*ibid*, 17-18). 이외에도 경제적인 압박과 소외, 정치적인 탄압은 지속되었다. 그러나 이러한 탄압은 이란 쿠르드의 저항적 민족운동을 강화시키는 하나의 요인이 되었다.

1) 1차 민족주의 시기와 마하바드 공화국

1945년 9월 창당 당시 KDP[6]는 비록 소련의 지시에 의해 코말라를 흡수하여 만든 정당이었지만 민족주의에 기반 한 쿠르드 종교지도자, 부족장, 지식인들이 광범위하게 참여한 범이란 쿠르드 조직이었다. 이념적으로 KDP는 좌우 세력이 망라된 정당이었다. 그러나 이러한 민족주의적인 동원에도 불구하고 이라크와 마찬가지로 이란 내 전통주의적인 세력인 쿠르드 부족장들 중 일부 부족장들은 친정부적이었다.

이 당시 이란을 둘러싼 국제정세와 KDP의 독립국가건설 과정을 살펴보면 1차 세계대전 당시 서구 제국주의 전쟁은 이란에도 큰 영향을 미쳤다. 러시아가 석유를 확보하기 위하여 오스만 투르크의 지배하에 있던 이란 북부를 점령하였고 이에 대항하여 영국도 이란의 석

6) 군터는 KDP와 KDPI를 동일한 정당이라고 주장한다(Gunter 2011, 174).

유를 강점하기 위하여 이란 남부에 진주하였다. 이들의 노골적인 침략의도를 간파한 이란은 세력균형에 의거 1차 세계대전 당시 독일의 지원을 통해 영국에 저항하였으나 결국 전승국인 영국의 지배를 받게 되었다. 이라크 역시 마찬가지였다. 특히 영국은 이라크와 마찬가지로 이란의 간접통치를 위해 레자 칸을 지원하여 1921년 쿠데타를 통해 카자르 왕조를 멸망시켰다. 영국은 레자 샤를 통해 자신들의 통치에 유리하도록 정교를 분리하고 서구화를 추진하였으며 이란의 팔레비 왕조를 지원한 대가로 1950년 모사데크(Muhammad Mosadeq) 총리의 석유 국유화 조치 전까지 이란 석유에 대한 독점적 지위를 누렸다.

그러나 1939년 9월부터 1945년 9월에 걸쳐 일어난 2차 세계대전 당시 레자 샤는 영국을 견제하기 위하여 다시 독일과 협력하였다. 영국은 즉각 이에 반발하여 소련과 협공을 하였는데 1차 세계대전 당시와 유사하게 소련은 이란 북부 쿠르디스탄과 아제르바이잔을 점령하였다. 영국은 레자 샤를 추방하고 1941년 팔레비 2세를 옹립하여 또 다시 대를 이은 간접통치를 시작하였다. 이란 북부는 소련이 진주하였으나 부족장들은 이념적으로 친 영국적이었으므로 이란의 하마 라시드 칸(Hama Rashid Khan)과 카지 무하마드(Qazi Muhammad)[7)]와 같은 여러 쿠르드 부족장 및 종교 지도자들은 쿠르디스탄의 보호국가로 영국을 선택하고 1941년 9월 영국정부에 접근하였다(Mcdowall 2004, 235-236). 그러나 이미 이란 왕조와 밀접한 관계를 가지고 있던 영국은 이러한 쿠르드인들의 요구를 거부하고 단지 쿠르드족을 이용하여 소련을 견제하려 하였다. 즉 영국의 기본정책은 이란의 팔레비 왕조를 지원하

7) 마하바드를 1920년대 초에 점령을 하였을 때 연합을 하였고 부칸(Bukan) 지역 땅을 소유한 유명한 순니 가문인 카지 알리의 아들이 카지 무하마드다(Kamali 2003, 107).

여 이란에 대한 확고한 지배력을 유지하는 것이었다.

선택의 폭이 좁았던 쿠르드 지도자들의 친 영국적 움직임을 우려한 소련은 1941년 11월 카지 무하마드를 비롯한 주요한 부족장을 초대하여 그들의 독립국가건설을 지원할 것이라고 약속하였다. 그러나 곧 소련은 1942년 5월 쿠르드 민족대표단의 2차 바쿠(Baku)를 방문 시 쿠르드 독립국가건설보다는 소수민족 자결권을 위한 지원정도에 그칠 것[8]이라는 언급을 들었다. 그리하여 쿠르드 독립국가건설을 위해서 통일된 독립운동의 필요성을 느낀 마하바드와 우르미예의 부족장들이 1942년 9월에 오쉬나비에(Oshnavieh)에서 회합하였다(*ibid*, 236).

소련은 종교지도자로 명망이 높은 카지 무하마드를 지지하였는데 이는 쿠르드를 이용해서 이란과 영국으로부터 북부 이란의 원유 채굴권 등을 확보하는 등 정치적인 이유가 주된 요인이었다. 그러나 이러한 전략이 영국과 이란에 통하지 않았고 1944년에 결국 이란의 북부 유전지대의 채굴권을 할양받는데 실패하였다. 결국 소련은 1945년 12월 자신들의 졸(卒) 역할인 쿠르드에게 무기를 제공, 이란과 영국에 대항하게 하여 자신들의 이란 내 석유채굴권을 할양받고자 하였다. 원유채굴권이 필요하였던 소련은 대리인인 아제르인들과 쿠르드인들을 통해 좀 더 강력한 압박을 이란에게 가할 필요성이 대두되었다. 그리하여 정치적으로 산재된 힘을 집중할 필요성이 대두되어 기존 소련의 지시 하에 만들어진 비밀조직인 코말라를 1945년 8월에 해체하고 코말라 조직과 부족장, 종교지도자들, 지식인들을 연합한 공개조직

8) 소련의 입장도 영국과 마찬가지로 소수민족의 독립국가건설이 주변 소수민족들에게도 영향을 미칠 것을 우려하였다. 특히 아제르바이잔과의 갈등을 염려한 소련은 전략적으로 쿠르드 분리독립운동단체를 이용하는 선에서 지원하기로 이미 내부 합의를 하였다.

KDP를 1945년 9월 출범시켰다.

먼저 1945년 12월 소련은 아제르바이잔민주당(ADP)을 동원하여 아제르바이잔 민족국가를 세웠다. 이어 KDP는 1946년 1월 22일 차와르 차러(Chawar-Chara) 광장에서 카지 무하마드 대통령과 각료를 중심으로 소련 붉은 군대 장교, 부족장들, 코말라 조직원, 물라 무스타파 바르자니와 많은 쿠르드 대중들이 참석한 가운데 마하바드, 부칸(Bukan), 나카다(Naqada), 오쉬나비에 도시를 기반으로 '마하바드 쿠르드 공화국'을 선포하였다(Kamali 2003, 107; Mcdowall 2004, 241-242; Entessar 2010, 25). 그리하여 마하바드 학교에서는 즉시 이란어로 된 교과서를 쿠르드어로 번역하여 쿠르드어를 가르치기 시작하였다. 소련의 지원으로 쿠르드어 신문과 월간지들 역시 창간되었다(Mcdowall 2004, 242).

그러나 마하바드 공화국의 몰락은 예견된 것이었다. 소련은 영, 소, 이란의 3자 조약에 의거 종전 후 6개월 이내에 이란의 영토에서 철수하기로 하였다. 그리하여 1946년 1월 1일 영국은 이란에서 철수하였으나 소련은 오히려 마하바드 공화국을 설립하여 이란을 더욱 압박하였다. 이에 위협을 느낀 이란 정부와 수상 아흐마드 카밤(Ahmad Qavam)은 위계적으로 이란 북부 유전지대의 이권 51%를 소련에 양도하고 이-소간 석유합작회사 설립을 약속하였다.[9] 소련군은 이에 화답하여 1946년 5월 9일 즉시 철군하였다. 그리하여 마하바드 공화국은 1946년 12월 17일 이란군에 의해 점령되었다. 이란은 카지 무하마드와 사드르 카지(Sadr Qazi), 사촌 사이프 카지(Saif Qazi) 등을 1947년 3월 31일 차와르 차러 광장에서 교수형에 처하고 일체의 쿠르드 민

9) 이란 의회 마즐리스(Majlis)는 소련군 퇴각 후 구성된 의회에서는 석유이권이나 이-소 석유회사의 합작사업을 즉시 부결시켰다.

족주의적인 요소를 말살시켰다(Kamali 2003, 120-121; Mcdowall 2004, 243-245; Entessar 2010, 26-28).

그러나 이 당시 쿠르드 민족운동의 가장 중요한 발전중 하나는 페쉬메르가라는 군 조직이 형성된 것이었다. 이 조직은 점차 독립적인 군대로 성장하였고 전통적인 부족의 군대를 대체하게 되었다. 이것은 탈전통적이고 탈부족적인 리더십이 강화되는 것을 나타낸다. 페쉬메르가는 1946년에 결성되었으며 1979년에 더욱 발전되었다. 이러한 당에 대한 충성심의 증가는 쿠르드 운동의 탈부족적인 리더십의 증가를 의미하였으며 이는 민족운동이 기존 부족주의의 영향과 부족장의 군사력에 의지하였던 것으로부터 점차 벗어나고 있음을 의미하였다(Kamali 2003, 178).

이와 같이 쿠르드 최초로 현대적 국가의 형태를 갖춘 마하바드 공화국은 독립국가건설을 경험한지 불과 1년 만인 1946년 12월에 막을 내렸다. 이렇듯 마하바드 공화국 건국과 패망의 가장 중요한 원인은 첫째, 소련에 대한 지나친 의존이었다. 둘째, 국가를 방어할 마하바드 공화국 자체 군사력이 부족하였다. 마하바드 공화국은 경무장 수준의 자체군대와 부족장들을 중심으로 한 민병대 수준의 무장이 전부였다. 이와 반대로 신생국 이란은 민족주의의 강화와 강력한 군사력을 바탕으로 쿠르드의 분리독립운동을 저지하였다. 셋째, 당시 무장투쟁을 지원해 줄 강대국이나 지역국가가 전무하였다.

2) 2차 민족주의 시기와 사회주의 결별

KDPI의 2차 민족운동 시기는 마하바드 공화국 붕괴이후 부터 이란-이라크전 종전 까지다. 이 시기는 1971년 6월 바그다드에서 사무총장으로 선출된 가셈로우가 주도한 민족운동이 중심이 된 시기이기도 하다.

마하바드 공화국 붕괴와 더불어 시작된 팔레비 왕조의 가혹한 탄압으로 인하여 KDPI는[10] 자연스럽게 지하화 된 채 그들의 지하민족운동을 지속하였다. 일시적으로 1951년 4월 자유민주주의 사상을 가진 모사데그가 수상이 되자 KDPI는 모사데그에 협력하여 쿠르드의 정치적 권리를 찾고자 하였다(Entessar 2010, 31). 그러나 1953년 8월 19일 영국과 미국의 지원으로 샤의 쿠데타가 성공한 이후 KDPI는 다시 지하세력화 되었다. 이러한 과정에서 KDPI는 물라 무스타파의 KDP 영향력 하에 귀속되었다. 당시 소련에서 귀국한 물라 무스타파가 1961년 이라크 정부를 상대로 무장봉기를 일으킨 시기에 물라 무스타파와 가까웠던 KDPI의 새로운 지도자 압달라 이샤키(Abd Allah Ishaqi, Ahmad Tawfiq)는 기존 당의 좌파성향을 버리고 심지어 카지 무하마드 마저 비난하였다(Gunter 2011, 175).

KDPI는 1971년 6월 가셈로우가 지도자가 된 이후 그의 리더십 아래 새로운 무장투쟁을 선포하였다. 비록 샤가 물러난 1979년까지 민족운동이 어느 정도 성공을 거두었으나 이 시기는 이란 쿠르디스탄의 사회경제적인 변화가 일어남으로써 당시 이란 쿠르드인들은 이농 증가, 부족적 정체성 감소로 인하여 쿠르드 민족 정체성이 점차 증가하게 되었다(*ibid*, 175).

이 당시 가셈로우의 등장은 무기력하였던 KDPI에 새로운 활력을 불어넣었는데 그는 1979년 이란혁명이 일어나기 직전 귀국하여 기존의 소규모 지하조직이었던 KDPI를 쿠르드 대표적 대중정당으로 변모시켰다(Kamali 2003, 176). 이란혁명 당시 이란 내 혁명적 상황과 혼란

10) 군터와 같은 서구의 학자들은 KDP를 이라크 쿠르드민주당으로, KDPI는 이란 쿠르드민주당으로 구분하여 사용하고 카지 무하마드 당시의 KDP와 KDPI는 동일하게 본다.

은 KDPI에게 또 다른 기회를 제공하였다. 1979년 1월 팔레비의 망명으로 1979년 혁명기간 동안 쿠르디스탄에는 이란경찰들이 사라졌고 군대는 철수되어 쿠르드인들은 이 지역을 통치하였다. 혁명 평의회, 노동조합 등이 설립되었고 실제로 이들이 이 지역의 이란 정부조직을 대체하였다(*ibid*, 171). 이제 오랜 지하활동을 끝내고 1979년 3월 KDPI의 당 본부를 합법적으로 세울 수 있었다(*ibid*). 동시에 차와르 차러 광장에서 쿠르디스탄의 자치를 공개적으로 요구하였다(*ibid*, 176).

KDPI는 4월에 호메이니(Ruhollah Khomeini)를 만나 8개항의 자치계획안을 제출하였으나 호메이니는 이를 거절하였으며 나아가 쿠르드 지도자들이 독립을 획책한다고 비난하였다(*ibid*, 172). 호메이니는 소수민족을 포함한 쿠르드인들의 모든 정치활동에 대해 일제 탄압을 개시하였으며 KDPI와 가셈로우는 북부 이라크로 피신할 수밖에 없었다. KDPI 내에서도 내분이 일어나 이러한 패배에 대하여 지도부를 문책하는 새로운 파벌이 나타났다. 그것은 자릴 가다니(Jalil Ghadani)가 조직한 'KDPI-RL' 즉 'KDPI 혁명적 리더십'이었다. 그는 가셈로우가 사회주의를 포기하였으며 비민주적인 방법들을 사용하였다고 비난하였다(Gunter 2011, 175).

1979년 9월 당시 KDPI는 이미 대부분의 이란 쿠르디스탄에서 이란군과 전쟁을 치루고 있었으며 이란 정부는 선 무장해제를, KDPI는 선 쿠르드 자치를 주장하였다. 더구나 1979년 11월 '전문가위원회(Assembly of Expert)'[11]는 이슬람 헌법을 승인하였는데 이 신 헌법 13조

11) 현재 이란에서는 국민들이 선출하는 86인의 '전문가위원회(전문가회의)'가 아야툴라 중에서 최고 지도자를 선출, 해임한다. 여기서 간접 선출된 최고지도자는 대통령보다 상위에(대통령은 국가를 대표하는 기능) 존재하며 군대와 사법부, 국정조정위원회, 헌법수호위원회를 임명, 승인함으로써 국가를 장악하고 있다.

는 자파리 시아(Ja'fari)[12)]를 공식 학파로 명기하여 종교적 자유도 제한하였고 이란의 소수민족을 위한 '자치'나 '연방'도 금지하였다(Kamali 2003, 187-188).

3) 3차 민족주의 시기와 합법적 정치투쟁

이 시기는 이란-이라크전이 끝난 직후 가셈로우가 이란 이슬람 정권과의 대화에 주력하기 시작한 시기이다. 1980년 9월 22일 이란-이라크 전쟁 발발 후 KDPI는 쿠르디스탄에 제한된 자치를 허용하면 대이라크전에 동참하겠다고 하였으나 이란정부는 이를 거절하였다(*ibid*, 190). 이란이 1980년, 1983년에 무자비한 진압작전을 전개하자 KDPI, 코말라 지도부와 페쉬메르가들은 이라크로 탈출하였다. 이들은 이라크 KDP, PUK의 지원을 받아 이라크 쿠르디스탄 내에 KDPI 본부를 설치하고 이란 내 무장투쟁을 주도하였다. 사담 후세인은 이들을 지원하였으며 가셈로우와 사담 후세인은 우호적인 관계를 유지하였다.

KDPI는 민족운동의 생존을 위해서 이란 정권과 정치적 협상을 원하였다. KDPI는 이란 정치권내 민주주의 적인 세력이 등장할 때마다 이들과 대화하고 협력하여 자신들의 최소한의 민족적 자치를 확보하려고 노력하였다. 그러나 권위적인 정부가 들어설 경우 선거를 통한 합법적 정치투쟁을 병행하면서 자신들의 자치 요구를 관철하려 하였

12) 회교 법학의 학파들로서 독립된 종파를 의미하는 것은 아니다. 시아파에는 와나피(Wanafi), 말리크(Malik), 샤피이(Shafi'I), 자파리(Ja'fari), 한발리(Hanbali), 제이디(Zeidi) 등의 이슬람 법학 체계가 파생되어 있다. 시아파는 마호메트 혈통만이 할리파 자격이 있다고 주장하여 마호메트 사위인 알리 이전의 1, 2, 3대 할리파를 부정한다. 이후 11대 이맘들이 이어졌으나 12대 이맘인 무하마드 알 문타자르는(Muhammad al Muntazar) 5세 때 홀연히 사라졌으며 시아파는 이 문타자르가 심판의 날 재림하여 구원자(마흐디)로 재림하여 자신들을 구원해줄 것이라고 믿고 있다. 중동지역 종교의 전형적인 말세관과 구원관의 형태를 가지고 있다.

으나, 이란 정권은 더욱 군사적으로 KDPI를 압박하였다. KDPI는 이슬람 혁명정권에게 이용당한 직후 무장투쟁 등 다각적으로 활동을 모색하였으나 큰 성과는 거두지 못하였다. 결국 온건 협상파였던 가셈로우는 이란-이라크전 종전이후 무장투쟁이 한계에 이르러 합법적인 정치협상 이외는 대안이 없는 상황속에 협상테이블에서 암살당하였다.

가셈로우 암살 이후, 이란 내 쿠르드인들의 정치적 권리는 열악하였으며 UN보고서에 의하면 이란 쿠르드인들에 대한 비합법적 인신구속, 처형 및 정치적 박해, 경제적 차별과 쿠르드어 사용금지는 일상화되었다고 보고되었다. 또한 많은 쿠르드인들은 강경파 마흐무드 아마디네자드(Mahmoud Ahmadinejad)가 당선된 2005년 6월 대통령 선거, 2009년 6월 그가 재선된 선거에서 투표를 거부하여 이란정부의 쿠르드에 대한 강경책에 항의하였다(Gunter 2011, 21). 이 당시 2005년 6월 마수드 바르자니의 이라크 쿠르드연방자치정부인 KRG 대통령 취임은 이란 쿠르드의 민족투쟁의식을 고취시켰으며 이에 이란 정부는 강력한 탄압으로 맞섰다. 예를 들면 2005년 7월 9일 이란 군대는 젊은 쿠르드 지도자인 시완 카디르(Shivan Qadiri)를[13] 차에 매단 채 끌고 다녔다. 이란정부는 카디르가 2005년 대통령선거에서 3곳의 투표장의 투표용지를 파기하였다고 주장하였다. 수천 명의 이란 쿠르드인들이 이란 쿠르디스탄의 비공식적 수도인 마하바드, 사난다즈(Sanandaj), 사르다쉬트(Sardasht), 오쉬나비예, 디완다레(Divandareh), 바네(Baneh), 시네(Sinne), 부칸(Bukan), 사키즈(Saqqez) 등에서 항의를 시작하였다. 이란 정부는 이에 대해 계엄령을 선포하였으며 많은 수의 보안군을 배치하였다. 양측에서 수많은 사상자가 발생하였다(*ibid*, 22). 이와 같이 이란 쿠

13) 쿠르드 민족운동가이며 작가이다.

르드의 합법적인 정치투쟁은 많은 인내와 희생을 수반하였다.

그럼에도 불구하고 현재 KDPI, 코말라의 이란 내 민족투쟁은 약화되어 정체된 상태다. 심지어 2006년 KDPI의 지도자인 무스타파 헤즈리(Mostafa Hejri)와 코말라 수뇌부들은 워싱턴을 방문하여 미 정부 관리들에게 이란에 대한 미국의 군사적인 공격에는 반대한다는 것을 명백히 하였다. 반면에 코말라는 그러한 공격에 대해서 반대도 지지도 하지 않는다고 선언하였다(*ibid*, 20-21). 이와 같이 합법적 정치투쟁 이외에 뚜렷한 대안이 없는 KDPI는 과거와 같은 활발한 무장 분리독립운동은 당분간 어려울 것으로 보인다.

그러나 합법적 정치투쟁의 한계를 절감한 KDPI는 2015년부터 이라크 쿠르디스탄에 기지를 둔 KDPI 게릴라들이 국경선에 집중 배치되기 시작하였다. 게릴라 사령관 라힘 망고리(Rahim Mangori)는 쿠르드 전문미디어인 루다우(Rudaw)를 통해서 이란 국경선을 따라 이란 쿠르드 도시나 마을로 침투하기 위한 무장투쟁을 준비하고 있다고 언급하였다. 그러나 KDP와 같이 이란이 강대국에 대항하고, 정규전이 일부 수행 가능한 정도에 이르러야 지역국가들과의 연대를 통한 확고한 독립국가지분을 획득할 수 있을 것이다.

2. 코말라와 이념 추구형

1) 1차 민족주의 시기와 코말라

1차 코말라 시기는 1942년 9월 코말라 창당부터 1945년 코말라 해체까지다. 당 사무총장은 압둘 라흐만 자비히였다(Abdal Rahman Zabihi, Gunter 2011, 165; Kamali 2003, 100). 코말라는 1941년 바그다드에서 창설되었으며 좌우합작 지식인들로 구성된 헤와당(HEVA, Hope)의 참여

요구를 거절하고 1942년 9월 마하바드에서 코말라(Komalay Jiyanaway Kurdistan, Komala J.K)를 설립하였다. 코말라는 도시 중산층, 지식인들이 중심이 되어 구성된 민족주의적 정당이었으며 좌파적 구성원들도 포함되었다.

이 시기 코말라는 이라크의 술레마니아와 가까운 사난다즈 지역을 중심으로 활동하였으며 코말라의 이념적 성향은 민주주의, 민족주의 이념이었다. 이들은 쿠르드 자치 또는 쿠르드 연방을 주장하였으며 쿠르드 기층 민중들을 분리독립운동에 동원하기 위하여 적극적으로 활동하였다. 많은 쿠르드인들은 비밀결사단체와 같은 코말라에 동조하였다. 그리하여 1차 코말라 당원들은 세포조직을 통하여 당시 이란 쿠르디스탄에 특별한 민족주의 단체가 존재하지 않는 상황에서 급속도로 확대되었다. 그러나 소련이 코말라의 독립운동을 원조하자 코말라 역시 소련의 지원에 의존하게 되었으며 급기야 코말라는 소련의 지시를 받아들여 1945년 당을 발전적으로 해체하고 카지 무하마드를 당 총재로 한 KDP 창당에 적극 참여하였다. 그리하여 코말라의 구성원들은 마하바드 공화국의 각료로 다수 입각하였다. 이 시기 코말라는 맑스-레닌주의 보다는 민족주의적 색채에 더 가까웠다.

2) 2차 맑스-레닌주의 시기

코말라는 쿠르디스탄에서는 비록 코말라로 알려져 있었으나 그 자신은 이란공산당의 일파로 재건되었다. 1969년 솔타니(Fouad Mostafa Soltani, Kak Fouad)[14]가 중심이 되어 계급투쟁과 맑스-레닌주의를 표방

14) 이란 서부 국경마을에서 태어난 그는 테헤란 아리아메르(Aryamehr) 대학 전기공학과에 진학하였다. 그는 여기서 맑스-레닌주의 사상을 학습하였다.

하며 임금노동자 지하 조직으로 알려진 혁명적인 코말라가 이란의 테헤란에서 은밀하게 설립되었다. 그러나 10년 후인 무하마드 레자 샤 팔레비가 무너진 1979년 말에 가서야 공개적으로 코말라를 선포하였다. 이 당시 코말라는 중국 공산혁명의 영향을 받았으며 농촌과 도시 대중들의 지지를 획득하려고 하였다(Gunter 2011, 165-166). 그러나 2차 코말라의 많은 발기인들은 극좌 학생들이었다. 이제 코말라는 이슬람 정부에 대항하여 쿠르드 자치를 위해 싸우는 2개의 이란 쿠르드의 주요정당 중 하나가 되었다. 비록 두 정당이 확고한 세속주의 정당일지라도 코말라는 더 급진적이고 맑시스트적 이었다. 예를 들면 코말라는 이제 쿠르드 민족주의를 편협한 것으로 간주하였다(*ibid*, 165-166).

코말라는 설립 후 잠시 동안 KDPI와 마찬가지로 많은 이란 쿠르디스탄 지역에 세력을 확장하였으나, 1983년 북부 이라크로 망명한 이후 세력은 축소되었다. 그러나 코말라가 민족주의를 거부한 것은 쿠르드인들의 민족주의에 대한 열망을 오판한 것이었으며 이러한 공산주의 노선은 곧 외면을 받게 되었다(*ibid*).

이를 좀 더 살펴보면 코말라는 1979년 이란 혁명시기 쿠르드 공산주의를 대표하며 억압된 계급의 지지를 받은 쿠르디스탄 임금 노동자들의 혁명조직으로 활성화되었다. 코말라 지도자는 이 조직이 급진적인 맑스-레닌주의 조직이었다고 진술하였다. 1981년 코말라는 농민 등 프로레타리아를 결집시켜 부족장들과 지주에 대항하여야 한다고 주장하였다(Kamali 2003, 181). 코말라의 이러한 주장은 코말라의 주요활동지역으로서 농업이 주요산업인 남부와 남동부에 이러한 계급투쟁에 기반 한 맑스-레닌주의 이념의 침투가 용이하였다. 코말라는 이전의 1차 코말라가 부족장과 부르조아의 봉건적 군사력에 의해 이끌어졌음을 비판하였다. 그들의 목표는 쿠르드 민족 압제자들의 억압을 받는 프로레타리아 계급 즉 쿠르디스탄의 임금노동자, 농민이 지배하는 쿠르드 자치를 건설하는 것이었다(*ibid*, 181).

그리하여 몇몇 농민반란과 관련되어 있었던 코말라는 지주나 부족장들과 대립관계에 놓이게 되었다. 코말라는 우라마나트(Uramanat), 마리완. 사난다즈 등에 '농민조합'을 설립하고 토지 특히 소유주들이 떠난 농촌의 토지를 농민들에게 분배하였다. '노동조합' 소속 마을들은 자체적으로 게릴라들을 조직하였다. 그들의 임무는 농민의 권리를 보호하고 지주들의 과거 지배적 구조를 견제하였다. 그러나 쿠르드를 가장 많이 동원할 수 있는 쿠르디스탄의 가장 강력한 언어는 '쿠르드 민족주의'였으며 코말라도 맑스-레닌주의적 표현보다는 이 '민족주의'라는 언어에 더 의존하였다(*ibid*, 182).

코말라는 1980년 중반, 이란의 KDPI가 이라크 지역까지 후퇴하고 쿠르디스탄애국동맹(이하 PUK)의 군사적인 지원에 의하여 겨우 생존하고 있을때 코말라 역시 이라크로 퇴각하였으나 계급투쟁 이데올로기는 지속적으로 추구하였다. 그러나 더 큰 문제는 코말라의 쿠르드 이슈들이 정치적 공감을 얻지 못하여 코말라가 쿠르드 기층들로부터 점차적으로 소외되었다는 것이다. 쿠르드인들은 이란 정부군이 쿠르드지역을 점령하자 코말라의 착오와 잘못된 정책들에 대하여 반감이 표출되었다. 코말라와 쿠르드인들 간의 큰 간격은 코말라가 더 이상 무장투쟁을 지속하는 것을 실질적으로 불가능하게 하였다(*ibid*, 211). 이러한 상황에서 비록 초기 코말라는 당원의 확보에 성공하였으나 더 이상 지속되지 못하였다. 게다가 1986년 이란정부가 무장봉기 지역을 평정한 이후 코말라 군대의 영향력은 현저히 감소하였다. 또한 많은 조직원들이 전쟁 중 사망하였고 지도자마저 키프러스에서 암살당하는 등 조직은 쇠퇴하였다(Entessar 2010, 50-52; Gunter 2011, 166).

3) 3차 맑스-레닌주의 시기와 합법적 정치투쟁

이 시기는 1997년 무함마드 하타미(Muhammad Khatami)의 등장부터 현재까지이다. 이란에서 쿠르드인들은 정책적으로 고위공직자에 등용될 수 없었다. 그리하여 많은 이란 쿠르드인들은 1997년 5월 개혁주의자인 하타미가 이란 대통령으로 출마하였을 때, 그를 적극 지지하였다(Gunter 2011, 21). 개혁주의자인 하타미[15]는 쿠르드인들에게 희망을 주었다. 대선 당시 쿠르드인들은 하타미의 개혁적인 공약들, 즉 더 많은 지방 대표의 의회진출, 쿠르디스탄 지역의 공직에 쿠르드인들이 더 많이 할당될 수 있도록 추진하겠다고 공약하여 쿠르드인들은 몰표를 주었던 것이다. 대통령 하타미가 라마잔자데(Abdollah Ramazanzadeh)[16]를 쿠르디스탄 총괄주지사 임명한 것은 쿠르드인들의 비 무력에 의한 합법적 정치투쟁의 결실이었다. 또한 이 임명은 쿠르디스탄에서 20여년의 군사통치가 종식되고 법에 의한 통치가 시작되었다는 것을 의미하였다(Kamali 2003, 212-213).

그러나 2001년 4월 라마잔자데는 '헌법수호위원회(The Council of Guardian)'[17]라고 하는 강력한 감시단체에 의해 명예훼손으로 고발당

15) 1997년 당선, 2001년 재선. 온건 개혁파로 예언자 모하메드의 직계 후손으로 개혁적 성향과 미국과의 관계개선 노력으로 보수파와 최고 종교지도자 아야툴라 알리 하메네이 등 보수 성직자들의 반대에 직면하였다. 지지부진한 개혁으로 지지자들이 외면하여 아마디네자드에게 패하였다.

16) 시아파로 1997년-2001년까지 쿠르디스탄 주지사를 지냈으며 2009년 대통령 선거 방해로 체포되었다.

17) 국회에서 비준된 법률을 이슬람 율법 등에 비추어 심사할 수 있고 대통령, 국회의원 및 국민투표 등의 선거 감독권을 가진 이란정부 내의 위원회. 12명의 위원으로 구성원의 절반은 최고 지도자가 임명하는 이슬람법의 전문가들이다. 헌법수호위원회는 마즐리스에 의해 통과된 모든 법률을 심의하여 그것의 합헌성 여부를 결정한다. 위원회는 선거감독 기능도 한다. 선거에 입후보하는 모든 후보들은 비

했는데 그것은 두 군데 쿠르드 도시에서의 국회의원선거 무효화를 주장하였기 때문이었다. 같은 해 쿠르드 지역 출신 몇몇 입법의원들이 마즐리스(Majlis)[18]에서 사퇴하였는데 이들은 정부의 쿠르드인 차별을 고발하였다. 상황은 더욱 악화되어 현직 마즐리스 쿠르드 의원들 절반 이상이 2004년 2월 선거에 출마금지를 당하였다. 그 결과 쿠르드인 70% 이상이 선거에 불참하였으며 몇몇 쿠르드 도시에서는 쿠르드인들의 동요가 일어났다(Gunter 2011, 21). 2001년 10월 하타미 정부의 쿠르드에 대한 이중적인 태도와 차별에 항의하는 쿠르드 국회의원들의 집단사임이 일어났다(Kamali 2003, 213-214). 2016년 현재 코말라는 KDPI, 투데당(Tudeh)과 같이 망명정부를 구성하고 있다. 사회주의 인터내셔널(SI)회원이며, 이란공산당(CPI) 지부로 활동하고 있으며 유럽, 미국, 캐나다 호주, UN, EU 등 해외조직을 갖추고 있다. 특히 스웨덴 스톡홀름에서 '노동자들의 함성(Workers Voice)'이라는 당지를 발행하고 있으며 코말라 TV가 있다. 에미네 카카바웨(Amineh Kakabaveh) 같은 경우는 스웨덴 이란 쿠르드 디아스포라로 스웨덴 좌파당 소속이며 2008년부터 스웨덴 국회의원을 역임하고 있다. 이와 같이 쿠르드인들이 무장투쟁을 봉쇄당한 이후 선택한 합법적 정치투쟁은 이란의 압도적인 군사력과 권위주의적인 정권하에서는 많은 시간이 소요되고 그 선택의 폭도 매우 협소한 분리독립운동 방식이 되었다.

록 대통령이라 할지라도 위원회의 사전승인을 얻어야 한다(ENCYCLOPIDIA BRITANNICA).

18) 마즐리스는 총의석이 290석이며 의원은 1차 투표에서 1/4이상 득표한 후보가 나오지 않은 선거구는 2차 결선투표를 실시하게 된다.

제3절 이란 쿠르드 민족분쟁의 한계와 문제점

1. 이란의 정치적 안정과 강력한 군사력

중국의 자치주인 티베트는 중국이라는 강대국이 와해되거나 약화될 경우 분리독립이 가능하다. 이와 마찬가지로 이란 쿠르드의 분리독립운동은 주로 이란의 안정된 국내정치와 국제정치적인 측면에서 큰 한계가 나타난다(박주성 2015, 209). 이란 내 정치가 불안정 할 경우 즉 정치적 균열의 강도가 높을 경우 쿠르드 분리독립운동의 기회구조는 확장된다. 즉 이란의 정치구조가 안정적이면 쿠르드의 분리독립운동의 기회구조는 축소된다. 이와 같은 관점에서 첫째, 이란의 정치적 안정 측면을 살펴보면 이란은 이라크와 같은 급조된 국가가 아닌 오랜 역사를 지닌 국가였다. 또한 이란은 팔레비 왕조, 이슬람통치 국가에 이르기까지 이란-이라크 전 시기를 제외하면 이라크에 비해서 정치적, 종교적으로 비교적 안정적이었다. 이란 내 큰 내란이 없는 것은 쿠르드의 분리독립운동에는 매우 불리하였다.

둘째, 이란은 강력한 군사력을 바탕으로 쿠르드 분리독립운동단체를 무력으로 진압하였다. 쿠르드의 평등한 정치적 권리가 부정되는 이란에서 KDPI나 코말라가 쇠퇴하였다는 의미는 곧 분리독립운동단체의 모든 역량이 표출되는 군사적 행동과 동원이 제한되었다는 의미다. 즉 이란의 군사적 진압에 대항할 KDPI나 코말라의 군사적 역량이 부족하였다는 의미이다. 마하바드 공화국 역시 소규모 경무장 국군이 존재하였으나 중무장한 대규모 이란의 군대를 상대하기에는 역부족이었다.

팔레비 왕조 당시부터 시작된 대쿠르드 정책을 좀 더 세분해서 살펴보면 첫째, 군사력을 통한 무력진압을 근간으로 하였다. 팔레비 당시도 그러하였지만 이란-이라크전이 끝난 직후 이란은 축적된 강력한 군사력을 바탕으로 본격적으로 쿠르디스탄에 웅거한 KDPI와 코말라 주력을 섬멸하는데 집중한 결과 결국 KDPI와 코말라의 무장 분리독립운동 시대는 막을 내리게 되었다. 둘째, 동화정책이다. 이러한 동화정책은 레자 샤부터 강력히 추진되어온 것으로 이란 내 소수민족들을 이란인으로 동화시키는 것이다. 소수민족의 문화, 언어, 출판을 금지하고 페르시아어와 페르시아어 출판물만 허용하는 것이 대표적인 동화정책이다. 많은 이란 쿠르드인들이 민족 정체성을 상실하고 이란에 동화되었고 이러한 동화는 쿠르드 민족동원을 방해하는 악순환을 가져왔다. 셋째, 분할 통치 방식(Divide and Rule)이다. 회유정책은 친정부적인 부족 즉 조쉬에게는 관직, 경제적 특혜 등을 주어 쿠르드 부족 간의 단결을 방해하였을 뿐더러 이들을 군사적으로 동원시켜 쿠르드 민족운동단체와 조쉬 부족 간 전쟁을 치르게 하였다. 또한 이란은 쿠르디스탄의 일부 쿠르드인들을 매수하여 분리독립운동단체들의 무장투쟁과 민족운동을 철저히 감시하고 신고하도록 하여 활동이 불가능할 정도로 정보망을 가동하고 있다. 넷째 이란은 이라크 KDP를 통하여 이란 내 분리독립운동 세력을 압박하였다. 이라크 KDP를 지원하여 이란 KDPI를 억압하는 전술이다 이 전술을 이라크를 압박하여 알제이 협정을 얻는 이중효과가 있었다.

2. 지역국가들과의 연대붕괴

쿠르드 분리독립운동에 있어서 중요한 외부변수는 주변 지역국가 또는 강대국과의 연대다. 특히 민족운동단체가 속한 국가가 전쟁 중이거나 주변 지역국가가 전쟁 중일 경우 쿠르드 분리독립운동단체에게 연대기회가 생성, 확장된다. 그것은 이라크 KDP, IS와 관련된 터키 PKK도 예외는 아니었다. 또한 자치나 연방정부 수준의 이라크 쿠르드 정부는 완전한 쿠르드 독립국가가 아니므로 주변국에 있는 KDPI나 코말라, PKK 등에게 피난처, 소규모 지원 외에 대규모 군사지원은 불가능하다는 제한이 있다. 이라크 사담 후세인과 KDPI, 코말라의 후견-피후견 관계는 1988년 할랍자에 대한 화학무기 대량살포 전까지 유지되었으며 이라크는 이란과 갈등 중이거나 전쟁 중인 경우 KDPI와 코말라 무장투쟁을 지원하여 주로 이란 정규군을 교란시키거나 자신들의 대이란 협상을 유리하게 전개하기 위한 협상용 카드로 활용하였다. 그것은 이란도 마찬가지였다. IS 사태를 맞이하여 미국이 테러단체로 규정한 PKK 시리아 지부인 민주연맹당 즉 PYD를 지원하는 것도 결국 같은 맥락이다. KDPI, 코말라는 자신들의 분리독립운동이 강대국과 지역국가들의 이익과 일치할 경우 이들 국가들의 지원을 가장 효과적으로 대량 획득할 수 있었다. 이러한 환경은 이란이 미국의 이익에 반하는 정권이거나, 이란이 내전이나 전쟁을 할 경우 KDPI나 코말라는 이들의 주요한 연대의 대상이 되었다. 그러나 1979년 이란혁명, 이란-이라크전 이후 이란의 정치는 다소 안정을 찾았고 이러한 정치적 안정은 이란 쿠르드의 무장 분리독립운동의 침체를 가져오게 되었다. 또한 지역국가들의 KDPI와 코말라의 연대 필요성도 감소하였다. 앞으로 이란의 정치적 안정이 지속된다면 당분간 이란 내 쿠르드 분리독립운동은 정치권내의 민족투쟁에 주력할 수밖에 없을 것이다.

3. KDPI와 코말라의 내분과 내전

이란 쿠르드 분리독립운동에서 드러난 내부적 문제점의 하나는 각

정치집단 내부에서 일어난 당 내분과 내전이다. 이를 살펴보면 다음과 같다. 첫째, 쿠르드인들은 1979년 12월 국민투표 불참가, 1980년 3월 선거에서 KDPI 후보들에 대한 압도적 찬성표를 통해 KDPI에 대한 지지를 나타냈다. 이는 가셈로우와 KDPI의 민족 추구형 정치이념이 쿠르드를 대변할 정치이념과 정당으로 쿠르드 대중들에게 확고히 받아들여졌음을 의미한다. 민족 추구형인 KDPI는 투쟁의 최종목표가 쿠르드 민족국가 건설이었다. KDPI는 민족주의적인 세력이 주체가 되어 사회주의 경향을 가진 민족세력들도 영입함으로써 목표달성이나 노선의 문제가 노출되었을 때 이러한 사회주의 또는 급진 세력들은 내분을 일으키거나 탈당하는 경향이 있었다. KDPI의 주요활동 지역은 우르미예 호수 남쪽, 산속으로 둘러싸인 중간규모 정도 도시인 마하바드와 마하바드 주변부에 위치한 부칸, 사키즈가 주요활동 무대였다(Izady 2009, 211). 이곳은 전통주의적이고 부족주의적인 특징이 강한 지역이었다. 이러한 전통주의적이고 민족주의가 강한 지역에 기반을 둔 KDP, KDPI는 일시적으로 맑스-레닌주의자들과 협력하는 경우가 있었으나 그들은 근본적으로 민족주의자들이었으며 민족 추구형 정당이었다. KDPI는 이란정부와 투쟁하면서 당 내부의 반기에도 직면하였다. 그리하여 1980년에 KDPI 내 일부인 일단의 친소련적인 투데당을 지지하는 지도자들이 당을 떠났다. 게다가 추가적인 당내 분할이 일어났는데 1988년 4월 당 8차 회의 후 가셈로우는 당내 급진 좌파의 도전에 직면하였다. 그들은 가셈로우가 사회주의를 멀리하고 서구 자유민주의와 우익으로 경도되었다고 비판하였다. 결국 이들은 KDPI를 떠나 KDP-RL(The Kurdish Democratic Party of Iran- Revolutionary Leadership)을 창당하였다(Kamali 2003, 192).

둘째, 코말라 역시 연방제나 자치를 주장한다 할지라도 투쟁의 최종목표는 공산주의 체제건설이다. 코말라는 터키의 PKK와 같이 맑스-레닌주의에 철저한 이념 추구형 행태를 보여주었다. 그러므로 코말라의 성공과 실패의 여부는 당의 정강과 정체성을 민족주의로 전환하지 않는 한 근본적으로 쿠르드 민족의 맥락이 아닌 맑스-레닌주의적 맥락에서 평가된다. 이러한 코말라의 독선적인 이데올로기적 성향 때문에 대부분의 쿠르드인들의 지지를 얻지 못하였다(Entessar 2010, 51). 이러한 코말라의 주장을 좀 더 살펴보면 노동자에 의한 노동 자문단의 설립, 노동자, 농민의 권리보장 및 계급투쟁 강조, 농민에 의한 지주들의 토지몰수, 농가부채 전액탕감, 모든 도시와 농촌의 토지 및 자원들의 국유화 등을 표방하였다(*ibid*, 182). 또한 코말라는 쿠르드인들의 봉건의식을 맑스-레닌주의로 개조하기 위한 정치적 교육을 중점적으로 실시하였다. 특히 쿠르드 전통주의적 세력의 기반이 되는 농촌의 청소년들에게 계급의 원리들과 게릴라 전술을 학습시켜 이들을 동원하려고 노력하였다. 이와 같은 이념 추구형 정당은 자신들의 정치적 목표를 달성하지 못하였을 경우 내분보다는 대부분 당내 사상 투쟁을 통한 전술적 변화를 모색하는 경향이 있다.

다음 두 정치집단 간의 내전을 살펴보면 다음과 같다. KDPI와 코말라 간의 내전은 주로 두 가지 원인에 의해서 발생하였는데 그것은 첫째, 자신들의 정당유지에 가장 중요한 지역기반과 동원에 관련된 것으로 주로 쿠르디스탄 지역과 농촌의 헤게모니를 둘러 싼 전쟁이 빈번하였다. 또한 코말라는 주로 농민의 소작료, 토지문제로 지주들과 적대적인 관계를 유지하였다. 그러나 보다 친KDPI적인 부족장, 지주들과의 적대적 관계는 코말라의 정치적 입지를 협소하게 만드는 요인이 되었다. 둘째는 보다 근원적인 것으로 이 두 집단은 이념적으로 항상 대립되었다. 특히 코말라는 민족을 부정하는 맑스-레닌주의를 근본이념으로 채택하고 있으므로 민족정체성과 민족주의를 추구하는 KDPI와는 근본적으로 적대적이었으며 KDPI는 자신들의 이념적 목표달성과정에 놓여있는 하나의 극복대상이었다. 이들이 통합전선을 형성하는 경우는 대부분 1986년 이란 정부의 강력한 군사작전 등 외부의 강한 압박이 있는 경우다. 할랍자 학살, 가셈로우 암살 등을 계기로 1989년 11월 역시 통합 노력이 있었으나 KDPI와 코말라 간의 이념 차이는 결국 이들의 통합을 방해하였다. 그들은 이미 1985년에 KDPI와 급진 맑시스트인 코말라 간의 전투가 시작되어 수백 명이 사망하기도 하였다. 좀 더 심각한 분열은 2006년 미국의 대이란 정책의 찬반 둘러싼 양 집단 사이에서 일어났다. 현재 KDPI와 코말라는 이란 내 무장투쟁이 어려운 환경이므로 이들 중 일부 무장 세력들은 KRG의 영토에 은신하고 있다(Gunter 2011, 20).

또한 두 집단 간의 내분과 내전은 이란 쿠르드 분리독립운동에 큰 악영향을 가져왔는데 첫째는 가속화된 당내내분과 당내갈등은 당을 분열시켰다. 당의 내부분열은 분리독립운동의 조직을 분열, 붕괴시키고 이러한 분열은 당의 역량 집중을 방해하여 결국 조직을 약화시키는 경향이 있었다. 조직의 약화는 결국 쿠르드 민족동원을 제한하는 악순환에 함몰되었다.

둘째는 두 대표적 분리독립운동집단 간의 헤게모니 쟁탈을 위한 전쟁은 결국 대이란 쿠르드 민족투쟁 동력을 감소시켰다는 것이다. 즉 KDPI와 코말라, 페쉬메르가 간의 상호 살육적인 투쟁은 무장 게릴라들의 감소, 자원낭비 등으로 KDPI와 코말라의 무장투쟁 능력과 영향력을 감소시켰다. 셋째, 이러한 약화된 무장투쟁 능력은 결국 이란과 적대적인 국가나 강대국에게 매력적인 연대대상으로서의 가치가 감소하게 된다. 이러한 결과 현재 이란 내 KDPI와 코말라의 무장 민족투쟁과 무장 이념투쟁은 정체되었다.

4. 리더십의 단절

이란 쿠르드 분리독립운동에서 드러난 두 번째 내부적 문제점은 리더십의 단절이다. 첫째, KDPI 리더십 단절의 경우다. 이라크 KDP가 쿠르드연방자치정부인 KRG를 획득한 주요한 요인 중 하나는 물라 무스타파 바르자니와 마수드 바르자니와 같은 유능한 지도자와 리더십이었다. 이들의 리더십은 단절되지 않고 계승이 되었다. 그러나 PKK나 KDPI, 코말라는 심각한 리더십 단절현상이 나타나 분리독립운동 능력이 감소되거나 쇠퇴하게 되었다. 리더십의 단절은 자의적인 리더십 단절과 가셈로우와 같은 외부의 힘에 의한 타의적 리더십 단절이 있는데 카지 무하마드 경우는 자의적인 리더십 단절의 경우에 해당한다, 마하바드 공화국의 패망이 가까워지자 물라 무스타파를 비롯한 주위의 일부 KDP 당원은 카지 무하마드에게 주변 쿠르디스탄으로 피신을 권하였으나 카지 무하마드는 이를 거부하고 죽음을 맞이하였다. 그러나 이는 매우 소극적 행위로서 KDP의 1차 리더십 단절을 가져왔다. 그는 비록 종교적 배경과 가문의 경쟁력이 바르자니 가문 못지않았으나 바르자니 가문과 같은 투쟁성과 리더십이 부족하였다. 만약 카지 무하마드와 그의 형제, 친족들이 이라크 쿠르디스탄에서 망명정부를 구성하였다면 이란 쿠르드 민족운동은 종교적 세력과 부족세력 그리고 지식인들 세력까지 아우르는 보다 큰 영향력이 있는 정치집단으로 성장하였을 것이다.

가셈로우 리더십을 살펴보면, 이란-이라크전이 끝난 즉시 이란 정부는 이란-이라크전 당시 이란의 후방을 교란하였던 KDPI, 코말라를 무력화시키기 위하여 가셈로우와 코말라 지도자를 암살하여 무장 분리독립운동을 완전히 차단하려 하였다. 가셈로우 역시 이란-이라크전이 종전된 상황에서 무장투쟁을 지속하는 것이 쉽지 않다는 것을 인식하였다. 그리하여 이란 정치체제 내 투쟁에 주력하여 하였으며, 이러한 가운데 이란 정부의 대화제의는 매우 시의적절한 유인책이었다. 비록 그것이 유인책이 아니었다고 할지라도 이란 정권의 강경파는 그를 방치하지 않았을 것이다. 더구나 이란-이라크 전쟁이 종료되어 이란 내 쿠르드 분리독립운동을 쉽게 진압할 수 있는 유휴 군사력이 압도적으로 넘치는 상황에서 굳이 이란 정권이 가셈로우와 대화를 시도해야 할 이유가 없었다.

이러한 이란 정부 내 강경파가 득세한 내부정세에도 불구하고 평소 온건하고 실용주의적인 가셈로우는 이란 정부와 쿠르드 문제에 대한 비군사적인 정치적 해결을 시도하였다. 그리하여 가셈로우는 쿠르드 자치에 관하여 이란정부와 대화를 지속하였다. 그러나 이는 많은 내외부의 적을 양산하였다. 이란-이라크전이 종료된 이후 정부와의 회합은 당 정치국의 인지 하에 1988년 12월, 1989년 1월, 1989년 7월 12-13일에 개최되었다. 그러나 3번째 이 회합은 이란 측의 요구에 의해 당에도 공지하지 않은 채 은밀하게 진행하였으며 결국 그는 이 회합에서 암살당하였다. 이 암살의 배후로 오스트리아 경찰은 증거에 기초해 이란의 비밀요원에 의해 살해되었다고 확신하였다. 그것은 가셈로우와 서방, 미국과의 지원을 차단하려는 목적을 가진 암살이었다. 이 매복에 의한 죽음과 심코의 죽음과는 유사성이 있다고 생각할 수밖에 없다(Kamali 2003, 192-193).

가셈로우의 후임인 KDPI의 무하마드 사데크 샤라프칸디의 경우를 살펴보면 가셈로우 암살이후 샤라프칸디[19]는 가셈로우와 마찬가지로 민주주의와 정치적 평등을 성취하려는 이란의 다른 단체들의 투쟁과 밀접하게 연계하여 쿠르드 민족운동을 전개하려 하였다. 그러나 그 역시 1992년 9월 18일[20] 4명의 무장괴한에 의해 3명의 다른 쿠르드인과 더불어 베를린 미코노스(Mykonos) 레스토랑에서 암살당하였다. 독일경찰은 '미코노스 특별 위원회'를 구성하여 조사하였고 미코노스 법정은 3년 6개월의 심리 결과 샤라프간디는 정치적 암살이라는 결론을 내렸다(*ibid*, 211). 이 '미코노스 법정'은 샤라프간디 암살이 가셈로우나 여타 쿠르드인 등 모든 이란이슬람공화국(IRI)의 대쿠르드인 암살은 쿠르드의 정치적 불만들을 없애려는 것이라고 결론을 내리고 1997년 4월 5명에 대해 2명을 종신형에 처하는 등 형량 선고를 하였다. 샤라프칸디의 죽음은 이슬람 정부에 의해서 쿠르드 운동에 대한 철저한 탄압을 이미 받고 있었던 쿠르드 분리독립운동에 치명타가 되었다(*ibid*, 210-211). 어떤 쿠르드 소식통들은 아마디네자드가 1989년 가셈로우 암살배후였다고 주장하였다(Gunter 2011, 21). 이어 많은 쿠르드 민족 운동가들이 주변국으로 탈출하였으며 특히 이라크 내 쿠르드 장악지역으로 피신하였다(Kamali 2003, 210-211).

KDPI는 샤라프칸디 사후 무스타파 히즈리(Mustafa Hijri)가 당 지도자로 선출되었다. 그러나 1993년-2005년까지 지도자였던 압둘라 하산자데(Abdullah Hassanzadeh)[21]를 비롯한 대부분의 주요 KDPI 지도자

19) 그는 화학박사며 파리에서 가셈로우를 만나 KDPI에 입당하였다. 가셈로우 박사가 암살당한 뒤 1991월 12월 만장일치로 당 9차 총회에서 KDPI 사무총장으로 선출되었다.

20) Gunter는 9월 17일로 기록하였다(Gunter 2011, 20).

21) KDPI 지도자인 하산자데와 히즈리는 2016년 5월 현재 페이스북(facebook) 활동도 하고 있다. 또한 마수드 바르자니를 비롯한 대부분의 쿠르디스탄 지도자들도 트위터나 페이스북 등 SNS 활동을 하고 있다.

들은 KDPI를 탈당하여 KDP-I(KDP-RL)를 창설하였다. 이러한 결과로 오히려 PKK 이란 지부인 PJAK이 KDPI의 분열과 코말라의 쇠퇴를 틈타 세력을 확장하게 되었다(Gunter 2011, 176).

둘째, 코말라 리더십 단절의 경우이다. 이러한 지도자 암살은 코말라도 예외가 아니었는데 코말라 지도급 인사인 샤피이(Jafar Shafiyi)는 1987년 10월에, 1989년 9월에는 카망가르(Sedigh Kamangar)가 암살당하였으며 1989년 코말라의 지도자가 키프러스 라르나카(Larnaca)에서 암살당하였다. 이로써 코말라는 페이퍼 정당조직으로 전락하였다. 현재는 쿠르드 자치를 주장하며 압둘라 모타디(Abdullah Mohtadi)가 사무총장으로 있다(Gunter 2011, 166).

셋째, 명망 있는 종교적 지도자가 KDPI와 같은 정당 지도자로 활동하며 쿠르드 분리독립운동을 지도한다면 그 영향력은 이라크의 바르자니 가문과 같은 정치적 역량을 발휘할 가능성도 존재한다. 이란 혁명 후 이란 쿠르드 운동의 가장 중요한 인물은 순니 성직자인 쉐흐 이지딘 후세이니(Shaikh Izziddin Husseini)이다. 그는 쉐흐로서 이슬람 공화국에 대항하여 투쟁하는 KDPI나 다른 좌파적 조직에 참여하여 쿠르드 민족의 대단한 지지를 받았다(Kamali 2003, 183). 그는 이란 혁명 후 '쿠르드민족평의회(The Council of Kurdish People)' 의장이 되었으며 쿠르드 자치를 공개적으로 주장하였다(*ibid*, 183-184).

결과적으로 이러한 지도자 암살은 코말라 조직 자체에 심대한 타격을 주었으며 조직의 존립 자체를 위태롭게 하였고 당의 영향력은 현저히 감소되었다. 이라크의 바르자니 가문이 갖는 상징성과 비교해 볼 때 KDPI와 이란 쿠르드 분리독립운동이 큰 난관에 봉착했음을 의미한다.

제4절 나가는 말

이란 쿠르드의 대표적 분리독립운동단체인 KDPI(KDP)와 코말라는 쿠르드 독립국가인 마하바드 공화국을 건국한 이래 팔레비 왕조, 이슬람 정권들과 끊임없이 그들의 분리독립을 위한 무장투쟁과 정치적 투쟁을 지속하여 왔으며 그 과정에서 또한 많은 인적, 경제적 손실을 경험하였다. 이러한 70여년에 걸친 분리독립운동의 결과 KDPI와 코말라는 다음과 같은 특징과 한계들이 발견되었다.

첫째, 최초 창당된 KDP는 소련의 지도를 받아 좌우를 망라한 민족주의 정당으로 탄생되었고 최초의 코말라는 민족주의자들을 근간으로 창당되었다. 그러나 마하바드 공화국이 패망한 이후 재건된 KDPI는 좌파와 결별한 민족주의적인 정당 즉 민족 추구형 정당으로 거듭났으며 재건된 코말라는 맑스-레닌주의를 추구하는 이념 추구형 정당으로 재탄생되었다. 이와 같이 이들 두 정당은 각각 2차 창당 당시 1차 창당 시기와는 다른 이념적 변화를 보였다.

둘째, 이란의 경우 이라크에 비해 정치적 균열 강도가 낮아 상대적으로 정치가 안정되었고 자체 군사력 또한 KDPI, 코말라에 비해 압도적이었으므로 쿠르드의 무장 분리독립운동 역시 한계를 갖게 되었다. 또한 이란 정권의 소수민족탄압정책과 동화정책으로 인하여 쿠르드 역시 민족운동의 동원이 제한되었다.

셋째, 지역국가 또는 강대국과의 연대가 붕괴되었다. 마하바드 공화국은 소련의 전적인 지원으로 건국되었다. 이란-이라크전 시기는 KDPI와 코말라를 필요로 하는 이라크 사담 후세인의 지원을 받아 무장하였다. 그러나 이란의 이슬람 공화국 정치가 상대적으로 안정되고 이슬람 통치가 구조적으로 공고화 단계에 접어들면서 무장투쟁 능력이 약화된 KDPI와 코말라를 활용하고자 하는 지역국가들과 강대국의 필요성이 대부분 감소되었다. 결국 자체 무장동력이 부족한 KDPI와 코말라가 과거 전성기와 같은 무장투쟁 능력을 회복하기에는 이란의 심각한 정치적 내분이 없는 한 많은 시간이 필요할 것으로 판단된다.

넷째, 이라크의 KDP와 터키 PKK와 유사한 이념적 대립현상이 이란 KDPI와 코말라 관계에서도 나타났다. 그리하여 이념적 차이를 가진 양 정당의 쿠르디스탄을 둘러싼 정치적 대립은 당연한 것이었다. 특히 당 내분과 관련하여 코말라는 이념 추구형 정당인 관계로 맑스-레닌주의 자체가 붕괴하지 않는 한 자체 추진 동력을 가지고 있는 동시에 당내 이념적 내분의 여지는 적다. 그러나 KDPI의 경우 창당 당시부터 좌우를 망라한 세력이 결집한 관계로 강경 사회주의 세력들과의 내분은 예견되었다. 그러나 이러한 내분과 내전은 조직의 역량을 집중할 수 없게 만들었으며 장기적으로 이란 쿠르드인들의 분리독립운동 투쟁성을 약화시키고 쿠르드인들의 동원을 제한하게 하는 악순환 구조를 형성하였다.

다섯째, 리더십의 단절현상이 심각하였다. 카지 무하마드는 자의적 리더십 단절의 경우로 그는 마하바드 공화국 패망 당시 스스로 리더십을 포기하고 투항하였다. 또한 이란은 KDPI, 코말라 단체 지도자들을 암살이라는 수단을 통하여 연속적으로 제거함으로써 분리독립운동단체는 정당 리더십이 단절되는 큰 난관에 봉착하게 되었다. 결국 이란 쿠르드 분리독립운동은 상징성을 가진 지도자가 사라짐으로써 DKPI와 코말라의 민족운동 역량 역시 쇠퇴하게 되었다.

이란 쿠르드 분리독립운동단체인 KDPI와 코말라가 주장하였던 '이란을 위한 민주주의, 쿠르디스탄을 위한 자치' 슬로건은 이란에서 서구적 민주주의가 실현된다면 쿠르드인들의 정치적 불평등이 감소되고 장기적으로는 쿠르디스탄의 자치가 실현될 수 있다는 의미가 포함되어 있다. 그러나 KDPI, 코말라가 원하는 쿠르디스탄 자치, 그리고 자치 이전의 단계인 이란 내 쿠르드 민족의 정치적, 경제적, 문화적 불평등 해소마저도 이란의 정치적 안정이 지속되는 한 많은 시간이 소요될 것이다.

쿠르드인들의 1만 년 전 주거지이며 청동기 유적이 발견된 차이외뉘 동굴

티그리스강 시원지에서 바라본 동사면이며 PKK가 은신할 수 없도록 소개한 아르메니아 교회건물이 보인다. PKK 이동을 감시하였던 터키군 건물 잔해가 정상 바로 밑에 있다.

기독교, 이슬람, 유대교의 믿음의 조상 아브라함이 태어나고 숨어 살았던 동굴(샨르 우르파)

석기시대의 유적지가 있으며 동시에 많은 물이 동굴에서 흘러나오고 있는 Birkleyn 산이다. 알렉산더가 쿠르디스탄 원정 도중에 들렀던 동굴이다. 인근에서 터키군과 PKK 게릴라의 대규모 교전이 있었다.

이라크 KDP 지도자였던 물라 무스타파 바르자니(좌측에서 두 번째)

마수드 바르자니(KDP 정당 홈페이지)

압둘라 외잘란과 동료들이 PKK를 처음 결성한 장소

압둘라 외잘란의 고향집에서 인터뷰 중인 압둘라 동생 메흐멧

수천 년 된 마르딘 도시 정상부에 현재 터키군 요새가 있다. 외잘란이 조직 구축을 위해 이곳에서 활동하였다. 아르튜클루 대학이 있으며 근처에 국경도시 누사이빈이 있다.

현재 PKK가 자치를 실시하고 있는 로자바와 카미실리가 바라다 보이는 터키-시리아국경선.

터키 쿠르드 행불자 단체인 야카이 데르

디야르바크르 BDP(HDP) 당사. 전국에서 유일하게 당사건물을 소유하고 있다. BDP는 지역별 총회에서 1년 2, 3회에 걸쳐 재정수지현황을 공개한다.

이스탄불에 있는 쿠르드어연구소

쿠르디스탄이 강대국에 침탈당한 주요원인이 된 석유자원(하산케이프에서 바트만 가는 도로)

평화어머니회의 다예(어머니) 에미네, 다예 호라산과 함께.

BDP(HDP) 정당 사무실에서 만난 쿠르드 및 터키 당원들. 아랍 여자들과는 달리 쿠르드 여자들은 매우 활달하고 적극적이다. 저자의 모자를 벗겨서 써보고 있다. 이 지구당위원장은 변호사이며 지구당위원장을 바쉬칸이라고 한다.

이스탄불에 있는 BDP 정당 사무실이다. 대부분의 지구당은 당원들 당비로 유지되며 중앙당에서 운영비를 주는 경우는 드물어서 정당운영이 어렵다(지구당 사진들은 모두 다른 지구당들이다).

쿠르드 일간신문 아자디야 웰랏(Azadiya Welat, 조국의 자유)이 있는 건물.

1992년 어느 날 저녁 게릴라들이 우연히 이 마을을 통과하던 중 터키군과 조우하여 치열한 전투가 벌어졌다. 바로 다음날 터키군이 마을에 불을 질러 소개하였다고 한다. 삶의 터전을 잃고 이스탄불을 떠돌던 이 마을 젊은이 7-8명은 결국 게릴라가 되었다. 터키 공화국 설립 이래 30회의 봉기가 일어났다.

본문에는 소개되지 않았지만 수차례 방문하였던 이스탄불 소재 쿠르드문화원.

자취방에서 밤늦게 쿠르드 민족주의를 토로하면서 쿠르드 국가를 세우기 위해 PKK 게릴라가 되려고 고민하고 있던 쿠르드 대학생. 쿠르드 청년들은 터키군이 되면 터키에 충성해야 하는 상황과 동족인 PKK 게릴라들에게 총부리를 겨눠야 되는 상황을 피하기 위해 유럽인권재판소에 제소하기도 하고 병역을 거부하거나 게릴라가 되기도 한다. 인터뷰 당시 맨 뒤 청년은 유럽인권재판소에 제소한 상태였고 병역문제 등으로 PKK 게릴라가 된 친구들이 많다고 하였다.

시리아 난민

동양사람인 저자가 신기해서 쫓아 다녔던 쿠르드 어린이들. 이 아이들이 꿈꾸는 쿠르드 미래는 어떤 모습일까?

제3부

08

쿠르드 역사

제1절 쿠르드의 역사[1)]

쿠르드인들은 역사를 잃어버린 민족이다. 쿠르드의 고대사는 물론 중세사, 근대사도 이란사나 주변 민족의 역사로 기술되고 있다. 그리고 역사적 유물의 보존, 언어와 문화유산의 보존측면에서도 매우 불행한 민족이다. 심지어 많은 쿠르드인들이 쿠르드 정체성을 상실하여 오랜 세월동안 이(異) 민족들에게 동화되어 갔으며 현대 쿠르드인들은 자신들의 정확한 인구통계마저도 알지 못하고 있는 민족이다.

쿠르드인이 거주하는 쿠르디스탄의 지역적 형태는 티그리스(쿠르드어로 디즐레-decle)강과 유프라테스(쿠르드어로 프랏-firat)강이 만든 메소포타미아의 비옥한 초승달지대와 유사하다. 쿠르드인들은 이 비옥한

1) 쿠르드는 통일된 역사서가 없으므로 저자는 쿠르드의 역사, 언어, 부족 등에 대해서 상세하게 조사한 이자디의 저서를 주로 참조하였다. 터키 학술여행 중 저명한 언어학자로부터 이자디의 저서를 추천받았다. 쿠르드 역사부분은 검증할 시간이 허락치 않아 학위논문 작성할 당시의 자료를 위주로 소개하는 정도에 그쳤다.

초승달지대의 북쪽 고지대 부분과 주변부에 거주한 채 저지대 메소포타미아인 중심부와 경쟁하면서 고대문명을 주도적으로 창출하였다. 특히 이란사에 포함된 쿠르드 왕조들에 관한 이자디의 주장이 학계에 의해 실증적으로 증명된다면 쿠르드의 역사는 좀 더 사실적으로 복원될 가능성이 있다. 그러나 이는 또 다른 역사분쟁의 현장이 될 가능성이 있다.

기록이 많지 않은 쿠르드 역사를 알아보는 것은 단편적인 조각을 맞추는 퍼즐과 같다고 할 수 있으며 쿠르드의 역사를, 특히 고대 및 그 이후의 역사를, 서술한다는 것은 매우 어려운 일이다. 이러한 난제 속에서 쿠르드 역사를 가장 정밀하게 연구한 학자는 이자디로서 저자는 이자디의 연구틀을 중심으로 중동을 연구하는 서구의 학자들과 국내 학자들의 견해를 참조하여 쿠르드 역사를 구성하였다. 쿠르드의 역사는 앞으로 KRG가 주도적으로 연구하여야 할뿐만 아니라 중동의 올바른 역사를 규명하기 위해서도 많은 연구가 필요한 분야이다.

1. 신석기혁명, 청동기혁명, 하라프-후리안 문화기(10000년 이전-3000 BCE)

10000 BCE 이전까지로 추정되는 구석기와 더불어 중석기 시대의 동굴 유적들은 쿠르디스탄의 남부와 중부에 많은 수가 산재해 있다. 쿠르디스탄 남부에 있는 베히스툰(Behistun, Mt Bisitun)의 동굴은 약 10만 년 전의 주거지이며 샤니다르(Shanidar) 동굴주거지[2] 역시 오래 전

2) 메데 제국의 영토 특히 현 쿠르디스탄의 영토에는 구석기 유적과 유물들이 풍부하게 남아 있다. 특히 하산 케이프의 석회암 동굴에는 최근까지 많은 사람들이 살고 있었으며 현재도 일부 사람들이 석회암 동굴에 거주하고 있다. 특히 이라크

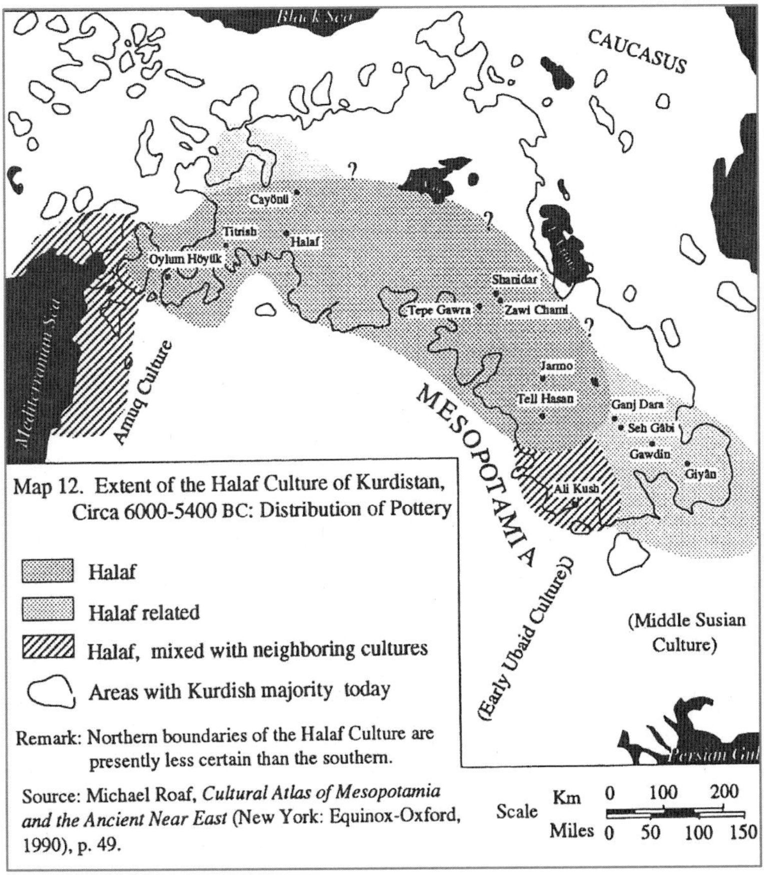

<그림 24> 쿠르디스탄의 하라프 문화기 권역(Izady 2009, 26)

쿠르디스탄 소란의 북쪽에 위치한 샤니다르(Shanidar) 동굴은 과거 13만 년 전, 10만 년 전, 4만4000여 년 전 유물이 있으며 9000 BCE 경의 샤니다르 동굴유적 중에서 양을 목축하고 잡아먹은 흔적도 발견되었다. 쿠르디스탄 지역과 부근은 구석기, 신석기 유적뿐만 아니라 포도, 사과, 배, 무화과, 아몬드, 파스타지오 등 많은 과실나무와 곡물류들의 본 고장이기도 하다. 고고학자들은 이러한 유적들과 토기, 유물 등을 통해 문명이 기후나 자연재해 기타의 이유로 발전과 쇠퇴를 반복한다는 사실을 알아냈다(제카리카 시친: 이근영 옮김 2010, 28-33).

전부터 사람들이 거주했었다. 구석기와 중석기 시대의 기술적인 진보와 예술적인 표현들은 중동과 서, 남유럽의 다른 정착인들과 대체로 일맥상통하였다. 그러나 쿠르디스탄은 신석기혁명이 최초로 일어난 곳 중 하나로 이러한 기술혁명으로 인하여 인구밀도가 낮은 사냥과 채집경제로부터 높은 인구밀도를 가진 식량생산경제로 전환되었다. 신석기혁명시대 당시 쿠르디스탄은 비옥한 초승달 지역의 산이 많은 북부지역과 주변부로서 식량의 대량 생산방법 뿐만 아니라 많은 초기 가내 수공업 기술의 발전과 응용이 이루어졌던 곳이다. 고고학적 증거들에 의해 브레이드우드는 약 10000 BCE 경 쿠르드 산악 지역에서 농업이 시작되었다고 주장하였다. 쿠르드 산악지역에서부터 시작된 이 혁명적 기술은 점차 주변 남부 메소포타미아 지역이나 서부 아나톨리아의 고원, 이란 고원들로 확산되어 갔다. 그리하여 농업기술이 약 6000 BCE 전까지 북 아프리카, 유럽, 인도 남부까지 전파되었다. 이와 같이 쿠르디스탄의 자그로스 산맥(Zagros Mt's) 지역은 일반적인 많은 작물들과 목축의 시원지역이었다(Izady 2009, 23-25).

이를 좀 더 살펴보면 오늘날의 밀, 보리, 호밀, 오트(귀리), 완두통류, 렌즈콩류, 알팔파, 포도들의 조상들이 9000 BCE 경 직전에 오늘날 쿠르드인들의 조상들에 의해 최초로 재배되기 시작하였다. 현재도 대부분의 일반 곡류, 콩류들의 야생종들이 자그로스 산맥과 타우루스(Taurus Mt's) 산맥 서부지역, 아마누스 산맥(Amanus Mt's)에서 잡초들과 함께 서식하고 있다. 그리고 쿠르디스탄 내 3곳의 주요한 고고학 유적지에서 염소, 양, 개, 돼지들의 최초 가축화가 이루어진 유적들이 발견되었는데 그곳은 서부 쿠르디스탄 지역인 오늘날의 디야르바크르 인근 '차이외뉘(Çayönu)[3]'와, 남부 쿠르디스탄에 있는 키르만샤의 북서부에 위치하고 1만 년 전(8000 BCE)까지 소급되는 '간즈 다라

(Ganj dara)' 그리고 8000천 년 전(6000 BCE)까지 소급되는 중앙 쿠르디스탄의 술레마니아 북쪽에 위치한 '자르모(Jarmo)' 유적지이다(*ibid*, 24). 간즈 다라는 현재 이란령 쿠르디스탄 고원지역에 있으며 1960년대 캐나다 고고학자 필립 스미스(Philip Smith)에 의해서 발굴되었다.

자르모 유적지는 로버트 존 브레이드우드 박사가 1940년대에 발굴하였는데 북부 이라크의 키르쿠크 동쪽에 위치한 자그로스 산기슭에 위치하며 이 지역은 높은 지대와 낮은 지대의 경계선에 위치한다. 이 자르모 유적 중에는 많은 동물 점토상과 더불어 인간두상 점토 상들이 발견되었으며 구석기, 중석기, 신석기에 걸친 많은 유물들이 다량으로 출토되었다(*ibid*, 23-25).

---

3) 차이외뉘는 야금술이 존재했던 최초의 2곳 중 하나이다. 터키 디야르바크르 북쪽에 위치한 차이외뉘 동굴유적은 그 당시의 주거지와 더불어 주거지 바로 옆에 조상을 모셔 놓는 많은 석실이 있으며 1개 석실에 여러 구를 안치하고 돌문으로 닫아놓는 장례습속을 확인할 수 있었다 차이외뉘는 Sevenpinar(Hilar caves)라고도 하며 에르가니시로부터 남으로 7Km 정도 이동하여 힐라 표지판을 보고 우측으로 조금 이동하면 차이외뉘 유적지가 있다. 이 힐라 동굴은 나지막한 석회암지대에 동굴을 파고 살았던 유적이다. 정면에서 보면 우측의 큰 동굴은 캬라반 숙소, 감옥 등 다양하게 사용되었으며 200여명을 수용할 수 있다고 한다. 9개의 큰 기둥이 있는 것이 특징이며(2개 소실) 그 우측으로 기십 미터 가면 앞서 언급한 이끼 낀 3면은 반월형으로 파이고 바닥은 직사각형의 홈이 파인 석문을 설치한 동굴 무덤(Kaya mezarlan)들이 있다. 예전에 에르가니시에는 주로 아르메니아인들이 살았다고 하나 지금은 여러 종족들이 살며 이 차이외뉘에서 쿠르드 복장을 한 노인을 만났다. 에르가니시의 뒷산은 '예언자의 산'이라고도 하며 예언자 쥴큐프(Zülküf, Ezekiel)가 잠시 머물렀다고 전해진다. 그곳 사당에는 예언자를 호위했던 장군의 석관묘가 있다. 그곳의 뒤편으로 해서 산 정상으로 올라가면 의식을 위해 양을 잡는 장소가 있고 그곳을 지나면 과거 PKK를 감시하기 위해 터키 군인들이 거주하였던 무너진 막사가 있고 그 뒤가 바로 산 정상이다. 티그리스 강의 수원지도 이곳에 있다. 산 정상 동사면 쪽에 파괴된 교회의 건물이 있는데 이곳이 동정녀 마리아 교회인지는 확인하지 못했다. 이곳에서 남서쪽으로 14km를 가면 Otuluca(Qizilce)가 있는데 그곳에는 에녹(Enus, Enoch)의 묘가 있다고 한다(Anther look at East and Southeast Turkey pp.258-261 참조).

8000 BCE 초 쿠르디스탄의 많은 농업공동체들은 가축을 사육하였다. 쿠르디스탄에서 발견된 이 시기의 농작물 및 곡식처리 기구, 맷돌, 절구와 절구공이와 같은 유물들은 이 시기 쿠르디스탄 지역에서 농업이 시작되었다는 것을 증명해주고 있다. 이러한 신석기 혁명은 인구와 생산의 급증을 가져오게 되어 더 많은 기술적인 발명과 개발을 초래하였다. 쿠르디스탄의 야금술, 직조기술, 불에 구운 도기, 선진건축기술, 도시화, 표기법의 발명은 인류문명의 발전에 크게 공헌하였다. 이 가운데 야금술의 예를 들면 차이외뉘 지역은 세계 최초의 야금술 존재가 증명된 2곳 중 한 곳이다. 야금술의 경우 광산이 인접한 곳에서 시작되었을 확률이 높은데 충적토인 저지대 메소포타미아에는 광산이 없었으며 당시 쿠르드인의 주 거주지였던 자그로스(Zagros), 타우루스(Taurus), 아마누스(Amanus) 산맥에는 청동기에 필요한 광산들이 풍부하게 존재하였다. 차이외뉘를 비롯한 이곳에서 5000 BCE 전부터 동(銅)기구가 발견되어 동기시대가 열렸다. 4000 BCE 초기에 사용된 동과 주석의 합금으로 구리보다는 더 단단하고 유용한 청동기구들이 이곳에서 발굴되었는데 이는 유럽보다 무려 2000년이나 앞선 것이었다(*ibid*, 24).

이러한 야금술의 발명을 통해 이들 쿠르드인들의 국가는 강한 군사력을 소유한 초기정복국가적인 성격을 소유하였다는 것을 알 수 있으며 쿠르드인들은 이러한 우수한 무기를 가진 강력한 군사력을 기반으로 주변부족과 국가를 정복하였다.

간즈 다라(케르만샤 인근)뿐만 아니라 차이외뉘에서는 8000 BCE 초기에 불에 구운 토기를 최초로 사용하였다. 신석기 시대에는 주로 돌, 나무, 바구니 등의 용기를 사용하였는데 이 견고한 다용도 토기용기는 생활의 혁명을 가져왔으며 곧 주변지역과 중동전체로 전파되었다.

간즈 다라 부근의 세 가비(Seh Gabi) 고분에서는 3500 BCE 경으로 추정되는 세계 최초로 유약을 바른 토기가 출토되었으며(중국, 메소포타미아보다 2,000년이 앞섰다) 직조기술 역시 발전된 형태였다(Izady 2009, 24-25).

8천 년 대 BCE 후기에 이르러 쿠르드 사회는 이미 상업 활동을 위한 기록이 필요할 만큼 상당히 복잡화되었다. 쿠르디스탄에서는 상업적 거래를 기록하기 위한 무역과 숫자에 관한 표시를 나타내는 다양한 형태의 점토토큰(clay token)들이 처음으로 나타났다. 그러나 이러한 표기법은 3000 BCE 초반 경에 토큰 대신 케이스 자체가 기록을 대신하게 되어 초기 설형문자를 기록한 점토판이 나타나 현대적 의미의 표기가 시작되었다.[4] 3천 년 대 BCE에 들어서자 저지대 메소포타미아의 표기방법이 쿠르디스탄을 능가하게 되었다(*ibid*, 23-24).

쿠르디스탄의 많은 식량자원들과 높은 생활수준으로 인하여 10000 BCE경에 15,000 명이던 인구는 9000 BCE 경에는 150,000으로 증가하였다. 도시국가에 가까운 최초의 국가들이 8천 년 대에 세워지게 되었다. 쿠르디스탄의 차이외뉘, 오일룸 회위크(Oylum Höyük), 티트르쉬(Titrish, 서부 쿠르디스탄), 자르모, 타파 가와라(Tapa Gawara, 중앙 쿠르디스탄), 간즈 다라(Ganj Dara), 지얀(Giyân, 남부 쿠르디스탄), 예리코(Jericho, 제다) 등은 지구상에 나타난 최초의 도시공동체들이었으며 인구는 각각 천명내지 천오백명이 거주하는 매우 작은 규모였다(*ibid*).

---

4) 이자디의 설명과 다른 전문가의 설명에 의하면 이러한 다양한 점토 토큰들은 3000 BCE 경에 점토 케이스(clay casing)로 바뀌게 되었다. 그러나 오래된 점토 볼(clay ball), 점토 케이스(clay casing)는 점토 볼이 내용물을 볼 수 없는 단점이 있어 초기 설형문자 점토판은 이를 판위에 토큰을 찍어 표시를 하였다. 그리고 이것은 진화를 하여 상징이나 기호를 점토판에 표기하여 문자가 발전되었다.

그리고 이 도시공동체 외곽의 주민들은 석회암 동굴에 거주하였다. 이들 도시공동체는 풍부한 천연자원을 소유하고 방어가 용이한 산악지대에 위치하여 관료제 신설이나 군대의 확장이 필요치 않았다. 그러므로 지방정부의 규모를 작게 유지하고 관할지역을 제한시켰다. 그러나 이와 반대로 메소포타미아 충적토의 저지대에서는 부족한 자원을 끊임없이 관리하고 약탈에 취약한 노출된 지형을 방어해야 했으므로 관료조직 및 상비군이 필수적이었다. 저지대는 정부가 성장함에 따라 도시들도 성장했으며 초기 메소포타미아에는 수메르와 아카드(Akkadians) 도시들인 에리두(Eridu), 니푸르(Nippor), 우르(Ur), 우루크(Uruk)가 있었다. 이 도시들의 인구는 쿠르디스탄의 도시들보다 평균 10배정도가 더 많았으며 약 10,000~15,000명의 시민과 강력한 방어체제를 갖추고 있었다(*ibid*, 25).

쿠르드 문명은 약 6000~5000 BCE '하라프 문화기(the Halaf cultural period)'에 만개하였다. 하라프 문화기는 마르딘 서부 즉 서부 쿠르디스탄(시리아 접경지역을 포함한 전통적인 쿠르드 거주지)에 있는 고대 하라프 고분의 이름을 본뜬 것이다. 이 시기에는 동일하게 잘 건축된 원형주거지들과 정교하고 아름다운 색채를 띤 잘 만들어진 토기들이 있었다. 쿠르디스탄 거주인들의 문화적 동질성에 대한 첫 번째 확고한 증거는 하라프 시대로 거슬러 올라가면 찾아 볼 수 있다. 이러한 동일한 예술적 표현과 물질문화는 쿠르디스탄 전역에 걸쳐 발견되었다. 고고학자들은 당시 건축과 장식예술에 나타난 매우 강한 통일성으로 인하여 해당기술을 연마한 사람들이 동일민족이었을 것이라고 판단하고 있다. 그러나 하라프 문화기 말기에는 저지대 메소포타미아의 문명화 및 기술수준이 고지대 쿠르디스탄 지역과 동등한 수준으로 발전하였다(*ibid*, 25-26). 하라프 문화기부터 메소포타미아와 쿠르디스탄에서 후기 신석기문명인 금속이 무기를 비롯한 생활전반에 본격적으로 사용되기 시작하였다. 이러한 제련유적은, 특히 순동관련, 최초로 쿠르디스탄 차이외뉘에서 발견되었다.

4000 BCE 즈음이 되자 저지대 메소포타미아의 문명과 기술수준이 쿠르디스탄을 능가하였으며 이 시기에 쿠르디스탄에서는 '후리안 문화기(Hurrian cultural period)'가 시작되었다. 이 시기는 표기법 도입의 확산, 정부의 팽창, 종교의 제도화, 도시의 팽창 등이 동시에 일어난 시기로 문자문명(literate civilization)시대 즉 선사시대에서 역사시대로 진입한 시기였다(Izady 2009, 25-26).

2. 초기왕조, 도시국가, 쿠틸 제국, 메데 제국 시대(3000-5세기 BCE)

인류는 3000 BCE를[5] 전후로 동서양을 종횡무진하면서 활발한 정

---

5) 3000 BCE 직전후로 형성된 원시 엘람(엘람은 고지대, 산악지대라는 의미)시대가 존재했다. 이 시기의 점토판은 주로 상업관련내용이 원시엘람문자(proto-Elamite)로 새겨져 있다. 당시 수메르 문명의 문학, 교육 등에 관련된 설형문자 점토판도 출토되었다. 2700 BCE에 엘람제국(ca. 2700-1600 BCE)이 세워졌으며 2000 BCE 이후 약 200년간은 후기원시엘람문자인 선형엘람문자(linear-Elamite)가 사용되었다. 이 엘람제국은 연맹체제였으며 위치는 지금의 남부 자그로스 산맥의 좌우측으로(현 이란 서남부, 이라크 남부지역으로) 수도는 남부 파르스 부근의 산악지대인 안샨(Anshan)이었다. 이후 중 엘람시대의(ca. 1500-1100 BCE) 수도는 엘람 북부 후지스탄(Khuzistan) 평야지대에 위치한 수사(Susa)였다. 당시 메소포타미아와 인근의 제국들은 엘람어, 아람어, 아카드어, 수메르어, 히브리어 등 다양한 언어들을 사용하였으며 엘람제국도 그들이 멸망한 539 BCE까지 아카드어, 아카드 설형문자를 차용한 엘람설형문자를 가장 많이 사용하였다. 이 엘람제국은 539 BCE 아케메니드조(550-331 BCE)에 의해 수사가 점령되면서 멸망하였다. 2000 BCE 당시에 엘람, 우르 3제국, 엘람 동쪽에 아리안 제국, 카시트족, 우르 3제국의 위에 후리안, 시리아 도시국가들, 터키 남부에 아나톨리안 부족들, 터키 북부에는 히타이트(수도는 터키 북부의 하투샤)가 있었다. 그리고 이태리, 그리스, 아라비아비아 반도, 이집트 등이 모두 당시의 미노아 문명권역에 속

복전쟁을 치렀다. 청동기를 기반으로 인류의 생활은 역동적으로 발전하였다. 그것은 화려한 청동기문명에 기반 한 인류의 통합과정이었다. 이 시기 한국은 환웅시기와 고조선 시기에 해당되며 중국은 3900 BCE 경 3황 5제 시기와 요순우(하나라)탕(상, 은나라)문무주공(주나라)의 시기를 거쳐 춘추시대에 이르는 시기이다.[6] 3황 5제 시기부터 요순까지의 시기에[7] 쿠르디스탄에는 쿠틸을 비롯한 다양한 도시국가와 왕조들 그리고 쿠틸 제국이 존재하였으며 공자가 활약한 춘추시대와 전국시대에 쿠르디스탄에서는 메데 제국이 등장하였다. 메소포타미아는 수메르[8], 아카드, 바빌론, 아시리아, 신 바빌론을 거쳐 메데를 물리친

해 있었다.

히타이트는 2000 BCE 경에 유럽쪽에서 보스포러스 해협을 건너 터키에 들어온 인도-유럽어족으로 원주민인 하티(Hatti)인을 평정하고 1700 BCE 경에는 원주민과 연합하여 히타이트 제국(1400-1200 BCE)을 세웠다. 소아시아의 대부분과 시리아에 자리를 잡았으며 이집트 제 18왕조(ca. 1570-1090 BCE)와 경쟁관계였으며 1200 BCE 경 에게 해협에서 침입한 외적에게 멸망하였다.

카사이트족은 자그로스 산악지대에 본거지를 두고 중앙에 세력을 떨치고 있었던 함무라비 대왕의 후계자들을 위협할 정도의 국가를 건설하였다. 인도-유럽족의 도움을 받아 아굼 왕(Agum, ca. 1645-1624 BCE)의 통치아래 메소포타미아에 정착하는데 성공하였다. 카사이트족은 1590 BCE 경에 히타이트족이 바빌로니아를 노략질한 다음에 물러가자 세 번째 바빌로니아 왕국을 건설하였으며 이 왕조는 약 500년간 존속하였다(ca. 1600-1100년 BCE). 1500 BCE 경부터는 초민족적 제국이 등장하게 되었으며 이집트, 하타이트, 아시리아, 칼데아, 신바빌로니아, 페르시아 등이다(김정위 1987, 18-22).

이 아리안족은 오늘날 게르만족, 앵글로색슨, 라틴, 이란, 히타이트, 미타니, 카시트족 그리고 쿠르드의 조상이기도 하며 이들이 인도로 넘어가 선주민인 드라비다족을 정복하여 지배계급이 되었으며 카스트 제도를 만들었다고 한다.

6) 서경(書經)에 요순우탕문주주공의 통치에 관한 대법(大法)이 서술되어 있으며 주자(朱子)의 친구인 채원정(蔡元定)의 아들이자 주자의 사위인 채침(蔡沈)이 서집전(書集傳) 즉 해설을 붙였다. 성인이 4서 3경을 해석한 책을 전(傳)이라고 한다.

7) 하나라(2070-1600 BCE) 시기의 직전 시기까지이므로 요순까지다.

8) 수메르인들의 번영기는 3000-2371 BCE, 부흥기는 2113-1792 BCE 이었다. 아

아케메니드조가 세워진 시기다. 이집트 문명 역시 초기왕조, 신왕조, 말기왕조를 거쳐 아케메니드조에 병합되었으며 유럽은 에게 문명권의 미노아 문명,[9] 미케네 문명,[10]을 지나 헬라스 문명과 알렉산더가 출현하기 직전의 시기이다.

케메니드조는 539 BCE에 바빌론을 멸망시켰고 331 BCE에 알렉산더가 페르시아를 멸망시켰다. 수메르족은 메소포타미아의 원주민이 아닌 침입자이고 그들의 언어는 인도-유럽어족이나 셈 어족에도 속하지 않았다. 그들의 거주 지역을 수메르라고 불렀는데 메소포타미아 최남단으로 추정된다. 2000 BCE 시기에 수메르는 12개의 도시국가로 구성되었다. 이 가운데 우르(Ur), 라르사(Larsa), 라가쉬(Lagash), 이신(Isin), 니푸르(Nippur) 등이 유명하였다. 수메르인들은 셈족인 아카드인에게 정치력을 잃게 되었고 2371-2113 BCE까지 이들의 통치를 받게 되었다. 아카드인들은 수메르의 북쪽과 서쪽에 거주하였던 유목민이었는데 이들의 통치자 사르곤 대왕(2371-2316 BCE)이 메소포타미아 전역을 통일하였고 심지어 시리아와 소아시아 지역까지 영역을 확장하여 아카드를 수도로 삼고 수메르 문명을 흡수, 보급하는데 열을 올렸다(김정위 1987, 9).

9) 크레타 섬을 중심으로 한 미노아 문명은 3000 BCE 경 청동기 문명으로 접어들었으며 2000 BCE 경 이후 크레타의 크노소스에 거처한 미노스왕때 전성기를 맞이하였다. 미노스왕의 어머니가 페니키아 공주였던 에우로파(Europa-유럽의 어원)였다. 호메로스 신화에 미노스왕이 나온다. 일반적으로 그리스 문명의 시조라고 알려져 있다. 미노아는 쿠르디스탄의 예지디 같은 천사의 종교와 유사한 신앙을 가졌다. 이는 미케네인들도 마찬가지였으나 제우스나 포세이돈도 믿었다.

10) 그리스인이 2000 BCE 경 본토로 남하하여 그리스와 펠로폰네소스 반도에 많은 소왕국들을 세웠다. 미케네는 소 왕국들 중에 가장 강력하여 에게해의 패자가 되었다. 미케네 아가멤논왕을 중심으로 한 소 왕국들이 소아시아 트로이를 침략한 것이 트로이 전쟁(1240-30 BCE)이었다. 신화에 의하면 그리스군은 오디세우스에 의해 트로이 목마를 만들어 남겼고 라오콘과 카산드라의 만류에도 트로이인들은 목마를 성안으로 들여 멸망하였다. 미케네는 1200 BCE 경 도리아족에게 멸망하였다(문명식 2011, 32-35).

1) 쿠틸왕조

이 시기는 전체적으로 저지대 메소포타미아 문명에 가려져 쿠르디스탄의 진보적인 기술 및 상업의 발달이 빛을 발하지 못하였다. 가장 문명화되고 부유한 메소포타미아 지역을 정치적, 경제적으로 지배하기 위해 산악을 기반으로 하는 쿠르드인들과 비옥한 초승달 지대

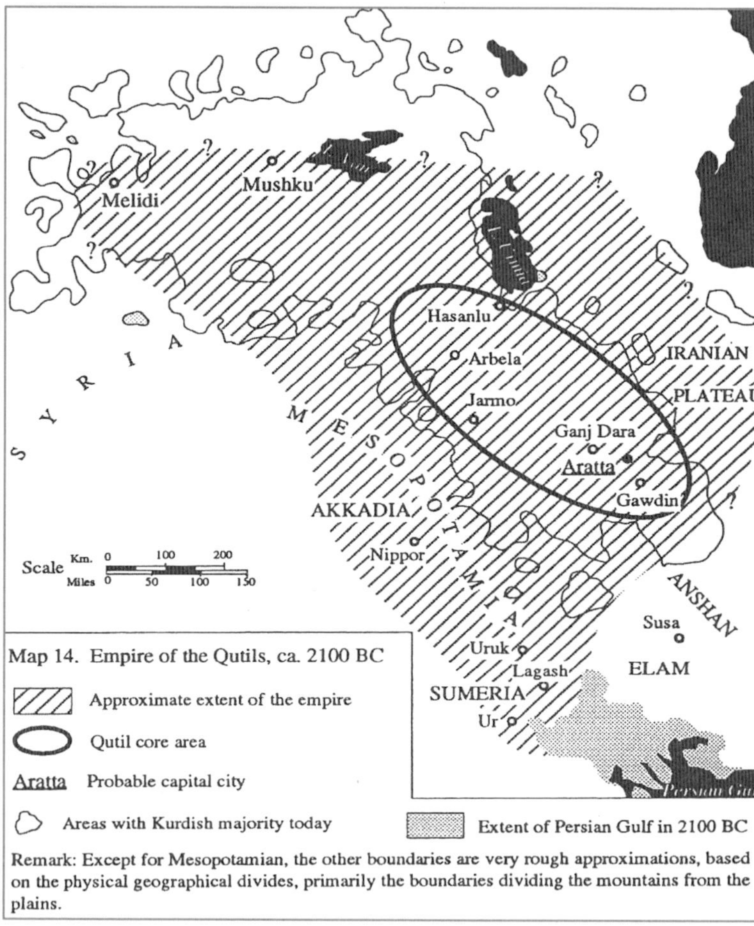

<그림 25> 쿠틸 왕조(Izady 2009, 30)

의 메소포타미아, 시리아의 양 세력 간 전쟁이 지속되었다. 쿠르디스탄에서 발굴된 이 시기와 관련된 문자점토판의 내용은 아직까지 해독하지 못하고 있다. 따라서 초기 쿠르드 역사연구에 매우 중요한 이 자료들을 현재까지도 이용하지 못하고 있다. 그러므로 이 시기의 쿠르드 역사는 문명화된 주변 국가들의 기록을 통해서 재구성할 수밖에 없다(Izady 2009, 28).

약 3000 BCE 경 수메르족이 저지대 메소포타미아 지역에 왕국과 도시국가들을 건설하였다.[11] 그러나 셈족으로 유목민 출신인 아카드인들이(2371-2113 BCE)[12] 전기 수메르(3000-2371 BCE)[13]를 멸망시키고 수메르 지역을 통치하였다. 아카드 사르곤 대왕(Sargon, 2371-2316 BCE)은 수메르 문명을 받아들여 이상적인 통치자가 되었으나 손자인 나람신(Naram Sin, r 2291-2255 BCE)에 이르러 이란고원으로부터 온 구티인(Gutians, 쿠틸)의 침입을 받았다.[14]

아카드 왕 나람신이 쿠틸에 대해서 쓴 기록을 보면 "그들은 산에서 살며 강건하고 키가 크다"고 하였으며 나람신 사망 5년 후 쿠틸인들은 아카드 왕국을 정복하였다. 수메르인들은 쿠틸이 전투적인 부족이

11) 이를 메소포타미아 문명이라 하며 이들은 3000 BCE 경에는 상형문자와 설형문자를 사용하였으며 약 2400 BCE 전후부터 상형문자가 변화된 쐐기문자를 사용하였다. 이들 수메르족의 설형문자로 기록된 점토판에는 쿠르다족으로 기록되어 있다.

12) 연대는 다른 부분에서도 이자디와 다른 학자들과 차이가 다수 발견된다. 원문을 인용하는 경우 각자의 주장을 반영하였다. 그러나 이자디의 연도가 일관성이 있다.

13) 후기 수메르 즉 부흥기는 2113-1792 BCE 까지이며 하(夏)나라 존속시기와 비슷하다. 2166 BCE에 노아의 10대손으로 주장되는 아브라함이 탄생하였다.

14) 2113-1792 BCE 까지의 기간에 수메르인들은 다시 도시국가를 건설하였는데 초기에는 라가스가 우세하였으나 후에 우르 제3왕조(2113-2006 BCE)가 승리하였다. 셈계 유목민 아무르인이 이 지역에 침략하였으나 바빌론의 통치자 함무라비(Hammurabi, 1792-1750 BCE)에 의해 퇴각되었다(김정위 1987, 11-12).

라고 기록하였다. 이 부족은 여전히 오늘날에도 존재하는데 이들이 바로 지바리 부족[15]이며 수메르들은[16] 수비루(Subiru), 사우바루(Saubaru)라고 불렀다(Izady 2009, 30).

한편 수메르가 저지대 메소포타미아에 많은 왕국과 도시국가를 세우고 번영을 누릴 무렵 쿠르디스탄에는 다양한 도시국가와 왕조들이 존재하였다. 즉 쿰무후(Kummuhu),[17] 멜리디(Melidi, 오늘날 Malâtya). 구르굼(Gurgum), 웅기(Ungi, Unqi), 카마누(Kamanu), 카스쿠(Kasku), 나이리(Nairi), 슈프리아(Shupria), 우르키쉬(Urkish), 무쉬쿠(Mushku, 오늘날 Mus), 우르아르투(Urartu), 나마르(Namar), 사우바루(Saubaru), 마르두(Mardu, 오늘날 Mardin), 쿠르티(Qurti), 룰루비(Lullubi, 오늘날 Lurs), 카르두(Kardu), 자무아(Zamua), 엘리피(Ellipi)와 가장 중요한 만나(Manna), 쿠틸(Qutil)이다. 이들 중 무쉬쿠는 아시리아[18]의 디글랏 블레셋 1세(r. 1114-1076 BCE)[19]가 정복하기 전까지 이 왕국들은 2만 명의 야전군을 보유하고 있었다(*ibid*, 28-29).

3000 BCE 시기 후반(즉 2250 BCE 경) 쿠틸은 많은 도시국가들을 정치적으로 통합한 이후 야심차게 쿠르디스탄 외부를 정복해 나가기 시작했다. 저지대로 팽창해 간 이들은 아카드(Akkadia) 제국을 무너뜨리

---

15) 현재 이라크 아르빌 북쪽에 위치한 지바리 부족과 동일한 부족이다.

16) 쿠틸 왕조의 왕의 이름 또한 수메르 점토판에 보존되어 있는데 이 이름 역시 이후에 나타나는 중요한 쿠르드 부족의 명칭이다. 그것은 트르칸, 티르칸(Tirikan-저자가 터키에서 만났던 부족장의 이름이 타르칸으로 이 이름과 유사하다)인데 현재도 지바리 부족의 북쪽에 거주하고 있다(Izady 2009, 31).

17) 정확한 발음은 알 수 없으며 되도록 영어표기식 발음으로 기록하였다.

18) 아시리아 수도는 니네베(니느웨, 니나와, 니느베)이며 디글랏 빌레셋 3세와 살만에셀 5세가 이스라엘을 722 BCE에 멸망시켰다.

19) 티글라트 필레세르 1세라고도 읽는다(박경혜역(2012). 『중동의 역사-문명탄생의 요람』, 서울: 푸른길, p.178).

고 정벌한 남부 메소포타미아의 주변국가들과 수메르(Sumeria)[20] 도시국가들을 정복하여 쿠틸 왕국(2250-2120 BCE)을 건설하였다. 비록 쿠틸이 저지대 메소포타미아에 존재하였던 아카드와 수메르를 정복한 사실만 유일하게 역사기록에 남아있으나 실재는 그 이상의 정복역사가 있었을 것이다(*ibid*, 30-31).

비록 쿠틸이 수메르와 아카드를 정복하고 통치하였으나 기간은 130년에 불과하였다. 쿠틸은 당시 정복지 주변 도시국가들을 완전히 정복하지는 못했으며 우르크 왕조에게 패하여 다시 원 거주였던 자그로스 부근으로 퇴각하게 되었다. 이들은 아리안족과 혼혈을 이루고 나중에 만나이 왕국과 메데 왕국을 세웠다. 그들이 남긴 점토판을 보고 판단해 보면 653 BCE 까지 바빌로니아인들은 쿠틸(Qutil)이라는 용어를 그 당시 북부 쿠르디스탄의 완 호수까지 확고한 영향을 미쳤던 메데인들 뿐만 아니라 모든 쿠르드 산맥들과 거주자들을 지칭하는 용어로까지 광범위하게 사용하였다. 또한 이들은 최근까지도 쿠르드인들을 지칭하는 말을 가지고 있는데 예를 들면 Qardi 등과 같은 용어는 당시 쿠틸의 용어에서 진화한 것으로 보인다(*ibid*).[21]

쿠틸의 가장 활동적인 위업은 후리안의 이동(Hurrian migration, 후르리)[22]과 더불어 쿠르드 사회의 동일화(homogenization)가 절정에 이른

20) 5000 BCE 전후로 이 남부 메소포타미아에 정착하였다.

21) 이자디의 설명에 의하면 쿠틸이 쿠르드인들이라는 의미 이외에 qardu, qarduk 등은 Qutil에서 나온 말들이며 Qard라는 어근은 셈계 아크드 단어 'qard' 인도유럽어인 페르시아어 'gurd'과 연관이 있으며 의미는 '영웅(a hero)', '전사(a warrior)'이다. 탈무드에 나오는 Qardu, Kardu도 관련이 있다고 한다. 또한 Qortie, Kortie, Kortei라고도 기록되어 있다.

22) 후리안의 경우 매우 흥미로운 주제이나 여러 학설이 있다. 쿠르드 역사학이 있었다면 좀 더 실체적 진실에 접근하였을 것이다.

시기에 이르렀을 때였다. 후리안들은 단일 언어를 사용했거나 여러 언어를 사용하는 단일집단이었으며 현대 그루지아, 체첸, 아바리(Avari)와 연관된 북부 코카서스에서 기원하였다. 후리안들은 쿠르디스탄 전역에 퍼져 고대 자그로스의 모든 사람들의 문화적, 언어적 변화를 가져왔으며 새로운 정체성으로 그들을 통일시켰다. 이 시기에 살아남은 유일한 전문 토착용어는 국정운영(statecraft)과 관련된 것 중 하나였다. 쿠틸 단어인 이안즈, 얀즈(ianzi, yanzi)는 자그로스의 도시국가들의 지도자라는 의미를 담고 있다. 쿠르디스탄에는 이 초기국가들의 자유주의적인 정치문화의 흔적도 여전히 남아 있다. 아시리안의 점토판을 보면 동시대의 저지대 메소포타미아 국가의 독재적 정치문화와는 반대로 동부 쿠르디스탄의 만나국(Mannaean state)의 지도자는 원로원(The council of elders)의 견제를 받아 독재를 할 수 없었다. 그리하여 아시리아 왕에 대한 외교적 현안에 대해, 왕은 독단적으로 처리하지 않고 귀족, 장로 및 원로원 의원들과 상의하였다.[23] 이러한 다원주의와 상대적으로 자유스러운 정치문화는 아디아벤과 아유비드조, 잔드조로 전승되었다(*ibid*, 31).[24]

후리인, 후루르인, 구약에서는 호리(Horite, 자유인)라고 호칭되던 이들은 자그로스 산맥에 살고 있던 부족으로 히타이트 왕국과 메소포타

23) 메데 제국과 여타 자그로스 국가들의 역사의 권위자인 디아코노프(Igor. M. Diakonov)가 밝혔다(Izady 2009, 31).

24) 그 증거로 이자디는 쿠르디스탄의 도시국가의 시민들이 공공의 일에 적극적으로 참여하였으며 미네아 국가의 왕은 독재가 아닌 원로원(council of elders)에 의해서 권력이 제한되었다고 메데(Median)와 다른 자그로스 국가들의 권위자인 디아코노프(I. M. Diakonov)는 기술한다. 그리고 이러한 다원주의적인 미네아의 전통과 상대적으로 자유주의적인 정치문화가 중요한 통치가문들 사이에서 즉 아디아벤(Adiabenes), 아유비드(Ayyubids), 잔드(Zands) 등에서 재현되었다고 한다.

미아 영역 사이에서 통치하던 지배민족이었다. 2000 BCE 경 당시 수메르와 아카드의 북쪽에 거주하였던 이들은 아시리아를 침략하였으며 수메르가 마지막 전성기를 누리던 우르 제3왕조 시기(ca.[25]) 2000 BCE) 수메르 지역으로 진출하여 활발한 활동을 하였다. 당시 수메르 지역의 우르에서 의류산업을 주도하던 유명상인들은 주로 후리인이었으며 이들은 1300 BCE 경에 대규모의 이주와 침략행위로 인하여-이때 이스라엘 사람들도 이집트에서 가나안으로 이주하였다[26])-메소포타미아 북부에 위치한 자신들의 왕국으로 퇴각하였다. 그리고 완 호수 부근에 새로운 수도를 세운 후 자신들의 국가를 우라르투(Urartu) 또는 아라라트(Ararat)라고 불렀다(이근영 옮김 2010, 115-119).

무엇보다도 자그로스 왕국의 물질적 풍요는 다양한 메소포타미아의 국가들의 빈번한 침략과 약탈의 대상이 되었다. 1400 BCE경의 후기 아카드 점토판에 의하면 메소포타미아 북쪽과 완 호수 기슭까지를 지배하던 코르티(Qortie, Kortie) 산악왕국이 카사이트 왕이 정복한 지역 중 하나라고 기술되어 있다. 300년 후 아시리아(앗수르) 기록에 의하면 아시리아왕 디글랏 빌레셀 1세(Tiglath-pileser I, r. 1114-1076 BCE)가 정복한 북부 산악지역 인근에 이 코르티(Kortie)가 있었다고 기록하고 있다(Izady 2009, 31).

---

25) 'ca'는 라틴어 circa 즉 about의 의미로 주로 년 수 앞에 표기한다.

26) 후리인들의 퇴각과 유사한 시기에 유대인(히브리인)들도 이집트 제19왕조(1340-1215 BCE) 시기의 람세스 2세(1301-1234 BCE)에 의해 이집트를 탈출하게 된다. 탈출을 이끈 지도자는 모세였으며 시나이 반도의 홍해를 건넜다. 이후 사울(Soul)이 이스라엘을 세웠으며 다윗(David)과 솔로몬이 왕위를 계승하였다. 솔로몬 사후 이스라엘은 북쪽의 이스라엘과 남쪽의 유대왕국으로 분리되었다. 한편 람세스 2세는 히타이트와 카데시에서 10년 간 전쟁을 수행했으나 결국 양측은 카데시 평화조약을 체결하고(1258 BCE) 회군하였다. 이 카데시 조약이 UN 본부건물에 명시되어 있다.

이와 유사한 시기 지중해 크레타섬에서 지금의 팔레스타인 지역으로 침입한 필리스틴인(Philistines, 즉 팔레스타인 사람)이 5개의 강대한 도시국가를 건설하였으며 이들은 이스라엘 왕국(1025-962 BCE)의 2대 왕 다비드(David, 1000-970 BCE)에 의해 패망하였다(김정위 1987, 28).

2) 메데 제국(727-549 BCE, 700~550 BCE)

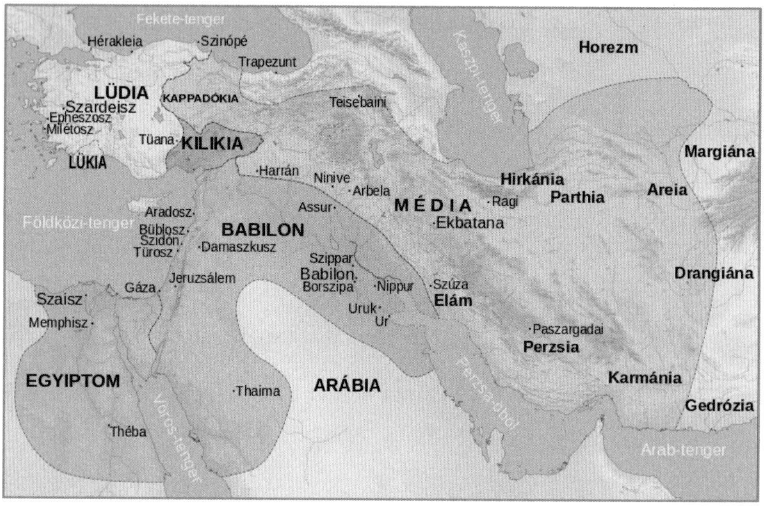

<그림 26> 메데 제국의 영토(출처: Historia Cronologia)

메소포타미아 북쪽에 위치한 쿠르디스탄과 저지대 메소포타미아 지역 간의 적대적인 상황은 군사적인 침략, 약탈, 파괴. 노예약탈 등을 수반하였고 주로 승리를 하는 쪽은 저지대 메소포타미아 쪽이었다. 이 과정에서 많은 쿠르드 도시들이 파괴되었고 많은 사람들이 잡혀가거나 노예로 끌려가 쿠르디스탄의 문명과 경제는 붕괴되었다. 그리하여 쿠르디스탄은 아리안족의 침입[27])이 매우 용이한 상태였으며 특히 메데와 스키타이가 그러하였다. 쿠르디스탄은 AD 300년까지 2000년

동안 메데와 같은 인도-유럽어[28]를 사용하는 진출자들로 넘치게 되었으며 이들에 의하여 쿠르디스탄의 고대 지역어들이 인도-유럽어로 대체되었다. 자그로스와 주변지역에 아리안[29] 유목민들의 유입이 가장 활발하게 일어난 시기는 1200-900 BCE 사이였다. 아리안 정착인들은 이란과 아나톨리아 고원의 일부분뿐만 아니라 쿠르디스탄의 오래된 문화나 인종적 구성도 압도하였다(Izady 2009, 32).

---

27) 이 아리안족은 매우 특이한 종족으로 일부 학자들은 쿠르디스탄의 후리안 시기인 4000 BCE 경에 이동하기 시작하여 서구에 정착하였고 일부 중앙아시아 거주 아리안족이 2000 BCE 이후 이란과 소아시아로 본격적인 세력확장을 도모하였다. 이 아리안족이 쿠르디스탄, 이란의 지배적 혈통이 되었다. 인류는 많은 피의 혼합이 이루어졌으며 이러한 과정에서 고등무기와 문명을 가진 지배적인 세력들이 확산되어 통치력을 확보하였고 그 이후에 또한 새로운 고등군사력과 문명을 가진 종족이 나타나 지배력을 확보하는 등 피의 혼혈이 중첩적으로 이루어졌다.

28) 그러나 1988년 콜린 랜퓨(Colin Renfew)가 주장하기도 했던 것으로 인도-유럽어의 광범위한 확산은 새로운 농업기술에 힘입었다고 한다. 즉 초기 인도-유럽어 사용인구가 고르게 확산되어 비농업국가이던 유럽에 그들의 영향력을 확장시키고 또한 유라시안 스텝지대까지 퍼져 나가게 되었다고 한다(Izady 2009, 27). 이자디에 의하면 남중 아나톨리아의 차탈 회위크(Çatal Hüyük)를 중심으로 한 지역이 인도-유럽어의 본고장이다. 제임스 말라트(James Mellaart)가 1975년 발굴한 차탈 회위크에서 농업은 7000 BCE 이상으로 거슬러 올라간다. 쿠르디스탄 주변의 많은 고고학적 유적지들은 선진기술을 가진 농업공동체의 존재를 보여준다. 농업기술이 쿠르디스탄에서 서부 아나톨리아 지역으로 확산되나갔는데 이는 쿠르디스탄에서 농업기술이 발전된 지 3,000년이 지난후의 일이었다. 감크렐리쳐(T. Gamkrelidze)와 이바노프(V. Ivanov) 등 소비에트 권위자들도 오늘날 인도유럽어의 기원과 확산이 농업발명의 기인한다고 주장하며 인도유럽어의 본고장은 쿠르디스탄 동부와 남부 코카서스라고 주장한다(*ibid*). 이자디의 이러한 주장은 인도-유럽어의 확산이 농업기술의 확산과 관계가 있다는 것으로 인도-유럽어의 원형이 쿠르디스탄에서 시작, 확산되어 현재 학자들이 주장하는 중앙아시아와 인도-유럽어 원산지 지역까지 확산되었다가 다시 쿠르디스탄에 침입하여 왔다고 추론이 가능하게 된다. 그러나 이는 한 설에 불과할 수 있다.

29) 백인으로 추정되는 이 아리안족이 동진하여 인도 토착민과 결합하여 오늘날 인도인이 되었고, 서진을 하여 유럽국가 및 페르시아를 세웠다는 학설이 있다.

900 BCE까지 아리안화가 된 쿠르드인들은 아리안 정착민들과 함께 메데 제국[30] 아래 그들의 군사적 힘과 주도권을 통해 기원전 7세기경 중동의 대부분을 장악하였다. 메데 제국의 최대 확장시기(ca. 727 BCE)[31] 이전에 쿠르디스탄과 쿠르디스탄 주변부에는 인도유럽어를 사용하는 소(小) 왕가들이 세워졌다. 미타니(Mitannis, 서부 쿠르디스탄), 히타이트(Hittites, 북서 쿠르디스탄과 중앙 아나톨리아)는 대표적인 예이다. 첫 번째 선출된 메데 제국의 왕은(메데 제국은 그들의 왕을 선출하였다) 데이오케스(Deioces)[32] 또는 디야오쿠(Diyaoku)였다(*ibid*). 그는 반아시리아 전선을 구축하여 신아시리아(745-606 BCE)와 전쟁을 하던 중에 사망하였다. 프라오르테스(Phraortes, 이란어로 Khshathrita, r. 674-653 BCE) 역시 아시리아에 패하여 사망하였다. 뒤를 이은 키악사레스 대제(Cyaxares the Great, 이란어 Huvvakhshathrita, r. 624-585 BCE)[33]가 드디어 612 BCE에 아시리아의 수도 니네베(Nineveh)를 점령함으로써 아시리아를 멸망시켰다. 이러한 기념비적인 승리의 결정적 원인은 메데의 뛰어난 민병과 게릴라전술 때문이었다. 이것이 베히스툰 부조상에 새겨진 카라(the Kâra)이며 현대에 전승된 것이 페쉬메르가이다(*ibid*).

이러한 아시리아의 멸망은 곧 메데의 동맹이 성공적이었음을 증명

30) 일부 중동학자는 메데 제국이 쿠르드가 세운 국가가 아니라고 주장하기도 하나 이자디는 쿠르드 국가라고 주장하고 있다. 쿠르드인들 중에 잘랄 탈라바니와 같이 매우 두툼한, 전형적인 아리안 체형을 갖춘, 쿠르드인들도 많이 있으며 디야르바크르에서 금발 쿠르드 아이들을 목격할 수 있다. 물론 중동과 아랍계 체형의 쿠르드인들 역시 많다.

31) 그리스의 폴리스들도 세력확장에 몰두하던 시기들이다.

32) 그는 메데 왕국의 시조로 알려져 있다. 헤로도투스의 '역사'에 보면 그를 왕으로 선출하는 과정이 나온다.

33) 그는 터키의 크즐 이마르크강인 할리스(Halys) 강변까지 점령하였다고 한다(Diakonoff 1985, 115).

한 것이었다. 아시리아는 아슈르 나시르 팔 2세(883-859 BCE), 아슈르 바니 팔(668-625 BCE) 통치시기에 국력이 절정에 달하였는데 이 시기를 신아시리아 제국이라[34] 한다. 그러나 이들은 칼데아인, 메데인, 스키타이인들의 연합공격으로 612 BCE에 제국은 멸망하였다. 아시리아 제국이 멸망한 후 메데, 칼데아인의 국가가 주도권을 잡았다. 메데인은 이란 고원과 소아시아 반도의 일부 등 옛 아시리아 영토를 차지하여 중견급의 제국을 건설하였다. 칼데아인은 칼데아 또는 신바빌로니아 제국을 건설하였다(김정위 1987, 29-31).

메데 제국에 관하여 좀 더 살펴보면 우선 메데 제국의 제왕연표는 프라오르테스 1세→ 데이오케스(r. 727-675 BCE)[35] → 프라오르테스(r. 674-653 BCE) → 키약사레스(r. 624-585 BCE) → 아스티아게스(r. 584,5-549 BCE, 쿠르드어 Rshti-vegâ Âzhi Dahâk) → 만다네+캄비세스 → 아케메니드조의 키루스(r. 559?-529 BCE) → 캄비세스(528-522 BCE)이며 통치방식은 메데인들이 전체의 지배자이기는 하였지만 가까이 거주하는 민족만 직접지배 할 뿐 직접지배 받은 민족이 그 주변 민족을, 그리고 이 주변민족이 또 다른 그 주변민족을 지배하는 방식이었다(박광순역 2001, 105-109).

---

34) Hirmis Aboona, "Assyrians, Kurds, and Ottomans-Intercomunal Relations on the Periphery of the Ottoman Empire", CAMBRIA PRESS AMHERST, NEWYORK, 2008의 저서에 아시리아, 쿠르드, 오스만과의 관계가 잘 서술되어 있다.

35) 헤로도투스 '역사' 역자의 재위 년 수 기록에 비해 이자디의 재위 년 수가 더 타당하여 이자디의 재위 년 수를 기준으로 하되 이자디의 설명이 없는 경우 역자의 것을 참조하였다.

메데 제국은 150년 이상 유지되었다. 메데 제국을 창설한 테이오케스가 나라를 최초로 세울 때 그는 메데의 여러 부족을 통합하여 7겹의 둥근 성으로 둘러싼 거대도시를 건설하여 이를 기반으로 주변부족을 거느린 국가를 세웠는데 그 부족의 이름은 부사이, 파레타케노이, 스투루카테스, 아리잔토이, 부디오이, 마고이 등이었다(*ibid*, 87).

헤로도투스(484-420 BCE)에 의하면 메데인은 아시리아가 상아시아를 일시적으로 52-3년간 지배할 당시 이 지배를 벗어나려는 항쟁을 제일먼저 시작하였다. 그리하여 7 세기 BCE 후반 경 아시리아로부터 완전히 독립하였다. 메데 땅에 프라오르테스의 아들 데이오케스라는 재능이 과인한 자가 조그만 부락들을 이루고 있던 메데인들을 뛰어난 수완으로 복속시켜 스스로 왕으로 추대되었다(위의 책, 84). 데이오게스는 오늘날 하마단[36]의 헤크마탄 언덕[37]에 왕궁을 짓고 53년간을 통치하였다(*ibid*, 87).

그의 아들인 프라오르테스는 페르시아로 출병하여 속국으로 삼았는데 이는 메데의 최초 속국이었다. 그는 이 민족을 합친 힘으로 아시리아 니네베(니나와)를 공격하였으나 재위 22년 되던 해에 전사하고 말았다(*ibid*, 90). 절치부심한 그의 아들 키악사레스는 부대를 창병, 궁병, 기병 등 병종을 분류하여 재편시키고 부왕의 원수를 갚기 위하여

---

36) 이란 북부지역으로 옛날에는 엑바타나라고 불리었으며 약 1800미터 고원지대에 위치한다. 키루스가 메데 제국을 멸망시키고 겨울궁전을 지었다. 지금의 이란 서부에 위치하며 자그로스 산맥 동쪽에 위치하고 있다. 메데 제국 당시의 도자기 등 수준 높은 유물들이 많이 발굴되어 하마단 박물관에 보존되어 있다. 지금도 이 지역에는 쿠르드인들이 많이 거주하고 있다.

37) 헤크마탄에서 지금의 하마단이 유래되었다. 옛 이름은 에크바타나, 엑바타나이다. 이곳은 자그로스 산맥의 북서부에 위치하고 있으며 해발고도가 1757미터로 여름에도 매우 시원한 곳이다. 아케메니드조 왕들의 여름별장이 있었다.

아시리아의 수도인 니네베로 출병하였다. 그가 아시리아의 니느웨를 포위공격하고 있을 때 프로토티에스의 아들이자 스키타이의 왕이었던 마디에스가 이끄는 스키타이 대군의 공격을 받았다. 그들은 유럽에서 킴메를인들을 몰아내고 도망치는 그들을 추격하여 메데까지 들어왔던 것이다. 이들은 코카서스 산맥 오른쪽으로 바라보면서 우회하여 침입해 왔는데 메데인들은 이들에게 응전했으나 전쟁에 패하고 기존국가들에 대한 지배권마저 탈취당하고 스카타이인들이 전 아시아를 지배하게 되었다(위의 책, 88). 스카타이인들의 아시아 지배는 28년간 지속되었는데 이들의 난폭한 통치와 약탈에 저항하여 메데인들은 키악사레스의 지휘 하에 스키타이인들을 연회에 초청하여 대부분을 처단한 후 과거의 주권과 영지를 회복하였다. 나아가 니네베를 점령하고 바빌로니아 지역을 제외한 모든 아시리아를 정복하였다(위의 책, 90). 키악사레스는 스키타이 지배기간을 포함하여 재위 40년 만에 사망하였다. 쿠르디스탄을 지배하던 쿠틸 왕조가 메소포타미아 지역 국가에 패한 뒤로 1,500여년을 지배당하였으나 키악사레스가 아시리아의 수도 니네베를 함락시켰다(*ibid*). 키악사레스는 서쪽으로 할리스(Halys, 크즐 이마르크강) 강둑까지 영토를 확장하였다. 메데 제국의 마지막 왕은 르쉬티-베가 아즈다학(Rshti-vega Azhi Dahak),[38] 즉 헤로도투스의 '역사'에서는 아스티아게스다. 아스티아게스 통치시대 토착 쿠르드 종교는 '천사의 종교(Cult of Angels)'로서 초기 조로아스터교(Zoroastrianism)에 강한 영향을 주었다. 그의 통치시기에 조로아스터교는 마기(Magi)[39] 라는 성직자 제도를 두었다. 또 다른 아리안 집단들과 더불어 메데인

38) 메데 제국을 이어받은 아케메니드 왕조의 왕들이 마기의 영향을 감소시키려고 하였다.

39) 예수탄생에 등장하는 동방박사들이 이 마기들이었다.

들과 선-쿠르드인들은 완전히 통합되었다(*ibid*, 34).

아스티아게스는 왕자가 없었으며 만다네라는 공주가 외손자인 키루스를[40] 낳아 키우게 되었다.[41] 아스티아게스는 재위 35년 만에 왕위를 상실했다(박광순역 2001, 104).

메데 제국은 시리아 지역까지[42] 지배하였으나 결국 키루스에게 멸망하였다(*ibid*, 65). 메데와 이웃하였던 리디아[43]의 크로이소스왕은 할

---

40) 키루스는 성경에 나오는 고레스 대왕으로 키루스에 관한 책은 소크라테스의 제자로서 군인, 역사가인 크세노폰의 "키루스의 교육", "키루스 대제의 역전의 병법" 등이 있다.

41) 아스티아게스는 꿈속에서 그의 딸 만다네 방뇨가 전 도시를 물에 잠기게 하고 나아가 아시아 전역까지 범람하는 것을 보았다. 이에 위협을 느낀 그는 메데 중류층보다 훨씬 낮게 취급되는, 페르시아에서 가문도 좋고 조용한 성격의, 캄비세스에게 시집을 보냈다. 그 해 아스티아게스는 시집간 딸의 몸에서 포도나무가 한그루 자라나 아시아 전역을 덮는 꿈을 꾸고 나서 임신 중인 딸을 메데로 불러들여 딸이 키루스를 출산하자 혈족이자 충신인 하르파고스에게 맡겨 죽이게 하였다. 하르파고스는 집안 소치기에게 명하여 아이를 죽이게 하였다 그러나 공교롭게도 소치기 부인도 임신을 하였는데 사산을 하여 이를 보여주고 키루스를 키운다. 키루스가 10세가 되었을 때 아스티아게스는 이 사실을 알고 그의 명령을 거역한 벌로 하르파고스 아들을 죽인다, 그리고 키루스는 마고스(일종의 제사장이나 그에 준하는 일을 하는 사람들로 왕의 측근에서 신탁, 해몽, 전쟁의 길흉 등을 조언 해주는 역할을 한다. 이들이 왕위를 찬탈하는 경우도 있다)들의 말대로 키루스는 페르시아로 돌려 보내지게 된다. 키루스가 장성하자 원한을 품은 하르파고스가 아스티아게스의 가혹한 지배를 구실삼아 메데의 중신들에게 접근하여 아스티아게스를 쫒아내고 키루스를 옹립하자고 설득하였다. 당시 페르시아는 농경부족과 유목부족으로 나뉘는데 대 부족이 3개였다 이들 대 부족은 그 밑에 다시 여러 부족이 복종하는 형태였으며 이는 현대 쿠르드 부족의 형태와 같다. 키루스는 이들 부족들에게 메데의 억압을 벗어나자고 선동하여 총사령관이 되어 싸웠다. 아스티아게스는 3년에 걸친 전쟁 끝에 메데인의 배신으로 자신은 외손자인 키루스에게 생포되어 노예로 전락하였다(박광순역 2001, 104).

42) 요즘의 시리아나 팔레스타인 지역이 아닌 북쪽에 사는 카파도키아 지방에 사는 민족이다. 지금의 소아시아의 동쪽지방으로 북으로는 흑해, 남으로는 지중해를 면한 터키 타우로스 산맥, 서쪽으로는 할리스강, 동으로는 아르메니아 국경에 이르는 지역이다(박광순역 2001, 65).

리스강[44] 서쪽의 여러 민족을 통치하고 있었다. 크로이소스[45]는 이오니아인, 아시리아인, 도리스인을 정복하고 스파르타(라케다이몬)과는 친교를 맺고 있었다. 최초로 그리스를 정복하였던 리디아는 메데 제국이 키루스에게 멸망당하고 키루스의 세력이 강성해지자 리디아의 크로이소스는 결국 키루스와 자웅을 겨루는 전쟁을 피할 수 없게 되었다.

원래 키악사레스의 아들 아스티아게스는 아리에니스의 남편으로 크로이소스의 매제였다. 아테네의 솔론과도 만난적이 있었던 크로이소스는 키루스와 싸우기 위해 카파도키아의 프테리아로 진격하여 키루스와 전투를 벌이던 중 병력이 부족하다고 판단한 그는 수도인 사르데스로 철군하여 스파르타, 이집트, 바빌로니아 등에 지원군을 보내라고 통보하였다. 스파르타는 함대를 준비하고 바로 출병하려는 찰라 크로이소스가 포로가 됐다는 소식에 애통해 하며 출병을 포기하였다. 아폴론(록시아스)을 숭배했던 그와 리디아는 재위 14년 만에 4대조 기게스의 카르마로 인하여 키루스에게 멸망당하게 되었다. 크로이소스 역시 메데인들과 동일하게 페르시아인들이 거칠고 가난한 민족이라고 언급하고 있다(박광순역 2001, 66-78).

키루스는 원래 메데의 아스티아게스가 공주를 속국인 페르시아의 캄비세스 1세에게 시집보내 태어나게 되었는데 당시 이것은 마치 왕녀가 하층민에게 시집간 것과도 같아 키루스는 암말과 숫당나귀에서

---

43) 리디아는 7세기 BCE에 그리스에게 화폐를 전해주어 그리스의 상업발달을 촉진시켰다.

44) 현 앙카라 동쪽에 위치한 할리스강을 경계로 서쪽은 리디아가 동쪽은 메데가 지배하고 있었다.

45) 아테네의 솔론과 만나 대화를 나누었다.

태어난 노새에 비유되었다. 당시 페르시아는 아카이메네스 → 테이스페스 → 키루스 1세(무명) → 캄비세스 1세[46] → 키루스(550~529 BCE) → 캄비세스(528~522 BCE)[47]의 순서로 왕위가 계승되었다. 키루스가 메데-페르시아 제국의 왕이 되어 고대 페르시아 왕조인 아케메니드 왕조(550~331 BCE)를 개창하였다. 그의 아들은 캄비세스로[48] 이 캄비세스도 키루스 대왕과 마찬가지로 많은 해외원정을 다녔다. 그는 이집트원정 도중 시리아의 아그바타나[49]에서 본국 마고스들의 반란[50] 소식을 듣고 회군하기 위해 말에 오르는 순간 칼집이 벗겨져 칼이 허벅지를 찔렀다. 그는 이 상처로 인하여 사망했다(박광순역 2001, 311). 칼에 찔린 캄비세스는 군 막사에서 임종할 당시 페르시아 신하들에게

46) 편의상 이름이 혼동되지 않게 1을 부기(附記)하였다.

47) 키루스의 아들인 캄비세스의 통치아래 있던 페르시아는 당시 중근동의 유일한 독립국가인 이집트를 525 BCE에 정복하였고 다리우스 통치(521-486 BCE) 아래서는 동쪽의 인더스 강에서 나일강에 이르는 대 제국을 건설하였다. 황제는 영토를 20개 주로(Satrapys) 분할하고 황제가 임명하는 총독에 의하여 다스려졌다. 제국의 수도는 수사(Susa)였으나 황제는 겨울에 바빌론에 머물렀다. 다리우스는 페르세폴리스에서 겨울을 보냈다(김정위 1987, 32-33).

48) 만다네와 결혼한 캄비세스와는 다르다. 이 당시에는 아버지 할아버지의 이름을 그대로 사용한 경우가 있는데 이러한 전통은 아직도 이어져서 아들 중 한명은 할아버지의 이름을 지어주게 된다.

49) 메데의 악바타나와는 다른 지명.

50) 마고스는 세습적 신관계급이다(박광순 2009, 108). 일설에는 반란을 일으킨 마고스가 메데인으로 이름은 가우마타였다 한다. 그러므로 일명 가우마타난으로 알려져 있다. 이 난을 평정한 사람이 다리우스로 캄비세스당시 페르시아 총독이었던 히스타스페스의 아들이었다. 대 페르시아 제국을 건설하여 중앙집권적인 총독을 파견하여 민족별로 세금을 징수하였는데 그전 캄비세스 통치시기에는 세금이 없이 현상품만 받았다. 징수구역은 이집트로부터 아르메니아, 간다라, 소그드족, 인더스강의 동쪽에 거주하는 인도인까지 방대하였다 그러나 페르시아 본국과 페르시아인은 세금을 면제해 주었고 코카서스 이남지역의 일부 에티오피아인, 코카서스 및 인접 부족들은 현상품을 진상하였는데 양, 금, 흑단, 상아, 남녀 아동, 유향 등이다.

"왕권이 다시 메데인들 손에 넘어가는 것을 결코 방관해서는 안된다(위의 책, 310)" 라고 유언하였다. 그는 메데 제국의 부활을 두려워하였던 것이다. 캄비세스 사후 페르시아의 왕이 된 다리우스는 테이스페스 → 아리아람네스 → 아르사메스 → 히스타스페스 → 다리우스 대왕(521~486 BCE) → 크세르크세스(486-465 BCE)[51]의 가계를 통해 이어졌으며 아케메니드조는 331 BCE까지 존속되었다.

이후 메데인들은 하르파고스의 개인적인 원한으로 메데를 키루스에게 넘긴 일을 후회하고 다리우스에게 대항하여 520 BCE 경[52]에 전쟁을 일으켰지만 전쟁에 패하고 말았다(박광순역 2001, 106).

이들은 산발적으로 반란을 일으켰지만 한번 무너진 제국을 다시 건설하기 위해서 2005년 10월 15일 이라크 쿠르드연방자치정부가 탄생하기까지 2,555년의 시간이 소요되었으며 메데 제국과 같은 대국은 아니라할지라도 정식 쿠르드 국가가 세워지기 전까지 앞으로도 많은 쿠르드인들의 피가 요구되는 뼈아픈 패착이 되었다.

3. 파르티아-로마시대: 쿠르드 3왕조, 12공국시대(5세기 BCE-6세기)

이 시기 동양에서는 전국시대 후기를 거쳐 위촉오 3국 시대와 5호 16국, 위진남북조를 거쳐 수나라 세워진 시기이다. 한국은 고조선

---

51) 영화 '300'으로도 제작된 페르시아(아케메니드)왕이다. 그는 480 BCE 100만 대군을 이끌고 솔론(Solon)의 개혁으로부터 100여년이 지난 그리스를 침략했으나 페이시스트라토스에 의해 살라미스 해협의 해전에서 완패하였다. 페이시스트라토스는 561 BCE 민중의 지지를 바탕으로 참주(僭主-훗날 도편추방법이 나오게 한 원인)가 되어 귀족을 억압하였다. 귀족정치에서 민주정치로 넘어가는 과도기 역할을 하였다. 살라미스 해전의 또 다른 승리의 주역 테미스토클레스는 훗날 아케메니드조에 망명하였다.

52) BCE 표기가 없으면 기원후 즉 CE or AD이다.

중, 후기, 3한 시기를 거쳐 3국 시대가 성립되어 경쟁하는 시기이다.

이 시기 중동은 강력한 패자로 등장한 페르시아가 팽창정책을 하는 과정에서 그리스를 침략한 시기이기도 하다. 이러한 페르시아의 위협에 대비하여 스파르타(도리아족)를 중심으로 한 펠로폰네소스 동맹(Peloponnesian League)[53]이, 아테네(이오니아족)를 맹주로 하여 에게해 주변의 해상도시와 국가들로 구성된 델로스 해상동맹(Delian League, 478-404 BCE)이 결성되었다. 467 BCE 경 페르시아의 패배로 위협이 사라지자, 아케메니드조에 공동 대항했던 두 국가는 헤게모니 쟁탈전에 들어갔다. 아테네는 델로스동맹을 유지하며 그 동안 키워온 국력을 통해서 동맹도시들 위에 군림하였다. 아테네는 클레이스테네스, 페리클레스를 거쳐 직접민주주의가 강화되었으며 해외팽창을 시도하였다. 그러나 아테네의 패권에 반발한 스파르타가 아테네에 도전하여 아테네가 이를 응징하는 (투키디데스의 함정)[54] 1차 펠로폰네소스 전쟁(460-445 BCE)이 일어났으나 30년간의 평화조약을 체결(446-5 BCE)하

53) 유목적 전통을 가진 정복자들은 정복한 부족이 복종을 하겠다는 서약만 하면 대부분 자치를 허용하였다. 일종의 제국 연맹체와 같은 것이다. 그러므로 연맹이 될 것을 약속한 부족은 더 큰 강자가 나타나면 쉽게 이들에게 충성을 서약하는 등 응집력은 약한 단위들이었다. 이들은 제국의 일부였을 뿐 제국 자체는 아니었다. 이러한 측면에서 쿠르드의 공국들은 대 제국을 스스로 형성하지 않는 한 항상 대 제국의 연맹체로 반 자치적인 권리를 누렸으며 대 제국이 없을 경우 자신들의 군사력을 통해 독립을 누리는 두 가지 형태가 근대까지 지속되었다.

54) 2015년 9월 22-28일 일정으로 미국을 방문한 시진핑이 오바마와 만난 22일 만찬연설에서 오판하면 투키디데스의 함정에 빠질 수 있다고 경고하였다. 2017년 북핵 사태와 사드(THAAD)문제를 계기로 글로벌 신흥패권국임을 스스로 드러낸 중국은 주변국이나 국제사회에서 패권국으로 인정받기에는 부족한 모습을 보이고 있다. 중국이 무엇보다도 시대정신을 갖지 못한 정치후진국이라는데 큰 문제가 있다. 더구나 중국은 북한 내 인권문제를 외면할 뿐만 아니라 재중 북한이탈주민 강제송환을 통해 중국의 낙후된 인권수준을 보여주고 있다. 과거와 달리 인류를 위한 시대정신이 부족한 단순한 패권국은 재앙일 수 있다.

고 종전하였다. 그러나 스파르타는 아테네가 코르키라(Corcyra, Kerkyra)와 동맹을 맺자 이에 위협을 느껴 2차 펠로폰네소스 전쟁(431-404 BCE)을 일으켰다. 스파르타는 28년간에 걸친 전쟁 끝에 404 BCE에 승리하였다. 이 전쟁과정에서 아테네는 알키비아데스[55]의 배신으로 결정적인 해상전투에서 패배하였다. 투키디데스(Thucydides, 465-400 BCE)는 '펠로폰네소스 전쟁사'를 통해 인간의 잘못된 욕망이 초래한 비극적인 정치현실을 고발하였다.

또한 이 시기에 아우구스투스(옥타비아누스)가 황제정(프린캡스, 1차 3두정치 이후 등장한 케사르의 암살로 제1시민이라 칭함)을 시작한 로마[56] 제국(27 BCE-476, 동로마 제국 476-1453, 로물루스와 레무르는-일설에 트로이 왕자 에네아스 후손-753 BCE 로마시 건설)이 탄생하여 500여 년 동안 유럽과 지중해 그리고 오리엔트를 통치하였다. 수메르와 마찬가지로 서양의 모든 역사와 철학과 문화는 로마라는 바다로 흘러들어갔으며 현재 서양의 모든 철학과 문화는 로마로부터 나왔다할 수 있다. 로마는 현재 중국과 같은 폐쇄적 사회가 아니라 이민족에게 지극히 개방주의적인 관용과 포용으로 세계 제국을 건설할 수 있었다. 로마의 신분 해방적 사고, 개방성과 정치적인 민주성과 정치철학을 이어받은 미국은[57] 현재의 로마 제국이라고 할 수 있다. 이와 같이 유럽에서 다양한 세력들에 의한 민주주의와 공화정, 군주정과 황제정 등 다양한

55) 그는 성장기에 소크라테스와 페리클레스의 후원을 받았다.

56) 고대 로마의 왕정 시기는 753-508 BCE까지다. 로마는 3차에 걸친 카르타고와의 포에니 전쟁(264-146 BCE)과 마케도니아, 셀레우코스와의 전쟁을 통해 지중해 패권을 완전히 장악하였다.

57) 이러한 미국의 정신에 역행한 현재 취임 5개월여 된 트럼프의 고립주의가 성공하고 또한 계승된다면 미국은 쇠퇴의 길을 걸을 것으로 판단된다.

정치체제와 국가들이 나타날 무렵 쿠르드는 복잡한 국제정세 속에서 아디아베네(Adiabene), 폰터스(Pontus), 콤마게네(Commagene) 3왕조를 비롯한 약 12 공국들이 이슬람의 침공 직전까지 명맥을 유지하였다.

쿠르드 역사에 있어서 이 시기는 현대적 쿠르드 민족정체성의 동질화와 공고화가 이루어진 시기다. 민족을 지칭하는 '쿠르드(Kurd)'라는 용어가 마침내 정착되어 모든 분할된 쿠르드 민족에게 적용되었다. 아케메니드 왕조와 셀레우코스 왕조[58]의 지배를 받은 지 300년이 지난 후 독립적이고 활기찬 쿠르드 왕조들이 재 부상하였다. 이러한 부흥은 쿠르드의 정치적인 헤게모니가 그리스나 우크라이나에서부터 호르무즈 해협까지 미쳤던 1세기 BCE에 정점에 달하였다. 이 시대 서막에 그리스 장군 겸 역사학자인 제노폰(Xenophon)[59]이 쿠르드를 인식한 것은, 왕위를 둘러싼 내분에 의해 뛰어난 그리스 보병을 요청한 아케

58) 아케메니드 왕조는 336-331 BCE 사이에 알렉산더에게 정복당하였다. 알렉산더는 토착민이나 이란인과 그리스인들과의 혼인을 권장하고 그리스 문화를 이식하였으나 행정체계는 기존 아케메니드 왕조의 것을 사용하였다. 알렉산더가 쿠르디스탄을 정복하고 지나간 흔적을 학술조사 당시 발견하였다. 알렉산더 사후 휘하 장수들 중 셀레우코스(셀루코스, Seleucus)는 312 BCE에 시리아, 아나톨리아, 인도변방 등 페르시아 지역을 토대로 셀레우코스(셀류시드, 셀루키드) 왕조(312-64 BCE)를 세웠다. 수도는 초기 바빌로니아의 셀루키아(Seleucia)에서 시리아 오론테스 강변의 도시 안티오크(Antioch)로 옮겼다. 파르티아족이 세운 파르티아 왕조에 멸망당하였다. 파르티아조는 사산조에게 멸망당하였다. 그리고 이 사산조에 이어 아부 바크르(650-661)가 이끄는 아랍군에 의하여 정통 칼리프조가 세워졌다. 이어 우마이야 왕조(661-750), 전, 후기 압바스 왕조(750-1258))등이 연달아 세워졌다. 이후 타히르조, 사파르조, 사만조(819-1005), 가즈나조(977-1062), 부와이드조를 거쳐 셀주크조가 나타났다. 일한조와 티무르조를 거쳐 시아파의 사파비조, 18세기의 아프간 족의 침입, 나디르샤(1736-1747), 잔드조, 카자르조, 팔레비조에 이르게 된다. 장군 프톨레미는 기원전 323년에 이집트에 왕조를 세웠다.

59) 소크라테스의 제자이기도 하다. 귀국하여 원정과정을 담은 '아나바시스(Anabasis)'를 저술하였다.

메니드 왕자의 요청으로, 401 BCE 1만 명의 강한 그리스 군대를 지휘하여 쿠르디스탄을 경과할 때 위협을 받는 과정에서 그는 이 쿠르디스탄 거주자들이 '카르두초이(Karduchoi)'라고 호칭된다는 것을 알았다. 그 외에도 그리스 역사학자 디오도루스(Diodorus), 스트라보(Strabo), 폴리비우스(Polybius), 로마 역사학자 플리니(Pliny)가 쿠르드를 언급하였다. 쿠르드인들이 비록 아케메니드 왕조의 중심부 지역에 살고 있었을지라도 그들은 충분히 독립을 유지하였고 페르시아 왕들에게 경의를 표하지도 않았다(Izady 2009, 34-34).

4세기 BCE 알렉산더에 의해 아케메니드조가 패망(331 BCE)[60]하였다. 332년 알렉산더가 사망한 후 휘하 장군에 의해 세워진 셀레우코스 왕조(312-64 BCE)도 파르티아조(ca. 240 BCE-224)에 의해 점차 쇠락하였다. 파르티아조는 더불어 쿠르드 왕조들도 위협하였다. 파르티아조는 많은 면에서 쿠르드와 유사하였으며 특히 정치적인 느슨함이 유사하였다. 대부분의 쿠르드는 파르티아 연맹이 세력을 팽창하던 3세기 BCE 초반에 팽창하는 파르티아와 동맹을 맺거나 아니면 고립을 당했다. 쿠르디스탄 서부의 2/3가 파르티아 연맹의 영토가 되어 버렸다. 4백년에 걸친 파르티아조 기간 동안 쿠르디스탄의 3왕조들과 고르드예네/코르두에니(Gordyene/Cordueni, Bitlis/Siirt), 아디아베네(Adiabene, Arbil), 마다(Mada, Media)[61], 케름(Kerm, Kirmanshah), 무크리얀(Mukriyan, Mahabad), 샤흐라주르(Shahrazur, Sulaymania), 바르잔(Barchan, Barzan), 사

60) 저자가 리제 인근 비르클레인(Birkleyn)산을 찾았을 때 현지 쿠르드인은 과거 마케도니아 왕이 들렀다고 하였다. 이 산의 깊은 동굴에서는 많은 물이 흘러나오는데 저승에서부터 흘러나온다는 전설을 가지고 있다. 알렉산더가 이 동굴에 들어가 보았다는 것으로 보아 알렉산더는 매우 호기심이 많았던 왕으로 판단된다.

61) 저자는 일단 Mard와 동일한 공국으로 판단하였으나 좀 더 확인이 필요한 부분이다. 공국의 숫자는 이론이 있을 수 있다.

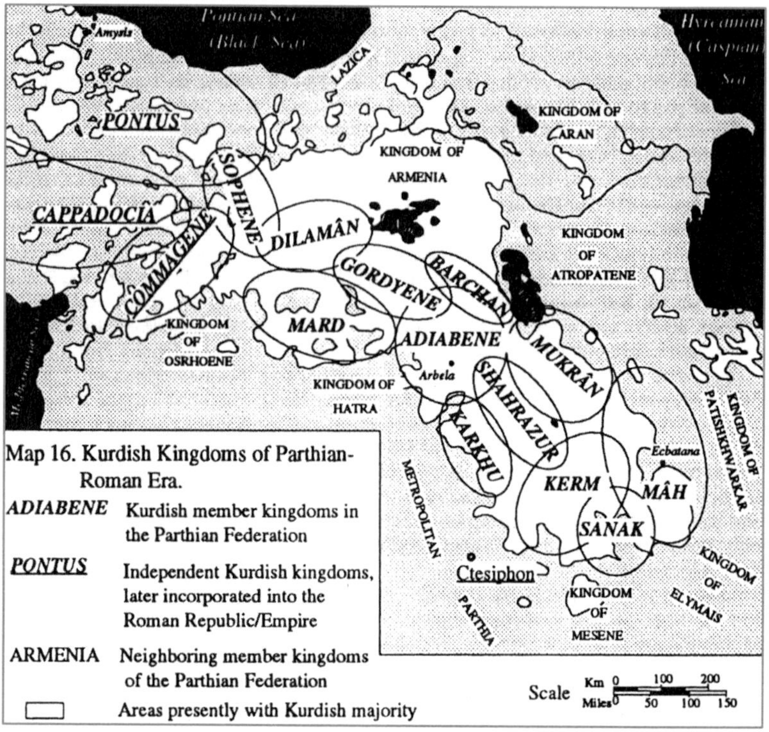

<그림 27> 파르티아 제국-로마 제국시기 쿠르드 3왕조와 12공국들(Izady 2009, 36)

낙(Sanak, Sahna, Kangawar), 카르쿠(Karkhu), 딜라만(Dilamân), 소페네(Sophene), 마흐(Mâh) 공국 등이 있었으며 이들은 3백 년 동안 파르티아 연맹의 활동적인, 절반 또는 완전히 독립적인, 구성원이었다(*ibid*, 35).

쿠르드 왕국인 아디아베네(Adiabene)는 쿠르드 부족의 명칭인 하드하반(Hadhaban, Hazawan)의 라틴어식 표기로 인구가 많은 이 부족은 남부 자그로스에서 3세기 BCE에 중앙 쿠르디스탄으로 들어왔다. 이들은(hadhabanis) 아르빌(Arbela, Arbil, Haza)[62]을 수도로 하여 신속히 이 지역의 정치, 군사적인 패권을 장악하였다. 1세기 BCE에 아디아베네

(지금의 KRG 지역)의 많은 귀족들은 유대교로 개종하였으며 로마가 유대와 사마리아를 정복할 때(68-67 BCE) 단지 아디아베네만이 유대지원군을 파병하였다. 불가항력적인 갈릴리 전투도 마찬가지였다. 이들 많은 쿠르드인들은 4세기까지 기독교로 개종을 하였다. 비록 이 공국은 3세기에 사산조 페르시아에게 패망하였으나 11세기 살라딘의 아유비드(Ayyubid) 왕조를 통해 재기하였다. 파르티아가 서부 쿠르디스탄의 2/3을 통합해 갈 무렵 서부 쿠르디스탄의 3왕조들 즉 카파도키아, 콤마게네[63], 특히 폰터스(Pontian kingdom)[64]왕조가 전성기를 구가하여 그들의 완전한 독립적인 영토를 에게해와 그 너머까지 확장하였으나 결국 로마에 항복하였다. 폰터스 왕조는 미트리다테스 6세 에우파토르 대왕(Mithridates Ⅵ, Eupator, r. 121-63 BCE, 미트리다테스는 고대 페르시아어로 미트라의 선물이라는 의미)때 전성기였으며 이 당시에 그리스, 코카서스, 남 우크라이나까지 확장해 나갔다. 미트라다테스는 로

62) Adiabene의 수도는 Arbelar(현 Arbil)이었다. 이슬람 시기에 Arbil로 바뀌었다 (Izady 2009, 35).

63) 콤마게네 왕국(163 BCE-72)의 안티오코스 1세(Antiochus, ca 69-34? BCE)의 무덤이 2003년 경 현재 이디야만주의 넴루트산 정상에서 발견되었다. 지금은 관광코스로 산 정상호텔에 1박하면서 일출을 보기도 한다. 이 당시에 아디아베네 같은 공국은 남부 파르티아조의 연방형태로 존재하였으나 콤마게네, 폰터스 같은 경우는 파르티아조의 연방이 아닌 독립왕조를 이루고 있었다. 특히 전성시의 폰터스 왕국과 흑해와 에게해의 관계는 로마 제국 당시의 지중해와 같은 상황이었다. 폰터스의 경우 직할지와 간접통치지역으로 나누어서 다스렸는데 다뉴브강에서 우크라이나, 도나우강 주변은 간접통치 지역이었다. 고대로부터 안티오크 주변과 지중해 해안을 따라서 있는 아마누스 고원지역은 서부 쿠르드인들의 터전이었다. 이들은 대개 로마 제국과 파르티아 왕조 사이에 위치하였다(Izady 2009, 37).

64) 일부 역사서에서 이들 쿠르드인들이 문화나 언어 등이 이란과 유사하고 남서부 자그로스에서 대규모의 쿠르드인들이 심지어 남쪽으로는 페르시스-현대의 이란 Fars 지방-에 사는 쿠르드인들까지 폰터스, 아나톨리아 서부나 중앙의 타 지역으로 대량 이주하는 바람에 페르시안으로 표기하기도 한다(Izady 2009, 37).

마와 일진일퇴를 거듭할 만큼 군사력이 막강하였으나 결국 3두정치인 중 한사람인 폼페이우스에게 패하고 63 BCE경 사망하였다. 결국 이들 3왕조는 로마의 3장군 마리우스(Marius), 루쿨루스(Lucullus), 폼페이우스(Pompey)에 의해 점령되었다(Izady 2009, 35-37).

이제 유프라테스강을 경계로 57 BCE에 로마와 파르티아조(安息國)가 쿠르디스탄에서 100여 년에 걸친 전쟁을 시작하였다.

과거 고대부터 알렉산더 정복시기까지 쿠르드는 서부 쿠르디스탄의 안티오크(Antioch) 주변 아마누스 고원지대와 지중해 해안지대를 통치하였다, 그 증거로 안티오크를 지나 시리아로 흐르는 강 이름이 쿠르드어인 오론테스(Orontes, 현 Asi)였으며 이 지역에서 발견되는 하라프 문화기(약 8000년 전)의 예술작품들이 쿠르드 양식과 동일하다는 것이다. 쿠르드는 헬레니즘적인 셀루시드 군주들에 의해-특히 안티오쿠스 2세(Antiochus Ⅱ)-약 300 BCE 경 이 지역 쿠르드인들을 새 수도인 안티오크(Antioch)나 알렉산드레타(Alexandretta)[65] 항구도시로 이주시키려고 노력하였으며 베라스(Veras, 현 Baraz 연합), 벨카나(Belcanae, 현 Belikan 연합) 같은 왕가와 많은 영향력 있는 쿠르드 가문과 쿠르드인들이 이곳에 정착하여 이 지역의 로마 행정관들과 강한 유대를 형성하였다. 이 유대관계는 AD 8세기 초까지 이어졌다. 아르메니아 왕조와 관련하여[66] 코레네의 모세(Moses of Chorene, 5세기 무렵 생몰)는 아르메니아, 그루지아, 아란(Aran)에도 많은 쿠르드 부족들이 거주하였으며 아르메니아왕 티그란(Tigran)의 조상이 메데의 아즈히

65) 현 하타이주의 주요도시이자 항구인 이스켄데룬(Iskenderun)군의 옛 지명으로 이스켄데룬 만에 위치한다.

66) 아르메니아 왕조 예와 같이 많은 연구가 필요하다. 역사에 관한 이자디의 주장은 많은 실증적인 연구가 필요하다는 의미에서 이자디의 주장을 소개하였다.

다학(Âzhi Dahâk-아스티아게스)과 연관되어 있다고 기술하였다. 이와 같이 쿠르드 귀족들은 많은 왕과 왕자를 배출한 유럽의 독일 귀족가문과 같은 역할을 하였다. 그러나 아유비드와 같이 쿠르드의 정체성을 상실하였다. 또한 파르티아조 당시 페르시아 종족은 파르티아조 극남쪽과 일부에 거주하였을 뿐 아르메니아와 페르시아 종족이 거주한 지역을 제외한 대부분의 지역은 쿠르드인들로 가득 차 있었다. AD 224년 파르티아 연맹은 페르시아 사산조를 연 아르다쉬르 1세(Ardashir I, 224-241)[67]에 의해서 멸망하였다. 그는 즉시 메데 쿠르드 왕들의 도전을 받았는데 쿠르드는 케름(Kerm, 현 Kirmanshah) 왕조 통솔아래 바르잔(Barchan, 현 Barzan), 하카르(Hakar, 현 Hakkari), 무크란(Mukran, Mukriyan), 사낙(Sanak, 현 Shana), 샤흐라주르(Shahrazur, 현 Sulaymania)의 공국이나 왕조가 신속히 결집하여 참전하였다. 아르다쉬르는 2년간의 전쟁(224-226) 끝에 이들 쿠르드 왕조들의 종주권을 획득하였다. 아르다쉬르는 쿠르드 왕자 카유스(Kayus)[68]를 자치적인 쿠르드 부족 왕으로 복귀시켜 통치하게 하였는데 이 카유스 가문은 AD 380년[69]까지 중앙과 남부 쿠르디스탄에서 반 독립적인 공국으로 존속하였다. 사산조가 무너진 AD 651년까지 쿠르디스탄에는 독립적이거나 자치적인 쿠르드 공국들이 없었다(Izady 2009, 37-40).

224년 패망한 파르티아조를 대체하여 사산조(224-651)가 로마와 대립하였다. 사산조가 들어설 무렵 로마는 마르쿠스 아우렐리우스

67) 아르다쉬르 바바칸(Ardashir Babakan)이라고도 하며 아들은 샤푸르 1세(Shapur I, AD 241-272)이다. 과거 한무제의 사신이 파르티아에 왔었다.

68) Kavos 라고도 표기한다.

69) 아르다쉬르 2세(Adashir Ⅱ, r. 379-383)가 이 쿠르드의 왕조의 마지막 일원을 멸망시켰다(Izady 2009, 40).

(Marcus Aurelius)[70]가 5현제들의 양자상속을 무시하고 장자상속을 강행하였다. 곧바로 약 50년간(233-284) 26명의 군인이 즉위한 군인황제 시대가 열렸다. 로마는 디오클레티아누스(Diocletianus, 284-305)와 콘스탄티누스 대제(Constantinus, 306-337)에 의해 개혁을 시도하게 되었는데 첫 번째가 수도이전이었다. 디오클레티아누스는 수도를 소아시아 니코메디아(이즈미르, 쿠르드인들이 다수 거주)로 이전하였으나 농노인 콜로누스가 발생하는 등 제국이 혼란이 지속되었다. 이를 타개하기 위하여 콘스탄티누스는 즉위하여 313년 밀라노 칙령을 통해 기독교를 공인하고 국교로 승격함과 동시에 수도를 동서 두 대륙과 바다가 교차하는 천연의 요새 비잔티움(이스탄불)으로 천도하고 사산조와 대립하였다. 콘스탄티누스 사후 훈족의 서진으로 서고트족, 게르만족의 이동(375)이 시작되었으며 테오도시우스 황제(379-395)는 장자 아르카디우스(Arcadius)에게는 동로마 제국을, 차남 호노리우스(Honorius)에게는 서로마 제국을 분할 상속하였다. 그러나 서로마 제국은 사산조가 아닌 476년 게르만 용병대장[71] 오도아케르에 의해 어린 마지막 황제 로물루스 아우구스툴루스(Romulus Augustulus)가 추방당하면서 멸망하였다. 사산조의 호스라우 1세(Khosrau Ⅰ, 531-579)는 동로마의 안티오크와 흑해연안까지 침공하여 무함마드가 태어나기 약 8년 전인 562년 조공헌납을 조건으로 유스티니아누스 대제(Justinianus Ⅰ Magnus)와 50년 평화조약을 체결하였다.

70) '명상록(Meditations)'의 저자다.

71) 게르만족은 덴마크, 노르만인 등 북게르만과 앵글로 색슨, 프랑크인 등 서게르만과 동·서고트, 반달족, 부르군트족 등 동게르만족으로 나뉜다. 이들은 AD 3세기부터 로마의 영향을 받기 시작하여 4세기부터 로마군에 편입되기 시작하였다.

4. 이슬람시대: 다일람 7왕조, 아유비드조, 4왕조, 4공국시대

이 시기는 6세기부터 16세기에 걸쳐 있으며 유럽의 중세(6C-16C)에 해당되는 시기이다. 유럽의 중세는 476년 서로마 제국이 멸망하고 프랑크 왕국, 동로마 제국(비잔틴 제국)과 동서 기독교의 분열, 중세 봉건사회, 십자군 원정, 르네상스와 더불어 종교개혁이 시작된 시기로서 근대(1500-1800, 16C-19C)가 시작되기 직전까지이다. 한국은 삼국시대 말기를 거쳐, 통일신라, 고려, 조선 성종의 시기다. 중국의 경우 당, 5대 10국, 요와 북송, 금과 남송, 원 그리고 명나라 효종 즈음이다.

중동은 무함마드가 출현하여 이슬람을 세운 뒤 정통 할리파 시대를 지나 우마이야조(661-750), 전기 압바스조(750-945), 사만조(819-1005), 사파르조, 파티마조(909-1171), 부와이드조, 가즈나조(977-1062,1186), 후기 압바스조(945-1258), 셀주크조(1055-1200), 일한국(1256-1353), 맘룩국(1250-1517), 티무르조들이 명멸한 시기이다.

사산조 페르시아는 224년경 파르티아조를 멸망시켰으며 조로아스터교(일명 Mazdaism, Avesta가 사산조때 완성)[72]가 광범위하게 전파되어 일종의 신정국가적인 성격을 띠었다. 사산조 페르시아가 동로마 제국과 계속 충돌하여 양국이 약화된 틈을 타 사산조 말기 호스라우 1세의 손자 호스라우 2세(589-628) 때 무슬림이 처음 전파되었고 본격적인 유입은 무하마드의 사후에 아부 바크르의 군대가 637년 사산조의 수도 크테시폰을 점령하고 이란고원으로 세력을 확장하면서부터다. 아랍인들은 페르시아인 행정관료를 채용하면서 그들이 파괴

72) 조로아스터교에서 미트라교(Mithraism)와 마니교(Manichaeism)가 나왔다. 마니(Mani, 216-276)는 선과 악, 정신과 물질, 빛과 암흑의 이원론을 주장하며 마니교에서 마즈닥이 마즈닥교(Mazdakism)을 창시하였으나 호스라우 1세에게 처형되었다.

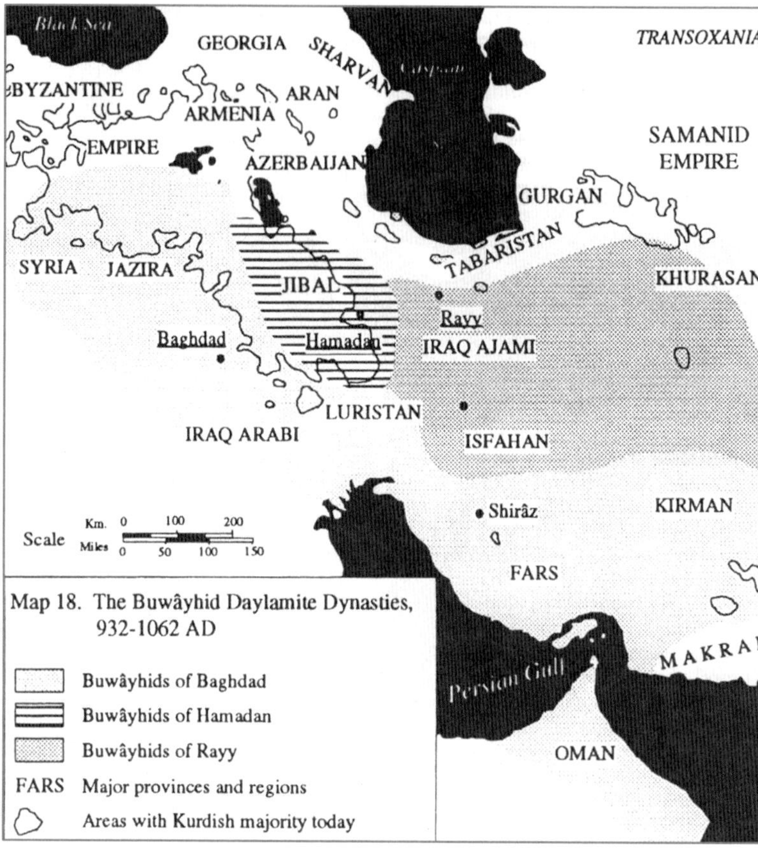

<그림 28> 부와이드-다일람 왕조들(Izady 2009, 43)

했던 사산조 페르시아의 문화와 통치술을 배우는 등 페르시아 문화가 급속히 이슬람세계에 유입되었다(유흥태 2011, 5).

쿠르드 역사는 페르시아의 사산조나 비잔틴 제국의 중앙집권적인 정권아래 300년간의 쇠락이 지속되었으나 7-9세기에 이르러 쿠르드의 정치적으로 힘차게 재 부상하였다. 그러나 이마저 이슬람 쿠르드 세기라고 하는 10-12세기에 막을 내렸다. 쿠르드인들은 십자군과 같은 외부의 침입자로부터 중동의 심장부를 방어하는 강력한 왕조들을 세웠다. 그리고 쿠르드 문화의 황금기를 이룩하였으며 쿠르드인들은 역사, 철학, 음악, 건축과 토목공학, 수학, 천문학에서 뛰어난 업적을 보여주었다. 이 시기의 뛰어난 쿠르드인들 중 역사학자는 아불 피다(Abul Pida), 이븐 아티르(Ibn Athir), 이븐 사다드(Ibn, Saddâd), 아부 하니파 알 디나와리(Abu Hanifa al-Dinawari), 철학자는 알 슈라와르드(al-Suhraward), 바디 알 자만 알 하마다니(Badi' al-Zamân al-Hamadâni), 탐험가는 이븐 파드란(Ibn Fadhlân), 음악가는 사피 알 딘 우르마위(Safi al-Din Urmawi), 무함마드 알 카텝·아르빌리(Muhammad al Khâtib Arbili), 음악가는 이브라힘(Ibrâhim), 이샤크 마우실리(Is'hâq Mawsili), 제리얍(Zeriyâb), 건축과 토목공학자는 무니스(Munis), 수학과 천문학자는 무히 알 딘 아크라티(Muhi al-Din Akhlâti), 전기 작가는 이븐 칼칸(Ibn Khalkân), 백과사전 편찬자는 이븐 나딤(Ibn Nadim), 사회종교 개혁가는 바박(Bâbak, BâBâ, 아바타의 의미), 나르세(Nârseh, Nasir)가 있다. 쿠라미야(Khurramiyya, 즐거운 이들)의 보호아래, 바박과 나르세에 의한 종교운동이 후기 사산조의 마즈닥(Mazdak) 통치기에 정점에 이르렀다. 817년 아제르바이잔[73]에서 바박(이자디는 쿠르드인이라고 주장한다)은 신의 아바타를 자처하며 압바스(전기 압바스, 750-945) 할리파에 저항하여 봉기를 일으켰다. 나르세는 833년 압바스 할리파에 패배한 뒤 추종자들을 이끌고 비잔틴 제국으로 도피하여 테오필리스 황제(Theophilus) 휘하에 들어갔다. 그는 838년 바박을 원조하였으나 결국 압바스에 의해 패배하였다(Izady 2009, 41-42).

73) 이자디에 의하면 쿠르드인들은 대규모로 약 300년간에 걸쳐 아제르바이잔으로 이주하였다. 아제르바이잔 사발란산(Savalân) 인근에는 쿠르드 벨리칸(Belikân) 부족과 바드(Badh) 부족이 정착하였다.

파르티아조부터 시작된 게르만의 이동이 사산조 시대에도 지속되었다. 지속된 중앙아시아, 코카서스 출신 유목민들의 침입과 가뭄, 기근 등으로 사산조가 점차 쇠퇴하였다. 비잔틴 역시 이러한 게르만과 사르마티아(Sarmatian), 알란(Âlân), 소르브(Sorbs)인 들이 북쪽과 유럽고원으로부터 대규모 유입되어 제국 역시 경제적, 군사적으로 약화되었다. 이후 페르시아어를 사용하는 소그드(Sogdhian), 사카(Sacae, Saka) 왕조가 중앙아시아와 아프가니스탄/시스탄(Sistan)에 걸쳐있는 동부 이란 지역을 통치하고 있을 때, 서부 이란지역은 독립적인 여러 쿠르드 왕조의 거의 독점적인 영토가 되었다. 10-12세기는 이슬람 쿠르드의 세기라고 할 수 있는데 이는 쿠르드가 비잔틴과 루스(Rus, 러시아 부족) 그리고 십자군으로부터 이슬람의 심장부를 보호하고 통치하였기 때문이다(*ibid*, 42-43).

압바스조가 분열되어 북아프리카 및 서부지역은 파티마조를 중심으로 통일되어간 반면 동부는 분열이 지속되었다. 사파르(Saffar, 867-913, 1495)가 사만조에 의해 패망한 뒤 약 150년 동안은 쿠르디스탄과 이란 지역은 혼란을 거듭하였다. 마르다위즈(Mardavij)가 이스마일파 이름 아래 배화교적 페르시아 문명을 세우기 위해 노력하였으나 카스피해 남쪽의 다일람 지역 출신으로 12 이맘 시아파에 속하는 부와이드 가문을 중심으로 부와이드조(Buwayhids, Buyids 932~1055)[74]가 건립

74) 전기 압바스조는 페르시아 후라산의 압바스가 아랍의 우마이야조를 750년 멸망시킨 이후 821년 멸망할 때까지 70여년을 존속하였다. 이들은 수도를 시리아에서 이라크(하쉬미야, 안바르, 만수르에 의한 바그다드-크테시폰-천도)로 천도시켰다. 지방이 분열되어 10세기 말에는 아프리카 북쪽에는 파티마조가 쿠르디스탄과 이란 지역에는 부와이드조가, 아랄해 하부지역과 아프가니스탄 지역에는 사만조가, 스페인 지역에는 소(小) 우마이야조가 세워졌다. 그리고 유럽에는 비잔틴 제국이 있었다.

되었다(김정위 1986, 140).

이 시기에 가장 중요한 사실은 초기 중세의 다일람(Daylamites or Dimami) 부족이 여러 왕조를 세웠다는 점이다. 이중에 가장 중요한 왕조는 부와이드조였으며 나머지 6왕조가 존재하였다.

부와이드가 3형제는 원래 마르다위즈의 휘하에서 종군하였으나 그가 암살당하자 큰형 알리(Ali)는 시리아, 자지라, 이란 남부 시라즈, 파르스까지를 포함한 바그다드 부와이드조를, 하산과 아흐마드는 중앙의 하마단, 현 이란 북부의 라이(Rayy-현 테헤란의 한 구역) 지역과 이스파한, 케르만샤, 후지스탄을 각각 통치하였다. 그러나 이들 3형제가 모두 사망한 뒤 파나 호스라우 즉 아두드 알 다울라(Panâ Khusraw 즉 Adud al- Dawla, 949-983)가 군소 제국을 통일하여 아나톨리아와 메소포타미아에서 인도양 연안에 이르는 부와이드 제국을 건설하였다.

이슬람 시기 이전 이 다이라마이테스(다일람, Dailam, Deylam, Deylaman, 그리스어 Delymaioi) 부족은 티그리스 강 상류지역에서 기원하였으며 이 지역은 드믈리(자자) 쿠르드 지역이기도 하다. 조로아스터교의 경전 분다히슨(Bundahishn)에도 티그리스강 시원지역에 다이라만(Dilamân, Daylamân)이 있다고 기록되어 있다. 초기 중세 역사학자 아불 피다(Abu'l Fidâ)가 다양하게 조사한 결과, 그는 다일람을 쿠르드 부족으로 판명하였으며 또한 원 거주 지역, 이름 등을 살펴볼 때 이들이 드믈리(자자) 쿠르드 계열인 것은 분명하다. 이들이 세운 부와이드[75](이란어 부예-Buyeh, 아랍어 부이드-Buyid 또는 부와이드-Buwayhides)는 셋째 아흐마드가 바그다드를 점령하여 순니 압바스 할리파가 그에게 무이즈 알 다울라(Mu'izz al-Dawla-왕국의 간성) 칭호를 주었으나 12 이맘파 시아인

75) 중동사에서 주로 호칭되는 부와이드로 표기하였다.

그는 할리파를 허수아비로 만들고 100여 년 간 할리파를 마음대로 폐위시켰다. 주요도시는 바그다드와 파르스(아케메니드, 사산조의 발생지)였다. 강한 군사적인 결속-특히 강한 보병-을 가진 군사지배적인 사회였다. 시아파 이란사에서는 이 왕조를 이란의 역사에 편입시키도 한다(Izady 2009, 43-44).

이러한 쿠르드 다일람 왕조 가운데 부와이드조를 제외한 중요 6왕조는 남부 카스피해 지역의 바반조(Bâvandids, 665-1349), 타바르스탄(Tabaristan, 현 마젠다란-Majendaran-)과 구르간(Gurgan) 지역의 지야르드조(Ziyarids, 927-1090), 아제르바이잔과 이란 북서부 지역의 강가르드조(Kangarids, 이칭은 무사프르드-Musafirids-와 살라르드-Sallarids-), 질란과 루얀(Ruyan) 그리고 탈르샨(Talishan)지역의 쟈스타니드조(Jastanids, 약 6세기-12세기), 파르스와 키르만 지역의 샤반카라스조(Shabankaras), 이란 중앙과 남부의 카큐이드조(Kakuyids, 1008-1119)가 있었다. 그리고 이러한 중세 왕조들은 기독교, 유대교 등 많은 종교들에 대해서 매우 관용적이었다(*ibid*, 45).

부와이드조는 아두드 알 다울라 사후 제국의 동부는 1029년 가즈나조(Ghazna) 병합되었고 결국 왕국은 1055년(이자디는 1062) 셀주크 투르크에게 멸망하였다(김정위 1986, 141).

다일람과 아유비드 이외에도 중요한 쿠르드 왕조는 아르메니아와 샤르반(Sharvân) 그리고 아란(Arân) 등 코카서스 지역의 샤다디드(Shadâdids, 951-1174), 아르메니아와 디야르바크르 지역의 마르와니드(Marwânids, 990-1085), 아제르바이잔과 남부 코카서스 지역의 맘라니드(Mamlânids, Rawwâdids, ca. 920-1071), 중앙과 남부 쿠르디스탄의 하산와이히드(Hasanwayhids, Hasanwâyhids, Badirkhânids, 959-1015)가 있었으며 이외에도 많은 쿠르드 소 왕가들이 있었다.

부와이드조 이후의 아유비드조(Ayyubids, 1169-15세기)는 700년 전의 (중앙 쿠르디스탄의) 시조 이름을 딴 아디아벤(Adiabene)왕조를 통치하던 하드하바니(Hadhabani) 쿠르드 부족과 왕가로부터 유래하였다. 사자왕 리처드를 물리친 제국의 창업자인 살라딘 왕(r. 1169~1193)은 쿠르디스탄, 이집트, 이라크, 시리아, 이스라엘, 아라비아, 예멘을 정복하였으며 이 아유비드조는 1169년부터 15세기말 까지 존속하였다. 살라딘에 대한 기독교인들의 존경심은 1898년 독일 빌헬름 2세가 다마스쿠

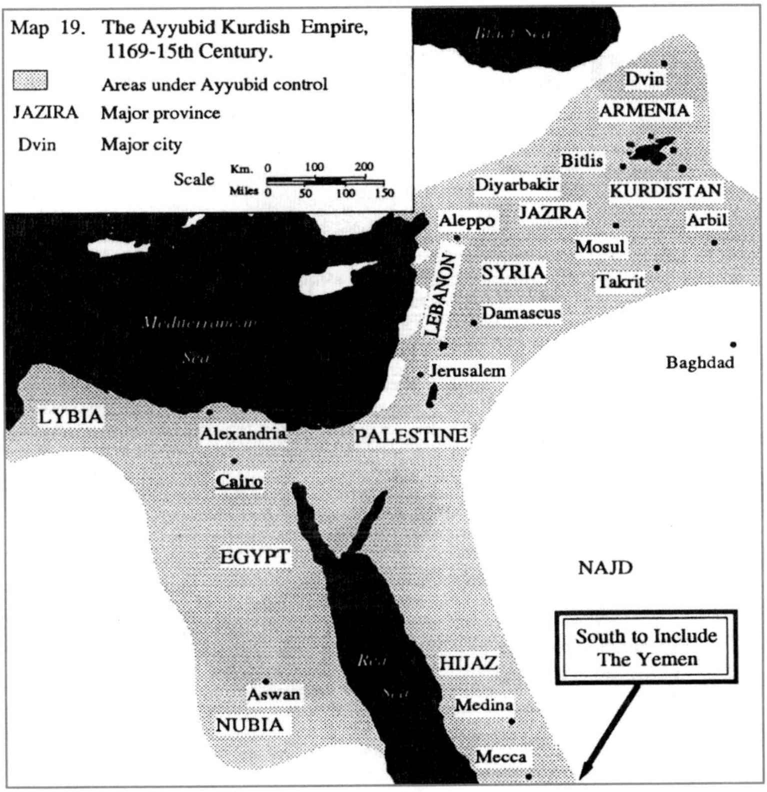

<그림 29> 아유비드 쿠르드 제국(Izady 2009, 44)

스를 방문하여 살라딘의 퇴락한 묘를 목격하고 재건을 명한 것을 통해서도 알 수 있다(Izady 2009, 45).[76)]

아유비드조가 시리아, 이집트 북부, 서부 쿠르디스탄의 일부를 점하고, 비잔틴 제국이 유럽일부와 이태리를 통치하고 있을 때 셀주크 투르크가 쿠르디스탄에 대규모로 유입되었다. 셀주크 시대는 주요 쿠르드 왕조들이 사라지고 조그만 쿠르드 공국들만이 정치적 생명을 이어나갔다. 공국들은 셀주크, 화레즘 투르크,[77)] 일한국, 티무르 등 대 투르크와 몽골의 왕가에게 느슨한 복종을 하였으며 단지 매년마다 조공을 바치고 필요한 경우에는 징수나 징병을 해주는 대가로 쿠르드 자치를 보장받았다. 대부분의 쿠르드 공국들은 그들의 완전한 독립을 위하여 투르크 지배 하에서 신속하게 상대의 약점을 이용하였는데 이러한 사례는 아제르바이잔과 서부 쿠르디스탄에서의 아흐마드얄(라우와디드-Rawwadids-일족, 약 1201년까지 지속)이 모술에서의 장가나(Zangana, Zangids, 1127-1250)가, 아르빌과 키르쿠크에서의 쿠크보르드(Kukborids, 1144-1232)가, 디야르바크르와 우르파에서의 바크르드(Bakrids, 1101-1312)가, 그리고 오래 유지된 아르달란(Ardalan, 1168-1867)이 있었다. 심지어 몽골이 중동 서부지역을 침략한 시기에도[78)] 쿠르디스탄의 자치는 축소되지 않았으며 몽골의 쿠르디스탄 침입은

76) Kurdistan이라는 용어가 12세기 중엽에 처음으로 등장하였다(Izady 2009, 46).

77) Khwarazmshahids 즉 화레즘 투르크는 투르크 가신으로 있던 가라차이가 셀주쿠의 왕에 의해 화레즘의 총독(1077년)이 되었으나 1231년 몽골에 패하여 멸망하였다. 이 왕조는 이란에서 존재하였다.

78) 칭기스칸 사후 그의 제국은 4명의 자식들에게 분할되었는데 이란 부근에 훌라구(칭기스칸의 손자이며 원나라의 세조인 쿠빌라이의 아우)가 일한국(1256- 1353)을 세웠으며 약 100여 년간 지속하였다. 수도는 타브리였으며 이집트의 맘룩 왕조와 대립하였다.

그 영향력에 있어서 짧고 피상적인 것이었다(*ibid*, 46-47).

셀주크 투르크를 비롯한 중세에는 쿠르드의 천사의 종교가 시아 이슬람을 받아들였고 이러한 경향은 사파비조에까지 이르렀다. 이들은 이슬람의 예언자 무함마드와 후손, 파티마, 알리 등을 우주성령(Universal Spirit)의 아바타로 해석하여 받아들였으며 이자디는 알레비를 사이비 시아파로 인식하고 있다.

1300년 경 당시에 일한국(1256-1353)이 중동과 중앙아시아 일부 그리고 인더스강에 이르는 대 제국을 건설하였고 이집트와 인근은 맘룩조(1250-1517)가 통치하고 있었다. 그러나 일한국과 분파된 잘라이르조(1380-1468) 등은 흑양조(1380-1468)와 백양조(1378-1468)에 의해서 멸망하였다. 또한 동서교역의 중심인 사마르칸트를 수도로 한 티무르 제국(1370-1506)이 쿠르디스탄의 많은 부분을 장악하고 130여 년 간 통치하였으나 티무르(1366-1405) 사후[79] 국세는 소 왕조 수준으로 급격히 축소되었다. 당시 유럽에서는 7차에 걸친 십자군 원정(1096-1270) 결과 대포가 출현 하는 등 봉건사회가 붕괴하고 중세말의 중앙집권적인 통일국가들이 탄생하게 되었다. 영국은 프랑스와 백년전쟁(1337-1453)을 치룬 후 곧 랭커스터가와 요크가의 장미전쟁을 통해서 절대군주가 출현하게 하는 계기를 마련하였다. 십자군 전쟁의 결과 중세는 아비뇽의 유수(1309-1376)를 거치는 등 교황권이 쇠퇴하였고 외부 세계와 접촉한 결과 중세의 문화와 학문이 발전하게 되었다. 교회 역시 종교와 세속의 영역을 인정하는 토마스 아퀴나스의 스콜라 철학이 탄생하게 되었다. 그리고 신에서 벗어난 인문주의적 영향을 받은 르네상스(renaissance) 운동이 14-16세기에 일어났다.

---

79) 티무르의 후손 바부르(babur)는 인도 무굴 제국을 세웠다.

5. 오스만 투르크시대: 사파비조, 잔드조,[80] 11공국시대(1497-1918)

이 시기는 유럽의 근대(1500-1800, 16-19세기)와 현대에 해당된다. 15세기말-16세기 초 지리상의 발견으로 대항해의 시대가 시작되었다. 유럽은 루터와 칼뱅의 종교개혁이 일어났으며 절대왕정의 시대(1550-1770)와 계몽주의 사상이 대두되었다. 독일 최대, 최후의 4차에 걸친 30년 전쟁(1618-1648)의 결과 유럽 최초 국제회의를 통해 근대국가의 시작을 알린 베스트팔렌조약(Peace of Westphalia)이 체결되었다. 그리고 프랑스 대혁명과 산업혁명이 일어났으며 자유주의와 민족주의가 나타났다. 중동에서는 티무르 제국에 이어 오스만 투르크의 등장과 몰락이 이루어진 시기이다. 오구즈(Oghuz) 부족에서 출발하였던 오스만 투르크[81]는 1281년 나라를 건국하고 중동지역의 패자가 되었으며 1453년 동로마 제국을 멸망시켰다. 이러한 오스만 제국의 변방에는 사파비조(Safavi, 1501-1722)와 잔드조(1750-1794), 카자르조(1780-1924)가 연이어 흥망하였다.

쿠르드 역사에 있어서 이 시기는 쿠르드 민족의 모든 면이 꾸준히 쇠락하였다. 중요한 민족의 구성원들도 약 1500년부터 1750년의 250년간 먼 곳으로 강제추방 당하였다. 이 시기 초반의 활달하고 근면하고 꽤 변화에 유능하였던 쿠르드 사회가 이 시기 말기에는 중동에서 가장 뒤떨어지고 황폐화된 사회 중 하나로 전락하였다. 이러한 쇠퇴

---

80) 이자디는 사파비조와 잔드조를 쿠르드 왕조의 일종으로 기술하고 있으나 좀 더 검증이 필요하며 저자는 그의 주장을 소개하는 수준에 그쳤다.

81) 몽고에 의해 터키로 이동한 투르크족의 지도자인 에르토그릴(Ertoghril)의 아들 오스만(Osman, 1300-1324, 아랍어로 우스만-Uthman)과 오르한(Orkhan, 1324-1360), 무라드 1세(Murad, 1360-1389), 메흐메드 2세(Mehmed Ⅱ, 1451-1481), 술탄 셀림1세(1512-1520), 술레이만 2세(Suleeiman Ⅱ, 1520-1566) 등 후계자에 의해 대제국으로 성장하였다.

의 중요한 원인은 2가지였는데 첫째는 중동이 양측으로 나뉘어 전쟁을 하였기 때문이다. 즉 페르시아와 오스만이 쿠르디스탄 중심부에서 전선을 형성한 것이다. 그러나 보다 중요한 것은 둘째, 국제 무역로의 획기적인 변화로 인하여 쿠르디스탄이 경제적으로 완전히 고립된 것이었다. 즉 1497년 바스코다가마의 희망봉 발견은 다른 지역의 종족집단과 마찬가지로 쿠르드인들의 삶에 재앙을 가져온 날이었다(Izady 2009, 49). 즉 동서를 잇는 비단길과 같은 오래된 지상루트보다 해양루트가 각광을 받게되어[82] 국제무역로의 급격한 변화가 일어난 것이다.

이란 지역에서 티무르조(1370~1506)가 쇠퇴한 시기에 사파비조가 시아파를 국교[83]로 하여 등장하였다. 이 사파비조에 대해서는 공통적으로 사파비조의 조상 즉 순니 수피종단의 지도자 쉐흐 사피 알 딘(Shaykh Safi al Din, 약 1253-1334)이 쿠르드인이었다는 것은 거의 사실로 판명되었다. 이자디의 설명에 의하면 당시 쉐흐 사피 알 딘의 제자였던 이븐 바자즈(Ibn Bazzaz)의 말을 인용하여 10세기 무렵 현 시리아인 산자르(Sanjar) 지역으로부터 이주한 대 쿠르드 부족과 함께 이들이 아르다빌(Ardabil)[84]로 이주하게 되었다고 한다. 사파비(쿠르드 발음은

82) 디야르바크르, 타브리즈 등과 같은 동서무역의 주요 통로였던 기존의 쿠르디스탄은 대량의 화물이 낙타에 의한 육로교통이 아니라 배를 통한 해양수송으로 변화됨으로써 기존의 영화를 상실하고 고립되었다. 이 루트 상에 존재하였던 쿠르드 도시나 쿠르드인들은 정보, 사회간접자본, 생산물의 수출, 숙박 등의 소외되었다.

83) 이슬람의 유입 이래 이란은 대부분 순니파였으나 사파비조의 강력한 시아파 정책에 따라 대부분이 시아파로 개종하였다. 시아파는 12번째 이맘이 죽지 않고 종말의 시기에 나타나 그들의 구세주가 된다는 믿음을 가지고 있다.

84) 이 카스피해 서쪽에 위치한 아르다빌에 현재에도 두 쿠르드 부족이 살고 있는데 샤트란루(Shatranlu)부족과 쿠르드베글루(Kurdbeglu)부족이다. 대략 이 지역은 아제르바이잔과 중첩된 지역으로 사파비조의 샤 이스마일이 아제르바이잔 지역 출신이라고 하는 일부 주장도 있듯이 과거 일정시기 쿠르드의 영향력이 미쳤던

사파위) 가문의 지도자인 사피 알 딘[85]은 금욕적인 수피종단의 지도자로 후손들은 그를 기려서 사파위야라는 수피종단을 만들었다(Izady 2009, 50-51). 그러나 사피 알 딘의 후손인 주나이드(Junaid, 1447-1456)가 시아로 개종하였으며 아들 하이다르(1456-1488)와 그를 지원한 백양조(Aq-Qoyunlu)의 통치자 우준 하산(Uzun Hasan 1453-1478)의 딸과 혼인을 하여 수피종단의 종교적 세력을 확대해 나갔다. 이들 하이다르 수피는 데르위시(derwish, 탁발 수행자, 즉 두타행)라고 하는 수피 초심자의 옷과 붉은 터번을 착용하여 크즐바시라고 불리게 되었다. 이들 부족들은 터번을 12번 감았는데 이는 12이맘에게 경의를 표시한다는 의미다. 하이다르와 하이다르 장남 알리가 사망한 후에 알리 동생인 이스마일 1세가 승계하였다. 이스마일은 1501년 여름에 백양조를 패퇴시키고 타브리즈를 점령하였다. 이스마일을 비롯한 크즐바시들은 동쪽으로는 우즈베크 지도자 무함마드 쉬바니(Muhammad Shibani Khan)와 대적하고 서쪽의 선교에도 열을 올려 오스만 투르크와의 정치적 갈등과 종교적 분쟁은 피할 수 없게 되었다. 결국 새로 등극한 오스만의

지역이다.

85) 쉐흐 사피 알 딘의 묘는 카스피해 서쪽 4800여 미터 고산인 사발란산 동쪽 고원지대인 아르다빌에 있으며 이곳에서 활발하게 활동하였다. 200년 후의 사파비조는 그의 이름에서 사파비조를 작명하게 된다. 창업주 이스마일 1세는 한때 유능했던 지도자로 사파비조의 첫 수도를 유라시아 지각판과 아라비아 지각판이 충돌하는 지진대에 위치한 타브리즈로 삼았다. 5세인 압바스 1세 시기에 이스파한으로 천도하였다. 이스마일 1세는 중국 도자기 수집광이었던 것으로 보아 기존에도 중국과의 교역이 매우 활발하였음을 알 수 있다. 특히 쿠르드는 과거 상고시대에도 옷감이나 의상이 유명하였는데 쿠르디스탄의 디야르바크르나 샨르 우르파 등 주요도시의 가로수가 뽕나무일 정도로 뽕나무를 많이 심는 것을 보았을 때 과거 쿠르디스탄이 누에를 키워 비단을 많이 생산하고 면직물 산업이 발전하였음을 알 수 있다. 비단은 양탄자에도 들어간다. 인근 하란 주위의 대평원은 관개가 잘돼있으며 목화가 대규모로 재배되고 있다.

술탄 셀림 1세(1512-1520)는 12만 명의 오스만 군대를 출병시켜 7만의 이스마일 군대와 1514년 8월 23일 타브리즈 남부, 우르미예 서쪽의 찰디란에서 전투를 치루었다. 오스만 투르크는 우세한 포병으로 사파비군을 결정적으로 분쇄하고 사파비조의 수도 타브리즈까지 점령하였다. 그러나 오스만군은 내부의 소요로 곧 회군하였다. 이스마일 1세는 타브리즈까지 점령과 약탈을 당하고 아내까지 포로가 돼버리자 37세라는 이른 나이에 죽게 되었고 왕위는 10세인 그의 아들 타흐마습 1세(Tahmasp Ⅰ, 1524-1576)가 계승하였다. 그는 적대적인 부족장의 압력과 새로 획정된 국경으로 국경도시가 돼버린 타브리즈를 버리고, 오스만의 침입에서 벗어나고자 수도를 카즈빈(Qazvin)으로 옮겼다. 크즐바시들 간의 반란 등이 일어난 후 왕위는 손자 압바스 Ⅰ세(1588-1629)에게 전승되었으며 그는 예니체리와 같은 굴라만(ghulaman, 노예)부대를 포병, 보병, 기병으로 구성하고, 사들인 노예들을 이슬람으로 개종시켜 군사적으로 크게 성공하였다. 그는 국제 비단무역의 중심지인 아르메니아의 줄파 주민들을 이스파한 강 건너로 강제 이주시키는 등 무역을 장려하고 그리스도 교도들에게도 관용을 베풀었다. 왕위는 손자 샤 샤피 Ⅰ세(Shah Safi, 1629-1642, 살해당한 장남의 아들)에게 양위되었다(김정위 2001, 121-132; 1987, 253-263; Izady 3009, 51).

쿠르디스탄이 과거 파르티아-로마제국 시대에 페르시아와 로마/비잔틴 제국의 전쟁터가 되었듯이 이제는 오스만 제국과 사파비조의 격돌장이[86] 되었으며 이들의 국경분쟁은 1639년 '조하브 조약(the Treaty of Zohab)'에 의해서 일단락되었다. 그러나 쿠르디스탄의 3/4이 오스만

86) 압바스는 실지(失地)였던 이라크를 회복하였으나 이 땅은 곧 무라드 4세에게 정복되었다. 이란의 서쪽 국경은 대략 이 시기에 결정되었다.

제국의 통치권 아래 놓이게 되었고 이런 상태는 1차 세계대전의 종결로 오스만 제국이 와해될 때까지 지속되었다. 페르시아와 오스만 제국간의 전쟁 초기에 알레비 쿠르드는 사파비조에게 충성하였고 순니 쿠르드는 대부분 페르시아의 광신적인 알레비나 시아 왕조들보다는 종교적 규율이 좀 더 느슨한 오스만 제국의 편에 섰다. 그러나 알레비나 순니 쿠르드이건 간에 대부분의 쿠르드는 사파비조로부터 중대한 고통을 받았는데 이는 그 당시 쿠르디스탄의 전략적인 위치나 지형정치학적인 관계로 인한 것이었다. 이 전쟁에서 사파비조는 청야작전(scorched earth)을 구사하여 오스만 제국의 보급과 전쟁능력에 타격을 가하였는데 그 청야작전의 주 무대가 쿠르디스탄이었던 것이다. 이로 인하여 사파비조는 대량의 쿠르드인들을 쿠르디스탄의 구석으로 강제 추방하였고 쿠르디스탄의 북부와 서부가 엄청난 파괴를 당하였다. 결국 이러한 파괴는 쿠르드인들로 하여금 오스만 제국 편에 가담하게 하였는데 비틀리스의 로즈하키(Rozhaki) 부족 왕자인 이드리스[87]가 주도하였다(Izady 2009, 51).

이 당시 쿠르드 부족들은 자치적 부족국가인 공국 상태였다. 조하브 조약(또는 카스리 시린조약-Qasr-i-Shirin)에 의해서 획정된 국경선에 의한 부족의 위치를 살펴보면 페르시아 쪽에 아르달란 공국(Ardalan)이, 오스만 제국의 영토에는 바반(Baban), 바디난(Bahdinan), 하카리, 촐(Chol), 보탄(Botan), 비틀리스(Bitlis), 아크라트(Akhlat), 밀란

87) 그는 최초로 범 쿠르드 역사서 '샤라프나메'를 쓴 샤라프 칸(Sharaf Khan)의 할아버지였다. 샤라프나메는 1596년-1597년 사이에 비틀리스의 샤라프 칸(Sharaf al Din이라고도 한다) 왕자에 의해서 쓰여졌다. 1694년에는 쿠르드 서정 시인인 아흐마드 카니(Ahmad Khani)가 서사시인 '메무진(Mem-u-Zin)을 썼다(Izady 2009, 51).

(Milan), 바라즈(Baraz), 챠미쉬케제크(Chamishkezek)가 존재했었다. 이들은 자치를 누리면서 잔드조[88]가 1750년에 세워지기 전까지 약 100여 년 간 상대적으로 평온한 시기를 보내게 되었다(*ibid*, 53).

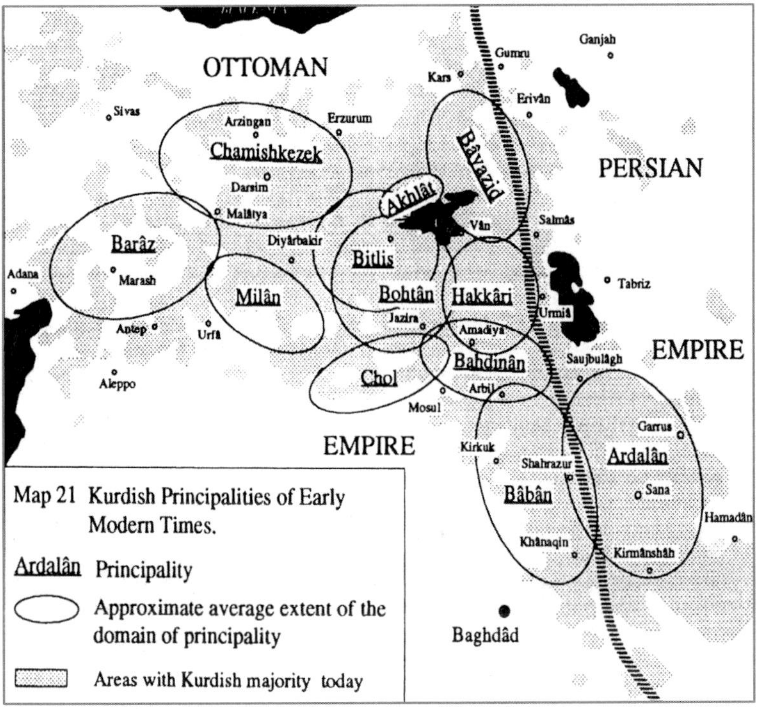

<그림 30> 초기 현대 쿠르드 11 공국들(Izady 2009, 53)

88) 잔드조는 사파비조 말기의 10여 년 간의 아프간 침입 이후 1750년에 왕조를 세웠으나 1794년에 멸망하였다.

페르시아의 아프샤르조(Afshrids)[89]를 세운 나디르 샤(Nadir Shah, 약 1736-1747 재위, 쿠르드 정벌 중 부하에게 사망)가 쿠르디스탄과 이라크에 있는 오스만 제국에 도전함으로써 쿠르드인들에게 잘디란 전투 이후 또 다시 파괴의 시기가 도래하였다. 이 시기에 남부, 서부, 중앙쿠르디스탄이 파괴되었다. 도시와 마을들이 파괴되었고 전체부족들은 강제추방을 당하였다. 이 시기에 많은 쿠르드 유산들이 유실되거나 사라져 겨우 소수만 남겨졌는데 단지 고유종교(Cult of Angel)의 중세용어들과 쿠르드의 오래된 언어 팔라와니(Pahlawani) 정도뿐이었다(*ibid*, 54).

사파비 왕조에 의해서 후라산(Khurasan)으로 추방되었던 부족들 중 하나가 쿠르디스탄 남서부 지역 '데 파리(Deh-Pari)'지역에서 예기치 않게 마지막 쿠르드 왕조가 출현하게 되었는데 규모나 특성에 있어서 중세의 아유비드 왕조나 부와이드 왕조와 비교될만한 왕조였다. 무함마드 카림 칸(Muhammad Karim Khan, 재위 1750-1779)은 페르시아에 잔드조를 세웠으며 통치지역은 현대의 이란지역과 먼 남부 이라크지역으로 1794년에는 시라즈(Shiraz)로 천도하였다. 라키(Laki)어를 사용하는 잔드 부족들이 아직 남부 쿠르디스탄의 키프리(Kifri)로부터 말라예르(Malayer)에 이르는 지역 내 여러 지역에 분포되어 거주하고 있다. 적에게도 자애로웠던 카림은 왕이라는 칭호 대신에 이전에 없던 '바킬 알-류아야(Vakil al-Ru'aya, 백성의 수호자)' 또는 짧게 바킬(또는 와킬)이라고 호칭하였으며 이는 그의 고대 조상인 쿠르드의 마나이 왕국의 왕(Mannaean King)[90]이 귀족, 원로들과 함께 아시리아 폭군들에 대항

89) 아프샤르는 투르크족 계열의 부족이다. 나디르 샤는 정복전쟁을 끊임없이 일으켰다. 그는 오스만 제국과도 전쟁을 일으켜 쿠르디스탄은 다시 전화 속에 휘말리게 되었다.

90) 10-7세기 BCE 경 이란 북서부 우르미예 호수의 동쪽과 남쪽에 걸쳐 존재하였던

한 것을 차용한 것이었다(Izady 2009, 54).

잔드조 무함마드 카림 칸은 격퇴한 적의 아들인 무함마드에게 자비를 베풀어 그가 젊은 시절 카림 칸의 궁정에서 교육을 받게 하였다. 그러나 이 무함마드는 페르시아 카자르 왕조(Qajar Dynasty)를 설립하였으며 '공포의 부족장 무함마드 칸(the dreaded Agha Muhammed Khan, 약 1779-1797)'이라 불리었다. 잔드조의 마지막 왕 알리(Lutf Ali)는 이 무함마드에게 패해서 고문 끝에 사망하였다. 잔드조의 특징은 여성도 전쟁에 참여시킨다는 점이며[91] 이는 매우 오랜 쿠르드 전통이었다. 무함마드 카림 칸의 첫 부인도 그와 함께 전쟁터에서 아프간 군대와 싸웠다. 잔드조는 특징적인 쿠르드 행동양식을 보이는데 그것은 타종교에도 관용을 베푼다는 것이다. 시아파인 잔드조는 타 지역을 오랜 포위 끝에 점령하였을 경우에도 유대교 교회당, 교회, 다양한 무슬림 집단의 모스크들이 훼손하거나 전리품으로 삼지 않았다(*ibid*).

잔드조의 출범시기부터 황폐한 쿠르디스탄에 평화가 이어졌는데 이것은 주로 3백년에 걸친 재앙을 초래하였고 전쟁들과 이로 인한 경제적 황폐의 결과였다. 이 시기에 많은 쿠르드인들이 살육되어 빈곤해진 쿠르디스탄은 오스만 제국과 페르시아에게 단지 가치 없는 가난한 변방의 국경지대로 인식되었다. 그러나 이 두 제국도 곧 새로운 유

아리안 계통의 쿠르드 왕국으로 기존에 있던 후리인(Hurrian)들을 다스렸다. 스키타이와 아시리아에게 패배하여 아리안 계통인 마티에니(Matieni, Matiene)에게 흡수되었고 결국 메데 제국에 합병되게 되었다. 고대에는 우르미예 호수를 마티아누스 호수(Lake Matianus)라고도 불렀다.

91) 쿠르드인들은 상반신은 여자 하반신은 비늘을 가진 여신을 숭배하는데 이는 갑옷을 입은 여자나 여자 부족장, 부족장 부인을 상징한다. 여와도 마찬가지로 갑옷을 입고 전쟁터에 나가는 여자를 상징한다고 판단된다. 모계사회의 의미도 있다고 생각된다.

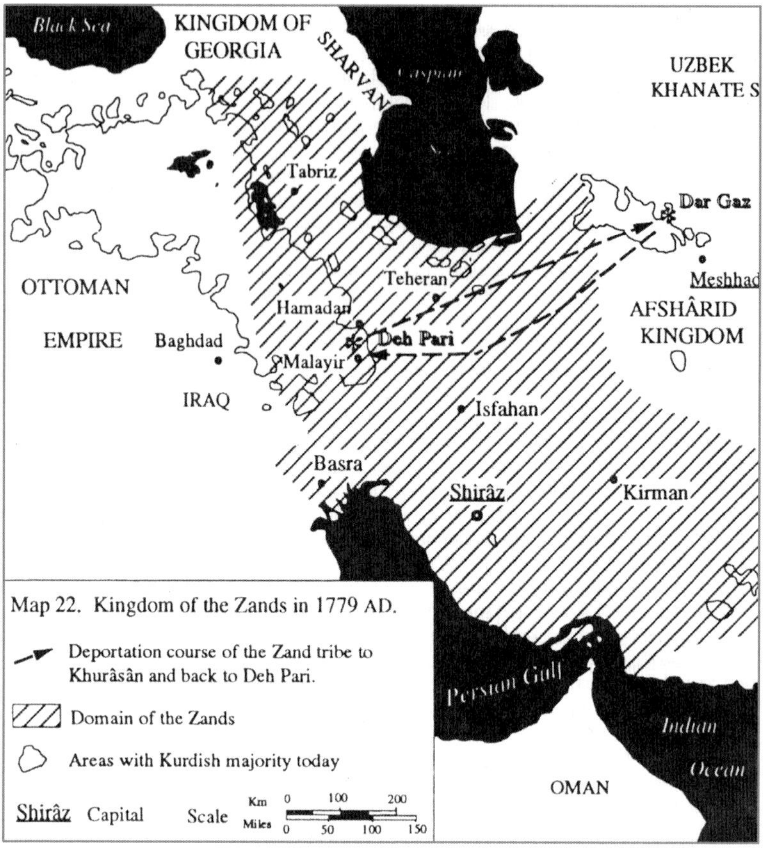

<그림 31> 잔드 왕조(Izady 2009, 55)

럽 식민 제국들의 등장으로 쇠퇴했으며 쿠르디스탄의 쇠락은 동부(페르시아)의 쇠락과 유사하였으나 다른 점은 전쟁과 인구감소로 쇠퇴가 더욱 가속화 되었다는 점이다(Izady 2009, 54-55).

쿠르드의 재 각성은 19세기로 들어서는 시점에 일어났다. 러시아는 그들의 전선을 코카서스와 중앙아시아의 중동 북부 깊숙이 남하하였으며 1813년 러시아와 페르시아간의 9년 전쟁 후 체결된 '굴리스탄 조약(the Treaty of Gulistan)'[92]으로 러시아는 그루지아, 북부 아제르바이잔(과거 샤르반), 다기스탄(Daghistan)을 페르시아로부터 할양받았다. 쿠르디스탄과 쿠르드인들은 처음으로 러시아에 귀속되었다. 이곳 간자(Ganja)와 샤르반(현 아제르바이잔) 지역은 고대 쿠르드 식민지가 있었으며 천 년 전 쿠르드 왕조인 샤다이(Saddadis)[93] 왕조가 탄생한 곳이었다(*ibid,* 55).

두 번째 러시아-페르시아 전쟁(1826-1828)으로 '투르크맨차이 조약(the Treaty of Turcomanchay)이'[94] 체결되어 페르시아는 아르메니아(현 아르메니아 공화국)를 러시아에 할양하였다. 이 조약으로 더 많은 쿠르드인들이 조약체결과 동시에 러시아 지역에 속하게 되었고[95] 러시아는 쿠르디스탄의 중심부에 가까워졌다. 러시아는 곧 이웃 오스만 제국의 영토를 잠식하여 카르스(kars)와 아르다한(Ardahan)지역을 합병함으로써 상대적으로 대규모의 쿠르드 공동체를 정복하고 쿠르디스탄 내부로 진출하였다. 비록 약간의 이동일지라도 쿠르디스탄 내부로 유

92) 이 전쟁은 1804년-1813년까지 러시아-페르시아간의 전쟁을 통하여 러시아가 아제르바이잔 지역을 점령하고 굴리스탄 특히 바쿠, 카라바흐, 더반트, 샤르반 지역 등을 양도받았다. 아자르(페르시아어로 불)바이잔(아랍어로 나라)은 바쿠(페르시아어로 바람이 심한 곳)등과 같이 석유자원이 많은 지역이었음을 유추해 볼 수도 있다.

93) '이슬람(카렌 암스트롱저 장병옥 옮김)'에서 샤다이 출몰연대는 907-1004년으로 기술하였다. 부와이드조 시기의 샤다디드 왕조와 동일한 왕조다.

94) 기존 지역에 추가로 니히체반(현 아르메니아 남서쪽에 있는 아제르바이잔계 자치영토, 아제르바이잔 영토 내에 있는 아르메니아계인 나고르노-카라바흐 자치영토와 같은 타국에 있는 자국의 고립 영토이다. 니히체반은 소련에 합병되었다가 이후 독립을 하여 CIS에 가입하였다. 그루지아와 더불어 카프카스 3국이라고 하며 아제르바이잔을 제외한 두 국가는 기독교 국가이다)과 현 아르메니아 수도인 예레반이 러시아에 양도한 조약이다. 쿠르드인들은 나고르노-카라바흐 분쟁으로 카자크스탄이나 구소련 지역으로 강제이주 당하였다.

95) 이들이 러시아에 소속되게 되면서 크게 3차례에 걸쳐 카자크스탄이나 구소련 지역으로 강제이주를 당하게 되는 원인이 되었다.

립국가의 경계가 이동한 것은 쿠르드의 2세기에 걸친 고립을 종식시켰고 러시아는 새로운 서구사상을 가져왔다. 전통적으로 자치를 유지해왔던 쿠르드인들과 공국들은 유입된 새로운 문명을 통해 그동안 페르시아와 오스만 제국의 고압적인 정책들이 가혹했다는 것을 자각하게 되었다. 이로 인하여 1800년대에는 쿠르드 민족주의 각성이 쿠르디스탄의 내부 깊은 곳에서 일어났으며 하즈 카디르 코이(Hâji Qâdir Koy'i, 1817-1897)96) 같은 열렬한 민족주의자는 전통적 지배계급과 종교지도자를 거부하고 쿠르드 민중이 변혁의 주체가 될 것을 주장하였다(*ibid*, 56).

이 시기에 유럽과 같은 민족주의가 하즈 카디르 코이의 작품에 나타나게 되었는데 그는 완전한 단일 쿠르드 독립국가건설을 주장하였다. 이와 같이 코이와 같은 이상주의자들이 현대적인 민족주의를 주장할 때 잔존 쿠르드 왕가들은 세력이 축소되어 그들의 수도에서 난민과 같은 상태로 전락하였다. 오스만 제국의 마지막 쿠르드 왕가였던 아르달란(Ardalan, 1168년에 설립)은 페르시아의 직접적인 통치를 선호하여 1867년에 그들의 수도 세나(Senna, 현대의 사난다즈)로부터 쫓겨났다. 이 직전 1847년-1848년에 오스만 제국의 영토 내에 있던 마지막 주요 쿠르드 왕가 즉 술레마니아의 바반가문, 비틀리스의 역사적인 로즈하키 가문(Badirkhanids, 1034년에 설립), 아크라트(Akhlat)의 바드 가문(Badh, 983년에 설립)들은 이스탄불의 직접적인 통치로 인하여 그

96) 코이산작(Koi Sanjaq) 출신의 시인이다. 그는 민족주의자로 쿠르드인들의 종교에 대한 맹신을 경계하고, 쉐흐나 물라 등 기존 성직자나 지배계급이 쿠르드인들의 어려운 현실을 외면하고 있다고 비난하였다. 쿠르드인들의 독립의식이나 문맹을 신문이나 잡지, 메스미디어를 통하여 계몽할 것과 쿠르드인들의 단일 국가를 세울 것을 촉구하였다. 그는 만년에 이스탄불에 거주하였으며 그의 사후 1년 뒤인 1898년 이집트 카이로에서 최초의 쿠르드 신문이 출간되었다. 그러나 낙후되었던 쿠르드 사회나 지배계급은 그의 주장을 쉽게 받아들이지 않았다.

들의 수도와 영토로부터 강제로 추방되었다(*ibid*).

한편 쿠르드 리더십의 측면에서 고찰해보면 그동안 잘 작동되었던 왕가 즉 전통적인 쿠르드 정치체제의 소멸이라는 근본적인 변화는 쿠르드의 사회, 정치적인 혁명과정을 지체시키는데 결정적인 역할을 하였다.[97] 이러한 전통적인 정치시스템들은 수천 년을 내려온 것으로 쿠르디스탄의 문화발전과 보급, 신기술과 신사상의 가장 중요한 원천이었다. 현존하지 않는 이 왕가들은 제멋대로인 부족장들을 길들이고 광적인 종교지도자들을 견제하며 외부세계와 경제적인 관계를 유지하였다. 이러한 왕가들의 구성원들은 통상적으로 높은 교육을 받았고 문화인이었으며 이들이 과거 쿠르드 대부분의 문화적인 업적을 세운 장본인이라고 할 수 있다. 비틀리스의 샤랴프 칸[98]은 오래된 예

---

97) PKK와는 반대되는 이자디의 입장이다.

98) 또는 샤라프 알-딘 비틀리스(Sharaf al-Din Bitlisi)는 중세 비틀리스의 왕이었다. 그러나 그는 역사가, 작가, 시인으로도 알려졌으며 콤시와 콤에서 동쪽 산악지대의 아락(Arak) 사이에 위치한 그람루드(Gramrood)에서 태어났다. 그는 젊어서 사파비조의 궁정에서 교육받았으며 1597년 쿠르드 중세의 역사에 관한 '샤라프나메'를 저술하였다. 이 저작은 쿠르드 문학과 사회에 많은 영향을 미쳤다. 그는 서구의 대학자들과 같은 수학, 군사학, 문학 등 다양한 방면의 재능을 지닌 기념비적인 쿠르드인이었다. 1540년대는 스페인 군인이자 바스크 귀족출신 로욜라가 교황의 승인을 받아 세운 예수회(Jesuits) 신부들이 전 세계를 상대로 다양한 포교활동을 하였고 유명한 독일인 아담 샬도 1620년대에 중국에 들어와 전도하였다. 아담 샬은 북경에 들어가 선진 천문관측기구를 만들고 천문학 서적인 숭정역서를 출판하기도 하였으며 소현세자도 그로부터 천문, 수학, 역법, 천주교관련 지식을 배우고 서적을 접하였다. 마테오 리치는 난징 등 을 거쳐 1601년경에 북경에 도착하여 황제의 허락 하에 천주교당을 세우고 천주교라고 명명하였다. 그도 역시 기하원본 등 수학, 과학서적 등을 출판하였다. 이 당시 쿠르디스탄에도 예수회 선교사들이 이미 들어와 쿠르드 왕국들, 지식인들과의 활발하게 교류하였다. 심지어 비틀리스에 1863년에 전도본부(mission)가 설치되었고 1858년에는 미국 개신교(American Protestant) 전도본부가 세워졌다고 한다. 이태리 신부 마르지오 가르조니(Maurizio Garzoni)는 여기서 쿠르드인

이다. 바드르하니드공(Badirkhanid Princes)은 라틴어에 근간을 둔 현대적인 쿠르드 표기체계를 만들었다. 이러한 왕가들은 쿠르드 내부거나 아니거나 간에 그 지역에서 떠오르는 어떠한 권력의 간극도 쉽게 메울 수 있을 정도로 정보에 밝을 뿐만 아니라 국제적인 정치문화를 조성할 능력이 되었다. 그리하여 이 비틀리스는 1880년 쉐흐 우바이둘라[99]가 주도한 열광적인 쿠르드 봉기의 근거지가[100] 되었다(*ibid*, 56-57).

그러나 아나톨리아에서만 보면 우바이둘라는 다른 사람들뿐만 아니라 비순니계 이슬람에게도 억압적인 수단을 사용하였다. 쿠르드 알레비공동체는[101] 1880년대에 많은 살육과, 강압적 개종, 재산몰수를 겪었고 쉐흐 사이드와 같은 또 다른 쿠르드 종교지도자로부터 스스로를 보호하기 위하여 1925년에는 아타 투르크 공화국 편에 섰다(*ibid*, 57).

물라와 쉐흐의 지원을 받은 샤카크 부족장 이스마일 아가 심코는 이란 군주 레자 샤가 그를 처형한 1930년 전까지 15년의 무장투쟁기간 동안 훈족의 아틸라와 같이 잔혹한 행위를 자행했다. 예를 들면 심코는 아시리아 '평화당(the peace party)'의 모든 사람들을 기만적으로 살해하였는데 여기에는 당시 90세가 넘었던 아시리아의 가장 존경받

들과 18년을 살았다고 기록하고 있다. 비틀리스에서는 많은 쿠르드어 성경이나 책자들이 발간되었다.

99) 쉐흐 우바이둘라는 종교적인 권위를 가진 지도자였다. 기존의 왕가들이 와해되어 쿠르드 왕들의 견제를 받지 않은 쿠르드의 종교 지도자들이 힘을 갖게 되었다. 당시는 비록 왕가들은 무너졌으나 부족장들의 힘은 남아 있던 상황으로 부족장들은 각자의 판단과 이익에 따라 이합집산 하였다.

100) 바반의 수도인 술레마니아, 아르달란의 수도였던 사난다즈도 비틀리스와 유사한 과정을 겪게 되었다.

101) 쿠르드 알레비는 주로 중부, 서부 아나톨리아의 시골에 살며 툰젤리, 엘라지그, 시바스, 카이세리, 무스주에 주로 살았다. 이들은 순니 이슬람 등으로부터 살아남기 위하여 긴밀한 종교공동체를 만들었다.

는 부족장 마르 벤야민(Mar Benyamin)도 포함되었다. 이러한 행위로 심코는 쿠르드 사회의 자유스러운 관용적 전통을 훼손하였다는 심한 비난을 받았다. 이러한 상황전개로 인하여 쿠르디스탄에서 쿠르드인들의 열망을 채워줄 수 있는 사람들로 쉐흐, 물라, 카디스(qadis)[102]와 같은 종교지도자들과 주요부족장들만 남게 되었다. 그러나 이들은 급격히 도래한 있는 세상에서 요구하는 능력들을 전혀 갖추지는 못하였다(*ibid*).

1차 세계대전 종식 당시에 샤라프 알 딘(Sharaf al-Din Bitlisi)과 같은 세련된 개인보다는 잔인하였던 심코와 종교적 열정에 가득 찬 물라 쉐흐 사이드(Shaykh Sa'id, 1925년 봉기)와 같이 세련되지 못한 공격적인 지도자들이 쿠르디스탄을 대변하였다. 당시 독립을 이룬 여타 국가들이 그들 민족지도자들의 전문가 정신, 기개, 남다른 정치적 역량 덕분에 신생독립국이 되던 역사적인 시기에 쿠르드 정치인들은 전문적인 자질도 거의 없었으며 유럽 강대국들을 설득할 능력도 없었다. 만약 전통적인 쿠르드 왕가가 1918년까지 생존하였다면 쿠르드가 독립국가를 세울 수 있는 이 같은 황금기를 놓치지는 않았을 것이다.[103] 불

---

102) kadi, quazi, kadi, qaadi 라고도 한다. 이들은 술탄이 임명하였다. 지역에 주재한 채 많은 권한을 가지고 지역을 통치하는 권위적인 재판관으로 이슬람법인 샤리아 등에 따라 통치하였다. 이 용어 자체는 예언자 무함마드 생존 당시에도 사용되었다.

103) 대한제국의 예를 보면 이러한 가정도 일부 무리라는 것을 알 수 있다. 구한말의 경우는 무능한 국왕을 호위하던 신하들이 일본에 나라를 팔아넘긴 것이 좋은 예이다. 나라를 팔아넘긴 이들은 대부분 서인계였다. 명종 말과 선조당시 조선은 남명과 퇴계를 중심으로 한 동인과 율곡과 우계 중심의 서인으로 분당되었다. 동인은 다시 퇴계 중심의 남인과 남명 중심의 북인으로 분기하였고 북인은 다시 남명 중심의 대북과 영창대군을 지지하는 소북, 소북 내 박승종을 중심으로 한 중북으로 분기하였다. 남인은 허목의 근기남인과 이황제자의 영남남인으로 분기하였다. 서인은 다시 송시열의 노론과 윤증의 소론으로 분기되었다. 노론은 송시열 사후 권상하의 호론과 김창협 계열의 낙론으로 분기하였다. 이러

운한 쿠르드는 제1차 세계대전 종전 후 도래한 황금 같은 기회를 상실하고 오스만 투르크와 같은 제국들의 붕괴가 있었던 당시에 오히려 가장 끔찍한 재앙을 겪게 되었다(*ibid*, 57-58).

불행한 쿠르드인들이 1차 세계대전의 종전과 오래된 제국의 붕괴로 인한 절호의 기회를 상실하였을 뿐만 아니라 쿠르드들은 매우 심각한 파괴를 경험하였다. 러시아와 오스만 제국 군대간의 전선은 카르스(Kars)로부터 디야르바크르까지의 북부와 서부 쿠르디스탄을 가로질러 전후로 이동하였다. 또한 1917년과 1918년에 영국군과 프랑스군은 쿠르디스탄에서 전쟁을 벌였으며 이로 인하여 거의 40만 명이나 되는 아나톨리아 쿠르드인들이 사망하였다. 이 지역에 거주하고 있던 아르메니아인은 학살이나 강제이주를 통하여 전부 소멸되었다. 중앙, 동부, 남부 쿠르디스탄은 비록 아르메니아인 보다 고통은 덜 받았을지라도 러시아, 오스만 제국 그리고 영국의 군대에 의한 약탈과 파괴로 인하여 이 지역은 심각한 기근이 초래되었다. 1918년 쿠르디스탄은 인프라가 파괴되었고 사회는 매우 혼란스러웠으며 지식인층은 흩어지고 부족장들과 쉐흐들은 남겨진 것들을 완전히 통제하였다(*ibid*, 58-59).

6. 5국 분할시대: 쿠르드연방자치정부시대(KRG), PKK시대(1923년 7월-2017년 현재)

쿠르디스탄의 다수 쿠르드 지식인들과 근대주의자들은 유럽의 현대적인 민족주의를 받아들였다. 1989년 쿠르드 민족주의 신문인 '쿠르디스탄(Kurdistan)'이 이스탄불에서 출간되기 시작하였다. 오스만 제

한 분당의 최종 승자는 노론이었다.

국영토 내에서 활동하던 쿠르드의 정치적, 문학적인 클럽들과 모임들은 쿠르드인들에게 민족주의적인 영감을 증진시키고, 그들의 문화와 정체성을 보존하기 위하여 적극적으로 노력하였다. 1918년 11월 4년에 걸친 1차 세계대전이 종결되었으나 신문 '쿠르디스탄'은 1920년 강제 폐간되었다. 이들은 즉시 바하이 쿠르드인인 무함마드 자키 알 쿠르디(Muhammad Zaki al-Kurdi)가 운영하는 카이로 최초의 쿠르드인 쇄소 중 한곳인 '알 마트비아 알 쿠르디(Al-Matbi'ah al Kurdi, 쿠르드 인쇄소)'에서 출간을 재개하였다. 1차 세계대전 후 패배한 오스만 제국을 해체시킨 1920년 9월 '세브르 조약'은 아랍, 아르메니아, 쿠르드의 독립을 명백히 인정하였다(Izady 2009, 59).

이 조약은 이스탄불에 있는 빈사상태의 오스만 술탄에 의해서 비준이 되었으므로 무스타파 케말 파샤는 세브르 조약을 거부하였다. 영국과 프랑스는 오스만 영토 중 가장 부유하고 접근성이 좋으며 터키인이 없는 지역을 흡수함에 따라 이러한 축제에 미국을 초대하여 아르메니아와 쿠르디스탄 지역을 식민통치할 것을 제안하였다. 1921년에 아나톨리아 아르메니아 지역은 극소수의 아르메니아인만이 남아 있었는데 이는 그 동안의 대량학살과 민족 대탈출에 의한 결과였다(*ibid*, 60).

미국은 영국과 프랑스의 이 식민통치 제안을 거부하였는데 그 이유는 첫째, 불필요한 식민지 쟁탈전쟁에 뛰어들 수 있기 때문이었다. 둘째, 아르메니아와 쿠르디스탄은 지리적으로 동떨어져 있으며 해안과의 접근성이 좋지 않았다. 셋째, 식민통치가 미국에 이득을 가져다주지 않을 것으로 예상했다. 왜냐하면 영국이 중앙 쿠르디스탄을 강제 합병하여 이곳의 석유자원을 이미 자신들이 확보했기 때문이었다. 결국 미국이 독립 쿠르디스탄을 지지하지 않기로 함에 따라서 영국은 멋대로 쿠르디스탄을 합병할 수 있었다(*ibid*, 60-61).

1923년 7월 24일 스위스의 로잔에서 북서부 쿠르디스탄을 포함한 모든 아나톨리아 지역을 터키에 양도하는 내용의 로잔조약이 체결되었다. 영국은 중앙 쿠르디스탄과 주요 원유 매장지역을 장악하고 오스만이 지배하던 쿠르디스탄의 남은 영토는 기꺼이 신생 터키공화국에 양도하였다. 다만 윌슨의 이상주의적인 민족자결주의 원칙을 완전히 저버리지 않았다는 것을 보여주기 위해 유럽 강대국들은 해당 조약 37조-44조에 소수인종의 권리를 보장하는 내용을 담았다. 그러나 소수민족들은 조약에 언급되지 않았다(*ibid*, 61).

38조는 종교자유와 종교의식의 자유를 보장하고 비 무슬림을 위한 이동의 자유와 이민의 자유를 보장하는 것이었으며 39조는 언어의 자유를 보장하는 것이었다. 그러나 터키는 연합국이 38조과 39조의 준수를 감시하지 않을 것을 간파하고 조약이 체결된 지 채 1년도 안된 1924년 3월 3일 포고령(decree)을 통해 모든 쿠르드 학교와 기관, 출판을 금지시켰고 종교모임과 세미나마저 전면금지하였다. 1년 후인 1925년 2월 터키 쿠르드인들은 초기의 터키 공화국에 대항하여 연이은 유혈폭동을 일으켰다. 첫 번째 민중봉기는 순니 낙쉬반디 수피종단(Sunni Naqshbandi Sufi order)의 지도자이자 드믈라 쿠르드[104)]인 쉐흐

104) 2013년 쿠르디스탄의 연구조사차 쿠르디스탄의 한 시청을 방문하였을 때 그곳에 있던 변호사는 자자키 즉 자자어를 쓰는 자자 부족 출신이었다. 자자를 Dimilis, Dimila, Dimili, Daylami(이란과의 관련성을 주장할 경우 이 이란 지명을 인용한다)라고도 한다. 동부 아나톨리아 즉 엘라지그, 툰젤리(문주르산이 있다), 카르스, 에르진잔, 에르주름, 바트만, 빙괄, 디야르바크르, 아디야만, 시바스, 샨르 우르파 등에 분포하며 산악지역에도 다수 분포한다. 자자 디아스포라도 독일 등 유럽과 북미 등에 많은 수가 거주하고 있다. 언어적으로 자자어-고라니어-로리어는 같은 계열이다. 일부 언어학자들은 이 드믈리가 현재 카스피해 남서쪽 이란 땅에서 아나톨리아로 이동하였다고도 주장한다. 현재 툰젤리

사이드(Shaykh Said)가 주도하였다. 1925년 3월 봉기세력은 대부분의 디야르바크르, 데르심, 빙골, 엘라지그 주를 장악하였다(*ibid*).

터키공화국 군대는 즉시 반란을 진압하였고, 쉐흐 사이드를 비롯한 많은 그의 지지자들을 1925년 6월 교수형에 처했다. 이 반란은 쿠르드의 애국주의적 봉기임과 동시에 아타투르크의 세속주의에 대한 종교적 봉기이기도 하였다. 인구가 많은 코치키리(Kuchkiri) 알레비 부족은 1920년에 봉기를 일으켰으며 이로 인하여 알레비 쿠르드인들은 터키에 의해 1937년-38년에 걸친 데르심 대학살의 희생자가 되었다(*ibid*, 62).

쿠르드의 국가적 딜레마에 대한 현대적인 접근법은 세속적인 코이분(Khoyboun)의 봉기와 쉐흐 사이드가 이끈 종교적 봉기로 구별되어진다. 세속적 경향을 지닌 쿠르드인들은 부족 간 경쟁을 종식시키고자 하는 노력과 더불어 통일된 쿠르드 독립국가를 세우기 위해 노력하였다. 이산 누리 장군(Ihsân Nuri Pâshâ)[105]이 코이분의 군대를 이끌었으며 이라크 쿠르디스탄의 쉐흐 아흐마드 바르자니는 코이분에게 군사적 지원을 하였으나 터키의 압력으로 프랑스와 영국의 제지를 받았다. 이때 레자 샤의 이란 정부도 지원을 철회하였다. 지역국가 등 외부의 도움이 차단된 이 봉기는 1932년 여름 터키군대에 의해서 진압되었고 이산 누리는 테헤란으로 영구 망명하였다. 또한 터키군대는 1937년 봄에 발생한 데르심의 1차 봉기와 1938년에 발생한 2차 봉기를 진압

시내는 90%가 자자부족 출신이고 툰젤리 인근에는 자자마을, 쿠르만지어 쓰는 마을이 산재한다. 한때 터키정부에서 언어가 다르다고 쿠르드가 아닌 독자민족으로 규정하려는 정책이 있었다고 변호사는 증언하였다. 자자어는 근래에 들어 사용인구가 격감하고 있다.

105) 발음은 "잇산"에 가깝다. 그는 이전에 '청년터키(Young Turk)'의 일원이었다.

하는 과정에서 데르심 지역에 독가스를 살포하고 대포와 폭격기를 동원하여 중세 다일람 왕조의 본거지이자 드믈리 쿠르드의 심장부인 데르심을 완전하고도 처참하게 황폐화시켰다. 이로서 1981년까지 터키 쿠르디스탄에서는 무장봉기가 시도되지 못했다(*ibid*).

종교적 봉기를 살펴보면 1922년에 쉐흐 마흐무드[106]가 북부 이라크에서 쿠르드 왕국을 선포하였다. 그는 오래된 쿠르드 왕가와는 무관한 걸출한 카디리(Qadiri) 수피가문 출신이었다. 그는 덜 부족적이고 좀 더 도시의 지지를 받는, 이라크 남쪽의 쿠르만지어 사용지역이 그의 권력의 근거지였다(후일 PUK의 지역). 그는 이라크 식민지를 새로 획득한 영국정부에 의해 발탁되어 그들을 위해 지방 쿠르드를 진압, 감독할 권한을 위임받았으나 이를 거부하였다. 그는 곧장 체포되어 인도로 보내졌다가 영국에 의해 1년 뒤 쿠르디스탄으로 돌아와 1922년에 '자유쿠르디스탄운동(Free Kurdistan Movement)'이라는 기치아래 쿠르디스탄 독립국가를 선포하고 왕이 되었다(*ibid*, 64).

반면 아타 투르크 군은 영국의 계획을 거부하고 이 지역에 대한 터키의 영유권을 강화하기 위하여 이라크 모술지역을 점령하였다. 터키의 민족주의와 세속주의가 아타 투르크에 의해서 추진되었는데 이러한 민족주의와 세속주의는 그의 군이 저지른 포악한 행위와 연결되어 있었다. 이러한 행위로 말미암아 이 지역의 많은 쿠르드인들이 자유방임주의적인 영국으로 전향하였다. 따라서 쿠르드인들은 여전히 영

106) 정확한 이름은 Sheikh Mahmud Barzanji, Barzinji(1878-1956.10.9)로 술레마니아의 카디르 수피 가문의 쉐이크였다. 영국은 이라크를 식민통치하면서 지명도가 있는 그를 통해서 술레마니아와 주변부 그리고 쿠르드를 간접통치하는 정부를 꿈꾸었다. 강대국의 일반적인 정복지 통치수법이다. 카지 무함마드, 김일성, 이승만도 마찬가지다. 그러나 바르진지는 이러한 영국의 뜻을 거부하였다.

국에 대항하였던 쉐흐 마흐무드에게 등을 돌렸다. 결국 쉐흐 마흐무드의 수도 술레마니아는 1924년에 함락되었다(*ibid*).

1927년 초 이라크 쿠르디스탄 북쪽지역에 위치한 바르자니 부족의 카리스마 있는 종교 지도자이자 영향력 있는 낙쉬반디 수피 종단의 지도자인 쉐흐 아흐마드가 봉기하였다. 아흐마드는 영국, 터키, 아랍뿐만 아니라 경쟁관계에 있는 바라도스트 부족도 공격하였다. 그리고 새로운 종교를 창립함으로서 정통 이슬람에 반기를 들었다. 이 종교는 전통종교, 기독교, 유대교, 이슬람교를 혼합한 것이었다. 분열된 쿠르드인들을 종교적으로 통합시키기 위해 아흐마드는 보편적 영, 우주정신(Universal Sprit)의 새로운 대리인으로 자신을 지칭하였다. 아흐마드 뿐만 아니라 1939년에 프랑스 식민통치 시기에 시리아의 알레비누사이리 지도자 술라이만 무르쉬드(Sulaymân Murshid)도 성스러운 대리자(Divine Avatar)로 자처하였다(*ibid*).

그러나 아흐마드 군대는 수년간에 걸친 전쟁 끝에 공군폭격기까지 동원한 영국군과 이라크군에 의해 패배하였다. 패배한 쉐흐 아흐마드는 터키로 도피하였으나 체포되어 이라크 남부에 유폐되었다. 독립을 향한 그의 열망은 그의 동생인 물라 무스타파에게 전승되었다. 이러한 마흐무드와 아흐마드의 영국에 대한 격렬한 저항은 지역 쿠르디스탄의 자치를 일시 검토하였던 영국의 의지를 약화시켰다. 그리하여 국제연맹의 조항과 1930년 체결된 '신 영국-이라크 조약(The new Anglo-Iraqi Treaty)'에서 쿠르드인의 자치에 관한 특정한 권리 또는 그 외에 다른 권리들에 관해 언급하지 않았다(*ibid*, 65).

마흐무드는 이러한 이라크 독립에 관한 조약내용에 반대하며 1931년 최후 봉기를 시작하였다. 마흐무드는 성과 없는 12년간의 투쟁 끝에 결국 기대치를 낮추어 쿠르디스탄 자치를 요구하였으나 영국은 이

마저도 거절하였다. 1931년 12월 마흐무드는 재기불능한 상태가 되었다. 1931년 말 마흐무드의 마지막 패배 후 영국은 1932년 이라크독립조약에 수정조항을 포함시켰으며 이 조약에 따라 학교에서 쿠르드인들을 교육시키고 이라크 쿠르디스탄에서 지역 쿠르드 관리들을 선출할 수 있었다. 그러나 이제 새롭게 떠오른 공산주의와 사회주의가 쿠르디스탄의 독립운동에 막대한 영향을 주기 시작하였다(*ibid*).

2017년 현재 쿠르드의 분리독립운동은 IS와 시리아 사태로 새로운 전환기를 맞이하고 있다. 터키의 에르도안은 장기집권을 위한 노력을 시도하였으며 그 결과 2017년 4월 16일 헌법개정을 통해 제왕적 대통령제를 통한 장기집권의 기틀을 마련하였으나 정치적 혼란은 지속될 것이다. 또한 이라크 역시 순니와 시아의 종파갈등, 종족갈등, 이념갈등, 정당갈등으로 IS를 패퇴시킨 이후 정치적 상황이 매우 유동적일 것으로 판단된다.

더구나 중국이 북한 핵을 통한 한반도 영구분단획책, 북한 핵과 미사일 기술의 이란 및 시리아 간 교류, 그리고 사드(THAAD) 문제를 통한 대미 패권경쟁을 성급하게 공개함으로써 미국과 동북아 주변국들을 긴장시키고 국제정치를 요동치게 하고 있다. 현재 취임한지 몇 개월이 채 안된 미국의 도널드 트럼프는 '어메리카 퍼스트'라는 구호에 얽매여 한반도를 이용한 대중봉쇄(對中封鎖)가 곧 자국의 안보와 직결되어 있으며, 한반도 전략자산들이 중국의 태평양 진입을 막는 훌륭한 전초기지라는 개념을 아직 습득하고 있지 못한 것으로 판단된다. 그는 북한 핵이 자국의 안보와 직결되어 있다는 것을 미국에 도달 가능한 사정거리 10,000 키로 이상 ICBM 개발을 확인하고서야 사태의 심각성을 알 정도로 국제정치에 아직 서투르다. 그는 북한의 수소폭탄, EMP탄(모든 전자장비를 무용으로 만들며 핵 발전소 마저도 정지시켜 멜

팅다운이 일어난다)과 앞으로 개발할 중성자탄, 코발트탄과 같은 다양한 핵무기와 사정거리 1만 키로 이상 핵미사일 기술이 이란과 시리아에도 수출되어 미국을 폭격할 위험도 있다는 가공할 사실도 명확히 알아야 할 것이다. 더구나 구소련의 해체로 EMP탄을 비롯한 핵기술이 확산되었듯이, 북한과 이란, 시리아 핵 기술자들을 통해 이란, 시리아에 확산된 핵 기술을 철저하게 폐기시키지 못한다면 이들의 핵무기는 앞으로 국가 간 안보딜렘마에 의해 인간의 존립마저 위협할 것이다.

중국은 이미 미국에 대항하는 세계전략 차원에서 권역별로, 중요도별로 세계의 모든 나라들을 다루고 있다. 또한 현재 그들이 야심차게 추진하고 있는 1대1로(一帶一路:육상·해상 실크로드) 역시 중국이 세계 패권국으로 가기위한 군사적이고도 전략적인 청사진이다. 중국은 중동에서 러시아와 함께 시리아, 이란과 매우 친밀한 관계를 맺고서 미국, 터키, 이스라엘을 견제하고 있다. 더구나 심각한 문제는 이 견제를 위해서 중국이 북한 핵의 개발을 적극적으로 묵인하여 남북한의 영구분단을 의도하고 나아가 시리아, 이란에 북한의 소형핵무기, EMP탄을 포함한 핵무기와 핵미사일 기술이 수출되도록 하여 대미 핵 포위 전략을 구사하고 있다는 점이 가장 큰 문제이다. 사드문제 역시 중국에서 발사하는 대미핵무기가 한국과 일본의 사드 레이더에 의해서 조기에 무력화되므로 한국을 속국으로 인식하고 있는 시진핑은 사드를 압박하여 남한의 국론을 분열시키고 있다. 북한은 이란과 시리아 두 국가로부터 이미 수조 원을 받고 양국 핵 기술자들이 상호파견되어 실시간으로 북한 핵 폭파시험의 결과와 미사일 발사 데이터를 공유하고 있다. 이란과 시리아는 북한의 핵무기 완성과 핵을 포기한 리비아 카다피의 죽음을 목도한 이상 결코 핵을 포기하지는 않을 것이다. 현재 북한과 이란, 시리아는 완전한 실전 핵 배치 전까지 시간을 확보하기 위해 대화에 응하는 시늉을 하고 있다. 중국의 간계(奸計)가 결과적으로 지구의 화약고인 중동지역에 핵무기가 확산됨과 동시에 동북아의 군비경쟁을 가속화시켜 동북아 평화와 국제평화에 악영향을 끼치고 있다는데 큰 문제가 있다. 특히 IS도 핵물질을 수중에 넣기 위해 매우 노력하였다. 중국이 상황에 따라 당분간 대미패권경쟁을 수면 아래로 은닉하고 미국과 협조하여 북핵 폐기에 협조할 수도 있으나 이들의 기존 의도가 감춰지는 것은 아니다. 중국, 러시아는 전 세계 대미전선 최전방 졸(卒)로 그동안 북한을 적극 활용해왔으며 현재도 북핵을 통한 대미패권전략과 그 완급여부를 저울질하고 있다.

만약 시리아와 이란이 중국, 러시아의 방조와 북한의 직접적인 핵기술 수출을 통하여 핵무장을 하게 된다면 이란과 시리아는 중동의 군사적 강국으로 부상할 것이다. 그리고 이는 중동의 핵 도미노 현상을 가속화 시킬 우려가 있다. 결국 중동에서 미국과 이스라엘의 힘은 상대적으로 약화되고 이는 미국을 비롯한 서방과 우호적인 KRG에 불리할 수도 있다. 비록 KRG가 훌륭한 외교적 전술을 발휘하여 중국과 러시아의 이러한 대중동, 대미패권행보에 대항하여 미국과 서방의 유익한 카드로 성장한다 할지라도 핵 억지력을 확실히 갖춘 이란과 시리아가 쿠르드 분리독립을 강력하게 반대한다면 미국과 이스라엘 역시 핵전쟁을 감수하지 않는 한 쿠르드 분리독립국가건설에 긍정적인 반응을 보이기 힘들다는 점이다. 그러므로 이번 IS 문제와 이로 인한 전후 처리문제에서 KRG는 좋은 외교력을 발휘하여야 할 것이다.

결국 중국과 러시아의 방조가 초래한 북한의 ICBM, SLBM, 다양한 핵무기 완성, 북한의 대중동 수출은 결국 현실주의, 안보딜렘마에 의해 인류의 존속을 위협하게 될 것이며 이러한 결과에 대한 모든 책임은 전적으로 독재국가인 중국과 러시아에게 있다고 할 수 있다.

제2절 종족 및 인구

1. 종족

쿠르드인들은 일반적인 피부색이나 물리학적인 면에서 남부 유럽인들, 레반트인들(Levantines)과 유사하며 2가지의 인종적 특징을 소유하고 있는데 그것은 첫째, 원시 고 코카서스인의 요소인 어두운 단두형-중두형(brachy-to mesocephaloid)[107]이 그것이다. 둘째, 지역에 따라 중두 알파인형(mesocephaloid Alpine Type)과 가끔 장두 노르딕형(dolichocephaloid Nordic Type)의 블론디즘[108]이 발견된다. 후자는 우르미예의 자코와 하마단 지역의 쉬누(Shnu)와 키르만샤(Kirmanshah) 뿐만 아니라 폰터스 산맥의 가장 북, 서 쿠르디스탄 지역에서 가장 많이 발견되는 유형으로 동, 서부 쿠르디스탄에서 가장 적게 나타나며, 중, 서부 쿠르디스탄은 양 극단의 중간정도로 발현된다. 헨리 필드(Henry Field)의 연구에 의하면 블론디즘이나 잠재 블론디즘은 이라크 쿠르드인의 약 1/3에 해당하며 자코-키르쿠크-술레마니아에서 가장 높게 나타났다. 그리고 B형 혈액형이 쿠르드인들에서 가장 흔한 혈액형이며 이는 콜레라에 대한 자연적인 저항력을 제공한다(Izady 2009, 73). 인종

107) 얼굴의 측면에서 보았을 때 눈과 위턱 사이가 짧고 긴 정도에 따라 단두형, 중두형, 장두형으로 나뉜다.

108) 금발과 상대적으로 창백한 피부와 눈을 가진 것으로 피부를 자외선들로부터 보호해주는 검은색 색소인 멜라닌이 피부표피의 밑 부분에 위치하면서 해로운 빛을 차단해 준다. 이러한 멜라닌은 많을수록 검은 피부를 지니게 되고 멜라닌은 흑색을 나타내는 유멜라닌(Eumelanin)과 살색에 가까운 페오멜라닌(Pheomelanin)으로 부별되며 유멜라닌은 동양인에게 많고 페오멜라닌은 서양인들에게 많다. 페오멜라닌은 유멜라닌의 결핍에서 오므로 서양인들은 금발, 벽안이 많다. 멜라닌 색소가 증가하면 주근깨 등 피부에 검은색의 현상들이 나타나고 결핍되면 백반증 등 흰 피부적 증상이 나타난다.

적으로 쿠르드족은 투르크나 아랍 종족과는 다른 반면 이란인들과 유사하며 이란인들과는 봄의 시작 무렵의 네우르즈 축제를 공유하고 있다(*ibid*, 3).

쿠르드인들이 이란인과[109] 같은 아리안족 계열이라는게 일반적인 학설이며 기원전 4~5세기경에 최고조에 이른 그리스문명인 크레타섬의 미노아문명[110]이나 그리스 본토의 미케네문명을 살펴보면 그 기원이 이집트가 아닌 근동에서 발전하여 시리아나 아나톨리아를 통해 그리스로 전파되었다고 한다.

또 다른 견해는 4000 BCE경 사이에 흑해 북쪽에서 발원한 아리안족이 기후변화로 인하여 서진하여 유럽인이 되었으며 중앙아시아에 이른 일단의 아리안족이 다시 이동을 하여 쿠르드인, 이란, 인도인의 선조가 되었다는 설이 있다. 영국의 아일랜드도 아리안의 어원에서

---

109) 이란인은 아리안 계통이다. 쿠르간 가설에 의하면 아리안족이 이들이 3000 BCE 경 유럽, 카스피해 부근을 점유하고 2000 BCE 경 쿠르디스탄으로 이동하였다. 인도남쪽으로는 구약이 '메데와 파사의 땅'이라고 하는 지역으로 확산되었다고 일부는 주장한다. 키루스는 스스로를 하캄아시니(현명한 자)라고 불렀으며 동일의미인 '아케메니드(Achaemenids)라고 불렀다. 다리우스는 파사르가다, 수사, 페르세폴리스 등에 차례로 수도를 세웠다. 페르세폴리스의 의미는 페르시아의 도시이며 페르시아는 파르사(Parsa)이 기원한다. 아슈르와 니네베(아시리아의 수도)는 ca. 1600 BCE 전에 시작하여 614-612 BCE에 바빌로니아인들에게 파괴되었고 바빌론은 539 BCE에 키루스에게 멸망했다. 아시리아와 바빌로니아는 공통으로 아카드어를 사용하였으며 아카드어는 셈족의 언어이다 .이 언어는 히브리어, 아람어, 페니키아어, 가나안어와 유사하지만 그것들보다 훨씬 앞선 것이다. 그리고 아카드라는 말은 3000 BCE 경의 대 제국이었던 수메르의 언어이고 수메르의 설형문자들이 아시리아어, 바빌로니아어의 설형문자와 유사하다. 유프라테스와 티그리그강 안쪽에 대부분의 수메르 도시들이 존재했었고 지금의 대부분의 쿠르디스탄과 양 강의 내부지역의 맨 아랫부분 즉 이란과 이라크의 접경지역에 많은 도시들이 존재했었다(이근영 옮김, 2010, 35-87).

110) 히브리와 미노아 문명은 놀랄 정도로 언어나 기타 면에서 유사하다(이근영 옮김 2010, 39).

왔다고 한다. 아리안족이 이주할 당시 이란고원을 지배하던 엘람왕국은 아랍인과 유대인으로 대표되던 셈족 계열의 국가였다. 그러나 이들은 역사적으로 말을 잘 다루며 야금술에 능하였던 아리안족의 남하를 막을 수 없었다. 결국 엘람 왕국은 무너지고 이란고원에 아리안족 최초의 제국인 메데 제국이 세워졌다(유홍태 2012, 7).[111]

2. 인구

쿠르드인들은 주로 쿠르디스탄에 집중 거주하였으나 지배민족의 강제이주와 전쟁으로 인해 많은 쿠르드인들이 자신들의 거주지를 떠나 대도시, 해외로 이주하여갔다. 이 과정에서 많은 쿠르드인들이 정체성을 상실하였다. 특히 키르쿠크와 같이 많은 석유자원이 있는 전통적인 쿠르드 도시에 아랍족을 대거 이주시켜 쿠르드 도시를 아랍화시키고 민족적 단합을 방해하려는 많은 정치적 시도들이 이루어졌다. 다음은 국가별로 쿠르드인들이 주로 거주하는 지역을 나타낸 것이다.

이미 많은 사람들이 동화된 쿠르드인들의 정확한 인구는 알 수 없으나 Izady의 경우 2000년에 약 3600만 정도에 이를 것으로 예상하였으며 이는 쿠르드인들의 다산 경향에 의거하여 추산한 내용이다. 장병옥은 쿠르드 전체를 약 3천만 명으로 추산하였으며 이라크 450만, 터키 1600만, 이란 700만, 시리아 150만으로 추정하였다(장병옥 2006, 2).

일디즈(Yildiz 2007, 9)는 터키 1500만(터키인구의 20%), 이라크 400만(이라크인구의 25%), 이란 700만(이란인구의 15%), 시리아 100만 이상(시리아인구의 9%), 아르메니아 7만 5천(아르메니아 인구의 1.8%), 아제르바이잔 20만(100만, 이봉원 2010, 80)으로 추산한다.

---

111) 유홍태는 이와 같이 주장하고 있으나 확인이 더 필요한 주장이다.

산토쉬(Santosh 2006, 270-271)는 쿠르드 인구를 2천만-3천만으로 추산하나 일반적으로 2천500만을 사용한다고 한다. 그는 터키 쿠르드는 1250만-1500만, 이란 쿠르드는 600만-700만, 이라크 쿠르드는 350만 -400만, 시리아 쿠르드는 150만으로 추정하였다. 이외에도 많은 학자들이 각자의 근거에 의하여 쿠르드 인구를 추산하였다.

1) 이라크

아르빌, 술레마니아, 모술, 도훅, 디얄라, 타밈, 키르쿠크등에 집중 거주하고 있다.

2) 터키

디야르바크르, 샨르 우르파, 툰젤리, 시르트, 하카리, 마르딘, 아디야만, 비틀리스, 완, 빙골, 무스, 아그리, 시르낙, 엘라지그, 바트만등에 집중적으로 살며 이스탄불, 말라티아, 에르진잔, 에르주름, 이즈미르 등에도 상당수 쿠르드인들이 거주하고 있다.

3) 이란

마하바드, 코르데스탄, 사키즈, 사난다즈, 케르만샤 등 주로 터키, 이라크, 이란 국경부근에 많이 거주하며 이란 중남부에도 거주한다.

4) 시리아

주로 시리아 북부 터키 접경지역 및 시리아 동북부 지역에 거주한다. 동북지역 즉 예전에는 자지라(Jazira, 지즈레)주 였으나 지금은 하사카주(Kasaka)의 주도로서 하부르(Khabur) 강이 흐르는 하사카와 주내에 위치한 큰 도시인 카미실리와 쿠르드 부족마을, 알레포주의 코바니,

아프린, 자라불르스(Jalabulus), 텔 타메르(Tell Tamer)에 주로 거주하며 다마스쿠스에도 1만 명 이상이 거주한다.

현재 PKK가 자치를 실시하는 아프린, 코바니, 샤바(Shahba), 자지라 지역을 PKK는 시리아 쿠르디스탄 또는 서부 쿠르디스탄(Rojavayê Kurdistanê) 또는 Nothern Syria Rojava 즉 NSR이라고도 호칭한다.

(단위: 만)

	Santosh (2006)	Gunter[112] (2004)	Meho (1997)	Izady (1990)	Gurr (1994)	Yildizê (2007)
이란	700	650	730	660	730	700
이라크	400	350-400	470	440	540	400
터키	1500	1200-1500	1650	1365	1460	1500
시리아	150	100	140	116	150	100이상
구소련		20		34		아제르 20, 아르메니 7만5천
디아스포라	100	100				
총계	3000	2770	3030	2000년 3600만 예상		

5) 쿠르드 디아스포라

구소련 쿠르드 디아스포라는 대부분 약 50만 정도로 추산한다. 레바논7만, 아르메니아 7만5천, 그루지아 4만, 아제르바이잔 20만, 투르크메니스탄 5만, 카자크스탄 3만, 키르기즈스탄 2만, 우즈베키스탄 1만, 타지키스탄 3천, 시베리아 3만5천명을 포함한 100만이 세계 곳

112) Gunter 2004, 197-198.

곳에 디아스포라적 삶을 살아가고 있다(장병옥 2006, 2). 그러나 전체적으로 살펴보면 동화된 쿠르드인들도 매우 많으며 시리아 쿠르드의 경우 시리아 사태로 인하여 많은 쿠르드인들이 유럽으로 이산되었다. 유럽, 중동, 구소련, 북미와 남미 등 전 세계에 산재한 쿠르드 디아스포라들의 정확한 통계는 알 수 없으나 누락된 부분들까지 포함하면 2013년 현재 대략 200만을 훨씬 상회하는 것으로 추산되고 있다.

3. 부족

쿠르드의 주요 정치특징 중 하나는 부족주의다. 이러한 쿠드드 부족은 중동의 여타 부족과 마찬가지로 부족은 좀 더 원시적인 형태의 정치, 경제, 영토, 사회, 군사의 단위 역할을 하여왔다. 부족은 과거 수천 년 동안 인간의 역사에 있어서 중요한 집단형태의 하나로 자리 잡아 왔으나 법률을 가진 고대국가가 등장한 이후부터 중동을 제외한 대부분의 지역에서는 부족이 국가의 틀 안으로 흡수 되었다. 그러나 중동, 아프리카와 같이 지형적 고립성이 나타나는 지역에서는 아직도 부족과 부족연맹체가 잔존하고 있다. 이러한 부족과 부족연맹체들은 과거 역사에서 대 제국과 병존하며 그들에게 조공이나 군사력을 제공해주는 대가로 오랫동안 자치를 누리며 생존해왔다.

오늘날 쿠르디스탄에는 많은 수의 가문, 부족, 부족연맹체들이 존재하고 있다. 이들 부족 중 많은 부족들은 수천 년 동안 같은 부족이름을 가지고 현재까지 존속하고 있는데 예를 들면 현대의 지바리 부족은 수 천 년전 수메르나 아카드(Akkadian) 기록에 시비루(Sabaru, Sibiru) 라고 언급되어 있다. 그리스-로마, 아라마익(Aramaic), 중세 페르시아(Middle Persian), 아르메니아 기록에서 Buhtan, Mamak, Hadhaban, Bakran,

Piran, Baraz 등 다양한 쿠르드 부족명들이 나타난다(예를 들어 Bokhtanoi, Mamigonian, Adiabene, Bagrat, Paren, Viraz). 중세 무슬림 문헌들은 호르무즈 해협부터 아나톨리아 중심부에 이르기까지 상세한 쿠르드 부족들의 목록이 기록돼 있다. 비록 위치가 다를지라도 이 초기의 목록에 기록된 대부분의 부족들은 오늘날에도 존재한다. 상세한 목록은 1596년 쿠르드 역사가 샤라프가 저술한 '샤라프나메'에 기록되어 있다(Izady 2009, 13).

오스만 제국의 행정관이자 여행가인 찰라비(Evliya Chelebi, 1611-1682)는 시야하트나메(Siyahat-nama)에 근대초기의 일반적인 쿠르드 사람들, 특히 쿠르드 부족의 이동과 분포에 관한 정보를 기록하였다. 오래 전부터 부족명을 개인의 성(surname)이나 왕조의 이름을 채택하는 것은 일반적이었다.[113] 현대의 쿠르드 부족, 종교, 지역어, 심지어는 신체적 특징의 다양성의 분포를 설명해주는 중요한 요인은 쿠르디스탄 내부, 외부, 또는 그 외의 집단이주였다. 과거와 현대에 걸쳐 일어난 집단적인 추방과 이주는 쿠르디스탄의 부족구성을 보다 다양하게 만들었다. 이러한 이주는 쿠르드가 그 지역에 거주하던 많은 다른 종족집단(ethnic groups)들과 밀접한 접촉을 하게 하였으며 이러한 접촉은 이들간에 다양한 종류의 연관성을 발생시켰다(Izady 2009, 75-76).

현대에 이르러 터키는 1930년대 초부터 오래된 부족조직들과 연맹들에게 매우 심한 탄압을 가하였다. 가혹한 탄압에 의해 비록 쿠르드 부족들은 급격히 쇠퇴하였으나 명맥을 이어왔다. 터키 당국은 쿠르드 부족별 국가에 대한 충성도를 조사하였는데 이 연구에는[114] 각 쿠르

113) 이자디의 예에 의하면 역사가 이븐 칼칸(Ibn Khalkan)은 칼칸부족 출신으로 중앙 쿠르디스탄 출신이라는 것을 알 수 있다. 이븐 파드란(Ibn Fadhlan)은 남부 쿠르디스탄 출신이라는 것을 알 수 있다.

드 부족의 위치, 인구, 사용언어, 종교 및 종파, 지도자, 그리고 국가충성에 대한 과거기록들이 포함되어있다. 이전 소비에트 영토 내의 아르메니아, 그루지아, 투르크메니스탄에 존재하였던 쿠르드는 부족적 충성심이 살아있었으나 아제르바이잔 쿠르드인들 사이에서는 거의 남아있지 않았다. 아제르바이잔 쿠르드는 대규모로 다양한 유라시아 국가들로 추방되었고 남아있는 쿠르드 문화는 아제리인들에게 억압을 당하였다(*ibid*, 77).

1) 부족 형성도

쿠르디스탄의 대 부족체는 아쉬레트라고 하는데 이 부족체는 하위에 여러 부족들과 가문들로 구성되어 있는데 그 명칭은 타이파(Tayfah), 바르(Bar), 티라(Tyrah)이며 이 하위에는 더 많은 소규모 집단들로 구성되어있다. 대 부족장은 미르(mir), 벡(beg)이라고 하며 이 대부족 하위의 가문, 씨족 부족장은 '아가'라고 한다. 가셈로우는 부족 내부를 3집단으로 구분하는데 첫째, 특권을 가진 부족장과 부족장의 친척들. 둘째, 쿨마스(Khulmas)라고 불리는 부족장 하인과 그 친척들. 셋째, 단순한 부족 구성원들로 이루어진다고 한다(Kamali 2003, 46-47). 아래 그림은 부족이 형성되는 과정을 나타낸 그림이다.

114) 이자디에 의하면 쿠르드 부족에 대한 비밀조사였으나 터키저널인 'Ikibin's Dogru'에 불법적으로 출판되었다. 터키정부가 쿠르드 부족의 정부에 대한 충성도와 쿠르드 부족을 조사한 1급 비밀로서 제목은 '반역부족과 충성부족(The Traitor and Loyal tribes)'이었다. 터키 부족들에 대한 연구는 1958년의 'Aristova Report', 1908년 페르시아 쿠르드 지역을 제외한 쿠르드 부족들의 인구나 위치, 사회-문화 등을 조사한 'Sykes Study'가 있으며 Vilechevski, Edmonds, Nikitine, Mukri 등의 지속적인 연구들이 나왔다.

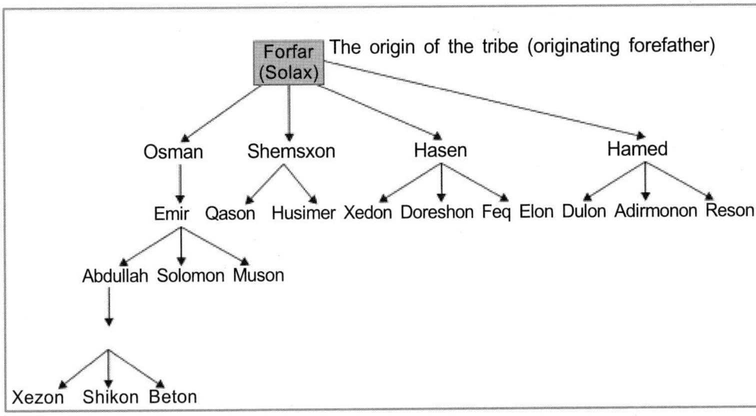

<그림 32> 부족의 원 조상과 그로부터 파생된 부족들을 나타낸 그림(Kaya 2011, 33)

2) 부족 일람표(Izady 2009, 78-85)

(1) 후라사니 지역(Khurasani Enclave)-2개 연맹

A. 북부 후라사니(Northern Khurasasan, 언급이 없으면 모든 부족은 북부 쿠르만지어를 사용하는 수니파이며 시아파가 섞여 있다.)

① 자프란누 연맹(Zafranlu Confederacy), 이란과 투르크메니스탄에서 소수민족거주지의 동쪽 2/3를 아우른다. 매우 큰 아마르루(Amarlu), 가우르얀(Gawliyân),[115] 잘랄리(Jalali), 토프칸(Topkân), 시와칸 또는 스웨렉(Sivakân, Siverek, 드믈리어 사용, 알레비)등 35개 부족연맹체이다.

② 샤드루 또는 샤다드 연맹(Shadlu, Shadad Confederacy). 13개 부족으로 소수민족거주지의 남서부1/4을 아우른다.

③ 비 연맹 부족들(Non-Confederated Tribes). 라키부족(Lark, 라키어), 카라추르루(Qarachurlu), 잔드부족(Zand, 라키어 사용), 라키부족과 잔드

115) 단어 중간에 있는 'I'는 한국어 '으'와 비슷한 발음이 된다.

부족은 아비와르드(Abivard)에서 챠흐챠흐아(Chahchaha)에 있으며 야르산교(Yârsâns)이다.

B. 콰흐스탄-비르잔드 지역(Qohistan-Birjand Region). 보흐루리(Bohluli, 라키어, 야르산교), 마나완드(manâvand, 라키어, 야르산교), 루쉬나완드(Rushnavand, 라키어, 야르산교), 토프칸루(Topkanlu, 수니, 쿠르만지)

(2) 알부르즈 산맥(Alburz Mountains)

A. 마잔다란 지역(Mâzandarân region)

① 하자완드 연맹(Khjâvand Confederacy). 이들은 누르(Nur), 클라다쉬트(Klâdasht), 풀(Pul)지역에 살고 라키어를 쓰며 야르산(Yârsâns)교를 믿는다. 들판(Dilfân), 카카완드(Kâkavand), 라크(Lak), 술탄큘르하니(Sultânqulikhni)의 4개 부족이다.

② 비 연맹 부족들

다른 언급이 없으면 북부 쿠르만지어를 사용하는 수니파이다.

에르카니(Elikâni, Damâvand와 Lâr 지역에 사는 드믈리어 사용하는 알레비인들), 벨르칸(Belikân, Gachsar-Kanduwân 고원거주하며 드믈리어 사용하는 알레비인들), 그를리(Grili. Nekâ강 인근에 거주), 굴바디(Gulbâdi), 누르(Nuri) 등 10개 부족이다.

B. 즐란(질란) 지역(Gilân Region)

① 아마루 연맹(Amâlu Confederacy)

이들은 다이라만(Daylaman), 시야흐칼(Siyâhkal)에서 샤루드(Shâhrud) 계곡에 이르는 곳에 거주한다. 이들은 대 바반(Bâbân)연맹의 지부라고 생각한다. 북부 쿠르만지어를 사용하는 수니파이다. 6개 부족이 있다.

② 비 연맹 부족들

구라니어와 야르산교를 믿는 바잘란(Bajalân), 북부 쿠르만지어를 쓰는 순니의 보흐투이(Bohtu'i, Bohtâni), 드믈리어를 쓰는 알레비의 체미쉬게제크(Chemishgezek) 등 13개 부족이다.

C. 잔잔-칼칼지역(Zanjan-khalkhal Region)

데르칸(Delikân)부족 등 4부족이 있다. 따로 연맹은 없다.

(3) 중앙 이란고원(Central Iranian Plateau)

A. 카샨-쿰 지역(Kashan-Qum Region)

라키어를 쓰며 야르산교의 바그다드(Baghdâdi), 구라니어와 남부 쿠르만지어를 쓰는 야르산교의 칼후르(Kalhur), 카르카스(Karkas)산맥의 코학(Kohak)과 쿠르다칸(Kurdakân)지역에 사는 라크(Lak), 테헤란 동쪽에 거주하며 북부 쿠르만지어와 시아 순니를 믿는 파주크(Pâzuki), 라키어를 쓰고 야르산교와 시아파인 오싼루(Ossânlu), 콤 남서부에 거주하며 라키어, 야르산교인 잔드(Zand)부족 등 6개 부족이다.

B. 파르스(Fârs)

시라즈 북서쪽에 거주하며 라키어를 쓰며 야르산교를 믿는 카카이(Kâkâ'i)와 마라수르흐(Marasurkhi)고원, 샤르나우(Shari Naw), 자흐롬(Jahrom)에 살며 라키어와 야르산교를 믿는 쿠르드슐르(Kurdshuli) 등 2부족이다.

C. 발루치스탄(Baluchistan)

라키어를 사용하며 야르산교, 시아파인 구란(Gurân), 남부 쿠르만지어와 순니파인 장가나(Zangana), 구라니어와 야르산교인 칼후르(Kalhur), 남부 쿠르만지어 사용하며 순니파인 옐하니(Yelhâni) 부족 등 4부족이다.

(4) 서부 쿠르디스탄(Eastern Kurdistan)

이들은 다른 언급이 없으면 모두 남부 쿠르만지어를 사용하고 수니파이다.

① 빌바스 연맹(Bilbâs Confedercy, 우르미예 호수의 남서쪽에 거주한다). 피란(Pirân) 등 6부족이다.

② 굴바기 연맹(Gulbâghi Confederacy, Bijâr의 서북서에 거주한다). 츄하라쉬(Chukharashi) 등 10개 부족이다.

③ 자프 연맹(Jâf Confederacy, 자완루드로부터 사난다즈에 걸쳐 거주하며 이라크 중앙 쿠르디스탄의 대 자프의 한 분파이다). 바슈으(Bâshugi) 등 14개 부족이다.

④ 만두미 연맹(Mandumi Confederacy, 비자르 남서쪽에 거주한다). 타르무라디(Târimurâdi) 등 3개 부족이다.

⑤ 무크리 연맹(Mukri Confederacy, 우르미예 호수 남쪽에서 마하바드와 드완다라에 걸쳐 거주하며 이 연맹은 지금 대부분 파괴됐다). 베그자다(Begzâda) 등 4개 부족이다.

⑥ 비 연맹 부족들

대부분은 붕괴전의 대 아르달란(Ardalân, 연맹의 구성원들이었다. 이들은 모두 남부 쿠르만지어를 사용하며 수니파가 대부분이다). 아흐마디(Ahmadi)외 33개 부족이다.

(5) 남부 쿠르디스탄

① 아르쿠와지 연맹(Arkuvaẓi Confederacy)

메흐란(Mehrân), 바드라(Badra), 치와르(Chwâr)에 거주하며 라키어를 쓰며 야르산교다. 반사르다(Bânsarda) 등 12부족이다.

② 아우라만(Awrâmân) 연맹-야르산교를 믿으며 구라니의 아우라마니 방언을 쓴다. 라흐유니(Lahuni, Jafarsultâni), 타흐티(Takhti 아래 3개 부족) 2개 연합이다.

③ 아이완(Ayvân) 연맹-남부 쿠르만지어를 쓰고 순니파이다. 2개부족의 연합이다.

④ 바잘란(Bajalan) 연맹-구라니어, 야르산교이며 2개 부족의 연합이다.

⑤ 바이란완드(Byrânvand) 연합

중세의 바라완드(Barâvand)로 하마단 남부에서 시라후르(Silâkhur), 루리스탄(Luristân)지역에 이르는 매우 광대한 지역이다. 라키어를 쓰고 야르산교, 몇몇은 시아파이다. 잔드 등 6개 부족 연합이다.

⑥ 구란(Guran) 연맹

키르만샤에서 파와(Pâwa)까지이며 구라니어, 야르산교이며 하이다르(Haydari) 등 11개 부족의 연합이다.

⑦ 호라이란(Holaylân) 연맹

키르만샤, 손코르(Sonqor)주위에 거주하며 라키어 ,아르산교이며 5개 부족의 연합이다.

⑧ 조미르(Jomir, Jomur, Jomhur) 연맹-하마단 남쪽에 거주하며 라키어, 야르산교이며 4개 부족의 연합이다.

⑨ 칼후르(Kalhur) 연맹

카나킨에서 키르만샤에 거주하며 현재 아마 가장 큰 쿠르드 연합이며 야르산교, 대부분 구라니어, 일부 남부 쿠르만지어를 쓴다. 42개 부족이다.

⑩ 크즐(Kizir, kizil, kaz'al) 연맹

만달리에서 수마르에 이르는 지역에서 거주하며 라키어, 야르산교이며 4개부족의 연합이다.

⑪ 파흘라(Pahla, Fayli) 연맹

바쿠바(Baquba) 포켓에서부터 바그다드 북서부에서 후지스탄에 걸쳐 거주한다. 라키어, 야르산교, 시아파, 24개 부족이다.

⑫ 칼칸(Qalkhâni, Khalkân) 연맹

키르만샤(Kimânshâh) 북서부, 쿠자란(Kuzârân)주변, 칼칸과 관련이 있으며 구라니어, 야르산교, 16개 부족이다.

⑬ 카라로스(Qaralos) 연맹

남부 쿠르만지어, 순니파, 6개 부족이다.

⑭ 살라스(Salâs) 연맹

키르만샤 서쪽에서부터 케렌드(kerend)에 걸쳐 살며 남부 쿠르만지어 사용, 순니파이며 3개의 조그만 연합으로 이루어져있다.

⑮ 산자비(Sanjâbi) 연맹

파와(Pâwa)에서부터 마이다쉬트(Mâydasht)에 걸쳐 거주, 구라니어 사용, 야르산교, 20개 부족이다.

⑯ 샤라프바야니(Sharafbayâni) 연맹

쉬왈디르(Shiwâldir)산맥과 시르완(Sirwân)강과 샤이한(shaykhân)에 거주, 5개 부족이다.

⑰ 스와라마이리(Swâramayri) 연맹

카나킨(Khânaqin), 샤라반(Shahrabân), 아부지스라(Abu-Jisra)에 거주, 라키어와 남부 쿠르만지어 사용, 4개 부족이다.

⑱ 티르카쉬완드(Tirkashvand) 연맹

아사다바드(Asadâbâd)에서 하마단(Hamadân), 투시르칸(Tusirkân)에 거주, 라키어, 야르산교, 5개 부족이다.

⑲ 잔드(Zand) 연맹

하마단 남쪽과 북서지역에 거주. 라키어, 야르산과 시아파, 5개 부족이다.

⑳ 비 연합 부족들

20개 부족이다.

(6) 중앙 쿠르디스탄(Central Kurdistan)

하마완드(Hamâwand)를 제외한 이곳의 대부분의 다른 부족들은 금세기초 바반 동맹이 붕괴될 때까지 대 바반(Bâbân, 중세의 Bâvand) 연합의 구성원이었다.

① 델로(Delo) 연맹-6개 부족

② 드자이(Diza'i) 연맹

아르빌에서 티그리스강에 거주. 3개 부족으로 이루어짐

③ 하마완드(Hamâwand) 연맹

거대 연합. 참차말(Chamchamâl)에서 시르완(Sirwân)강에 이르는 지역, 바자인(Bazayn)에 거주, 구라니어, 야르산교, 10개 부족.

④ 자프(Jaf) 연맹

매우 거대한 연합으로 술레마니아에서 크라르(Klâr)와 할랍자에 이르는 지역, 남부 쿠르만지어, 수니파. 25개 부족이다.

⑤ 케자(Keza, Kaza) 연맹

3개 부족이다.

⑥ 슈완(Shwân, shiwân) 연맹

대 부족이며 키르쿠크 북쪽 하사(Khâsa)와 제(Zeh)강 사이에 거주한다. 2개 부족이다.

⑦ 잔드(Zand) 연맹

키프리(Kifri)에서 시르완(Sirwân)강에 거주, 라키어, 야르산교.

⑧ 비 연맹 부족들

바르잔지(Barzanji, Barzinji, 대 부족으로 카나킨에 거주하며 부분적으로 야르산교), 지바리(Jabbâri, Jebâri. 키르쿠크에서 참차말 라이란 지역에 거주) 탈라바니(Talabâni. 대 부족. 키르쿠크 남서 포켓과 클라르(Klâr) 북동지역에 거주)부족을 포함하여 30개 부족이다.

(7) 북부 쿠르디스탄-10개 연맹

이들은 다른 언급이 없으면 모두 북부 쿠르만지어를 쓰고 순니파이다. 대부분의 서쪽 부족들은 터키에 산다.

① 아르투슈(Artush, Hartushi, Hartuch) 연맹

매우 거대한 연합으로 완 호수 남쪽에서 자코(Zakho)와 도훅(Dohuk) 이르는 지역에 산다. 14개 부족이다.

② 바르자니(Bârzâni) 연맹

대 잡(Zâb)강 상류의 강둑에서부터 하카리 서쪽에 걸쳐 산다. 바루슈(Bârushi), 돌라마이리(Dolamayri), 미주리(Mizuri), 네르와(Nervâ), 라이캬니(Raykâni), 쉐르와니(Sherwâni)부족 등 6개 부족이다. 이들이 유명한 이라크 분리독립운동을 주도한 바르자니 가문의 부족이다.

③ 보탄(Bohtân) 연맹

보탄강의 양쪽 강둑. 완호수의 안쪽에 거주. 19세기 말과 20세기 초에 무너지기 전에는 바반연합, 아르달란 연합과 3대 주요연합을 형성하였다. 2개 부족이다.

④ 헤르키(Harki) 연맹

매우 큰 부족연합으로 슈누(Shnu)에서 하카리나 라완두즈에 걸쳐

거주하고 화려한 의상과 장식이 유명하다. 만단, 샤르하띠(또는 시하띠), 사이단(또는 자이단) 3개 부족이다. 또는 헤르키라고도 한다.

⑤ 잘랄리(Jalâli) 연맹

마쿠(Mâku)에서 바야즈드(Bâyazid)와 카르스(kârs)에 이르는 지역에 거주한다. 남부 쿠르디스탄의 잘랄라완드(Jalâlawand)와 선 이슬람(pre-Islamic)시대의 남부 자그로스의 겔루스(Gelus)와 관련되어 있다. 10개 부족이다.

⑥ 미란(mirân) 연맹

우르미예 호수의 북서쪽 살마스(Salmâs)에서 코이(Khoy)에 이르는 지역에 거주한다. 알레비이다. 8개 부족이다.

⑦ 프느얀(Piniyân) 연맹

2개 부족이다.

⑧ 샤캬크(Shakâk) 연맹

두스탄(Dustân)과 코투르(Qotur)지역, 우르미예 북서쪽에서 완 호수에 이르는 지역에 거주, 19개 부족이다.

⑨ 스피캰(Spikân)[116] 연맹

반호수의 북서쪽에 거주하며 2개 부족이다.

⑩ 비 연맹 부족

말라즈지르드(Malâzgird), 히니스(Hinis), 와르토(Warto)지역에 거주하며 매우 거대한 부족인 하사냔(Hasanân) 부족, 대 잡강의 중류지대에 거주하는 거대한 부족인 지바리(Zibâri)부족 등 34개 부족이다.

116) 스피캰은 하얗다는 뜻이다. 'ân'은 '얀'발음이 된다. 노란은 Jere다.

(8) 서부 쿠르디스탄

대부분의 서부 부족들은 터키에 산다. 이들은 쿠르드의 ân, van, wand 대신에 터키어 접미어인 li, lu로 대치하였고 때때로 쿠르드어 어미에 터키어 어미를 붙이는 경우도 있다.

① 바라즈(Barâz) 연맹

삼사트(Samsat)에서 안텝(Antep), 마라쉬(Marash)와 알레포에 걸쳐 거주, 북부 쿠르만지어 사용, 일부 순니파. 12개 부족이다.

② 바르와리(Barwâri) 연맹

2개 부족이다.

③ 데르심(Darsimli, Dilamân) 연맹

에르진잔에서 데르심, 엘라지그에 이르는 지역에 거주, 드믈리어 사용, 알레비, 13개 부족이다.

④ 하웨르카(Haverka) 연맹

투르 아비딘(Tur Abidin), 마르딘 지역에 거주, 북부 쿠르만지어 사용, 수니파.

⑤ 코치키리(Kochkiri) 연맹

매우 거대하고 유프라테스 서쪽에서 시바스(Sivâs)에 걸쳐 거주. 드믈리어, 알레비, 4개 부족이다.

⑥ 실완(Silvan) 연맹

실완, 지즈레(Çizre)에서 자코와 두혹에 걸쳐 거주, 북부 쿠르만지어 사용, 순니파이다. 5개 부족이다.

⑦ 예지디(Yezidi) 연맹

모술지역부터 안티오크에 걸쳐 산다. 자발 산자르 지역에 집중되어 산다. 북부 쿠르만지어 사용 부족들 가운데 일반적인 부족 연합이 아니라 예지디 의식을 행하는 다소 종교적인 연합이다. 이들 연합은 촐(Chol) 왕가에 충성을 바치며 이 왕가는 현재에도 최고 종교지도자이다. 10개 부족이다.

⑧ 비 연합 부족들

특별한 언급이 없으면 모두 북부 쿠르만지어를 사용하고 순니파이다. 39개 부족들이 있다.

(9) 아나톨리아 소수민족 거주지

특별한 언급이 없으며 모두 북부 쿠르만지어 사용 순니파들이다.

A. 남부 로브(lobe)

8개 부족들이 있다.

B. 북부 로브(lobe)

14개 부족들이 있다.

쿠르디스탄 내 소수민족은 아랍계, 아르메니아계, 아시리안계, 아제리인계, 사르카시아계(체르케스), 페르시안, 카라파파크스계, 투르크계, 투르크멘계 등이 있다(Mcdowall 2004, 127).

제3절 종교

종교혼합(Syncretism)은 여타 지역과 마찬가지로 중동에서도 일반적이었으나 쿠르디스탄의 경우는 훨씬 더 복잡한 종교혼합이 일어났다. 중동과 쿠르디스탄에 존재해오던 기존의 오랜 토착종교와 샤먼, 아리안적 종교와 불교의 유입, 이로부터 발생한 영지주의(Gnosticism), 신비주의, 말세심판과 부활, 다차원의 공간과 시간에 대한 믿음, 유대교, 기독교 등으로 다양하게 분화된 상태였으나 이슬람이 창시되어 중동의 종교는 이슬람을 중심으로 혼융, 재편되었다. 이중에서도 가장 중요한 표면적 종교흐름은 무함마드 사후 후계자인 할리파 선출방식을 둘러싼 순니파와 시아파의 분리였다.

과거 쿠르드 예지디인들은 6700여 년 전부터 예지디 달력을 소유할 정도로 고등문명을 형성하면서 종교적 생활을 영위하였다. 또한 믿음의 조상 아브라함이 쿠르드 도시 중 하나인 샨르 우르파에서 탄생하였을 정도로 쿠르디스탄은 종교문명과 깊은 인연이 있었다. 이러한 가운데 크리스트교 시기 이전의 2000년 동안에 아리안의 종교의식과 리그베다의 신들, 불교의 우주관과 수행관 그리고 다양한 종교문화들이 유입됨에 따라 이들은 토착 쿠르드인들의 정신세계와 신앙에 영향을 미치게 되었다. 그리하여 조로아스터교, 유대교, 마니교(Manichaeism), 기독교 역시 성공적으로 쿠르디스탄에 활착되었다. 조로아스터교는 쿠르드인이 만들었으며 예지디교 교리와 유사한 면이 많으나 눈에 띌 만큼 많은 쿠르드인들을 개종시키지는 못하였다.

또한 신아시리아 제국 때부터 쿠르디스탄에는 망명 유대인의 대규모 공동체가 있었다. 탈무드에 따르면 망명한 유대인들은 중앙쿠르디스탄의 대부분 지역을 유대교로 개종시킬 정도로 상당한 성공을 거두었으며 기독교는 더욱더 성공적이었다. 기독교의 도입 이후 곧 이슬람의 도입이 뒤 따랐는데 이슬람의 도입은 쿠르디스탄의 종교적 다양성을 더욱 심화시키게 되었다(Izady 2009, 131).

1. 천사의 종교

과거 대부분의 비무슬림 쿠르드인들은 매우 오래되고, 독창적인 몇 개의 토착종교들 중 하나를 신봉하였다. 이들 각각의 종교들은 고대 종교의 변형인 '천사의 종교(Cult of Angel)'[117] 또는 '천사숭배'이며 쿠르드어로는 '야즈다니(Yazdani)'라고도 한다. 예지디즘이나 천사의 종교는 변형된 쿠르드어 명칭이며 야즈드의 문자적인 의미는 '천사의 발현(Angelican)'이라는 의미다. 이것의 오래전 명칭은 '하크(Hak, Haq)'이며 이 하크는 영원 이전(pre-eternal), 모든 것을 아우르는 신, 우주의 성령[118]이라는 의미다(Izady 2009, 137).

고대로부터 전승되어온 종교 중에 단지 3개의 천사의 종교 분파만 현재 살아남았는데 그것은 바로 예지디교, 알레비교,[119] 야르산니즘(Yarsanism, Aliullahi 또는 Ahl-i Haq)이다. 과거로부터 현재에 이르기까지 모든 컬트의 교파들은 어둠의 힘으로부터 우주를 보호하는 빛(Luminous), 하늘의 천사(angelic beings of ether), 숫자 7[120]에 대한 근본적인 믿음,

117) 이 부분은 많은 고증이나 자료가 필요하여 간략히 서술하였다.

118) 같은 의미는 Haq 이다.

119) 이자디는 알레비즘이 고대 천사의 종교 중 하나라고 주장.

120) 7성 신앙은 고대부터 나타났다. 이 칠성은 도가와도 깊은 관련이 있으며 도가에서는 7성신에게 축원하는 경문이 있다. 이 7의 의미는 무엇보다도 하늘의 북두칠성과 연관이 있다. 왜냐하면 고대부터 하늘의 7성은 서양별자리로는 큰곰자리이며 추기성으로 하늘의 중심, 우주의 중심별자리로 생각되었다. 인간의 길흉과 생사화복을 주관하는 신이기도 하므로 고대 점성학이 발달한 중동에서

7명의 착한 천사와 7명의 악한 천사가 존재한다는 믿음을 가지고 있다. 이것은 조로아스터교나 예지디 등 천사의 종교에 공통적으로 나타나는 현상이었다.

1) 예지디교(Yezidism)

IS와 시리아 내전으로 인하여 예지디 쿠르드인들이 집중조명 되었다. 예지디 교인들은 모두 쿠르드인들인데 수많은 예지디 여성 및 소녀들이 IS 조직원들에게 붙잡혀 성노예로 공공연히 매매되었다. IS는 예지디인들에게 개종강요, 성적 그리고 육체적 학대, 폭력을 자행하였고 이를 피하여 예지디인들은 산자르 산으로 수만 명이 피난하거나 터키, 이라크 등으로 난민이 되어 고향을 등졌다.

약 60여만 명의 예지디인들이 터키 남서부, 쉐칸(Shekhan)의 랄리쉬(Lalish), 이라크-시리아 국경의 자발-신자르(Jabal-Sanjar, Sinjar, Shingal) 등 니네베주(Nineveh Province)와 이라크 모술주 북부 등에 거주하며 시리아 북서와 북동에 7만, 독일에 10만, 코카서스, 아르메니아 등 구소련 지역에 9만 여명, 그리고 서유럽 등지에 일부가 산재해 있다. 예지디인들은 이라크나 주변국들의 박해를 받았는데 이들은 자신들의 종교의식을 모두 쿠르드어로 진행할 뿐만 아니라 심지어 믿음의 조상

는 이 북두칠성을 중요시하였을 것으로 판단된다. 북두칠성은 하늘의 자미원, 천시원, 태미원 등 3원 28수 중 자미원에 포함되어 있으며 자미원은 하늘의 황제가 거하는 곳으로 황제는 북두칠성을 수레삼아 하늘을 운행하며 우주를 통제한다. 서경의 순전(舜典)에 나오는 선기옥형은 이 7성을 의미하기도 한다. 북두칠성은 음양, 오행, 12지 등을 포함하고 있으며 우리나라도 칠성문화가 고대로부터 중동에 못지않게 발달하였는데 상투도 앞뒤로 4번 3번 꼬아서 북두칠성의 기운을 받는다는 의미로 상두(上斗)라고 한다. 그러나 쿠르드 고대종교에서 이야기하는 다른 점은 어둠의 신들도 선한 7신에 대항하는 어둠의 신들도 7신이 존재한다는 점이다. 이는 남두6성의 의미도 있다고 본다.

아브라함이나 노아가 쿠르드인이며 아담이 예지디교를 만들었다고 주장한다. 그리고 실제 쿠르드인들은 하와라는 여자 이름을 지금도 사용하고 있다. 이들은 신석기말이나 청동기 시대에 다양한 샤먼이나 에니미즘이 아닌 그 당시로서는 획기적인 수준의 고등종교관을 가지고 있었다. 이러한 사실은 그 당시에 상당한 수준의 영적 또는 종교 지도자가 예지디 쿠르드인들 가운데 출몰하였다는 것을 의미한다.

예지디인들은 그들 스스로 다양한 호칭으로 자신들을 부르는데 예를 들면 야지디(Yazidi), 야즈다니(Yazdani), 이자디(Izadi), 다스나이(Dasna'i)인데 예지디 종교의 추종자들은 외부인들에 의해서 '악마 숭배자들(devil worshippers)'이라고 종종 경멸스럽게 불리운다. 예지디 교인들은 쿠르드 인구의 5%미만이다(Izady 2009, 153).

예지디는 천사를 강조하는데 예지디라는 어원은 고대와 중세 이란어인 야자타(yazata), 예자드(yezad)에서 기원하는데 이는 '천사' 또는 '천사의 발현'이라는 의미를 가지고 있다. 예지디가 섬기는 천사들 중에 말락 타우스(Malak Tâwus, Melek Taus, 영어로는 공작천사, Peacock Angel) 즉 타락한 천사 루시퍼(Lucifer)도 포함된다. 예지디교에서는 새가 자주 등장하는데 이 새는 공작새로서 이 새의 날개가 메소포타미아의 예술에 자주 등장한다(*ibid*, 156).

이들은 루시퍼를 어둠과 악의 천사가 아니라 본질적으로 다른 천사장들과 동일하다고 간주한다. 이들은 말락 타우스 즉 루시퍼가 성령이 거주하고 있던 우주 알을 깨트려 이 물질우주를 창조하였다고 주장한다. 그러므로 루시퍼가 우주 첫 번째 시기에 나타난 우주성령의 최초 아바타라고 생각한다. 또한 최초의 인간인 아담과 이브에게 나타난 사탄 즉 루시퍼는 이들 아담과 이브의 진정한 카운셀러이자 교육자였다고 주장한다(*ibid*, 153-154).

예지디인들은 1년에 4개의 주요한 행사를 거행하는데 그중 하나는 7일간 이어지는 잼(Jam)이다. 이 행사는 쉐흐 아디(Adi), 하산(Hasan) 등 중요 예지디 성인들의 무덤이 있는 모술 북부 랄리쉬(Lalish)에서 10월 6일부터 13일까지 행해진다. 이 행사는 10월 중순에 행해졌던 고대 아리안인들의 미쓰라칸 행사(Mithrâkân, 조로아스터교의 Mihragân 누사이리의 Mihrajân)와 동일하다. 고대 미쓰라칸 행사는 태양신 미쓰라스(Mithras)에 의해서 세상이 창조된 것을 기념하는 것이었다. 12월 25일 태어난 태양신 미쓰라스는 하늘의 황소를 죽였는데 태양신은 황소를 해체하여 이 물질세계를 창조하였다고 한다(*ibid*, 155). 이는 곧 이란 쿠르드인들이 행하던 세시풍속의 일종인 네우르즈 축제와 의미가 유사한 것이다. 즉 황소자리는 춘분시기를 의미하는데 황소를 죽였다는 의미는 양기(善)가 겨울 즉 음기(惡)를 물리쳤다는 것을 의미하기도 하다. 대체적으로 고대인들은 모든 생명의 원천인 태양, 양(陽)의 기운을 귀하게 여겼다. 그리하여 고대에는 일양(一陽)이 시생(始生)하는 자월(子月) 즉 음력 11월 동지(冬至)를 설날로 여겼으며 태양력이 발달한 중동에서는 춘분을 설날로 여긴 것이다. 원시이래로 유불선에 이르기까지 순양지기(純陽之氣)는 중요하게 생각되었다.

2) 야르산니즘(Yarsanism)

야르산니즘을 14세기 후반 이란 서부 쿠르드 종교지도자인 알리-하크(Ahl-e Haqq) 즉 술탄 사학(Sultan Sahak)에 의해 설립된 혼합교리형태의 종교이다.

흔히 야르산니즘의 추종자들은 야리산(Yarisan), 알리울라히(Aliullahi), 알리-일라히(Ali-Ilahi, 알리를 숭배하는 사람들), 알리하크(Alihaq), 알리하크(Ahl-i Haqq, 진리의 사람들, 성령의 사람들), 샤이탄파라스(Shaytânparass,

악마 숭배자들-즉 이슬람에서 호칭하는 것), 누사이리(Nusayri) 등으로 알려져 있으며 이란과 이라크 지역인 남부 쿠르디스탄에 집중되어 있다(Izady 2009, 145).

술탄 사학은 술레마니아 지역의 바르진지에서 태어났으며 신자들 대부분은 고란 쿠르드 부족(구라니어 사용)이며 이란, 로리, 아제르바이잔, 터키, 이라크에 일부 신자(Kakai)가 있다. 그러나 아직까지 이들은 자신이 (진리의)소(小) 아바타라고 주장하는 신비주의 지도자 누랄리 일라히(Nurali Ilâhi)와 그의 부친 니마툴라 자이훈아바디(Ni'matullah Jayhunâbâdi)의 종교적 가르침을 따르고 있다. 원래 신앙서는 술탄 사학의 가르침인 '카라메 사란잼(Kalâm-e Saranjâm)'이었다. 누랄리는 교리서 '부르한(Burhân)'을 저술하였는데 이 책은 알리-하크에 대한 종교적 의식에 관한 책이다. 주로 쿠르드인들이 신앙하고 있다. 종교는 몇몇 예외들이 있으나 구라니족 즉 구라니(Gurani) 쿠르드 방언(라키어 포함) 사용부족 및 이들의 전성기와 연관되어 있으며 신앙은 오늘날 매우 차이가 나는 2, 3개로 분파되었다. 이란 대도시와 이라크 일부에 존재하는 타이이파산(Tâyifasân)이라는 분파도 있다(*ibid*, 145).

이들은 우주를 7 시기로 나눈다. 이들은 집회 즉 잼에서 남자는 모자를 쓴다. 여자들도 쿠르드 전통 모자를 쓰고 같이 서로 둘러앉아 알레비 유사하게 많은 남녀 신자가 모두 탄부르라는 현악기를 연주하며 가벼운 쿠르드 전통 북(daf)도 두드리며 노래를 부른다. 일부 학자는 야르산니즘이 미트라교(Mithraism)와 연관성이 있다는 주장을 하기도 한다. 야르산니즘의 내용을 보면 예지디교, 불교, 조로아스터교 등을 혼합한 교리적 특징을 가지고 있으며 이슬람의 무함마드나 예수를 믿지 않는다.

이외에도 기독교, 유대교, 이스마일파, 드루즈파 등 다양한 종교들이 쿠르디스탄에서 생성 소멸하였다.

<그림 33> 쿠르드인 국가별 종교 분포도 (Izady, 2009, 132)

Province	Islam		Cult of Angls			Christian	Other
	Sunni	Shi'ite	Alevi	Yârsân	Yezidi		
TURKEY							
Adana*#	72.7%		27.3%				
Adiyaman	77.8		22.2				
Âgri	95	5					
Amasya*	69		31				
Antep	96.1		3.9				
Antioch*	62		38				
Bingöl	86.7		13.3				
Bitlis	98		2				
Cankri**	99		1				
Çurum*	83.4		16.6				
Doyârbakir	96.6		3.4				
Elâzig	87.5		12.5				
Erzincan	93.7		6.3				
Erzurum*	93.7		6.3				
Hakkâri	99			1			
Gümüshane**	95.5		4.5				
Kayseri**	97.5		2.5				
Kârs	84.8	8.2	5				
Kirshehir*	92.3		7.8			2	
Konya*	98.2		1.8				
Malâtya	72.2		28.8				
Maras*	79.5		20.5				
Mardin	95.2		2.5		5	3	
Nevshehir*	95		5				
Nigde**	97		3				
Siirt	86		4		6	4	
Mus	90		10				
Sivas*	67.5		32.5				
Tokat*	75.5		24.5				
Tunçeli/Darsim	13.4		86.6				
Urfâ#	95.1		3.9				
Vân	95	4					
Yozgat*	97.7		2.3			1	
IRAN							
E. Azerbaijan**	8.8	76.9		14.2			
W. Azerbaijan	35	55		9		1	
Gilan**	15.3	75.6		9.2			
Hamadân*	17	77.8		4			1.2 (Jewish)
Ilân	34	46		20			
Khurâsân*	17	68	4	2	1		8 (Ismâ'ili)
Kirmânshâh	47.1	13.8		37.3			10.8 (Jewish)
Kordestan	70	13		16			1 (Jewish)
Luristan*	8.6	71.4		20			
Mazandaran**	21.1	71.1		7.8			
IRAO							
Arbil	94					6	
Diyâla	52.5	47.5					
Dohuk	80.5	6.5			6.5	6,5	
Kirkuk#	87.5	8.3				4.2	
Mosul (Nineveh)	78.5	6			10	5.5	
Sulaymânia#	97.5					2.5	
SYRIA							
Hasaka (Jazira)	73				35	23.5	
Deyr az-Zor*	97					3	
Aleppo*	85						132 (Ismâ'ili)
Hama**	58.6		22			9.4	10 (Druze)
Latakia**	24		64			12	
Hims**	60		16			24	
Idlib**	38		47			15	

For provincial boundaries, see Map 4.

2. 조로아스터교

그리스식 이름인 조로아스터는 고대 쿠르드어 및 이란어인 아베스타어로 짜라투스트라(Zaratushtra, 자라투쉬트라)이다. 이 이름을 살펴보면 'Zara'는 다루다 'ushtra'는 낙타라는 의미로 낙타를 다루는 사람이라는 의미이다. 니체(Friedrich Nietzsche, 1844~1900)는 정신진화 단계를 낙타의 단계-사자의 단계-어린아이의 3단계로 나누어 설명하였는데 이러한 모티브는 짜라투스트라에서 왔다고 한다. 일설에 의하면 종교와 마찬가지로 니이체 뿐만 아니라 헤겔, 실존주의 철학 등 서구의 많은 사상가들이 불교 교리와 유가서를 차용하여 자신들의 언어로 포장한 후 일가를 이루었다는 주장이 있다.

조로아스터교는 아스티아게스(야르산의 술탄 사학) 통치 시기나 직전에 생성된 것으로 판단된다. 그러나 짜라투스트라의 생존연대나 출생에 대해서는 많은 이론들이 있다. 메데인 즉 쿠르드인이 이라는 의견이 있는 반면 쿠르드인이 아니라는 의견도 많다. 그러나 분명한 것은 조로아스터교가 교리혼합이 많이 나타난 종교이며 왕이라는 권력자를 통해 급성장하였다는 점이다. 그리고 그 과정에서 사제의 계급이나 당시의 신분적 질서 엄격함을 내재화하였다. 그러므로 이러한 민중과 분리된 종교행태는 권력자나 왕조가 몰락할 경우 세력이 급격히 약화되는 경향이 있다는 것이다. 그는 3명의 아들이 있었는데 이들을 비롯한 가족이 그의 첫 신자가 되었다.

쿠르드는 기존의 다신 신앙을 유지하였으나 조로아스터[121]가 종단

121) 조로아스터의 네우루즈 축제는 3주간 이어졌다. 아케메니드 시대에 시작되어 현재도 유지되고 있다. 이외에도 6개의 축제가 있는데 이를 총 7개의 축제를 '가함바르스'라고 한다. 이는 아후라 마즈다 유일신과 여섯 아메샤 스펜타. 창조의 7단계에 해당되며 12달에 대응하는 12신과 관련한 축제로 이란달력으로

을 만든 이후 아후라 마즈다(Ahura Mazda)를 중심으로 한 이원론적 유일신 사회가 형성되었다. 그는 최상위 사제계급인 자오타르스 집안출신으로 7세부터 사제가 되는 교육을 받기 시작하였다. 20세가 되자 자신의 욕망으로부터 벗어나기 위해 친구들, 가족들과 멀어졌다. 30세 되던 해에 아후라 마즈다[122]의 보좌 앞으로 끌려갔다 온 후 전도를 시작하였다. 조로아스터교가 이란 동부 박트리아 제국의 전설적인 왕 비스타스파(Vistaspa)를 개종시키고 그의 대신과 혼인관계를 맺는 등 밀접한 관계를 통해 널리 전파되었다. 한편 비스타스파왕은 다신교, 다민족 사회의 분열된 상태보다는 조로아스터교라는 새로운 유일신 종교가 나라를 하나로 통합시키는데 효과적이라고 판단했다.(유흥태 2012, 12-16; 신양섭 2009, 46-48). 조로아스터교는 아케메니드조[123], 파르티아조, 사산조에 이르기까지 번영을 누렸다. 다리우스나 크세르크세스는 아후라 마즈다를 열광적으로 신봉하였으며 사산조는 국교로 인정하기에 이르렀다(신양섭 2009, 48).

조로아스터교의 내용을 살펴보면 이원적 유일신관으로 창조론 측면에서 보면 '아후라(神) 마스다(智慧)'는 호로모즈(Horomoz)라고도 불리우는 신으로 아후라 마스다가 쌍둥이 신을 낳았다. 선한 신은 '스펜

7월 16일 서양력으로 대략 10월 8일의 추수철 메흐레건 축제, 12월 21밤 동지에 열리는 샤베얄다(얄다의 밤)축제이며 이때 삼나무에 소원을 적어 매달았는데 이것이 루터에 의해 서양에 전래되어 크리스마스 트리의 기원이 되었다. 또한 바빌로니아에서 영향을 받은 것으로 신전이 없이 산꼭대기에 불의 제단을 쌓고 제사를 지냈다. 이것을 아타쉬가(Atashgha)라고 한다(유흥태 2012, 12-46). 첨언하자면 리그베다의 신들과 아베스타의 신들은 거의 일치한다.

122) 아후라 마즈다는 보좌 앞에 끌려간 것의 상징으로 날개와 조그만 둥근 원을 들고 있으며 아수르(Assur)의 형상과 유사하다. 둥근 원이 진리를 상징한다면 머리 부분에 있어야 하나 손에 들려있는 점이 흥미롭다.

123) 331 BCE에 마케도니아의 알렉산더 대왕에게 아케메니드 왕조는 멸망하였다.

타 마이뉴'이며 이에 대항하는 '앙그라 마이뉴(뒷날 아흐리만)'은 악을 대표하는 신이다. 중심교리는 악에 대항하여 선을 지키라는 것이다. 아후라 마스다는 이외에 6신 등 우주를 비롯한 많은 신들을 창조하였다. 그리고 이 신들 간 대립 끝에 메시아인 사오쉬안트(Saoshant)가 최후에 나타나 지구와 인간을 심판하고 구원한다는 종말론적 메시지를 전하고 있다. 이러한 종말론적 종교관은 기독교, 시아파의 '종말론과 삼판론', '숨은 이맘과 구세주'의 개념을 갖게 하였다. 그리고 선악이 대립하는 우주관, 신관과 마찬가지로 인간의 정치관, 윤리의식에서도 선악이 치열하게 대립하는바 악과 적극적으로 싸워 선을 세우라는 것이 주요 가르침이다(유흥태 2012, 23-36, 신양섭 위의 논문 54).

고대 아리아인들은 일출, 정오, 일몰 3번에 걸쳐 기도하였으나 조로아스터교는 여기에 새벽과 자정을 추가하였으며 항상 불 앞에 선채 기도를 하였다. 불은 수메르 신과 관련된 아후라 마스다를 상징하며 기도문은 아베스타어로 기도하였다. 사제는 모베드라고도 하며 아케메니드조 공적인 문서는 아람어와 고대 페르시아어를 사용하였다. 이 당시에 사제들은 이미 황실과의 견고한 유대관계를 형성하여 권력을 쥔 사제들이 등장하였고 파르티아 시대를 지나면서 유대교 외에도 기독교와 영지주의도 접촉하게 되었다.

경전으로는 '아베스타'가 있다. 짜라투스트라는 아후라 마즈다를 찬양하던 노래가 구전으로 전해졌다. 사산조 샤푸르 2세(Shapur Ⅱ, 241-272재위)는 3세기경부터 전승되고 있던 구전의 내용들을 경전화하기 시작하였으며 이 '아베스타'는 고대 동부 페르시아어로 기록하였다. 6세기경에는 아베스타의 주석서인 '잔드 아베스타(Zand)'를 완성하였다. 현재 전해지는 사산조 시대의 아베스타는 5가지가 있는데 첫째, 예배의식에 관한 야스나(Yasna)와 조로아스터의 직품으로 알려진

야스나속의 가타어로 된 17개의 송가 '가타스(Gathas), 둘째 21장으로 이루어진 창조주에 대한 찬양과 천사 그리고 신들에 대한 송가인 야쉬트(Yasht), 셋째, 기원과 제사 규정이 있는 비스파레드(Vispared), 넷째, 천지창조와 우주의 구조, 종교와 신자들의 규범과 정화에 관한 규정이 담겨 있는 비데브다트 혹 벤디다드(Vendidad), 다섯째, 종교의식, 축제에 관한 호르데 아베스타(Khorde Avesta) 즉 소(小) 아베스타로 이루어져 있다(신양섭 2009, 36).

아케메니드조의 후예를 자처한 사산조(227-651)[124)]를 세운 아르다

124) 초기 기독교 당시의 강력한 라이벌로는 미트라교가 있었는데 미트라신은 조로아스터교의 경전 아베스타에 기록된 태양과 빛, 전쟁의 신으로 고대로부터 아리안족의 숭배를 받아왔다. 미트라는 메흐르라고도 하며 미트라교는 1400 BCE 전쯤부터 널리 확산되기 시작하였으며 그 당시 제작된 석비 '히티'가 터키 카파도키아 지역에서 발견되었는데 여기에 메흐르(미트라)-바르나 신이 등장을 하였다. 미트라신은 네 마리의 백마가 이끄는 황금마차를 타고 천개의 귀와 만개의 눈을 가지고 투구, 갑옷을 입고 방패와 천개의 황금화살, 천개의 강철도끼, 천개의 창을 가진 태양과 빛, 세상의 질서를 책임지는 지배자, 약속의 신, 언약의 신, 악과 거짓을 멸하는 자, 심판자 등으로 인식이 되어서-아베스타에 메흐르야쉬트, 메흐르니여예쉬가 언급-왕과 군인들의 숭배를 받았다. 특히 로마군에게 전파되어 인도, 이란에서부터 로마, 프랑스까지 확장되어 1세기경에 많은 군인들이 믿기 시작하여 3세기에 최전성기를 맞았으나 4세기 초반에 기독교가 로마국교로 공인된 이후에 사라졌다. 312년에 미트라교를 신봉하는 율리아누스 세력들과 기독교를 신봉하는 콘스탄티누스 세력 간에 전쟁이 벌어져서 패배하고 율리아누스는 사산조의 샤푸르왕과 전쟁에서도 패하였다. 392년에 로마황제는 미트라교 의식을 하는 자는 엄벌에 처한다는 명령을 내렸으며 312년 이후 미트라교의 자료들은 대부분 파괴되기 시작하였다. 황소를 제물로 바치는 미트라 부조가 있으며 미트라의 생일은 동지인 12월 22일이었다. 그리고 일요일은 태양신인 미트라의 날인데 원래 토요일을 안식일로 하였던 기독교인들이 주의 날로 지키며 미트라교에서는 세례를 하였다. 죄의 고백, 성찬식도 미트라교의 의식 중 하나였다. 동굴에서 종교의식을 치루고 하루에 3번씩 태양을 향해 기도-동, 남, 서쪽으로-하였으며 이란력으로 메흐르는 7월-서양력으로 9월 중순에서 10월 중순-이며 태양신 메흐르는 곡식이 익어가고 추수하는 시기의 이름으로 적격이었으며 메흐르는 16일 이기도 하여 7월 16일은 메흐르달, 메흐르일이므

쉬르 바바칸(Ardashir Babakan)의 지배시기에는 불교가 이미 거대한 물

로 이날을 '메흐레건'이라 하며 16일부터 6일간 축제를 벌인다. 특히 쿠르디스탄의 안티오쿠스1세의(60-34 BCE, 콤마게네 왕국) 석비에 미트라교가 이 지역에서 융성하였음을 보여준다. 사산조 페르시아(226-651)를 연 아르다쉬르는 집권초기에 조로아스터교를 국교로 하였지만 이전 파르티아 왕조가 지배하던 시기에 기독교, 불교, 미트라교 등 많은 종교들이 이미 아르다쉬르 당시에 곳곳에 뿌리를 내린 상태였고 사산조 시대에 마니교와 마즈닥교도 태동하였다. 마니는 파르티아 시대인 216년 4월 16일 바빌로니아 북부지역에서 태어났는데 그의 아버지 파티그(Pattig)는 메데 왕국의 수도 하마단 출신이고 어머니 마리얌은 파르티아 왕실가문인 캄사라간 출신으로 알려져 있다. '마니'는 아람어 이름으로 그는 12살인 228년에 쌍둥이라고 불리는 거룩한 영에게 진리를 받았다고 하였다. 이 해는 아르다쉬르 바바칸이 파르티아를 멸망시키고 사산조를 건국한 초기 무렵이었으며 이로부터 12년 후에 그 거룩한 영이 다시 나타나 진리를 전파할 것을 명령하자 이란동부, 인도, 투란(현재 발루치스탄)지역 왕을 개종시키기도 하였다. 마니교 설교집인 '케팔라이아(설교집, 아람어, 팔레비어, 소그드어, 투르크어, 중국어로 번역됨, 이집트에서 발견된 것은 콥트어로 기록된 것, 교리를 설명하는 그림책도 존재)'에 의하면 아시다쉬르를 승계한 샤푸르 1세가 황제가 된 후 세 번 초청하여 마니의 가르침을 경청한 후 마니교를 전파할 특권을 주었다고 한다. 그는 아디아베네(아르빌)까지 전도여행을 다녔으며 선교사들을 이집트, 이란 북동부 등까지 파견하였다. 샤푸르 1세의 아들 호르모즈 1세를 거쳐 그의 동생인 바흐람 1세 때 위기를 느낀 조로아스터 사제들이 마니를 궁정으로 불러들여 감옥에 가둔 후 살해하였다. 호르모즈 2세가 등극한 후에 핍박을 받은 마니교는 사방으로 급격히 전파되어 4세기에 최전성기를 맞았다. 이탈리아 시실리, 스페인, 유럽, 중앙아시아 등으로 전파되었으며 기독교에서도 마니교의 영향을 받은 이단종파들이 생겨나게 되었다. 7세기의 아르메니아 지역의 바울파(Paulicians), 10세기의 불가리아의 보고밀파(Bogomilists), 12세기 프랑스의 카사(Cathars)라는 그룹이 그것이며 교부인 아우구스티누스 역시 젊은시절 마니교에 심취하였다. 중국, 중앙아시아의 대부분에서 독립적인 마니교 공동체를 형성하였고 대부분은 소그드인들로 마니교 공동체는 6세기 말엽에 형성되어 8세기 초까지 유지되었다. 그러나 압바스 왕조가 시작되면서 마니교의 핍박이 시작되어 10세기까지 바그다드에서 명맥을 유지하다 대부분의 지도자들이 사마르칸트로 이주하면서 마니교는 이란 땅에서 종적을 감추었다. 이란 동쪽에서 마니교가 가장 융성했던 지역은 위구르 왕국이었다. 'mania'의 유래이기도 한 마니교는 둔황석굴에서도 마니교의 유적이 많이 발견되었다. 마니는 시리아어를 바탕으로 에스트란젤로라는 언어를 만들어 그의 종교 사상을 담아냈으며 그의 사상은 이원론의 기반위에 조로아스터, 기독교 교리와 불교의 내세관을 혼

결처럼 휩쓴 뒤였으며 이어서 기독교가 전파되었다. 그는 아나히타(물, 생명, 풍요, 전사의 상징으로 미의 여신 아프로디테가 알렉산더 이후 헬레니즘의 영향을 받아 동일시되었다) 신전을(제우스와 아후라 마즈다, 아폴로, 미트라 등)을 지키던 사제집안 출신이었다. 자연히 사산조 통치기간에 아나히타가 추앙을 받았으나 아르다쉬르는 곧 조로아스터교를 국교로 삼아 이교도의 신전을 모두 불의 제단으로 바꾸는 작업에 착수하였다. 성직자들의 불 즉 아자르 파른바흐(Azar Farnbagh)제단은 시라즈 인근 파르스 지역의 카리안(Karian)마을에, 왕들과 전사들을 상징하는 불 즉 아자르 고쉬나습(Azar Goshnasp)제단은 과거 메데 지역인 쿠르드 도시 간작(Ganzak, 고대 명칭은 Shiz, 현대 Takab)에 세웠다 사원은 현재 폐허가 된 상태로 약 인구 10만 미만의 타갑군(Takab County)의 북서쪽에 산 정상에 위치한다. 농민을 상징하는 불 즉 아자르 바르즌메흐르(Azar barzinmehr)신전은 파르티아 호라산 지역에 설치하였다. 그러나 사산조 시대에 바빌로니아 인근에서 출생한 조로아스터 사제 출신인 '마니'의 등장으로 첫 번째 위협을 받았는데 그는 불교교리와 유대교, 기독교의 영지주의를 혼합하여 마니교를 만들었으나 최고사제인 카디르

합한 양상을 보였고 선악의 대결을 물질적인 것과 영적인 것의 대결로 간주하여 물질적인 것을 배격하고 철저히 영적인 것을 추구하였다. 마니는 시대를 세 영역으로 구분하여 첫 번째는 인간이 창조되기 이전의 시대로 선과 악이 분할된 시기 둘째는 현시대로 빛의 세계가 어둠에 오염된 시기 셋째는 진리와 빛이 승리를 거두고 어두움으로부터 완전히 구원되어 초기와 같은 시대로 변화되는 시기로 구분한다. 마지막에는 큰 전쟁, 환란이 일어나고 구세주(예수 그리스도)가 재림하여 심판하여 악을 가두고 구원자들을 천국으로 인도한다는 것이다. 구원은 개인의 선한 행위에 의해서만 구원받고 사람들은 완벽한 선을 통해서 구원을 받기 전까지 윤회를 계속하고 의인은 천국으로 간다(유흥태 2012, 48-86, 신양섭 2009, 58-60). 리그베다는 1500 BCE 전후에 작성된 것으로 리그 베다에 나타난 신중에 제석천인 Indra신과 태양신인 Mitra신이 등장한다.

(Qardir)가 마니를 제거하였다. 기독교 역시도 로마 박해를 피하여 교세가 널리 퍼졌으나 조로아스터교의 박해로 타 지역으로 이주하였다. 3, 4세기에 시작한 경전작업이 주석서인 '젠드 아베스타'까지 마무리할 6세기 즈음 마즈닥교가 등장하여 조로아스터교를 위협하는데 '마즈닥'은 특권계층과 민중의 사회적 평등을 주장하며 일어난 종교로 종교적, 정치적 평등을 외치고 공동체 생활을 하면서 부와 부인을 공유하였다고 한다. 이들은 호스라우 아누쉬르반(Khosraw Anushirvan 1)왕에게 진압되었으며 마즈닥은 사형을 당하였다. 교조사망 후 이들은 지하로 숨어들었으며 이들이 나중에 알레비파의 형성에 영향을 주었다는 주장도 있다. 사산조는 비잔틴 제국과의 오랜 전쟁으로 피폐해져 페르시아 문명의 변방인 사우디아라비아의 무슬림에게 정복을 당하게 되었다. 초기 무슬림들은 페르시아인들에게 무거운 세금을 부과하였는데 공직으로 진출하려는 페르시안들은 급속히 무슬림으로 개종하였고 무슬림 남자와 비무슬림 여성이 결혼하면 아이들은 자연스럽게 무슬림이 되었고 그들은 비무슬림 가정과 친척들의 모든 재산을 상속받았다, 무슬림으로 개종하면 소득세외에 부과되던 인두세가 부과되지 않았고 무역과 거래에서 많은 이득을 주었다. 11세기에는 도시인들의 80%가 개종되었으며 농사를 사회의 근본으로 삼았던 조로아스터교의 영향으로 농민들의 개종은 더디게 진행되었으나 13세기에는 전 이란인들이 무슬림이 되었다. 역설적으로 조로아스터교의 경전문학은 무슬림의 침입이후에 더욱 활기를 띄었는데 이때 만들어진 것이 믿음의 행위에 대한 책인 '덴카르트', 창조의 기원을 다룬 '분다히슨' 등이 있었으나 대부분 소실되었다. 조로아스터교는 개를 신성시하며 무슬림의 박해로 10세기에 많은 조로아스터 교인들이 인도(파르시-Farsi) 등으로 이산되어 갔으며 이들의 공동체인 파르시가 테헤란, 파키스탄,

스리랑카, 홍콩, 싱가포르, 런던, 로스엔젤레스 등에 산재한다. 1925년 레자 샤 팔레비가 집권하면서 무슬림 이전의 문화를 진정한 페르시아 문화로 격상시킴으로써 조로아스터교에 대한 인식을 바꾸었다. 현재 야즈드에는 많은 조로아스터 유적들이 남아 있어 매년 조로아스터 축제가 개최되고 있다(유흥태 2012, 48-86, 신양섭 2009, 51-54). 이란계 소그드(Sogd)족은 6세기 BCE 즉 춘추전국시대부터 AD 10세기까지 실크로드를 통해 무역에 종사하며 이들 조로아스터교를 중국에 전파하였다. 이들은 비잔틴 제국, 인도까지 페르시아의 융성했던 문화와 조로아스터교, 상품을 수출하였다. 중국에서는 흔히 빛과 광명을 상징하는 배화교(拜火教), 신(示)과 하늘(天)을 상징하는 한자를 사용하여 천교(祆教)라고도 불리었으며 당서(唐書)에 의하면 사산조가 이슬람에게 멸망하자 왕자와 많은 귀족들이 당에 망명하였다. 중국에는 네스토리안기독교(景教), 마니교(明教)도 전래되었다(위의 책, 56-58). 조로아스터교와 이란의 신년 축제인 네우르즈가[125] 이슬람 혁명으로 폐지되었다가 2000년대에 들어와 부활되었다.

125) 매년 3월 21일을 정해서 하루에서 3일정도 까지 중앙아시아, 이란, 쿠르디스탄에서 축제를 즐긴다. 이는 긴 겨울을 이긴 춘분날이며 설날로 여긴다. 과거 동양에서는 子月歲首인 동지를 설날로 하였다. 중앙아시아에서 중동 등 각지로 퍼져나간 대 문명중 하나인 수메르 문명이 이곳 중동에 이르게 되고 메소포타미아까지 이동이 이루어졌다는 설이 있다. 수메르인들의 특징인 발전된 천문학이 아랍에 전해졌으며 그 흔적이 네우루즈 축제에 남아 있다. 종교에서 시간, 천문, 월력이 갖는 의미는 특별하며 이러한 천문의 시기가 인간의 축제나 의식, 세시풍속으로 이어졌다. 현재 지구의 365와 1/4이 명확히 떨어지지 않으므로 동양에서는 상원, 중원, 하원과 절기의 불일치를 조정, 판단하는 초신접기를 통해서 실생활에 응용하였다. 24절기를 365와 1/4, 366일에 맞추어 정확히 배당하는 것을 '분각'이라 하며 이 배당방법이 '영산'이라는 수학책에 나와 있다. 이와 같이 이 5와 1/4을 제로로 만들거나 윤달과 윤년을 통해서 음양력을 맞춰왔다. 과거 태초력은 1통 3장법이다.

터키를 비롯한 쿠르디스탄에는 현재도 조로아스터교 신자들이 산재하고 있으며 의식 있는 젊은 쿠르드인들이 쿠르드의 전통종교로 인식하고 신앙을 하는 경우도 있다. 저자가 학술여행 중 만난 진중했던 쿠르드 인권운동가도 자신의 종교가 조로아스터교라고 밝혔다.

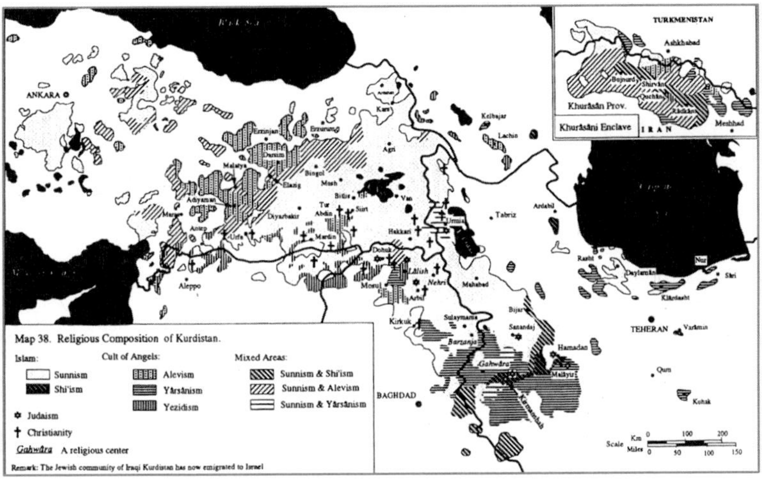

<그림 34> 쿠르디스탄의 종교 분포도(Izady 2009, p.134)

3. 이슬람

570년 무함마드(Muhammad, 570-632)가 동서 교역의 요충지인 메카에서 태어났다. 그는 40세 무렵인 610년 히라산 동굴에서 가브리엘 천사를 만나 계시를 받은 후 예언자를 자처하였다. 622년 메디나로 성천(聖遷)할 당시 동행한 신도들은 200여명이었다. 당시 유럽은 콘스탄티누스 대제가 330년 수도를 콘스탄티노플(이스탄불)로 천도한 이후 동로마 제국(330-1453)이 사산조와 대립하며 통치하던 때였다. 중국은 수당교체 시기로 당나라가 618년에 건국되었으며 조로아스터교가 중국에 기 확산되었던 시기였다 또한 달마대사의 선불교가 520년 경 중국에 들어온 이래 4조 도신(道信, 580-651)과 5조 홍인(弘仁, 601-674), 6조 혜능(慧能, 638-713)으로 선맥(禪脈)이 이어져 선풍이 천하에 드날릴 준비를 하던 시기였다. 당시 한반도는 당나라와의 전운이 감돌던 삼국시대 말기로써 중국 남북조 시기에 전진(前秦)의 왕 부견(符堅)으로부터 불교가 전래된(고구려 소수림왕 2년 372년) 지 200여년이 지난 시기이다. 당시 백제의 겸익(謙益, 526년 인도유학)을 비롯한 많은 유학승들이 인도와 중국으로 구법을 떠났으며 원효(元曉, 617-686)와 의상(義湘, 625-702)도 유사한 시기에 활동하였다. 중동과 인도 그리고 중국과 한국 역시 정신문명이 광화(光華)를 발하는 시기였다.

무함마드는 630년 메카에 무혈입성한 이후 2년 뒤 사망하였으며 1대 할리파는 무함마드의 장인이자 사위인 아부 바크르(Abu Bakr, 632-634년 재위)였다. 2대 할리파 우마르(Umar, 634-644)는 10년 만에 이슬람의 양쪽에 있는 거대한 제국 즉 비잔틴 제국과 사산조를 상대로 이들은 제압하며 단기간에 놀라운 영토 확장을 이루었다. 우마르는 이집트 수도 알렉산드리아를 639년 12월 정복하였으며 비잔틴 제국과 싸워 640년 시리아를 완전히 정복하였다. 또한 537년 사산조 수도 크테시폰(Ctesiphon-바그다드 인근)을 함락시켰으며 야즈드지르드(Yazdegerd) 3세 황제 역시 651년 사망하여 사산조 페르시아는 멸망하였다. 그러나 우마르가 페르시아 출신 노예에게 피살된 후 우스만(Uthman, 644-656)이 3대 할리파가 되었다. 그는 쿠라이쉬 부족으로 이슬람에 적대적이었다가 메카 함락 후 이슬람으로 개종한 메카의 부유한 가문 출신이었다. 우스만은 가문의 반대에도 불구하고 일찍부터 무함마드를 추종하였다. 그러나 할리파가 된 그는 자신의 메카, 메디나 부족출신 친족을 각 지역 총독으로 파견하여 최전선의 군 출신들의 불만을 샀다. 우스만은 그 과정에서 그들에게 제거되었다. 무함마드 사촌이자 사위인 알리(Ali bin Abu Talib, 656-661)가 4대 할리파가 되었다. 무함마드 사후 1대 할리파 선출 당시부터 시작되었던 양 진영의 갈등이 이로서 본격적으로 되어 결국 순니파와 시아파로 분할되었다.

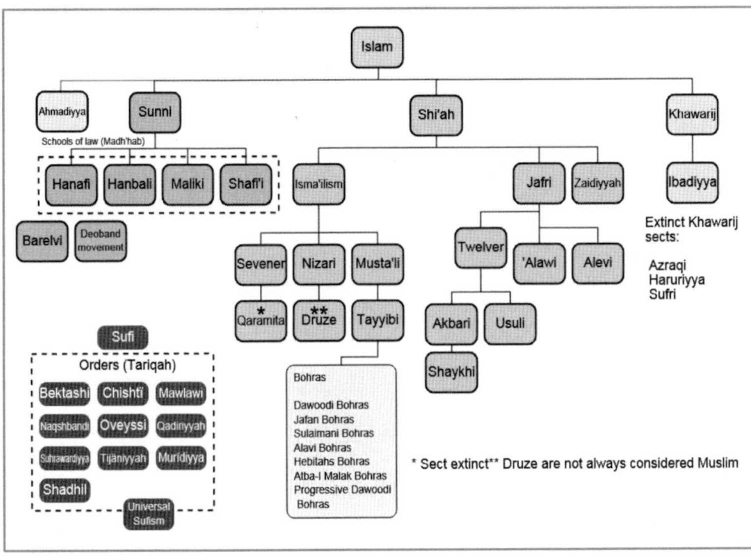

<그림 35> 이슬람의 계통도(출처: 위키백과)

(1) 순니 이슬람

현대 쿠르드인들은 대부분 순니 무슬림이다. 오늘날 쿠르드의 약 3/5이, 쿠르만지어 사용 인구는 거의 모든 사람이, 적어도 공식적으로 샤피 의식(Shafi'ite rite)의 순니 무슬림이다(Izady 2009, 133).

쿠르디스탄에는 3부류의 성직자들이 존재하였다. 가장 큰 영향력을 발휘하였던 종교지도자는 쉐흐였으며[126] 물라는 쉐흐 영향력 내에 존재하던 성직자였다. 마지막으로 사이드(Sayyid), 또는 사이트는 예언자의 후손을 의미하였다. 쉐흐를 포함한 이들 성직자들은 다양한 특권들을 가지고 있는 동시에 강력한 정치 지도자였다(Kamali 2003, 47).

샤피 순니 의식(Shafi'ite Sunni rites)은 초기 샤피 순니 무슬림이었던 중세 쿠르만지어 사용자들에게서 지배적으로 나타났다. 한편 투르크족은 중앙아시아 지역에 널리 퍼져 있었던 하나피 의식을 들여왔다. 이 하나피 의식은 기독교의 비잔틴지역에서 부터 쿠르디스탄 서부까지 큰 영향을 미쳤으나 쿠르드인들의 샤피즘(Shafi'ism)을 바꾸지는 못하였다(Izady 2009, 135).

쿠르디스탄은 이슬람의 가장 중심부에 걸쳐있는데 중세 이슬람 할리파들의 문화적, 정신적 수도인 바그다드에서 50마일 이내에 그리고 다마스쿠스에서 100마일 이내에 위치해 있다. 이 땅은 7세기 초에 무슬림 군대에 의해서 처음으로 약탈을 당한 곳 중 하나이다. 그리고 중앙집권적인 성향에도 불구하고 도시를 포함한 쿠르디스탄에는 모스크 수가 적은 이유는 다음과 같다. 쿠르드인을 '무쉬르킨(Mushrikin, 예를 들면 다신교도들)'으로 여긴 나잠 알 물크(Nazam al-Mulk), 아부 만수르 알 바그다디(Abu Mansur al-Bagdadi), 이븐 아티르(Ibn Athir) 같은 영향력 있는 중세 무슬림 작가들에 의하면 최소한 12세기까지 쿠르드인들 대부분이 비무슬림이었기 때문이다(*ibid*).

당시 이슬람은 쿠르디스탄 내부까지는 영향을 주지 못한 채 주로 주변부 쿠르드인들에게 영향을 미쳤다. 비록 쿠르드 무슬림 중에 몇몇 유명한 사람이 있었으나 대다수는 오래된 종교들(천사의 종교, 유대교, 기독교)을 신봉하면서 쿠르디스탄에 투르크 유목민들의 파괴적인

126) 이러한 쉐흐는 1970년에도 쿠르디스탄 지역에 생존하였으며 저자가 아는 쿠르드인이 어렸을 때 부모와 함께 쉐흐를 찾아가 상담을 하였으며 당시에도 매우 많은 사람들이 쉐흐를 방문하였다고 구술하였다.

유입과 주로 농사를 짓고 있던 쿠르드인들의 사회경제적 삶의 완만한 변화로 인하여 12-15세기에 이르러서야 개종을 하였다. 늦은 개종자들의 경우는 16세기에 개종하였는데 이 시기는 쿠르디스탄의 사회경제적인 불황이 더욱 두드러졌고 사회가 안정되지 않아 기념비적인 모스크를 건설할 수 없었다(*ibid*).

15세기말 무렵 유목민의 유입으로 인한 사회경제적인 압력이 증가하자 점진적으로 기존 전통적인 종교인 수가 감소되었다. 이러한 유목민들의 팽창으로 16세기 초부터 농민들이 약화되었으며 쿠르만지어를 사용하는 쿠르드 토착 이슬람 유목민들이 하카리를 중심으로 팽창되어 쿠르디스탄 대부분을 아우르게 되었다. 이들이 바로 샤피 순니파로 이들의 힘과 숫자가 확대됨에 따라 이슬람도 확대되었다. 결정적으로 16세기 초 쿠르디스탄을 관통하던 무역로가 붕괴되자 쿠르드 경제 역시 붕괴되어 쿠르만지 유목민들도 팽창하였다. 이들이 쿠르디스탄 대부분의 지역에 정주(定住)하고 있던 팔라와니어권 비무슬림 쿠르드인들을 개종시켰다(*ibid*).

이러한 언어와 종교변화의 상관적 형태는 남부 자그로스 산맥에 거주하던 쿠르드인들이 시아파 이슬람으로 개종한 경우에도 신속하게 발생하였다. 개종한 이들 남부 쿠르드인들은 쿠르드어를 버리고 페르시아어를 사용하였으며 이들은 현대 루리인들(Lurs)과 남부 자그로스 지역의 타 민족 집단의 조상이 되었다. 오늘날 쿠르드 사회는 샤피 순니 이슬람으로 개종하면서 쿠르만지어를 사용하는 단일사회로 변화되었다. 종교개종이 늦었다고 해서 쿠르드인들에게 이슬람이 중요하지 않았다는 의미는 아니다. 특히 오늘날 그리고 주요도시 및 마을에서는 대다수 쿠르드인들이 전통적으로 받아들여지던 이슬람종파들의 독실한 신자들이다. 그러나 이슬람의 개종으로 인하여 다양한 이슬람

종파들을 따르는 쿠르드 무슬림 집단들 간의 갈등이 존재해왔다(*ibid*).

(2) 시아와 알레비즘(Alevism)[127)]

4대 할리파가 된 알리가 3대 할리파 우스만의 세력을 제거하기 위하여 우스만 가문들이 차지하고 있던 총독들을 교체하려 하였으나 20년간 시리아 총독을 지내며 거대한 세력을 형성한 무아위야(Muawiya, 661-680)를 중심으로 한 우스만 가문의 반격은 예견된 것이었다. 수도를 쿠파(Kufah)로 옮긴 알리 세력과 무아위야와 그 휘하의 비아랍계 세력이 657년 시핀 전투(Siffin)와 협상과정에서 알리와 무아위야 간의 협상으로 영토가 양분되자 알리의 나약한 결정에 불만을 가진 이슬람 이전의 부족주의를 주장하던 하와리지(Khawarij)파에 의해 알리가 암살된 것이다. 이틈을 타서 무아위야측은 알리에 이어 할리파가 된 알리 장남 하산의 군대를 격파하여 661년 할리파로 인정을 받았다. 그는 다마스쿠스를 수도로 한 채 기존 공화적 신정제를 폐지하고 압력과 회유가 가능한 슈라를 통해 자식이 왕위를 잇는 우마위야조(661-750)를 세웠다.[128)] 게다가 680년 쿠파 총독 우바이둘라가 무아위야의 왕위를 계승한 야즈드(Yazid Ⅰ, 680-683)를 인정하지 않았던 알리의 둘째 아들 후세인과 추종자 200여명을 카르발라(Karbala)에서 제거하였다. 그리하여 순니파와 콤시(Qumm)를 중심으로한 알리를 추종하

127) 저자는 알레비파가 무함마드, 4대 할리파인 알리, 12 이맘을 인정하고 추종함과 동시에 이란으로부터 시아파라 인정을 받았으므로 시아파의 범주에 포함시켰다.

128) 더불어 압바스조(Abbasiya, 전기 750-945, 후기 945-1258), 셀주크 투르크(1055-1200), 맘룩국(Mamluks, 1250-1517), 일한국(Ilkhan, 1256-1353), 오스만 제국(1453년 비잔틴 제국을 멸망시킴), 사파비조(1501-1722) 등이 연이어 중동에서 출몰하게 되었다. 또한 인도에는 이슬람의 무굴제국(1526-1764)이 나타났다. 존속연대는 학자의 관점에 따라 약간 씩 차이가 있다.

는 시아파의 갈등은 본격화되었다. 이는 종교적인 의미보다는 정치적인 의미가 더 큰 사건이었다.

쿠르드 시아 무슬림의 경우(알레비 제외) 주로 이란에 있는 남부와 서부 쿠르디스탄 소재의 키르만샤와 칸가와르(Kangawar), 하마단, 쿠르와(Qurva), 비자르(Bijar) 도시들의 시내와 시 주변들에 이맘 시아 이슬람(Imami Shi'ite) 추종자들이 존재하고 터키에 있는 극서(極西) 쿠르디스탄 지역인 말라탸, 아디야만, 마라스 시내와 주변부에 훨씬 더 적은 수의 시아 쿠르드가 살고 있다. 또한 후라사니 소수민족거주지에도 많은 시아 쿠르드가 존재한다. 그러나 그들은 그곳에서 주류가 아니며 일부 문헌들을 보면 오류도 있다. 시아 쿠르드는 전체 100만-150만을 넘지 않으며 전체 쿠르드 인구에서 5%-7% 정도다(Izady 2009, 133). 시아 쿠르드는 이라크의 경우 디얄라(Diyala)에 집중적으로 분포한다.

이 가운데 시아파의 한 분파로 인정받은[129] 알레비들은 알라위스(Alawis, 알리 추종자들), 알레비스(the Alevis,), 크즐바시, 누사이리(Nusayri, 창시자 Muhammad ibn Nusayr, 아나톨리아에 추종자들과 정착한 중세초기의 쿠르드 혁명인 쿠라미 운동의-Khurrami Movement- Narseh-[130] 추종자들)라

---

129) <그림 33>에서 이자디가 알레비로 분류한 쿠르드인들의 종교분포를 이슬람의 시아 부분으로 이동하는 것이 타당하다고 판단되며 우리가 흔히 자자키의 도시라고 하는 툰젤리에 알레비가 많이 거주한다는 사실을 알 수 있다.

130) 9세기경 쿠르드인 나르세(Narseh, Nasr)가 기독교로 개종하고 이름을 테오포보스(Theophobos)로 바꾸었으며 쿠르드 장군으로 나온다. 누사이리와의 관련성을 알 수 없으나 터키 남부 시리아 접경 지역인 마르딘 인근 누사이빈에 있는 모리 야쿱교회(Mory Yakup Kilisesi) 유적을 방문하였는데 모리 야쿱(Saint Yakup)의 시신이 지하석관에 안치되어 있다. 우리를 안내해준 아이의 이름도 야굽인 것으로 보아 기독교인으로 판단되었고 다수 기독교 쿠르드인들이 살았던 것으로 판단되었다. Union of Southeast Anatollia Municipalities, Rechard Lim외,

고도 불리운다. 이 알레비들은 알리가 우주의 두 번째 시대(Second Epoch)에 우주성령(Univesal Sprit)의 가장 중요한 첫 번째 아바타라고 믿는다(Izady 2009, 150). 알레비는 시리아 아랍인들이 많이 신봉하며 시리아 전체인구의 13% 이상이 알레비 신자이다. 시리아에서 그들은 누사이리로 더 알려져 있고 시리아 해안에서 지배적인 종교이며 특히 라타키아(Ratakia)와 타르투스(Tartus) 항구들에 집중되어 있다(*ibid*).

아나톨리아 드믈라(자자) 쿠르드의 대다수와 이들 이웃의 쿠르만지어 사용자 일부가 알레비이다. 터키의 많은 투르크멘인들(Turkmens), 즉 아다나, 시바스, 토캇, 아마시아 도시들에 가까운 타우르스와 폰터스 산맥에 살고 있는 쿠르드의 이웃들인 투르크인이 알레비 신자들이다. 시리아의 경우와는 반대로 아나톨리아의 비쿠르드 알레비교인들은 첫째로 투르크인 개종자들이며 쿠르드에 동화되지 않았다. 이 투르크 알레비인들은 쿠르드 알레비들과 같이 사파비조의 흥기 때 사파비군의 중추였다(*ibid*, 158). 이들은 알레비 가운데 후루피 종단(구세주 사상을 포함)으로 12이맘을 의미하는 붉은 터번을 12번 감는 이유로 크즐바쉬라고 한다.

드믈리 알레비인들은 야르산이즘보다 더 고대 아리안 컬트에 연계

"Anther look at East and Southeast Turkey", Etik Ajans, 2009의 책자에 따르면 모리 야쿱의 교회는 시리아 정교회의 교회로 성 야굽은 누사이빈의 중심에 있는 제이넬 아비딘 모스크(Zeynel Abidin Mosque)의 매우 가까운 곳에서 생존하였으며 그는 누사이빈에서 309년에 출생하여 이 시의 주교가 되었고 338년에 사망하였다. 그가 묻힌 곳은 수도원(monastery)으로 신학이나 철학 등을 가르치는 대학이었다. 이 대학은 모리 야쿱에 의해 4세기 중반에 세워져 7세기까지 지속되었다. 사산 왕조가 누사이빈을 점령할 때 5세기 중반에 대부분의 사람들은 우르파로 망명하였다. 벽에 있는 기록에 의하면 교회의 남쪽부분은 침례, 영세를 위해 359년에 세워졌다고 기록하고 있다. 역시 이곳에서 만난 아이 이름에 제이넬(Zeynel)이 있었다. 누사이리 부분은 좀 더 연구가 필요하다.

되어 있다. 이들은 매일 떠오르는 태양과 달에게 절을 하고 상황에 맞게 주문을 외우는 의식을 행한다. 주요 잼(Jam, Cem, 집회의식)이나 매년 열리는 큰 공동 집회는 메카순례인 하즈(Hajj)[131]가 끝나고 아브라함 대무슬림축제[132]와 동시에 열린다(*ibid*, 150).

대(大) 아리안의 영웅인 잼(조로아스터교에서는 Jamshid로,[133] 베다에서는 Yamâ)이 쿠르드와 이란의 새해인 네우르즈[134] 축제를 창시한 것으로 알려져 있다. 신화에 의하면 잼[135]이 최고의 신인 아즈 다학(Azhi-

131) 하즈는 이슬람의 5기둥 중 다섯 번째 의무이기도 하며 이슬람력의 마지막달이 순례의 달로서 7일에서 시작하여 5일간인 12일에 끝난다.

132) 믿음의 조상 아브라함이 아들 이스마일을 바치라는 명령을 받고 아들과 모리아 산에 올라갔으나 신앙심을 인정받아 아들 대신 양을 바친 아브라함의 신앙심을 기리는 날로 이슬람력으로 12월 10일에 양이나 낙타, 소 등을 바치는 축제이다. 다른 말로 이드 알 아드하(Eid al-adha)축제이다. 불교에서 우주창조신은 보통 욕계, 색계, 무색계 중 색계 범천의 왕이라고 한다. 불교에서는 우주가 다 사라지는 겁화는 색계 하단부까지만 영향을 미친다고 한다.

133) 이자디에 의하면 '일월숭배자' 의미라고 한다.

134) 매년 3월21일(또는 지역에 따라 20일) 춘분날을 새해의 시작으로 본다. 이날 네우르즈 축제를 즐긴다. 이날은 7신을 상징하는 S자로 시작하는 7가지 음식을 차린다(엿기름과 밀가루를 끓인 Samanu, Sir인 마늘, 식초, 사과, 싹틔운 보리 Sabzeh, 연밥종류인 Senjed, 옻나무 잎의 가루인 Somaq 등 이를 7의 의미 Haft Sin이라고 한다). 특이한 점은 우리의 달집과 같이 네우르즈 바로 직전의 화요일 날 모닥불을 밤새워 피우는데 이는 악(陰, 혹독하게 추운겨울)을 보내고 곧 돌아오는 善(陽태양의 시기. 따뜻함)을 맞이하는 의미가 있다. 아리안(또는 이란)의 전설적인 왕 잠쉬드(Jamshid) 왕은 덕을 펴는 것이 바른길이고 자신의 통치를 굳건히 하는 것이라고 믿고 이러한 마음을 갖은 날을 기념하여 네우르즈라고 불렀다고 한다. 2주 동안 진행되는 네우르즈 축제의 마지막 행사로 풍요나 물고기시대를 의미하는 금붕어를 사서 식탁에 놓았다가 축제 13일째에 방생하는 시즈다흐 베다르(이란어 Sizdah Be-Dar, Sizdah는 13의 의미로 불길의미, 베다르는 불행을 없애다는 의미로 주술적 의식의 하나)를 행한다. 이러한 천문에 기원한 숫자 7은 캬바 신전에서도 나타나는데 캬바를 돌게 될 때 시계반대 방향으로 7회를 돌며 기도문을 암송한다.

135) 500년을 살았다는 신화가 전한다고 한다.

Dahak)에 의해서 떠오르는 태양에 사망했다고 한다. 사실은 유명한 이란의 국가적 서사시인 '샤나메(Shah-name)'는 잼쉬드가 '태양과 달의 숭배자'로서 묘사되어 있다(*ibid*, 150).

앞에서 언급한 바와 같이 알레비인들은 외부인들의 비난에도 불구하고 아직까지 그들의 의식과 종교적인 집회, 특별히 주요 아이니 잼(Ayini Jam)의 행사에 여자들이 참여하는 것을 전부 허용한다.[136]. 그리고 '촛불끄기(candle blown out)'라는 공동의식은 외부인들이 비난하는 의식이다. 예지디 부족뿐만 아니라, 어떤 드믈리 알레비인들은 신을 숭배하는 고대 이란의 의식으로 검을 땅에 꽂아 넣는 것[137]이 아직도

---

136) 여자가 종교의식에 참여하는 것은 고대 중앙아시아 투르크족들의 전통이었다. 수피종단에서도 이러한 남녀합동의식은 이어졌으며 이것이 바로 잼(Jam, Cem)이다. 특히 벡타쉬 종파나 크즐바쉬 종파에서도 이를 행하였다. 동양에서도 샤먼의 의식을 행할 때 저녁에 행하는 것과 마찬가지이며 해가 진 저녁 7시 무렵에 시작하는 특징을 가지고 있다. 샤먼의식 중 물을 입에 넣어 뿌리는 의식은 귀신에게는 물이 불로 보이므로 귀신을 내쫓아 장소를 정화하는 의미가 있다. 이 샤먼의식은 공통적으로 행해지는 특징이 있다. 그리고 고대시대 높은 신분이었던 샤먼들은 흰색 옷을 입었다. 제사장이자 군장이었던 단군의 후손을 자처한 한민족이 흰색 옷을 입는 것도 이와 연관성이 있다.

137) 알레비는 이미 언급했듯이 중앙아시아에서 활동하던 투르크멘족들이 아나톨리아로 이주하면서 가져온 샤먼적 요소들이 혼합되었다고 하나 이미 그전에도 중앙아시아의 샤먼적인 요소들이 이란이나 중동에 들어왔다. 칼을 땅에 꽂는 의식은 한국의 무당들도 한참 굿이 진행되어 절정에 이름과 동시에 칼을 사방의 땅에 던져 꽂아 넣는 의식을 집행하는데 이는 알레비 의식에서 입에 물을 넣고 사방에 뿌리는 것과 유사한 샤먼적 의식의 하나로 판단된다. 이자디는 2개의 검을 땅이나 바위에 꽂는다고 한다. 또 헤로도투스의 기록에도 보이는 이 의식은 이란 스키타이인들과 러시아남부 유럽 쪽과 발칸동부지역인 우크라이나 지역에 정착한 기마족인 사르마티아인들에게도 2,300년 전에 존재했었다고 언급하고 있다. 유목민인 사르마티아(이자디는 이들이 쿠르드나 이란인들의 혈족이라고 주장하며, 이들은 여자들도 전쟁에 참여하였다고 헤로도투스는 기록하고 있으나 이들의 주 무대가 흑해나 카스피해 지역으로 알려져 있어 확실한 고증이 요구된다)는 500 BCE 경에 세력을 팽창하여 4세기에는 스키타이인을 점령

남아있다. 1908년에 마크 사이크스는(Mark Sykes)는 몇몇 드믈리 부족들에게서 행해지는 이 의식을 언급하였는데 그것은 보시칸(Bosikan), 쿠리안(Kurian), 제키리(Zekiri), 무시(Musi), 사르미(Sarmi) 부족이었다고 한다(*ibid*, 150-151).

또한 일부 크즐바시는 신의 구현으로서 큰 검은 개를 숭배하며 이 개는 선(善)의 상징이기도 하다. 알레비에 의한 신성한 알리의 공경은 흑양조(Qara Quyunlu)와 초기 사파비 왕조의 가장 눈에 띄는 종교적 특징이었다. 이들이 일반적으로 크즐바시라고 불리어지는데 이 크즐바시라는 이름은 15세기에 운동이 시작된 지역인 동부-중앙아나톨리아-의 현대 알레비 드믈리 쿠르드에 의해서 이름이 아직도 쓰인다(*ibid*, 151).

4. 수피즘

엄격한 이슬람 율법에 의거하는 전통 이슬람주의자나 무슬림은 수피종단을 이슬람의 한 분파로 인정하지 않는 반면 수피종단을 이슬람의 한 분파로 인정하는 학자들도 있다. 저자는 이들이 알라를 숭배한다는 점을 중시하여 이슬람으로 분류하였다. 그러나 이슬람과 이질적인 측면, 이슬람의 선종 역할을 한다는 점, 바르자니 가문과 탈라바니 가문의 종교적 위상 때문에 별도로 설명하였다.

이를 좀 더 원론적인 측면에서 살펴보면 어느 종교나 경전의 교리와 율법을 강조하는 종파와 마음의 수행을 강조하는 종파가 양립하기 마련이다. 불교는 경전과 율법을 추구하는 교종과 직지인심 견성성불

하였다. 이 부족은 여자들도 전쟁에 참여하는 전통을 가지고 있다. 이 사르마티아는 여러 부족들로 이루어졌으며 왕관은 황금 관으로 사슴이 양쪽에서 나무를 올려다보고 있는 형상을 만들었다. 기원후까지 존재하였다.

(直指人心 見性成佛) 즉 수행 우선주의인 선종이, 유가는 성리학과 양명학이 존재하듯이 비록 정확히 부합하는 의미는 아닐지라도 이슬람에서 알라를 공부하는 방법론에 있어서 교종과 유사하게 율법을 강조하는 순니파와 시아파가 존재한다면 일종의 선종과 같은 역할을 하는 종단이 수피즘이라고 할 수 있다. 그 어떠한 종교도 문자나 구두(口頭)로만 종교를 가르치는 것은 한계가 있기 마련이다. 더구나 중앙아시아, 쿠르디스탄, 이란과 아나톨리아는 불교, 조로아스터교의 영향을 오랫동안 받아왔으므로 이슬람이 가지고 있는 율법적 한계를 일찍 인식하였다. 그리하여 수피즘을 통해 피상적인 이슬람의 율법이나 문자가 주는 공허함을 극복하고 수행을 통해 알라와 진리의 실체에 접근하고자 노력하였다. 그러나 이러한 강렬한 수행적 욕망에 비해 본질적 수행이 아닌 지엽에 흐른 수행형태과 교리는 외부인들의 시각에는 신비주의적 색채를 지닌 종단으로 인식되었다. 그리하여 정신적 부활 등을 강조하는 과격하고 신비적인 시아파의 이스마일파와 연관되었다는 일부 주장도 있다.

내면의 자아에 대한 강한 추구와 그 수단으로서의 다양한 수행과 명상은 이미 고등종교와 이슬람 이전부터 존재하였다. 과거의 샤먼을 비롯한 원시적 종교와 당시 고등종교 수행법들이 붓다와 불교의 대체(大體) 아래로 차서적(次序的)으로 용융되었다. 붓다는 우주를 창조한 신들을 비롯한 일체의 신, 인간 그리고 만물이 나타나기 이전의 근본 자리에 이르는 법을 인간과 신들에게 명증(明證)함으로써 무상겁(劫)을 생멸고해에 허우적거리는 다수 창조신들을 포함한 신들과 인간의 업식(業識) 쉬게 하여 우주창조 이전에 이르게 하고 우주의 소멸이후에도 성성적적(惺惺寂寂)하게 적멸위락(寂滅爲樂)에 이르게 하는 수행법을 알려주었다. 그러므로 붓다는 이미 절대자를 비롯한 모든 신들과 인간을 비롯한 우주만물이 나온 그 자리와 그 자리로부터 생성된 삼라만상의 경계, 우주의 생성과 소멸의 틀에서 이미 벗어나 영원한 자유를 드러내 보인 실체적 증험이었다. 그리고 그 마음자리는 인간 모두가 소유하고 있으며 인간도 수행을 통해 만유공통의 그 자리에 이를 수 있음을 설파하였다. 그리고 붓다 입멸 후 수 많은 제자들에 의해 중동을 비롯한 전 세계에 붓다의 가르침이 전해졌다. 그리하여 진리에 갈급(渴急)하였던 각 지역 현자들은 붓다의 수행과 사상을 자신이 이해하는 수준과 틀 속에서 급속히 수용하였다. 불교는 이미 그 당시에 중동은 물론 동서양 글로벌 지성과 현자들의 사상과 수행의 젖줄이 되었다. 대표적인 그리스 철학자는 서구사상의 비조인 소크라테스였다. 그리하여 수피즘 이전에 이미 체계화되었던 불교수행 방법 중 하나로 신비적이고 영적인 수행방법인 밀교 즉 깨달음에 이르게 하는 명상, 호흡, 만트라 등 다양한 방법들이 지구상에 확산되었다.[138] 이러한 밀교 수행방법 중 하나인 만트라는 선종과 더불어 신라에도 전래되었는데 명랑법사의 문두루 비법(文豆婁秘法)과 안반수의 조식호흡법(調息呼吸法)도 그 한 예이다. 중앙아시아에서 이러한 샤먼적인 전통, 불교의 전파시기를 거치면서 불교의 교리와 수행, 이슬람과 혼합한 신크레티즘을 추구하였는데 대표적인 신크레티즘의 예가 수피이며 이들 수피 종단들은 종교적 역사적 배경에 따라 중동으로 유입되었다.

불교의 직접적인 영향을 받은 것으로 판단되는 이들 수피(Sufi)는 금욕과 청빈을 주장하였는데 이들의 지향하는 목표와 수행 및 행동양식이 붓다의 전법제자[139]중 두타제일(頭陀第一)인 마하가섭의 두타행에

138) 이러한 불교와 이슬람 그리고 수피나 알레비와의 연관성은 매우 흥미로운 분야다.

139) 3곳에서 법을 전했다. 다자탑전 분반좌, 염화미소, 곽시쌍부다.

서 유래하였다. 마하가섭은 부처의 정법안장(正法眼藏)을 계승한 제자이다. 두타행이라는 의미는 철저한 무소유로 청빈하게 분소의(糞掃衣)라고 하는 누더기 옷을 입고 걸식하며 나무 밑과 같은 조용한 곳에서 수행하는데 그 의미는 일체의 소유욕, 욕망을 쉬는 엄격한 금욕과 청정한 수행을 통해 견성(見性)을 성취하고 이를 전파한다는 의미이다. 또한 수피종단에서 주장하는 신과 소통하는 과정을 타르카(Tariqa)라고 하는데 이는 아랍어로 길 즉 불교나 동양에서 이야기하는 바로 진리로 가는 길 즉 도(道)의 아랍어다. 이러한 수행자 및 수행단체의 지도자를 샤리크(Sharik)라고 하였으며 이것이 훗날 즉 쉐이크, 샤이크, 샤이흐, 쉐흐(Sheikh)가 되었다.

수피가 중앙아시아에 광범위하게 기 확산되었던 불교의 영향을 직접적으로 받은 것으로 판단되는 중요한 또 다른 이유는 수피종단에서 핵심적으로 주장하는 파나(fana-無我)와 바까(baqa-見性)가 불교에서 주장하고 있는 핵심적인 내용이라는 것이다. 그리고 이러한 불교의 영향 하에 있던 수피들은 이슬람 지배기에 이슬람을 받아들여 불교적 수행관습을 수피종단에 이식시켰는데 불교의 명상 및 염송을 이식한 디크르(Dhikr), 불교 수행문중(門中)에서 제자가 스승에게 그 동안 공부한 내용을 여쭈고 가르침을 받는 독참(獨參, 점검)을 이식한 수흐바(Suhbah), 불교 수행 중 무아경에 이르는 삼매(Samādhi, 산스크리트어 사마디)와 같은 사마(Sama, 즉 Sema)를 중요하게 인식하고 전파하였다. 특히 이 사마 가운데 음악 등과 함께 신적인 체험을 쉽게 할 수 있는 샤먼적인 춤을 이슬람이라는 종교적 틀 안에서 재해석하여 신에 대한 체험, 즉 알라와 신비적 체험을 통해 추구하는 도구로 사용하였다. 루미와 같은 종교지도자가 춤을 사용한 이유는 명상과 같은 수행법은 일반민중이 이해하고 접근하기에는 어려운 관계로 신적인 체험을 원하는 민중의 요구를 충족시켜주기 위하여 쉽게 신적인 체험을 할 수 있는 춤을 샤먼이나 불교의 범패(梵唄, 바라춤)를 차용하여 수피명상과 접목시켜 교리를 설명하고자 하였을 것으로 판단된다. 그러나 세마춤을 추는 수피들의 구술을 보면 실재로 신을 체험하지는 못하고 단지 마음의 편안과 유사한 무아의 효과를 얻는 것으로 진술하고 있다.

이러한 종교적 맥락 하에 수피즘이 중동과 쿠르디스탄에 등장하게 된 과정을 역사적 측면에서 살펴보면, 투르크족과 함께 중동에 들어온 하나피 의식은 중앙아시아의 토착적인 낙쉬반디 수피종단(의식)을 쿠르디스탄에 도입하는데 성공하였다. 반면 쿠르드 샤피 무슬림은 중동 북부에 신자들의 가장 큰 단일공동체를 형성하여 서쪽의 시아 이란, 아제리와 서쪽과 북쪽의 하나피 순니 투르크, 시리아와 이라크 북부(하나피즘 자체가 탄생한 곳)의 하나피 아랍 사이에 위치하고 있었다 (Izady 2009, 135).

즉 샤먼과 불교를 수용하였던 카스피해와 아랄해 북쪽에 거주였던 중앙아시아의 투르크족이 점차 강성해져 투그릴 벡(Tughril Beg, 1038-1163 재위) 형제를 중심으로 세력을 확장하여 가즈니 왕조(977-1186)를 인도지역으로 축출시켰다. 그리고 부와이드조와 싸워 1055년 바그다드를 함락시키고 시아인 부와이드조의 후견을 받는 할리파를 순니 셀주크 영향 하에 두었다. 이 과정에서 제국의 수도를 콘야(Konya)로 정한 셀주크 투르크는 국가의 틀 안에서 투르크의 샤먼, 불교가 이슬람과 직접적으로 조우하게 되었다. 그리하여 기존의 샤먼, 불교와 이슬람과의 신크레티즘이 더욱더 활발하게 일어났다.

논란이 되고 있는 수피즘의 초기 운동들은 알 주나이드(Al Junaid), 후세인 이븐 만수르 할라즈(Husayn Ibn Mansur Hallaj, 922년 순교),[140] 아부 하미드 무함마드 알 가잘리(Abu Hamid Muhammad al Ghazali, 1058-

1111), 아인 알 쿠다트 하마다니(Ain al-Qudat Hamadani,[141] 1131년에 순교),[142] 샤합 알 딘 슈라와르디(Shahab al-Din Suhrawardi, 1191년에 순교)[143] 세 사람이다. 그들의 주장은 모두 이슬람의 기초가 되는 교리와 정반대되었다(Izady 2009, 158). 예를 들어 할라즈는 "내가 우주의 성령이다"(아날 하크, ana'l haqq, I am the Haq, the Sprit)라고 선언[144]함으로써 그 자신이 신성의 아바타라고 주장하였다(*ibid*, 158-159). 이러한 주장은 곧 불교의 가르침 "내가 곧 부처다", "모든 사람이 부처고 앞으로 부처가 된다"는 주장과 일맥상통 한다.

수피종단 중 유명한 종단은 이란 질란(Jilan) 출신인 압달 알 카디르 알 질라니(Abdal al Qadir al Jilani, 1078-1166)[145]가 만든 카디리(Qadiriyah) 종단과 불교의 영향을 받고(Gunter 2011, 223) 우즈베키스탄 부하라 구즈다완(Ghujdawan)에서 출생한 압달 할리크 구즈다와니(Abd al Khaliq Ghujdawan, -1220)가 설립하였으나 같은 부하라 출신 바하 알 딘 낙쉬반디(Baha al din Naqshbandi Bukhari, 1318-1389)에 의해 개혁된 낙쉬반디(Naqshbandi) 종단이었다(Gunter 2011, 223).

---

140) 페르시아 파르스에서 태어났으며 원래는 면화 소모공이였다. Hallaj는 소모공 즉 면화실을 짜기 전 공정에 종사하였다는 의미이다. 그는 '내가 진리다'라는 선언을 하여 신성모독으로 교수형에 처해졌다.

141) Ayn al-Quzat Hamadani라고도 표기한다. 전체 이름은 더 길다. 그는 쿠르디스탄인 하마단에서 태어났고 할라즈를 숭배한 사람이다. 유명한 학자로 30대 초반에 순교하였다.

142) 이자디는 십자가에 못 박혔다고 표현하고 있다. 기록에는 십자가에 못 박혀 죽은 장면은 나오지 않는다. 수피즘에서는 일반적으로 수피즘의 3순교자라고 지칭한다.

143) 페르시아 철학자, 계시주의(Illumination)철학의 초석자로 알려져 있다.

144) 그는 저술 대신 몇 개의 선언을 하였다. 그 중 가장 중요한 선언이다.

145) 이 질란(지란)은 Gilan으로 표기하기도 한다. Gilan은 이란 북부지역에 있으며 전통적으로 쿠르드 부족 및 왕조와 관련이 있는 지역이다.

그리고 하즈 벡타쉬(Haji Bektas, 1209-1271)[146]와 메블라나 잘랄루딘 루미(Mevlana Jalalu'ddin Rumi, 1207~1273) 역시 유명하였다. 하즈 벡타쉬의 경우를 살펴보면, 셀주크 투르크 당시 비순니 계열의 바바이 반란(Babailer Rebellion, 1239-1240)이 일어났는데, 수피종단의 와파이(Wafa'i)파의 바바 일야스 호라사니(Baba Ilyas Khorasani)[147]와 후계자 바바 이즈학(Baba Ishak)이 구세주 및 지상천국건설을 주장하며 투르크멘들과 반란을 일으켰으나 실패하였다. 그런데 이 바바 일야스의 제자 중 하즈 벡타쉬라는 뛰어난 제자가 벡타쉬 종단을 설립하였다.

하즈 벡타쉬를 중심으로 한 이들은 투르크족 특유의 산, 나무를 비롯한 자연숭배, 불교의 밀교 및 윤회와 신통력, 중앙아시아 투르크족에게 숭배되었던 조로아스터교의 불 숭배, 기독교의 기적과 유사한 부분 등 다양한 종교혼합의 특성을 가지고 있었다.

이 가운데 나타난, 인간의 영적 내면과 자아를 강하게 추구하였던, 수피즘의 중요한 수행특징 중 하나는 아프가니스탄 출신으로 쉐이크, 이슬람 수도자, 시인인 메블라나 잘랄루딘 루미가 확립한 신비주의적인 회전명상무용이다(강재춘 2005, 4). 하즈 벡타쉬도 추었던 이 명상춤은 수피종단의 대표적인 의식 중 하나다. 루미 즉 메블라나(Mevlana) 종단의 수피 회전춤(Sema Dance, Mevlana Dance, Sufi Dance)[148]은 미라즈

146) 일부 학자는 알레비 지도자로 간주하고 있다. 그러나 양 종교를 비교해 볼 때 많은 유사점이 있는 것은 사실이다. 또한 벡타쉬 후계자들이 주장하는 "나는 알라이다 알라는 나이다-킴베르", 알리를 알라와 같은 신성시하는 점, 하즈 등 무슬림의 5가지 의무를 강요하지 않는 점, 하람음식(금기음식) 취식, 알레비의 성서인 부이룩(Buyruk)과 그들의 근본적인 신학이론이나 방식이 코란의 정신이나 내용과는 다른 점 등을 이유로 이슬람으로 간주하지 않는 견해도 있다.

147) 바바는 아버지, 종교지도자라는 의미이다.

148) 알레비의 중흥조 하즈 벡타쉬도 이 세마춤을 추었다는 기록으로 보아 이 당시에도 종교혼합이 있었던 것으로 보인다. 정통 도가수행의 입장에서는 춤, 샤먼,

(Miraj-入神, 昇天)를 통해 신적인 체험을 추구하는 수단이다. 이 같은 방식은 알혼섬 및 중앙아시아의 샤먼적 춤, 한국 무당이 접신하기 위해 빙글빙글 돌고 뛰면서 백회를 자극하는 춤과 유사한 것이다. 이와 같은 샤먼과 회전접신춤(回傳接神舞)[149]은 하늘을 가르키는 동작이나 도구를 이용하는데 아는 다양한 신과 접촉하는 일종의 안테나로 그중에 하나가 나무나 술대, 손이다. 이러한 샤먼은 중앙아시아를 비롯해 세계전역에 분포되어 있었으며 신적인 체험을 원하는 수피종단에게 전승되었다. 그러나 수피종단의 춤은 알라와 연계시키는 차이가 있다.

대부분의 주요 무슬림이나 비 무슬림 쿠르드의 과반수 이상은 많은 신비적인 수피종단인 타르카(mystic Sufi orders or tariqa) 중 하나의 추종한다. 결집력이 강한 타르카는 카디리와 낙쉬반디다. 예를 들어 다른 수피종단과 무슬림 쿠르드의 결합과 유대는 전통적으로 정통 무슬림의 결합보다 훨씬 더 강하였다. 쿠르디스탄에서의 수피의식은 수피지도자(Sufi Master)들이나 쉐흐들이 주도하는데 많은 전통적인 무슬림들은 수피즘이 가지고 있는 명백히 비 이슬람적인 의식들과 관행들 때문에 그들을 이슬람교도로 간주하지 않는다. 또한 수피 쉐흐들은 쉐흐를 위하여, 쉐흐를 대신하여 충성과 회비를 모집하는 다양한 교구들의 신자들을 대표하고 감독하는 책임자(Khalifa, 할리파)들을 훈련

자발동공과 같은 수행은 삿된 기운이 침범하는 수행법으로 치부하기도 한다.

149) 김일부의 노래하고 춤추는 영가무도(詠歌舞蹈)도 유사하다. 영가무도 전수자 박상화가 영가무도는 신과의 합일을 추구하며 마음의 평안을 느낀다고 한다. 이 춤이 환인, 환웅, 단군으로부터 전승되었다고 주장하는 것으로 보아 샤먼적 요소가 포함되었을 것으로 판단되며 이는 한민족이 중앙아시아로부터 한반도로 이주해 온 역사와 일치한다. 수피춤 역시 이러한 중앙아시아의 전통적인 신적인 체험과 일치한다. 주역의 계사상전 12장에 '고지무지 이진신(鼓之舞之 以盡神) 즉 북을 두드리고 춤을 추어서 신명을 드러낸다'라고 하는 구절은 종교의례에서 음악과 춤이 중요한 역할을 하였음을 나타낸다. 수피춤도 동일하다.

시킨다(Izady 2009, 158). 물라 무스타파의 조부도 이 할리파였다.

누구나 어떤 쉐흐를 따를 수 있고 특정한 쉐흐의 종단에 가입할 수는 있으나 반드시 가입절차를 거쳐야 한다. 이러한 신자들(murids)은 수피 춤이나 성가, 기도를 포함하여 많은 의식에 참여하여야 한다. 필요할 때에 그들은 그들의 쉐흐들을 위하여 전투에도 참가하여야 한다. 쉐흐 우바이둘라, 쉐흐 사이드, 쉐흐 아흐마드 바르자니, 쉐흐 마흐무드 바르잔지 등은 수피 지도자들로 그들의 정치적인 전쟁에서 신자들의 참여를 요구하였고 신자들은 전쟁에 참여하였다(Izady 2009, 158).

이러한 밀접한 쉐흐-신자관계는 또한 과거의 민주적 선거에서 뛰어난 득표수단이 되기도 하였는데 과거 터키에서 쉐흐들은 다양한 정당들과 유착되어 신자들의 표들을 몰아주었으며(Izady 2009, 158) 이라크 쿠르디스탄의 낙쉬반디 종단 가문과 카디리 종단 가문 역시 현재 쿠르디스탄에 큰 정치적 영향력을 행사하고 있다. 1808년 인도 뉴델리 구법여행을 다녀온 낙쉬반디 수피 지도자 마우라나 할리드(Maulana Khalid, 1778-1826)는 낙쉬반디의 확산에 크게 기여하였다. 할리드의 영향을 받은 낙쉬반디 종단의 쉐흐 압둘 라흐만이 1840년대 바르잔에 정착하였는데 그 지역의 종교지도자가 되었다. 그가 바로 바르자니 가문의 최초 바르자니였다. 반면 잘랄 탈라바니는 카디리 종단의 쉐흐 가문 출신이다. 카디리의 두 형제 사이드 무사(Sayyid Musa)와 사이드 이사(Sayyid Isa)가 1360년 현재의 이라크 쿠르디스탄에 처음으로 카디리 종단을 설립하여 활동하였으나 1800년대 할리드 낙쉬반드 종단의 급속한 확대로 인하여 기존 카디리 종단의 영역은 축소되었다(Gunter 2011, 254). 결국 KRG의 대표적인 두 정치집단 KDP와 PUK는 낙쉬반디 종단의 바르자니 가문과 카디리 종단의 탈라바니 가문의 대립으로도 볼 수 있는 측면이 존재한다.

제4절 언어

현대 쿠르드인들은 쿠르만지어나 소라니어를 모두 이해하고 사용하며 KRG에서는 두 언어를 가르치고 방송한다, 그리고 KRG에서는 이 두 가지 언어 외에 아랍어도 공식 언어로 사용한다. 쿠르드어[150)]의 특징 중 하나는 매우 문학적 표현이 다양하고 감성적인 언어이며 모음이 많아서 부드러운 특징을 가지고 있다.

또한 터키의 경우 쿠르드인들은 대부분 집에서 쿠르드어를 쓰고 외부에서는 터키어를 쓴다.

다음으로 문자사용을 살펴보면 쿠르만지어는 라틴문자를 사용하는데 반해 소라니어는 아랍문자를 사용한다. 소라니어는 아르빌과 술레마니아에서 사용되고 쿠르만지어는 터키와 이라크 도훅에서 주로 사용된다.

3000 BCE 경에 수메르인들이 메소포타미아 지역에 도시국가들을 세우면서 메소포타미아 문명을 열었다. 이들은 3000 BCE 경 그림문자를 점토판에 사용하던 중 문자를 새기는 일정한 모양의 뾰쪽한 필기구를 사용함으로써 2400 BCE 경을 전후로 하여 설형문자로 발전되기 시작하였다. 쐐기 한 글자가 하나의 단어를 상징하는 경우도 있지만 한 글자가 한 문장이나 내용을 상징하기도 한다는 점에서 동일하

---

150) 이 지역의 언어는 동서와 아프리카의 3대 문명의 교차로답게 매우 복잡한 양상을 띠고 있다. 즉 고대어, 셈계통어, 인도유럽어, 산스크리트어의 방계어 등등이 있으며, 상업과 외교에 쓰이는 국제어역할을 한 아람어, 종교와 학문의 유대어, 아카드어, 페르시아어 등 당시 제국의 판도에 따라 언어의 확산도 연관을 가지고 있으며 대제국은 보통 여러 개의 공용어를 가지고 있었다. 그러나 아라비아에서 지배적인 기존의 아랍어가 7세기 무슬림의 대정복이 있은 후로 이 지역의 지배적인 언어가 되었다.

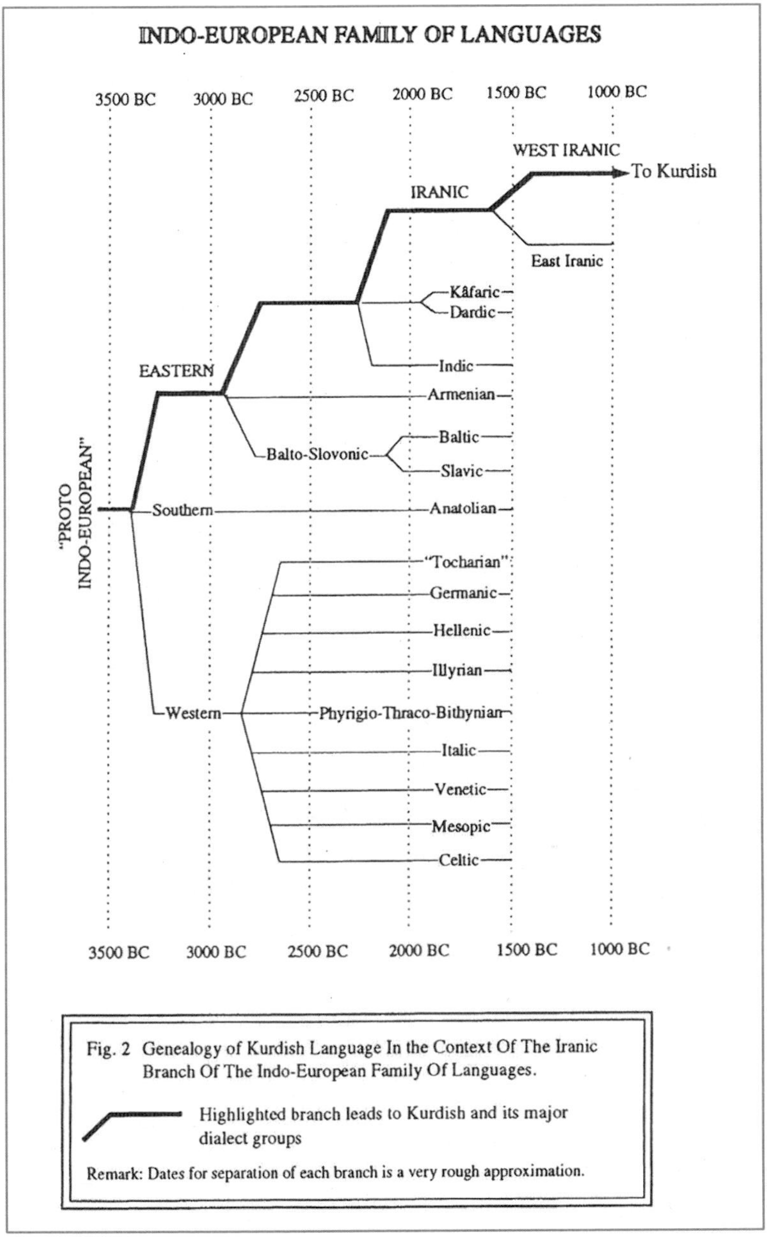

<그림 36> 인도-유럽어족 지도 1(Izady 2009, 168)

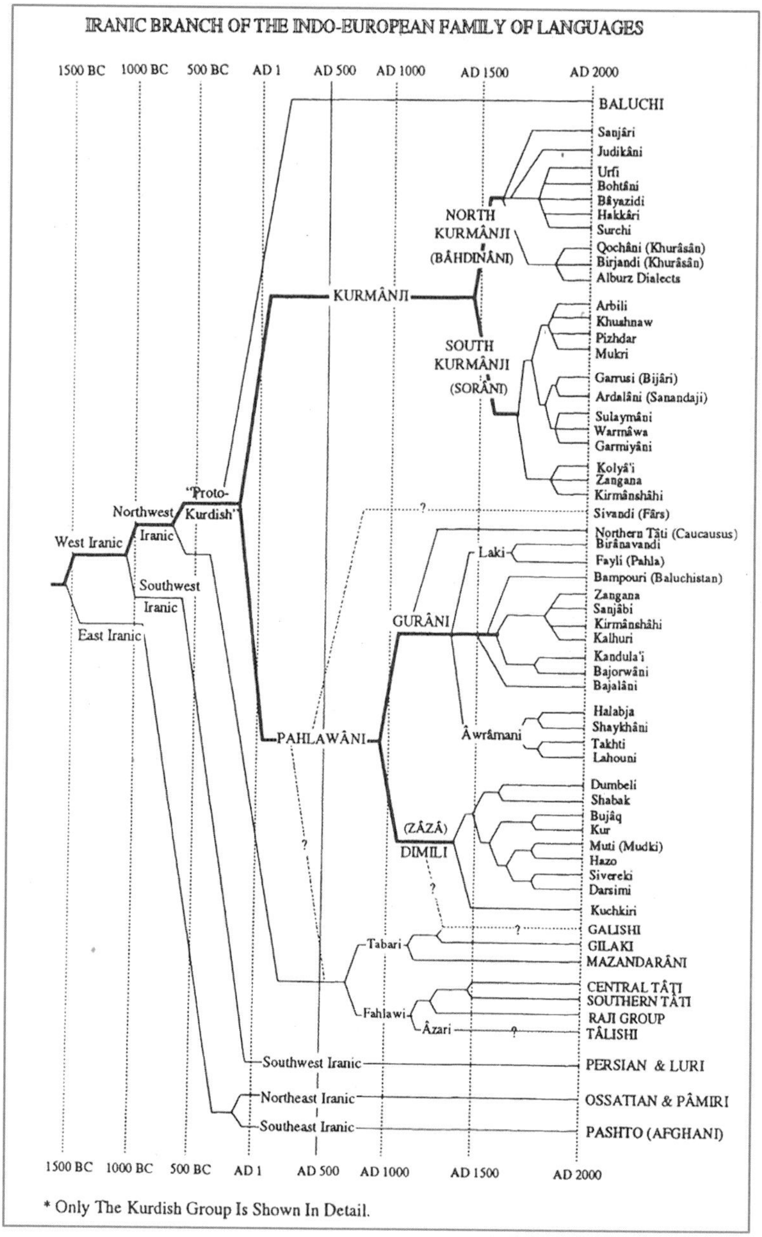

<그림 37> 인도-유럽어족 지도 2(Izady 2009, 168)

게 상형문자에서 출발한 한자와 비슷한 측면이 있다. 그런데 이 설형 문자를 메데 제국이나 메데-페르시아 왕국도 사용한 것을 보면 기존 메소포타미아에 존재했던 쿠틸 왕조와 메소포타미아, 또는 쿠틸 왕조의 영향을 받았다고 할 수 있다. 키루스의 아케메니드조 역시 설형문자를 사용했으며 히타이트족은 상형문자와 설형문자를 사용하였다.

이들의 다양한 언어는 인도-유럽어족에서 갈라져 나온 인도-이란 어파, 이란 언어군이나 이란어와는 의사소통이 어렵다. 헤로도투스의 '역사'에 보면 메데 제국의 초대왕인 테이오케스가 거대한 도시국가를 만든 후 여러 강력한 법을 만들고, 소송을 문서화하였다는 언급이 있는데 이는 각종문서를 문자의 형태로 주고받았다는 것을 알 수 있다. 그리고 그의 아들 프라오르테스가 메데 제국 가장 가까운 주변에 있는 페르시아를 속국으로 삼아 통치한 기간이 대략 150년이다. 그러므로 어떤 형태로든지 메데 제국의 언어와 문자가 페르시아에 영향을 미쳤다고 볼 수 있는 것이다. 역으로 키루스가 메데 제국을 멸망시키고 나서 주변국들을 정복하는 과정에서 마사게타이를 정벌하는데 이 왕국은 코카서스산맥 너머 카스피해의 서쪽의 대평원에 위치한 왕국으로 마사게타이 토미리스 여왕은 키루스에게 메데의 왕이라고 호칭하는데 이는 주변국들에게 페르시아가 메데와 어느 정도 동일성을 가지고 있는 것으로 인식이 되었다고 판단이 된다. 그러나 언어적으로는 비록 인도-유럽어족으로 이란과 같으나 현대에는 이란과 쿠르드족은 상호 의사소통이 불가능하다, 그리고 이라크의 아랍어나 터키어와도 다른 계통이다. 그러나 비록 언어적 정체성은 이란과 같아도 다른 종교적인 정체성이나 민족적 정체성으로 인해 배척당하고 있다.

이자디의 언어도표(Izady 2009, 168-169)에 의하면 쿠르드어는 인도-유럽어족으로 인도-이란어파에서 이란어파의 이란 서부어중, 북서부어이며 이 북서부어는 쿠르만지어(Kurmanji)와 팔라와니어(Pahlawani)로 나뉜다. 쿠르만지어는 북부 쿠르만지어(Bahdinani)와 남부 쿠르만지어(Sorani)로 나뉘고 팔라와니어는 구라니어(Gurani-Laki, Awramani로 나뉨)와 자자어(Dimili)로 나뉜다.

범어 즉 산스크리트어[151], 라틴어, 그리스어, 영어, 프랑스어, 슬라브어, 켈트어 등을 포함한 대부분의 유럽언어는 인도-유럽어족에 속하며 이란어와 쿠르드어는 인도-유럽어족 중에서 인도-이란어파에 속한다. 인도-유럽어족은 아리안족의 이동과 관련이 있으며 이 아리안족은 백인계열로 이들이 인도, 유럽 등으로 이동하면서 인도유럽어를 쿠르디스탄에 접목시켰다고 판단된다.

쿠르드어와 가장 가까운 언어는 페르시아어로 메데 당시 페르시아와는 서로의 말을 이해할 수 있었다(Izady 2009, 37). 페르시아어 외에 이란의 국어, 아프가니스탄, 타지키스탄의 국어와 가장 가깝다. 오리지널 쿠르만지어 지역은 하카리 지역이며 이 지역은 고대 마나스(Mannas) 지역의 영토에 속한다. 표준 쿠르드어를 만드는 작업을 수행할 국가조직이 없으므로 쿠르드인들은 계속해서 수많은 방언을 사용하고 있다. 그러므로 단일 표준 쿠르드어를 만들기 위해 쿠르드인들이 수차례 시도하였으나 실패하였다. 만약 쿠르드 언어군을 로마어(Romance language)에 비교하면 쿠르만지어와 팔라와니어는 프랑스어와 이탈리아어의 관계와 같다. 로마어가 원 언어에서 많이 진화한 라틴어의 현대적인 파생물인 것과 마찬가지로 현대의 쿠르드 방언은 단일의, 그러나 현재는 잃어버린 고대어의 파생물이다. 고대어는 흔히 '메디안(median)'

151) 인도-유럽어족은 서양의 입장에서 작성한 명칭이며 고대 산스크리트어(실담어, 범어)는 고어로서 인도-유럽어족의 조상이 된다고 보아야 한다. 고대 산스크리트어는 약 1만년에 가까운 역사를 지니고 있다.

또는 '쿠르드 조상어(Proto-Kurdish, 祖語)'라고 불린다(*ibid*, 167-170).

이자디에 의하면 쿠르만지어와 팔라와니어의 변형어는 너무 광범위하여 동일언어 방언의 범주에 넣을 수 없을 지경이라고 한다. 그리고 이들 두 언어 간의 소통을 보면 이들 언어의 사용자들은 상대 언어를 약 절반정도만 이해할 수 있다고 한다. 이러한 것은 문화와 경제뿐만 아니라 지역어의 변화를 가져오는 것은 새로운 종교의 유입뿐만 아니라 쿠르디스탄 내에서 쿠르드인들의 주요한 역사적인 이동들이 그 직접적인 원인이었다(*ibid*, 170).

쿠르디스탄의 언어적상황은 실제로 표에서 보여준 범주와 용어가 내포하는 것 보다는 훨씬 더 복잡하다. 쿠르만지어의 두 분파(바디나니, 소라니) 간 유사성은 매우 강하여 며칠간 학습 후 두 언어의 사용자들은 서로가 이해할 수 있을 정도로 소통이 가능하다. 그 이유는 남부, 북부 쿠르만지어가, 비교적 최근, 약 400년-600년 전쯤에 분리되었기 때문이다. 2개의 쿠르만지어에서 다양한 언어적 진화가 발견된다. 예를 들어 쿠르만지어에서 바디나니어가 오래된 성 구별어를 내포하고 있는 반면 소라니어는 모든 성 구별어가 사라졌다. 마찬가지로 구라니어의 아우라마니어(Awrâmani) 방언은 성별명사가 존재하는 반면 라키어(Laki)는 완전히 그 성별명사가 사라졌다. 반면 에르게티브 구조(ergative construction)[152]가 모든 쿠르만지어 방언에 존재하며 팔라와니는 이와 같은 문법구조는 갖지 않는다고 한다(*ibid*).

과거 일부 언어학자들은 남부, 북부 쿠르만지어가 진정한 쿠르드어라고 주장하는 경향이 있었으므로 팔라와니어는 비쿠르드어로 명시했

152) 능격 또는 능동격 동사, 중간동사라고 한다. 자동사 타동사, 수동문과 능동문에도 동시에 쓰이는 동사로 예를 들면 sell은 팔다, 팔리다와 같이 둘 다로 쓰인다. 이 동사 군은 요리, 탈 것, 물리적 움직임에 관련된 동사 군으로 분류하기도 한다.

다. 이것이 만약 비 쿠르만지어만을 의미하는 것이었다면 이와 같은 주장은 사실일 것이나 위에서 언급하였듯이 그들의 언어가 'Kurdi' 또는 'Kurdish'라고 항상 칭하는 사람들은 구란인들 이었으며 쿠르만지인들은 거의 대다수가 자신들의 언어를 'Kudish'라고 하지 않았다는 것을 생각해보면 매우 아이러니하다(*ibid*, 172).

게다가 서양학자들의 연구나 쿠르드인들 사이에서 조차도 쿠르드 지역어의 분파에 대한 공식명칭이 없다. 지역어와 방언에 대한 고유 지칭어는 모두 한 집단이 사용하는 언어가 그 언어를 사용하지 않는 사람들에게 들리는 방식에 근거하였다. 예를 들면 드믈라(Dimila)와 그들의 지역어인 '드믈리(Dimili)'는 'z' 사운드를 많이 쓰는 경향이 있으므로 바디나니(Bahdinani) 사용자들에 의해서 '자자(Zaza)'[153]라고 불리게 되었다. 드믈라는 바디나니 방언과 사용자들을 '카라와라(Kharawara)'라고 불렀다. 구란(Gurans)인들은 소라니를 '코르코라(Korkora)', '와와(Wawa)'불렀다. 역으로 소라니 사용자들은 구란인들과 그들의 언어를 '마쵸 마쵸(Macho Macho)'로, 바디나니어와 그 언어 사용자들을 '제바부(Zhe Babu)'라고 불렀다(*ibid*, 170).

이와 같이 지역어 사용자들이 어떻게 그들의 언어를 부르게 되었는지는 더욱 더 흥미롭다. 구란인들은 그들의 언어를 '쿠르디(Kurdi=Kurdish)'라고 부른다. 그리고 소라니어 공동사용자들 또한 그렇게 부른다. '쿠르디'는 그들이 사용하는 언어에 대한 명칭이며 이는 지역어에 대한 명칭은 아니다 왜냐하면 그들은 필요에 따라 지역어의 전통

153) '감사합니다'를 쿠르만지어로는 '스파스(supas)', 소라니어로는 스파스, 맘눈(Mam noon), 자자어로는 '스파스케노(supas,sipas keno)'라고 한다. 중앙아시아 언어와의 관련성 연구도 필요한 부분이다. 쿠르디스탄에는 중앙아시아의 돔부라와 유사한 탄부르(터키어 Saz)라는 전래악기도 있다.

적인 이름을 만들어 부르곤 했기 때문이다. 북부 쿠르만지어 사용자들(또는 바디나니)은 그들의 언어를 일반적으로 '쿠르만지'라고 부르지 결코 'Kurdi(Kurdish)'라고 부르지는 않는다. 그러나 자신들의 언어를 '쿠르디쉬'라고 부른 남부 쿠르만지에 뒤이어 쿠르디쉬를 명명한 드믈라인들은 자신들의 언어를 그들 사이에서는 '드믈리'라고 호칭하고 자자는 비 드믈리 쿠르드나 그 밖의 다른 사람들에게 이야기할 때 쓰이는 말이다(*ibid*).

1. 쿠르만지어(Kurmanji)

북부 쿠르만지어와 남부 쿠르만지어로 나뉘며 이자디에 의하면 쿠르만지어[154]는 쿠르드 전체인구의 3/4이 사용하는 지역어이며 팔라와니는 나머지 1/4이 사용한다고 한다.

1) 북부 쿠르만지어(바디나니어, 바디니어, 바디난어)

북부 쿠르만지어(바디나니)는 대부분의 터키 쿠르드인들과 거의 모든 시리아와 구소련 쿠르드인들의 언어이자 이란의 북부 후라산에 있는 쿠르드 소수민족거주지의 지배적인 언어이다. 사실은 북부 쿠르만지어 단독으로 전체 쿠르드의 절반이상이 사용하므로 가장 공용화된 쿠르드 지역어가 되었다. 현재 약 1500만 명이 북부 쿠르만지어 사용자들이다. 북부 쿠르만지어의 주요 종속방언은 부타니(Buhtani), 바야지디(Bayazidi), 하카리, 우르피(Urfi) 등이다(Izady 2009, 171).

154) 이자디에 의하면 미놀스키는 kurmanj가 Kurt와 Mand를 합하여 'Median Kurd'의미로 진화하였다고 한다. 한편 Kurt와 Manna에서 파생되어 'Mannaean Kurd'의 의미라는 주장도 있다.

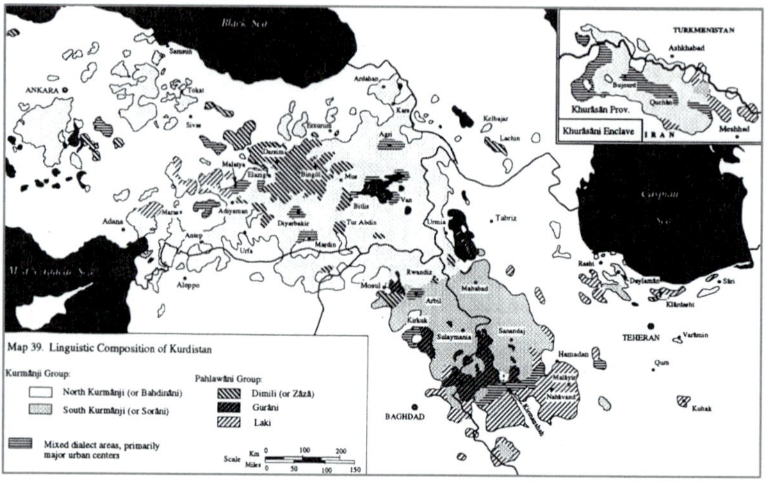

<그림 38> 쿠르디스탄 언어 분포도(Izady 2009, 171)

주요 쿠르드 언어인 쿠르만지어는 상대적으로 최근의 언어이다. 이전의 주요언어였던 팔라와니를 대체함으로써 주요언어가 되었다. 팔라와니와 같이 쿠르만지어는 오래된 메데나 최초의 쿠르드어로부터 전승된 것이다. 쿠르만지어는 아주 오랫동안 오로지 우르미예 호수의 서쪽 하카리 산맥에 있는 쿠르드 유목민들에 의해서 사용된 언어이다. 14세기 초 쿠르디스탄의 급진적인 유목민화가 시작되고 나서야 언어의 확장이 이루어졌다(*ibid*).

쿠르만지어가 최초로 활동영역을 넓힌 것은 하카리 지역에서부터 바디난을 통과하여 모술까지 이어졌다. 그리하여 쿠르디스탄은 북쪽의 절반은 드믈리어를, 남쪽의 절반은 구라니, 중간은 쿠르만지어 지역으로 나뉘어졌다. 이러한 확장은 그 당시 드믈리어 사용지역에까지 이어졌다. 그 원인은 현대 초기의 큰 사회경제적 재앙으로 인한 것이었으며 북부 쿠르만지어의 바디나니 방언은 이때 북부와 서부 쿠르디스탄에서 지배적인 언어가 되었다. 구라니어를 사용하는 지역에 대한 언어적 침략은 이 지역에서 나타난 사회경제적 붕괴 시점과 함께 18C 초에 발생한 전쟁과 국외추방을 통해 일어났다(*ibid*, 173).

2) 남부 쿠르만지어(소라니어)

남부 쿠르만지어, 또는 소라니어는 약 600만의 사용자를 가진 이란과 이라크에 있는 수많은 쿠르드인들의 언어이다. 남부 쿠르만지어의 주요방언으로는 무크리(Mukri), 아르달라니(Ardalani), 가르미야니(Garmiyani), 후쉬노우(Khushnow), 피즈다르(Pizhdar), 와르마와(Warmawa), 키르만샤히(Khirmanshahi), 아르빌리(Arbili)등이다. 소라니어를 사용하는 지역은 페르시아화된 남부지역과 비자르(Bijar)에서 키프리(kifri)에 이르는 보다 정통적인 북서지역으로 나누어 볼 수 있다. 페르시안 화된 소라니어에선 능격구조가 사라지기 시작한 반면 페르시아화 되지 않은 북서부에서는 여전히 능격구조가 존재한다(Izady 2009, 172).

또한 아랍어와 신 아람어의 영향력 아래 소라니어권의 북서부 지역에서는 인도-유럽어와 다른 쿠르드어에는 없는 2개의 마찰음이 나타난다(인후음화된 인두음의 마찰음은 'ayn', 'ha'이다). 이러한 사실을 알게 된 이라크 쿠르드인들은 이 음을 쿠르드어에서 없애는 경향이 있는데 그 이유는 그들이 셈어를 사용하는 아랍인들과 다른 지배자들로부터 벗어나기 위함이었다. 이란에서는 이와 같은 소리를 발음할 수 있는 사람이 거의 없고 그들의 방언에서 마찰음을 가지고 있는 경우는 더욱 드물다. 그러나 정반대 경향이 나타나는 경향도 있다. 이것은 점점 페르시아어화 되어가는 언어를 페르시아어로부터 차별화하기 위한 것이었다(*ibid*).

최근 100년 이래로 키르만샤 지역에 있는 많은 구라니어 사용 부족들은 비록 많은 단어나 구문, 구란인들의 정서를 그들의 새로운 언어에 담고 있으나 부분적으로 소라니어로 바꾸어 사용하기 시작했다. 이는 많은 언어학자들로 하여금 이것을 쿠르만지어의 새로운 분파로 간주하게 만들었다, 즉 소라니어의 독립된 형태라고 여기게 만들었다. 이와 같은 변화는 매우 점진적으로 이루어졌고 두 언어의 분리경계를 획정할 수 없으므로 키르만샤의 쿠르만지어는 소라니어의 파생어일뿐 새로운 분파라고 할 수는 없다(*ibid*).

키르만샤 지역의 많은 쿠르드 부족들은 소라니어와 구라니어 두 언어를 사용하는데 칼후르(Kalhur), 장가나(Zangana), 산자비(Sanjabi), 난켈리(Nankeli)부족들이 바로 그들이다(*ibid*). 소라니 방언과 유목민은 소라니어를 소란지역(오늘날 아르빌과 르완다즈 지역)에서 중앙과 서부 쿠르디스탄까지 팽창함에 따라 구라니를 대체하였다. 따라서 쿠르디스탄에서의 팔라와니어의 헤게모니는 점차적으로 소라니어에 의해서 붕괴되었다. 소라니어가 자신들의 지역에서 벗어나 확장되었던 것이다(*ibid*, 173).

2. 팔라와니어(Pahlawani)

구라니어(Gurani=Laki, Awramâni로 나뉨)와 자자어(Dimili)로 나뉜다.

쿠르드어의 오래된 방언들과 관련된 기타 언어, 구라니와 드믈리, 그리고 다른 언어들의 일반적인 통칭인 팔라와니라는 용어는 오늘날 쿠르드인들과 비 쿠르드인 사이에서 사용된다. 팔라와니는 중세작가들에 의해 사용되었는데 모든 이 같은 방언들을 다루기 위해 하나의 공통된 이름이 필요하다는 인식에 의해 이 지역에서 재사용되었다. 팔라와니라는 명칭자체는 팔라완드(Pahlawand, that of Pahla)에서 파생되었다. 팔라(Pahla)지역은 남부 쿠르디스탄과 북부 루리스탄(luristan)을 포함하며 이 언어의 본 고향으로 추정된다. 팔라라는 단어는 아직 오래된 팔라지역인 남부 쿠르디스탄 지역에 아직까지 거주하고 있는 쿠르드 부족인 '파일리(Fayli)'라는 아름에 변형된 형태로 아직 남아있다 (Izady 2009, 167).

쿠르드인의 역사와 사회에 대한 지식이 부족한 사람들은 팔라와니어 사용자들이 쿠르드 민족이 아니라고 주장한다. 그러나 쿠르드 민족으로 증명된 가장 오래된 지파가 구란인들과 드믈리인들이다. 이들은 쿠르만지어 사용 쿠르드 민족들보다도 훨씬 더 역사가 오래되었다.[155] 이들은 7세기 이슬람의 도래 전부터 그들 스스로 쿠르드라고 불렀고, 지금까지 불리어져 왔다(*ibid*, 172).

1) 드믈리어(자자어)

터키의 유프라테스강 상류지역, 크즐 이마르크강, 무라트(Murat, 유프라테스강 상류)강을 따라서 쿠르디스탄의 극 북부까지 걸쳐있는 팔라와니의 드믈리어(부정확하기는 하지만 보다 널리 알려진 이름은 Zaza) 사용 인구는 약 450만이다. 대도시인 데르심, 빙괼, 차파후츄르(Chapakhchur), 시웨렉(Siverek), 비틀리스의 많은 쿠르드인이 드믈리어를 사용한다. 또한 아디야만부터 말랴타와 마라스까지의 다양한 아나톨리아 지역들, 이라크의 북부(드믈리 사용자들은 샤바크-Shabaks-로 알려져 있다), 이란 북서부(덤불리-Dumbuli-부족들과 몇몇의 자자들)에 이 언어를 사용하는 소

155) 이는 드믈리와 구라니어 사용자들과 그 언어가 쿠르드 원형에 더 가깝고 메데 제국 이전의 쿠르드 문화와 역사의 원형을 더 가지고 있다는 의미로도 파악된다. 그러므로 드믈리어와 구라니어의 언어와 문화적인 연구는 쿠르드 원형연구에 있어서 매우 중요하다고 할 수 있다.

지역들이 있다(Izady 2009, 173).

후기고대 및 초기중세에 이 언어는 현재 북부 쿠르만지어를 사용하는 사람들이 살고 있는 쿠르디스탄 인접지역들 전반에서 사용되었다. 이 언어를 사용하는 지역은 서쪽으로 폰터스, 카파도키아, 실리시아(Cilicia)까지 걸쳐 있었으나 비잔틴시대에 동화와 국외추방이 지속적으로 이루어져 이 지역에서 쿠르드어의 존재를 모두 말살시켰다. 드믈리어는 과거 동쪽지역에서 오늘날의 한정된 지역으로 축소되었다. 16세기 초에 시작된 당시 북부 쿠르만지어를 사용하는 유목 쿠르드인들의 전진으로 인한 지역의 상실은 지금까지 이어지고 있다(*ibid*).

드믈리[156]는 구라니어와 밀접한 관련이 있다. 이 관계는 단일한 형태의 팔라와니어가 대부분의 쿠르디스탄 전역에서 사용됐을 당시와 후기 고전시기(약 3-6세기)가 지나 쿠르디스탄이 대규모 내부이동을 통해 단일화 되어가던 당시를 나타내주는 지표다. 그 당시의 팔라와니어는 끊임없이 다른 쿠르디스탄으로 확산되어갔다. 오늘날에는 모술 주변의 오로지 한 지역에서만 구라니어(바잘란-Bajalan-방언이라는 형태로)를 사용하고 드믈리어(샤바크-Shabak-방언의 형태로) 사용지역과 서로 이웃하고 있다. 드믈리와 구라니어를 사용하는 핵심지역은 쿠르디스탄의 양 극단에 위치한다(*ibid*).

드믈리의 주요방언은 시웨레키(Sivereki), 코리(Kori), 하주(Hazzu, Hazo). 못키(Motki, Moti), 샤박(Shabak), 덤불리(Dumbuli)가 있다. 카스피해 길란 고원에서 사용되는 갈리쉬(Galishi)방언은 드믈리어의 먼 파생어로 추정되며 중세 서부와 북부 쿠르디스탄에서 이주한 다일람

156) 고대 산스크리트어-고대 페르시아어-현대 이란어로 이어지는데 쿠르드어 즉 쿠르만지어와 자자어 등은 문법적으로 정리되어 있지 않으며 문법이 없이 관습대로만 이야기를 하는 특징이 있다

(Daylamites)에 의해서 유입되었다. 드믈리어는 알레비 성서에 사용하는 주요언어이나 유일한 언어는 아니다. 그럼에도 불구하고 서적으로 남겨진 것이 별로 없어서 드믈리어의 구 형태와 드믈리어의 진화에 관한 모습을 보여줄 수 있는 것들은 많지 않다. 진화를 보여주는 문서는 다소 예상치 못한 출처에서 발견되었는데 초기중세 이슬람 역사서에서 발견되었다. 이븐 이스판디야르(Ibn Isfandiyâr)의 역사서 '타바리스탄(Tabaritân)'를 보면 카스피해 인근 다일람 지역 즉 카스피해 남쪽 정착민들 언어속에서 드믈리의 통로를 보여주고 있다. 이는 현재 드믈리어와 유사하다(*ibid*).

2) 구라니어

멀리는 남부 쿠르디스탄인 이라크와 이란의 할랍자와 마리완에서 디나와, 하마단, 키르만샤 그리고 카나킨, 더 멀리 만달리 지역까지 구라니어 지역이다(Izady 2009, 174). 구라니어는 키르쿠크 인근의 인구가 많은 카카이(Kâkâ'i)부족의 언어이며 키프리(Kifri)에 가까운 장가나 부족의 언어이다. 그리고 서부 발루치스탄의 쿠르드 식민지도 초기 구라니어 사용지역이다. 그리고 알부르즈 산맥 내에서도 다수의 고립된 구라니어 사용지역들을 발견할 수 있다.

(1) 아우라마니어(Awramani)

지금은 할랍자, 마리완과 파와(Pawa) 사이의 조그만 지역에서 사용되는 구라니어의 주요방언인 아우라마니 방언은 현재는 남부 쿠르만지어(소라니)가 사용되는 중앙 쿠르디스탄의 지배언어였던 적이 있었다. 정착생활을 하는 농부의 언어나 오래된 도시의 중심부는 1867년 몰락까지 아르달란의 중요한 쿠르드 왕가의 언어가 있는 곳이다. 19C

의 시작까지 중앙 쿠르디스탄의 바반 왕가의, 심지어 남부 쿠르만지어 사용 왕가들일지라도, 후원아래 저술된 대부분의 유명한 시들은 아우라마니 방언으로 쓰여졌다. 남부 쿠르만지어로의 전환은 19세기 초기의 바반 왕가의 압둘 라흐만 파샤(Abdul Rahman Pasha)의 통치에 기인한다(Izady 2009, 174).

구라니와 구라니 방언들은 17C와 18C에 퇴조하기 시작하였고 이제는 남부 쿠르만지어 사용자들로부터 큰 압력에 직면해 있다. 거의 모두가 남부 쿠르만지어를 사용하는 이라크 쿠르드 난민들의 이란의 서부와 남부의 쿠르디스탄으로의 쇄도로 구라니어의 희석과 동화가 거대하게 촉진되고 있다. 한때 구라니어의 중심지였던 키르만샤는 이제 다 언어의 도시가 되었다(*ibid*, 174).

(2) 라키어(Laki)

라키어도 구라니어의 주요 방언이다. 라키어 사용자들은 꾸준히 쿠르드의 본류로부터 밀려나고 있다. 이들은 이웃 민족인 루르(Lur)와 점증적으로 관계를 맺고 있으며 이러한 현상은 라키어 사용 지식인들과 도시인들 사이에서 가장 많이 나타난다. 그러나 농촌 서민들은 아직도 자신들을 쿠르드인으로 생각하고 있다. 라키어 사용자는 현재 하마단(Hamadân)의 남쪽지역과 나하완드(Nahâwand), 투이시르칸(Tuisirkân), 누르아바드(Nurâbâd), 일람(Ilâm), 제란(Gelân), 팔라(Pahla)읍 뿐만 아니라 호루(Horru), 세라세라(Selasela), 시라후르(Silâkhur) 교외지역과 서부 이란 북부 알리쉬타르(Alishtar) 지역에 거주하고 있다(Izady 2009, 175).

또한 주요 라키 식민지들이 후라산에서부터 지중해까지 산재해 있었다. 라키어 사용 지역들이 아제르바이잔과 알부르즈 산맥, 카스피해의 해안지역, 후라산 소수민족거주지, 쿰과 카샨(Kâshân)사이의 산악지역, 아디야만과 아나톨리아 극 서부 쿠르디스탄에 있는 제이한강(Ceyhan) 사이의 지역에서 발견된다. 다른 언어나 다른 쿠르드 방언을 사용하는 라크(Lak)라는 명칭이 붙은 쿠르드 부족이 많이 있으며 이들은 아다나에서부터 터키의 중앙 아나톨리아, 러시아 코카서스에 있는 다기스탄(Daghistan)까지 그리고 아아르(Ahar)부터 이란의 테헤란 교외까지 존재한다. 현재 최소한 150만 명의 라키어 사용자들이 존재하고 더 많이 있을 가능성도 있다(*ibid*).

언어 부분은 비록 사미탄 같은 쿠르드어의 대가가 있으나 이들의 쿠르드어 연구가 영어로 번역되거나 하여 대중성을 가지고 있지 못할 뿐만 아니라 체계적으로 깊은 학문적 연구가 성취되었다고 보기 어려운 분야이다. 왜냐하면 쿠르드 국가가 존재하지 않은지 이미 오래되었으므로 자신들의 언어에 대한 체계적인 연구를 할 기회를 많이 상실하였다. 또한 자자키 변호사와의 인터뷰를 통해서 오히려 쿠르디스탄을 분할 지배하고 있는 국가들 주도로 쿠르드의 언어를 폄훼시키려는 연구가 활발하게 이루어졌음을 확인할 수 있었다.

쿠르드연방자치정부인 KRG는 쿠르드인들 주도로 쿠르다예티의 중요한 부분인 자신들의 역사와 문화 그리고 언어에 대한 연구를 적극적으로 심화, 확대할 필요성이 있다고 판단된다.

■ 참고문헌

1. 국내문헌

1) 단행본

공일주(2006).『이라크의 역사』, 서울: 살림.

고야마 시게키·박소영(2008).『지도로 보는 중동 이야기』, 서울: 이다미디어.

구니에다 마사키(國技昌樹)지음. 이용빈 옮김(2012).『시리아. 아사드 정권의 40년사』, 서울: 한울아카데미.

김광억외(2005).『종족과 민족, 그 단일과 보편의 신화를 넘어서』, 서울: 아카넷.

김웅진(1992).『정치학방법론서설-경험과학연구의 논리와 규준』, 서울: 명지사.

김웅진·박찬욱·신윤환 편역(1992).『비교정치론 강의 1, 2』, 서울: 한울아카데미.

김정위(2001).『이란사』, 서울: 한국외국어대학교출판부.

______(1987).『중동사』, 서울: 대한교과서 주식회사.

로버트 길핀 지음. 고현욱·강문구·김용복 옮김(2005).『세계정치경제론』, 서울: 인간사랑.

마가렛 P 칸스저(오경택외 6인 역, 2007).『국제기구의 이해』, 서울: 명인문화사.

마이클 레이버(Michael Laver). 박통희역(1992).『公共選擇理論 入門』, 서울: 문우사.

박경혜역(2012).『중동의 역사-문명탄생의 요람』, 서울: 푸른 길.

무타구치 요시로 지음. 박시진 역(2009).『이야기 중동의 역사』, 서울: 삼양미디어.

박재영(2010).『국제정치패러다임』, 서울: 법문사.

박상식(1985).『국제정치학』, 서울: 집문당.

버나드 루이스 지음. 이희수 옮김(1998).『중동의 역사』, 서울: 까치.

빈센트 N. 파릴로 지음. 부산대 사회과학연구소 역(2010).『인종과 민족관계의 이해』서울: 박영사.

빌 플레쳐 주니어 지음. 지주형 옮김(2004).『정체성 싸움-서구의 인종주의』, 서울: 미세기.

새뮤엘 헌팅턴. 이희재역(1997).『문명의 충돌』, 서울: 김영사.

서정민(2015).『이슬람은 그렇게 말하지 않았다』, 서울: ㈜시공사.

손주영(2005).『이슬람: 교리, 사상, 역사』, 서울: ㈜일조각.

사만 압둘 마지드. 주섭일 감수. 주세열역(2004).『이라크 전쟁과 사담의 비밀』, 도서출판 사회와 연대.

스테판 버크 지음. 박경혜역(2012).『중동의 역사-문명탄생의 요람』, 서울: 푸른길.

신정현(2005).『정치학-과학과 사유의 전개-』, 파주: 법문사.

앨런 파머(2004).『오스만 제국은 왜 몰락했는가?』, 서울: 에디터.

앨버트 후라니 지음. 김정명·홍미정 역(1991).『아랍인의 역사』, 서울: 심산출판사.

H. 코르방 지음. 김정위 옮김(1977).『이슬람철학사』, 서울: 서광사.

아사이 노부오 지음. 윤길순 옮김(1996).『민족분쟁지도』, 서울: 자작나무.

알렉산더 웬트 지음. 박건영·이옥연·구갑우·최종건 옮김(2009).『국제정치의 사회적 이론: 구성주의』, 서울: 사회평론.

오경택외 6인역(2007),『국제기구의 이해, International Organizations』.

오정석편(2011).『걸프전쟁 全史: 역사적 배경과 전쟁수행과정을 중심으로』, 서울: 연경문화사.

외교통상부(2005).『터키개황 2005. 3』,

우철구.박건영(2004).『현대 국제관계이론과 한국』, 서울: 사회평론.

유달승(2001).『숙명의 트라이앵글』, 서울: 이후오피스.

______(2009).『이슬람혁명의 아버지 호메이니』, 서울: 한겨레출판(주).

______(2007).『중동의 비극』, 서울, 파주: 도서출판한울.

유발 하라리, 조현욱옮김 이태수감수(2015).『사피엔스』, 파주: 김영사.

유재원(2010).『터키, 1만년의 시간여행』, 파주: 성안당.

유흥태(2008).『이란의 역사』, 서울: 살림.

______(2012).『페르시아의 종교-조로아스터교, 미트라교, 마니교, 마즈닥교』, 서울: 살림.

이근욱(2009).『왈츠이후』, 서울: 한울아카데미.

______(2011).『이라크 전쟁』, 서울,파주: 한울아카데미.

이봉원(2010).『중동 쿠르드족 정치운동』, 서울: 양서각.

이성구·연명모(2012).『혁신 정치학』, 대전: 도서출판 大經.

이희수(2011).『이희수 교수와 이슬람-9.11테러 10년과 달라진 이슬람 세계』, 파주: 청아출판사.

______(1995).『터키 쿠르드족의 분리주의 운동-그 배경과 전망-』, 중동연구 제14호.

이희철(2001).『오스만제국과 터키사』, 서울: 도서출판 펴내기.

______(2005).『이스탄불-세계사의 축소판, 인류문명의 박물관-』, 서울: 리수.

21세기 민족주의 포럼 엮음(2010).『21세기 민족주의』, 서울: 통일뉴스.

21세기 중동이슬람문명권 연구 사업단 엮음(2006).『중동정치의 이해 3』, 파주: 한울아카데미.

장병옥(2009).『미국의 대중동·중앙아시아 외교정책』, 서울: 한국외국어대학출판부.

______(2006).『쿠르드족 배반과 좌절의 역사 500년』, 서울: 한국외국어대학교출판부.

장병옥역/吉村瑱太郎(2012).『이란현대사』, 서울: 한국외국어대학교출판부.

정광식역/게오르그 포이어스타인 외저(2000).『최초의 문명은 고대 인도에서 시작되었다』, 서울: 사군자.

정의길(2015).『이슬람전사의 탄생-분쟁으로 보는 중동현대사』, 서울: 한겨레출판(주).

제카리카 시친 이근영 옮김(2010).『수메르, 혹은 신들의 고향』, 도서출판 AK.

조상현(2010).『중동지역 분쟁과 중동테러리즘』, 서울: 한국학술정보(주).

정수일(2006).『이슬람문명』, 파주: 창비.

정인흥외(1988). 『증보 정치학대사전』, 서울: 박영사.

조셉 나이. 양준희.이종삼역(2009). 『국제분쟁의 이해-이론과 역사』 -7판, 서울, 파주: 한울.

존 J. 미어세이머. 이춘근역(2004). 『강대국 국제정치의 비극』, 서울: 나남출판.

제카리카 시친. 이근영 옮김(2010). 『수메르, 혹은 신들의 고향』, 서울: 도서출판AK.

제레드 다이아몬드. 김진준 옮김(1998). 『총, 균, 쇠-무기. 병균. 금속은 인류의 문명을 어떻게 바꾸었는가-』, 서울: 문학사상사.

최명신(2012). 『최명신 회고록 베트남 전쟁과 나』, 서울: 팔복원. 초판 2006. 7쇄.

최성권(2012). 『중동의 역사』, 서울, 파주: 도서출판 한울.

______(2011). 『중동의 재조명』, 서울, 파주: 도서출판 한울.

최영길(1989). 『이슬람문화사』, 서울: 송산출판사.

최진태(2006). 『테러리즘의 이론과 실재』, 서울: 대영문화사.

최창윤(1987). 『국제정치론』, 서울: 박영사.

케네츠 왈츠. 김광린 옮김(1988). 『인간. 국가. 전쟁: 국제정치이론의 분석』, 서울: 소나무.

케네츠 왈츠. 박건영역(2000). 『국제정치이론』, 서울: 사회평론.

투키디데스(2011). 『펠로폰네소스 전쟁사』, 파주: 범우.

테드. R 거. 이신화역(2003). 『민족대 국가: 21세기 세계인종분쟁의 추이와 전망』, 서울: 나남출판.

프리드리히 A. 하이예크. 김이석 역(2010). 『노예의 길』, 서울: 나남출판.

황태연역 O. Poggeler저(1989). 『헤겔철학서설』, 서울: 새밭.

한스 모겐소. 이호재역(1987). 『현대국제정치론』, 원문5판, 서울: 법문사.

헤로도투스. 박광순 역(2001). 『역사』, 파주: 범우사.

힐미 압바스. 조경수역(2003). 『마음의 땅 보이지 않는자들. 알려지지 않은 쿠르드족 이야기』, 서울: 도서출판 이매진.

2) 논문

강재춘(2005). "터키 수피즘의 수행방법 및 영적세계 연구-Mevlanaa 종단의 세마춤 수행을 중심으로-", 아세아연합신학대학교 선교대학원 석사학위 논문.

고수석(2007). "북한·중국 동맹의 변천과 위기의 동학-동맹이론의 적용과 평가", 고려대학교대학원 박사학위논문.

김계동(2001). "한미동맹관계의 재조명: 동맹이론을 분석틀로", 『국제정치논총』 제41권 2호.

김영술(2008). "러시안 디아스포라에 관한 연구" : 차별과 귀환이주를 중심으로", 전남대학교대학원 박사학위논문.

김용권(2015). "한국 노동이주정책의 개방성과 외국인 이주노동자 권리의 상관성에 관한 연구", 전남대학교 대학원 박사학위논문.

김재기(2013). "중국의 동북진흥전략(東北振興戰略)과 북·중협력", 『한국동북아논총』 66권

______(2015). "광주에서 광주학생독립운동 지지운동: 상해지역을 중심으로"『한국동북아논총』 제77권.

김지옥(2012). "민족과 민족주의에 대한 역사학적 접근방식-족류 상징주의를 중심으로", 숭실대학교대학원 석사학위논문.

김창우(2007). "시리아 밧샤르 아사드 정권의 정치개혁과정에 관한연구", 명지대학교대학원, 석사학위논문.

김한나(2011). "터키의 대쿠르드 정책 변화 원인 분석: 2002, 2003년 방송법, 언어교육법 개정과정을 중심으로", 서울시립대학교대학원.

김한지(2008). "시리아 아사드 정권의 대 레바논 정책연구-구성주의적 시각에서 본 시리아의 국가정체성을 중심으로-", 한국외국어대학교 대학원 박사학위논문.

남옥정(2010). "이라크 전쟁 이후의 쿠르드족의 지위변화 고찰",『e-Journal Homo Migrans, Vol. 2 June.

명진(2016). "한국과 일본의 이주민 사회통합정책 비교연구", 전남대학교 박사학위논문.

박웅철(2006). "미국이 대중동구상과 시리아의 대응외교정책",『중동연구』 제25권 2호.

박종평(2001). "중동분쟁의 구조적 요인", 한국중동학회『중동연구』 제20권.

박주성·임채완(2016). "KDP, PKK의 정치이념과 쿠르드 민족주의에 관한 연구", 한국외국어대학교 중동연구소『중동연구』 제35권 1호.

박주성(2017). "이란 쿠르드족 분리독립운동단체에 관한 연구-KDPI와 Komala의 이념을 중심으로-",『한국이슬람학회논총』 제27권 1호.

______(2017). "이라크와 터키 쿠르드족의 분리독립운동에 관한 연구-KDP, PKK 정치이념에 기반 한 대규모 동원을 중심으로-",『한국중동학회논총』 제37권 3호.

______(2017). "유럽 쿠르드 디아스포라 정치에 관한 연구",『중동문제연구』 제16권 2호.

서재만(1995). "제1차 세계대전과 중동", 한국중동학회『중동연구』 제14호.

______(1996). a, "1차 세계대전 후 강대국의 대 아랍 전후처리에 관한 연구",『중동연구』 제15권 2호 4.

______(2001). "제2차 세계대전과 중동",『한국중동학회연구논총』 제22-2호 1.

양준희(2008). "양자물리학이 국제정치에 던지는 메시지: 웬트의 양자역학과 양자의식가설 논의를 넘어",『국제정치논총』 제48집 4호.

우덕찬(2010a). "터키의 알레비정체성 문제에 관한 연구",『중동연구』 제28권 3호.

______(2010b). "터키 알레비 종파에 나타난 싱크레티즘",『중동문제연구』 제9권 2호.

유달승(2007). "이란의 종교엘리트와 부족주의의 관계 연구", 한국중동학회『한국중동학회논총』 28권 1호. pp.39-57, 16.

______(2006). "이란의 정치엘리트와 부족주의의 관계 연구", 한국중동학회,『한국중동학회논총』 27권 1호. pp.89-111.

______(2010). "이란의 군부엘리트와 부족주의의 관계연구",『중동연구』 제28권 3호, 3.

______(2011). "이슬람과 민주주의의 관계 연구", 한국중동학회『한국중동학회논총』 31권 2호, pp.29-42.

______(2015). "중동 정치 지형의 변화: 이란, 핵 대신 "빵"선택, 중동, 실용주의 우세속 종파갈등 심화",『CHINDIA Plus』 제108권.

______(2016). "이란의 사회변동에서 종교의 역할", 『한국중동학회논총』 제36권 3호.

윤성석(2000). "권위주의 퇴진의 정치경제: 한국의 경우", 『호남정치학회보』 Vol. 12 No.-.

______(2013). "Leadership and Multilateralism in the Recent North Korean Crisis", 한국동북아학회 『한국동북아논총』 69권 0호, pp.327-348. 2.

______(1995). "신국제질서에 대한 절충주의적 해석", 『호남정치학회보』 Vol. 7 No.

이근욱(2009). "왈츠 이후 30년: 국제정치이론의 변화와 발전", 사회과학연구 제17집 호.

이봉원(2008). "정치적 종족집단 운동에 관한 연구-이라크 쿠르드족 자치권 운동을 중심으로", 경남대학교대학원 박사학위 논문.

이상걸(2014). "재일한인 차세대의 정체성과 통일 의식 연구: 민족학교 학생을 중심으로", 전남대학교 대학원 박사학위논문.

이성수(2010). "이라크 민주화에 관한 연구: 이라크 전후 정치상황과 3번의 총선분석을 중심으로", 『국제정치연구』 제13집 2호.

이수훈(2011). "미국의 테러와의 전쟁으로 본 21세기 전쟁 양상 연구-클라우제비츠의 삼위일체론을 중심으로", 고려대학교대학원 박사학위논문.

이종택(2011), "시리아 국내갈등 원인에 관한 연구", 한국중동학회 『한국중동학회논총』 제32-1호.

______(1991). "아랍 사회주의 연구", 한국중동학회 『한국중동학회논총』 12권.

이태숙(2005). "바그다드의 구심력과 쿠르드지역의 원심력 사이", 『중동연구』 제24권 2호,

이희수(1995) "터키 쿠르드족의 분리주의 운동-그 배경과 전망", 『중동연구』 제14호.

임영언(2016). "재일코리언 민족정체성의 민족에서 상징으로 이행 고찰", 『동북아시아문화학회 국제학술대회 발표자료집』, 2016권 제10호.

임종득(2009). "탈냉전기 북대서양조약기구(NATO)의 변화요인에 관한 연구-동맹과정과 역할확대를 중심으로-", 경남대학교대학원 박사학위논문.

임채완(1989). "북한 주체사상의 인식론적 기초분석", 호남정치학회 『호남정치학회보』 1권 0호, pp.183-209.

임채완·김혜련(2015). "한국 재외동포의 국내 정치참여와 현지 정치력 신장", 『大韓政治學會報』, 제23권 1호.

장병옥(1995). "이란 쿠르드족의 민족주의 운동" 『중동연구』 제14호.

______(2005). "마하바드 쿠르드 국가의 창설과 붕괴과정" 『한국중동학회논총』 제26권 1호.

______(1994). "강대국의 대 쿠르드 정책", 『중동연구』 제13권.

전형권(2002). "기후변화협상에 대한 중국의 대응정책", 전남대학교 박사학위논문.

정보해(2010). "이슬람 수피즘과 커피의 종교·문화적 관계연구", 조선대학교 대학원 석사학위 논문.

정홍남(2008). "테러리즘확산의 국제정치적 환경과 대응방안", 경북대학교국제대학원, 석사학위논문, 2008.

최성권(1992). "걸프전 이후의 새로운 중동국제질서", 『社會科學硏究(SOCIAL SCIENCE STUDIES)』 전북대학교 사회과학연구소(SOCIAL SCIENCE RESEARCH INSTITUTE).

______(2001). " 반테러 전쟁에 따른 중동국가들의 정책 현황", 호남정치학회 『호남정치학회보』 13권 0호, pp.141-163.

_____(1989), “기고논문: 2차 대전 후 중동의 국제체제에 관한 연구”, 전북대학교 사회과학연구소『사회과학연구』16권 0호, pp.309-336.

_____(2000). “중동국제정치의 설명적 대안의 모색 - 동방문제의 구조를 중심으로-”, 한국중동학회,『한국중동학회논총』21권 1호, pp.69-102.

차우진(2010). “터키 쿠르드족의 종교적 특성에 근거한 효과적인 선교전략 연구”, 총신대 석사학위논문.

최재훈(2006). “중동 테러리즘과 급진 이슬람원리주의의 역학관계-이슬람원리주운동의 정치세력화와 지하드론을 중심으로”, 한국외국어대학교대학원, 박사학위논문.

홍순남(1995). “이라크 쿠르드족의 저항운동”『중동연구』제14호.

홍인화(2016). “이스라엘과 독일의 귀환동포정책 비교연구”, 전남대학교 박사학위논문.

황상석(2011). 「장보고와 신라인 디아스포라의 글로벌 네트워크 연구-세계한상네트워크의 발전방안과 관련하여-」, 전남대학교 박사학위논문.

황병하(1991). “무함마드 생애를 통한 社會·宗敎思想 硏究-단일화와 유일성의 관점에서-”, 한국중동학회,『한국중동학회논총』12권 0호, pp.229-277.

_____(1992). “이슬람의 유일신관 사상의 발전 과정에 관한 연구”, 한국이슬람학회『한국이슬람학회논총』2권, pp.77-120.

_____(1997). “제2장 아랍 민족주의와 아랍통합 운동”,『중동연구』제16권 제2호.

_____(2004). “이라크 시아파 원리주의 운동의 성격과 역할 -이라크-이란 전쟁과 걸프전을 중심으로-”, 한국중동학회『한국중동학회논총』25권1호, pp.81-110.

_____(2006). “이슬람원리주의 운동의 이념적 단일성과 정치적 다양성에 관한 연구 -협력과 대립관계를 중심으로-”, 한국중동학회『한국중동학회논총』26권2호, pp.259-286.

_____(2006). “이슬람의 수피즘과 영성”,『종교문화학보』2권.

_____(2011). “이집트 민주화운동과 무슬림형제단의 역할 - 정치정당 창당까지를 중심으로-”, 한국이슬람학회『한국이슬람학회 논총』21권 3호, pp.63-95.

_____(2015). “이집트 무슬림형제단(MB)의 미래에 관한 고찰”,『한국중동학회논총』제36권 2호.

_____(2016). “아랍 스프링 이후 사우디 이슬람 극단주의의 등장과 정부의 반테러정책”,『한국중동학회논총』제37권 2호.

_____(2016). “아랍 스프링 이후 중동의 신 극단주의 등장에 대한 연구”,『중동문제연구』제15권 1호.

3) 참고 인터넷 홈페이지

이라크외교부 http://www.mofa.gov,iq

재터키 한인회 http://turkeykorean.net

주한이라크 대사관 http://www.irqmissonshostingguk.com

주이라크 교민 김석화 http://blog.daum.net/doltea/13352446

한국외교부 http://www.mofa.go.kr

2. 국외문헌

1) 영어 단행본

Aboona, Hirmis(2008). *Assyrians, Kurds, and Ottomans-Intercomunal Relations on the Periphery of the Ottoman Empire*, CAMBRIA PRESS AMHERST<NEWYORK.

Abramowitz, Morton(2003). *The United States and Turkey-Allies in Need-*, A Century foundation Book.

Anderson, Benedict(1990). *Imagined Communities: Reflections on the Orgin and Spread of Nationalism, rev. ed*, London: Verso.

Ahmed, Akbar(2003). *The Kurds-Creation of the Modern Middle East*, CHELSEA HOUSE PUBLISHERS.

Ahmed, Mohammed M. A(2012). *IRAQI KURDS AND NATION-BUILDING*, Palgrave macmillan.

Aydin, Zülküf(2005). *The Political Economy of Turkey*, Pluto Press London·Ann Arbor, Mi, Emglind.

Art, Robert J. & Jervis, Robert(1973). *International Politics-anarchy force imperialism*, Little Brown and Company Boston.

Bengio, ofra(1993). Iraq's Shia and Kurdish Communities: From Resentment to Revolt, A. Baram and B. Rubin(eds), *Iraq's roads to war*, New York: St Martin's Pres.

__________(2012). The Kurds of Iraq-Buildig a State Within a State, Lynne Rienner Publishers. Inc.

Billig, M(1976). Social Psychology and Intergroup Relations. London: American Press.

Brow, Michiel E., Cole, Owen R., Miller, Steven E(2001). *Nationalism and Ethnic Conflict revised edition*, The Mit Press.

Brow, Michael E. Owen R. Cote. J, Sean M. Lynn-Jones and Steven E. Miller(2011). Nationalism and Ethnic Conflict, Revised Edition, The MIT Press.

Casier, Marlies and Jongeren, Joost(2011). *Nationalism and Politics in Turkey-Political Islam, Kemalism and the Kurdish issue-*, Routledge Studies in Middle Eastern Politics.

Chaliand, Garar(1980). *People Without A Country: The Kurds and Kurdistan*, London: Zed Press.

Charountaki, Mariana(2011). *The Kurds and US Foreign Policy-International Relations in the Middle East since 1945-*, Routledge Studies in Middle Eastern Politics.

Cordesman, Anthony H. With assistance from Emma R. Davies(2008). *Iraq's Insurgency and the Road to Civil Conflict Volume 1*, Praeger Security International West, Connecticut. London.

______________________________(2008). *Iraq's Insurgency and the Road to Civil Conflict Volume 2*, Praeger Security International West, Connecticut. London.

Cordell, Karl. and Wolff, Stefan(2010). *Ethnic Conflict-Cause-Consequences-Responses*, Polity Press.

Cottam, Richard W(1979). *Nationalism in Iran*, Pittsburgh: University of Pittsburgh Press.

De figuero, R. J. P. and Weingast, B. R(1999). *The Rationality of fear: political opportunism and ethnic conflict, in civil Wars, Insecurity and Intervention, ed. B. Walter and J. Snyder.* New York: Colombia University Press.

Dietrich Jung edited(2003). *Shadow Globalization, Ethnic Conflicts and New Wars-Political Economy of Intra State War*, Routledge Taylor & Francis Group, Digital Print 2006.

Doz, Yeves L. Hamel, Gary(1998). *Alliance Advantage-The Art of Creating Valuethrough Partnering-*, Harvard Business School PressBoston, Massachusetts.

Entessar, Nader(2010). *Kurdish Politics in the Middle East*, Lexington Books.

Esman M. J(1994). *Ethnic actors in international politics:Nationalism and Ethnic Poltics.* pp. 10-11.

Friedman, Bladen, Rosen(1970) *Alliance in internationl politics*, Allyn and Bacon, Inc.

Fearon. J(1998). *Commitment problems and the spread of ethnic conflict, in The International Spread of Ethnic Conflict: Fear, Diffusion, and Escalation*, ed. D. Lake and Rothchild princeton, NJ: Princeton University Press.

Fearon, J. and Latin, D(2000). *Violance and the social construction of ethnic identity*, International Organization.

Giddens, Anthony(1987). *The Nation-State and Violence-Volume Two of Contemporary Critique of Historical Materialism,* University of Califonia Press,

Gellner, Ernest(1983). *Nations and Nationalism*, Ithaca, Cornell University Press.

Geyer, Flora(2006). *Saladdin-He Muslim warrior who defended his people*, National Geographic.

Gordon, Philip H and Taspinar, Omer Afterward by Ozel, Soli(2008). *Winning Turkey-How America, Europe,and Turkey can revive a fading partnership*, Brookings Institution Press.

Gunter, Michalel M(2011). *Historical Dictionary of the Kurds*, The Scarecrow Press, Inc. Lanham, Maryland · Toronto · Oxford.

________________(2008). *THE KURDS ASCENDING*, Palgrave macmillan.

Gurr, Ted Robert. Harf, Barbara(1994). *Ethnic Conflict in World Politics*, Westview Press.

Hamit, Bozarsna(1992). "Political aspects of the Kurdish Problem in contemporary Turkey", Kreyenbroek, Philip G.& Sperl. Stefan(eds), *The Kurds: A Contemporary Overview, London & New York: Routledge.*

Harvey, Sherif M. O. J. White, B J. Hood, W. R. and Sherif, CW(1954) *Intergroup Conflict and Cooperation: The Robbers Cave Expert Cave Experiment.*

Hegener, Michiel(2009). *The Kurds of Iraq*, Met&Schilt publishers.

Hobsbawm, E. J(1990). *Nations and Nationalism Since in 1780*, New York: Cambridge University Press.

Holsti, Ole R(1973). *Unity and Disintegration in international alliance: Comparative Studies*, P. Terrence Hopmann and John D. Sullivan, New York: John Wiley and Sons.

Horowitz, D. L(1985). *Ethnic Groups in Conflict*, Berkeley: University of Calofonia Press.

Houston, Christopher(2001). *Islam, Kurds and the Turkish Nation State*, BERG Press.

Israeli, Raphael(2004). *The Iraq War-Hidden Agenda and Babylonian Intrigue*, Sussex Academic Press. Brighton. Portland.

Izady, Mehrdad R(2009). *A Concise Handbook The Kurds*, Published by Talor & Francis.

Jabar, Faleh A. & Dawood, Hosham(2006). *THE KURDS-Nationalism and Politics*, SAQI.

Jamal, Jalal Abdulla(2012). *THE KURDS A Nation on the Way to Statehood*, Author House.

Jesse, Neal G. and Williams, Kristen P(2003). *Ethnic Conflict-A systematic approach to cases of conflict-*, Greenwood Press Westport, Conneticut. London.

Kadioglu, Ayse. and Keyman, E. Fuat(2011). *Symbiotic Antagonism-Competing Nationalisms in Turky*, The University of Utah Press.

Kahler, Miles. and Walter, Barbra F(2006). *Territoriality and Conflict in an Era of Globalization*, Cambridge University Press.

Karber, Phil(2012). *Fear and Faith in Paradise*, Rowman & Littlefield Publishers, Inc.

Kamali, Farideh Koohi(2003). *The Political Development of the Kurds in Iran Nationalism*, New York: Palgrave Macmillan.

Kaufman, S. J(1996). *An International theory of inter ethnic war*, Review of International Studies.

__________(2001). *Modern hatreds: The Symbolic Politics of Ethnics War*, Ithaca, NY: Cornell University Press.

Kaya, Mehmed S.(2011). *The Zaza Kurds of Turkey-The Middle Eastern Monority in a Globalised Society*, I.B. Tauris & Co Ltd.

Kelly, Vera Eccarius(2011). *THE MILITANT KURD,A Dual Strategy for Freedom*, FRAEGER.

Kemal Kîrîşcî, Gareth M. Winrow(1979). *Theory of International Politics*, Addison-Wesley Publishing Company.

__________________________(2003). *The Kurdish Question and Turkey-An example of trans-state ethnic conflict*, Typset by Vitaset, Paddock Wood Reprinted in Britain by Antony Rowe, Eastbourne, Sussex.

Kreyenbroek, Philip G, and Sperl, Stefan(1992) *The Kurds: A Contemporary Overview*, Published by Routledge, London. 134-142.

______________________________(1992, 2005). *The Kurds, A contemporary overview*, Routledge, London and New York.

Lake, D, and Rothchild, D(1996). *Containing fear: the orgins and management of ethnic conflict, International Security,* Published by: The MIT Press.

________________(1998). *Spreading fear: the genesis of transnational ethnic conflict, in The International Spread of ethnic conflict: Fear, Diffusion, and Escalation*, Princeton University Press.

Latin, D(1999). *Somalia: Civil War and international intervention, in Civil Wars, Insecurity andIntervention, ed,B. Walter and J. Snyder*, New York: columbia University Press.

Lawrence, Quil(2008). *Indivisible Nation*, Walker & Company New York.

Lijphart, Arend(1977). *Democracy in Plural Society,* Yale University Press.

Lim, Rechard외 Southeast Anatollia Municipalities(2009), *Anther look at East and Southeast Turkey*, Etik Ajans.

Lowe, Robert. and Gareth Stanfield edit(2010). *The Kurdish Policy Imperative*, Chatham House.

Mcdowall, David(2004). *A Modern History of The Kurds",* I. B. TAURIS.

Marcus, Aliza(2007). *Blood and Belief-The PKK and the Kurdish Fight for Independence,* NEW YORK UNIVERSITY PRESS.

Meho, Lokman I(1997). *The Kurds and Kurdistan: A Selective and Annotated Bibliography,* Greenwood Press.

Makiernan, Kevin(2006). *The Kurds-A People in Search of Their Homeland-*, St Martin's Press New York.

Milton-Edwards, Beverley. and Hinchcliffe, Pete(2008). *Conflicts in the Middle East since 1945.* Third edition, Routledge Taylor & Francis Group FSC for cover PEFC for the text page.

Mirzoyev, Knyaz(2003). *The Kurds: Essays on history and culture*, ISCANDER.

Morgenthau, Hans(1985). *Politics Among Nations-The Struggle for Power and Peace-*, sixed edition, Alfred·A·Knopf New York.

Montville, J(1990). *Conflict and Peacemaking in Multiethnic Societies*, lexington, MA: Lexington Books.

Nalbandov, Robert(2009). *Foreign Intervention in Ethnic Conflicts*, ASHGATE.

Natali, Denise(2005). *The Kurds and the State: Evolving National Identity in Iraq, Turkey, and State*, Syracuse University Press.

Neustadt, Richard E(1970). *Alliance Politics*, Columbia University Press New York.

Rasheed, Adil(2015). *ISIS: Race to Armageddon*, Vij Books India Pvt Ltd, New Delhi.

Öcalan, Abdullah(2011). *"Prison writings-The PKK and The Kurdish Question in the 21st Century-"*, tr. Klaus Happel, Pluto Press, Trans media Publshing Ltd.

Osgood, Robert E(1968). *Alliances and American Foreign Policy*, Boltimore: Johns Hopkins Press.

Özcan, Ali Kemal(2009). *Turkey's Kurds-A theoretical analysis of the PKK and Abdullah*

Ocalan, Routledge Studies in Middle East and Islamic Studies.

Parker, Philip M(2009). Editor Chaired Professor of Management Science INSEAD Singapore and Fontainebleau), *KURDS~Webster's Timeline History 401BC-2007,* Published by ICON Group International, Inc. San Diego, California.

________________(2009) *KURDS~ Webster's Timeline History 1006-2007,* Published by ICON Group International, Inc. San Diego, California.

Prunhuber, Carol(2009). *THE PASSION AND DEATH OF RAHMAN THE KURD-DREAMING KURDISTAN,* Universe Ins.

Rudolph Jr, Joseph R(2011). *Encyclopedia of Modern Ethnic Conflicts,* CO Press.

Salah Saadallah Paris kurdish Institute(2000). *Saladin's ENGLISH-KURDISH Dictionary,* Avesta.

Sheyholislami, Jaffer(2011). *Kurdish Identity, Discourse, and New Media,* The Palgrave macmillan Series in International Political Communication.

Smith, Anthony D(1986). *The Ethnic Origins of Nations.* Oxford: Basil Blackwell.

Smith, D(1983). *Theories of Nationalism.* 2nd edition. Newyork and Harper & Row.

Snyder, Glenn H(1990). Alliance Theory: A Neorealist First Cut, *Journal of Internationl Affairs.* Vol. 44. No. 1, Spring.

Snyder, Louis L(1954). *The Meaning of Nationalism,* Greenwood Press Publishers.

Starrs, Roy(2002). *Nations Under Siege-Globalization and nationalism in Asia-,* Palgrave.

Strozier. Charles. & Frank, James(2011). *The PKK-Financial Sources, Social and Political Dimensions,* VDM Verlag Dr. Muller.

Tajfel H(1981). *Human Groups and Social Categories: Studies in Social Psychology,* Cambridge University Press.

Taras, Raymond C(2006). *Understanding Ethnic Conflict-The International Dimension-,* Longman.

Tejel, Jordi(2009). *Syria's Kurds-History, politics and history-,* Routledge taylor & Francis Group.

Union of Southeast Anatollia Municipalities, Rechard Lim(2009) *Anther look at East and Southeast Turkey,* Etik Ajans.

Vali, Abbas(2011). *Kurds and the State in Iran-The Making of Kurdish Identity,* I. B. TAURIS LONDOM. NETWORK.

Volkan, V(1979). *Cyprus: War and Adaptation: A Psychoanalytic History of Two Ethnic Groups in Conflict.* Charlottsville: University of Virginia Press.

_________(1988). *The Need To Have Enemies & Allies: From Clinical Practice to International Relationships,* Northhvale, NJ: Aronson.

_________(1997). *Bloodlines: From Ethnic Pride to Ethnic Terrorism,* New york: Farrar, Straus, & Giroux.

_________(2006). *Killing in the Name of Identity: A study of Bloody Conflicts,* Los Angeles: Pitchstone.

Walter, Barbara F(1999). *Introduction, in Civil Wars, Insecurity and Intervention,* ed by B. Walter and J. Snyder, New York: Colombia University Press.

Waltz, Kenneth N(1959). *man the state and war: a theoretical analysis*, columbia university press.

Webster's Quotations, Facts and Phrase(2008). *KURDS*, Published by ICON Group International, San Diego, California.

Weller, Marc, and Nobbs, Katherine(2010). *Asymmetric Autonomy and the Settlement of Ethnic Conflicts*, University of Pennsylvania Press.

White, Pau(2000)l. *Primitive Rebels or Revolutionary Modernizers?- The Kurdish National Movement in Turkey-*, Zed Books.

Wolff, Stefan(2006). *Ethnic Conflict A Global Perspective*, Oxford University Press.

Yildiz, Kerim(2005). *The Kurds in Turky-EU Accession and Human Rights*, Pluto Press.

____________(2007). *The Kurds in Iraq*, Pluto Press Kurdish Human Rights Project.

2) 영어 저널 및 논문

Brenneman, Lee Robert(2005). "*We Have No Friends But the Mountains: Transmitting Kurdish Indigenous Knowledge, Culture, and Identity in Changing Context*", 미네소타대학교 박사학위논문, 2005.

Bruinessen, Martin van(1978). "*Agha, Shaikh and State: On the Social and Political Organization of Kurdistan*", Utrecht University Ph. D. thesis.

Bruinessen, Martin van(1994). "Kurdish Nationalism and Competing Ethnic Loyalties", *Peuples Mediterraneens,* no 68-69, 1994,

Erdem, Ebru(2006). "*A Comparative Study of Tajiks in Uzbekistan and Kurds in Turkey*", 스탠포드대학교 박사논문.

Posen, Barry R(Fall, 1993). "Nationalism, the Mass Army and Military Power", *International Security*, Vol. 18. No. 2.

Wendt, Alexander(2003). "*Why a world state is inevitable: Teleology and the logic of anarchy*", University of Chicago.

3) 터키어, 쿠르드어 서적

Akkaya, Ahmet Hamdi(2012). *PKK-Uzerine Yazilar*, Vate.

(아흐멧 함디 아카야, *PKK에 대한 기록*)

Alinak, Mahmut(1996). *HEP, DEP ve Devlet*, Kaynak Yayinlari.

(마흐무트 알리나크, *HEP, DEP와 국가*)

Aytar, Osman(1995). *Kurdistana bi fifti-fifti*, Weşanên Jina nu.

(오스만 아이타르, *절반으로 나누어진 쿠르디스탄*)

Aziz, Mahir A., Çeviri Kiliç, Zülal(2011). *Irak Kürtleri-Irak Kürdistani'nda Milliyetçilik ve Ulusal.* Kimlik-, Kitap yayinevi.

(마히르 아지스, 번역 쥴랄 클르츠, *이라크 쿠르드인들-이라크 쿠르디스탄의 민족주의*)

Barzani, Mesud(2006). *Barzani ve kurt Ulusal Ozgurluk Hareketi Ⅰ*, DOZ Yayinlari.

(마수드 바르자니, 바르자니, 바르자니와 쿠르드 국민의 자유운동)

Bilgin, M. Siraç(2006). *BARZANI*, do, 2006.

(쉬라취 빌긴, *바르자니*)

Bingol, Nevzat. *Suriye'nin Kimliksizleri KURTLER*, elma.

(네브자트 빈골, 시리아의 신분증이 없는 사람들-쿠르드인들

Burkay, Kemal(2002). *Anilar Belgeler Cilt 1*, Deng Yayinlari.

(케말 부르카이, *회고록-문서들 1권*)

______(2002). *Anilar Belgeler Cilt 2*, Deng Yayinlari.

(케말 부르카이, *회고록-문서들 2권*)

Çalişlar, Oral(1993). *Öcalan ve Burkay'la Kürt Sorunu*, pencere.

(오랄 찰르쉬라르, *외잘란과 부르카이와 쿠르드 문제*)

Dinç, Riza(2004). *Geçici Irak Anayasasi Ve Güney Kürdistan*, Komal.

(리자 딘츠, *임시 이라크 헌법과 남 쿠르디스탄*)

Erdogan, Aras(2007). *ÖCALAN*, do.

(아라스 에르도안, *외잘란*)

Fuccaro, Neida(2010). *ÖTEKI KÜRTLER-Sömürge Irak'nda Ezidiler*, bgst Yayinlari.

(네이다 푸자로, *또 다른 쿠르드인들-식민지 이라크에서의 예지디인들*)

Gündoğan, Cemil(2007). *Kawa(고유명사) Davasi(소송) Savunmasi(방어수비) ve Kürtlerde (쿠르드 사람들 Siyasi(정치적) Savunma Geleneği(겔레네이 정통)*, Vate.

Ilboğa, Cahit(2012). *Demokratik Konfederalizm,-Anacligin Toplumsalliktaki Rolu ve Onemi*-Aram Politika.

(자히트 을보가, *민주적 연방제*)

Kaya, Hasan(2012). *Kurt Kavsaginda Bir Siyasetci-Feridun Yazar-fanos,* Yayinlari.

(하산 카야. 쿠르드인 4거리의 한 정치인-페리둔 야자르-)

______(2012) *Şerafettin Elçi*, fanos Yayinlari.

(하산 카야-세라페틴 엘치-)

Kilinç, Abuzer(1986). *Kürdistan Komünist Partisi, SAVUNMA*, pele sor.

(아부제르 킬리치, *쿠르디스탄 공산당*)

Marcus, Aliza(2012). *Kan ve Inanç-PKK ve kürt Hareketi*, Iletisim.

(알리자 마르쿠스, *피와 신념-PKK와 쿠르드 독립운동*)

(제밀 균도안. 카와 소송의 대항과 쿠르드인들의 정치적 대항의 정통성)

Öcalan, Abdullah(2004). *Bir Halki Savunmak,* Çetin Yayinlari.

(압둘라 외잘란, *한 민족을 지키다*)

Ölmez, A. Osman(1995). *Türkiye Siyasetinde DEP DEPREMI*, Doruk.

(오스만 욀메즈, *터키의 정치. DEP 지각변동*)

Perinçek, Doğu. *Abdullah Öcalan ile Görüşme*, Kaynak.

(도구 페린첵, *압둘라 외잘란과 만나다*)

Qanatê Kurdo(2012). *RÊZIMANA KURDÎ-Kurmancî ü Soranî.*

(카나테 쿠르도 즈마나(언어) 쿠르드인어 문법-쿠르만지어와 소라니어

Seid Veroj(2012). *Geşepedanên Rojhelatanavin, Sûrye û Kurdistana Rojava*, Doz.

(쉐이드 웨로즈, *중동, 시리아와 서부 쿠르디스탄의 전개*)

Vali, Abbas(2010). *Kürdistan Cumhuriyeti*, avesta.

(압바스 왈리, *쿠르디스탄 공화국-이란*)

Yildiz, Kerim, Çeviri: Urcan, A. H. Engin(2005). *IRAK KÜRTLERI*, beige yayinlari.

(케림 일디즈 번역, 엔긴 우르잔 번역, *이라크 쿠르드인들*)

Yüce, M. Can(1999). *Doğu'da Yükselen Günes cilt 1*. Zelal.

(잔 유제, *동쪽에서 상승하는 해-쿠르디스탄- 1권*)

______________(1999). *Doğu'da Yükselen Günes cilt 2*. Zelal.

(잔 유제, *동쪽에서 상승하는 해-쿠르디스탄- 2권*)

4) 정당 및 쿠르드 단체 홈페이지

AKIN(American Kurdish Information nettwork): http://Kurdistan.org

Azadiya Welat(쿠르드어 일간 신문): www.awelat.com/

BDP 터키 쿠르드정당: www.bdp.org.tr

HDP 터키 인민민주당: www.kurdishinstitute.

북아메리카 쿠르드 국회(Kurdish National Congress of North America): www.knc.org.uk/

영국 쿠르드 인권 프로젝트(KHRP,Kudish Human Rights Project): www,khrp,org.

영국의 쿠르드방송:http: //Hevallo.blogspot.kr

이란 KDP(Democratic Party of Iranian Kurdistan) http://pdki.org

이라크 쿠르드 자치정부: http;//www.krg.or

이라크공산단(ICP): www.iraqcp.org.

Human Right Watch: www.hrw.org/

RUDAW(독일 디아스포라들이 만드는 쿠르만지어 신문): www.rudaw.eu

Washington Kurdish Institute: www.kurd.org/

파리 쿠르드기구(Institute Kurde de Paris): www.institkurde.org/

PKK(Partiya Karkeren Kurdistan): http://www.pkkonline.com

PKK의 군사 조직 HRP: http://www.hezenparastin.com

PKK 이라크 조직PCDK(Kurdistan Democratic Solution Party,KDSP): http://pcdk.org
PKK 뉴스포털: http://firatnews.org/
쿠르드 자치정부: http://www.krg.org
쿠르드북아메리카 의회: www.kncna.net
쿠르디쉬 방송들: kurdish-media.com, Peynamner.com, Kurdishaspect.com
KURD INFO(Magazine): http://kurd-info.blogspot.com
파리쿠르드협회(정치는 하지 않고 문화만 하겠다. 파리쿠르드협회에서 영어-쿠르드 대사전을 만들었다.
KURD 1(쿠르드에서 하는 방송. 정치보다는 문화에 초점을 맞추어 방송. PKK쪽에서는 배신자라고 비난)
WWW.trt.go.tr
KurdishMedia.com: www.kurdishmedia.com
쿠르드 실종자 단체: www.yakayder.com
터키인권회(IHD,Insan Haklari Dernegi, Human Right Association)
터키인권단체들: www.law.emory.edu//www.hrw.org/,www.refworld.org/
터키인권단체: humanrightsturkey.org,
터키 쿠르드어 TV 방송
터키 예니 울케 사이트: www.yeniulke.com
터키진보사이트: http://www.radical.com.tr
쿠르디스탄에 관한 지식공유 사이트: www.kurdistanica.com
쿠르드 언어 아카데미(KAL): www.kurdishacademy.org
구소련 지역의 쿠르드인들을 위한 러시아어로 쓰여진 쿠르드 단체: kurdistan.ru
쿠르드 뉴스, 영어 등 다양한 언어로 전환가능: Firatnews.com
쿠르드 뉴스: BAS NEWS:http//basnews.com
중동관련 뉴스블로그: http://stonebird.co.kr
쿠르드관련 사이트: www.mynet.com
쿠르드 뉴스 사이트: http://rojevakurd.com
쿠르만지어로된 쿠르드뉴스 사이트: http://avestakurd.net
쿠르만지어로된 쿠르드뉴스 사이트: http://amidakurd.net
쿠르만지어로된 쿠르드뉴스 사이트: http//ku.firatajans.com
쿠르드만지어로된 쿠르드뉴스 사이트: http//www.hawarnews.com
쿠르드만지어로된 쿠르드뉴스 사이트: http//m.basnews.com
쿠르드만지어로된 쿠르드뉴스 사이트: http//www.dengeazad.com
쿠르드만지어로된 쿠르드뉴스 사이트: http//www.diclenews.com
쿠르드만지어로된 쿠르드뉴스 사이트: http//diyarname.com
쿠르드만지어로된 쿠르드뉴스 사이트: http//www.nefel.com

쿠르드만지어로된 쿠르드뉴스 사이트: http//www.peyamner.com
쿠르드만지어로된 쿠르드뉴스 사이트: http//www.pukmedia.com
쿠르드만지어로된 쿠르드뉴스 사이트: http//www.rizgari.com
쿠르드만지어로된 쿠르드뉴스 사이트: http//rudaw.net
쿠르드만지어로된 쿠르드뉴스 사이트: http//ku.xeber24.net
쿠르드만지어로된 쿠르드뉴스 사이트: http//xeberenkurdi.com
쿠르드만지어로된 쿠르드뉴스 사이트: http//www.trtnuce.com/m/
소라니어로된 쿠르드뉴스 사이트: http://www.asoyroj.com
소라니어로된 쿠르드뉴스 사이트: http://www.awene.com
소라니어로된 쿠르드뉴스 사이트: http://m.basnews.com
소라니어로된 쿠르드뉴스 사이트: http://www.beyan.info/Sereta.aspx
소라니어로된 쿠르드뉴스 사이트: http://www.brwska.net
소라니어로된 쿠르드뉴스 사이트: http://www.evropress.org
소라니어로된 쿠르드뉴스 사이트: http://www.giareng.com
소라니어로된 쿠르드뉴스 사이트: http://hawlati.co
소라니어로된 쿠르드뉴스 사이트: http://www.hawler.in
소라니어로된 쿠르드뉴스 사이트: http://www.komalah.org
소라니어로된 쿠르드뉴스 사이트: http://kurdishperspective.com
소라니어로된 쿠르드뉴스 사이트: http://www.kurdishmedia.com
소라니어로된 쿠르드뉴스 사이트: http://www.knewsdaily.org
소라니어로된 쿠르드뉴스 사이트: http://www.knwe.org
소라니어로된 쿠르드뉴스 사이트: http://www.kurdpa.net
소라니어로된 쿠르드뉴스 사이트: http://www.kurdpotal.net
소라니어로된 쿠르드뉴스 사이트: http://www.niha24.com
소라니어로된 쿠르드뉴스 사이트: http://www.nnsroj.com
소라니어로된 쿠르드뉴스 사이트: http://www.peyamner.com
소라니어로된 쿠르드뉴스 사이트: http://www.pukmedia.com
소라니어로된 쿠르드뉴스 사이트: http://rudaw.net
소라니어로된 쿠르드뉴스 사이트: http://www.xebat.com
소라니어로된 쿠르드뉴스 사이트: http://so.xeber24.net
소라니어로된 쿠르드뉴스 사이트: http://www.xendan.org
소라니어로된 쿠르드뉴스 사이트: http://www.warvin.org
소라니어로된 쿠르드뉴스 사이트: http://www.yndk.com
자자어로된 쿠르드뉴스 사이트: http://dersiminfo.com
자자어로된 쿠르드뉴스 사이트: http://www.kirdiki.com
자자어로된 쿠르드뉴스 사이트: http://www.zazaki.net

자자어로된 쿠르드뉴스 사이트: http://www.zazakikozmos.com

5) 방송 및 참고 인터넷 홈페이지

ROJ-TV: http://www.roj.tv

www.Kurdsat.tv.Krud Net.

www.kurdistan4all.com

www.medayayakurdi.com.

사회주의 인터내셔널(쿠르드 BDP정당과의 관련):www.internationalsocialist.org

유럽인권위원회: http://human-right-convention.org

유럽위원회(the Council of Europe) 홈페이지: http://hub.coe.int/

SIPRI(Stockholm International Peace Institute)스톡홀롬국제평화연구소: www.sipri.org/

오슬로평화연구소

EUTCC(EU TURKY CIVIC COMMISSION): www.eutcc.org/

인권에 관한 유럽재판소: www.echr.coe.int/

Amnesty International(AI): www.amnesty.org

IFWF,쿠르드여성인권관련보고서(International Free Woman's Foundation): www.freewomansfoundation.org/

IRC(International Rescue Committee): www.rescue.org/

DIHA(Dicle News Agency): 쿠르드 뉴스를 판매하는 쿠르드 통신사 (http://www.diclehaber.com)

PUK의 미디어 사이트: www.pukmedia.com

PUK관련 방송 사이트: http://alhurriatv.com/live

PUK관련 위성방송 사이트: http://gksat.tv

http://www.kurdistanaktuel.com/haberleri

6) 쿠르드 학술관련 사이트

마틴 반 부뤼네센: www.let.uu.nl/~Marin vanBruinessen/

<부록 1> 쉐흐 압두스 셀람 2세의 오스만 정부에 대한 7개항의 요청서(1907년)

The petition comprise of the following reforms:

1) The acceptance of Kurdish as the official language in the five Kurdish administrative districts;

2) The adaptation Kurdish language as the main educational medium and the language of instruction in the schools of five Kurdish districts;

3) The appointment of Kurdish national or at least Kurdish-speaking individuals for the administrative posts and positions such as qaimmaqams (district governors), mudris nahiyas (sub-district officers), and other officials;

4) Taxes to be levied in accordance with the provision of the shaira, and the abolition of all taxes in excess of or incomputable with the levels instructed by the sharia;

5) Freezing the existing level of taxation on the condition that revenue gathered in the region to be spent for the public works such schools and administration within the five Kurdish districts;

6) The adaptation Shafi'i school of law and administration and implementing justice according to the sharia;

7) The position of qazi (religious judge) and mufti (canon lawyer responsible for delivering formal legal opinion) to be filled by adherents of the Shafi'i school.

<부록 2> 1920년 세브르 조약

(Treaty of Sevres Relating to Kurdistan)

ARTICLE 62

A Commission sitting at Constantinople and composed of three members appointed by the British, French and Italian Governments respectively shall draft within six months from the coming into force of the present Treaty a scheme of local autonomy for the predominantly Kurdish areas lying east of the Euphrates, south of the southern boundary of Armenia as it may be hereafter determined, and north of the frontier of Turkey with Syria and Mesopotamia, as defined in Article 27, II (2) and (3).

If unanimity cannot be secured on any question, it will be referred by the members of the Commission to their respective Governments. The scheme shall contain full safeguards for the protection of the Assyro-Chaldeans and other racial or religious minorities within these areas, and with this object a Commission composed of British, French, Italian, Persian and Kurdish representatives shall visit the spot to examine and decide what rectifications, if any, should be made in the Turkish frontier where, under the provisions of the present Treaty, that frontier coincides with that of Persia.

ARTICLE 63

The Turkish Government hereby agrees to accept and execute the decisions of both the Commissions mentioned in Article 62 within three months from their communication to the said Government.

ARTICLE 64

If within one year from the coming into force of the present Treaty the Kurdish peoples within the areas defined in Article 62 shall address themselves to the Council of the League of Nations in such a manner as to show that a majority of the population of these areas desires independence from Turkey, and if the Council then considers that these peoples are capable of such independence and recommends that it should be granted to them, Turkey hereby agrees to execute such a recommendation, and to renounce all rights and title over these areas.

The detailed provisions for such renunciation will form the subject of a separate agreement between the Principal Allied Powers and Turkey.

If and when such renunciation takes place, no objection will be raised by the Principal Allied Powers to the voluntary adhesion to such an independent Kurdish State of the Kurds inhabiting that part of Kurdistan which has hitherto been included in the Mosul vilayet.

<부록 3> 현재 쿠르디스탄의 행정구역과 쿠르드인 분포지역

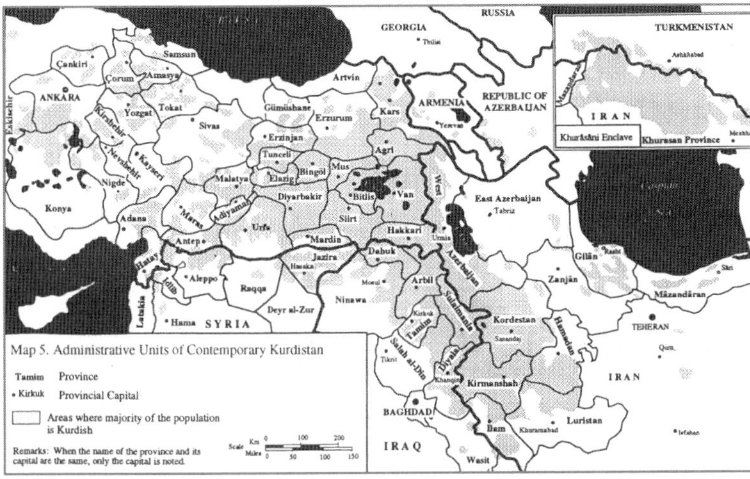

출처: Mehrdad R. Izady, A Concise Handbook The Kurds, Published by Talor & Francis, 2009. p.7.

<부록 4> 7개 주요 쿠르디스탄 지역

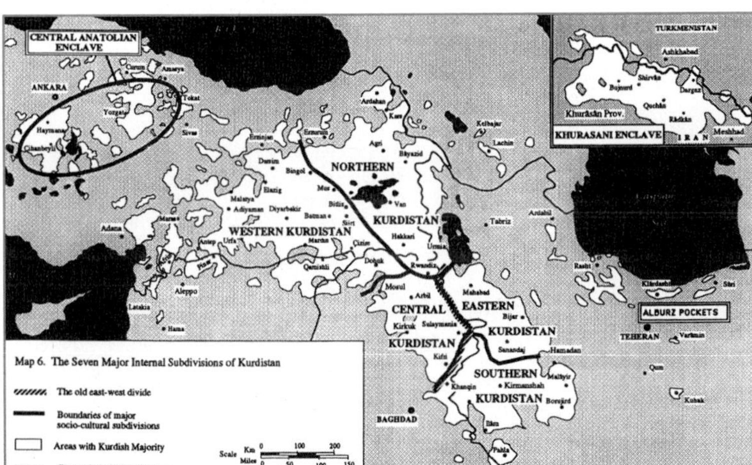

출처: Mehrdad R. Izady, A Concise Handbook The Kurds, Published by Talor & Francis, 2009. p.9.

<부록 5> KCK 조직도

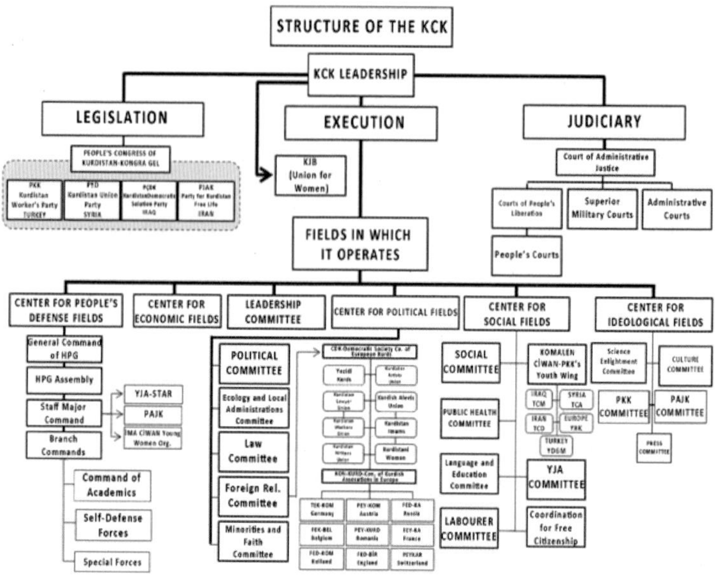
STRUCTURE OF THE KCK
KCK LEADERSHIP
LEGISLATION
EXECUTION
JUDICIARY
PEOPLE'S CONGRESS OF KURDISTAN-KONGRA GEL
PKK Kurdistan Worker's Party TURKEY
PYD Kurdistan Union Party SYRIA
PÇDK Kurdistan Democratic Solution Party IRAQ
PJAK Party for Kurdistan Free Life IRAN
KJB (Union for Women)
Court of Administrative Justice
Courts of People's Liberation
Superior Military Courts
Administrative Courts
People's Courts
FIELDS IN WHICH IT OPERATES
CENTER FOR PEOPLE'S DEFENSE FIELDS
CENTER FOR ECONOMIC FIELDS
LEADERSHIP COMMITTEE
CENTER FOR POLITICAL FIELDS
CENTER FOR SOCIAL FIELDS
CENTER FOR IDEOLOGICAL FIELDS
General Command of HPG
HPG Assembly
Staff Major Command
Branch Commands
YJA-STAR
PAJK
JMA CIWAN Young Women Org.
Command of Academics
Self-Defense Forces
Special Forces
POLITICAL COMMITTEE
Ecology and Local Administrations Committee
Law Committee
Foreign Rel. Committee
Minorities and Faith Committee
SOCIAL COMMITTEE
PUBLIC HEALTH COMMITTEE
Language and Education Committee
LABOURER COMMITTEE
KOMALEN CIWAN-PKK's Youth Wing
IRAQ TCM
SYRIA TCA
IRAN TCD
EUROPE YXK
TURKEY YDGM
YJA COMMITTEE
Coordination for Free Citizenship
Science Enlightment Committee
CULTURE COMMITTEE
PKK COMMITTEE
PAJK COMMITTEE
PRESS COMMITTEE

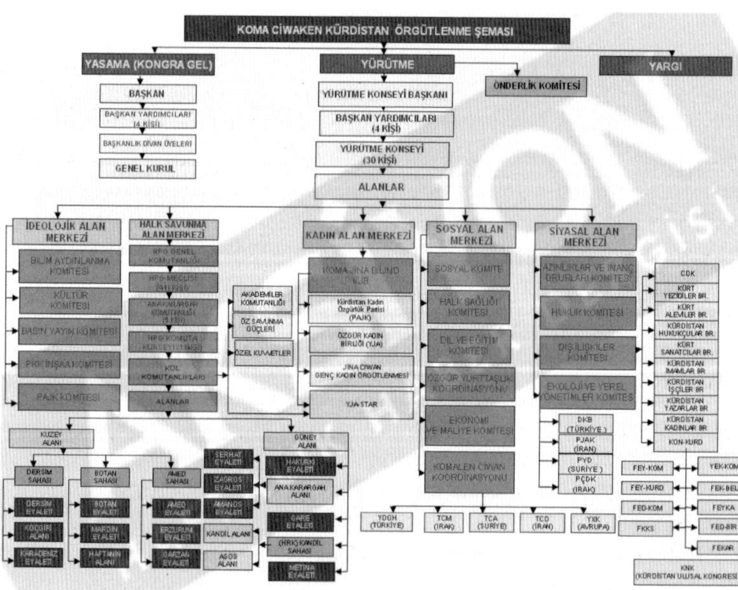
KOMA CİWAKEN KÜRDİSTAN ÖRGÜTLENME ŞEMASI
YASAMA (KONGRA GEL)
YÜRÜTME
YARGI
ÖNDERLİK KOMİTESİ
BAŞKAN
BAŞKAN YARDIMCILARI (4 KİŞİ)
BAŞKANLIK DİVAN ÜYELERİ
GENEL KURUL
YÜRÜTME KONSEYİ BAŞKANI
BAŞKAN YARDIMCILARI (4 KİŞİ)
YÜRÜTME KONSEYİ (30 KİŞİ)
ALANLAR
İDEOLOJİK ALAN MERKEZİ
HALK SAVUNMA ALAN MERKEZİ
KADIN ALAN MERKEZİ
SOSYAL ALAN MERKEZİ
SİYASAL ALAN MERKEZİ
BİLİM AYDINLANMA KOMİTESİ
KÜLTÜR KOMİTESİ
BASIN YAYIN KOMİTESİ
PKK İNŞAA KOMİTESİ
PAJK KOMİTESİ
HPG GENEL KOMUTANLIĞI
ANA KARARGAH KOMUTANLIĞI
KOL KOMUTANLIKLARI
ALANLAR
AKADEMİLER KOMUTANLIĞI
ÖZ SAVUNMA GÜÇLERİ
ÖZEL KUVVETLER
KOMA JINA BILIND KJB
Kürdistan Kadın Özgürlük Partisi (PAJK)
ÖZGÜR KADIN BİRLİĞİ (YJA)
JİNA CİWAN GENÇ KADIN ÖRGÜTLENMESİ
YJA-STAR
SOSYAL KOMİTE
HALK SAĞLIĞI KOMİTESİ
DİL VE EĞİTİM KOMİTESİ
ÖZGÜR YURTTAŞLIK KOORDİNASYONU
EKONOMİ VE MALİYE KOMİTESİ
KOMALEN CİWAN KOORDİNASYONU
AZINLIKLAR VE İNANÇ GRUPLARI KOMİTESİ
HUKUK KOMİTESİ
DIŞ İLİŞKİLER KOMİTESİ
EKOLOJİ VE YEREL YÖNETİMLER KOMİTESİ
DKB (TÜRKİYE)
PJAK (İRAN)
PYD (SURİYE)
PÇDK (IRAK)
CDK
KÜRT YEZİDİLER BR.
KÜRT ALEVİLER BR.
KÜRDİSTAN HUKUKÇULAR BR.
KÜRT SANATÇILAR BR.
KÜRDİSTAN İMAMLAR BR.
KÜRDİSTAN İŞÇİLER BR.
KÜRDİSTAN YAZARLAR BR.
KÜRDİSTAN KADINLAR BR.
KON-KURD
FEY-KOM
FEY-KURD
FED-KOM
FKKS
YEK-KOM
FEK-BEL
FEYKA
FED-BİR
FEKAR
KNK (KÜRDİSTAN ULUSAL KONGRESİ)
YDGH (TÜRKİYE)
TCM (IRAK)
TCA (SURİYE)
TCD (İRAN)
YXK (AVRUPA)
KUZEY ALANI
GÜNEY ALANI
DERSİM SAHASI
BOTAN SAHASI
AMED SAHASI
DERSİM EYALETİ
KOÇGİRİ ALANI
KARADENİZ EYALETİ
BOTAN EYALETİ
MARDİN EYALETİ
HAFTANİN ALANI
AMED EYALETİ
ERZURUM EYALETİ
GARZAN EYALETİ
SERHAT EYALETİ
ZAGROS EYALETİ
AMANOS EYALETİ
KANDİL ALANI
ASOS ALANI
HAKURK EYALETİ
ANA KARARGAH ALANI
GARE EYALETİ
(HRK) KANDİL SAHASI
METİNA EYALETİ

<부록 6> 중동지역 테러조직 현황(최진태 2006, 38)

국가	조직	국가	조직
레바논	34	이라크	38
바레인	1	이란	11
사우디아라비아	4	이스라엘	20
서안/가자지구	24	카타르	1
시리아	13	쿠웨이트	2
아랍에미리트	1	터키	25
예멘	3	합계	184

<부록 7> 사이크스-피코 협정
(1916.5.9, Sykes-Picot Agreement, 브리테니카)

제1차 세계대전 때 영국과 프랑스 사이에 제정 러시아의 동의로 맺어진 비밀협정. 오스만 투르크 제국의 분할을 결정한 협정으로 오스만 투르크의 영토였던 시리아, 이라크, 레바논, 팔레스타인을 프랑스와 영국 관할지역으로 분할한다는 내용이다. 협정 당사자인 영국의 마크 사이크스 경과 프랑스의 조르주 피코의 이름을 따서 사이크스-피코 협정이라 부른다.

협정 내용은 다음과 같다. ① 러시아는 에르주룸·트라브존·반·비틀리스 등의 아르메니아 지역과 쿠르드족 영토의 남동부 일부 지역을 차지한다. ② 프랑스는 레바논과 시리아의 연안지역, 아다나·실리시아·아인타브·우르파·마르딘·다야르바크르·모술 등 러시아 영토와 인접한 내륙지역을 차지한다. ③ 영국은 바그다드를 포함한 메소포타미아 남부와 지중해의 하이파 및 아크레 항구를 차지한다. ④ 프랑스와 영국 점령지 사이에는 아랍 국가연합이나 단일아랍 독립국가를 세우며 이 국가는 프랑스와 영국의 영향권으로 분할한다. ⑤ 이스켄데룬은 자유항이 된다. ⑥ 팔레스타인은 성스러운 지역이므로 국제기구의 감독을 받는다. 그러나 이 비밀협정은 우선 영국이 메카의 샤리프인 하심왕조, 후세인 이븐 알리와 이미 약속했던 것과는 상반되는 내용이었다.

<부록 8> 메데 제국의 최전성기 지도(Izady 2009, 30)

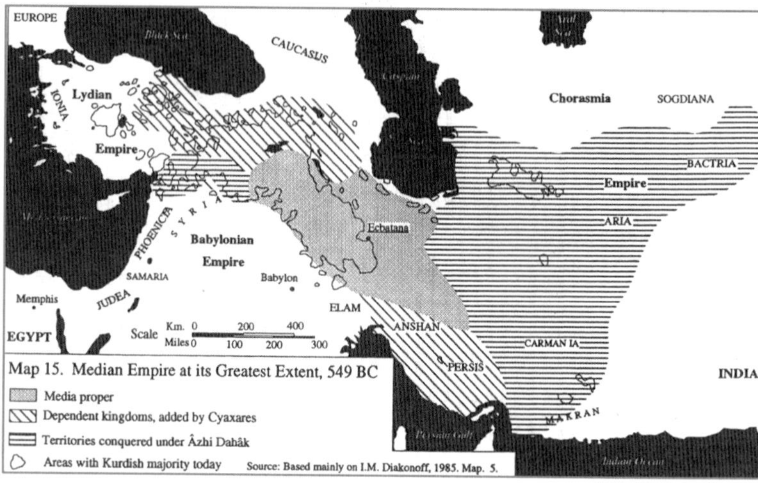

Map 15. Median Empire at its Greatest Extent, 549 BC

■ 출판 후기

세월은 너무도 빨리 흘러가 버린다. 저자는 예전에 공무원 시험을 중단하고 이듬해 초 즉 1994년 인사동에 들러 중국에서 출판된 성리대전(性理大全) 전질을 구하여 1년 동안 1회독하면서 동시에 성리대전 내에 있는 황극경세서와 또 다른 중국 출판본인 황극경세서를 혼자 주경야독으로 비교 완역을 하였으나 출간하지는 못하였다. 그리고 당시 저녁에 중국 고 천문서적과 주자어류나 주자대전을 읽다가 이러한 책을 후학을 위해서 출판을 해보고 싶다는 생각을 하였으나 결국 출판할 수는 없었다.

이러한 아쉬움 때문이었는지는 모르겠지만 지도교수님과 심사교수님 권유로 학위논문과 저널에 기고하였던 내용을 책으로 출간하기 위하여 지난 1년여 시간 동안 논문 쓸 때 모아두었던 자료 일부분을 정리하는 등 일하는 시간을 제외한 나머지 대부분의 시간들을 할애하였다. 그러나 그 과정이 마냥 즐겁지만은 않았다. 일과 공부를 병행한다는 것이 쉽지는 않았기 때문이었다. 더구나 박사논문작성과 심사과정에서 그나마 약한 체력마저 방전되었기 때문에 논문 통과 후 1년 동안은 책이 눈에 들어오지 않았는데 다시 책을 들어야하는 것도 고통이었다. 논문을 쓰고 나서 1년 동안은 그동안 논문 쓰느라 아이들과 놀아주지 못해서 미안한 마음에 당시 중2로 사춘기가 심했던 인준이와 둘째 범준이 그리고 여동생 아들 수종이를 데리고 미국과 캐나다도 다녀오고 그동안 못 갔던 여행도 혼자서 틈틈이 다니는 등 나름대로 재충전의 시간을 보내고 있었기 때문이었다. 그러나 이러한 생활도 잠시였다. 책을 쓰기 위해 기존 자료들을 정리하다보니 건강을 위해 저녁마다 나가던 테니스 코트도 발길을 끊어야 했다.

우연한 기회에 친한 타인의 권유에 의해 정치학과 박사과정에 입학하게 된 나는 40살 전후부터 틈틈이 불교의 불립문자(不立文字) 공부에 천착하여 세상의 학문을 멀리하고 있는 과정이었는데 다시 문자를 들어야 하는 대학원과정은 큰 부담으로 다가왔다. 그러나 입심 좋은 그의 계속된 권유에 의해 늦은 나이지만 나의 깊은 내면 저편에서 그간 사라졌던 학문에 대한 욕구가 조금씩 구체화되기 시작하였다.

박사과정에 입학하겠다는 확고한 생각이 들자 저자는 20대부터 관심을 가졌던 2가지 주제 즉 능엄수행 측면에서의 불가 사상과 주역에 나타난 유가 사상의 '寂'을 비교 연구하기 위해서 철학과에 갈 것인지 아니면 31-32살 즈음부터 중국 사고전서, 도장경, 삼동습유, 25사의 천문지와 율력지, 칠정산, 개원점경, 천문류초, 관규집요 등 각종 천문서적을 두루 모아두고 짬짬이 보았던 저자는 이를 하나로 꿰지 못한 아쉬움이 있었는데 정치학 박사과정에 진학하여 서경(書經)의 치력명시(治曆明時-태호복희와 여와의 그림에 있는 곡척과 콤파스, 신라 金尺이 모두 왕권의 상징으로 치력명시와 관련이 있다)와 정치사상과의 관계를 연구하면서 이들을 일목요연하게 정리할 것인지를 고민하다가 서경을 공부하겠다는 목적을 가지고 2009년 3월 정치학과 박사과정에 입학하였다.

그리고 박사과정에 입학한 또 다른 절반의 목적은 당시 초등학생이었던 인준이와 유치원생이었던 범준이의 초롱초롱한 눈에 아빠의 공부하는 모습을 보여주기 위한 것도 있었다. 그러나 돌이켜보면 두 번째 목적은 부작용도 많았다. 인준이가 심리 상담에서 그린 아빠의 모습은 항상 노트북 앞에 앉아있는 모습이었다. 주말, 평일 저녁에는 가족과 시간을 보내지 못하고 방에서 리포트를 작성하는 모습만 보여준 것이다. 그리하여 가족 간의 대화는 단절되었고 아이들에게 중요한 시기에 가깝게 지내지 못한 것은 지금도 매우 가슴 아픈 일이다.

그러나 박사과정에 입학한 이후 듣게 된 정치학과 수업은 매우 재미있었으며 한 분 한 분 모두 매력적인 교수님들의 수준 높은 열강을 듣게 된 것은 지금도 행운으로 생각한다. 그러나 공부과정은 쉽지 않았다. 무엇보다도 세상공부를 그만두면서 영어와 글짓기를 아예 버렸는데 이에 대한 후회가 물밀듯이 밀려왔다. 리포트나 특히 논문을 작성하는 과정에서 외국문헌을 많이 읽어야 했는데 영어를 거의 대부분 잊어 버려서 책을 보느라 시력이 많이 손상되었고 더불어 힘도 많이 들었다.

그런데 무엇보다도 아쉬운 것은 서경과 관련한 분야를 논문으로 쓰고자 대학원에 왔는데 이 분야를 쓸 수 없었다는 점이다. 그리하여 3년을 아무런 결정도 내리지 못한 채 시간만 보내다 비로소 지도교수님을 선택하고서 교수님과 같이 논문 방향을 상의하여 세계화를 쓰기로 하였으나 이마저 여의치 않았다. 그러나 이 해에 세계화를 공부하는 과정에서 알렉산더 웬트를 깊이있게 알게 되었고 그의 구성주의를 공부한 것은 의미가 있었다. 2012년 가을쯤에 지도교수님과 다시 상의하던 중 쿠르드 주제를 제의받고 논문준비를 하여 2013년 학술여행을 다녀온 후 이 해 가을 학기, 2014년 봄 학기에 논문심사를 신청하려 하였으나 일 때문에 포기하였다. 여러 가지 이유로 2014년 가을에 하지 않으면 다음 기회가 없을 것 같아 좋은 사업적 기회를 포기하면서 까지 논문에 매달렸으며 다행히 지도교수님, 심사교수님들의 따뜻한 지도와 격려 덕분에 논문이 통과되었다.

논문통과 후 책으로 출판하라는 권유를 받았으나 학위논문 통과 후 1년이 지난 2016년 봄부터 학위논문의 일부분을 저널에 기고하면서 기존에 수집하였던 자료들을 보충하여 “중동과 쿠르드 민족분쟁”이라는 제목으로 책을 출판하게 되었다.

쿠르드는 국제정치와 민족분쟁의 분야에서는 단골로 등장하는 주제이기는 하나 중동정치에서도 마이너 분야인지라 국내 연구자는 많지 않다. 더구나 현저히 떨어지는 쿠르디스탄의 접근성은 활발한 연구활동을 방해하고 있다. 이러한 가운데 저자가 비록 부족하지만 포기하지 않고 논문을 보강하여 ‘중동과 쿠르드 민족분쟁’을 출간하게 된 것은 모두 교수님들을 비롯한 가까운 주위 분들의 성원덕분이었다.

마지막으로 도표를 그리는데 도움을 준 허준석씨와 출판이 되기까지 많은 수고를 아끼지 않으신 전남대출판문화원의 직원들, 곽수렴 디자이너님 그리고 모든 출판과정에 전적인 도움을 주신 송미숙 과장님께 깊은 감사의 말씀을 드리고 싶다.

이 책을 아버님 自性 朴正植님과 어머님 金順丹 여사님, 사랑하는 寅濬이와 梵濬이, 그리고 항상 모든 집착과 번뇌를 끊을 수 있도록 조력해주는 부인 金京美님에게 바칩니다.

박주성(朴柱星)

전남대학교에서 쿠르드 민족분쟁으로 정치학 박사학위를 받았다. 주요 논문은 쿠르드 관련 민족분쟁 논문과 디아스포라에 관한 논문들이 있다. 주요 관심분야는 인식론과 인간, 국제정치의 구성주의와 반구성주의, 국제평화와 중동정치, 동양정치사상과 호남학, 의병사와 광주학생운동 등이다. 현재 주식회사 순수공동체 공동대표, 전남대학교 겸임교수, 재외한인연구 편집위원, 광주평화재단 운영위원을 겸하고 있다.

중동과 쿠르드 민족분쟁

인 쇄 | 2017년 8월 25일
발 행 | 2017년 8월 30일

저 자 | 박주성
발행인 | 정병석
발행처 | 전남대학교출판문화원

등 록 | 1981. 5. 21. 제53호
주 소 | 61186 광주광역시 북구 용봉로 77
전 화 | (062) 530-0571～2
마케팅 | 530-0573
팩 스 | (062) 530-0579
홈페이지 | http://www.cnup.co.kr
이메일 | cnup0571@hanmail.net

값 25,000원

ISBN 978-89-6849-425-3 (93340)

이 도서의 국립중앙도서관 출판시도서목록(CIP)은 서지정보유통지원시스템홈페이지(http://seoji.nl.go.kr)와 국가자료공동목록시스템(http://www.nl.go.kr/kolisnet)에서 이용하실 수 있습니다.
(CIP제어번호: 2017020856)